U0621787

孟子广义

罗云锋 著

上海三联书店

目　录

梁惠王上

孟子见梁惠王。王曰:“叟!不远千里而来,亦将有以利吾国乎?”孟子对曰:“王!何必曰利?亦有仁义而已矣。王曰:‘何以利吾国?’大夫曰:‘何以利吾家?’士庶人曰:‘何以利吾身?’上下交征利而国危矣。万乘之国,弑其君者,必千乘之家;千乘之国,弑其君者,必百乘之家。万取千焉,千取百焉,不为不多矣。苟为后义而先利,不夺不餍。未有仁而遗其亲者也,未有义而后其君者也。王亦曰:仁义而已矣,何必曰利?”

若暂不论孟子所处时代中之君国私掌、君权专制之现实政治形势之问题,而欲得君权专制时代背景下孟子所构想中之“仁义而国治”之因果,则此尚必须另有其前提,即第一是有类似于“君臣有义”等之类之对等性权利义务安排,第二是君臣乃至庶民等不同主体皆须先接受先王之制、先王之法度,将其作为共识,即对于王、君、卿、大夫、士的权力义务安排并无异议(见孟子论“为民制产”及“班爵禄”等段落),第三是此后则各各先仁义后功利,然后则可得王、君、卿、大夫、士乃至庶民等之间之相安,而国治。

此节所谓“利”,乃“私利”之意。孟子乃藉此申明:当时之治国柄权者、当轴者或掌公权力者,在君国私掌、君权专制之政治现实下,或此等国君若想维护其君国私掌私享、君权专制或开明君国民安之现状,则当首重(其当时所界定之)仁义,一切本诸孟子所谓之

“仁义”与“公义”，而不可过度逾矩（孟子所谓之“义”，亦即孟子所谓之先王之制、先王之法度等）地横征暴敛、盘剥无度，营营务求一君一国（当时之君国，非谓今日之民国、民主国、人民共和国等）一家（卿大夫之家等）之私利。换言之，孟子此处所谓“利”，乃指君、卿、大夫之私心私利而言，而非谓孟子不尊重今日意义上之民享民治民有之国家之利益，以及民众或国民之私人利益也。

此处当区分两组相对主体或概念：于古言之，国君、卿大夫之私国、私家之私利与庶民百姓之私人（私家①）利益或个人（私家）利益；于今言之，暂时得位摄政柄权治国者或国家公职人员与一般国民或公民；国家之公利、公义与国民之私利、私义等。于今公私分明之时代，以今日之现代价值标准衡量言之，古道热肠、乐善好施、私人赈济是今日之正义（此既可言是私义、私意，亦可谓是公义，即就其为私人救济而言，是私义、私意；就其利他之性质和为社

---

① 这里所说的庶民之私家、私人（利益），不同于当时卿、大夫之私家——庶民之家，即孟子所谓“（何以利）吾身”、“数口之家”、“八口之家”等，卿大夫之家，即孟子所谓“百乘之家”。在当时之政治制度下，诸侯国君与其国之关系，乃是国君私有私享其国（比如宗庙乃是国君之家庙私庙，并非全体庶民百姓之宗庙社稷，而当时所谓“灭国”，只是灭亡一家一姓之国君之宗族与家庙社稷而已，与庶民百姓并无直接关系，庶民百姓在灭国后变成作为胜利者的另外之一家一姓之庶民百姓而已，新的宗庙社稷乃是新的统治者国君的家庙社稷而已），比如“食前方丈”、“钟鸣鼎食”或孟子所谓的“万乘之国”，实质上皆可谓国君之私有财富、私有军队而已，并非今日所谓共和国、人民共和国、民主共和国、民主国、民治国、民国等。诸侯国君与其国内之庶民之关系，亦非今日共和国、民国与人民、国民、公民之契约关系，而具有不同的含义。就西周以前的传说中的可能的开明专制制度下，则是遵守先王之制比如为民制产、十一税等制度下的王、民共遵一定法度的君王与臣民的关系（奴隶除外，如果有奴隶制的话）；到春秋战国时，礼崩乐坏，诸侯国君根本不理会之前的礼义法度（先王之制）（“诸侯恶其之害己，而皆去其籍”），则变成诸侯国君专制独裁、生杀予夺而几乎毫无法度的暴力专制，一般庶民百姓几乎毫无权利，而在事实上几乎变成了任人鱼肉宰割的羔羊或奴隶。孟子这里谈义利之辨，针对的就是战国时君卿大夫对于庶民的横征暴敛、聚敛无度（违背先王之制之法度），以及作为统治者贵族的君卿大夫之间的内部弑逆篡戮、交征争斗不休的情形，而呼吁首先回复到商汤文武立下的先王之制，更高政治理想则是超越三王的家天下开明专制而进入到尧舜禹时代的“天下为公”的理想社会状态。

会公义而行事之性质而言，又是公义。就后者言之，则吾人亦可说公义又可分两种：一者为得位行权，一切本诸公法公义，而又公私分明，绝不假公济私，此为民治国家中之国家公义；二者则虽未得位而无权，并非官员或国家公职人员，而在不违反国家公义和国家法律的前提下，以私力私财而行社会公义之事，此则为社会公义），假公济私、以公利市私恩则非今日之正"义"也。今人读《孟子》起首此段文字，当明乎此种时代背景，及孟子所言之针对性。"王何必曰利？亦有仁义而已矣。"孟子于此乃有所针对而言，并非言治国全不以利为意。

孟子此段所言，涉及对等式开明等级制礼义礼乐之王道政治制度与力争僭越之专制独裁之霸道政治制度之关系，而这又涉及政治哲学中之统治正当性（legitimacy）、合法性（legelity）、统治权力、统治秩序之来源等论题（血缘、力量威慑等），亦可对照马克斯-韦伯的相关论述。又：若夫功高盖主，或势大捍本主，则如之何？儒家周公孔孟等所设计之开明等级制礼义礼乐真正有效否？当深思之。就此而言，孟子谈义利之辨固然有其哲学和伦理学上之价值，亦在中国思想史、文化史、伦理思想史和实际历史上发挥了极其重要的作用，但在政治哲学上，其所依托的政治哲学理念、现实政治制度本身，于今工业时代之情势言之，都存在着根本的缺陷，而根本无法以义利之辨来解决其政治哲学和政治制度上的致命缺陷。因为一家一姓之家天下、私天下政治制度以及上下尊卑、特权等级之等级制权力结构和伦理结构，都必然导致不公、不平和争斗，靠道德伦理上的义利之辨无法遏制这种政治哲学和政治制度下的必然恶果。这是孟子思想的局限处，也是今人在阅读《孟子》等儒家作品时必须清醒地认识和批判的最重要的一点。哪里有不平，哪里就有争斗；哪里有特权等级，哪里就有对于特权等级的反抗，或对于高等级特权的残酷血腥、你死我活的抢夺和争斗。今日有志者倘想"为天地立心，为生民立命，为往圣继绝学，为万世开太平”而创设新礼义、新礼仪、新经学、新政治哲学，都必须首先明了这一点。

在两三千年前乃至更久之前，世界范围内或多残忍奴隶制的情形对比之下，中国古代“先王”圣贤而能设计出某种相对开明有度的基于对等权力结构和伦理结构安排基础上的开明等级制和开明专制，仍然有其价值和意义，乃至在人类文化史和文明史中也仍然有其当时的先进性、（当时意义上的）人道性或仁义性。某种意义上，在农业文明或前工业文明时代，这样的一种文化政治安排是有其先进性乃至必然性的，亦因此维系了中华民族和中国文明的几千年的不坠如磐、不绝如缕。今人不可以今律古而随意抹杀其意义，或因此妄自菲薄、肆意抹杀污蔑古代中国人所取得的成就，以及中国文化史、文明史和历史本身。但时至今日，在世界范围内的工业文明、现代科技文明兴起以及相应的现代文化、思想、政治文明兴起的情形下，仍然株守古代中国文化中的等级制（哪怕是开明、对等、有度等级制）、政治专制（哪怕是开明专制）、剥削制度等，那就是冥顽不化、抱残守缺甚至在道德上都存在根本缺陷了——虽然我们可以继续承传中国古代文化里面同样存在的许多于今仍然有其伟大价值的文化内容。

于今言之（工业文明和现代科技文明），谈论孟子此处所论之“义利之辨”，以及孔子乃至先秦儒家所设计的文化政治制度时，则吾人当知：先秦儒家乃至儒家文化中最大的问题，就是权力结构安排设计上的根本缺陷。根本或基础有问题，则建基其上的仁义礼乐和“义利之辨”便无法真正落实，或存在种种根本问题，虽当时发挥了重要作用，亦因此付出了沉重的代价。尤其是在近现代以来，如若抱残守缺，则尤将付出更大代价。考诸整个中国历史，彰彰如也。这是我们今人在读《孟子》一书乃至儒家典籍时所必须首先明确的一点。

古人恒言不称（对方之）名，称名每或为蔑视。今人当知名、字、号之分别。故读者诸君或当代人若欲复古代中国人相互尊礼之雅意，亦可另取字[①]，而相互交流称呼时，乃可互称其字而不称名，以示尊礼也。《礼记》又有冠、室、仕、官政、致仕等之特别安排，皆当知之[②]。

孟子见梁惠王时，已老，故亦可谓积几十年之亲身见闻与经验教训，而得此根本治国之道，而为肺腑之言也。

仁义：仁则仁善之四端及发露推扩（行仁）；义则仁善之情意（具体表现发露）之合宜正当，合之乃为倡导正向人际仁善情意。（此是对于仁义之现代解读之一，而此处对于“义”之解释，并非原始儒家之本意，就其本意而言，则“义”者宜也，乃适宜于其先秦对等式等级礼制之言行规范也。古今人在使用“仁义”一词时，当首先明确其是在现代意义上还是在古代意义上来使用“仁义”一词的。也就是说，要对“仁义”一词进行重新界定。有的人以古代“仁义”来言行，也希望别人以古代仁义来对待自己；但有的人则并不认可古代“仁义”，而以现代仁义——比如平等、人权或权利、自由、隐私等——来规范和期待自己和别人的言行。故或有扞格冲突也。）

此间先秦儒家之仁义与现代之正义之关系颇为暧昧不清。此间之所谓仁义，则古代部落酋长或家族父兄之亲情也[③]。在权利分配上，父兄得其大者多者（父兄权力、权利更大），以为此乃天经地义之事，故以此观之，则所谓古代仁义之教，未尝不是一种操纵

① 古代乃于冠礼上由父亲恭请德高望重者等命名之。今则古礼无存，或可先权宜之，如十八岁以下之后生可在复兴之冠礼仪式上如古礼而行命之；十八岁以上而仍无字之成人，则可请师、父等赐字，或自拟其字，而请于师、父等也。

② “人生十年曰幼，学；二十曰弱，冠；三十曰壮，有室；四十曰强，而仕；五十曰艾，服官政；六十曰耆，指使；七十曰老，而传；八十、九十曰耄，七年曰悼，悼与耄虽有罪，不加刑焉；百年曰期，颐。大夫七十而致事。”参见：《礼记-曲礼上》。

③ 当然，仔细言之，仁与义不同；亲亲与尊尊又不同。先秦儒家之“仁”，相对具有或可扩展推衍而发展出普遍主义之仁爱之意，“义”，则和等级制礼义礼乐之伦理结构、权力结构、政治哲学等存在密切关系，根本上存在问题。故当做“仁”与“义”的重新厘清、批判和重新界定等的工作。暂不细论赘述。

术，乃至统治阶层内部之开明等级制，以及统治阶层与庶民（农民）之间之开明契约等级制，乃至奴役制（统治阶级贵族无故而占有庶民之财产收入，即使当时只收十分之一或十五分之一，等等）。而当时之君王（对比现代政府）虽亦有相关义务责任，而其责任义务亦往往有不明确者，乃是从上而下单边制定之相对开明之契约等级制或有限掠夺制，亦即“斧斤以时入山林”，而非敲骨吸髓之剥削而已。统治阶级中或民间具有一定道义精神之士人，往往宣称民本思想，并试图以此来制约暴君，但只有道义上、伦理上和舆论上的制约，而并未根本赋予民众实际的权力和权利以及相应的制度性安排，来对可能的暴君昏君庸君及其臣僚进行实质性的制约——尤其是预先的制度性规制或制衡，所以导致古代政治的许多严重问题。当然，此后仁义之含义或有——而尤当有——正向之发展，这当然要联系整个中国思想史来进行细致的梳理，兹不赘述。

《孟子》一书，以孟子生平中之此时此事为开篇，乃有深意，当深味之（或亦可对照孙文遗嘱“积四十年之经验”云云[①]）。类似情形亦可见于《孟子》结尾之“然而无有乎尔，则亦无有乎尔”之叹、孔子序《春秋》而绝笔于“获麟”，以及《春秋》（之结尾）、《资治通鉴》（之开篇）之开篇、结尾之衔接情形，而皆有其微言大义。此处又可介绍“三家分晋”、战国诸侯称王等先秦史事，等等，俾经史对照互参。

在孟子观念中，当时梁惠王等诸侯国君，所谓“利吾国”者，乃利其私人之府库、土地、税赋、人民数量（被国君视为和用为赋税、财富、实力、荣誉等之来源）也，非今日之“利国”（民权国家或民治

---

① 孙文“国事遗嘱”：“余致力国民革命凡四十年，其目的在求中国之自由平等。积四十年之经验，深知欲达此目的，必须唤起民众及联合世界上以平等待我之民族，共同奋斗。现在革命尚未成功，凡我同志，务须依照余所著《建国方略》、《建国大纲》、《三民主义》及《第一次全国代表大会宣言》，继续努力，以求贯彻。最近主张开国民会议及废除不平等条约，尤须于最短期间促其实现。是所至嘱。”

国家、人民共和国等现代国家）之意，故孟子斥之。松江先生于《东塾读书记》读书札记中亦有述：

> 先生云：儒者崇仁黜利，但此是对统治者之私利而言，意为统治者不可一味骛私利。“何以利吾国”，此中之“吾国”，实乃“吾家”也，乃诸侯之私人府库、私财之意也，非是今日所理解的“我们国家”即公共政府、国民政府或人民政府之意。至于为民兴利，则当勉力矣。后世朱子与水心之辩，亦有类似者。质言之，于官，当崇礼义，黜货利（今之所谓讲奉献不讲“当官发财”是也）；于民事，则兴利除弊、发展经济、富民富国，乃官员当然之职责之意，岂可以“不言利”而自我推诿文饰自辩邪！然（兴利）发展经济亦只是职责之一，崇礼义，兴学兴教等，更是大为重要之职责任务，岂可偏废。富之，教之，安之……或有先后之序列，而实则皆不可偏废也[①]。

孟子此处虽倡言“当重仁、义”，然则吾人当问：如何使“上下”皆认同“汝”[②]所立之“仁、义”义理、规范和标准呢？亦即（别爱、等级制之）“仁义”如何自证其“正当性”或“合正义性”（legitimacy）而能为万民接受为共识？这涉及共识之达成之合理方式，及其正当性（legitimacy）和合法性（legality）。此外，如果存在这样一个自证了其正当性和合法性的新“仁义”或新礼义体系，又当如何推行已被正当化了的现代新“仁义”之教育？从上而下的强制灌输推行？抑或基于自由讨论的启发和化育（博特斯巴赫共识或博特斯巴赫

---

① 罗云锋著，《儒家广论：松江先生卮言录》，“松江先生讲儒学”，社会科学文献出版社，2017年10月，pp143—144。

② 其实这里还涉及谁有资格来为人民或人类立法的重大论题，比如中国古代的圣贤立法、圣王立法、君主帝王立法以及西方的民主立法、宗教立法或上帝立法、议会立法等，又比如共识和法律是建构式的，还是惯例式的、自然演化式的，等等，都是立法学和法理学关注的重要论题，可关注相关学科领域的理论和相关学术研究。暂不赘述。

三原则①)？吾窃以为孟子所谓之“义”，不当只是等级制之君臣父子之类，而必当有对等之义矩重释和重塑，不然，如果不能以自由、人权、平等或对等等现代价值观念自证其正当性，则人不能服行之

---

① Der Beutelsbacher Konsens(1976). 以下附英文版翻译：

Beutelsbach Consensus

1. Prohibition against Overwhelming the Pupil:

It is not permissible to catch pupils unprepared or unawares-by whatever means-for the sake of imparting desirable opinions and to hinder them from 'forming an independent judgement'. It is precisely at this point that the dividing line runs between political education and indoctrination. Indoctrination is incompatible with the role of a teacher in a democratic society and the universally accepted objective of making pupils capable of independent judgement (Mündigkeit).

2. Treating Controversial Subjects as Controversial:

Matters which are controversial in intellectual and political affairs must also be taught as controversial in educational instruction. This demand is very closely linked with the first point above, for if differing points of view are lost sight of, options suppressed, and alternatives remain undiscussed, then the path to indoctrination is being trodden. We have to ask whether teachers have in fact a corrective role to play, that is, whether they should or should not specially set out such points of view and alternatives which are foreign to the social and political origins of pupils (and other participants in programs of political education). In affirming this second basic principle, it becomes clear why the personal standpoint of teachers, the intellectual and theoretical views they represent and their political opinions are relatively uninteresting. To repeat an example that has already been given: their understanding of democracy presents no problems, for opinions contrary to theirs are also being taken into account.

3. Giving Weight to the Personal Interests of Pupils:

Pupils must be put in a position to analyse a political situation and to assess how their own personal interests are affected as well as to seek means and ways to influence the political situation they have identified according to their personal interests. Such an objective brings a strong emphasis on the acquisition of the necessary operational skills, which is in turn a logical consequence of the first two principles set out above. In this connection the reproach is sometimes made that this is a 'return to formalism', so that teachers do not have to correct the content of their own beliefs. This is not the case since what is involved here is not a search for a maximum consensus, but the search for a minimal consensus.

Translated from: Das Konsensproblem in der Politischen Bildung ed. by S. Schiele and H. Schneider, Stuttgart 1977 (Translation by R. L. Cope). 参见：Beutelsbach Consensus, http://www.lpb-bw.de/beutelsbacher-konsens.html

也(对等论或为中国文化中的一个蕴涵重要价值的独特方面,乃至或可以在此基础上开掘创获出另一种现代哲学或现代文明,或多元现代文明中的独特一元)。

贵族国君私有之国 vs 今日政治哲学中之民治国、共和国、人民共和国、公共(治)国等。

“梁惠王者,魏惠王也。魏,国名。惠,谥也。王,号也。时天下有七王,皆僭号者,犹《春秋》之时,吴、楚之君称王也。魏惠王居于大梁,故号曰梁王。圣人及大贤有道德者,王公侯伯及卿大夫咸愿以为师。孔子时,诸侯问疑质礼,若弟子之问师也。鲁、卫之君,皆专事焉,故《论语》或以弟子名篇,而有《卫灵公》、《季氏》之篇。孟子亦以大儒为诸侯师,是以《梁惠王》、《滕文公》题篇,以《公孙丑》等而为之,一例者也。”①

不正、不善、不仁之义、法、礼,则不能得所有人之乐从,不易守,故亦终不能行,终不能奏效。好义正义而无良法良制,亦将南辕北辙。任何试图为人为民为国为天下立大义大法者,皆当明乎此。天道不可违。法家之弊在苛忍不仁、汲利黜义,儒家之弊在等级特权制,(于兹)皆违背天道人道。

以(正善仁美之)义为名号,而以正义正法正制正政合理分配处分生计财产。

“交征”一词,又可发挥解作“君、卿、大夫等贵族统治者竞相向民征利征税”,用以讥讽苛捐杂税之时弊。

“上征下”、“下征上”之说甚好。横征暴敛、苛捐杂税、盘剥无度、监守自盗,此等即“上征下”,人尽识其事其害,而未必识“下征上”之病,如各级蠹虫寻租腐败、行贿邀宠、损公肥私、窃国窃公市私恩等,皆“下征上”矣。

---

① 焦循,《〈孟子〉正义》,中华书局,1987 年 10 月第一版,p31。本书所引《〈孟子〉正义》中的相关文字,皆引自该书,特此说明,以下不赘注。

“交”而解为“俱”，则言战国当时，实乃天下靡然从风，世风日下，君臣皆偷（苟且），全民沉沦……

先秦之所谓“家”，每谓君卿大夫之大家也，如“百乘之家”然。今者或有单位自称“家”，则吾人当先问其是何种类之“家”，亲情友爱平等互敬乃至民权民乐之“家”？抑或等级特权之权力结构之“家”，而其集权者类于诸侯而独乐独尊之“家”？前者则可，后者当力避力黜，不与其不义不正之所谓私权强势之“家”。

《王制》：“诸侯之下士，禄食九人……”，所谓“禄食九人”，即言此士之禄，乃收取此九人之赋税而来。然则，此一“禄食者”之“士”与被禄食者之庶民，他们之间究竟是何关系？“士”仅食其（庶民九人）赋税？抑或对之（庶民九人）有生杀予夺之权利乃至奴役权？或有权将其编成行伍训练成军？或奴仆之？若此，对方又如何不敢反抗？因为君卿大夫士等掌握军备武备等？等等。根据文献来看，起初应该是君卿大夫士与其封地、封邑或属地之庶民之间存在着一种由于早期统治者所规定（先王之制）而逐渐约定俗成的契约关系，各不逾矩过度而相犯；其后周王乃至地方国君统治力下降，礼崩乐坏，则出现各种情形，比如君卿大夫士而盘剥其食禄对象乃至生杀予夺奴役之，比如庶民反抗其统治者等，皆有之。礼崩乐坏，其实就是之前由先王（周文武、周公等）所规定的开明等级制的法度礼乐完全崩溃了。

“仁者，亲亲；义者，尊尊”云云，于部落家族等小群或尚可，因“亲”确皆系其直系亲，而有亲情私情也；而那种情形下之所谓“尊”，亦皆其亲也。尊者赐其作为亲人亲属之小辈后辈以财富、权力，小辈后辈亦感恩之、拥戴之、敬爱之而不敢、不忍叛逆，以尊者皆其长辈亲人亲属故也。此皆“以国为家”之做法，以国财、国权分配给其真正直系亲属，故或尚可（前提是此一统治家族或部落握有兵权或拥有强大军事实力，乃至剥夺被统治阶层的反抗能力，如后来秦始皇所做的“收天下之兵，聚之咸阳，销锋镝，铸以为金人十二”（贾谊，《过秦论》），或能镇压其时作为被统治者之庶民、平民或奴隶）。然于异姓多族之大国家或帝国则或不然，亲非其直系亲、非其真正亲；尊亦非其亲；且君臣上下待遇差距过大，则不平之心必生，则此种“亲亲”、“尊尊”之仁义礼乐，必不能成为一国全民之“共识”，而只是威权政治，而明里暗里、内部外部之觊觎争抢征夺，必矣。故赵岐《孟子正义》此节“章指”中所断言之所谓“天经地义”、“不易之道”，实则皆非也，而“上下”之说尤谬[①]，因立基其上之仁义礼乐，以现代平等人权观念论之，皆于其根本上无正当性、合理性也（当然，仁义礼乐的思路本身有其价值，其弊在于根基不稳且其内容体系未安未妥也）。孟子欲以此段文字立全书之根本大旨，殊不知其政治哲学之地基乃有根本问题！然而，弃乎此，则义利之辨仍有哲学或伦理学发挥转化之价值。

古之礼义别尊卑上下，有等级特权之实，此其所以不合于今、不合于人道或人间好意矣，此其根本问题缺陷，而当改造为今日平等、自由、权利或普遍人权、互敬尊礼、互相仁爱之现代对等礼义与礼仪也。仁义亦如是，不可取尊卑上下等级制、特权制而区别对待（然而自可有民众之间对于有德者的自发的尊重和礼仪，而自有其正向人际情意或社会情意），而当存有、当建成普遍主义或对等主义之仁爱、正义而后可。以不正不义之等级制特权制之旧礼义，以“正”国、“正”民、“正”政，则此旧礼义，恰是乱之源。

孟子见梁惠王。王立于沼上，顾鸿雁麋鹿，曰：“贤者亦乐此乎？”孟子对曰：“贤者而后乐此，不贤者，虽有此不乐也。《诗》云：‘经始灵台，经之营之，庶民攻之，不日成之。经始勿亟，庶民子来。王在灵囿，麀鹿攸伏，麀鹿濯濯，白鸟鹤鹤。王在灵沼，于牣鱼跃。’文王以民力为台为沼，而民欢乐之，谓其台曰灵台，谓其沼曰灵沼，乐其有麋鹿鱼鳖。古之人与民偕

---

① 焦循，《〈孟子〉正义》，中华书局，1987年10月第一版，p43。

乐，故能乐也。汤誓曰：‘时日害丧，予及女皆亡。’民欲与之皆亡，虽有台池鸟兽，岂能独乐哉？”

此节破除特权享乐。与民偕乐，亦是仁义国治之前提。与民偕乐、万民同乐，则当破除特权制、等级制、剥削制等，又当另创制度以恤鳏寡孤独病残弱小者等，此外又当有制度性公共事业建设。前者（中之破除特权制、剥削制）则为自由市场机制（民创其财，民有其财，而藏富于民，政府不可干预、不可非法剥削剥夺民权民财，只以契约权力和有限权力或有限政府来维持和提供基本市场秩序、法律秩序或法治秩序等），中者为仁政，后者为公政（以法治民主、税收法定、预算法定等来进行公共事业、大型公共事业建设等）。

孟子此论则针对君王攘夺民利、垄断享乐而言，告诫君王当与民同乐。若夫平民之私产及艺术审美之乐，独乐乐或又何妨也。读此节当审乎此语境。

“众乐乐”亦是针对国家公共资源、公共财富等而言。此外则固可个体自由之。

孟子亦并非反对娱乐活动本身，然对于古代贵族、权贵或今日之官员、权势、公职人员而言，则不可攘夺民利而有特权之享乐也……

乐，则可同听之。其人、其群、其国有平等共乐之意，则其人、其群、其国乃可和睦乐群——然其前提在听乐时无过分之等级身份区分，而万民各职皆平等共乐、共感化其心也。当代基督教于教堂中团契时之宗教音乐，即有此种共乐之效果表现也。

此处虽曰“与民偕乐”，然揆其实，如果灵囿、灵台、灵沼终是王家之物（王家享有私有财产权，故民之使用权并未在法理和法律上得以确认，则一则随时可能被收回，留有后患，或予以后来者巧立名目、逾矩进退之不当空间，一则演成施舍意味，养成不合理和无稽之人格主义依附或私人关系主义之感恩关系），未如今日于法理和法律上确认的公民有权享有和使用诸如城市公园等公共设施之公民权利(国家森林公园及各种人文历史景点等亦当如此,而所谓门票只可用于——和以满足于——维修保护为最低限度,不可用为生财之管道)——或许,孟子之本意即在于:灵囿、灵台、灵沼皆国人共有公有,并非王君私财私领,从不派兵把守禁止等。如此则甚好。又:虽曰"养生丧死无憾,王道之始",而揆其实,终是王有赋税(虽则王亦负有组织军队保卫国家人民等的义务,但终究稍嫌笼统空泛,无法进行更精确和更严格的限制和监督。西方近现代则有契约政府、财政预算和财政监督等法律治理和制度治理等)。所以,这些思想的正面意义只有脱去(褪去)其王家私有专制之背景,方才可能开掘出其现代意义(吾人并不否认在当时亦有其正面历史意义),尤当有更严密分明之规则、制度措施等予以保证实施,避免公私混淆和贪污腐败等问题,然后方为师其好意,而弃其不合时宜者。一切理想和制度须经得起逻辑的推敲、覆按和证伪。

"民欲与之偕亡"。故中国人反对过度资本主义与贫富悬殊,亦是看出其中可能蕴含的社会危机。事实上,在人类已知的技术水平、生产力水平、治理技术能力或文明水平、智慧水平上,以及人类本身所存在的在智力、体力等方面的一定程度的差异的情形下,任何社会在任何时候都不可避免地存在一定程度的贫富差别,但如果本诸人道主义思路,则任何社会都应当反对过度的贫富悬殊,后者既不人道仁义(经不起深刻的道德拷问或人道主义拷问),也一定会造成更大的社会问题,乃至付出巨大社会成本。就人类世界整体而言亦如是,世界范围内的贫富差距悬殊过大,包括国与国之间的贫富差距过大,比如今日世界范围的南北差距,或所谓发达国家与发展中国家、第三世界国家之间的差距等,同样是对整个人类道德水平的考验和尖锐拷问,亦对世界和平、和谐和繁荣提出了深刻的挑战,不可装作视而不见。

儒家"与民偕乐"之义理,必然会发展推导出民本社会主义或荣誉君主而民本立宪制。所以义理本身是有其一定好意的,就怕不真正坚持，或不能进行彻底的逻辑推演，以此推导发展此种真正的儒家义理。

“惟有贤者然后乃得乐此耳。谓修尧舜之道，国家安宁，故得有此以为乐也。不贤之人，亡国破家，虽有此，亦为人所夺，故不得以为乐也。”①

所谓有其德（福）命或无其德命享其乐其福。故有聚财争权而不得福之事，亦有不敛财逐权而自得其福之人之事，此皆以其德命别之矣。故人当以修德立命为先。

“麀鹿，牝鹿也。言文王在囿中，麀鹿怀妊，安其所而伏不惊动也。兽肥饱则濯濯，鸟肥饱则鹤鹤而泽好而已。”②

“《汤誓》，《尚书》篇名也。时，是也。是日，乙卯日也。害，大也。言桀为无道，百姓皆欲与汤共伐之，汤临士众誓，言是日桀当大丧亡，我与女俱往亡之。”③

梁惠王曰：“寡人之于国也，尽心焉耳矣。河内凶，则移其民于河东，移其粟于河内。河东凶亦然。察邻国之政，无如寡人之用心者。邻国之民不加少，寡人之民不加多，何也？”孟子对曰：“王好战，请以战喻。填然鼓之，兵刃既接，弃甲曳兵而走。或百步而后止，或五十步而后止。以五十步笑百步，则何如？”曰：“不可，直不百步耳，是亦走也。”曰：“王如知此，则无望民之多于邻国也。不违农时，谷不可胜食也；数罟不入洿池，鱼鳖不可胜食也；斧斤以时入山林，材木不可胜用也。谷与鱼鳖不可胜食，材木不可胜用，是使民养生丧死无憾也。养生丧死无憾，王道之始也。五亩之宅，树之以桑，五十者可以衣帛矣。鸡豚狗彘之畜，无失其时，七十者可以食肉矣。百亩

① 焦循，《〈孟子〉正义》，p45。

② 焦循，《〈孟子〉正义》，p46。

③ 焦循，《〈孟子〉正义》，p49。

之田，勿夺其时，数口之家可以无饥矣。谨庠序之教，申之以孝悌之义，颁白者不负戴于道路矣。七十者衣帛食肉，黎民不饥不寒，然而不王者，未之有也。狗彘食人食而不知检，途有饿莩而不知发；人死则曰：'非我也，岁也。'是何异于刺人而杀之，曰：'非我也，兵也。'王无罪岁，斯天下之民至焉。"

掌行公事者固然首当尽心，但仅言尽心亦不够，尤当有正确法度，且当有正面优异效果，则民至焉。利民应有正确法度，故当求知、谨慎、务实、科学、先进（与他国他处进行横向的共时的借鉴比较，乃至世界范围内的和其他时代的纵向的历时的比较；开放性等）；应有优异效果，故当注重效率、科学、先进方法等，不可以尽心一语而搪塞、敷衍塞责之。"尽心"之说太过主观，别人难以判断，故尤须同时注重能力与绩效，而由公权力暂摄权位者所服务之对象即百姓国民评估之，黜免暂摄公权力权位者或官僚、公职人员队伍中之能力不够、绩效不至者，而另选有德才绩效者替换之，以此形成一种外部督促压力或毁誉机制，促使其为民为国兢兢业业、殚精竭虑、尽心尽才。（遵所谓"先王之法"——今则曰宪法、行政法等公法以及其他法律，即现代法治——，而后"既竭心思焉，继之以不忍人之政，而仁覆天下矣"《孟子-离娄上》）。

就其（儒家学说）作为古代中国治国学问体系，或作为掌握公权力者之学问体系或教化体系，这一儒家学说的重要功能之一而言（此外还有作为国民思想文化教育体系或教化体系等功能），此节孟子先言为民制产、利民厚生，后言庠序孝悌之义教，则可知孟子并非不言利也①，尤非但言迂阔之仁义而不言利民也。谈及庶民或民众，则安民利民即是仁义之第一要义，而后或同时乃为教

① 公利即利民（利于全体人民乃为公利），利国当所以利民也。欲利国而利民，则须当有利民之制度，以此制度将国利顺利转为民利。利国倘无利民之制，比如严格之预算法等，则利国便变成利"国之大蠹"也。

民。孟子于此处谈安民利民，颇有法度组织，乃可视为农业文明时代之经济战略（均田、制产、授时、蚕桑等，而使民有衣服（衣裳）、食肉，而养生丧死无憾），成一自足农业经济和社会秩序（至于这是否当时之社会事实，则为另一事，后之学者或有论焉，此不赘言）。岂可谓儒家不言利哉！今日于此言之，则曰：（为民制产、安民）利民为第一义（民者，庶民也，兆民也，全体人民也），（人格与机会平等、自由、尊严、普遍基本人权之）仁义为根本义。

倘若君臣官员但曰尽心而实效不至，则仍是不尽心，或等同于不尽心（而不可仅仅以一句“君王或臣官无能”所可搪塞；且无能则当让贤也，比如古代中国之罪己让贤、引咎辞职；又比如现代西方之选举制，政治绩效不彰，则选黜之——选举而罢黜之），民不赞与焉（而可罢黜之，另择贤者代之，乃至问责惩罚之）。“尽心”一词并不构成充分的统治合法性。然后世之君主或统治者每以此自我辩解文饰，或悍然霸占，或觍颜无赖无耻而尸据其位，而不去之辞之（贪权恋栈，或俗语所谓“赖在位子上不走”）。其实，寻贤访贤进贤让贤，亦是古代政治伦理中之一维，所谓“吾自德能不济，思及庶民乡党之福祉，亦将百计千方寻访，思觅得贤能兼优之士以造福一方也”，此之谓王位禅让之外之地方或基层之让贤。本诸公心，推贤进士，此类高风，古今皆有，传为美谈——虽则古亦不多，而今尤失之。

于治国而言，“尽心”一词乃无用之空言，必当责乎实效而后可。即曰尽心，亦当由国民或民众来判断然否，非是君王、官吏一语自定之。民众可多方比较问责之，而责之曰“汝尽心否？”“汝何敢言尽心？”等等。而有相应之制度设置，以实施、责成、纠错、问责、改弦更张之。

保证老百姓的最基本之日常生存生活需要，才是王道最基本、最起码的要求和起点。养生丧死即当时之两大重要生活内容。今则不可仅及于此两者，于国政或内政言，而当根据生产力发展水平，乃至本诸努力赶超世界先进水平的要求或志向，而多方扩展国民公民权利、公共福利和社会保障等。于外政或世界范围内的影响、贡献或责任而言，尤须有更高理想和担当。

小农经济时代，人口乃重要实力要素之一，统治者亦将人口视为实力之象征，故愿以所谓仁政招徕远方之民，乃至异国异族之民①（基于此种形势或考虑，故在中国古代的一些时期，尤其是先秦，当时之许多贵族统治者并不特别注意种族之分，倒是更为关注家族之分；不是特别注意种族利益或民族利益，倒是更为关注家族利益而已），有时或稍有区别对待，然亦或有并无区别对待之情形，（自统治者一面而言）而皆被统治者视为创造财富（税收劳役等）之重要凭藉乃至工具，此种情形遂亦造成当时之民族、种族观念相对淡薄，而各民族互相杂居融合也②。一旦人民被国君或统治阶层等视为生利之凭藉或工具（即被视为国君或统治阶层等之生利工具），则统治者便会千方百计罗致之③，或以善政得人，或以征战侵伐掠夺土地人民，乃至以攻劫为奴或奴隶买卖得人，等等。从而，无论是以暴力、谎言，还是或虚伪之仁政（如霸道之君假仁假义）或真诚之仁政，使得人口大增，遂乃利用之以遂国君家族或统治阶层群体之私利，或强

---

① 实则今日世界亦多招徕移民以充实本国相关领域之劳力之做法，不过方法亦多样，比如，非移民国家严格控制此种招徕来之外来劳动力入籍，仅订立劳动合同，合同结束则劳动力当回归母国（比如日本的所谓“研修生”制度，实则乃“劳务派遣”耳；联邦德国早年即二十世纪六七十年代的“外国劳工”，尤其是土耳其劳工和意大利劳工等）；移民国家则通过各种移民政策，来吸引和接受本国所需要的人才，并要求或帮助其融入本国文化和社会，而同时拒斥其他不符合条件的试图入籍者；此外还有其他种种多元化政策，及其歧异处。

② 其实当时之家族观念更强，民族种族观念亦有之（所谓“夷夏之辨”），而在等级制上稍有体现，但比起印度等的种姓制度等严酷等级制度，中华文明在对待民族或种族差异方面，还是要宽容温和得多，此亦中国能成其大之缘故之一。

③ 一定意义上或一定程度上，在某些时代的统治阶层眼里，其对本民族和异民族之人民乃是一视同仁，都视同为生利之工具乃至奴隶而已，所以并不真的像其在需要得到本民族人民支持的时候，所倡导宣扬的那样“为了本民族的利益”，而根本就是为了王室家族或统治阶层的利益而已，私人和阶级利益优先，国家和民族利益其次，故才有后来末代满清“量中华之物力，结与国之欢心”那样无耻的卖国卖民之声言，原因即在于此。

行征召作武士、战士而成国君贪欲之炮灰或刀酱（当思土匪得民之目的与后果）；或则成为横征暴敛而不断盘剥劳役之的对象（财源），或则成为农奴乃至其他各种直接或隐微之受奴役受剥削之状态等。人民倘无权利，人口再多也只是被利用榨取的工具而已（巧立名目，强征暴敛）。此后则有马尔萨斯的人口理论。人类的理想社会是，任何人都不再被视为任何人的工具而被“爱”或被对待（以其他各种虚伪的借口），这适合于人与人相处的所有形式或情形。

当然，以上是从消极负面的角度来立论，而其实，与此同时，古代中国亦确实不乏某些时期或朝代，其君王或统治者抱有较为纯粹的王道仁政的理想（甚至包括某些异民族及异民族开创的朝代，熏陶感化于和接受华夏天下主义的文化理想或仁善好意），及其一定程度的王道仁政的历史事实，或历史叙述与历史想象（比如孟子或儒家对于尧舜禹时代的叙述），此则中国自文化初创以来便逶迤不绝之天下主义、王道仁政主义传统（而非仅仅的民族主义传统）[①]。在末世或战乱的时代，在民族交流和杂居的许多情形下，虽则一方面固然存在着尖锐的民族矛盾、民族隔阂和争端，在文化精英阶层尤其存有较为浓厚的民族观念，另一方面，也确实存在着民族观念淡薄和民族浑融的情形，无论是中国主体民族还是周边少数民族，往往亦有本诸天下主义，乃至少数民族借用华夏天下主义的文化体系和话语体系，而有重整天下的“理想”、思路或实质行动（虽然在这过程中，统治民族对不同民族亦确实有所提防，但未必全是以赶尽杀绝的民族屠杀乃至民族灭绝为目的。某种意义上，有些异民族能够承接和借用华夏民族或中国民族开创的天下主义传统，亦是因受中国文化中正义的、仁慈的、仁义的王道仁政和天下主义的那一面的长期历史感化和文化感化所渐渐达成

① 民族主义传统（夷夏之辨）和天下主义传统同是中国文化和中国历史的主流，而共同成就了中国的历史与发展。

的——当然，从其负面或现实主义政治的一面来看，也是为了统治与压迫的需要)[1]。这是中国成为中国，中国历史文化延续至今的重要原因之一，亦是中国文化的重要贡献之一。

“以五十步笑百步。”孟子此处，不是仅仅就结果看结果，就事实论事实，乃是追本溯源，寻其原因或因果，补充中间缺漏环节，而作前因后果之整体分析，故问题便更为显豁。而统治者往往故意截断众流，孤立论事，隐匿前后因果本末，推却责任，或回避根本问题与根本原因。孟子则揭露斗争之，此士人、知识分子之真价值也。统治者何能作无辜状，乃至自夸(自伐)其仁政耶！实则或颟顸不悟，或虚伪罔民而已。孟子不看孤立现象与表面现象，尤重务本。政治之本立，方得其政治合法性或统治合法性。不务本而矜夸其面子工程，恰是失职，且失德。质言之，此同样是有针对性之言论，孟子于此并非完全否认赈灾移民之做法的价值，而是批评梁惠王与邻国一样，在施行仁政方面做得不够(小恩小惠，表像，形式主义，面子工程等)，或同样盘剥虐民太甚，而只不过稍有程度差异而已(所谓“五十步笑百步”)。因为梁惠王在务本、富民、爱民之根本仁政方面，实际上并无真正表现[2]，盘剥侵夺太厉害，故使得其赈灾行动看上去不过是未触及根本仁政的务末的做做样子罢了。

“不违农时”之说，乃批评梁惠王轻用民力，“夺其民时农时”也

---

① 在文化上、理论上和在历史上、实践上，包括华夏民族、华夏边缘的少数民族在内的中国民族，乃至更为边远的周边民族等，共同推动了天下主义的形成和发展。

② 每个时代都要追问：国家、政府或所谓统治者(现在一般不用“统治”这个概念，而代而使用国家公职人员这个概念，并且是暂时的，并不能永远占据这些职位，也不能公权私授，离职或退休即成平民。政府官员和公职人员亦不过是由民选而来的暂摄权位者或暂时代理人而已，真正的权力来源应该在于全体国民)的根本性的务本、富民、爱民原则和政策应该是什么呢？政府和所谓统治者有没有真正在这方面着力呢？有没有好的相关思想、思路和政策、制度等可供借鉴？国家现在存在的根本问题是什么？或存在哪些问题？政府有没有真正去思考和解决这些根本性的问题？具体思路和措施是什么？或者，竟然连这些如此明显的严重问题都看不到吗？抑或只是本末倒置，在务末的方面装装样子？乃至抑或是根本就不敢提及？等等。

(比如劳役、征战之事),即所谓的“好战”、“嗜杀人”、穷兵黩武、穷奢极侈、极欲而多使民劳役等。

鱼鳖涉及食,林木涉及住及棺木(丧葬),故为养生丧死之根本。此是务本之作为。一者,国君或统治者不可将鱼鳖等资源一网打尽,而让庶民无所生存资源之供给获得;二者,国君当教导统治阶层及人民皆有节制,以利于可持续性发展。

“五亩之宅”云云,此即孟子治国亦言利重利之表现也。前文言仁义则重上对下之仁心义矩,此处言利民之经济政策,则恰为上之仁心义矩之具体表现也。当然,庠序之教、孝悌之养,则不尽是经济政策,而尚有文教、社会政策也,而为孟子治国之大纲大本。此一经济纲领即小农自足经济体制,而解决衣食、养老等之最基本生活需求或生活内容。

孟子数言七十者,即言养老之事也。七十,即老人、老者也。养老在古代乃尤为重要之大事,文王即以此(善养老)得民得天下。周代庠序之教本来就事关养老(国老、乡老等),可见养老及孝道在其时之极其重要之地位(此亦是中华文明之善意与价值之一、之所在。当代西方或有养老保险与养老院之类,然中国之养老则包括情感层面之安排,似乎亦多现代启发和借鉴),关乎国家统治合法性、道义、号召力等。其实其时之庠序之教,亦可谓是经济政策之一。

“王无罪岁”应是对公权力、统治者的根本要求,或公权力代理者的行事原则之一,如此则为真尽心;倘不能主动尽心尽力,而罪岁以文饰自辩,是失职失德,便根本无统治合法性。

古代所谓“罪己诏”之政治哲学之含义或分析。现代政治的问责方式则不再是古代的所谓“罪己诏”(此处乃在比喻意义上来使用这个词语,实则涉及古代君臣或一切所谓政府公职人员),而是引咎辞职(比如大过而即免、即问责,小过而记过警告或三诏而自免等,比如弹劾、罢免等,而皆在宪法、行政法等公法中有明确规定),或被依法、依程序问责,或被选民罢免,等等。此可知:身居上位不徒为权力威风与荣耀，亦有责任保民安民而免于天灾外患人祸，不然则未尽责、未尽心，而应有相应之责罚，或自责或他责，皆以明在上位者之权责相应也。此又可结合《尚书-汤诰》“其尔万方有罪，在予一人；予一人有罪，无以尔万方”作关联分析（政治哲学）。质言之，古代政治哲学乃将保民、安民视为不言自明之职责，否则为渎职，或政治本身有问题，而皆当改弦更张之——包括更张其制、其人；无论是在专制时代，还是代议制时代，倘国家国民有难，则罪在上，在制度，在政策，在公权力——因为他们是唯一被授予权力来制定制度、政策和管理国家的人群。

倘以小人之心度君子之腹，而以性恶论、功利主义、经济学或经济人预设等之思路来论，则或亦可作如下解：古代人丁稀少，故国君重民，重民乃所以增加赋税（盘剥机会）而得国君一家一己之财富享乐也，未必就全是今日之“民胞物与”之同胞、同民族之爱民亲民之意，尤非民本、民主（故亦可说其时民族观念淡薄，因为民族观念深厚便必然因爱民亲民而取民本、民主、人民人格人权平等之制）。怀柔远人之意，亦复或有如是之意。然此亦只是事情面目之一，同时亦确有“王道仁政”、“民胞物与”等方面情形，上文已论及，此不赘。

某种意义上，有时，王之愿行王道，恰以私天下意识与私天下事实为前提，因在私天下之情形中，此民乃吾王之小民，乃吾王家王族之衣食赋税之所仰给者，故不盘剥过甚，而实行开明“契约”等级制（其实，当时并无后来西方所出现之契约政府之观念，此处用“契约”一词，乃意指统治者有隐约的“界度义矩”的想法而已）或其他义法等级制形式（比如礼乐制度或礼义体系等）。同时暂生同舟共济之共同体意识与同胞意识，一方面一致对外，同时又想方设法提高吾民同胞之福祉。“谨庠序之教”一句，便是由政府（君王）提供公共产品、制礼作乐（行为规范）、维持社会秩序与社会和谐之社会文化安排（即使其本质乃是开明等级制，而用以维持统治者之有限与有度之利益）。“五亩”、“鸡豚”两句，亦是为民制产，天子劝农

（经济政策）；“百亩之田”一句，既可视为督促庶民生产自给，亦可视为君王与庶民之间的权界规定。此外，有的政体未必是君主制，而是其他的专制形式（某些权力阶层成为既得利益阶层或阶级，无形中形成阶级压迫与阶级剥削社会，甚至比君主制社会——尤其是所谓的儒家设想或想象中的理想的王道仁政君主制——还要黑暗残酷得多。）

孟子虽曰不言利，其针对性之意乃指王者不可言私利；至于庶民，则首申利民政策规划：君王政策之第一事，乃不牟私利（因为当时之先王之制已对王君卿大夫之私利作出了法律或法度上的确定安排，亦即孔孟所认为合理的礼义、礼乐之制，不可另行更张扩充）而谋民之利益经济；同时申之以正向家庭和睦、社会和谐之伦理秩序、文化社会政策（制礼作乐）。

“狗彘食人食而不知检，涂有饿莩而不知发。”此皆是因王重私利之所致。

孟子此种包括土地政策在内之经济政策有其好意，然能持续否？比如，倘若人口日繁，土地不敷用，则如之何？垦荒、拓殖、开疆？今之殖民火星？发展高科技以利用昔日不能利用之土地或地域比如沙漠、草原、盐碱地、高寒高原地区、高纬度高海拔地区等？抑或发展其他高科技形式？地球之有限生存空间与世界人类日益繁衍增多之间之矛盾如何处理和平衡？[①] 此又皆涉及合法性拷问、公平性拷问、伦理学拷问，当深思之。

---

① “幸好”人类是有限生命，不能长生不老，而自然更替代谢，否则这样的问题岂不更加严重！但即使这样，因为不同的文化导致不同的人口繁殖比率，仍然存在着在世界范围内争夺有限生存空间的问题。而当这种争夺往往是以各种主体形式——比如氏族、家或家族、种族、部落、地域、民族、国家、其他各种共同体形式等——来参与的时候，问题就变得尤为复杂。那么，世界范围内之文化安排是否可能？如果说这几乎是不可能的，那么最终的结果就必然是自演化，说得更残酷一些，就是人类无所作为而只能是达尔文所谓的包括人类在内的生物界的“优胜劣汰，弱肉强食、物竞天择、适者生存”？康德提出的“世界和平”的论题毫无意义？……

“然而不王者，未之有也”以上，皆讲经济安民、富民，不夺民财，以及藏富于民等。

斧斤、数罟云云，当先追问：是王君卿大夫抑或庶民之斧斤与数罟呢？倘为前者，王侯自当（亦本当）不可专享侵夺民产民利；若为后者，则（按孟子之思路，似认为）王者有教民技艺（当时为耕种蚕桑以及百工器物等之技艺）之责任。然而王者为天纵异秉而能于一切技艺皆有创制先进乎？故此亦必非王者一人之功力，而为社会上之能工巧匠、技匠专业人才也。王者但一组织人才而已，或其功职仅在于构建组织架构与法度架构而已，如此，则王者非古之世袭王者，实乃为庶民中优选之各种文化思技精英暂摄其位，及其代理殚精竭虑而为国为民构筑之一时期内相对合理持续之公共制度、组织与先进技艺也。

五十步、百步云云，言其皆未行王道仁政，一味聚敛、侵夺、侵略（对外），而以口惠、小恩惠遮掩塞责蒙蔽也。

“数罟不入污池，鱼鳖不可胜食也。”赵岐注曰：“数罟，密网也。密细之网所以捕小鱼鳖也，故禁之不得用。鱼不满尺不得食。”此处可介绍与对比德国对钓鱼的相关详细规定，以及国际国内之渔业规定（休渔期制度等）；又可对比国际素食主义运动、动物保护组织等理念、运动等事宜。

“斧斤以时入山林，材木不可胜用也。”此可联系“可持续发展”、“生态主义”等论题讨论。或问曰“草木植物被砍伐时会疼痛吗？其有生命与意志否？”

“五亩之宅，树之以桑，五十者可以衣帛矣。（庐井、邑居各二亩半以为宅，各入保城二亩半，故为五亩也。树桑墙下，古者年五十，乃衣帛矣。）”（注见下文）“五亩之宅”云云，可介绍其时之田庐道里之二元居住制；“五十衣帛”亦涉及古代礼制。在某些时代，庶人以及刑余之人乃至商人，不可服采衣帛；五十以后可衣帛；且七十非帛不暖。

赵岐解“五亩之宅，树之以桑，五十者可以衣帛矣”一句曰：“庐井、邑居，各二亩半以为宅，冬（或写作“各”）入保城二亩半，故为五亩也。树桑墙下，古者年五十，乃衣帛矣。”[①]焦循对“庐井、邑居”等又有详细解说[②]，此可对照游牧民族“转场”及现代挪威人往往有城市寓所与乡村度假屋之二元居住制。

“勿夺其时”、“无失其时”，力役亦有法度限制，一则（人民）权利，二则便其务农，今尤当申前义（权利）。

“七十食肉”云云，乃言老（幼）饮食之特别要求，不可造次为之，此孝老爱幼之题中应有之义。

此则长幼或老幼之礼义仪行，敬老爱幼。敬老则为孝养关爱（代劳）父母长辈之义务与情意，爱幼则为抚养、关爱（代劳）子女之义务与情意，皆不可遗弃虐待也。

前言为民制产，此言王道仁政、赋税、赈济（税收法定 vs 仁政赋税），赋税有法度及赈济有法（社会保障制度）。

“言人君但养犬彘，使食人食，不知以法度检敛也。涂，道也。饿死者曰莩。《诗》曰：“莩有梅。”莩，零落也。道路之旁有饿死者，不知发仓廪以用赈救之也。”[③]

“狗彘食人食而不知检，涂有饿莩而不知发”，“检”，乃检敛也，检敛之法；“发”，则赈济及其常设法度，则赋税平准（籴粜）、赈济之仁政法度，两句互文见义，非仅谓检束之意。

由“检敛”而引出孟子本意，乃在言平准救济之根本法度。应劭言原则，颜师古言措施方法，实则一也。则孟子批评惠王或不知为政之法度根本，或知其法度根本而因私心故弃本就末之小恩小惠，欲以遮其行政之大失也[④]。

---

① 焦循，《〈孟子〉正义》，pp55—56。
② 焦循，《〈孟子〉正义》，pp55—58。
③ 焦循，《〈孟子〉正义》，p59。
④ 焦循，《〈孟子〉正义》，p60。

故下文直言以政杀人，则此讥非其未能主动作为、行王政、仁政、善政者也，而言谈极有逻辑，非东拉西扯地闲谈。此有两层意义：一者因其时有先王之制、王道仁政之成法、标准，故可对照而知惠王乃“口惠而实不至”，行政未能合于既有之成法、善法，而弃本就末，弃根本而为末之小恩小惠，意正在欺蒙塞责也。二者，即无成法，亦当主动思求之，创根本善政仁政，务行政之根本，务法度，而非一味权宜、务末、无法度、拆东补西、就事论事，此皆无能无意行善政者也。

王无罪岁，则王当思有仁政、善政，(主动作)为政。无能无意无为则去之。

此“兵”指兵器(王兵)，秦汉以后始指执兵之人即士兵。

梁惠王曰：“寡人愿安承教。”孟子对曰：“杀人以梃与刃，有以异乎?”曰：“无以异也。”“以刃与政，有以异乎?”曰：“无以异也。”曰：“庖有肥肉，厩有肥马，民有饥色，野有饿莩，此率兽而食人也。兽相食，且人恶之；为民父母，行政，不免于率兽而食人，恶在其为民父母也？仲尼曰：‘始作俑者，其无后乎！’为其象人而用之也。如之何其使斯民饥而死也?”

倘使民陷于贫困饥饿，犹率兽而食人，则非仁政(贫穷不是仁政)；倘有特权享乐或贫富悬殊，亦非仁政(贫富悬殊不是仁政；特权享乐亦复如是)；则其君王统治者便无资格“为民父母”而掌权治国治郡县乡里。然则其后若何处置？或曰下“罪己诏”，改弦更张(如何更张，更张之人力、智力资源何在?)，或曰引咎辞职、推进让贤(何处得贤，如何判贤?)，或曰吊民伐罪、罚罪君主而另择贤君统治者(何人能吊罚，其实力足够乎，吊罚之后如何?)(《尚书》、《孟子》等皆有所谓“吊民伐罪”之说)。然而，倘若一再改弦更张，亦可说是一再误民，显见其人无治国之能力才华，则一再下“罪己诏”之法亦不可行；而另择君王如果一仍其旧，对国家治理和民众福祉，亦是沉重代价，亦不可。两者之成本皆大(则其制度根本便有问题),不如思以预先创设良好之制度(当然必须首先经得起正当性的拷问),选择贤能之人为之,并有正常的、制度化的权力轮替嬗递或转移机制,而避免前两者之巨大损失成本。故可知没有预先之合理选人用人制度,合理之制度制约和督责,而仅以事后之监督和罚罪,亦并非万全良策,而仍须设立制度预先督促责成之。质言之,若设立一制度(包括选任制度与督责制度等),而后选择优异人才,并对治国行政者维持一种责勤、责智之压力,方可。如此,则将事先之正向积极督责和事后之消极问责结合起来[①](另外加上先期之人才养心养德之文教内容体系和制度)。倘无预先积极督促、制约之制度,而多舞弄贪腐之空间,引诱人性弱点发露,亦可谓陷士官于敷衍塞责、舞文弄法等不义之地,是"陷士"、"陷官"也,与"不教而战,是谓弃之"("以不教民战,是谓弃之",《论语-子路》),正乃一回事耳;倘无预先更合理之选任制度来选任更高才智禀赋贤德之人,而让才智禀赋贤能等有所不足之人选任其位,则是将不合格或不合适的人强行置于其力所不及或智能所不堪或不足的位置上,既

① 好的制度,都应在这两方面未雨绸缪,预作安排。西方有权力制衡、三权分立、限制公权力(公法、行政法、程序法等)、程序法治、专业化和法治化事务官或文官体制等政治机制和监督问责机制;在选任制度上,文官制度实行公务员考试制度,政务官实行民主选举制度——实则以专业化和知识精英化等为基础的公务员考试制度乃是积极选任制度,而以政党轮替为基础的政务官民主选举制度乃是消极选任制度。执政党的政绩不好,则在下一轮民主选举中被淘汰,这和中国古代皇帝的"罪己诏",虽曰根本不同(一者下台,一者不用下台,只须自我批评下即可;一者为民主,一者为独裁),其实亦有类似处,即都可能造成巨大损失成本。因为缺乏必要资格条件限制的民主选举也未必能选出贤能的治国者。故较好的方式乃为结合公务员考试的知识精英选任制度和政务官选举的民主选举制度,即对不同层级的政务官选举者规定相对更高的德智能资格(文教资格尤其是对治国学术体系的掌握等),以此选出相对更好的政务官——具体制度当然应有更严密之设计。不过,此亦只是相对言之,因为即便如此,也仍然未必能全然避免可能的损失成本,只不过后者通过严密合理之制度设计,尽量将这种可能的损失成本及其机会或空间等降低到更小程度。其实,民主选举或政党轮替制度本身亦是为了将此种损失成本降低的一种方式之一也。

是误人（包括被选任的德智慧能有所不足之人和未被选任的更优贤能之人），尤是误国害民也（国家治理实绩无形中降低）①。总之，在治理国家方面，第一须有建国立极之根本方略筹措，制礼作乐（皆当有充足之正当性、合法性、合理性和有效性等），使官民皆有正向积极之作为空间；制度之大本根本确立后，便不当朝令夕改，而切实奉守之（守法或法治）。

民有冻馁惨死、邪僻蛮横，则国（君）之耻也，亦制度、文教法律体系或治理之耻也。谓之刁民，岂非教化仁政不正不力邪？又以酷刑虐毒之，何忍于心？而竟全然推卸责任?！是无耻也。

以政杀人，此句极为吃紧，当深思深味之。

既曰人治（君治、德治或贤人政治），则万民若子，有一民不乐，国君、地方官之耻也，而引咎罪己，励精图治而富民，抚恤关切贫弱，乃至另觅贤者以代己。当然，首先仍在立制，以制度之善及于一切国民，其有制度万一之遗漏不及者，然后乃用抚恤之政策，而仍有机制法度（即抚恤之制度或立法，如今之社会保障制度立法或社会慈善事业立法等）②。于前者言，乃以正当合理先进之制度创设和法治建设，发展全民文化教育，发展科技，发展经济，创设合理市场机制，提供政府公共产品，创造就业机会和岗位，兆民各得经济收入，各得和乐生活；于后者言，则有各类社会保障、抚恤制度等。

国家、国民有难或多难，长期不得其正其繁荣，则其责任在于得位之统治者或官员、公职人员，在于其弊政、恶政、乱政等，故其

---

① 当然，德智慧能之判断评估也是一个难题，难以绝对化，但今天终归有一定的大致公认的标准；而在相关科学昌明、对德智慧能的理解更为全面深刻的现代社会，亦不难定出一个大致的评判标准，以及更为合理的评估方案与制度，据此进行人才选任。这亦是有相关心志的学者所当努力探索者也。

② 用孟子自己的话来说，就是先要有相关经济政策，如“为民制产”等，然后又有对于鳏寡孤独等的优恤政策，“文王发政施仁，必先斯四者。诗云：‘哿矣富人，哀此茕独。’”（《梁惠王下》）

统治者便无执政治国之资格，“恶在其而觍颜自居为民（仁民仁人）之父母也”。

民有——乃至民多——惨死之事，皆罪在恶政也。

“杀人以刃与政，有以异乎？……庖有肥肉，厩有肥马，民有饥色，野有饿莩，此率兽而食人也。”此句极吃紧，亦可作关联思考，比如：如何看待当今之养宠物之事？倘有贫富悬殊、“路有冻死骨”，人兽待遇悬隔，而人间又有对极端贫苦之人无动于衷乃至百般欺压刁难歧视之事，则问题究竟在哪里，而责任又究竟在何方？是对个人进行道德义愤之指责，还是更应该进行制度批判或文化批判？等等。此亦当举一反三而深思之。举个例子：私有财产权当然很重要，甚至，正如一些人所宣称的那样，在一定意义上、一定程度上和一定前提条件下，乃是文明社会的标志。然而，亦有人十分警惕，而曰：倘只是一味侈谈私有财产权，不去谈论或追究当下社会财产分布的现状（尤其是巨大贫富差距和贫富分化），以及某些群体个人既有财产的可疑来路或渊源，或完全不谈财产本身的社会属性，不谈社会道义，不谈以法治的方式回馈社会，或达成全国范围乃至世界范围内的一定程度的均衡状态，则这样的所谓私有财产权制度亦是不完整的、不合理的、偏颇的，甚至是居心叵测的（昧着良心），比如试图以此将某些既得利益者或阶层的非法的、不公平的、不平等的财富掠夺所得，以及巨大贫富分化或贫富差距、社会鸿沟等，予以合法化、固定化、永恒化。这却确实是需要深入思考的一个重要论题。何谓“以法治的方式回馈社会”？此则涉及税收[①]、财政、预算法、企业社会责任、再分配、社会保障、公民福利、公共设施和公共服务、环保、慈善、基本人权等多方面，亦当深入申论之。

其实孟子或先秦原始儒家也并非说君王便必须为公仆，大公无

① 合理税制、税率等，比如税制统一和税制简化，又比如累进税、遗产税等。

私而像奴隶一样为民服务，相反，孔孟都主张、维护和赞同建立在其所界定的宗法别爱意义上的道德仁义基础上的贤德贵族统治者的不过分不逾矩的等级制利益，在这种等级制度安排下（先王之制），王君卿大夫士民等，各有特定身份，而皆有严格之经济等级制安排①，而在俸禄和礼仪上皆有相应之安排，贤德高位者和一般平民的收入差距甚至非常大。这在根本上当然仍然是等级制、特权制，以现代之眼光或政治哲学来看，当然有其根本问题；但在当时，仍可谓是相对开明（并不是盘剥无度或绝对的专制剥削制度），且因有一定之法度而可谓之其时之“法度之治”（虽然在根本旨趣上和现代法治的概念并不一样，但先秦儒家的“法度之治”或“法治”概念也仍然有其历史价值）；并且其时贵族和官员比例（亦即现代所谓的官民比例）毕竟相对很小，越是高位者，数量越小；同时由于地广人稀，一般民众亦可得到很大的一块土地，如果贵族统治者同时遵守“先王之制”中的有关十一税或薄税敛等的规定或法度的话，则民众也能获得较好的生活水平；所以那样的“先王之制”、制度安排或“法度之治”，第一不会影响一般民众的生存和较好的生活水平，第二也不会给普通民众造成太过沉重的财政负担②。但孟子反对违反“先王之制”而臻于完全无法度或超过界限的无度的横征暴敛（坚持王道仁政，即坚持“先王之制”，以此作为当时政治正当性的根本来源），这是孟子的政治哲学的进步意义所在。用今天的话来说，必须税收法

---

① 在俸禄方面稍类于今之法定工资等级，但不可有其他灰色收入和权力寻租收入等。两者的不同之处在于，现在的法度乃曰宪法、行政法等公法与法治；其时的法度，乃是王法或王道王治，亦即“先王之制”。其时的“先王之制”，即由商汤、周文武王及其贤臣伊尹、周公等定下的制度，换言之，其时的政治正当性来源乃是先王或贤王的道德及其定下的所谓“先王之制”，而现代社会的政治正当性则有不同来源，有兴趣的读者可关注马克斯-韦伯的相关论述。

② 但随着人口的繁衍，平民群体和贵族群体的扩大，民众所可获得的诸如土地等的生产资源越来越少，官民比例不断升高，那种过分悬殊的俸禄制度便很难持续下去，而造成其后的种种政治问题。

定(合法性拷问),且法不可过度(法律本身的正当性拷问),即税率必须合理,不可过高(当然亦根据福利国家和一般市场经济国家等的制度的不同,而相应地有所不同)。等等。

倘所实行者乃全能政府或专制政府之制度,则如果国或地方有民之无辜惨死贫困者,皆国家与地方政府之耻辱与罪过也,皆须引咎辞职或罪己致歉于国民郡民也。古往今来之政府有此廉耻否?亦即第二卷所言之“四境之内不治,则如之何”之意。倘是制度问题,便须改进乃至革新制度,而不是一方面一味推卸责任于制度,另一方面又无动于衷,而制度的既得利益者继续心安理得(无耻)地大吃人血馒头。

“率兽而食人”、“斧斤以时入山林”云云,可见其时孟子首重人道、人权,未提及生物道、生物权。今则何如之?比如动物保护组织之观念或动物保护主义、环保主义等……

孔孟当然谈及过或试图说明君王统治权之来源,甚至还质疑君王地位之合法性(孔孟对这两者的谈论亦有所区分,比如尧舜禹之奔走天下与禅让,比如汤武革命、吊民伐罪,比如“天命靡常”等),但从未谈及君主全民诠选问题(孟子只说“天与之,天或神受之,民受之”[①]等)。譬如今之民治或民主社会中之对于总统、总理等政务官之基于民本民治观念和合理严密严格程序之民主选举等。

“章指言王者为政之道,生民为首,以政杀人,人君之咎,犹以自刃,疾之甚也。”[②]

“率兽而食人”,兼有事实与比喻之义。事实则谓或有犬豕者食饿殍之事;比喻则君卿权贵以人之食养禽兽而夺民人之食而间接致其死也。

---

① 《万章上》。

② 焦循,《〈孟子〉正义》,p64。

俑，偶人、相人、象人也。俑，踊之假者，跳也，比之不能转动之束茅而为之刍灵，而能转动跳跃，尤象生人，不仁，故孔子斥之。邾娄人执鄫子而用之祭；秦伯（秦穆公）任好卒，而以三良（“子车氏之三子奄息、仲行、针虎为殉”[①]）殉葬；鲁以俑人葬而孔子叹。

“无后”，解多作“无后嗣”，吾以为或有三义：一者，无其后之尤其恶劣者乎？此则“见其所始，即知其所终”之意，焦氏之意似亦类此；二者，无后嗣，则孔子斥责诅咒之言；三者，孔子或本乎秦穆公时以三良殉葬之事，故对其始作俑者而论之曰：“难道他们就没有后嗣，而不怕赴三良之覆辙吗？”然一二解为优，三则牵强。

梁惠王曰：“晋国，天下莫强焉，叟之所知也。及寡人之身，东败于齐，长子死焉；西丧地于秦七百里；南辱于楚。寡人耻之，愿比死者壹洒之，如之何则可？”孟子对曰：“地方百里而可以王。王如施仁政于民，省刑罚，薄税敛，深耕易耨，壮者以暇日修其孝悌忠信，入以事其父兄，出以事其长上，可使制梃以挞秦、楚之坚甲利兵矣。彼夺其民时，使不得耕耨以养其父母。父母冻饿，兄弟妻子离散。彼陷溺其民，王往而征之，夫谁与王敌？故曰：‘仁者无敌。’王请勿疑！”

“仁者无敌。”孟子此论，重人和、内政（仁政）与精神，固有其必要，然只可认作一种文学修辞手法来认识其意义，用以强调仁心仁政之重要性，否则若胶柱鼓瑟理解之，则仍有迂阔处：未论及组织法度与器具技术，亦有不良影响。只讲精神与团结，不讲组织法度、先进科学技术与器具（科学、组织等），至今尤多见此种恶果（不务实）。

乐生恶死；军纪严明；民亲其类群。

或曰：仁政可以安内，法政可以攻占（外攻），反则反之，而互为辅助（此处之所谓“法政”，乃古代中国法家之政治也）。然后者亦有似是而非处，如无仁政人和，法政攻占岂有正当性？又岂可长

---

① 《文公六年-左传》，转引自焦循，《〈孟子〉正义》，p63。

久？此只稍言一二，下文有续论，兹不赘述。

“王如施仁政于民，省刑罚，薄税敛……”以下，乃言儒家之政治纲领及社会纲领（农业社会），而乃无一语及于工商创造。此乃农业社会之建设纲领，今乃为工业社会、知识社会、信息社会等，当因时更创之，不可拘泥崇古。事实上，即便是农业社会，亦当有一定之工商创造之制度也。

内部仁政建设（内政）乃外部政治、外交、军事斗争之前提与基础。

关于“百里可王”之说，现代政治哲学中有所谓民主宪制国或直接民主制度的最佳适用范围之理论讨论，可对照分析。然两者之本意及论述重心皆不同。

“壮者以暇日修其孝悌忠信，入以事其父兄，出以事其长上，可使制梃以挞秦楚之坚甲利兵矣。”然则军队之组织性何在？仅为制度纪律？抑或亦需基于正义、情义、礼义等之组织法度否？此亦甚显豁之事也，何种组织不然！

内无仁政，不得民心，则必难战外敌。虽然前者亦只为必要条件，非充分条件。倘若内无仁政而失民心，则此时而言爱国主义，民听信否？恐或则实行恐怖统治，胁迫民众，或则而有孟子所谓“箪浆瓢饮以迎王师”之事也——倘若此时而有某诸侯国真正实行王道仁政的话[①]。固然，在许多情形下，叛军或外军敌军又岂可轻信邪？而或有外军敌军先假借王道仁政，以“吊民伐罪，替天行道”为旗号，而后虐杀统治其民；或先诛其暴君，后奴役其人民，乃至不分青红皂白一概残杀之，等等如此之事。然倘真为如孟子所言之仁义之师，诛暴君、置仁君、安民而去之，则民何必助暴君对抗仁义

---

①　如此，则此一王道仁政之国，对于其他处于暴虐国君统治下痛苦呻吟的诸侯国民，便具有极大之吸引力，而视之为王师，而奔赴归心之，而成就王道天下。故《孟子》一书中，孟子多次鼓励各国国君效文王之行事，以为如此则可以王天下，而不是如战国诸侯那样的“霸道力征”。霸道力征之开疆拓土 vs 王道仁政之王天下。

之师：征之商周牧野之战或可知矣（然此当极审慎严格，不可长一丝一毫佞臣贼子奸人之无耻投敌、卖国卖民、残害同胞之心）。古往今来，当国家形成或民族意识形成之后，爱国主义皆有其朴素之情感支撑，而几为天然之情感，但与此同时，爱国主义又往往成为暴君与恶政乱政之最后一块遮羞布或挡箭牌，或胁迫绑架民众之幌子耳。而因中国人极讲究祖先崇拜及民族历史自豪感，故此点在中国古代乃往往为暴君独夫邪政所利用。然而，暴君归暴君，对待国家主权、国家利益和同胞之情，至少在国家未曾全面消亡、未曾进入人类大同社会之前，仍须一刻不忘，而每当有残暴外敌入侵或干涉内政乃至试图征服而纳树为傀儡时，仍须奋力抗争，拼死抵御。质言之，民族国家体系世界中，爱国心乃是一种内在情感也；但在王道仁政大同天下中，则人类同胞情意、人类平等人权乃是一种内在情感也。

西周时期，统治者对于使用民力之事，同样有明确规则，同今之“税收法定”原则一样，不可扰民无度。

“仁者无敌”之“仁者”，乃是必要条件，并非充分条件，此处乃孟子有针对性之论述，故未论及其他条件。

据上下文可知，“仁者无敌”之意，乃指在当时大致相当之技术条件下，得民心者得其内政之和聚（包括同仇敌忾等），乃可不惧不仁之他国之军事侵略。因为，一者，倘若他国不仁，内政腐败，民怨沸腾，则难以形成内部团结，其军队便无战斗力，而多离心离德乃至怨恨反叛；二者，“吾人”之仁善王国中之民众皆知，倘不仁之他国君王军队侵略而统治“吾国”，则“吾国”便无此仁政王道，而吾人吾民便将不得安生，思及此，故必全力争而抗之，非仅为君王国家而战，乃亦所以为自己幸福生活而战也。故这里并非后人所想当然地以为的孟子完全不考虑其他因素条件的虚骄也。“仁者”，乃必要条件，非充分条件。

“可使制梃以挞秦楚之坚甲利兵矣。”军事上有战斗力之几种原因或前提:内部之基于公正公平的亲善团结;组织;纪律;兵器技术或兵器等之先进性;战术战略之先进合理……孟子此处特别强调第一点,实为正向务本之思想(然亦可加上今日之人类权利、平等自由等义项),然又未明言后几者不重要。"制梃而挞"云云,仍注意到了军事方面之重要性,而予军事手段以一定空间地位。内部亲善团结,则今人所谓"仁善强毅之人民战争的汪洋大海"也;兵器技术等,则飞机、大炮、原子弹、氢弹也。然以反战、反侵略为其首义也。

焦循解"制"为"掣",不解为"作",提掣把持之意,言民将掣杖而从王师,共击暴虐不义之外敌也。非谓但取或但驱民人乌合之众,无有严格训练之正规军队(王师),而以卵击石,以乌合之民众与坚甲利兵战斗也。易耨,是否有轮作之意?此段之文,主语屡变,致解读稍不易,此古汉语及古代名学逻辑之不成熟也。"深耕易耨",主语以言王者,则王者教民更耨之法;以言农民,则农民勤力农作。"民有暇日"一说甚好,优于法家之苛酷,法家限民于乡,终日劳作,以奉贪暴之君长,类于奴隶,无有其生乐。今之资本主义之某些管理制度,若不能有八小时工作制及节假日制等,则尽如苛酷奴役之法家或贪暴君卿权贵之行径。"民有暇日",以养父母妻子,乐享其生,则类于今之人权、生活权利等。人非机器,在古代乃至现有的生产力水平和科学技术条件下,为衣食生计而不得不勤力工作生产,确是题中应有之义,然倘能维持较好生存条件,岂可为奢侈生活财富而劳无暇日乎?!(又:人类倘想更多暇日,便当提高科学技术或生产力水平,给人类解放出更多闲暇时间。而如何提高科学技术和生产力水平呢?则应该给予人民充分的自由去各自探索,并保证其享受到其探索的成果及其利益,并在此基础上通过较为合理的再分配机制,既保证各人皆在不同领域充分发挥其聪明才智,又保证所有人都能享受到社会进步的成功。所以,科学技术和社会的充分进步都建立在人类的自由和人权的基础之上，舍此而言充分全面的科技进步和社会进步发展，吾知其必不能也。或曰：是因为对于更高更好生活水平的追求和期待，才能激发人们努力工作的动力，恰恰才能推动整个人类社会进步，所以对于私利和奢侈生活的追求亦有其一定合理性。确实，这种论调未尝没有其一定道理，但亦只知其一，未及其他，因为除此之外，对于人生意义、荣誉与赞美、认可或认同、爱、成就等的追求，同样可以促使人们即使不是完全无私地也可以说是主动地积极地投身于各种正向事业之中，比如学术文化、科学技术创造、商业、公共事业等。）故或先有富之之制之法之技，渐富之，衣食无忧，则当有相应之暇日休闲，不可终日逐利无余闲也。终日逐利无余暇，乃自待己如奴隶如机器也——财富、权力、利益之奴隶乃至荣誉、事业、意义、爱情等之奴隶耳——而岂可曰智慧哉。然或曰吾为心志兴趣而著书立说，或不在此例？此非外力、外欲迫之也。然亦不可过分，又亦当注意健康生活方式。而富之之法，尤当工其器，进其科学技术，此于科技昌明之今世，可谓尽人皆知也。则何如而可推进昌明科技？此又有说，暂不赘言。

制梃挞暴，乃言当重民心民意、仁政正义也。

> 孟子见梁襄王，出，语人曰："望之不似人君，就之而不见所畏焉。卒然问曰：'天下恶乎定？'吾对曰：'定于一。''孰能一之？'对曰：'不嗜杀人者能一之。''孰能与之？'对曰：'天下莫不与也。王知夫苗乎？七八月之间旱，则苗槁矣。天油然作云，沛然下雨，则苗浡然兴之矣。其如是，孰能御之？今夫天下之人牧，未有不嗜杀人者也。如有不嗜杀人者，则天下之民皆引领而望之矣。诚如是也，民归之，由水之就下，沛然谁能御之？'"

"今夫天下之人牧，未有不嗜杀人者也，如有不嗜杀人者，则天下之民皆引领而望之矣。诚如是也，民归之，由水之就下，沛然谁能御之？"此节或为有针对性之立论（襄王或嗜杀人。战国之时，许多君主暴虐残忍，喜怒无常，生杀予夺，而或动辄鼎镬烹人、射杀斩首为乐。今之读者当明乎当时之时代背景），读者当识此，不然亦或多迂阔处，一者，今世往世不嗜杀人者多矣，未见其能领导天下；二者，当孟子其时，天下纷纷征战侵夺，拓地兼并，不嗜杀人之人牧几无之，即有一二，亦面临如何抵御外敌之危急形势，故其重要者不仅仅在于不嗜杀人，而同时又在于何以却敌强兵，此又须讲法度组织与科学技术、精良器具之时也。然孟子之本意，乃在于本乎一片慈悲悲悯之心，游说君王，强调仁心仁政，而思以减轻民众苦楚之万一、救民于水火之中也。若胶柱鼓瑟理解之，则孟子之言，不行乎当时之世，固可知矣。然若单从其著述内容言之（因其著述内容乃针对当时之主要问题而言），则孔孟确稍不重视（或未言及）上述器具技术与（军事层面之）组织法度等，后世之儒者又或未思及和努力筹措之，故中国之军事往往孱弱，亦多后患，不足为深思远虑为国为天下者之所谋……

儒家有善意而或近迂，或易被险恶者所趁，故须以凛然之气而夺奸邪之势；法家精明而阴鸷任术，或易为人所怨怒嫉恨（倘一意循道任法而斥术，则亦是一片好意）。因人有异品，善恶不齐，故应儒法相济——然此“法”非古代法家之“法术势”，乃今日之法治（rule of law）也（严格地讲，应为“道法治”或“道法之治”：rule of law of Dao）——，自有好意：既相信人皆有善意，预为仁义教化，且使民有恒产，可以养家糊口、养生送死；又为严明法治（rule of law），双管齐下，以绝邪恶之萌生。内外制之而仍不免恶者，万一而已，而不得不以法罪之，以儆效尤，而仍罪己内疚也（可参见《孟子正义》、《孟子集注》等对于“以佚道使民，虽劳不怨；以生道杀民，虽死不怨杀者”一句之解说，《尽心上》）。但儒家实在一片劝善之心，其政其教其治，不同于古代法家、纵横家等认民纵民为功名之徒而诱御之也。

“望之不似人君，就之而不见所畏焉。”此言人君当有人君之仪态气质也。言语行动威仪服饰气质等，乃其心志品行之外露，人当讲求之，此亦有关中国人之民族品性气质者，所关不可谓不大矣。古人先贤于此亦多有论述，俟隙当详论之。

“不嗜杀人者能一之”，此亦可反证当时之人类社会中之野蛮性，即春秋战国时期喜怒无常之暴虐君主中每多嗜杀人者，而触目惊心也——虽然换一种角度，士人民间亦多舍生取义之士行，则此或亦可谓“元气淋漓”，然此或可从精神节义层面赞许之，而以现代人道主义精神和生命价值等方面衡量之，则又岂忍如此言述号召之也。其实春秋时期，虽亦有征伐之事，而往往只是象征性的，大军压境，威服而使之认错归礼，则罢兵而去。战国时则每多杀人如麻也。

“嗜杀人”云云，或有两层意思，一为对内滥用刑罚、草菅人命，二为对外征战、滥杀平民，而不得内外之民心人心。反之，对内对外皆重视人权与（法律）程序公正，以及相应之实质仁政政策，则天下向慕钦服，得内外天下之人心。虽然，倘此种仁政不能施行彻底广大阔远，则仍将有内外“嗜杀”乃至近现代以来直至今日世界范围内之各种种族屠杀、灭绝、歧视、打压等之事。

“襄，谥也。魏之嗣王也，望之无俨然之威仪也。就与之言，无人君操柄之威，知其不足畏。”①

威仪言论，君子自重；然亦可有活泼自然可欲、仁善自然自由之人之可亲风度也。可参考刘师培之论“威仪”。尊仁而方王，王必仁，唯仁王能大一统，大一统于何？统于仁、一于仁也。一切系于仁、统于仁而已。

“孟子谓仁政为一也。”②

若从儒家高远理想而论，则人牧或牧民之名或比喻，稍不好，

---

① 焦循，《〈孟子〉正义》，pp69—70。

② 焦循，《〈孟子〉正义》，p71。

因牧人牧羊牧畜之目的乃在(君、人)自养或"待宰"也,则岂儒家主张人牧养民以赋税自养乎? 此则不合儒家所标榜之"仁爱"。然揆其实,则一则儒家(等级制)确有此意(之嫌疑、之部分),二则若仔细分析之,历史事实亦每多如此,以维护贵族、官僚之特权享乐也。然又不可不知:前后之儒士中,亦皆多用此概念而取其理想抽象之至仁至爱之义者,故亦未可全数抹煞所有儒士之心志也。

齐宣王问曰:"齐桓、晋文之事,可得闻乎?"孟子对曰:"仲尼之徒无道桓文之事者,是以后世无传焉,臣未之闻也。无以,则王乎?"曰:"德何如则可以王矣?"曰:"保民而王,莫之能御也。"曰:"若寡人者,可以保民乎哉?"曰:"可。"曰:"何由知吾可也?"曰:"臣闻之胡龁曰:王坐于堂上,有牵牛而过堂下者,王见之,曰:'牛何之?'对曰:'将以衅钟。'王曰:'舍之! 吾不忍其觳觫,若无罪而就死地。'对曰:'然则废衅钟与?'曰:'何可废也? 以羊易之!'——不识有诸?"曰:"有之。"曰:"是心足以王矣。百姓皆以王为爱也,臣固知王之不忍也。"王曰:"然。诚有百姓者。齐国虽褊小,吾何爱一牛? 即不忍其觳觫,若无罪而就死地,故以羊易之也。"曰:"王无异于百姓之以王为爱也。以小易大,彼恶知之? 王若隐其无罪而就死地,则牛羊何择焉?"王笑曰:"是诚何心哉? 我非爱其财而易之以羊也。宜乎百姓之谓我爱也。"曰:"无伤也,是乃仁术也,见牛未见羊也。君子之于禽兽也,见其生,不忍见其死;闻其声,不忍食其肉。是以君子远庖厨也。"王说,曰:"《诗》云:'他人有心,予忖度之。'夫子之谓也。夫我乃行之,反而求之,不得吾心。夫子言之,于我心有戚戚焉。此心之所以合于王者,何也?"[①]曰:"有复于王者曰:'吾力足以举百钧,而不足以举一羽;明足

① 此处("此心之所以合于王者,何也?"以下)疑有缺漏,或可增加如下文字:答曰:"王者有仁心,以此爱禽兽之仁心,施养于其民,则王也。"王曰:"吾恐力不能王也。"

以察秋毫之末，而不见舆薪。则王许之乎？”曰：“否。”“今恩足以及禽兽，而功不至于百姓者，独何与？然则一羽之不举，为不用力焉；舆薪之不见，为不用明焉；百姓之不见保，为不用恩焉。故王之不王，不为也，非不能也。”曰：“不为者与不能者之形何以异？”曰：“挟太山以超北海，语人曰：‘我不能。’是诚不能也。为长者折枝，语人曰：‘我不能。’是不为也，非不能也。故王之不王，非挟太山以超北海之类也；王之不王，是折枝之类也。老吾老，以及人之老；幼吾幼，以及人之幼。天下可运于掌。《诗》云：‘刑于寡妻，至于兄弟，以御于家邦。’言举斯心加诸彼而已。故推恩足以保四海，不推恩无以保妻子。古之人所以大过人者，无他焉，善推其所为而已矣。今恩足以及禽兽，而功不至于百姓者，独何与？权，然后知轻重；度，然后知长短。物皆然，心为甚。王请度之！抑王兴甲兵，危士臣，构怨于诸侯，然后快于心与？”王曰：“否。吾何快于是？将以求吾所大欲也。”曰：“王之所大欲，可得闻与？”王笑而不言。曰：“为肥甘不足于口与？轻暖不足于体与？抑为采色不足视于目与？声音不足听于耳与？便嬖不足使令于前与？王之诸臣皆足以供之，而王岂为是哉？”曰：“否。吾不为是也。”曰：“然则王之所大欲可知已。欲辟土地，朝秦、楚，莅中国而抚四夷也。以若所为求若所欲，犹缘木而求鱼也。”王曰：“若是其甚与？”曰：“殆有甚焉。缘木求鱼，虽不得鱼，无后灾。以若所为，求若所欲，尽心力而为之，后必有灾。”曰：“可得闻与？”曰：“邹人与楚人战，则王以为孰胜？”曰：“楚人胜。”曰：“然则小固不可以敌大，寡固不可以敌众，弱固不可以敌强。海内之地，方千里者九，齐集有其一。以一服八，何以异于邹敌楚哉？盖亦反其本矣。今王发政施仁，使天下仕者皆欲立于王之朝，耕者皆欲耕于王之野，商贾皆欲藏于王之市，行旅皆欲出于王之途，天下之欲疾其君者，皆欲赴诉于王。其若是，孰能御之？”

王曰："吾惛，不能进于是矣。愿夫子辅吾志，明以教我。我虽不敏，请尝试之。"曰："无恒产而有恒心者，惟士为能。若民，则无恒产，因无恒心。苟无恒心，放辟邪侈，无不为已。及陷于罪，然后从而刑之，是罔民也。焉有仁人在位罔民而可为也？是故明君制民之产，必使仰足以事父母，俯足以畜妻子，乐岁终身饱，凶年免于死亡。然后驱而之善，故民之从之也轻。今也制民之产，仰不足以事父母，俯不足以畜妻子；乐岁终身苦，凶年不免于死亡。此惟救死而恐不赡，奚暇治礼义哉？王欲行之，则盍反其本矣！五亩之宅，树之以桑，五十者可以衣帛矣。鸡豚狗彘之畜，无失其时，七十者可以食肉矣。百亩之田，勿夺其时，八口之家可以无饥矣。谨庠序之教，申之以孝悌之义，颁白者不负戴于道路矣。老者衣帛食肉，黎民不饥不寒，然而不王者，未之有也。"

"齐宣王问曰：'齐桓、晋文之事可得闻乎？'孟子对曰：'仲尼之徒无道桓、文之事者，是以后世无传焉。臣未之闻也。无以，则王乎？'"或曰：孟子此语有不诚处？倘因学说相左，而不好之，固可直言，不必托辞于无闻。然此为吾人少年时之解也，不能识得圣贤言行之苦衷深意，今不取之。

何以保民？在战国时期，各国之生产力水平或组织水平、技术水准、物质文明程度、铠甲兵器等，皆差不多（当然，这里指那些大的诸侯国，并且此亦是大致言之，实际上，不同诸侯国之间，在上述若干方面，比如资源、技术、器物等层面，还是有其差异，或各有优长。李斯在《谏逐客书》中亦谈及），故这些未见其紧迫性。倘于今日，则必当重视科学技术与组织法度之革新创造，不可仅仅空言虚文形式与心性道德。

"王无异于百姓之以王为爱也。以小易大，彼恶知之？王若隐其无罪而就死地，则牛羊何择焉？"孟子此处或含蓄委婉指出齐宣王行动背后掩饰的真实动机与意图。

齐宣王与梁惠王一样以“尽心”、“予忖度之”，自辩自解，可见君主统治者之居心动机每有相似者。而孟子毫不客气地直指其私心与动机，前曰“五十步笑百步”，此则曰“不为也，非不能也”，其讥嘲与批评皆直言不讳，亦乃是对统治者之虚情假意与言不由衷之文饰辩解，而作毫不留情之揭露和批判，此乃大丈夫之行事也。

“无伤也，是乃仁术也，见牛未见羊也。”“仁术”一词，稍不可解，因为“术”之一词，在古代汉语中乃多有贬义，似有虚伪“不诚”之意味在内，如法家之“法术势”等，故孟子此处用“仁术”一词，稍增理解之歧异与犹疑。若解“术”为“道”或“迹”，则稍可通，意为“此乃仁之外在形迹或外在表现表征也”，乃是仁心之外在发露，而孟子赞许之，而仍有其正面意义；若解“术”为“技术、心术、策略”等，则稍有虚伪处，似无可赞。

术：邑中道也。从行术声。食聿切(《说文解字》)。

术：【唐韵】【集韵】【韵会】食律切，音秫。【广韵】技术也。【人物志】思通造化，策谋奇妙，是为术家。

又心术。【汉书注】师古曰：述，道径也，心之所由也。【礼·乐记】心术形焉。

又道也。【晏子·杂下篇】言有文章，术有条理。

又业也。【礼·儒行】营道同术。

又【说文】邑中道也。【管子·度地篇】百家为里，里十为术，术十为州。【左思·蜀都赋】亦有甲第，当衢向术。

又【博雅】迹也。

又与述通。【礼·祭义】结诸心，形诸色，而术省之。【注】术当为述。

又与沭通。【史记·建元以来侯者年表】术阳侯建德。【索隐曰】在下邳。

又【集韵】徐醉切，音檖。六乡之外地。一曰道也，通作遂。【礼·学记】术有序。【注】术当为遂。【周礼·地官】万二

千五百家为遂。(《康熙字典》)[1]

统治者有私心，于公/私、君/民之间区别对待，对民则不用心、不用力、不用明、不用恩，“不为也，非不能也”，而多文饰虚伪。故孟子直指其私心，要求“举斯心加诸彼”，将自己亦考虑进去，一视同仁，以对待父母妻子之心推恩于百姓，方可。若能做到这点，方是真仁政。然而孟子只诉诸于统治者之自省，之自我道德修养，之施舍施恩，未设立有制衡之法，故对有私心之君主亦毫无办法(最后的结果往往就是“与日偕亡”、揭竿起义造反的社会大动荡，造成巨大社会破坏和社会成本，乃是一种听之任之之消极之因应)。或者，君主只是做做样子骗骗老百姓，因为信息不公开等的缘故，老百姓看不到统治者阶层的真实生活状态、思想状态和政策制订、执行状态，则仍是欺骗。

孟子与统治者交谈时，总是直言不讳，正气凛然，真大丈夫也。

儒家倾向于走上层路线，教化上层人物，陈说利害，虽有一贯之志，仍有近于纵横辩士之处。但比之于纵横家，儒家仍有高明之处，一曰本诸公义大义，二曰怒斥王侯，直言不讳，三曰坚持原则，前后一致，不以私人利害而改弦更张(纵横家则每多朝秦暮楚、利口捷给、纵横捭阖、看人下菜之行径)，四曰后之儒家亦注重民间教育，而对君主专制起一自下而上之制约。但中国古代确乎较少诉诸民间底层人民之自下而上之制衡，则亦是事实(“水能载舟亦能覆舟”之说，并非是积极的制度化的自下而上的制衡，乃是消极的因应的自下而上的反抗，乃是最差的迫不得已的选择或结果，从整体成本而言，比诸预先的公法制衡公权力、人权(民权)保障等制度、法治、文化下的良好状况而言，后者那样一种状况所导致的国家成本或社会成本更大)。

“欲辟土地，朝秦楚，莅中国而抚四夷也。”大一统或天下主义并

---

① 汉典，https://www.zdic.net/hans/术 2019—09—01。

非不可不好，乃至为天下和平大同之极好选择路径之一，然不可基于权欲与剥削压制也（基于和平、平等人权和法治之大一统与天下主义）——然此间仍当有其他更深入细致的考虑，事情并非如此简单。

孟子始终重视利民（民之生计）或富民，遵循“庶之、富之、教之”之施政顺序（此亦孔子之一贯思想或遗教），又对人民持一同情之宽容，不求全责备或苛责，而基于一般人性（人之常情）宽容要求之，务实而宽恕，有仁君子之胸怀。而对士人君子则抱有更高期待（自我砥砺，高标准要求自己；从严治士治官，从宽恤民，等等）。

“今也制民之产，仰不足以事父母，俯不足以畜妻子，乐岁终身苦，凶年不免于死亡。此惟救死而恐不赡，奚暇治礼义哉？”孟子亦意识到“低工资收入水平”对于社会治理的负面影响。

政府之不行仁政，不恤民生，多为“不为也，非不能也”。而倘若真的“不能”，便不应尸位素餐，则当引咎辞职，另觅贤能也。

在中国古代，儒家为安天下之具，而辅之以（现代）法治。儒家尚和平主义（法家则为攻天下之具，尚战功，乃至穷兵黩武）。在强敌环伺、各谋不轨之世，古代法家为（攻打）打天下之具，而辅之以儒家仁政王道以安内。若夫无不轨居心之强敌，则单以儒家安内怀远可也。其实，中国历史上，每当政治腐败、国势阽危之时，起而矫之者，或起而作乱者，皆每以法家、兵家之智术而逞之，或儒法黄老兵势等并用之。若曹操即多法家之谋术；若诸葛孔明、若岳飞、若戚继光等，则儒家与兵家并用，而又讲究法家之赏罚不爽、纪律严明等治法；而若王安石，若张居正等，亦皆稍有法家之遗风或借鉴也。

安民治国之道：使民有恒产——教化之于善——王道仁政，国泰民安。

道统中亦分不同层次，尧舜克明俊德而禅让第一；禹夏有功，汤武革命其二；桓文则霸，等而下之，聊胜于无；其后之或其末流之暴君独夫则更无论矣。

“老吾老，以及人之老；幼吾幼，以及人之幼。天下可运于掌。

诗云：‘刑于寡妻，至于兄弟，以御于家邦。’言举斯心加诸彼而已。故推恩足以保四海，不推恩无以保妻子。古之人所以大过人者无他焉，善推其所为而已矣。”此皆对占据优势地位之权贵上层阶层之劝诫也，劝导其当设身处地，将心比心，同其仁善亲爱之心，推恩及于百姓，然后可保四海妻子。天同此心，心同此理。

“权，然后知轻重；度，然后知长短。物皆然，心为甚。”度量本心，勿要欺心，勿要欺人欺己。

欲不可长，志不可满。今之“出人头地”之成功思想或价值观，如果走火入魔，离于正道，则亦有害。

首则辨其志正当否，次则辨其行为方式正当合式否，终则辨其结果效果如何。

以仁政、经济、法治等怀柔远人，非以暴力攻取侵略奴役。

“无恒产而有恒心者，惟士为能。”士或有俸禄，或有才华进身存身之法，或又有教化天下之心志，故可耐得住清贫。然处于今之人人当自食其力、自谋职业之工商业时代，则士亦当有恒产恒业（包括俸禄）与一技之长，尤当有学有教，不然，其心志不坚者，每易流为不轨，乃至附逆而为虎作伥矣。

“保民而王，莫之能御也。”保民者，民皆吾同胞，无论何地何时之无辜受欺压，包括在国外，国家与政府皆当依法保护，争其权利，如此乃能得民，乃而愈发有民族国家之凝聚力。

“以羊易之”，尚有恻隐之心。“以羊易之”，则因王未见羊，稍减一分对于不忍之心之刺激。虽然牛羊祭祀与人类食用，皆所不免者，然亦避之而养其不忍之心耳。然此亦未尝——或不可——对庖厨之人存有轻视鄙弃之心也。

孟子反对征伐，反对武力拓地开边，在战国时期天下分裂、列国称王争霸之现实政治形势下，而主张列国或某国自行或各行地方主义之王道仁政，怀柔远人，闻风向慕，而自然而然有温和、和谐之文明扩展而已，以此而进而为天下主义王政乃至大一统（或为一国独行仁政王道而天下归心向慕,怀柔远人,渐次发展为大国,而以其文明的吸引力而自然和平地扩展为天下大一统,此之谓"一大怀远大一统"模式;或为列国各行仁政王道,进而以王道仁政统一天下,成就天下王道仁政治理大一统下的地方自治体制,或成为王道仁政治理大一统下的邦联制或联邦制大一统天下/国家,此之谓"天下主义列国并立大一统"模式)。质言之,此种天下主义,乃是建基于地方主义之王道仁政的基础之上,又和天下主义的王道仁政相合,故乃是王道仁政的天下主义,而非虚假(四声)天下主义的力征侵伐。列国或诸侯君王之霸主大欲不可有(即或打着天下主义心志之旗号)。"置之君而后去之",亦是为其立王道仁政之制度而已。现代社会每以自由民主或民主治理之天下主义相号召,乃至宣言"非民主治理者,不可谓现代合法国家"。古代中国则讲王道仁政天下主义。然而,倘若现代王道仁政之国家遭遇别一深具暴力侵略倾向之国家或文化体进行主动强势侵伐,则如之何?或者,民主国家因缘际会,激于民愤,而一时演成民粹主义、种族主义乃至纳粹主义、国家恐怖主义之情形,而以国家为单位,或裹挟国家国民而大肆侵伐,则又如之何?此又当有相应之预为筹措安排和对策也。

"驱而之善",而非"驱而为恶"(文化制度);"为民制产"则包括古之农业经济安排,今则复杂,而包括教育制度之安排,不让任何孩子失去发展个人能力之机会(教育体制多元化),以及经济制度等。不然,则皆所以"罔民"也。

《孟子》一书,确实极多对统治者教育之内容[①],乃有关治人之

---

① 在君民权力不对等的现实情势下,乃不必再提什么对民众之要求,而更着重对君王提种种限制和要求,此可见儒家之风骨;后则改成三纲五常,而更多重在对本已处于弱势地位的老百姓提种种要求了,品格便一落千丈矣。自此以后,君王官员与民众之间的政治资本便相差悬殊,而君王官员便得以在政治上肆虐无忌了,许多时候不过是为了避免在相互分赃或权力分享上发生龃龉,故而君臣在相互之间稍有内部制衡而已(所谓君权与相权之制衡),即老百姓所谓的狗咬狗(虽则用词不太雅驯)。钱穆对此有不同意见。

术之教育内容多，虽或有可及于一般平民或国民者，然不可直接用作国民教育或公民教育之课本。宋明诸儒之著述中似或多可选用为公民教育之段落论述，吾异日或可编辑一本，则吾之命意与朱子之《近思录》又有不同，乃所以为一般国民教育、公民教育也（辑一合宜之读本）。

“保民而王，莫之能御也。”王之功能职责即在“保民”之一事或他事。然此种说法似乎仍分出王族与庶民两个阶层，有等级制之嫌疑。若夫民选民黜之所谓“保民者”，则所谓王、庶双方便无根本藩篱，而一归于民胞、人民也，天下民胞、人类平权。此外，又须以特别方式暂时优先照顾弱势民族或群体、个人之权利也（然亦不可反向歧视或损害主体民族或群体之基本人权），期其融入大群体之中（此乃是暂时性优待照顾政策之根本前提与根本目的，不可本末倒置），以便混同九州四海、民权人权同归。

“王说曰：‘诗云：‘他人有心，予忖度之。’夫子之谓也。夫我乃行之，反而求之，不得吾心。夫子言之，于我心有戚戚焉。’”“认识你自己”并非易事，解释自己之言行有时亦非易事，即自己虽然那样去言行，却不知道为什么自己会那样去言行。今则有心理学分析可为此事。通过心理分析、精神分析、知人论世，尤其是对童年生活、潜意识等的深度挖掘剖析，而解释了人的言行之内在动机、渊源、动力机制等，反而能使人认清自身，而不将其言行视之为天经地义、理所当然，或有先天合理之理据所支撑者，而是将其视之为在其他内外缘因素影响下的有条件言行，并非天生的、必然的，如此，则反而可以破除心理上的“我执”，真正有可能让人改弦更张。此处简直可以说孟子或其他文学家都有可能具有心理学家的洞察力也。

“狗彘食人食”，“率兽而食人”，一也。

“权，然后知轻重；度，然后知长短。物皆然，心为甚。王请度之！”孟子乃问谕宣王“人兽之轻重何在”？物，皆可用权、度（度量器具)而知物之轻重长短;(人之)心,尤能以其内在仁性本性和智性直觉来判断事物或人事的主次本末——比如在这里,孟子乃设身处地从宣王的利益上来告诫宣王:对于齐王您而言,到底是您的人民更重要,还是您的牛羊更重要呢?哪个对于保全您的国家或宗庙社稷更重要?换言之,对于保全您的国家或宗庙社稷而言,到底是您的人民更重要还是您的牛羊更重要?齐王您应当分清主次本末或轻重缓急。

既然"物"皆能以权、度而衡量其轻重长短,则"心思心行"亦能和尤当以仁性本性和智性直觉来衡量其"心行"之本末智愚。物以权、度为标准衡量之,心则以仁义为标准衡量之。在孟子这句话里,"心"乃是具体心思、心行之意(心之用),不是那个能够进行理性、智性和仁性判断的本体之"心"(心之本或本体之心),具体来说,这里的"心",也就是宣王对待庶民百姓的具体心思、心行,与对待牛羊私财的具体心思、心行,当以仁性本性和智性直觉等本体之心来进行"权衡"判断。也就是说,对于"物",皆当以权、度来衡量之而知其轻重长短或主次本末,对于君王对于人(庶民)与兽(牛羊等)之不同心思行为(施用之心或心之用),亦当以仁性本心或智性直觉等(本体之心或心之体)来衡量判断之。亦即:王当以仁义之标准与权度(用作名词)而权度(用作动词)之,即权衡其对于庶民百姓与牛羊私财之不同(用心或行为之)本末轻重,亦即以仁义或本体之心来判断(不同之心之用)何者为重要。后人因为发展出"心亦有权度之能力与意识"、"本体之心"等的观念,简单化地套用于此一句上,遂将心之体与心之用混为一谈,反而难以正确理解本句之意。当然,此亦可谓是古人语言、逻辑等不够确切、不够发达所致,暂不赘述。

宣王亦有天下之志,然亦当分别之。一者,大志或有正向正当者,又或有不正当之大志,后者则当戒之;二者,大志又有不同实现手段,或为正向手段,或为不合理不合正义之手段,后者又当避免之。

此段文字可见孟子并不反对快乐(可对照尼采对于快乐与身体欲望之肯定)。

此处为心、欲对举:本心与外欲。

此段可见孟子仍未对贵族适度特权提出任何异议。

孟子于此亦并未完全否定其(齐宣王)心志,而只是否定其手段与实际作为——事实上,孟子一度对齐宣王寄予深切期望,直到齐宣王侵燕,而孟子始有去意。

"后必有灾",此句乃从功利后果言(说利害),只合为庸人、中人劝谕,然尤当从义理、正当性或正义性本身论说,而不以利害劝诱之,不然,枉尺直寻之事[①],便将层出不穷。然而,人类的道德教育或教化,包括宗教和伦理学,有史以来,对于一般庸众乃至所有人,多以利害诱导之或强力震慑之(宗教讲因果报应,讲惩罚福报等,又每或借强力暴力传教等),而或收一定之效果。或曰此为人类本性乃至生物本性使然,亦可哀也。

"今王发政施仁,使天下仕者皆欲立于王之朝,耕者皆欲耕于王之野,商贾皆欲藏于王之市,行旅皆欲出于王之涂,天下之欲疾其君者皆欲赴愬于王。其若是,孰能御之?"此可视之为天下大同之方式或战略。此可与上文有关"嗜杀人"之论对照。

富民养民安民而驱而之善,即以经济、政治、政策、制度、法度等来引导民众向善,非以空口号,亦非以"聚敛民财而后丢狗骨头"之利诱或争利之方式,来诱迫民众成为奴才顺民也。教民以成正民、义民或正人,义人也,而后正政、义政、仁政不可移也。

谥(法)每寓微言褒贬、盖棺论定、臧否讽诵之微意,亦为古代礼治与礼仪系统中之一维。

"宣,谥也。宣王问孟子,欲庶几齐桓公小白、晋文公重耳。孟

① 《孟子-滕文公下》。

子冀得行道，故仕于齐，齐不用而去，乃适于梁。建篇先梁者，欲以仁义为首篇，因言魏事，章次相从，然后道齐之事。”①

“孔子之门徒，颂述宓戏以来，至文、武、周公之法制耳。虽及五霸，心贱薄之，是以儒家后世无欲传道之者。故曰臣未之闻也。”②

“无道桓、文之事”，儒家以正道教化、化育，故不屑霸道、法术、阴谋，恐其坏乱人心。然历史事实每多此类，亦多霸者、暴君、专制、阴谋、法术势而成吾所谓“阴谋法术知识”，此或来自坏人或坏邪之人心，或亦人类事实或人性之另一面，故亦当纳入思考，而预防之，预为之制，乃可成西方之由于兼思及人性之恶而演成之政治哲学与政治制度。对于阴谋法术势之类，虽不必纳入经中，而必揭露之，指斥之。实则《春秋》之微言大义每谈及此种阴谋坏礼，而指斥之，则孔子亦道桓、文之事，然其态度乃揭斥贬绝之，故以微言大义出之。此种阴谋法术或纵横捭阖之术等，皆小人之术，不登大雅之堂，不足称于大人君子之门，此其所以必为阴谋诈诡之政治也。

“无以”，或解作“无已”，即“不得已，则谈论王道也”。元人解作“无以言”亦可。

三代以上之人心及所谓圣王是否淳朴，今不可知，仅成一理想；然其后之人心有私恶者存焉，则是事实。圣王治则“必世而后仁”，于今几千年，似亦未见复儒家所传言之三代之治，则儒家之人性论与政治哲学便归于有问题或有缺陷。西方古亦有仁君保民而王之说之实，然自中世纪及近代以来，尤以“人皆有私心乃至性恶原罪论”为说，严格警惕人性与权力，而将权力归之于上帝、归之于全民，不对任何圣贤抱以过度之期待，故不再曰君王保民而王，而曰上帝之治、法治、民治、民权、人权、民主等(之保民而治)。则强

① 焦循，《〈孟子〉正义》，pp74—75。

② 焦循，《〈孟子〉正义》，p77。

调以个人之自由、人权、权利为依归，而黜王归民、归仁、归法、归道或归上帝也。

由《周礼》官职设置便可看出其时私天下、家天下、私权力之根本，即其根本性质（即或有开明专制之分，然终究是专制、私国也）。后世儒者于此不可熟视无睹或视若无睹而诡辞辩护也。其非民治国、民权国、民国，故在根本道义上次于民权国、民治国也。必以民权为依归，而后可谈其治道之优劣。由此而言，古代儒家与法家又并无根本区别。

便嬖左右亲近者及其主仆、君臣之关系规范，往往而有违背仁爱正义者——虽然亦或有合之者，如匡正、谏诤等——故反而往往违犯仁爱之普遍要求而趋向反面。质言之，当先有普遍仁爱（人权），而后或可谈等差之爱，而非相反。

左右亲近之交往规范，往往使普遍仁爱、正义之观念受到削弱乃至违犯，而以私情私爱违犯普遍之基本仁爱、正义、人权，故不易树立普遍社会和谐与社会仁爱、信任。只有基本之普遍人权、普遍仁爱（推），犹尚有缺憾乃至问题，况无基本之普遍人权、仁爱，则其问题后果尤其严重也。基本之普遍仁爱、人权、公法之法立、之实具，而后言亲爱，或稍可。

“仁术”一词，吾每觉不妥，以“术”往往有贬义也。然孟子此处所述之（齐王之）事实，亦确乎术而已，有当时虚伪“不得已”处（人食肉）。换言之，“远庖厨”云云，吾每觉其虚伪，然当时人类有食肉之欲望，又不能自省自克或有替代之物之法，故以此稍嫌虚伪之“术”而稍存长人类之悲忏仁心而已。

或者，孟子以齐宣王只对禽兽表现出仁心，未推及人民百姓，犹为不足，犹未成仁成德，故以微言稍贬抑之。赵氏于本卷章指中特陈明之，“典籍攸载，帝王道纯，桓、文之事，谲正相纷，拨乱反正，圣意弗珍。故曰后世无传未闻。仁不施人，犹不成德，衅钟易牲，民不被泽，王请尝试，欲践其迹，答以反本，惟是为要。此盖孟子不屈道之言也，无传霸者之事也。”[①]

人或皆有欲、恶之诱焉、存焉，然亦皆能以仁爱克焉、正焉，所以而不为善者，亦“不为也，非不能也”。然人又有“正常”之人欲，如“食色性也”，乃至“羡嫉性也”，等等，不一而足，则当外缘不予满足，则其“正常”人欲不得遂，乃为恶。故治法当为民制产，使皆可遂其正常之人欲，而稍均平之。然绝大多数人皆可克过度过分之欲，不奢求妄求，而国家社会民人以安以宁以乐以幸福也。

“老老长长幼幼”或可为普遍规范，而当首先具体明其义界权限。“以及人之老”，可作两解，一解“及”为“推”，推敬已老（之心行）而敬他人之老、天下之老；二或亦可发挥解“及”为“以及于人皆有老之时”，则此一“老”字，又包举自己在内，则人既知敬老乃仁爱之义（敬他人他家之老），又知敬老亦为有利于己（自己年老之时），而将心比心，尤为深感圣人之心之恩而各自尽心敬老孝亲也。作第二解，则青壮人皆受感化，岂有推诿塞责哉，而风化淳朴也。

“诗云：‘刑于寡妻，至于兄弟，以御于家邦。’言举斯心加诸彼而已。”赵岐解为：“《诗·大雅·思齐》之篇也。刑，正也。寡，少也。言文王正已嫡妻，则八妾从，以及兄弟。御，享也。享天下国家之福，但举已以加于人而已。”[②]此将“寡妻”解为“嫡妻”而另有八妾，或合于古事古史，却于今不合、不正，故若为创设新经学计，则不妨解作“寡人之妻”或“吾妻”。“进享家邦”，则仍有私国私天下之意，不合今义，故应对“家邦”一词之含义作缩小化处理，而为今之家庭也。此后则“寡妻、兄弟、家邦”云云，可解作男性家长当以敬老爱幼之心之义之行，而正教、示范于妻子兄弟儿女等，而后乃能得家庭谐和幸福，儿女夫妻俱知孝悌。当然，以男女平等视之，则亦可曰夫妻皆当互相承担此教正示范之责任。

---

① 焦循，《〈孟子〉正义》，p96。

② 焦循，《〈孟子〉正义》，p87。

“故推恩足以保四海，不推恩无以保妻子。古之人所以大过人者，无他焉，善推其所为而已矣。”此处之“推”即前文之“及”也。“王请度之”，即请王权衡其轻重长短、大小本末。前举以羊易牛，明王行事能度（因能度“见牛之若无罪而就死地而觳觫不已”而觉不忍，故以不见之羊以易之；或因能度牛羊之大小，故以羊易牛——虽然后者是齐王所不承认的），且能度百姓之心（“百姓以为我以小易大”），能推仁心（能以不忍之仁心推人及牛）。能度百姓之心则是能“举斯心加诸彼”，能推仁心而推仁及牛则是能推其仁心仁恩于百姓，故知王“能为也”，徒“不为”而已矣。为则度也、推也，故请王度之、推之、加之、大之。王若权度之，则王知尔之所行之轻重长短，则自然知所当行为选择也。度尔之所择行之后果与轻重长短、大小本末，则知尔力之所能达、能及、能为，知尔之所当择、当为、当避免，知尔之所为所择所行之福灾果报也。“物皆然”，此物亦包括王与人之所为所择之事行，其后果福祸亦有相应之轻重长短，王与人皆当权衡忖度而择决之。“心为甚”换作“行为甚”（或“‘心思心行’为甚”）则更切当，以心权衡其心思行为（之大小本末或后果）也。心乃权衡，故物不当与心同列，而如将“心为甚”解作“行为甚”或“‘心思心行’为甚”，则物与行或具体“心思心行”（即上文所言之“心之用”），同列，权衡与（判断或裁断之）心（即上文所言之“本体之心”）同列，乃为切当。或亦可解此处之“心”为“心之快”或“心之苦乐累轻”，则类于物，而当以人智人术（度或能度，或上文所云之“心之体”）而度之（所度与能度，亦即上文所云之“心之用”），此一心之“能度”即犹（心之能）权衡也，此一心之“所度”，即犹（心之）所权衡之物也，乃通。故下文乃言心之“快”，“心之快”即心之苦乐累轻也。

早期或多抚与怀柔远人，其后则变为伐。

“以一服八”，此一句，为所有战争狂人、民族主义狂热分子、帝国野心家及挑战世界和平者等，下一警语。曰今日世界，当持世界和平之心志，不可有妄图征服别国乃至征服世界之野心。可有人权仁政之和平共存，不可有专制暴虐之征服压迫。又可有良善文化化育、感化，扩展推化之仁心仁行仁政，而不强求，尤不违背别国、别人之权利意愿。战国各君王霸主，每有野心雄图，不仅欲莅中国，亦且欲抚四夷，志欲亦大矣，然不行仁政正法，一味称王称霸，压迫征服，则或致生灵涂炭，夏夷中外民多惨死。

中国历史上，所谓“夷狄内侵”而早已有之，乃至在三代时即如此，而后又有伸张恢复，几千年以来，来来往往进进退退而已（实则“华夏入于夷狄”之事同样早已有之）。此或即人类移民“走出非洲”而迁移亚洲之过程而已。然亦有“本土论”、“融合论”、“中西交流论”等诸种事实与可能。

“孟子为王陈其法也。恒，常也。产，生也。恒产，则民常可以生之业也。恒心，人常有善心也。惟有学士之心者，虽穷不失道，不求苟得耳。凡民迫于饥寒，则不能守其常善之心也。”①

然而历史事实每或有与此相悖者，世风染缘，士民于此无二也。无论有无恒产，吾皆见得或有士民“放辟邪侈，无不为已”者，则恒心另有所从来矣。士民非天生，仁善非以身份区别，另有所从来也。

“民诚无恒心，放溢辟邪，侈于奸利，犯罪触刑，无所不为，乃就刑之，是由张罗罔以罔民者也。”②

然亦有虚假之“制民之产”：假借“制民之产”之名义，实则有掊克之初衷；又或其法之初衷曰“制民之产”，然其法必将导致“民之制产”将日渐主动或被动之失去或被侵夺，则反违“制民之产”之原则——或此两种情形恰所以违逆“制民之产”之原则。“其不从民起见也”③一句，剖斥甚中肯綮。土地制度可不慎哉。

---

① 焦循，《〈孟子〉正义》，p93。

② 焦循，《〈孟子〉正义》，p94。

③ 焦循，《〈孟子〉正义》，p95。

“典籍攸载，帝王道纯，桓、文之事，谲正相纷，拨乱反正，圣意弗珍。故曰后世无传未闻。仁不施人，犹不成德，衅钟易牲，民不被泽，王请尝试，欲践其迹，答以反本，惟是为要。此盖孟子不屈道之言也，无传霸者之事也。”[①]赵歧此论，点明此段题旨，可参看之（注见上文）。

① 焦循，《〈孟子〉正义》，p96。

梁惠王下

> 庄暴见孟子，曰："暴见于王，王语暴以好乐，暴未有以对也。"曰："好乐何如？"孟子曰："王之好乐甚，则齐国其庶几乎！"他日，见于王，曰："王尝语庄子以好乐，有诸？"王变乎色，曰："寡人非能好先王之乐也，直好世俗之乐耳。"曰："王之好乐甚，则齐其庶几乎！今之乐犹古之乐也。"曰："可得闻与？"曰："独乐乐，与人乐乐，孰乐？"曰："不若与人。"曰："与少乐乐，与众乐乐，孰乐？"曰："不若与众。""臣请为王言乐。今王鼓乐于此，百姓闻王钟鼓之声，管钥之音，举疾首蹙頞而相告曰：'吾王之好鼓乐，夫何使我至于此极也？父子不相见，兄弟妻子离散。'今王田猎于此，百姓闻王车马之音，见羽旄之美，举疾首蹙頞而相告曰：'吾王之好田猎，夫何使我至于此极也？父子不相见，兄弟妻子离散。'此无他，不与民同乐也。今王鼓乐于此，百姓闻王钟鼓之声，管钥之音，举欣欣然有喜色而相告曰：'吾王庶几无疾病与，何以能鼓乐也？'今王田猎于此，百姓闻王车马之音，见羽旄之美，举欣欣然有喜色而相告曰：'吾王庶几无疾病与，何以能田猎也？'此无他，与民同乐也。今王与百姓同乐，则王矣。"

与民同乐，君民皆有大致同等之乐，则民不嫉恨，君民共乐，且有相互关切之好意。特权之私自享乐、大行其乐，由不问民之生计享乐，或贫富享乐悬殊，则民有嫉恨，疾首蹙頞，或有反叛作乱之心，“人不得，则非其上矣”。

《王制》：“天子之田方千里，公侯方百里，伯七十里，子、男五十里。”

此段同卷一之“与民同乐”，同样采取正反论证之方法。

阎氏之解（以“君前臣名，礼也”而判孟子当于宣王前称庄暴其名，而非尊称为“子”），虽合古制，然于今言之，弃其等级制而取其“各各自卑以尊人”，则他人前称某人可尊称之，未必无好意。若皆相熟相知相亲则称名亦好，显相互之亲密友情。

先王之乐，为礼乐，为钟鼓之乐；世俗之乐，为郑声。

焦循解前后两“甚”字（即赵注之“大、大要”）[①]，一般人虽或觉其或有过度解读之嫌，然其实亦可能确乎如此（而有必要），且能挖掘微言大义，自圆其说，亦有价值功劳。

焦循注《孟子》，可谓苦心孤诣，其解字注字，每先正训，而后以正训之解字，复反训之，以此明其义，可谓勤谨矣。如“甚”先训“大”，然后训“大”有“徧”，又与“甚”之“多”训相合，而后以此解说之。然而，此亦可谓古人用字稍随意，于语言哲学而言，缺乏精确概念或语言概念之精确化，故以互训互通假为之详说、左右反复解说（人类学所谓之“深度描述”，thick description or deep description），不若现代西方哲学之注重科学定义或严格概念化。古人作文写字，有类于今之小学生之幼稚不谨者，如同音则假借，字形同而假借，字义类似或相通而假借者。一者不严谨严肃，似见其时学人对语言掌握之不足？二者或初学乃至学“外语”？或学习态度太随意？……其后渐渐稍至于字义确定化，而渐黜去通假，转有错别字之说。现代汉语当于此进一步改进、规范、精确之。

独乐乐，如读若 dú yuè lè，则为名词（宾语）前置，独立享受（后一“乐”字）音乐（前一“乐”字）也，古之学者皆持此解。如读若

① 焦循，《〈孟子〉正义》，p100。

dú lè yuè,则为现代汉语语法(宾语不前置),独立享受(前一“乐”字)音乐(后一“乐”字)也,亦可通。

上文“先王之乐”,当为“礼乐”之意,读若 yuè。

“鼓乐者,乐以鼓为节也。管,笙。钥,箫。或曰钥若笛,短而有三孔。《诗》云“左手执钥”,以节众也。疾首,头痛也。蹙頞,愁貌。言王击鼓作乐,发赋徭役皆出于民,而德不加之,故使民愁也。”①

古者特别注意有节、节制,如鼓乐为节、持身为节克己、田猎用民有节(不违农时等)……战国诸侯以其(先王之礼乐)不利于己,而皆弃之;秦又焚之,则“节”之义有亏,人之淫恶过度过分之事层出不穷,人世遂苦矣。

“田猎无节,以非时取牲也。羽旄之美,但饰羽旄,使之美好也。发民驱兽,供给役使,不得休息,故民穷极而离散奔走也。”②

焦循此段中之疏③又可见当时贵族颇有组织役使训练庶民之法度,民因此而组织起来,颇习戎事,故其时军事实力颇强,渊源有自。

“百姓欲令王康强而鼓乐也。今无赋敛于民,而有惠益,故欣欣然而喜也。王以农隙而田,不妨民时,有悯民之心,因田猎而加抚恤之,是以民悦之也。孟子言王何故不大好乐,效古贤君与民同乐,则可以王天下也。何恶庄子之言王之好乐也。”④

章指:“章指言:人君田猎以时,钟鼓有节,发政行仁,民乐其事,则王道之阶,在于此矣。故曰‘天时不如地利,地利不如人和’矣(,与民同乐也)。”⑤

---

① 焦循,《〈孟子〉正义》,p102。

② 焦循,《〈孟子〉正义》,p104。

③ 焦循,《〈孟子〉正义》,p104。

④ 焦循,《〈孟子〉正义》,p105。

⑤ 焦循,《〈孟子〉正义》,p106。

齐宣王问曰:"文王之囿方七十里,有诸?"孟子对曰:"于传有之。"曰:"若是其大乎?"曰:"民犹以为小也。"曰:"寡人之囿方四十里,民犹以为大,何也?"曰:"文王之囿方七十里,刍荛者往焉,雉兔者往焉。与民同之,民以为小,不亦宜乎?臣始至于境,问国之大禁,然后敢入。臣闻郊关之内,有囿方四十里,杀其麋鹿者,如杀人之罪。则是方四十里为阱于国中,民以为大,不亦宜乎?"

特权私利私乐,虽大而民不附,反多愤激怨恨,故虽大而危。不仅求总量,还须求分配之合理公平。

此处可讲五服之制:甸、侯、绥、要、荒各延展五百里①。周则有九服之说(藩服等)②。

"为阱于国中",特权也(比如,今之名山大川胜景等,乃为国有化或全民共有之公共资源物品,而倘若通过各种逻辑上说不通之

① 参见:《尚书·禹贡》:"五百里甸服:百里赋纳总,二百里纳铚,三百里纳秸服,四百里粟,五百里米。五百里侯服:百里采,二百里男邦,三百里诸侯。五百里绥服:三百里揆文教,二百里奋武卫。五百里要服:三百里夷,二百里蔡。五百里荒服:三百里蛮,二百里流。"《国语·周语上》:"夫先王之制,邦内甸服,邦外侯服,侯卫宾服,蛮、夷要服,戎、狄荒服。"《史记-周本纪》:"穆王将征犬戎,祭公谋父谏曰:'不可。先王耀德不观兵。……夫先王之制,邦内甸服,邦外侯服,侯卫宾服,夷蛮要服,戎翟荒服。甸服者祭,侯服者祀,宾服者享,要服者贡,荒服者王。日祭,月祀,时享,岁贡,终王。先王之顺祀也,有不祭则修意,有不祀则修言,有不享则修文,有不贡则修名,有不王则修德,序成而有不至则修刑。于是有刑不祭,伐不祀,征不享,让不贡,告不王。于是有刑罚之辟,有攻伐之兵,有征讨之备,有威让之命,有文告之辞。布令陈辞而有不至,则增修于德,无勤民于远。是以近无不听,远无不服。今自大毕、伯士之终也,犬戎氏以其职来王,天子曰'予必以不享征之,且观之兵',无乃废先王之训,而王几顿乎?吾闻犬戎树敦,率旧德而守终纯,固其有以御我矣。'王遂征之,得四白狼四白鹿以归。自是荒服者不至。"姑且不作道德评价,此皆可见西周乃至三代之征服治理中国甚讲与甚有系统质实之组织法度,岂是文人词客或道德家虚矫之浮词所可治国哉。

② 参见:《周礼·夏官·职方氏》:"乃辨九服之邦国:方千里曰王畿,其外方五百里曰侯服,又其外方五百里曰甸服,又其外方五百里曰男服,又其外方五百里曰采服,又其外方五百里曰卫服,又其外方五百里曰蛮服,又其外方五百里曰夷服,又其外方五百里曰镇服,又其外方五百里曰藩服。"

中间环节，最终变相私有化，则不可）。

“臣始至于境，问国之大禁，然后敢入。臣闻郊关之内有囿方四十里，杀其麋鹿者如杀人之罪。则是方四十里，为阱于国中。”政府（及其运行）当公开：1. 政务公开；2. 公共空间或民众之公共场所，当为开放性；3. 政府无私意私所。或曰：其后之中国历史，所见尽是孟子所举之反例。两千多年无进展，反而每有变本加厉之尤。

齐宣王问曰：“交邻国有道乎？”孟子对曰：“有。惟仁者为能以大事小，是故汤事葛，文王事昆夷。惟智者为能以小事大，故太王事獯鬻，勾践事吴。以大事小者，乐天者也；以小事大者，畏天者也。乐天者保天下，畏天者保其国。《诗》云：‘畏天之威，于时保之。’”王曰：“大哉言矣！寡人有疾，寡人好勇。”对曰：“王请无好小勇。夫抚剑疾视，曰：‘彼恶敢当我哉！’此匹夫之勇，敌一人者也。王请大之！“《诗》云：‘王赫斯怒，爰整其旅，以遏徂莒，以笃周祜，以对于天下。’此文王之勇也。文王一怒而安天下之民。《书》曰：‘天降下民，作之君，作之师。惟曰其助上帝，宠之四方，有罪无罪惟我在，天下曷敢有越厥志？’一人衡行于天下，武王耻之。此武王之勇也。而武王亦一怒而安天下之民。今王亦一怒而安天下之民，民惟恐王之不好勇也。”

“一怒而安天下之民”，乃收拾民心与天下之好勇也。着眼在天下万民之福祉，而并非一己之权欲、享乐、安处。天下不宁，个人何以安处？怒而为公义行事。此为中国圣贤精神，一般中国人和一般西方人或虽到不了这种境界，然亦于此敬重之，而某些心存志诚之西方基督徒或在上帝感召下而有类似精神行事也。

“交邻国有道乎”。此节论国际关系。

朱熹解此段曰：“仁人之心，宽洪恻怛，而无较计大小强弱之私。故小国虽或不恭，而吾所以字之之心自不能已。智者明义理，识时势。故大国虽见侵陵，而吾所以事之之礼尤不敢废。……天者，理而已矣。大之字小，小之事大，皆理之当然也。自然合理，故曰乐天。不敢违理，故曰畏天。包含遍覆，无不周遍，保天下之气象也。制节谨度，不敢纵逸，保一国之规模也。……（齐宣王）言以好勇，故不能事大而恤小也。……小勇，血气所为。大勇，义理所发。……宠之四方，宠异之于四方也。有罪者我得而诛之，无罪者我得而安之。我既在此，则天下何敢有过越其心志而作乱者乎？衡行，谓作乱也。孟子释书意如此，而言武王亦大勇也。王若能如文武之为，则天下之民望其一怒以除暴乱，而拯己于水火之中，惟恐王之不好勇耳。此章言人君能惩小忿，则能恤小事大，以交邻国；能养大勇，则能除暴救民，以安天下。张敬夫曰：'小勇者，血气之怒也。大勇者，理义之怒也。血气之怒不可有，理义之怒不可无。知此，则可以见性情之正，而识天理人欲之分矣。'"[①]朱熹之解释颇好，亦可从中窥见中国人之思维方式和行为方式。以前我读此注时，激于少年意气，以为其"以小事大"颇有丧志辱身之失，颇不以为意。或亦有少年客气处。

如何而作之君、作之师？必自制自律、笃学、敬畏、劳心苦身……，怒而安天下之民，方或可。

公民或可有小勇、匹夫之勇，所谓不得其平则鸣、"恶不仁者"之类也，然非意气用事、睚眦必报之类。军人武士又或可有北宫黝之勇。而国君大臣皆不可逞匹夫之勇。逞匹夫之勇，则失职错位，且或以一己私怒而误国偾事，误天下苍生也。故国君大臣乃最有权力而又最可能遭遇委屈之人，因其有义务——或必须——面对或接受国民之各种合理批评批判，乃至（一时之）误解攻击，而根本不可动用公权力于私人之意气愤怒也。故孟子告诫当养周文武之勇。有安天下之勇，则少私己之怒愤暴虐之处也。然此亦是战国

① 朱熹，《四书章句集注》（简体横排本），中华书局，2011年1月，pp200—201。本书所引《四书章句集注》中的相关文字，皆引自该书，特此说明，以下不赘注。

政治现实下之不得已之选择，其时国君集权，故孟子等只能“劝诫”掌权者。若夫于今世，则不必劝，亦非谋士食客之类，而有法律、经济等方面之制度化专才幕僚群体（幕僚一词，亦从过去国君庙堂之后、将军帐幕之下之谋士而来，今则意义丕变也，或可谓文官群体或事务官群体等），依照正式制度、法律法规而提供专业化的合理合法之政策建议，而绝无所谓“劝谏”之说。因权力不可滥用乃是现代治理之根本法治规则，不可逾越职责权限而犯法违规，质言之，官员不可违法犯罪乃是官员从政之始就必须明白的政治常识和前提，犯法则必有独立专门之法律机制或政治机制惩处之，故从其本质言，乃非关“幕僚”用其劝谏也。于今论之，所谓“幕僚”或同事劝谏，乃从私人情谊与道德善意立言，实则只有自负其责，自己承担其法律后果和道德后果，外人或同事、所谓“幕僚”等并无道德责任义务来劝谏；古之所谓劝谏，今则全部纳入正式法治框架，如宪法、行政法等公法制约，如公力司法检察审判，如相关行政法等所规定的“不可听从执行违法违规之上级命令”或监督、指斥违法犯罪之责任——这里的“指斥”，是公法所规定的公职人员对于其他相关公职人员尤其是官员应有监督、检举等的公共责任义务，并非是私人道德领域意义上的“告发”，两者并不冲突。公私分明，公德私德分明，此中西古今之大不同之政治文化背景也。

周代之国际关系分两层：一为与“外国”之关系，一则为周王朝内部诸侯国之关系。孟子此处言前者，而分两种情形：A. 不侵扰；B. 不蠢动（后者 B 乃基于实力对比而来的权力关系，小国等不无端自大，以智；前者 A 则为大国大度而能容小国，以仁）。

“以大事小者，乐天者也；以小事大者，畏天者也。乐天者保天下，畏天者保其国。”能以大事小，故益能成其大；以小事大，故小亦能保其国。然亦有“事大”犹不得免者，则又有若干选择，见卷二“滕文公问曰：‘齐人将筑薛’”、“滕文公问曰：‘滕，小国也’”两节之论述（“不得已而去之”、“创业垂统，为可继也”与“世守，效死勿去”

等三种方式)。

赵岐注曰:"葛伯放而不祀,汤先助之祀。《诗》云:'昆夷兑矣,惟其喙矣。'"谓文王也。是则圣人行仁政,能以大事小者也。獯鬻,北狄疆者,今匈奴也。大王去邠避獯鬻。越王勾践退于会稽,身自臣事吴王夫差。是则智者用智,是故以小事大而全其国也。圣人乐行天道,如天无不盖也,故保天下,汤、文是也。智者量时畏天,故保其国,大王、勾践是也。《诗·周颂·我将》之篇,言成王尚畏天之威,于是时故能安其太平之道也。"①

郑氏与江声之解②皆将君师与民分为二:君师为牧民者,且尊宠之,而为权力等级制;民则为被牧者,并无自治之权与能。此则先秦中国文化之根本特点之一,乃从来以为民无独立自主自治之权利、地位与能力。然又言"与民同乐",似有和同之。然同乐只是某时某仪(特别礼仪场合下之仪礼仪式)为之,终不改等级制之贵贱尊卑之观念。这是一个颇有意思的安排,第一强调统治者必当有仁心仁政,与民同乐、为民兴利、省耕补不足,另一方面则维持相互间开明等级制,不给庶民百姓自治权或政治权利。

"此章言圣人乐天,贤者知时,仁必有勇,勇以讨乱,而不为暴,则百姓安之。"③

> 齐宣王见孟子于雪宫。王曰:"贤者亦有此乐乎?"孟子对曰:"有人不得,则非其上矣。不得而非其上者,非也;为民上而不与民同乐者,亦非也。乐民之乐者,民亦乐其乐;忧民之忧者,民亦忧其忧。乐以天下,忧以天下,然而不王者,未之有也。昔者齐景公问于晏子曰:'吾欲观于转附、朝儛,遵海而南,放于琅邪,吾何修而可以比于先王观也?'晏子对曰:'善哉

---

① 焦循,《〈孟子〉正义》,pp111—112。

② 焦循,《〈孟子〉正义》,p116。

③ 焦循,《〈孟子〉正义》,p117。

问也！天子适诸侯曰巡狩。巡狩者，巡所守也。诸侯朝于天子曰述职。述职者，述所职也。无非事者，春省耕而补不足，秋省敛而助不给。夏谚曰：‘吾王不游，吾何以休？吾王不豫，吾何以助？一游一豫，为诸侯度。’今也不然，师行而粮食，饥者弗食，劳者弗息。睊睊胥谗，民乃作慝。方命虐民，饮食若流。流连荒亡，为诸侯忧。从流下而忘反，谓之流，从流上而忘反，谓之连，从兽无厌谓之荒，乐酒无厌谓之亡。先王无流连之乐，荒亡之行。惟君所行也。’景公说，大戒于国，出舍于郊。于是始兴发补不足。召大师曰：‘为我作君臣相说之乐！’盖《征招》、《角招》是也。其《诗》曰：‘畜君何尤？’畜君者，好君也。”

“乐民之乐者”云云，范仲淹亦由孟子此句立志也。

巡狩之说，意为不可无事冶游，扰民盘剥之。或虽无扰民之事，然浪费公币，仍是间接盘剥扰民也。

“言人君能与民同乐，则人皆有此乐；不然，则下之不得此乐者，必有非其君上之心。明人君当与民同乐，不可使人有不得者，非但当与贤者共之而已也。”①“非但当与贤者共之而已”，朱熹此说甚好，不可仅与精英共享而当与全民同乐也。

君臣公币出游当为公利与利民，此为其公币出游之唯一目的与理由，余则皆腐败也。

“不得而非其上者，非也；为民上而不与民同乐者，亦非也。”各无好意，则双输、双恶、双不仁。反之，双赢而有温润之欣慰。倘有新经学，则必得创设某种权力制度和伦理结构，俾凡人皆人权平等，而又通过对等之礼义礼仪设计，而使得人际双方皆有好意，和谐喜乐于此生此国也。

“天子适诸侯曰巡狩，巡狩者巡所守也；诸侯朝于天子曰述职，

---

① 朱熹，《四书章句集注》，p201。

述职者述所职也。无非事者。春省耕而补不足，秋省敛而助不给。”此句论及天下内部国际关系准则等。有公事方可巡狩巡守（考察），不敢私人遨游取乐，而为诸侯立法效法。

一部中国政治思想史，几乎全是对君主的劝谏文，谈王制或典章制度者，亦以尊君为前提和基础，此是中国政治思想史之特点，或亦是先天不足。倘若抛开此点，则某些有关典章制度的设想仍有其价值，比如为民制产、十一之税、民本、以时入山林、井田制之立法命意等，皆有其一定之独立价值。

君臣相悦，集义爱民，共襄国事。

“乐民之乐者，民亦乐其乐；忧民之忧者，民亦忧其忧。”此句又进一步解释与扩展了“与民同乐”的含义，前两处皆言与民共乐利；此则言须与民同心同情（通情）同喜乐，民心即吾心，吾心同于民心，君民平等一体，斯之谓同心同情也。又加述曰：“乐以天下，忧以天下”，则王者之忧乐，又不仅在一人一民之乐，而同时亦当为天下之喜乐之事，此又为本职工作。

“有人不得，人有不得其志也。不责己仁义不自修，而责上之不用己，此非君子之道。人君适情从欲，独乐其身，而不与民同乐，亦非在上不骄之义也。”①

“言古贤君乐则以己之乐与天下同之，忧则以天下之忧与己共之，如是未有不王者。孟子以是答王者，言虽有此乐，未能与人共之。”②

如此则王民同乐，王亦是民，徒职位一时不同，财富享乐则当同也。仅王者独乐，则为君主私天下制；与“贤者”共之或共乐，则为君主官僚精英等级制；与人民共之，则为君主仁民制或民治制。

---

① 焦循，《〈孟子〉正义》，p119。

② 焦循，《〈孟子〉正义》，p119。

“言天子、诸侯出，必因王事，有所补助于民，无非事而空行者也。春省耕，补耒耜之不足。秋省敛，助其力不给也。”①

“晏子道夏禹之世民之谚语也。言王者巡狩观民，其行从容，若游若豫。豫亦游也，《春秋传》曰：‘鲁季氏有嘉树，晋范宣子豫焉。’吾王不游，吾何以得见劳苦蒙休息也。吾王不豫，我何以得见赈赡助不足也。王者一游一豫，行恩布德，应法而出，可以为诸侯之法度也。”②

“行恩布德”一语，可见先秦儒家政治思想与政治安排，乃欲以君师牧民之制，名利双收，利则等级制财富分配，名则收爱民仁民而民念其恩德也。虽曰王道仁政为开明统治，然终究是等级制、剥削制度也，徒不太过分而已。且后每多逾制，黜弃相对开明之王道仁政，而进于尤其专制盘剥之霸道、极权专制统治。且此种恩德本来就无稽，重夺之于民在先，轻赈之于民在后，羊毛出在羊身上；或先大取之而后小予（还）之（民若于此感戴，实则乃今之所谓斯德哥尔摩症状也）。如此，则统治者岂可觍颜自称仁政王道恩德?!

“今也者，晏子言今时天下之民，人君行师兴军，皆远转粮食而食之，有饥不得饱食者，劳者致重，亦不得休息；在位在职者又睊睊侧目相视，更相谗恶，民由是化之而作其慝恶也。”③

“方犹逆也。逆先王之命，但为虐民之政，恣意饮食，若水流之无穷极也。谓沉湎于酒，熊蹯不熟、怒而杀人之类也。流连荒亡，皆骄君之溢行也。言王道亏，诸侯行霸，由当相匡正，故为诸侯忧也。”④

“言骄君放游，无所不为。或浮水而下，乐而忘反谓之流，若齐桓与蔡姬乘舟于囿之类也。连，引也。使人徒引舟船上行，而亡反

① 焦循，《〈孟子〉正义》，p122。

② 焦循，《〈孟子〉正义》，p122。

③ 焦循，《〈孟子〉正义》，p123。

④ 焦循，《〈孟子〉正义》，p125。

以为乐,故谓之连。《书》曰:'罔水行舟',丹朱慢游,无水而行舟,岂不引舟于水上而行乎?此其类也。从兽无厌,若羿之好田猎,无有厌极,以亡其身,故谓之荒乱也。乐酒无厌,若殷纣以酒丧国也,故谓之亡。言圣人之行无此四者,惟君所欲行也。晏子之意,不欲使景公空游于琅邪而无益于民也。"①

三代之事若真,则其时之君王诸侯虽固然仍有一定——或较高之——超出一般庶民之生活水平或特权,但同样有许多自节自制之德行与礼仪之要求与自奉②,所以其时之君王诸侯或尚不失为一个正常人、正派人或高尚的人,完全并非人心世风腐坏之后、君主极权专制时代的那种纵欲无度、骄奢淫逸、飞扬跋扈的形象,及其对人生目的与生活常态的夸张邪僻的想象。或曰今日人心世风已坏,故难能想象与理解那时的贤君们的精神状态和生活状态,而不信之。其实当代西方许多政治家未必德行极高,然生活却大体能表现出正常人、正派人的状态来(专制国家除外)。只是到春秋战国之后,历经之前的一些坏君主之坏影响,以及因为春秋战国之诸侯"恶古礼之害己而尽去之",导致此一传统渐渐湮灭不彰,后世君主或权力追逐者遂以人欲横流、纵欲享乐而为其人生理想与状态(如"大丈夫当如此也"、"彼可取而代也"等,皆是如此),而亦以此视公权力,遂逶迤至今未改。

据焦循之解说③,则孟子谈"流连荒亡",字字有征。今人不知,或仅作理义发挥,而有误会原意、误解或随意发挥之虞。如焦循之以齐桓、蔡姬、丹朱、后羿、殷纣之史事而证之,则鉴戒之意甚明,无须侈谈礼义,此以史说事说理之优长也,亦为古代史教之常

① 焦循,《〈孟子〉正义》,p126。

② 焦循解曰:"先王但有春游秋豫,一休一助,为民而出,无此从上从下从兽乐酒之事也。先王既非无事空行,故晏子欲效法,亦不无事空行也。"参见:焦循,《〈孟子〉正义》,p128。

③ 焦循,《〈孟子〉正义》,pp126—128。

见常法。

“景公说晏子之言也。戒，备也。大修戒备于国。出舍于郊，示忧民困。始兴惠政，发仓廪以赈贫困不足者也。”[①]

孟子著书，乃时常将先王之制度、德行、法度、自制自克自奉之义矩、絜矩等，一一寻绎而出，一反诸侯“以其（即先王之制）之害己，而皆去其籍”之做法，使千载之后，犹能从《孟子》一书中，一窥三代华夏先民之圣贤、之善政善治、之善德善行善人，而自豪能自立于人类文明与世界文明政治史也，“如一游一豫，为诸侯度”等，即亦可谓是。

“其诗，乐诗也。言臣说君，谓之好君。何尤者，无过也。孟子所以导晏子、景公之事者，欲以感喻宣王，非其矜夸雪宫而欲以苦贤者。”[②]

王氏此句[③]，乃道出古代音韵训诂之一大重要特征或规律，即以声近而互训互（通）假。然此种现象出现之原因则当另考之，吾前有说（其时无今日错别字观念），又或是初民学习书面语言（乃至“外语”）或创制文字初期之不成熟处或特别方式处。又可比较其他语言文字系统之初创历史，而有语言文字人类学或语言文字考古学，内容可涉及包括文字创制的过程、流播或传播的过程等。

齐宣王问曰：“人皆谓我毁明堂，毁诸已乎？”孟子对曰：“夫明堂者，王者之堂也。王欲行王政，则勿毁之矣。”王曰：“王政可得闻与？”对曰：“昔者文王之治岐也，耕者九一，仕者世禄，关市讥而不征，泽梁无禁，罪人不孥。老而无妻曰鳏，老而无夫曰寡，老而无子曰独，幼而无父曰孤。此四者，天下之穷民而无告者。文王发政施仁，必先斯四者。《诗》云：‘哿矣

① 焦循，《〈孟子〉正义》，p128。

② 焦循，《〈孟子〉正义》，p129。

③ 焦循，《〈孟子〉正义》，p129。

富人，哀此茕独。'"王曰："善哉言乎！"曰："王如善之，则何为不行？"王曰："寡人有疾，寡人好货。"对曰："昔者公刘好货，《诗》云：'乃积乃仓，乃裹糇粮，于橐于囊。思戢用光。弓矢斯张，干戈戚扬，爰方启行'。故居者有积仓，行者有裹囊也，然后可以爰方启行。王如好货，与百姓同之，于王何有？"王曰："寡人有疾，寡人好色。"对曰："昔者太王好色，爱厥妃。《诗》云：'古公亶父，来朝走马，率西水浒，至于岐下，爰及姜女，聿来胥宇。当是时也，内无怨女，外无旷夫。王如好色，与百姓同之，于王何有？"

在孟子学说或孟子所设计的社会结构中，耕者（农）、仕者（士）、关市（商）、泽梁（民）、罪人（刑）、鳏寡孤独（弱，或弱势群体）等，各有基本安生之制度，并非赢家通吃。

好货、好色云云，当与百姓同之。与百姓同之，则当先思以合理制度安排和社会伦理安排而使得百姓好货、好色之心事皆能得适当之同等满足。

推己之心以及民人。

好货好色之疾，若王能平心平等推思百姓亦有是心是欲，视百姓为如自己之常人，则自然能同情推扩，而"与民同好"，不至于因君主臣官之赋税聚敛搜刮之无度等，而导致百姓之正常人生欲求不得满足，斯而后可以王矣。王者之事，王者与百姓同归遂常人及常人之欲也。

"昔者文王之治岐也，耕者九一，仕者世禄，关市讥而不征，泽梁无禁，罪人不孥。老而无妻曰鳏。老而无夫曰寡。老而无子曰独。幼而无父曰孤。此四者，天下之穷民而无告者。文王发政施仁，必先斯四者。诗云：'哿矣富人，哀此茕独。'"此句与罗尔斯《正义论》中之思路有相通处。

"世禄者，先王之世，仕者之子孙皆教之，教之而成材则官之。如不足用，亦使之不失其禄。盖其先世尝有功德于民，故报之如此，忠厚之至也。”[①]朱子于“世禄”之解释发挥未切当，如朱子此样解释，则势必增加国家财政支出，民将不堪。此种对世臣之“忠厚之至”，恰是对国民之“不公之至”，乃至而渐成庞大之寄生虫阶级或盘剥阶层，增加国家财政负担和国民纳税负担等——如果世袭无替而累世享其厚禄的话。故即或有世禄，亦当有严格标准限制，不可滥，滥则于民不公而不堪矣（比如可通过如下措施制衡之：严格限定职位额数；资格门槛高；仅可传一世亦即及身而亡，无职位者不得空食厚禄；褫、免、贬、降、黜等制度；官之仍须通过制度化程序渠道，以及今日西方发达国家之做法，即除了总统、总理，以及服职一定年限且无过错的部长级高官，乃可在退职或年老退休后享受一定程度之特别退休金优待，其他则一律按公务员法和平民社会保障法来处理，并无任何特别优待或经济特权，而根本杜绝特权寄生阶层，和基于纳税人或人民赋税而来的国家财政之巨大浪费[②]，等等）。

所谓“定禄”，乃确定之职位俸禄等级，即今之所谓工资级别制度也。

与民同乐，即与民同心，推己之心以及民。

“当是时也，内无怨女，外无旷夫。王如好色，与百姓同之，于王何有？”此又可作进一步发挥，男如好色，与女同之，则一夫一妻制立而终生不离矣。

“谓泰山下明堂，本周天子东巡狩朝诸侯之处也，齐侵地而得

---

① 朱熹著，《孟子章句集注-梁惠王章句下》。

② 一方面限制公权力，限制其随意非法之造福、加害能力，保障公民权利，另一方面又限制其退休后之经济优待或特权，双管齐下，而根本消灭官本位文化。而民众乃能于各行各业中，不受额外干扰地发挥各自之聪明才智，创造财富，提升生活水平，发展包括科学技术等在内的各项事业，造福社会，富强国家，安居乐业，国泰民安。而不必担心因此而不能吸引优秀人才到公共事业或公职部门，事实上，社会各项事业发展，而各种高水平人才更将大量涌现，国家乃能获得更多优秀人才，国家公共事业之选拔遂亦将有更多选择。故于此不必多虑过虑也。

有之。人劝齐宣王，诸侯不用明堂，可毁坏，故疑而问于孟子当毁之乎。已，止也。”①

周代，尤其是东周后，周为天子，故祖文（王）宗武（王）；鲁为大宗（周公为武王之弟，为武王诸弟中之兄，故为大宗。此涉及周代宗法制，不赘述），故或可祖文（王）宗（周公），特以鲁为侯国，不可僭礼天子（周），故虽可祖文（王），然不可有周王（天子）之明堂……

此句②可知华夏古代宫室建筑之初始及形制。初或仅天子享之，渐则诸侯及庶民各得建不同形制之宫室居所也。阮氏此篇可谓明堂小史乃至中国建筑小史。

实则自王者言，乃从880亩中取其公田80亩之赋税（余20亩为庐舍等），而为十一取一；自民言，则从其耕种之110亩（每夫100亩＋公田10亩）中交赋税（助）10亩，则亦为十一取一，而为十一税，十一税乃十一税一之谓，非一般所言之十税一也。孟子言九一者，乃将20亩庐舍之田亦算入王者公田……

“《诗·小雅·正月》之篇。哿，可也。诗人言居今之世可矣，富人但怜悯此茕独羸弱者耳。文王行政如此也。”③

此段④可用于分析“亲亲相容隐”。三代时之亲亲容隐不同于秦汉以后之亲亲容隐。又可结合“容隐”、“连坐”、“罪人不孥”互相印证比较。

“孟子言王如善此王政，则何为不行也。”⑤

此言即或公刘好货，而以仁政使可与民同之，即民人“居者有积仓，行者有裹粮”，各得其足货。因此（与民同之）之故，当公刘中国有难之时，而民人货足，故可“爰方启行”，共至于豳，以共成共襄

① 焦循，《〈孟子〉正义》，p131。

② 焦循，《〈孟子〉正义》，p132。

③ 焦循，《〈孟子〉正义》，p136。

④ 焦循，《〈孟子〉正义》，p136。

⑤ 焦循，《〈孟子〉正义》，p137。

大业。所引“诗云”之一句，皆言公刘（王）能与民共之、同之（好货），故能君民同心同德同力，足货足兵足食而迁难兴国之基也。

“《诗·大雅·〈帛系〉》之篇也。亶甫，大王名也，号称古公。来朝走马，远避狄难，去恶疾也。率，循也。浒，水涯也。循西方水浒，来至岐山下也。姜女，大王妃也。于是与姜女俱来相土居也。言太王亦好色，非但与姜女俱行而已，普使一国男女无有怨旷。王如则之，与百姓同欲，皆使无过时之思，则于王之政何有不可乎！”①

孟子等儒者言说论述皆诉之于情，诉之于同情、同理心，恂恂诱诲之。《诗》教以情，实则孔孟礼义皆教以情也。儒教（礼义之教）乃情感教育（可对照吾人情社会学中之相关论述）。

“章指言：夫子恂恂然善诱人，诱人进于善也。齐王好货色，孟子推以公刘、大王，所谓‘责难于君谓之恭’者也。”②

> 孟子谓齐宣王曰：“王之臣，有托其妻子于其友，而之楚游者，比其反也，则冻馁其妻子，则如之何？”王曰：“弃之。”曰：“士师不能治士，则如之何？”王曰：“已之。”曰：“四境之内不治，则如之何？”王顾左右而言他。

“四境之内不治，则如之何？”国君（王）如未能治理好国家，亦当弃之去之。可见孟子心中其实并非完全认同——或并非无条件赞成——君主世职或君主终身制之意。

> 孟子见齐宣王，曰：“所谓故国者，非谓有乔木之谓也，有世臣之谓也。王无亲臣矣，昔者所进，今日不知其亡也。”王曰：“吾何以识其不才而舍之？”曰：“国君进贤，如不得已，将使卑逾尊，疏逾戚，可不慎与？左右皆曰贤，未可也；诸大夫皆曰贤，未可也；国人皆曰贤，然后察之。见贤焉，然后用之。左右

---

① 焦循，《〈孟子〉正义》，p139。

② 焦循，《〈孟子〉正义》，p140。

皆曰不可，勿听；诸大夫皆曰不可，勿听；国人皆曰不可，然后察之。见不可焉，然后去之。左右皆曰可杀，勿听；诸大夫皆曰可杀，勿听；国人皆曰可杀，然后察之。见可杀焉，然后杀之。故曰国人杀之也。如此，然后可以为民父母。"

孟子并不一味讲亲亲尊尊、世臣世禄，亦讲进贤任能，然亦谨慎也。后者或亦受当时社会风气所影响。（战国时君主专制之压力 vs"任人唯贤"之风气或压力。）

"国人皆曰可杀，然后察之；见可杀焉，然后杀之。故曰，国人杀之也。"不唯众，不唯官长，唯实、唯谨、唯吾人理智、唯真实民意。

选人用人之方式而有：A. 正式用人制度；B. 特擢制度；C. 评估考察之以民意：贤则用则留则拔擢，不可则去之，罪则罚杀之（此亦牵涉死刑存废问题，然此为另一事）。

孟子以为本当有世臣，则当严用人之术，倘当初能择贤臣，则不至于现在"无亲臣"之境地（今则不当曰"无亲臣"，因"亲臣"之说，乃有人治、君主专制、君臣等级制人身依附等之意味，今则曰"无大臣"、"无人才"、"无经邦济世之雄才大略之大人大才"也）。此亦批评齐宣王选人用人之术有问题，故下文则具体讲选人用人之法。又注：此亦战国时期"选贤任能"之风起，一改之前周代之世卿世禄、任人唯亲之故步，故孟子有"国君进贤，如不得已，将使卑逾尊，疏逾戚，可不慎与"之议论。

"王无亲臣矣，昔者所进，今日不知其亡也。"此讥齐宣王选人用人之机制有问题，下则曰用人正道，康有为附会为民选。

"国君进贤，如不得已，将使卑踰尊，疏踰戚，可不慎与？"此涉及特擢之资格条件。

贤——不可——去之——杀。

"左右皆曰贤，未可也；诸大夫皆曰贤，未可也；国人皆曰贤，然后察之；见贤焉，然后用之。左右皆曰不可，勿听；诸大夫皆曰不可，勿听；国人皆曰不可，然后察之；见不可焉，然后去之。"此于平世、正世或可行，于乱世末世亦不可行也，因乱世末世正教不行，左右、诸大夫乃至国人，或皆有塞智昏私之病也。此时倘一切以众人可不可为断，则有从庸附逆与多数暴政之嫌。须知，乱世末世正须独立不阿之人起而矫之，此强项强矫之人，岂是乱世末世之佞臣愚民刁民所喜所可评判乎。故仍须有更适合之选拔陟黜机制。（至少应保持基本人权，又当有法律程序，等等……其根本又尤在正教正政正法等。）

“言王取臣不详审，往日之所知，今日为恶当诛亡，王无以知也。言国君欲进用人，当留意考择，如使忽然不精心意（而详审之），如不得已而取备官，则将使尊卑疏戚相逾，岂可不慎欤。”①

江声解百姓、王人分别为异姓之臣、同姓之臣②，此可颇发思索。则犹是亲疏远近之权力组织法，其稍不同者乃在唯强调亲近亦当有德，乃可称其职，然终究因其更为信任亲近，而优先赋权之。

三代那样的政治体制下，“累世修德之臣”或“世臣”这种说法乃属正常，因其时之公卿贵臣本来便从王家宗室中拣择而来。于民治体制下，此种带有浓厚权力世袭、爵位世袭等之说法，乃根本难以取得正当性。

“累世修德之臣”云云，其解仍不确，“累世修德”，岂必审其家世家风家训家教而类于今世之“审干”、“审查重视家庭成分”（如清白、世代务农、贫下中农等），则乃身份制（歧视）、连赞制（对照连坐制）、牵连制（而不合子孙不可连坐之现代观念，乃至不合于“罪人不孥”之古代观念）邪？“累世修德之臣”岂世代为臣而有变相世袭邪？关于此点，有两种解读，一者曰：可见“世臣”之说，实乃亲亲尊尊、世袭垄断之实，乃权力私有或权力世袭垄断观念文化。二者曰：这里的语意重心乃在“累世修德”，即根据正式选人用人制度，

---

① 焦循，《〈孟子〉正义》，p143。

② 焦循，《〈孟子〉正义》，p142。

从累世修德之(大小)家中,选择其中之优秀子弟而任之为臣。

此[①]仍是人治、德治之思路,以为人之性情始终终生不变,故重知人看人,实则谬矣。吾人今皆知,一者人非一成不变,而不断成长或变化,二者人往往受各种环境因素影响,比如制度、风气、知识、见识、交游等,身不由己或迫不得已,或信念意志坚定与否等,而有许多变数。故初步德选之后,仍需有“失德而黜之”之法。无人可先知某人之一切一生也。

由“不得已而进贤”、“卑逾尊,疏逾戚”及上文“有世臣即同姓之臣”等句意可知,即在战国所谓“任人唯贤”之世,其本意、潜意识及主流之任人赋权之法度,仍是亲亲尊尊、亲疏远近的那一套。“进贤”或“任人唯贤”乃不得已而为之,乃是权宜之计,一有机会就会优先选用或回复到亲亲尊尊、亲疏远近的那一套,而夺权于非“自己人”之异姓贤能。此为(古代)中国政治根深蒂固之劣根性,而颇缺乏完全的、彻底的普遍国家公权力之意。一有机会掌控全权全局,就一定会搞亲亲尊尊、私天下的那一套,党同伐异,排斥异己,搞小圈子;原来之贤能皆一时利用而已,当大权在握之后,一有机会或可能,便会弃之。乃至所谓“贤能”,其实也使用或遵循这一套权力游戏规则。所以要有文化尤其是政治文化、政治理念、政治智识与相应制度的根本变革也。

“王无亲臣矣”,赵岐注曰:“今王无可亲近之臣”[②],犹是私恩信任亲近之意。

人治体制或(开明)专制体制下,用人(权)极难,(小人、佞人、恶人、坏人等)人为获得权位(及其背后的荣华富贵、特权、资源、生活享受、荣耀、权欲遂逞等——因为专制体制或特权、极权体制下,获得权位就意味着可以随意掌控获得和“分配”得到这些东西)可

① 焦循,《〈孟子〉正义》,p143。

② 焦循,《〈孟子〉正义》,p143。

以不择手段、诡诈百出，不仅仅是“注疏”“正义”中所提及的比周、虚誉、朋党环主之类，可谓变化万端，无所不用其极。所以传统中国想尽一切办法处理用人问题。但因为两点根本问题或悖论，而根本无法解决此一内在难题。1. 权力私有、特权、专制、全方位等级制结构下必然引发的极端争夺；2. 对人性的盲目自信与他信，和掌权者对自己本性、能力智慧的盲目自信与他信（他人对掌权者品行能力的盲目相信或崇拜）。所以永远无法换一种思路，即不允许等级制特权而换以平等人权；代之以对人性与个体智能的盲目自信，而转向基于对人的本性中可能的恶、人性弱点及人的智力缺陷或个人的理性限度等问题的正视，而改弦更张，采取其他思路……

世臣乃权力私有或王权制中之特有现象，今不可有，而只可有纯粹私人社会层面的世友。然其重德，未言重“忠君”，仍有一定价值。并且，以“世臣”之说中之“取人以善德、以德善择友”，维持经营之，而终生终世，以相得之，亦是好事。然维持之道，仍有互尊人权、人权义界清晰，而无利用侵僭乃至朋党比周以渔公利之意、之弊端，各自善以待人，利则君子之交淡如水而长情，乃可矣。又：若是现代法治社会，则不德不法而自有道德制裁与法律制裁，故勿需太过以警惕忖恶之心看人待人（陌生人或非深熟人），在遵守人权义界之前提的同时，维持基本之人际善意，如此则即其不法伏法受刑罚，亦有悲悯之心。此之前提在人权确保，司法公正。

“翔而后集”以言君王进贤择人，可谓谨慎小心，深思熟虑也。而在人权意识成为共识且司法公正之社会，社会信任指数高，故若此句用于人之相交相友，则不必太过如此，而以自然之情感，轻松自然相对待之可也。

> 齐宣王问曰：“汤放桀，武王伐纣，有诸？”孟子对曰：“于传有之。”曰：“臣弑其君，可乎？”曰：“贼仁者谓之‘贼’，贼义者谓之‘残’。残贼之人，谓之‘一夫’。闻诛一夫纣矣，未闻弑君也。”

“贼仁者谓之贼，贼义者谓之残，残贼之人谓之一夫。闻诛一夫纣矣，未闻弑君也。”孟子每论独夫专制，无论谈话对象孰人，而皆不为独裁者稍假辞色，或为之文饰开脱也。

“贼仁者谓之贼，贼义者谓之残，残贼之人谓之一夫。闻诛一夫纣矣，未闻弑君也。”君无豁免权。在孟子思想观念中，君不仁不义则为贼残，非君也。仁义为君之必要条件、必然义务等。

“贼仁者谓之贼，贼义者谓之残，残贼之人谓之一夫。闻诛一夫纣矣，未闻弑君也。”此处亦有未安者。于现代观念言，仍当循法律程序，依法行之，且当有底线，不可以私人救济或私人制裁之方式，随意（莫须有）剥夺君王之职位，尤其是生命（权利），除非有命案等严重情节（罪刑法定），以杜绝乱臣贼子、枭雄、野蛮人之野心强暴颠倒（杜绝恶劣人治政治斗争之惯例，如仅凭阴谋抹黑造谣等人治方式，而不经法律审判程序等，便颠覆正当政权及政治人物等诸如此类之事），亦以启君王臣官谨慎怵惕、战战兢兢、守法行政之心，又以启国民之法治精神意识，而倡导公平依法竞争（政治竞争）之新政治风气，从此杜绝一切宫廷斗争、阴谋政变、肮脏血腥、你死我活之残忍恶劣政治陋习恶习……且可申长养成堂堂正正、光明磊落之民族性格。

“言残贼仁义之道者，虽位在王公，将必降为匹夫，故谓之一夫也。但闻武王诛一夫纣耳，不闻弑君也，《书》云‘独夫纣’，此之谓也。”①

“归之”，即（与）下文之“取之而燕民悦”同一情形，亦可谓文明扩展或和平扩展之方式与原则。赵岐亦不讳言所谓“取人之国”：“章指言：征伐之道，当顺民心，民心悦则天意得，天意得，然后乃取人之国也。”②“取之而燕民悦”，如以此言之，则这种和平扩展之可

---

① 焦循，《〈孟子〉正义》，pp145—146。

② 焦循，《〈孟子〉正义》，p152。

能途径至少应满足两个条件：1. 其君暴民，故而诛独夫；2. 其民咸悦从悦附王道仁政之国（下文亦述及）。

上言世臣当有德，此言世君当有德，儒家乃主张王权私有而相对开明德治制。

> 孟子谓齐宣王曰："为巨室，则必使工师求大木。工师得大木，则王喜，以为能胜其任也。匠人斫而小之，则王怒，以为不胜其任矣。夫人幼而学之，壮而欲行之，王曰：'姑舍女所学而从我'，则何如？今有璞玉于此，虽万镒，必使玉人雕琢之。至于治国家，则曰：'姑舍女所学而从我'，则何以异于教玉人雕琢玉哉？"

"至于治国家，则曰'姑舍女所学而从我'，则何以异于教玉人雕琢玉哉？"所重在国，自然公正选贤任能，与百姓万民共天下；所重在私权私欲私利，则任人唯亲唯佞，日渐独裁荒疏，妒贤嫉能。此言当尊重（专业）人才，不越俎代庖，不必事必躬亲，不可外行指挥内行，当选拔专业人才而放权任用之（专业权限内）。故必然有诸种行业自治机制和惯例，而学术共同体之自治与大学独立或大学自治，尤为题中应有之义。而各种行业、大学等学术共同体及其行业法律规章等，同样必须遵循民治国家的相应国家法律（宪法等），并不会威胁到民治政治、民治国家或国家国民利益本身。

治国当有专门人才与贤才，必选贤任能。而负责举荐和选贤任能的人，其才其职位皆未必更高于其所选任之贤能之才之职，特遵循相应合理成熟之选任机制而尽其职责耳。选任者与被选任者并非恩主恩奴关系（比如中国古代科举制中所谓的座师与门生），即没有任何恩惠关系。故尤当制定合理程序，以控制选任者营私舞弊或俨然以座师自居而营市私恩私福之空间。当然，尊师重道则与此不同，尊师重道有关正道正教，选任则有关政治或吏治。当然，今则有考选和民选这两种现代选任办法。

"范氏曰：'古之贤者，常患人君不能行其所学；而世之庸君，亦常患贤者不能从其所好。是以君臣相遇，自古以为难。孔孟终身而不遇，盖以此耳。'"[①]贤佞立判。

"至于治国家，则曰'姑舍女所学而从我'，则何以异于教玉人雕琢玉哉?"学以正君臣政事，非以徇之也。正向文教总有督促、监督政治政事之功能，除非其是邪恶的文教。另外，此亦是实际政治不合于先王之教，或不合于正义大道等，而私逞私意。臣有臣职臣道臣事，王者不可强臣就我。臣者首在循道重道任道，其次乃在忠诚听命于循道重道任道之君主，集义共事，共襄大道。

"姑舍女所学而从我。"用人乃用其才，乃为国选人用人，非欲循己私意，又不可以一人之智而代臣僚及亿万民众之智慧，而各司其职，权界分明，各逞其才而已。

"姑，且也。谓人少学先王之道，壮大而仕，欲施行其道，而王止之曰：且舍置汝所学，而从我之教命，此如何也。"[②]

赵岐解为"人少学先王之正法"、"欲施行其道"甚好，此则以道（以学）正君正政，道（与学）在政、职、位、权之先，道为目的与标准，是第一位的，有其独立性。道统摄一切，竟或类于西方之自然法（当然有不同），则此有其独立性之道与道统，及其以道自任之士人群体，便可以道正君正政，而成天道政治或王道政治或（先王之）法治……今又可解"幼而学之"为包括学习专业知识，则社会分工时代而有各学科之专业知识，而复有相应之各专业治理，乃至所谓专家治理、理性化治理等；又可顺此思路而解释之，比如文官体制或事务官体制之专业治理等……又可言及权力下放或相关授权体制、权力的所有权与管理权的关系等论题，如"国虽广大，不能不委任于人也"之所论然[③]。

---

① 朱熹著，《孟子章句集注-梁惠王章句下》。

② 焦循，《〈孟子〉正义》，p147。

③ 焦循，《〈孟子〉正义》，p149。

战国乃至其后之儒家士人一直未意识到一点:儒士与持有王国私有观念尤其是权力私有观念之君主,其各自之目标、任务、考虑之事情、所处之身份地位根本不同。君主欲巩固权力、反抗外国侵略者,发现和打击任何国内外觊觎者、挑战者,维护君主权威和王国统治、个人权力享乐与权力永远世袭,故往往喜欢所谓一意忠君媚主、主张和维护君主专权之法家,宠幸宦官、外戚等。某些心志醇粹、立意高远之儒者之立意则颇贬斥家天下观念而尤在于百姓人民与公权国家乃至民治民主民享之国家之公共利益、大利益,此便与君主私人小利益有冲突,故君主往往对其阳奉阴违,听其有利于巩固私有王权者,而违弃其"侈谈王道仁政仁民者",或根本黜退弃用之。

"此章言任贤使能,不遗其学,则功成而不堕。屈人之是,从己之非,则人不成道,玉不成圭,善恶之致,何可不察哉!"[①]

齐人伐燕,胜之。宣王问曰:"或谓寡人勿取,或谓寡人取之。以万乘之国伐万乘之国,五旬而举之,人力不至于此。不取,必有天殃。取之,何如?"孟子对曰:"取之而燕民悦,则取之。古之人有行之者,武王是也。取之而燕民不悦,则勿取。古之人有行之者,文王是也。以万乘之国伐万乘之国,箪食壶浆以迎王师,岂有它哉?避水火也。如水益深,如火益热,亦运而已矣。"

"取之而燕民悦,则取之。古之人有行之者,武王是也。取之而燕民不悦,则勿取。古之人有行之者,文王是也。"此乃文明扩展原则:以其百姓自悦择,不必固执,不必急于一时,不以力取。时势天机天命未至,便不可强行扩展而违背仁善之初衷(顺势而为)。最终而必以人类个体人权平等、自由——乃至某种群体尤其是弱小群体比如某些民族、种族的平等、自主、独立等——作为依归或

① 焦循,《〈孟子〉正义》,pp149—150。

标准(当人类确实存在着某种明显的种族或体质强弱区分的情形下,完全以个人主义或原子化的人权平等为标准,有可能导致在生理和智力上暂时相对占有优势的强大民族或种族对于弱小民族或种族的生存空间和生存机会的实际压制、剥夺以及最终的碾压、覆盖和灭绝。就此而言,民族国家自始至终都有其存在的意义、价值和必要性,而不可简单化地追求原子化的天下大一统,因为后者可能存在着种种可能的种族压迫性后果。换言之,不能简单化地以人类个体人权平等标准而剥夺某些群体或各种形式的共同体的群体自治的要求——当然,自治性群体或各种形式的共同体内部,仍然必须以人权平等为根本价值选择,或标准。兹事体大,此但略开端绪,不赘述),而又佐之以其他一些赞助性或支持性优待安排(Affirmative Action or mechanism Affirmative),如儒家对鳏寡孤独弱小的体恤,以及将来天下大同社会对于弱小民族、种族或个体等的某种赞助性平权机制安排。而避免这样一种结果,在人类人权平等和自由选择的美好言辞下,导致某些群体或个体被"无所选择"而最终被淘汰掉,而间接地实现了民族灭绝、种族灭绝或个体灭绝的结果(因为在人权理论下,个体的重要性和民族、种族的重要性,是同等的)。

"齐人伐燕",此章论国际关系准则。

"取之而燕民悦,则取之。古之人有行之者,武王是也。取之而燕民不悦,则勿取。古之人有行之者,文王是也。"此即卷一吾所解读发挥之文明扩展与天下扩展主义,而一切以全民之自愿为断。亦即柔性文明扩展,天下远方向慕而后自同化,而渐成天下风景。关于自同化、融合、整合此点亦极重要,不然,如果不能主动同化融合到大群体中,而更加强调小群认同和内部区隔,久之乃可能形成内部国中国、群中群,另行严密组织,不能混同,形成内部对抗与破坏,将造成极严重后果(但这也面临一个悖论,亦即如何处理同化融合混同与对弱小民族、群体的赞助性暂时优待之间的关系)。或曰：今日欧洲难民虽亦足可谓是向慕、投靠西欧等国，然于自同化、混同方面，或难民对于“同化或混同”之态度，或仍有不同表现，故或导致颇严重之问题，故许多国家便十分强调移民和难民之在文化、语言、价值观和生活等方面融入移民国之必要性，比如学习该国语言、文化、习俗、生活方式等。此亦可作一思考维度或材料。质言之，虽曰文化多元主义（以及文化主体性、文化自尊等论题），亦当有基本共识与平等化同之部分。

田臣思善乘间而动，觑国际形势而发动作为以取利[①]。

此段孟子之劝说乃欲抑先扬，扬之以“未闻以千里畏人者也”，抑之以“置之君而后去”……

以此言之，则这种和平扩展之可能途径至少应满足两个条件：1. 其君暴民，故而诛独夫；2. 其民咸悦从悦附王道仁政之国。

“此章言征伐之道，当顺民心，民心悦则天意得，天意得，然后乃取人之国也。”[②]

> 齐人伐燕，取之。诸侯将谋救燕。宣王曰：“诸侯多谋伐寡人者，何以待之？”孟子对曰：“臣闻七十里为政于天下者，汤是也。未闻以千里畏人者也。《书》曰：‘汤一征，自葛始。’天下信之，东面而征，西夷怨；南面而征，北狄怨，曰：‘奚为后我？’民望之，若大旱之望云霓也。归市者不止，耕者不变，诛其君而吊其民，若时雨降。民大悦。《书》曰：‘徯我后，后来其苏。’今燕虐其民，王往而征之，民以为将拯己于水火之中也，箪食壶浆以迎王师。若杀其父兄，系累其子弟，毁其宗庙，迁其重器，如之何其可也？天下固畏齐之强也，今又倍地而不行仁政，是动天下之兵也。王速出令，反其旄倪，止其重器，谋于燕众，置君而后去之，则犹可及止也。”

---

① 焦循，《〈孟子〉正义》，p150。

② 焦循，《〈孟子〉正义》，p152。

“置君而后去之”，仍是仁心对待他国之意，文明扩展亦当如是。

“范氏曰：‘孟子事齐梁之君，论道德则必称尧舜，论征伐则必称汤武。盖治民不法尧舜，则是为暴；行师不法汤武，则是为乱。岂可谓吾君不能，而舍所学以徇之哉？’”[①]斯为贤臣之节操职守。

民族主义与政治、当权者三者之关系。西周以来之宗法主义或中国之祖先崇拜，于中国之大一统居功实大。又可思考祖先崇拜、慎终追远与民族主义之关系。

“诛其君而吊其民。”诛其首恶，还政于其国其民，“谋于燕众，置君而后去之”，今则为之立正制也（若美国之对日本实行民主改造，然此又有国家间之政治利用、国际战略等之因素在内——冷战形势——，未可简单立论）。

“今又倍地而不行仁政，是动天下之兵也。”此即卷一所言“构怨于诸侯”、“以一服八”之意[②]。

此段可见当时之统治者何等失去民心而被人民所痛恨，君民或官民对立……[③]

此言可关涉对于当时或后世之征伐的正当性标准的分析思考等论题，即关涉对于正当性考虑的相关分析思路[④]。

此与“以一敌八”之言如何关涉？然亦当思汤、文、武皆以七十里左右而王天下之事。赵岐章指所谓“伐恶养善，无贪其富”，“以小王大”[⑤]。此仍可和上文和全书中关于“和平文明扩展之天下主义”等进行关联论述，此不赘。

---

① 朱熹著，《孟子章句集注-梁惠王章句下》。

② 见《孟子-梁惠王上》“构怨于诸侯”一节。

③ 焦循，《〈孟子〉正义》，p153。

④ 焦循，《〈孟子〉正义》，p154。

⑤ “章指言：伐恶养善，无贪其富，以小王大，夫将何惧也。”焦循，《〈孟子〉正义》，p156。

《战国策·燕策一·燕王哙既立》

燕王哙既立,苏秦死于齐。苏秦之在燕也,与其相子之为婚,而苏代与子之交。及苏秦死,而齐宣王复用苏代。

燕哙三年,与楚、三晋攻秦,不胜而还。子之相燕,贵重主断。苏代为齐使于燕,燕王问之曰:“齐宣王何如?”对曰:“必不霸。”燕王曰:“何也?”对曰:“不信其臣。”苏代欲以激燕王以厚任子之也。于是燕王大信子之。子之因遗苏代百金,听其所使。

鹿毛寿谓燕王曰:“不如以国让子之。人谓尧贤者,以其让天下于许由,由必不受,有让天下之名,实不失天下。今王以国让相子之,子之必不敢受,是王与尧同行也。”燕王因举国属子之,子之大重。

或曰:“禹授益而以启为吏,及老,而以启为不足任天下,传之益也。启与支党攻益而夺之天下,是禹名传天下于益,其实令启自取之。今王言属国子之,而吏无非太子人者,是名属子之,而太子用事。”王因收印自三百石吏而效之子之。子之南面行王事,而哙老不听政,顾为臣,国事皆决子之。

子之三年,燕国大乱,百姓恫怨。将军市被、太子平谋,将攻子之。储子谓齐宣王:“因而仆之,破燕必矣。”王因令人谓太子平曰:“寡人闻太子之义,将废私而立公,饬君臣之义,正父子之位。寡人之国小,不足先后。虽然,则唯太子所以令之。”

太子因数党聚众,将军市被围公宫,攻子之,不克;将军市被及百姓乃反攻太子平,将军市被死已殉,国构难数月,死者数万众,燕人恫怨,百姓离意。

孟轲谓齐宣王曰:“今伐燕,此文、武之时,不可失也。”王因令章子将五都之兵,以因北地之众以伐燕。士卒不战,城门不闭，燕王哙死。齐大胜燕，子之亡。二年，燕人立公子平，是为燕昭王。

此固可解作战国诸侯仍稍奉西周先王之制以维系天下和平（虽则各诸侯每多违背先王礼制而僭称王、拓疆土），然此或亦可解作战国时尚有均势原则，类于后之西欧诸国。秦成帝制以后，中国西周以上之贵族共和封建天下主义，遂变为专制大一统，而由战国时期的均势原则一变而为秦制中央集权大一统原则，而由战国乃至西周以来的列国体制变为大一统天下朝贡制度或宗主藩属制度……亦可谓王畿范围扩大为方五千里，而侯服、荒服、要服等相应扩展……世界或亦终将由列国体制变为天下体制，徒不知孰能为最善之（新）“王”道耳。然秦国以法家霸道一统天下，其间征伐频仍，生灵涂炭，可见历史发展之残酷性，未必皆是仁善进展之状。然秦兴之也勃，亡之也速，天下又落入刘氏之手中，究难以王道霸道简单论之。

“速，疾也。旄，老耄也。倪，弱小倪倪者也。孟子劝王急出令，先还其老小，止勿徙其宝重之器，与燕民谋置所欲立君而去之归齐，天下之兵，犹可及其未发而止之也。”①

赵岐解“燕众”为“燕民”，焦循无及之。然“众”是何众？“民”是何民？当时或本当时之礼义，无论其为民为众，为王子公卿大夫、为庶民，皆奉持和认可立君长之礼法惯例，即嫡长子继承制，因而立其君焉。今世则其“君”之含义、立“君”之法、其“民”其“众”等，皆与其时不同。故当深加措意，一一辨明之也。

当时天子或诸侯助天子乃至假借天子之命，而讨伐不义暴虐之诸侯国君，乃持先王之义、先王之礼制而行事也，非今日西方国际关系理论所言之“均势”理论。先秦之中国乃天子共主、诸侯封

① 焦循，《〈孟子〉正义》，p156。

建、共守先王之礼制之宗法原则与理论。

“此章言伐恶养善，无贪其富，以小王大，夫将何惧也。”①

> 邹与鲁閧。穆公问曰：“吾有司死者三十三人，而民莫之死也。诛之，则不可胜诛；不诛，则疾视其长上之死而不救，如之何则可也?”孟子对曰：“凶年饥岁，君之民老弱转乎沟壑，壮者散而之四方者，几千人矣；而君之仓廪实，府库充，有司莫以告，是上慢而残下也。曾子曰：‘戒之戒之！出乎尔者，反乎尔者也。’夫民今而后得反之也。君无尤焉！君行仁政，斯民亲其上，死其长矣。”

孟子首重责上，从统治者身上找原因，因统治者掌握权力，柄权在位，故有责任自制奋发，教化安民，而开创治世局面。民之“视其长上之死而不救”，恰因为“上慢而残下”也。即或民之无赖，亦上之不教民以正道也，其失不独在民自身，而尤其同时在于占据高位权势之所谓长上也。

“范氏曰：‘书曰：‘民惟邦本，本固邦宁。’有仓廪府库，所以为民也。丰年则敛之，凶年则散之，恤其饥寒，救其疾苦。’”②孟子经济政策非为公室争利，乃为公共服务。

“邹与鲁哄”。此节言国内官民关系（内政）。

“凶年饥岁，君之民老弱转乎沟壑，壮者散而之四方者，几千人矣。”此可知游民与移民之来由之一。

古者多讲上化下，下难化上。

“曾子有言，上所出善恶之命，下终反之，不可不戒也。……君行仁恩，忧民困穷，则民化而亲其上，死其长矣。”③

此可谓文武双全④，然亦有文韬武略皆具而身力材质不堪戎

---

① 焦循，《〈孟子〉正义》，p156。

② 朱熹著，《孟子章句集注-梁惠王章句下》。

③ 焦循，《〈孟子〉正义》，p158。

④ 焦循，《〈孟子〉正义》，p157。

事者。

此数言[1]，皆论善恶出尔反尔之律则，似与佛释之因果报应、因缘业力等相类，实则根本思想前提不同，儒家乃人文仁爱之提撕，佛家乃功利善果恶果之警戒。

滕文公问曰："滕，小国也，间于齐、楚。事齐乎？事楚乎？"孟子对曰："是谋非吾所能及也。无已，则有一焉：凿斯池也，筑斯城也，与民守之，效死而民弗去，则是可为也。"

"滕文公问曰：'滕，小国也，间于齐楚。事齐乎？事楚乎？'"此节言地缘政治下小国之选择，亦可论议小国之其他可能选择或途径。

"孟子以二大国之君皆不由礼义，我不能知谁可事者也。不得已则有一谋焉，惟施德义以养民，与之坚守城池至死，使民不畔去，则是可以为也。"[2]

此二句[3]可答某生问"庸恶人情社会中之自处之法"，即：或则守死善道，或则避之而守死善道。成功与否，则天也。

而强为善而后听天由命。此可为识世自处、积极进取、乐天知命之法。

儒家不谈来世彼岸，而其谈天谈命，虽不涉来世彼岸，而仍隐隐有一种宗教精神和信仰力量在焉，守死善道，以俟其天命，而别具伟大之心胸、意志与力量。

敬命乐天，则守死善道，俟其天命。

"此章指言事无礼之国，不若得民心，与之守死善道也。"[4]

滕文公问曰："齐人将筑薛，吾甚恐，如之何则可？"孟子对曰："昔者大王居邠，狄人侵之，去，之岐山之下居焉。非择而

① 焦循，《〈孟子〉正义》，p158。
② 焦循，《〈孟子〉正义》，p160。
③ 焦循，《〈孟子〉正义》，p160。
④ 焦循，《〈孟子〉正义》，p160。

取之，不得已也。苟为善，后世子孙必有王者矣。君子创业垂统，为可继也。若夫成功，则天也。君如彼何哉？强为善而已矣。"

"苟为善，后世子孙必有王者矣。君子创业垂统，为可继也。若夫成功，则天也。君如彼何哉？强为善而已矣。"顺天命，强为善，但不强求一时一世之成功，然一时一世皆有所作为，一时一世完成其一时一世之任务作为，精进向上，历时累世而终成之也，若愚公移山然，后必有报。重斯时之善端，创业垂统，不因循苟且，方可垂统而开后世善果乃至开创后世善好世界。

"君子创业垂统，为可继也。若夫成功，则天也。君如彼何哉？强为善而已矣。"尽人事，听天命。而"强为善"一句，亦是中华文化之精髓所在，当深思之。

"大王非好岐山之下，择而居之焉，迫不得已，困于强暴，故避之。……君子创业垂统，贵令后世可继续而行耳，又何能必有成功，成功乃天助之也。君岂如彼齐何乎，但当自强为善法，以遗后世而已矣。"①

宫之奇谏靖郭君之言，乃披末探本之言。本动而末荡，本之如此，末即如彼其富其力，岂可独善其身，独享其秀自保全哉。末上用力而本上不用力，即或有末之秀美亦难长久自全，残本秀末，数日而尽，如昙花一现；本正根深，末乃可四季长久，来年花再开。侥幸之人，岂不明乎此邪？客谏靖郭君：田婴筑薛高于天，一日失齐岂能存。可笑当时营营(机关)尽，从来贪愚本末昧。

"此章指言君子之道正己任天，强暴之来，非已所招，谓穷则独善其身也。"②

滕文公问曰："滕，小国也。竭力以事大国，则不得免焉，

① 焦循，《〈孟子〉正义》，pp161—162。

② 焦循，《〈孟子〉正义》，p163。

如之何则可?”孟子对曰:“昔者大王居邠,狄人侵之。事之以皮币,不得免焉;事之以犬马,不得免焉;事之以珠玉,不得免焉。乃属其耆老而告之曰:‘狄人之所欲者,吾土地也。吾闻之也:君子不以其所以养人者害人。二三子何患乎无君?我将去之。’去邠,逾梁山,邑于岐山之下居焉。邠人曰:‘仁人也,不可失也。’从之者如归市。或曰:‘世守也,非身之所能为也。’效死勿去。“君请择于斯二者。”

此节响应了上两节滕文公之问题或难题(两种选择:“去之从之,择新地建故国”与“效死勿去”。其实前面亦言及现实主义之一种选择,亦即后来古代朝鲜从《孟子》一书中所采择归纳之所谓的“事大主义”,此乃曰“事之以财货等”)。此皆不得已而行之,并无万全之答案(其责任尤在于大国)。又有行仁政得天下之一法,其实行仁政亦未必得天下,然此为唯一之选择,亦为“强为善”而已矣。

孟子其时之君民关系、种族或民族主义,未有如今天之显明甚深也。故中国人自古即有民族融合之实。

“君子不以其所以养人者害人。”人本,以人役物,而非物本,非以物役人(人己)。

此章中孟子分别从小国、大国出发论其自处之道,一之于正己任天、守死善道、王道仁政、怀柔远人近国而已,并无厚此薄彼、欺凌侵夺之意。无论大小上下,各国君民,皆当求正求善,则天下和平;不则而有王者渐以仁政善道得天下(得天下而不私传不垄断)。然而历史事实乃有颇谬不然者,如秦。

与之与之策杖去,退之退之浮槎何?归市若羡渔家乐,夜独听潮化天心。

此上两小节,虽有君权私有之意,根本上立不住,或有问题,然重其德、善,是其次优之价值。

“或曰:土地乃先人之所受也,世世守之,非己身所能专为,至死不可去也。欲令文公择此二者，惟所行也。”①

“古公亶父复修后稷、公刘之业，积德行义，国人皆戴之。薰育戎狄攻之，欲得财物，予之。已复攻，欲得地与民。民皆怒，欲战。古公曰：‘有民立君，将以利之。今戎狄所为攻战，以吾地与民。民之在我，与其在彼，何异。民欲以我故战，杀人父子而君之，予不忍为。’乃与私属遂去豳，度漆、沮，踰梁山，止于岐下。豳人举国扶老携弱，尽复归古公于岐下。及他旁国闻古公仁，亦多归之。’《史记-周本纪》此处之论②，乃谓民人立君，而立君为民，为真正之“民本、民立君”，非是先有君而后驱民治民。此论可谓发古人之未发。

“此章言大王去邠，权也，效死守业，义也。义权不并，故曰择而处之也。”③

经者、正法者，则正常状态；权者，则非常状态与紧急状态，而当有紧急状态法，用以法定法治之，以此权变，则虽反经而仍合义，合义则符合正当性拷问。所谓“其义其宜如何”，此即今之所谓正当性分析也。其合法性要求则乃应符合合理之紧急状态法。非至于紧急状态，或不符合宣布紧急状态的条件，则以正法常礼维持之，而不可以采取紧急状态时期之做法，即不可胡乱“权变”或权宜苟且（违经），此即法治之根本要求之一。

鲁平公将出，嬖人臧仓者请曰：“他日君出，则必命有司所之。今乘舆已驾矣，有司未知所之，敢请！”公曰：“将见孟子。”曰：“何哉！君所为轻身以先于匹夫者，以为贤乎？礼义由贤者出，而孟子之后丧逾前丧，君无见焉！”公曰：“诺。”乐正子入见，曰：“君奚为不见孟轲也？”曰：“或告寡人曰：‘孟子之后丧逾前丧。’是以不往见也。”曰：“何哉？君所谓逾者，前以士，后

① 焦循，《〈孟子〉正义》，p166。

② 焦循，《〈孟子〉正义》，p166。

③ 焦循，《〈孟子〉正义》，p167。

以大夫；前以三鼎，而后以五鼎与？"曰："否。谓棺椁衣衾之美也。"曰："非所谓逾也，贫富不同也。"乐正子见孟子曰："克告于君，君为来见也。嬖人有臧仓者沮君，君是以不果来也。"曰："行或使之，止或尼之。行止非人所能也。吾之不遇鲁侯，天也。臧氏之子焉能使予不遇哉？"

"行止，非人所能也。吾之不遇鲁侯，天也。臧氏之子焉能使予不遇哉？"达观之天机，不强求一时一世之成功，或则俟命，或则留一行事著述消息于后世，而成后世之德、之加持力、之果。

"非所谓踰也，贫富不同也。"量力适度而为，可也。

"行或使之，止或尼之。行止，非人所能也。吾之不遇鲁侯，天也。臧氏之子焉能使予不遇哉？"鲁平公、孟子之不相合，乃天也，两者并非是一路人。

"乐正子曰：此非薄父厚母，令母丧逾父也。丧父时为士，丧母时为大夫。大夫禄重于士，故使然，贫富不同也。"①

孟子识得天命，故乐天知命，用舍行藏，进退自在，穷达坎懔无怨艾。赵注以此为"七篇之大旨"，亦可谓知孟子者。义利之辩，乃入世行止自处之法；乐天知命，则其安心养心之心法……

"此章指言谗邪构贤，贤者归天，不尤人也。"②

① 焦循，《〈孟子〉正义》，p170。

② 焦循，《〈孟子〉正义》，p171。

公孙丑上

公孙丑问曰："夫子当路于齐，管仲、晏子之功，可复许乎？"孟子曰："子诚齐人也，知管仲、晏子而已矣。或问乎曾西曰：'吾子与子路孰贤？'曾西蹴然曰：'吾先子之所畏也。'曰：'然则吾子与管仲孰贤？'曾西艴然不悦，曰：'尔何曾比予于管仲？管仲得君，如彼其专也，行乎国政，如彼其久也，功烈如彼其卑也，尔何曾比予于是？'"曰："管仲，曾西之所不为也，而子为我愿之乎？"曰："管仲以其君霸，晏子以其君显。管仲、晏子犹不足为与？"曰："以齐王，由反手也。"曰："若是，则弟子之惑滋甚。且以文王之德，百年而后崩，犹未洽于天下。武王、周公继之，然后大行。今言王若易然，则文王不足法与？"曰："文王何可当也？由汤至于武丁，贤圣之君六七作，天下归殷久矣，久则难变也。武丁朝诸侯有天下，犹运之掌也。纣之去武丁未久也，其故家遗俗，流风善政，犹有存者。又有微子、微仲、王子比干、箕子、胶鬲，皆贤人也，相与辅相之，故久而后失之也。尺地莫非其有也，一民莫非其臣也，然而文王犹方百里起，是以难也。齐人有言曰：'虽有智慧，不如乘势；虽有镃基，不如待时。'今时则易然也。夏后、殷、周之盛，地未有过千里者也，而齐有其地矣。鸡鸣狗吠相闻，而达乎四境，而齐有其民矣。地不改辟矣，民不改聚矣，行仁政而王，莫之能御也。且王者之不作，未有疏于此时者也；民之憔悴于虐政，未有甚于此时者也。饥者易为食，渴者易为饮。孔子曰：‘德之流行，速于置邮而传命。’当今之时，万乘之国行仁政，民之悦之，犹解倒悬也。故事半古之人，功必倍之，惟此时为然。”

“由汤至于武丁，贤圣之君六七作。天下归殷久矣，久则难变也。”天时未至。

“纣之去武丁未久也，其故家遗俗，流风善政，犹有存者；又有微子、微仲、王子比干、箕子、胶鬲皆贤人也，相与辅相之，故久而后失之也。”积善累德之君家，未必以一二昏君而即衰。积也，渐也，势也，天机也，几也……

“夏后、殷、周之盛，地未有过千里者也，而齐有其地矣；鸡鸣狗吠相闻，而达乎四境，而齐有其民矣。地不改辟矣，民不改聚矣，行仁政而王，莫之能御也。”当轴者、在上位者易行事（其时君有威望），易为仁政。

曾子或作《大学》、《孝经》，此处曰孟施舍之养勇似曾子，能反求诸己（朱子解），能守约。而“自反而缩，虽千万人，吾往矣”，亦是反求诸已之意，“是战兢惕厉之功，乃发扬蹈厉之本”[①]。

“尔何曾比予于管仲？管仲得君，如彼其专也；行乎国政，如彼其久也；功烈，如彼其卑也。尔何曾比予于是？”或曰：曾西如此评价管子，亦或有儒士夸口之嫌，其评价亦稍有不公允之处。曾西之理由乃是下文所述者，然后世亦未之见也。故或曰此亦只是儒家之理想想象，而从未实现过。实则此可解为儒者大道自信之表现也。

人敬色变，庄以示回敬也。

师生关系为传统社会中社会组织方式之一种，而成其声势。孔子未得由之前，尚有恶言至于门，可见德治文化之下，人皆不免

① 钟泰，《中国哲学史》，东方出版社，2008年1月，p58。

人治之威慑相斗也。

中国士人或儒士，由于受儒家文化(性善论等)影响甚深，所以往往容易相信和认可儒家或孟子这里的论述，不视之为迂阔或浪漫，亦往往忽略认真考察其中的逻辑，比如：行仁政、为民制产、富之之后，百姓就一定会拥护君王统治、爱戴君王而不是生有平等要求或取而代之之要求?[①] 或仁政就一定能避免统治阶层内部之争权，及不仁之人夺权而后与民争利，或仁政之下百姓面临外部侵略时一定会同仇敌忾共反侵略? 只谈仁政，不谈其他组织建设，军事建设，权力结构，权力分配、承继之合理性、正当性、有效性、制度性建设与审查等方面，则仁政亦将成为稍浪漫之空想，或在整体系统中而无法真正实现其政治思想主张之初衷。另外，这里亦未考虑到人性弱点、人性沉沦、人性有恶的一面，即使在仁政、承平之时，亦可能表现出来，故当有刑政、军事、法治等为之佐治。(或有悲观之论曰：亦无用，人类将不断自我作践，“历史的终结”或“人类之完美世界”永无可能。)质言之，仁政系统必须补充完足其他系统组成成分，成为一自足合理勾连之正当性系统而后可——尤其是在工商业文明亦日益成为整体社会文明组成部分的时代。公孙丑此处疑惑孟子“王若易然”之(看似过于)乐观的态度，或亦有其道理。

“久则难变”，不仅仅在于前世之余化，亦在于系统整体之错综复杂、牵一发而动全身。此有正面、负面或良性循环与恶性循环之分，就其负面结构性痼疾而言，则此一系统整体已经完全偏离正道正制，难以改良，竟至于往往不得不以破坏性更大之革命来生硬改变之，然而改变后亦仍可能重建之前的结构，而不是全新的合理机制系统。

殷代祖庚、祖甲之事，类于周之太伯、仲雍、季札之事，古多之。

---

① 可参见焦氏所引顾炎武《日知录》中之相关论述，p180。

以“余化犹存”解“高宗飨国百年”之“飨”，当甚切当。此兼立国规模纲纪与风力余化而言。圣人圣王胜残去杀，必世而后仁，而飨国百年也[①]。

焦氏所引《微子篇》中之情状，“微子若曰：‘父师、少师！殷其弗或乱正四方。我祖氐陈于上，我用沈酗于酒，用乱败厥德于下。殷罔不小大好草窃奸宄，卿士师师非度，凡有罪辜，乃罔恒获，小民方兴，相为敌雠。今殷其沦丧，若涉大水，其无津涯。殷遂丧，越至于今！’”“马融注云：‘非但小人学为奸宄，卿士以下，转相师效，为非法度。’”[②]恰可解释前述之负面情形之“久则难变”，因寖以成势、盘根错节、全面沉沦腐烂，势难回天也，而必将俱沉沦以亡。大灾大害之后而现一新程新循环。

此又可对照《离娄下》之“君子之泽五世而斩，小人之泽五世而斩”；对照《离娄上》之“为政不难，不得罪于巨室。巨室之所慕，一国慕之；一国之所慕，天下慕之；故沛然德教溢乎四海。”

焦氏以“勋旧世家”解“故家”，以民风“敦庞善俗”解“遗俗”，皆可；而流风善政或亦可分拆而解，“流风”谓先贤君之余化，善政谓先贤君之善政。或曰故家遗俗皆主言故家，故家守其“敦庞善俗”而及于民俗民风；流风善政皆主言先贤君之“恩泽之政”，而及于民俗民风，亦好。

此页[③]谈论湎酒亡国之事，亦可借以讽戒今日之人情酒文化。

古之帝王，非为特权享乐，或特权享乐不可过度，仍多自奉自律者。可以此谈论情商牵涉“以礼义自律自制”之一维。

《孟子》一书曾谈世臣，此云“故家”，俱是一事，以故家世臣而佐王卫国。此处又解以“故家存则君有所顾忌，不即妄作”，而以故

---

① 可对照焦氏之相关论述，p180。

② 焦循，《〈孟子〉正义》，p179。

③ 焦循，《〈孟子〉正义》，p179。

家世臣为匡正时君、卫护“先王之制”之诤臣。对照《孟子》曾亦言“变置”、“诛独夫”，则世臣故家不可仅是佞臣明矣。然此乃人治主义之思路，又是家天下主义之思路，有其内在根本缺陷，不可不明辨之。

殷代兄终弟及，先传（弟）“及”而后传（时王之）“世”（后裔）之世袭法，与周代之嫡长子继承制不同，而有不同之政治后果分析。

武王、胶鬲之事，亦可为重然诺之例。然胶鬲之事，似稍含糊，不明所以者或以为贰臣叛国乎？

此段亦可对照《离娄上》“为汤武驱民……”

此处“置”与“邮”皆名词，“传”虽亦名词，今解可作动词用，易于读者理解而已。

> 公孙丑问曰：“夫子加齐之卿相，得行道焉，虽由此霸王，不异矣。如此则动心否乎？”孟子曰：“否！我四十不动心。”曰：“若是，则夫子过孟贲远矣。”曰：“是不难，告子先我不动心。”曰：“不动心有道乎？”曰：“有。北宫黝之养勇也，不肤桡，不目逃，思以一豪挫于人，若挞之于市朝，不受于褐宽博，亦不受于万乘之君；视刺万乘之君，若刺褐夫，无严诸侯，恶声至，必反之。孟施舍之所养勇也，曰：‘视不胜犹胜也；量敌而后进，虑胜而后会，是畏三军者也。舍岂能为必胜哉？能无惧而已矣。’孟施舍似曾子，北宫黝似子夏。夫二子之勇，未知其孰贤，然而孟施舍守约也。昔者曾子谓子襄曰：‘子好勇乎？吾尝闻大勇于夫子矣。自反而不缩，虽褐宽博，吾不惴焉；自反而缩，虽千万人，吾往矣。’孟施舍之守气，又不如曾子之守约也。”

不动心，以其善养浩然之气也。

“自反而缩，虽千万人，吾往矣。”勇必据以理直（是非曲直）而后可。

“公孙丑问曰：‘夫子加齐之卿相，得行道焉，虽由此霸王不异矣。如此,则动心否乎?'孟子曰:'否。我四十不动心。'"不以小得而忘大志大道,不枉尺直寻,不屈志求其一小逞。后人立不定,而有小得大失、名"权"实堕乃至为虎作伥者,失却孟子顶天立地、始终如一之诚信英挺。"不动心",是得道安道之喜乐自在,道之心火已然内化一体,永在方寸全体。

雕漆开,胡适曾解之以"儒家之武侠派",《荀子-显学》中有类似文字。

"北宫黝之养勇也,不肤挠,不目逃,思以一豪挫于人,若挞之于市朝。不受于褐宽博,亦不受于万乘之君。视刺万乘之君,若刺褐夫。无严诸侯。恶声至,必反之。孟施舍之所养勇也,曰:'视不胜犹胜也。量敌而后进,虑胜而后会,是畏三军者也。舍岂能为必胜哉? 能无惧而已矣。'"以上可为武士、武举人、军士等养勇之法则。

"自反而不缩,虽褐宽博,吾不惴焉;自反而缩,虽千万人,吾往矣。"守约即反求诸己,求仁得仁,以静制动,以不变应万变,立身行事有原则定则,而不以外物外缘有任何机巧权变。

> 曰:"敢问夫子之不动心与告子之不动心,可得闻与?""告子曰:'不得于言,勿求于心;不得于心,勿求于气。'不得于心,勿求于气,可;不得于言,勿求于心,不可。夫志,气之帅也;气,体之充也。夫志至焉,气次焉;故曰:'持其志,无暴其气。'""既曰志至焉,气次焉,又曰持其志,无暴其气者,何也?"曰:"志壹则动气,气壹则动志也。今夫蹶者趋者,是气也,而反动其心。""敢问夫子恶乎长?"曰:"我知言,我善养吾浩然之气。""敢问何谓浩然之气?"曰:"难言也。其为气也,至大至刚,以直养而无害,则塞于天地之间。其为气也,配义与道。无是,馁也。是集义所生者,非义袭而取之也。行有不慊于心,则馁矣。我故曰:告子未尝知义,以其外之也。必有事焉而勿正,心勿忘,勿助长也。无若宋人然:宋人有闵其苗之不

长而揠之者，芒芒然归，谓其人曰：‘今日病矣！予助苗长矣！’其子趋而往视之，苗则槁矣。天下之不助苗长者寡矣。以为无益而舍之者，不耘苗者也；助之长者，揠苗者也，非徒无益，而又害之。”

“不得于心，勿求于气，可；不得于言，勿求于心，不可。夫志，气之帅也；气，体之充也。夫志至焉，气次焉。故曰：‘持其志，无暴其气。’”言语不得，当于心上自反。

“持其志，无暴其气。”应有正志正气，不可有意气。先志后气，可以避免意气客气。

集义所生即长期修养积善正义而生；义袭而取，则为偶行掩取合义而已。

何人无气?！无气，乃为不善养耳。人当有心气心火也，人而无正向之心气心火（浩然之气，耀明之火），吾知其必为庸人也，于世于人于己皆无益。东亚士子人民之前途，在于此种心气心火也。王阳明之所谓心学，或亦从此浩然之气中来也。心火亦可类于信仰，此宗教信仰之心火也，比如：西方基督教亦有其特别之心火也（《新教伦理与资本主义精神》）。

修养不可急于求成，尤不可无所作为，随波逐流，后者即为“不耘苗者”，乃自甘堕落，则亦为不思进取，与急于进取（无择）者同，皆“害之”也。

曾子之守约，守于正道；孟施舍之守约（守气），守于不顾一切之勇气；北宫黝则亦守于不分对象或对手之身份贵贱之勇气。

孟子修养之法，曰守约，曰持志，曰养（浩然之）气，皆先之以守于正道正志正气也，配义与道，集义所生。

“何谓知言?”曰：“诐辞知其所蔽，淫辞知其所陷，邪辞知其所离，遁辞知其所穷。生于其心，害于其政；发于其政，害于其事。圣人复起，必从吾言矣。宰我、子贡善为说辞，冉牛、闵子、颜渊善言德行，孔子兼之，曰：‘我于辞命，则不能也。’”

“诐辞知其所蔽，淫辞知其所陷，邪辞知其所离，遁辞知其所穷。生于其心，害于其政；发于其政，害于其事。圣人复起，必从吾言矣。”以言知其心，知其德行政事。人不可发此“四辞”，有之，则心尚未正也。

“诐辞知其所蔽，淫辞知其所陷，邪辞知其所离，遁辞知其所穷。生于其心，害于其政；发于其政，害于其事。圣人复起，必从吾言矣。”亦可以此识无良政客、官吏之欺瞒之术也。此节可联系“予岂好辩哉”来讲。孟子辟杨朱、许行、墨家等，皆以此也。戴震《孟子字义疏证-序》中亦有言①。

> “然则夫子既圣矣乎？”曰：“恶！是何言也？昔者子贡问于孔子曰：‘夫子圣矣乎？’孔子曰：‘圣则吾不能，我学不厌，而教不倦也。’子贡曰：‘学不厌，智也；教不倦，仁也。仁且智，夫子既圣矣乎。’夫圣，孔子不居，是何言也？昔者窃闻之：子夏、子游、子张皆有圣人之一体，冉牛、闵子、颜渊则具体而微。”“敢问所安？”曰：“姑舍是。”曰：“伯夷、伊尹何如？”曰：“不同道。非其君不事，非其民不使；治则进，乱则退，伯夷也。何事非君，何使非民；治亦进，乱亦进，伊尹也。可以仕则仕，可以止则止，可以久则久，可以速则速，孔子也。皆古圣人也，吾未能有行焉。乃所愿，则学孔子也。”“伯夷、伊尹于孔子，若是班乎？”曰：“否！自有生民以来，未有孔子也。”“然则有同与？”曰：“有。得百里之地而君之，皆能以朝诸侯，有天下；行一不义，杀一不辜，而得天下，皆不为也。是则同。”曰：“敢问其所以异。”曰：“宰我、子贡、有若，智足以知圣人，污不至阿其所好。宰我曰：‘以予观于夫子，贤于尧、舜远矣。’子贡曰：‘见其礼而知其政，闻其乐而知其德，由百世之后，等百世之王，莫之

① 戴震，《孟子字义疏证-序》，中华书局，1961年12月，pp1—2。

能违也。自生民以来，未有夫子也。'有若曰：'岂惟民哉？麒麟之于走兽，凤凰之于飞鸟，泰山之于丘垤，河海之于行潦，类也。圣人之于民，亦类也。出于其类，拔乎其萃，自生民以来，未有盛于孔子也。'"

"具体而微"。先而具体而微，后则当深厚宽广，斯乃为学、积学之道也。

孟子曰："以力假仁者霸，霸必有大国；以德行仁者王，王不待大。汤以七十里，文王以百里。以力服人者，非心服也，力不赡也；以德服人者，中心悦而诚服也，如七十子之服孔子也。《诗》云：'自西自东，自南自北，无思不服。'此之谓也。"

以德行仁，王道仁政浩荡，有先进文化，国土虽小，亦可为大国。然亦须有先进科学技术，与乎军事实力和先进组织能力，必能怀柔远人，渐成大国。天下皆行仁政、法治时，则所争便尤在科学技术等层面，而所谓"争"亦当顾及他国、世界与全人类之整体利益与共同发展也。

力与仁、霸与王、法与儒，岂独行可济哉？以仁帅力也。

孟子曰："仁则荣，不仁则辱。今恶辱而居不仁，是犹恶湿而居下也。如恶之，莫如贵德而尊士，贤者在位，能者在职。国家闲暇，及是时，明其政刑。虽大国，必畏之矣。《诗》云：'迨天之未阴雨，彻彼桑土，绸缪牖户。今此下民，或敢侮予。'孔子曰：'为此诗者，其知道乎！能治其国家，谁敢侮之？'今国家闲暇，及是时，般乐怠敖，是自求祸也。祸福无不自己求之者。《诗》云：'永言配命，自求多福。'《太甲》曰：'天作孽，犹可违。自作孽，不可活。'此之谓也。"

"仁则荣，不仁则辱。今恶辱而居不仁，是犹恶湿而居下也。如恶之，莫如贵德而尊士，贤者在位，能者在职。国家闲暇，及是时明其政刑。虽大国，必畏之矣。"近世多南辕北辙之徒，"恶辱而居不仁者"，天下比比矣。平日里以各种方式贱德而摧士，以不正之歪门邪道、歪风邪气、弄虚作假等种种不正当手段，而钻营得位、结党营私、垄断弄权、妒贤嫉能、行贿受贿、贪污腐败者，皆乃下贱劣等之人，而自取其辱其报其亡也，何敢腆然叫屈？愤激者乃悲叹曰：如斯而不辱不亡，岂谓无天理矣?！此真可怵然警惕矣。

“贤者在位，能者在职。”此为官、吏（臣官与胥吏）之分。

“今国家闲暇，及是时般乐怠敖，是自求祸也。”教民爱民，时不我与，当未雨绸缪，可富强治保其国。有其国而不以正教，一味上歪下斜，导民于淫乐怠敖、欺凌戕贼等邪僻之行中，是自求祸也。祸因自种，岂可诿过于天地他人哉！

“仁则荣，不仁则辱。今恶辱而居不仁，是犹恶湿而居下也。”此句亦可以逻辑三段论讲解之，大前提即“仁则荣，不仁则辱”，乃孟子与儒家深信不疑之元预设。

“祸福无不自己求之者”后面之两句，“诗云：‘永言配命，自求多福。’太甲曰：‘天作孽，犹可违；自作孽，不可活。’此之谓也”，或对前句作正反两方面之解说。

> 孟子曰：“尊贤使能，俊杰在位，则天下之士皆悦，而愿立于其朝矣；市，廛而不征，法而不廛，则天下之商皆悦，而愿藏于其市矣；关，讥而不征，则天下之旅皆悦，而愿出于其路矣；耕者，助而不税，则天下之农皆悦，而愿耕于其野矣；廛，无夫里之布，则天下之民皆悦，而愿为之氓矣。信能行此五者，则邻国之民仰之若父母矣。率其子弟，攻其父母，自有生民以来未有能济者也。如此，则无敌于天下。无敌于天下者，天吏也。然而不王者，未之有也。”

此段言对于士、商、旅（游）、农、民五行之政策，亦可谓当时之经济政策也——此可谓自由主义经济政策或自由市场经济？然未及工、技（科学技术之人），似为疏忽，而其时乃为农业文明，为一般工技或手工业，至于工业文明之科学技术，犹尚未及也。若忽视科学、工技，于农业时代尚或无大碍（当时亦有农业文明时代之手工技艺也),于工业文明和信息知识文明时代,则有不足处(科学技术等物质文明,以提高生活水平和人类科技文明水平等)。

"尊贤使能,俊杰在位,则天下之士皆悦而愿立于其朝矣。"否则贤者退避三舍,而群小竞进。

"周礼:'宅不毛者有里布,民无职事者,出夫家之征。'郑氏谓:'宅不种桑麻者,罚之使出一里二十五家之布;民无常业者,罚之使出一夫百亩之税,一家力役之征也。'今战国时,一切取之。市宅之民,已赋其廛,又令出此夫里之布,非先王之法也。"[①]此为两种经济政策或税收政策及其后果,可作对比(所谓奖勤罚懒)。

"吕氏曰:"奉行天命,谓之天吏。废兴存亡,惟天所命,不敢不从,若汤武是也。'此章言能行王政,则寇戎为父子;不行王政,则赤子为仇雠。"[②]人皆尊崇善人义人,不分国别种族乃至亲疏(性善论)。

此句对于国际关系理论之启发。

对于暴政、专制主义而言,爱国主义是最后的遮羞布(但合理的爱国主义本身,在世界范围内的国家没有消亡之前,仍然是一种素朴的正常情感,有其正当性乃至必要性)。

王道仁政,为何需要王?王是谁?从哪里来?王的身份、作用何在?换成天道仁政是否更好?然"天"之一词又太过中性。正道仁政?虚君虚王之天道仁政?此皆当深思之。(古代或中世纪的基督教等的政教合一国家即可视为虚君虚王之神道仁政?今天早没了君与王了。)天道-王道-霸道-神道-人(民)道-正义道……。

此小节论英、俊、豪、杰,以数量论之(实则亦兼顾质、量),虽无定论,亦觉有趣[③]。

---

① 朱熹著,《孟子章句集注-公孙丑章句上》。

② 朱熹著,《孟子章句集注-公孙丑章句上》。

③ 焦循,《〈孟子〉正义》,pp226—227。

周(代)之治术,亦有变迁,非一成不变也,先王之制,亦非无可议论者。

孟子非一味泥周泥古,亦稍有损益去取(择取)[1]。

奖勤罚懒,古已有之,劳动既是权利(为民制产),亦是义务(营职自食其力),未必乃只为国家或统治者之赋税也。

焦氏此处梳理先秦税制演变,虽难系统,亦可稍窥上古之"国家治理"之情状。

孟子曰:"人皆有不忍人之心。先王有不忍人之心,斯有不忍人之政矣。以不忍人之心,行不忍人之政,治天下可运之掌上。所以谓人皆有不忍人之心者,今人乍见孺子将入于井,皆有怵惕恻隐之心,非所以内交于孺子之父母也,非所以要誉于乡党朋友也,非恶其声而然也。由是观之,无恻隐之心,非人也;无羞恶之心,非人也;无辞让之心,非人也;无是非之心,非人也。恻隐之心,仁之端也;羞恶之心,义之端也;辞让之心,礼之端也;是非之心,智之端也。人之有是四端也,犹其有四体也。有是四端而自谓不能者,自贼者也;谓其君不能者,贼其君者也。凡有四端于我者,知皆扩而充之矣,若火之始然,泉之始达。苟能充之,足以保四海;苟不充之,不足以事父母。"

(孟子之意,王者、贤者先当有不忍人之心,而)各以不忍人之心,行不忍人之政,而又各至其人其民之不忍人之心,以各成其(百姓万民)不忍人之生,而天下一心,万姓一家,皆得全其不忍人之心、生、政也,而曰道统、民生统、政统三位一体。另亦可加教统或学统(亦可谓教统即是道统,二而一也),即施以不忍人之正教。

以文教扩充不忍人之心;以科举、"选举"择不忍人之人当政;以典章制度黜惩忍人之人事政治,即预防忍人之心,而行不忍人之

① 焦循,《〈孟子〉正义》,p229。

政。中国古代以上述第三环节尤所欠缺。

或曰:人之性皆有善(性存焉),然未必有此三端乃至四端,三端四端乃后天教得、习得、悟得(因自爱生命遂亦爱他人生命等,自此而人乃从禽兽中卓然独出,而以人名之,不则非仁非人;而于人之所处进化阶段之斯时斯世,善之基因已定,几无无善之人也),是非、辞让乃用以共同生活,羞恶亦有文化观念之别。禽兽之性未必无善也。人之性又未必无不善者也。

羞恶之心为情感范畴,是非之心之智,可通乎今日之求真理之智否?

内求诸己,乃求己心,乃求己心之四端,而扩而充之,使强大坚固,而不动心,而心安自如也。

> 孟子曰:"矢人岂不仁于函人哉?矢人唯恐不伤人,函人唯恐伤人。巫匠亦然。故术不可不慎也。孔子曰:'里仁为美。择不处仁,焉得智?'夫仁,天之尊爵也,人之安宅也。莫之御而不仁,是不智也。不仁、不智,无礼、无义,人役也。人役而耻为役,由弓人而耻为弓,矢人而耻为矢也。如耻之,莫如为仁。仁者如射,射者正己而后发;发而不中,不怨胜己者,反求诸己而已矣。"

孟子对工技(科学技术)抱有谨慎态度,并不迷信。然亦只说"术不可不慎也",并非完全不重视。

"孔子曰:'里仁为美。择不处仁,焉得智?'"人皆有自我选择之空间与余地,仁不仁,在乎自处自择也,岂由人乎哉。

"反求诸己"一词,是《孟子》一书之精义。同于"为仁由己"。

择业择人,皆当里仁。

仁、智关系。仁、智不同,此上下文皆以智劝仁。

知者不惑,仁义者不动心。其之所以动心与惑,或为智未达(而当求智);或为智达而未自信,未自信则不能实行;或为仁义不固,仁义不固执于内,即是未自信。

孟子曰："子路，人告之以有过则喜。禹，闻善言则拜。大舜有大焉，善与人同，舍己从人，乐取于人以为善。自耕稼、陶、渔以至为帝，无非取于人者。取诸人以为善，是与人为善者也。故君子莫大乎与人为善。"

今人解读"与人为善"有误(解)，若因而为无原则之乡愿佞人，则不可。与人为善乃共相提撕四端，共相匡正勉励，致力于仁善正道，非是陷己从佞人恶人而入于不正不善之道也。朱子之解甚好，"善与人同，公天下之善而不为私也。己未善，则无所系吝而舍以从人；人有善，则不待勉强而取之于己，此善与人同之目也"；"与，犹许也，助也。取彼之善而为之于我，则彼益劝于为善矣，是我助其为善也。能使天下之人皆劝于为善，君子之善，孰大于此。此章言圣贤乐善之诚，初无彼此之闲。故其在人者有以裕于己，在己者有以及于人。"[①]与人为善，公天下之善，故诲人不倦。学术，天下之公器，不敢为私，不敢私藏，成其正言说论，而愿天下人共护持之。

"见人有善，如己有善；见人有过，如己有过"(《尸子》)[②]，此亦是修养之法。

此段文字[③]可用以谈中国情商或情感处理方式、行为规范等：隐恶而扬善。"用中"，此论看似好，实则于逻辑上、事理上、实践上、哲学上皆有不通处。"用中"如作为思想方法，则无益于求真；作为伦理学方法，而有不问是非之虞；作为实践方法，或稍利于共处与求同存异……作为文化原则稍有价值。然此段文字中，"用中"之意义屡变，未可一概而论。

孟子曰："伯夷，非其君不事，非其友不友。不立于恶人之

① 朱熹著，《孟子章句集注-公孙丑章句上》。

② 焦循，《〈孟子〉正义》，p241。

③ 焦循，《〈孟子〉正义》，p241。

朝，不与恶人言。立于恶人之朝，与恶人言，如以朝衣朝冠坐于涂炭。推恶恶之心，思与乡人立，其冠不正，望望然去之，若将浼焉。是故诸侯虽有善其辞命而至者，不受也。不受也者，是亦不屑就已。柳下惠不羞污君，不卑小官；进不隐贤，必以其道；遗佚而不怨，阨穷而不悯。故曰：'尔为尔，我为我，虽袒裼裸裎于我侧，尔焉能浼我哉？'故由由然与之偕而不自失焉，援而止之而止。援而止之而止者，是亦不屑去已。"孟子曰："伯夷隘，柳下惠不恭。隘与不恭，君子不由也。"

"伯夷，非其君不事，非其友不友。不立于恶人之朝，不与恶人言。立于恶人之朝，与恶人言，如以朝衣朝冠坐于涂炭。推恶恶之心，思与乡人立，其冠不正，望望然去之，若将浼焉。是故诸侯虽有善其辞命而至者，不受也。不受也者，是亦不屑就已。"斯亦"里仁为美"之意。

若夫尽向恶人堆里趋附奔竞，攀关系，拉所谓人脉，则可谓众丑竞进，腥污不堪闻睹……

伯夷有崖岸，柳下惠出淤泥而不染，孟子犹觉隘与不恭……吾则宁与伯夷，然柳下惠或尤为难能。

虽曰"伯夷隘、柳下惠不恭"，乃相对于圣人孔子及孟子之境界而言，并非言伯夷、柳下惠非圣贤君子也。今人连比伯夷、柳下惠都差之远矣，则何敢呶呶雌黄，厚诬不敬古之真贤德之人……

公孙丑下

孟子曰:“天时不如地利,地利不如人和。三里之城,七里之郭,环而攻之而不胜。夫环而攻之,必有得天时者矣;然而不胜者,是天时不如地利也。城非不高也,池非不深也,兵革非不坚利也,米粟非不多也;委而去之,是地利不如人和也。故曰:域民不以封疆之界,固国不以山溪之险,威天下不以兵革之利。得道者多助,失道者寡助。寡助之至,亲戚畔之;多助之至,天下顺之。以天下之所顺,攻亲戚之所畔;故君子有不战,战必胜矣。”

此章颇涉及孟子之实际政治进退。或曰偶不免稍有文辞辩解处,不若前几章之坦荡磊落。然此是未细读深思之浅论也。

“天时不如地利,地利不如人和”,“不如”一词不可泥之,孟子乃强调后者之重要性,并非意味着前者就不重要。

“域民不以封疆之界,固国不以山溪之险,威天下不以兵革之利。”此皆不可绝对言之,然亦可知,内政不修,则必不能保国安民也。

人和,并非收买一部分人而打击、忽略另一部分人,或形成多数专制和多数暴政,或多数专制等的基础上的个人权霸淫威(“人和”必须以人权、平等、自由、仁爱等为前提和基础),乃是公正、正直、仁义与仁政也。后人谈“人和”,有时便有以不公正之手段收买一部分人之人心,而非法剥夺其他个体之正当人权和利益等事,乃阴谋权术,根本并非“人和”,而背离大道也。

此处乃就其重要性次序而言,并非言天时地利就不重要,但当尤重“人和”而已矣(“人和”建立在人权、平等、自由、仁爱与平等民主权利等的基础之上)。然仅有“人和”,而无天时、地利,有时亦有无可奈何者。有“人和”,又有天时地利,则益为有利也。

多助寡助之区分之说,皆针对王权私有之事实而立言,以保其王位而晓以利害,劝其爱民,此固有孟子针对特定对象而便宜说法之处。然而,设若言者无心,听者有意,国君听此正言谠论而只注意到保守自己的君位私利,则其行仁政爱民之终极目的仍可能仅只在于巩固其统治地位而已。如此便仍将以人治思维及方式,行其人治手段而收买人心,以为此即所谓“多助”,实则仍有亲疏远近、人权不平等、纵横捭阖而收买分化其他豪强,而牺牲一般平民利益等之种种做法,实违仁善仁政多助之真义大义,于今人权平等、权力民赋公选之时代,则尤其不可以此立论。以公权市私恩之特殊主义之所谓多助寡助者,仍是人格主义和人治主义之思路也,用之于日常情感伦理实践或未尝不可,用之于本质上乃有普遍主义特质之国家公权力或公共治理层面,则有悖普遍主义精神和法治精神。于日常伦理实践层面,“得道失道”可视为道德、道义之规范;于公权力、公共治理层面,则“得道失道”之道,乃当集矢于正义、公平、公正之法律、法治与宪制等。无论国君、官员或其他民众个体,设若违法,则国民或司法人员有权依法罢免之、问责之等,无所谓或消极(寡助)或积极(多助)之多助寡助。或者,必先明确此一制度前提(契约政府观念,即公权力来自于政府与民众之契约,政府之责任与有限权力,民众对政府公职人员尤其是政务官之选举、监督、罢免权利等),方可论及民众之拥护与不拥护、多助与寡助等论题。国君或现代公职人员尤其是政务官,乃是公权力的暂时代理人或执行人(民众让渡一部分权利给国家,组成公共政府或人民政府,保护人民的权利和利益,并接受人民的监督与问责),是替天行道、替人民国民行道；国民与人民是效忠于天理，效忠于自己的利益和由人民利益所构成的国家利益，而不是效忠于任何本质上只是暂时或一时的权力代理人即公权力人物。公权力代理人和人民国民的关系并非基于私人情感深浅关联，乃是基于政府或公权力和全体人民之间的普遍契约、普遍法律以及相应的法治原则，故而亦是基于对于所有国民一律平等对待、一视同仁的相互关系原则。倘有此制度前提，变私有王权为国民契约政府，则国民自当拥护而助之；无此制度前提，方是孟子此处的情形，究竟在政治文明程度上低了一级或落后了一步。天时地利人和只可作如此想，而封疆之界、山溪之险，兵革之利等，仍有其独立之价值，不可虚矫而轻之，尤其是在农业文明时代或冷兵器时代。然倘内无法治国民政府，又无王道仁政，则民皆逃去（现代社会所谓“用脚投票”），则封疆之界亦无用；倘无正教仁教仁政人和，则民或叛或残忍暴戾，则山险兵利既无益于攘外，又无益于维持内部专制压迫或安定和谐团结也。质言之，孟子于此或有“以根本利害说之”之权宜，然尤有“欲令入佛智，先以利勾牵”之苦心矣。

“得道者多助，失道者寡助。寡助之至，亲戚畔之；多助之至，天下顺之。”于人权平等之民治时代，不再有私天下之观念，故如果将“助”理解为人格主义效忠拥戴，则此处只可作日常伦理实践与辅助政治伦理而言（人民主权、公共政治与民治民选基础上的政治伦理），不可作为政治哲学的元原则或元政治伦理（基于私天下的政治哲学）……但如果将其和政府或公权力公信力以及民治民选政治体制的政党或其他统治或治理群体、组织的政治权威、正当性、民意拥护等联系起来的话，则仍有其政治哲学上的根本意义。

然而，当将私人王权的背景换成民治政府或国民政府（共和国republic）的大背景之后，将君卿大夫等视为或转换为现代政务官、事务官或公务员之后，儒家思想对执政者或治国者之道德伦理、政治戒条，还仍然有其某些存在价值否？比如卷五“滕文公问为国”，而孟子答以"民事不可缓"等等,于今何谓之?此皆当重思之。儒家对执政者所言,皆是要求统治者有一种正向的自我主动作为(更多主动施政之空间与政策谋略)。对于现代政治之民治政府或国民政府而言,则颇多要求其响应国民或选民之要求(国民选举议会等民意代表机构,议会代表国民议政),除了主动行政作为之外,又有响应性或因应性的部分。但现代国民或民治政府工作人员亦须有——或尤其须有——在合法权限和程序内主动作为之心志与意识,就此而言,以某些较好的或根据现代精神重编的儒家经典,作为治国人才之读物,或仍有一定意义。

古者地广人稀,人民自由迁居,又或依仁君而依止。其后乃有域民、掳民、限民、招民等事。或不以仁德怀之,而以武力、封疆、山溪界限之,至其极而为申商法家之术,农、民无出乡,兵威以纪,自此王道仁政、自由退,而专制威暴盘剥奴役进而甚。上古之得乎丘民以仁德,后世之得乎丘民以威暴诈佞。

> 孟子将朝王,王使人来曰:"寡人如就见者也,有寒疾,不可以风。朝,将视朝,不识可使寡人得见乎?"对曰:"不幸而有疾,不能造朝。"明日,出吊于东郭氏。公孙丑曰:"昔者辞以病,今日吊,或者不可乎?"曰:"昔者疾,今日愈,如之何不吊?"王使人问疾,医来。孟仲子对曰:"昔者有王命,有采薪之忧,不能造朝。今病小愈,趋造于朝,我不识能至否乎?"使数人要于路,曰:"请必无归而造于朝!"不得已而之景丑氏宿焉。景子曰:"内则父子,外则君臣,人之大伦也。父子主恩,君臣主敬。丑见王之敬子也,未见所以敬王也。"曰:"恶!是何言也!齐人无以仁义与王言者,岂以仁义为不美也?其心曰:'是何足与言仁义也'云尔,则不敬莫大乎是。我非尧、舜之道,不敢以陈于王前,故齐人莫如我敬王也。"景子曰:"否,非此之谓也。礼曰:'父召,无诺;君命召,不俟驾。'固将朝也,闻王命而遂不果,宜与夫礼若不相似然。"曰:"岂谓是与?曾子曰:'晋

楚之富，不可及也。彼以其富，我以吾仁；彼以其爵，我以吾义。吾何慊乎哉？'夫岂不义而曾子言之？是或一道也。天下有达尊三：爵一，齿一，德一。朝廷莫如爵，乡党莫如齿，辅世长民莫如德。恶得有其一以慢其二哉？故将大有为之君，必有所不召之臣，欲有谋焉，则就之。其尊德乐道，不如是不足以有为也。故汤之于伊尹，学焉而后臣之，故不劳而王；桓公之于管仲，学焉而后臣之，故不劳而霸。今天下地丑德齐，莫能相尚，无他，好臣其所教，而不好臣其所受教。汤之于伊尹，桓公之于管仲，则不敢召。管仲且犹不可召，而况不为管仲者乎？"

此段颇有趣。孟子自朝王则可；王不就见而征之朝则不可，因后者关乎尊贤礼士（之礼）。若夫贤者并非其臣，而官员竟召见之，而罕睹官员上门求见求教者，则失礼也。或曰，今为工商业文明时代，一切当求其效率，无法一一拜见社会贤达，故亦可稍有变通。然即或官员为求效率而召见社会贤达，请柬上亦当有谦辞谦语，如此方有尊贤礼士之心意礼貌，亦有为公、为民之拳忱，然后能得贤士百姓国民之支持，又可倡导一种尊贤礼士、尊师重道、尊知重才之社会风气也。

又：景子之匡正谏言，亦可见其时朋友相交之友道，颇有德业相劝、过失相规之古风。

所谓敬王，乃正道匡诤，助其向善，非阿意奉承取宠，导人以至于淫逸荒暴之境地。小人之敬与君子之敬，异也。

大有为之君，真爱国爱民之君，必然尊贤礼士，而为天下及社会倡导一种尊师重道之风气。不然则为弄私权逞私智者也。又："三达尊"之说亦有深意，并非是只有官本位（仕本位）或爵本位或君本位或政治本位，而为鼎足而三。齿与德本有其独立之价值地位，并非在政治权力之管辖或位次之下也。政与权甚至还要受后者之提撕匡正。

“汤之于伊尹，桓公之于管仲，则不敢召。管仲且犹不可召，而况不为管仲者乎？”此句吃紧：臣或可臣召之，宾师不可役使之。此与“但闻来学，未闻往教”之尊师重道，乃同一事耳。然君长每有指使之权欲（颐指气使，发号施令，装模作样，沐猴而冠，“姑舍汝所学以从我”），少有虚心受教者，故政道日偷也。

无尊师、尊贤德、尊才之心，师、贤、才将不乐为用与共事也（其实，换一种思路，师、贤、才何必为君臣所用，若夫自己便为师、贤、才，自己便可主持国事、公事也。然亦有在野之师、贤、才，而当尊崇之）①。

“我非尧舜之道，不敢以陈于王前，故齐人莫如我敬王也。”敬非谄，非顺其不义不仁不直，敬乃信其为正直仁善之人，而以正直仁善相规责也，又有朱子所谓大敬、小敬之异。亦是“教人以善谓之忠”②之意。

“天下有达尊三：爵一，齿一，德一。朝廷莫如爵，乡党莫如齿，辅世长民莫如德。恶得有其一，以慢其二哉？”“三达尊”，即言朝廷之内以爵序，乡党之间以齿序，人世全体则以德贤序（而以自由人权、平等为基础）。然亦不可以得其一而慢其二也，三达尊各相敬，而非各相傲也。换言之，朝廷官场礼仪不可带入社会，对照“沙门不拜王者”的说法，或亦可曰“乡党耆老不拜王臣”，然此又视乎特别之情境与场合而定。按照古代儒家观念，朝廷王臣当必有德，德高以辅世长民，又须礼贤下士，岂可于社会趾高气扬乎。而朝廷之内，或当有合理之朝仪也，然亦只当有职权之分别，当无人格之高下。另外，官民之间，今皆人格平等与礼仪平等；官员自有其公务

① 可参考阅读王安石《读孟尝君传》：“世皆称孟尝君能得士，士以故归之，而卒赖其力以脱于虎豹之秦。嗟乎！孟尝君特鸡鸣狗盗之雄耳，岂足以言得士？不然，擅齐之强，得一士焉，宜可以南面而制秦，尚何取鸡鸣狗盗之力哉？夫鸡鸣狗盗之出其门，此士之所以不至也。”

② 《孟子-滕文公上》。

员法等行政法或公法之限制，亦有相关礼仪之自我要求，然对于其服务对象之国民而言，名义上乃“公仆”，既无特权，亦无特礼，而官民互相尊重而已。社会层面，年齿之序，尤其是年高耆老或年龄稍悬殊者，保留适当而不过度之礼貌礼仪（非特权），而既仍互相尊重，又存一份社会好意，现代人或亦皆能接受。至于德贤之序，往往难稽，因为德贤云云，虽曰亦有其基本的或普遍的公论标准，但其表现却往往在于人际之交涉关系（主体间性），换言之，一个人是否德贤，不同的人因为与其有不同的交涉关系，而有不同评价，而难以成为所有人的共识。所以，与其强立外在标准而胶柱鼓瑟地臧否品评乃至排序，不如取一律平等之礼仪，免生纷争与伪饰（所谓面子纠纷），或许更好。在社会层面，尊重所有人的人格尊严和权利，不要求别人给予自己更高的礼遇（人格特权，或人格剥削），亦是现代人的基本自觉和基本素质，亦能让所有人自尊自重，且尊重别人，而形成良好社会风气。当然，一个人对另一个人表现出真诚的不带有任何居心（比如要求其他回报等）的更高的礼貌或礼遇，也可表现出这个人的特别修养或文明素质，但任何一个被礼遇的人都应该意识到：这并非特权。

“管仲且犹不可召，而况不为管仲者乎？”或曰：管仲尚有为臣之心意，孟子则有为宾师之心态，未受其位禄，而为独立国士或客卿议政。今则君臣宾师之心态皆不必有，而为自由公民皆可也。或曰，中国古代士人因为存了为臣之心，不敢公然提出“圣贤自王”或民治主义意义上的“匹夫可王治天下”的理想，故便稍缺乏一种傲岸独立、澄清天下之英气挺拔，而总是要拜倒在强盗权势强人脚下，又拿出儒家教条来惺惺作态，为自己掩饰。然此语亦偏激苛刻矣。实则此处孟子之意为：管仲佐齐桓公以霸道，而孟子主王道，故不屑为管仲之行事也。

“孟子将朝王，王使人来曰：‘寡人如就见者也，有寒疾，不可以风。朝将视朝，不识可使寡人得见乎？’对曰：‘不幸而有疾，不能造朝。'"王欲在孟子面前维持一种高高在上之帝王威严，故企图不先去拜访孟子（礼贤）而想让孟子先来拜访他（尊王），然而孟子并不买账。此可见王有专制权威之心，乃欲凌驾士人贤才之上。虽然，就其措辞及行为之间接委曲而视之，则其时之君主，多少仍对贤士才能持有一丝敬畏重视之心，仍稍有西周礼尊贤才之遗风遗意，非如后之皇帝专制时代之不可一世、颐指气使。

"景子曰：'内则父子，外则君臣，人之大伦也。父子主恩，君臣主敬。丑见王之敬子也，未见所以敬王也。'"景子等一般人不理解、不明白君臣之间真正之正当关系应当如何，故有此种浅见。景子此处只看到君对臣的假惺惺的表面上的礼尊，未能及于实质之礼义之深层次。景子亦代表了相当一部分俗人之可能俗见，而对真正之独立不阿、归于道义之士臣，或表一误解，乃至可能之攻击与孤立，又岂可言道哉！孟子对于与权力之任何交涉，皆一丝不苟，谨慎矜持，不敢稍堕士人独立不阿之士节，以维护士人之尊严荣誉，其苦心孤诣，乡愿流俗浅见者之流又岂能知哉！相反，倘是和权力无涉，而和一般师友交接来往，反倒可不拘小节，轻松随意，情以和乐之。公私之间，其严当如此。

景子既不知君当如何敬臣，亦不知臣当如何敬君，而只以粗疏空泛之表像言语糊涂立说，孟子乃晓以君臣相敬相处之真正正道：一者，臣敬君以尧舜之道，二者，君敬臣以"好臣其所受教"。而一般俗人，只以私人利害关系及表面礼节论及。然此皆君主专制人治时代之事耳，故有人治性之虚繁礼节，此其时礼节仪文之基本背景。于今之时代，则不必有，而按照法定议事程序，以民选或考选之议员或国会代表，集于一合理空间布局之议事厅或议事场所，公开议事，讨论策略建议而已（公开者，或电视直播，或公开议事备忘录等，俾全体国民皆知之，皆监督之），不必有惺惺作态且良莠难辨之所谓礼贤下士之做派场景。即或未能成为议员而于制度化议事机构议事，有志于公共事务之公民，仍可通过在报纸等媒体撰写或发表相关评论，以及其他宪法规定的诸如游行、结社等合法权利和合法活动，而主动参与公共事务（及其讨论），皆不必仰给或借助于人治性或私人关系性的所谓礼贤下士，以此，则自命清高之传统文人之做派亦可一举而去之也。贤士才人亦无特权或特殊礼节，然而仍可发挥其特别之才华，平等人权与优异贡献两不误。

"曾子曰：'晋楚之富，不可及也。彼以其富，我以吾仁；彼以其爵，我以吾义，吾何慊乎哉？'"由此亦可知，古之儒士或真正高明之儒士，无一不有独立不阿、志归于正道之精神，乃可谓古代之独立公民精神，从无依附权力、利益与君主之意。我自顶天立地，不受君主诸侯私心节制利用。

关于"采薪之忧"，《礼记》中亦有"负薪之忧"的类似说法，可参照①。

> 陈臻问曰："前日于齐，王馈兼金一百而不受；于宋，馈七十镒而受；于薛，馈五十镒而受。前日之不受是，则今日之受非也；今日之受是，则前日之不受非也。夫子必居一于此矣。"孟子曰："皆是也。当在宋也，予将有远行，行者必以赆；辞曰：'馈赆。'予何为不受？当在薛也，予有戒心；辞曰：'闻戒，故为兵馈之。'予何为不受？若于齐，则未有处也。无处而馈之，是货之也。焉有君子而可以货取乎？"

受馈当有正当道理，正人君子不可货取。

"无处而馈之，是货之也。焉有君子而可以货取乎？"君子施与授受，皆当合乎名义道义，授受有名有据。

王馈兼金之事，此仍极易演化成以公币市私恩，牢笼、收买才士为一己之私效力，等等之事，不合于今日人民政府、国民政府或民治政府之现代政治观念，故亦当弃之。只有私人私财之馈赠方有其合法性（古有朋友通财之义）。质言之，王馈兼金之事，此

① 《礼记·曲礼下》："君使士射，不能，则辞以疾，言曰：'某有负薪之忧。'"

仍是私人王权专制或人治时代之情形。若夫当今民治时代，则此授受者皆以国家财政或纳税人之钱财而私相授受，授受无名无据，皆等同于贿赂也。须有合法、制度化之机构、身份、职位者，以法治预算授受之，方可。

> 孟子之平陆，谓其大夫曰："子之持戟之士，一日而三失伍，则去之否乎？"曰："不待三。""然则子之失伍也亦多矣。凶年饥岁，子之民，老羸转于沟壑，壮者散而之四方者，几千人矣。"曰："此非距心之所得为也。"曰："今有受人之牛羊而为之牧之者，则必为之求牧与刍矣。求牧与刍而不得，则反诸其人乎？抑亦立而视其死与？"曰："此则距心之罪也。"他日，见于王曰："王之为都者，臣知五人焉。知其罪者惟孔距心。"为王诵之。王曰："此则寡人之罪也。"

"持戟之士，一日而三失伍"（此则匡讽臣子也）一句，可对照"王顾左右而言他"（此则讽喻匡谏君主之责任也）；"王无罪岁"，君臣皆有职责担当，无罪岁时也。在其位，必谋其政；谋政不良善或无绩效，则去之、罪之、夺之……（孟子列出三种情形：不可，罚，杀，等等。）又可对照《尚书-汤诰》中"其尔万方有罪，在予一人；予一人有罪，无以尔万方"之说。

亦以此微讽王之失职：王虽自谢罪，然终无所改弦更张也。

"持戟之士，一日而三失伍。"在其位，必当其职，且当尽心谋之，非是敷衍；倘其职务范围和管辖领域出现问题，一律当问责，或免职惩戒等。假若其所管辖之地区，有童稚饿死或老弱转徙沟壑之惨事，则其官员当被免职问责否？不待问也。

> 孟子谓蚳鼃曰："子之辞灵丘而请士师，似也，为其可以言也。今既数月矣，未可以言与？"蚳鼃谏于王而不用，致为臣而去。齐人曰："所以为蚳鼃则善矣，所以自为则吾不知也。"公都子以告。曰："吾闻之也，有官守者，不得其职则去；有言责者，不得其言则去。我无官守，我无言责也，则吾进退，岂不绰

绰然有余裕哉?”

“有官守者,不得其职则去;有言责者,不得其言则去。我无官守,我无言责也,则吾进退,岂不绰绰然有余裕哉?”此则可作两解:一则不同流合污,不苟且因循,不帮闲帮腔,不就据无真正作为之职、位——此固然是正理,于极多为虎作伥者而腆颜自辩无奈者之世,自有其正面意义(如伯夷)。二则曰:倘自去其职,而将公职委诸昏君弄臣,究竟亦是不负责任,亦当思以更完善合理之进退作为之策略(或有效柳下惠之行事者)。

《礼记-曲礼下》:“为人臣之礼不显谏。三谏而不听,则逃之。”《公羊传》庄公二十四年:“三谏不从,遂去之。”赵歧注云:“三谏不用,致仕而去。”[①]“显谏”者,公开谏争也,其时之士人,三谏而去,仍可归于田宅,或求用于他国他君。然此是古时之事,于今之自谋职业之时代,则当如何?故士当有一技之长,或有他种自由职业,而后可以治平之心态求仕,得其位而不得治平之实,或政治主张不同,则可去之,亦有退路,类于今日现代社会之民选政治(家)也。古代乃人格主义权力与公职,今则制度化、法治化、人民赋权性之权力与公职,无所谓古之所谓“谏”,而有私人规劝、公开提出反对意见、保留意见、不签名、民主投票表决权(公职人员或事务官根据行政法等,须遵守民主决议或政治决策;而于政务官或政治决策者方面,则投赞成票者固得其政治红利,而投反对票者将来亦可不承担其政治责任后果)、弃权、否决、弹劾乃至公开举报等方式,尤其有专门之法律机制进行立案审查审判等(公法),不必致仕或谏争也。

“吾闻之也:有官守者,不得其职则去;有言责者,不得其言则去。我无官守,我无言责也,则吾进退,岂不绰绰然有余裕哉?”今当变通之。不得其职,有时问题在于职制,故当先致力于完善职

① 焦循,《〈孟子〉正义》,p268。

制，仍不得，则或可挂冠去之；有官守而不克善其职守者，则去之（“不可”，则罢免之意也）；有官守而渎职失职腐败，则罪之。言责者亦如是。无官守又无言责者，则自由议政者也，自有一技之长或自由职业，故不必臣事所谓君长，一切随意自主，以公义行事进退，愿见则见，不愿见则摒谢之；对于此等自由民，所谓君长亦不可以臣僚召之，而当造访咨问、礼贤自由之士民也。

前言君于臣之用、去、杀，此则言臣之自去。前乃君之用人之道，此则臣之自用之道。

奉身而退、致为臣而去之，今曰退出机制。然战国时亦有暴君因此而恼羞成怒，刁难追杀者，《孟子》亦有言之。

> 孟子为卿于齐，出吊于滕，王使盖大夫王驩为辅行。王驩朝暮见。反齐滕之路，未尝与之言行事也。公孙丑曰：“齐卿之位，不为小矣。齐滕之路，不为近矣。反之而未尝与言行事，何也？”曰：“夫既或治之，予何言哉？”

“夫既或治之，予何言哉？”此为孟子对独断专行之权臣之态度。然如此可言足乎？亦可再思之。

赵歧章指之言，“道不合者，不相与言。王驩之操，与孟子殊，君子处时，危行言逊，故不尤之，但不与言。至于公行之丧，以礼为解也”[①]，或曰赵歧其疏未必不当，然似与“虽千万人，吾往矣”之孟子出处原则及形象稍不合，乃成孔子之“危行言逊”或明哲保身之态。孟子此与王驩之交接，似亦觉消极有类此者，岂孟子亦“养（保）身有待”、以成大道之行、之述作邪？此则不然也，乃孟子“疾小人”而已矣。

> 孟子自齐葬于鲁，反于齐，止于嬴。充虞请曰：“前日不知虞之不肖，使虞敦匠，事严，虞不敢请。今愿窃有请也：木若以美然。”曰：“古者棺椁无度，中古，棺七寸，椁称之。自天子达

① 焦循，《〈孟子〉正义》，p275。

于庶人，非直为观美也，然后尽于人心。不得，不可以为悦；无财，不可以为悦。得之为有财，古之人皆用之，吾何为独不然？且比化者勿使土亲肤，于人心独无恔乎？吾闻之，君子不以天下俭其亲。”

若死者死矣（唯物主义、无神论），则棺之、火之、水之、鹰之，无不可也。然人有情意，故即或死则死矣，仍有不忍亲人露寒污渍之心情也，乃有儒家之丧礼以相应，而长人间仁善情意也。

沈同以其私问曰：“燕可伐与？”孟子曰：“可。子哙不得与人燕，子之不得受燕于子哙。有仕于此，而子悦之，不告于王而私与之吾子之禄爵，夫士也亦无王命而私受之于子，则可乎？何以异于是？”齐人伐燕。或问曰：“劝齐伐燕，有诸？”曰：“未也。沈同问‘燕可伐与’，吾应之曰‘可’。彼然而伐之也。彼如曰：‘孰可以伐之？’则将应之曰：‘为天吏，则可以伐之。’今有杀人者，或问之曰：‘人可杀与？’则将应之曰：‘可。’彼如曰：‘孰可以杀之？’则将应之曰：‘为士师，则可以杀之。’今以燕伐燕，何为劝之哉？”

燕即无道，外国不可以无道之方式伐之。而必以正义王者之师，“取之而燕民悦，则取之”，反之则不可取。须以正道、正义、正法、天道、天吏、正义之师伐罪之。

“有仕于此，而子悦之，不告于王而私与之吾子之禄爵；夫士也，亦无王命而私受之于子，则可乎？”此论公私大义。

对于他国之恶政恶人，公心王者（正义之师）可伐之，私心恶霸者不可伐之。

“为士师，则可以杀之。”此处斥私力救济，或不公正之私力救济。

“有仕于此，而子悦之，不告于王而私与之吾子之禄爵；夫士也，亦无王命而私受之于子，则可乎？”此段所论之公权或公共职位之私相授受，正可与“王馈兼金”之事中之国家财政之私相授受情形对照来看，二而一，而皆不可也。当然，中国古代的公私观念与现代不同，亦当辨析之。

"沈同问'燕可伐与'？吾应之曰'可'，彼然而伐之也。彼如曰'孰可以伐之'？则将应之曰：'为天吏，则可以伐之。'"孟子此处之论述，逻辑严密（逻辑学语料）。将一件事细分为两事，如此乃能正确分析对待，孰谓古人不讲逻辑。

> 燕人畔。王曰："吾甚惭于孟子。"陈贾曰："王无患焉。王自以为与周公孰仁且智？"王曰："恶！是何言也？"曰："周公使管叔监殷，管叔以殷畔。知而使之，是不仁也；不知而使之，是不智也。仁、智，周公未之尽也，而况于王乎？贾请见而解之。"见孟子，问曰："周公何人也？"曰："古圣人也。"曰："使管叔监殷，管叔以殷畔也，有诸？"曰："然。"曰："周公知其将畔而使之与？"曰："不知也。""然则圣人且有过与？"曰："周公，弟也；管叔，兄也。周公之过，不亦宜乎？且古之君子，过则改之；今之君子，过则顺之。古之君子，其过也，如日月之食，民皆见之，及其更也，民皆仰之；今之君子，岂徒顺之，又从为之辞。"

管叔与武庚之叛，或亦事出有因，即因担心周公专权也。质言之，此亦当时之政治斗争，后世或有成王败寇而偏颇评论之嫌疑。此亦不必讳言。

"周公，弟也；管叔，兄也。周公之过，不亦宜乎？"此处以今言或有公私不分而强词夺理处；以其时儒家之亲亲忠孝亲疏伦理而言，则或有一定之理。但接下来的论述则有其道德义理之正面价值。

"岂徒顺之，又从为之辞。"不可文饰自慰，尤不可以"人皆有过"为理由而自我放纵原谅，而当精进向上，日乎迁善改过，进于高明，岂可仅取法乎中人邪。人之不求上进，莫过于预以他人之过而遂谅己之过也。

> 孟子致为臣而归。王就见孟子，曰："前日愿见而不可得，

得侍同朝，甚喜。今又弃寡人而归，不识可以继此而得见乎？”对曰：“不敢请耳，固所愿也。”他日，王谓时子曰：“我欲中国而授孟子室，养弟子以万钟，使诸大夫国人皆有所矜式。子盍为我言之！”时子因陈子而以告孟子，陈子以时子之言告孟子。孟子曰：“然。夫时子恶知其不可也？如使予欲富，辞十万而受万，是为欲富乎？季孙曰：‘异哉子叔疑！使己为政，不用，则亦已矣，又使其子弟为卿。人亦孰不欲富贵？而独于富贵之中有私龙断焉。’古之为市也，以其所有易其所无者，有司者治之耳。有贱丈夫焉，必求龙断而登之，以左右望而罔市利。人皆以为贱，故从而征之。征商自此贱丈夫始矣。”

孟子此处解释向商人征税之起源，可予以特别之注意。古代为物物交易；此处之“以左右望而罔市利”，似成其为商业中介乃至欺行霸市者而一手操纵全部物物交易之谓，即物物交易（集市）而变为“在家为贾”之商贾之交易。龙断之高地，即地理位置最好处。

“我欲中国而授孟子室，养弟子以万钟，使诸大夫国人皆有所矜式。”此可见国君之虚伪性，尊贤不过形式主义之装饰耳。

孟子道不行而去，时子岂知之哉。

道不行，尸位素餐乃至垄断职位，又何益哉！因此而招人鄙弃、忌愤、轻视，且职权之位爵之荣誉亦遂失之也。

“孟子致为臣而归”此段，国君等皆虚情假意，虚礼仪文，可与本卷“不识寡人得见乎”一段之议论，对照阅读思考（互文而益显孟子之义理）。时子与景子又同类人也。然此段中之事与“不识寡人得见乎”一事不同，而实兼而批评君与臣也，其批评君者，与“不识寡人得见乎”一事同，即不用其正道正义，而欲以徇君私；其批评臣者，则广植党羽，结党营私，垄断权力与利益耳。此种臣子之情形，中国历史上又极多见，而其广植党羽、垄断公权力之法，恰是“使其子弟为卿”，此又中国政治腐败（中国政治文化之特点、缺陷或集体无意识）之千年痼疾也，当深思之。

孟子此节，前言非欲富，次言非欲其弟子富而师徒私垄断齐国之富贵利禄，因为如此(万锺养弟子于齐，而私垄断齐国之富贵)则将引发齐国臣民之怒嫉，而谗言争斗至矣，扰动自扰，类于因贱丈夫垄断而导致征商之事然。孟子言：吾来齐国，乃以行道为首重，非以授徒，尤非以授徒以非道而私垄断富贵。道不行，何为而养弟子以富贵，以助霸道之君国？行道为正道，即辅君成王道仁政，私垄断则不正之道。以商业交易比喻之，则如市之交易有无为正道，私垄断则为不正之道；王道仁政为正道，霸道则互相征伐争斗不断，而不为正道；辅行王道仁政于齐国为正道，养弟子私垄断富贵则是不正之道。孟子曰：若我孟子于齐而道不行，道不行而犹留以养弟子，势成贪富贵私垄断之迹也，为人所贱忌，吾岂为之。

辞十万而受万，则孟子虽为齐卿，犹未受禄，后文言之详矣。(“孟子去齐居休，公孙丑问曰：‘仕而不受禄……’”赵岐注曰：“丑问古人之道，仕而不受禄邪？怪孟子于齐不受其禄也。”①)

> 孟子去齐，宿于昼。有欲为王留行者，坐而言。不应，隐几而卧。客不悦，曰：“弟子齐宿而后敢言，夫子卧而不听，请勿复敢见矣。”曰：“坐！我明语子。昔者鲁缪公无人乎子思之侧，则不能安子思；泄柳、申详无人乎缪公之侧，则不能安其身。子为长者虑，而不及子思。子绝长者乎？长者绝子乎？”

“子为长者虑，而不及子思，子绝长者乎？长者绝子乎？”简言之，你是出于帮我考虑而来呢，还是帮齐王考虑？你是应该去劝谏齐王行大道王道而接受我孟轲的政治学说和政治主张呢？还是来劝说我改变必须施行王道的心意而违道臣事齐王呢？明白事理的人应该怎样选择，不是很明显的道理吗？！孟子的言下之意是：而你竟然为了逢迎齐王之意而主动跑来劝说我违道留齐，置我于丧失名节、违道干义之境地，你这不是要打定主意与我绝交吗？！

---

① 焦循，《〈孟子〉正义》，p312。

言“留行者”（挽留者）即使想挽留孟子，也应当是适诸王以劝谏齐王行王道以留孟子也。而非自来孟子处劝告孟子枉道留齐也。

“昔者鲁缪公无人乎子思之侧，则不能安子思；泄柳、申详，无人乎缪公之侧，则不能安其身。”此又君臣正向关系之一维，可与本卷“不识寡人得见乎”、“孟子致为臣而归”两处论君臣关系之段落对照阅读。此处乃正面提出君臣相待之一种正确方式也，皆以贤人、正道相对待也。

今人或曰孟子态度亦生硬，无今人之所谓“情商”，如对待“王驩”，似有明哲保身之嫌——如以后世之解释来分析的话（前文已论之）；然若以孟子神化宽容，则亦可曰权宜成事——此节又或有无礼处？然此亦是不识大体、是非不分之糊涂言论：对方要你枉道干义，已是无礼之甚。如果有人让你枉道违法犯罪，你能不生气吗?！是谁不尊重谁？谁想绝交谁呢?！

这里不妨暂时离开本节论述主题而旁逸斜出地讨论“礼”在日常生活中的作用。人有礼而己不以礼相回应对待，是绝人也，可不慎乎！礼为相对待之礼，虽看似有所束缚——实则自制、自我修养、责任与义务——，却是正常生活、秩序、好意之必需。人若弃礼不顾（而无所顾忌），看似无束缚，实则影响生活秩序、正常生活与一切人间情意。只要与人相处或处于某一共处结构中，（人）便须有礼（然当下一则无合理之礼，二则每多不合理之礼，故人皆避之），而有自我克制、束缚而从礼从众之义务责任。不然，如若因自己累疲，不堪应付，则暂避处此一共处结构中，谓之暂避世，人亦不怪也。今则于人权平等与自由博爱之基础上设计相关礼仪系统。

孟子去齐。尹士语人曰：“不识王之不可以为汤武，则是不明也；识其不可，然且至，则是干泽也。千里而见王，不遇故去，三宿而后出昼，是何濡滞也？士则兹不悦。”高子以告。曰：“夫尹士恶知予哉？千里而见王，是予所欲也。不遇故去，岂予所欲哉？予不得已也。予三宿而出昼，于予心犹以为速，王庶几改之！王如改诸，则必反予。夫出昼，而王不予追也，予然后浩然有归志。予虽然，岂舍王哉！王由足用为善，王如用予，则岂徒齐民安？天下之民举安。王庶几改之！予日望之！予岂若是小丈夫然哉？谏于其君而不受，则怒，悻悻然见于其面，去则穷日之力而后宿哉？”尹士闻之，曰：“士诚小人也。”

“孟子去齐。尹士语人。”此节只可解为“孟子欲以借齐王行道”而后可，不可解为“干泽干禄之徒”，不然便成为一般纵横家、法家之徒，失却了儒家的气节。故不得其道而离去之，反有一种磊落浩然之气。然而儒家之道确有迂阔之处，比如明言不重天时、地利或不详察天时地利、兵法等之术（纵横、黄老等），又不大讲器械、机械营造、攻守城池之术（墨家），便是一大缺失。儒家立意甚高，然倘不同时落实到务实之学之具体讲究辅助，便易流为迂阔虚文之弊病，难成天下大国之业，故当时诸侯不甚喜用也。然此亦有误会处，因儒家之着重点在伦理方面（政治伦理与社会伦理、家族伦理），非谓其不重视天时地利与工技营造，而将后者（工技）另委诸能工巧匠而有所分工不同而已。

因孟子以为齐王“由（犹）足用为善”。王如用予，仍可有所正向作为，故有所期待齐王之回心转意，非为恋栈恋禄位也。

大德洋洋，介士察察，岁永而悟，退察察而进洋洋。

孟子去齐，充虞路问曰：“夫子若有不豫色然。前日虞闻诸夫子曰：‘君子不怨天，不尤人。’”曰：“彼一时，此一时也。五百年必有王者兴，其间必有名世者。由周而来，七百有余岁矣。以其数，则过矣；以其时考之，则可矣。夫天未欲平治天下也，如欲平治天下，当今之世，舍我其谁也？吾何为不豫哉？”

或曰：此段中“此一时彼一时”之说，或亦有孟子说气话的成分，不然则有损其真与诚。前言不怨天，而此段实有怨天之意也。然其抱负亦大矣，惜乎未到务实一层，不能落实——这却须吸收其他诸子学派而后可。惜乎后来的儒家竟越来越狭隘了，如言文教心性，则或可言其“舍我其谁”（然于器、法、兵、农等事稍有不足），如言平治天下，则尚需增益其他方面之知识筹划也。儒家有其政治纲领，但大体为农业文明时代之筹措，而不讲器物（科技）、名家（逻辑）之学，是其大失。

上述之议论，乃片面立论，虽不可谓无其一定之想法，究竟是离文离题发挥的居多，而未能体察孟子此句之语意重心与根本立意也。

孟子一生思言行事，皆在乎治平天下，故孟子经邦治国之术、之根本大法经略，皆成竹在胸，此于《孟子》一书中亦可见之，而大体皆合于先王之制（井田制或有创制的成分，而真正的大思想家都有自己创造和构想理想制度的心志和作为），且大部分皆质实可行，故有如此自信自负也。其言“舍我其谁”，正是名副其实，当仁不让。若夫当时之其他游士，则或未有如此恢宏、深密、细致之整体制度规划也；而纵横家、法家之流，虽亦有富于见法谋略者，而尤多格局卑下、汲汲攘攘之功利之徒，又多心术不正，目光短浅，其制度政策不能长治久安，适足启乱、长君主之专制独裁、虐民害国也大矣，故不足以言平治天下。故孟子曰：舍我其谁。此语，于无志、无大学问格局者言，则为大言欺世；于有志而预为绸缪、胸有成竹者而言，则信然自然。今世有敢出此言者乎？或亦可仿照《孟子》一书，写今日工商信息社会之经国安邦、平治天下之大典，则此其人又安在哉?!

孟子有大自信、大愿力，慨然以天下自命，而不得位，不得君，怀才不遇，此固或一时激愤而意气、英气俱发作矣，亦可谓偶露峥嵘耳。焦循解曰：“近通解以‘彼一时’为充虞所闻君子不怨天不尤人之时，时为暇豫之时，则论为经常之论也。‘此一时’为今孟子去齐之时，为行藏治乱关系之时也，则忧天悯人之意不得不形诸颜色也。”①

---

① 焦循著，《〈孟子〉正义》，p309。

孟子与苏秦、张仪等纵横家之流之区别在于：孟子有一贯之道（仁政王道）、一贯之人格行事，不枉道徇人，其心志在于天下治平，与乎万民百姓之安居福祉，乃为天下王道民本主义；若不能行其道，则绝不改弦更张，不违道徇人，不怨天尤人……

“彼一时，此一时”，赵岐解为：“彼时前圣贤之出，是其时也，今此时亦是其一时也。五百年有王者兴，有兴王道者也。名世，次圣之才，物来能名，正一世者，生于圣人之间也。七百有余岁，谓周家王迹始兴，大王、文王以来，考验其时，则可有也。”①或可以语意双关为解？而合赵注与焦循提及之通解。

赵、焦皆解“名”为“正名辨物，正于一世”，今人以为名动一世，或有望文生义之处也。

不以得不得君、位而喜怒，以道能行否乎天下为喜怒；又以得道有道为喜忧。吾得治天下之道，虽未得时而行，吾又何为不豫哉。

> 孟子去齐，居休。公孙丑问曰：“仕而不受禄，古之道乎？”曰：“非也。于崇，吾得见王，退而有去志，不欲变，故不受也。继而有师命，不可以请。久于齐，非我志也。”

士志于道，亦士仕于道。

“孟子去齐，居休。公孙丑问曰：‘仕而不受禄，古之道乎？’曰：‘非也。于崇，吾得见王。退而有去志，不欲变，故不受也。’赵岐解曰：“孟子言不受禄，非古之道。于崇，吾始见齐王，知其不能纳善。退出，志欲去矣。不欲即去，若为变诡，见非太甚，故且宿留。心欲去，故不复受其禄也。”②若赵岐此解不差，则孟子亦有日常心细如发、顾及俗议之处。

“继而有师命，不可以请；久于齐，非我志也。”赵岐解曰：“言我

---

① 焦循，《〈孟子〉正义》，p309。

② 焦循，《〈孟子〉正义》，p312。

本志欲速去，继见之后，有师旅之命，不得请去，故使我久而不受禄耳。久，非我本志也。”[①]焦循亦持此解。赵、焦此解，稍繁复，而可通。朱子之解简易，“孟子始见齐王，必有所不合，故有去志。变，谓变其去志。师命，师旅之命也。国既被兵，难请去也。孔氏曰：‘仕而受禄，礼也；不受齐禄，义也。义之所在，礼有时而变，公孙丑欲以一端裁之，不亦误乎？’”亦可通[②]。然焦循以为赵岐之解为正解。

焦循此解[③]，亦有牵强处。窃以为，或孟子以燕事为当时政治之一大转机，可以行道，故留焉；及齐国以燕伐燕，乃知齐王无大志，故去意乃决。

---

① 焦循，《〈孟子〉正义》，p313。

② 朱熹，《四书章句集注》，p233。

③ 焦循，《〈孟子〉正义》，p313。

滕文公上

滕文公为世子，将之楚，过宋而见孟子。孟子道性善，言必称尧、舜。世子自楚反，复见孟子。孟子曰："世子疑吾言乎？夫道一而已矣。成覸谓齐景公曰：'彼，丈夫也；我，丈夫也；吾何畏彼哉？'颜渊曰：'舜，何人也？予，何人也？有为者亦若是。'公明仪曰：'文王，我师也；周公岂欺我哉？'今滕，绝长补短，将五十里也，犹可以为善国。《书》曰：'若药不瞑眩，厥疾不瘳。'"

儒家言必称尧舜，道家（黄老）言必称黄帝，农家道神农、后稷（许行、陈相），或皆有一定托古论道之意。

"舜何人也？予何人也？有为者亦若是。"人各有其自振拔之志，则便可有大作为，便可成贤成圣。

"言必称尧舜"，而不言禹，或以为禹犹有所不足邪？此则不然。

孟子称尧舜，不称夏禹，或亦于夏禹之传子而成家天下，稍有微词邪？（然据孟子之叙述，夏代家天下之制，实起于夏启。且孟子对禹之功绩，亦多赞许。）孟子善取尧舜之公而忘私、天下为公、选贤任能（世臣之说）、王道仁政，又尤称舜之至孝。

"舜何人也？予何人也？有为者亦若是。"有心志者，当上追慕乎圣贤，与之看齐。而非自甘堕落下流。

"彼，丈夫也；我，丈夫也；吾何畏彼哉？"此句可与上卷"彼以其富，我以吾仁；彼以其爵，我以吾义，吾何慊乎哉？""管仲且犹不可召，而况不为管仲者乎？”等论士人之独立不阿、逍遥自足、心志眼光阔大等之品格，对照阅读。此亦可为现代公民之基本品格，或人民对待权力之应有态度。

焦循此处论性善[①]，有足资启发者，其言善（恶），未必仅是仁善之意，乃为智（知）性、德性兼具之含义，不仅是德性、仁善之意。

“颜渊曰：‘舜何人也？予何人也？有为者亦若是。’”如按上文语法（统一原则），则“有为者亦若是”一句解为颜渊之言似尤妥。当然，解作孟子叙述之言，亦无伤大雅。

“瞑眩”者，比喻真正服用施行也。

滕定公薨。世子谓然友曰：“昔者孟子尝与我言于宋，于心终不忘。今也不幸至于大故，吾欲使子问于孟子，然后行事。”然友之邹，问于孟子。孟子曰：“不亦善乎！亲丧，固所自尽也。曾子曰：‘生，事之以礼；死，葬之以礼，祭之以礼，可谓孝矣。’诸侯之礼，吾未之学也。虽然，吾尝闻之矣。三年之丧，斋疏之服，飦粥之食，自天子达于庶人，三代共之。”[②]然友反命，定为三年之丧。父兄百官皆不欲也，故曰：“吾宗国鲁先君莫之行，吾先君亦莫之行也，至于子之身而反之，不可。且《志》曰：‘丧祭从先祖。’曰：‘吾有所受之也。’”谓然友曰：“吾他日未尝学问，好驰马试剑。今也父兄百官不我足也，恐其不能尽于大事，子为我问孟子。”然友复之邹问孟子。孟子曰：“然，不可以他求者也。孔子曰：‘君薨，听于冢宰。歠粥，面深墨，即位而哭，百官有司莫敢不哀，先之也。’上有好者，下必有甚焉者矣。君子之德，风也；小人之德，草也。草尚之风，必偃[③]。是在世子。”然友反命。世子曰：“然。是诚在我。”五月

---

① 焦循，《〈孟子〉正义》，p317。

② 此处可讲古代服制及服饰史。

③ 重位高德重，重示范。

居庐，未有命戒。百官族人可，谓曰知。及至葬，四方来观之，颜色之戚，哭泣之哀，吊者大悦。

此处可顺带讲述古代服制及服饰史。

武王之大弟（周公）为宗国，管叔、蔡叔则不然（涉及宗法制。前文已有论述，不赘）。

"吾他日未尝学问，好驰马试剑。"其时之贵族统治者皆尚武——可对比齐宣王之好勇。

"君子之德，风也；小人之德，草也。"君子能坚定其志，心有定主。

文王善养老而天下诸侯百姓归之，百姓归之，乃因此为正向人间情意之故也。

世子述父兄百官之辞，故拟其（父兄百官）口气而称己为"其"。

滕文公问为国①。孟子曰："民事不可缓也。《诗》云：'昼尔于茅，宵尔索绹；亟其乘屋，其始播百谷。'民之为道也，有恒产者有恒心，无恒产者无恒心②。苟无恒心，放辟邪侈，无不为已。及陷乎罪，然后从而刑之，是罔民也。焉有仁人在位罔民而可为也？是故贤君必恭俭礼下，取于民有制③。阳虎曰：'为富不仁矣，为仁不富矣。'夏后氏五十而贡，殷人七十而助，周人百亩而彻，其实皆什一也。彻者，彻也。助者，藉也。龙子曰：'治地莫善于助，莫不善于贡。'贡者，挍数岁之中以为常。乐岁，粒米狼戾，多取之而不为虐，则寡取之；凶年，粪其田而不足，则必取盈焉。为民父母，使民盻盻然，将终岁勤动，不得以养其父母，又称贷而益之，使老稚转乎沟壑，恶在其为民父母也？④ 夫世禄，滕固行之矣。《诗》云：'雨我公田，遂

① 此段乃儒家之经济纲领。

② 重均田富民。

③ 重取民有制。

④ 重体恤孤寡等。

及我私。'惟助为有公田。由此观之,虽周亦助也。设为庠序学校以教之。庠者,养也。校者,教也。序者,射也。夏曰校,殷曰序,周曰庠;学则三代共之,皆所以明人伦也。人伦明于上,小民亲于下。有王者起,必来取法,是为王者师也[①]。《诗》云:'周虽旧邦,其命惟新。'文王之谓也。子力行之,亦以新子之国!"使毕战问井地。孟子曰:"子之君将行仁政,选择而使子,子必勉之!夫仁政,必自经界始。经界不正,井地不钧,谷禄不平,是故暴君污吏必慢其经界。经界既正,分田制禄可坐而定也[②]。夫滕,壤地褊小,将为君子焉,将为野人焉。无君子,莫治野人;无野人,莫养君子。请野九一而助,国中什一使自赋。卿以下必有圭田[③],圭田五十亩,余夫二十五亩。死徙无出乡[④],乡田同井,出入相友,守望相助,疾病相扶持,则百姓亲睦[⑤]。方里而井,井九百亩,其中为公田。八家皆私百亩,同养公田。公事毕,然后敢治私事,所以别野人也。此其大略也。若夫润泽之,则在君与子矣。"

"夫世禄,滕固行之矣",朱熹解曰:"孟子尝言文王治岐,耕者九一,仕者世禄,二者王政之本也。今世禄滕已行之,惟助法未行,故取于民者无制耳。盖世禄者,授之土田,使之食其公田之入,实与助法相为表里,所以使君子野人各有定业,而上下相安者也。"[⑥]关于"世禄"之法,亦可对照参阅《万章下》"周室班爵禄"一节,对爵禄制度有详细的等级序列安排。其最末一等是下士,"下士与庶人

① 重学校教化。

② 重井田经界。

③ 以下论述亦是"定禄"之法。

④ 重安土重迁。

⑤ 重乡约民俗。

⑥ 朱熹著,《孟子章句集注-滕文公章句上》。

在官者同禄,禄足以代其耕也。”如果将庶人算进来,则又有所谓“庶人在官者”、“上农夫”、“下农夫”等。也就是说,世禄下士君子之收入与一般农民百姓差不多,特不用亲身务农劳作耳。然士君子须负担战斗、组织兵农等公事。

“乡田同井。”此一经济组织亦为一种特别之社会组织,并在先秦时期发挥特别之军事组织之作用。

“是故贤君必恭俭礼下,取于民有制。”恭俭乃亦对在上位者之君臣而言,不独为现今理解的居下位者的道德规范。质言之,乃对等主义因而具有一定普遍主义的道德规范,而非简单化理解的等级主义。

孟子之治国大纲:制民常产(为民制产、分田、桑蚕、六畜等)+取民有制+仕者世禄(制禄)+庠序之教(虽曰“取民有制”,但仍然以贵族享受百姓之捐献及相应之优厚生活和等级制为当然,至少在《孟子》一书中,并未对贵族之职责义务有明确具体之界说,如法定然——而孟子等所苦口婆心告诫的贵族的道德义务亦无强制问责制度或法律条例,而更多诉诸于“得道多助失道寡助”、“四境不治则变置”等之类的消极放任主义或自然主义态度——,未有官民契约政府之概念,未有君臣民平等权利之观念,更未有民选与民之弹劾罢黜权等,此皆不必讳言)等。

农业文明重农事,今则工业文明(又为人权或民权文明,而与之前的权力专制文化时代不同),故可另撰一书,以明今之为国之道(工业文明、信息文明时代之国民教育等)。

孟子此语,乃曰为国之道、治民之前提,在于使民有恒产,取于民有制,并非特意批评民无恒心。

孟子对齐宣王与滕文公皆言此,可见其心志、(治国)政术纲领一定,非纵横家之阿意人主以干禄也。

当思考如下论题:工商业文明时代是否仍需“民有恒产”(是将“恒产”简单狭隘地理解为“土地或地产”,还是进一步解作“有工作或有工资收入”等)？所谓君必恭俭礼下、“取于民有制”又有何新义？

当思考如下论题：工商业时代之税法当如何？制禄之法又当如何？分财、用财之法又如何？此皆经济学思路。

此处再一次总结孟子为国之道如下：1. 民事不可缓；2. 为民制产(分田[①]＋治生＋“余夫二十五亩”[②])；3. 取于民有制，且当有良制(助、彻、贡；国彻野助[③])；4. 士者世禄(制禄；圭田)；5. 庠序学校之教以人伦孝悌忠信、教射养老(庠校序即养教射)；6. 正经界，井田制；7. 乡村乡约等乡村(社会)组织建设：死徙无出乡……孟子认为此皆贵族或权力阶层之职责义务，用今天的话来说，就是国君或统治者要提供此等“公共产品”、“社会服务”等。以今观之，如果对此而皆能谨守而实行，亦可说存在着一个君民或官民契约政府；但因为人民未被赋予监督权和弹劾权等，故君臣与庶民之间的关系始终不对等，无下对上之约束，故迁延演化到最后，在上者往往懈怠无为，或则一反初衷，掠夺虐民，而走向独裁专制之境地。

“夫世禄，滕固行之矣。”此句颇突兀，未知孟子何意：主张世禄制？抑或反对世禄制？如何与“无恒产而有恒心者，惟士为能”一

① “夏时一夫授田五十亩，而每夫计其五亩之入以为贡。商人始为井田之制，以六百三十亩之地，画为九区，区七十亩。中为公田，其外八家各授一区，但借其力以助耕公田，而不复税其私田。周时一夫授田百亩。乡遂用贡法，十夫有沟；都鄙用助法，八家同井。耕则通力而作，收则计亩而分，故谓之彻。其实皆什一者，贡法固以十分之一为常数，惟助法乃是九一，而商制不可考。周制则公田百亩，中以二十亩为庐舍，一夫所耕公田实计十亩。通私田百亩，为十一分而取其一，盖又轻于什一矣。窃料商制亦当似此，而以十四亩为庐舍，一夫实耕公田七亩，是亦不过什一也。”参见：朱熹著，《孟子章句集注-滕文公章句上》。

② “程子曰：‘一夫上父母，下妻子，以五口八口为率，受田百亩。如有弟，是余夫也。年十六，别受田二十五亩，俟其壮而有室，然后更受百亩之田。’愚按：此百亩常制之外，又有余夫之田，以厚野人也。”参见：朱熹著，《孟子章句集注-滕文公章句上》。

③ 倘是一个政府的一切行为意图，都只想着怎样榨取人民的钱财，那这个政府就大有问题。

句统一起来？世禄恐非世袭之意，或为终其一生一世而食禄之意也。然亦当有黜退之法。

经界本意即田界，然亦可比喻引申之，则经界者，法度规则界限也。慢经界者，僭越、违法、过度也。

孟子于先王之制斟酌损益之，而提出经世治国之大法，用以新国。可见孟子亦主张因时制宜——但在根本精神上则不当违背先王之原则也。根本精神而何？诚心为国为民为公为仁为善为人为天下也。

"卿以下必有圭田，圭田五十亩。"关于圭田，可参阅孔颖达《正义》云："士以洁白而升，则与以圭田，使供祭祀；若以不洁白而黜，则收其田里，故士无田则不祭。有田以表其洁，无田以罚其不洁也。"①

"公事毕，然后敢治私事，所以别野人也。"此句今可作不同理解：先公后私，先国后家，固然有其意义，但此种义务伦理之前提，在于保证人民的基本权利，包括公民权利和合法私有财产权等，即国家存在的重要目的之一是保护人权与私权……否则上引此句就未必经得起推敲。质言之，家之不存，何来其国?！无(百姓之)家之国，何来国家(便不是国)?！而便只有——或只是——君主权势之家也(家天下)。当然，更关键的是，在当时，这里所说的"公事"，乃是王家之事，比如"治公田"之事，并非今天"公共参与"、"公共事务"意义上的"公事"、

"死徙无出乡，乡田同井。出入相友，守望相助，疾病相扶持，则百姓亲睦。"孟子写此句主要是从社会组织层面来叙述或构想，然吾人亦可从军事组织层面来进行发挥解读(比如后来的商鞅等法家所采取的方式)，乃有军事屯垦之状，或本为军事或战时组织体制也(征服后之殖民时期)。井田制下，骑兵无所发挥威力(而为车战)，后来商鞅开阡陌后之形势，则又不然。

---

① 焦循，《〈孟子〉正义》，p355。

“取于民有制”早已成为现代政治之共识，与基本、必要之法理正当性要求，且因由私人王权转而为国民契约政府、民治公共政府，这点更是理所当然，或应然事实，故今日似乎不必再有私人王权条件下或意义上的诸如“取于民有制”这样的原则的强调（而代之以税收法定、预算法等）。或问曰：“贤君必恭俭礼下”，乃是中国文化特色，或有其特殊价值？则答曰未必不然，然亦有似是而非处，换一种思路或背景，其实也没有多少价值，一者，现代社会通过民选压力与民主监督压力、法律与法治、制度与程序压力等，使得公职人员必须亲民守法奉公营职，故而在相当程度上已能通过外在压力达成此种状态；二者，“单向度”的恭谨礼貌或所谓的“上下”之谓，本亦或违反平等人权、平等人格之义，贤君官员与平民国民皆平等个体也；三者，重在实事，不重在虚礼仪文等。

龙子论助、贡之一节甚好，此便是详细推考政策之优劣适宜也。论政便当如此，考虑其种种成本效果，基于逻辑与实证、事实与理性，而一于为国民利益着想。

世禄亦是“取民有制”之意，与助法同。

古之人文教育乃所以明人伦，此古之公民教育或社会教育。今之（人文）教育之目的则又不同，而为国民教育（可包括人伦社会教育等）或公民教育（民治政治）、通识教育、专业知识技术教育、常识教育等。

古曰“经界”，今则曰法度、宪制法治、权利义务界限（官民、官员职责权利义务等）、人权、规则、法律（公法、行政法、私法）等。一切有法可依，以经得起逻辑推敲的合理、确定之法度、程序来治理，即法治也。此即孟子“正经界”之当代含义，不可仅理解为丈量土地之法，此则稍嫌狭隘，不能发明引申大义矣。

“有王者起，必来取法，是为王者师也。”今之国民教育、人文主义教育、常识教育、新经学教育、公民教育、法治教育、道德教育、人文社会教育等之内容体系设计撰述，亦是当代制礼作乐之大事业。

世禄(或换作“定禄”)、圭田,亦类似于“定薪安职”乃至“高薪养廉”之意,然其前提有二,第一,公职人员或官员不可过多过滥从而导致人民负担过重,第二,禄不可过高而与一般平民收入悬绝天壤。

“无君子莫治野人,无野人莫养君子。”野人君子之说,于民治、人权平等、国民教育和公民教育之时代,已失去正当性,故此处有关世禄之论证已然失效,无正当性依据。但可以有社会分工,民人各依其才华能力而贡献社会,获得相应报酬。此则“自食其力其智”、“各相养”也。在全国乃至全球未到物质及其丰裕的程度之前,为了鼓励民人各奋发其智、力,以推进社会文明进步,其初往往会实行一定程度的奖勤罚懒的制度,收入报酬亦容或可有一定程度之上下起伏(然仍当达到一定程度的均衡水平,不可贫富差距悬殊。这当然要通过制定科学合理的经济政策来达成。限于主题,暂不赘述);此后当社会生产力发展进步到一定程度,物质极大丰富,或无需以此种手段来奖勤罚懒,乃至或可泯灭一切收入差距,而按需分配、按兴趣分配、按才华分配也。

“卿以下必有圭田”以下论述,亦是“定禄”之法。

“无君子莫治野人,无野人莫养君子。”民治或民智大开之公民、国民时代,此句便可商榷。质言之,野人或国民非不能治国,乃不必皆来治国耳,故以法治契约选拔、雇佣官员或国家公职人员,乃至陟黜之,亦是社会分工之意。

“此其大略也。若夫润泽之,则在君与子矣。”大略、大政、大法、大本不可违乱,小细节则可依合法程序“润泽”调整之,然亦须有法有度。润泽仍然有度,不可动摇国本(立国大本又须经得起正当性与合法性之双重拷问),故仍是法治之意。

“不狩不猎,胡瞻尔庭有县貆兮。”

其时劳心劳力之“治”与“治于”,实剥削耳。或曰:所谓劳心者之流,或为征服民族、氏族、部落、阶层而有稍高文明而已。此则大胆假设而已。

这和一般对夏商周的理解不同，一般意见以为夏开启家天下之模式，而对其有微词，殊不知殷周以干戈取天下，亦可贬抑。故此章《滕文公上》下文尤其称述尧舜之荡荡巍巍，而禹不与焉，其间亦有微言大义乎？然此或为过度解读，且孟子又曰：此非禹之过，非启之过，而自然形成、“天与之”而已……[①]

“凶年，粪其田而不足，则必取盈焉”，“粪”，赵歧解为“粪治”[②]；朱熹解为“壅”；焦循亦解为“粪治”和“壅”，“粪，壅苗之根也。……言烂草可以粪田使肥也。是‘粪其田’即是‘治其田’，故云粪治其田。”[③]“粪”或为通假字，尽集之意。

如此安排，则夫民与君卿大夫士等贵族统治阶级到底是何关系？作为旧邦之“周国”之民如何安排，作为新天下之“周天下”之民如何安排？殷民、周民乃至其他诸侯异姓之民，皆一视同仁？

这些所谓的君子和野人之间，是什么关系？如何形成而来？又将如何交往演化而去？

“卿以下必有圭田”，然则“卿以下”皆自种圭田？如此，则卿大夫亦农也，其与一般农民之所不平同者，唯在君卿大夫乃有税收赋役（权）而已？

“《荀子-王制篇》云：‘虽王公士大夫之子孙，不能属于礼义，则归之庶人。’”荀子此法，可矫儒家之弊之失，亦可谓时势使然[④]。

（上古或）古者士工商每皆为官所征，非尽如今日之所谓自由职业——当然，今之民治国家中，自由职业者亦须依法缴纳赋税。

上古先秦农业文明中之贵族统治阶级，固然享受等级制之一

---

① 焦循，《〈孟子〉正义》，p392。

② “乐岁，丰年。狼戾，犹狼藉也。粒米，粟米之粒也。饶多狼藉，弃捐于地，是时多取于民，不为暴虐也，而反以常数少取之。至于凶年饥岁，民人粪治其田，尚无所得，不足以食，而公家取其税必满其常数焉。不若从岁饥、穰以为多少，与民同之也。”焦循，《〈孟子〉正义》，pp338—339。

③ 焦循，《〈孟子〉正义》，p339。

④ 焦循，《〈孟子〉正义》，p356。

定特权，而亦为民制产，则确乎确守其时之某种等级制法度（法度之治、礼制之治），又以各家平等之礼义人伦维持之，故可得百姓万民皆平等友爱、相与亲睦，乃至有能力友待偶尔之外客并得怀柔远人之效果。且人伦中亦并非不考虑子、女（妇）之一定程度的“对等”权利义务。文王养民，或又以薄税赋而减轻人民负担，故能得人民拥戴。然其后之君主，往往渐渐侵蚀先王之制，而特权过甚，赋税过重，贪暴侵渔，礼崩乐坏，古制遂坏矣。乃至形成诸如“三纲”之类的单向不对等之压迫，遂成专制等级压迫之局面，不能比肩先秦尤其是传述中的西周古制，人心尽失。

“王者富民，霸者富士”，富士多征伐反叛，富民而安乐不争，天下富士而征战不休，即成霸国帝国，旋多反叛分裂，复成征伐争斗不休之势，则天下一日不得宁。天下富民而天下大同，复返于淳朴（上古）之世。富士则贫富不均，富民则贫富均，人民安乐自足……

可对比、比照如下概念对：小惠与大本；治人与治法；仁心与仁政；法度与法治；心与行。

有为神农之言者许行，自楚之滕，踵门而告文公曰：“远方之人闻君行仁政，愿受一廛而为氓。”文公与之处。其徒数十人，皆衣褐，捆屦、织席以为食①。陈良之徒陈相与其弟辛负耒耜而自宋之滕，曰：“闻君行圣人之政，是亦圣人也，愿为圣人氓。”陈相见许行而大悦，尽弃其学而学焉。陈相见孟子，道许行之言曰：“滕君则诚贤君也。虽然，未闻道也。贤者与民并耕而食，饔飧而治。今也滕有仓廪府库，则是厉民而以自养也，恶得贤？”孟子曰：“许子必种粟而后食乎？”曰：“然。”“许子必织布然后衣乎？”曰：“否。许子衣褐。”“许子冠乎？”曰：“冠。”曰：“奚冠？”曰：“冠素。”曰：“自织之与？”曰：“否；以粟易之。”曰：“许子奚为不自织？”曰：“害于耕。”曰：“许子以釜甑

① 互助论、无政府主义。

爨,以铁耕乎?”曰:“然。”“自为之与?”曰:“否。以粟易之。”“以粟易械器者,不为厉陶冶;陶冶亦以其械器易粟者,岂为厉农夫哉?且许子何不为陶冶,舍皆取诸其宫中而用之?何为纷纷然与百工交易?何许子之不惮烦?”曰:“百工之事固不可耕且为也。”[①]“然则治天下独可耕且为与?有大人之事,有小人之事。且一人之身,而百工之所为备,如必自为而后用之,是率天下而路也。故曰或劳心,或劳力;劳心者治人,劳力者治于人;治于人者食人,治人者食于人,天下之通义也。当尧之时,天下犹未平,洪水横流,泛滥于天下,草木畅茂,禽兽繁殖,五谷不登,禽兽偪人,兽蹄鸟迹之道交于中国。尧独忧之,举舜而敷治焉。舜使益掌火,益烈山泽而焚之,禽兽逃匿。禹疏九河,瀹济、漯而注诸海,决汝、汉,排淮、泗而注之江,然后中国可得而食也[②]。当是时也,禹八年于外,三过其门而不入,虽欲耕,得乎?后稷教民稼穑,树艺五谷。五谷熟而民人育[③]。人之有道也,饱食、暖衣、逸居而无教,则近于禽兽。圣人有忧之,使契为司徒,教以人伦:父子有亲,君臣有义,夫妇有别,长幼有叙,朋友有信[④]。放勋曰:‘劳之来之,匡之直之,辅之翼之,使自得之,又从而振德之。’[⑤]圣人之忧民如此,而暇耕乎?尧以不得舜为己忧,舜以不得禹、皋陶为己忧[⑥]。夫以百亩之不易为己忧者,农夫也。分人以财谓之惠,教人以善谓之忠,为天下得人者谓之仁。是故以天下与人易,为天下得人难。孔子曰:‘大哉尧之为君!惟天为大,惟尧则之,荡荡乎

① 重社会分工。
② 重水利建设。
③ 实事工艺学者之事。
④ 重教化。
⑤ 人文学者之事。
⑥ 重得人才。

民无能名焉！君哉舜也！巍巍乎有天下而不与焉！’尧、舜之治天下，岂无所用其心哉？亦不用于耕耳。吾闻用夏变夷者，未闻变于夷者也。陈良，楚产也，悦周公、仲尼之道，北学于中国。北方之学者，未能或之先也。彼所谓豪杰之士也。子之兄弟事之数十年，师死而遂倍之！昔者孔子没，三年之外，门人治任将归，入揖于子贡，相乡而哭，皆失声，然后归。子贡反，筑室于场，独居三年，然后归①。他日，子夏、子张、子游以有若似圣人，欲以所事孔子事之，强曾子。曾子曰：‘不可，江、汉以濯之，秋阳以暴之，皜皜乎不可尚已。’今也南蛮鴂舌之人，非先王之道，子倍子之师而学之，亦异于曾子矣。吾闻出于幽谷迁于乔木者，未闻下乔木而入于幽谷者。鲁颂曰：‘戎狄是膺，荆舒是惩。’周公方且膺之，子是之学，亦为不善变矣。”“从许子之道，则市贾不贰，国中无伪。虽使五尺之童适市，莫之或欺。布帛长短同，则贾相若；麻缕丝絮轻重同，则贾相若；五谷多寡同，则贾相若；屦大小同，则贾相若。”曰：“夫物之不齐，物之情也。或相倍蓰，或相什百，或相千万。子比而同之，是乱天下也。巨屦小屦同贾，人岂为之哉？② 从许子之道，相率而为伪者也，恶能治国家？”

许行重农，重力行，重简易物物交易之经济形态，然在文明水平上，确乎不可与儒家相比。质言之，许子之道，乃朴素小农经济或唯农经济。

可对照互助论、无政府主义。

“不仁、不智、无礼、无义，人役也”③，劳心者，谓养仁德（而为国为民）之人也，非谓心术权谋之人也。今人或昧此，而简单化地

① 重师道。

② 孟子对商业亦有较开明之看法。

③ 《孟子-公孙丑上》。

大肆批判“有大人之事，有小人之事”，亦可谓无的放矢也。亦可对照卷七的相关论述：“天下有道，小德役大德，小贤役大贤；天下无道，小役大，弱役强。斯二者天也。”[①]虽然，人格等级制或权力等级制仍然会导致许多问题，现代社会则讲究人格平等与人权平等，此前多次谈及此点，兹不赘述。

“尽弃其学而学焉”，未加深思，而好追新逐奇，魅惑于一时之新奇和歪理邪说，经不起深入推敲。

其时之不同阶层：农、百工、商、士君子、治人者。

“当尧之时”以下所举例，皆孟子所谓劳心者也。尧、舜、禹、后稷、契等，皆忧民而教民治水、治国、治事、发明者也。尧舜之得人，禹之亲力亲为，益、后稷、契、皋陶皆以专攻之业而独当一面，而若有专业治理之实（益解决实际问题，后稷重农食，契重人伦教化，皋陶掌刑政，等等）。

德治主义思路下，世乱衰世则小人而踞大人之位，为德治之反面。

统治者（古代政治学或前现代政治学）或国家公职人员（现代政治学）亦当先公后私，公乃治人民大众之事，或为人民大众谋公共福利之事，此国家公职人员之本职也。

关于士人选举，亦当思如下问题：成德以举，抑或成事以举？德衰事败又如何？胡可始终在位？如何保证在位而能始终不堕落？仅诉诸于个人之德业自制自修，是否足够？一时之德业，可否保一世之爵禄？爵禄位权亦当有节制之法？等等。

学亦有专别，如实事工艺学者；人文学者；等等。

“尧以不得舜为己忧，舜以不得禹、皋陶为己忧。”劳心者、大人以“为天下得人”为己任己忧，分人以财，教人以善。

“分人以财谓之惠，教人以善谓之忠，为天下得人者谓之仁。

① 《孟子-离娄上》。

是故以天下与人易，为天下得人难。”如何保证在上位者以此三者为务？倘一旦结党营私，又如何对待处置之？孟子以一己之仁义善心而逆推在位得权者，或志在在位得权者，岂不知人德有高下而事乃有大谬不然者矣。

陆世仪《思辨录》：“周子曰：师道立而善人多。《学记》曰：师严而后道尊。《尚书》云：天降下民，作之君作之师，则师尊与君等。又曰：能自得师者王，则师又尊于君，非师之尊也，道尊也，道尊则师尊。”所谓“师严”，不仅意味着先生老师对弟子生徒德业要求之严格，尤其意味着先生老师的自奉德业之严格，或对先生老师的德业要求之高严也（师儒先生之戒律，一如佛教僧团之有戒律要求）。

尧舜天下为公，能为天下得人。今欲为尧舜，则创一天下为公之制度而不自居之也（天下为公，贤能者居之退之，五年为期，最多连任两期三期而已，何必久久尸位素餐）。论国事天下事亦当如此，未必自任其位。士出而任事则不避烦剧，士退而隐逸（或著述）则逍遥而绰绰有余裕。

夏变夷，乃重儒家之道也，即仁义王道仁政。

尚贤与尊师重道。

“鲁颂曰：‘戎狄是膺，荆舒是惩。’”此句当深思议论。何故而膺惩之？在于恶色之乱朱，谬论之乱正言谠论，而非歧视别的民族？或谓因为楚国无周之礼乐，乃兄终弟及制等（楚、秦……）？质言之，或有文野之别、仁善野蛮之别、文明之别，而不在民族、群体之别。人类大同之理想，在于一视同仁，各有权利保障（包括维护自己的并不违反现代文明价值观的特别文化风俗习惯的权利等），或出而助人共进于文明，或怀柔远人，共臻于文明郅治。

“滕君，则诚贤君也；虽然，未闻道也。贤者与民并耕而食，饔飧而治。今也滕有仓廪府库，则是厉民而以自养也，恶得贤？”陈相若从薄赋敛、取民有制等角度立论，则与孟子之观点一般无二（见卷一“狗彘食人食而不知检，涂有饿莩而不知发”，杀人“以刃与政，有以异乎？”“庖有肥肉，厩有肥马，民有饥色，野有饿莩，此率兽而食人也。”等之论述），则此段便可视为对于君王贵族统治者之贪得无厌、厚赋虐民之批评，与孟子同。但陈相之立意并不在此，故孟子乃驳难之。孟子并非是驳难陈相对“厉民以自养”的客观事实的批评，乃是驳斥陈相“贤者与民并耕而食”的论点。但关于后者，又当有分说：主张应有社会分工是一事，主张野人君子之治养关系——亦即下文所谓“劳心者治人，劳力者治于人”之论——又是另一回事。社会分工当有之，劳心劳力、大人小人、君子野人之治与被治、治与养之关系（如果“治”意味着人格等级制、身份等级制乃至人身依附制的话），在现代民治社会或国民社会则不能苟同。读者当深思明辨之，不可以一事而笼统论之，则误矣！

然而，劳心劳力、君子野人、大人小人之区分，又不可仅以社会分工、社会平等而尽弃之，此又绝对主义思维之病，仍当有一定区分（但并非人格和权力的等级制），因人之人格本无高低（品格仍有高低），但人之智力、知识、能力有高低也。故无论古代中国之选举、考选或现代民主选举，皆所以择其道德、智力、知识、能力之高明者，以为国家和社会之进步做出更大贡献，所谓劳心劳力、君子野人、大人小人之区分只可作如是解，而并无人格与权力等级制，或相应特权。而“治”者，又非人身操控、生杀予夺处置之无限制之全面权力，而只可及于公共事务权限之内（公法），并且到人权界线则自动止步（公民权利），不可稍有侵及公民人权与人格。如此，则所谓大人、小人只是德行、智力、知识、能力、心志之区分，非人格、权利、特权之区分；劳心劳力亦只是相对言之。

当今时代，“为天下得人”已非大人、贤君、劳心者之主要任务，而有制度化文教、考试选拔制度和民主选举制度、程序等来选人用人（陟黜），并以此杜绝由于不受制度化监督节制的人治性推荐等选任方式所可能导致的用人腐败、不公等问题和严重后果。当今时代之公权力官员（公职人员）之主要任务为国家治理和社会治理的相关公共事务，其治国学术体系（劳心），除了必要的心志道问之学外，则主要关乎社会科学知识体系（法学、政治学、经济学——当然也要有历史人文等的相关修养）；至于人文道德教化（针对于全体国民公民，不独在古代的士或所谓“治术人才”，故其中的通识教育、人文教育、常识教育、公民教育等，皆针对全体国民），则主要诉诸于文教、传统或宗教，只要不违反宪法，或和现代文明常识相冲突，公权力或官员不可随意非法干涉——只可在行政财政上依法予以外部支持或监督；选人用人则有合法正当之制度与程序。质言之，对于现代公职人员和官员而言，其“有所用心”之处，乃在经济、法律、政治等相关公共事务领域，至于选人用人，现代文明早已发展出相对更为合理、公正、成熟的制度化方式和程序，不必使用过去中国人治主义时代所谓推贤进士的那一套（这一套文化和制度恰恰深嵌于人治主义政治文化中，相互勾连加强）。尊贤、礼贤下士、尊师重道等等，其发挥作用的空间主要在社会层面，不在国家公共事务和政治层面。

“吾闻用夏变夷者，未闻变于夷者也。”此是基于当时华夏文化之先进与自信而来的华夏文化中心主义，于其语境与时代背景则固然也。倘如一般所论，进入近代以来，华夏文化渐次确乎落于人后，则不可拘执矣。于此时此处此论，许行之学说确乎落后，故孟子斥之，而引夷夏之论乃可，不然则不可。师生忠诚关系亦如是，乃忠于老师之先进文化学说与高尚人格道德精神也，而非固执其落后学说文化等。孟子此段下文之比喻，恰是文化文明先进落后之比喻也。固当以此时代文化大背景而论文化文明意义之夷夏观念，不可故步自封、冥顽不化。当然，种族意义上之夷夏观又是一事。于种族言，至少当时亦甚宽容，楚人陈良自由行走讲学于中原中国，即为其例。然而各国人亦或稍有所区分或国家观念——虽然不同于今日之国家观念。

“夫物之不齐，物之情也；或相倍蓰，或相什伯，或相千万。子比而同之，是乱天下也。巨屦小屦同贾，人岂为之哉？从许子之道，相率而为伪者也，恶能治国家？”此点倒同于儒家贤愚等级区分，而有激励选拔人民力争上游之正向意图在。此段又可推出孟子的相关经济主张，如市场竞争，反对人为强制管制，而以质量取胜也。正向市场机制建立，则人皆相以质量求胜；负向市场机制建立，则人“相率而为伪”。然则，如何方为正向市场机制？此则孟子未深论之，然亦可结合孟子于《公孙丑下》中斥“贱丈夫龙断”之事申论之。

理论上，仓廪府库有公私之分，公则为百官俸禄与公共事务、公共救济等，事急则开公仓乃至私仓以赈济之。然于事实上，到战国及其后，每多公私不分而尽为皇帝君王一己之私，事急亦任由人民转徙于沟壑（据说晚清慈禧尚且挪用海军建设军费修建颐和园，用于自己的寿辰庆祝活动。或曰其主事者乃醇亲王奕譞，笔者一时无从查证，故且录之而阙疑）。陈相之批评，非无的放矢，非无根妄谈也。然陈相之批评中，某些部分虽有其一定针砭意义，其理论观念则亦有狭隘处。

陈相亦言“百工之事固不可耕且为”，则其前言批评所针对者，乃贵族过度之厉民自养，而非社会分工本身。其或未意识到治天下之事之专职性，然亦意识到或注意到治天下、治人者之俸禄待遇与普通人民相比而过于悬绝（特权）之事实与问题，故其批评仍有价值。故下文曰“分人以财谓之惠”……，用以说明国君有赈济人民之德责义务也。

汉语中“治”、“理”之义，本是（本有）“施教以治理之”之义，非徒指制度、法律、刑法管治之谓。今人谈管理，只谈从上到下之控制管控，虽言及多元主体自治，然未及教化，是其误会或忽略中国古人治理之正道也。（今言“从管理到治理”，稍有近之者。）

民无公共心，恰官不欲有公共心或公私界限（清晰）之自然结果，两相无义界，遂相与沉沦。

此处之议论[1]可用之于人情与法治、制礼作乐等论题之分析思考思路。

或曰：孟子此节言尧、舜、禹、后稷、契，而独不与神农炎帝；后又言以夏变夷之事。岂神农氏而为夷邪？未必，然此处孟子或为打击许行，而故意暂时不提神农。然或亦仅仅是因为许行为夷人故也（所谓“南蛮鴃舌之人”，赵岐亦解为“南楚蛮夷”[2]）。赵岐章指则言：“章指言：神农务本，教以凡民。许行蔽道，同之君臣。陈相倍师，降于幽谷，不理万情，谓之淳朴。是以孟子博陈尧、舜上下之叙以匡之也。”[3]

“劳之来之，匡之直之……”云云，其主词与宾词分别指什么？可进一步详细分析之。吾以为此处或言尧进贤得人之事。劳来匡直辅翼云云，皆对贤人如舜禹契等人而言，或以尧包涵舜禹等，则或亦可。

舜之功劳在于施行而成大难之事，“大难之事”即“为天下得人”之事，而得禹，故不“以天下与人”，即不以天下与其子商均（商均为舜之子）。赵岐解“巍巍乎有天下而不与焉”中之“与”为“与益”，“巍巍乎有天下之位，虽贵盛不能与益。舜巍巍之德，言德之大，大于天子位也”，即“加多”之意，不同于此处之“与”字之释解。孟子似稍变孔子之言而加之以微言大义之褒贬？按孟子解读，此种“传与”（有其特定前提条件，如本段所述），无论“有天下而不与”、“传与子孙”，亦皆是公天下之意。但赵岐之解说亦有一定道理。

“为天下得人”，“得人”，即以文教教化国人国民（人文教化、科技教育等），未必仅是（政治层面）推贤进能、得贤人之一事也。朱

---

① 焦循，《〈孟子〉正义》，p386。
② 焦循，《〈孟子〉正义》，p396。
③ 焦循，《〈孟子〉正义》，p400。

子解“巍巍乎有天下而不与焉”中之“不与”更好：“犹言不相关，言其不以位为乐也。”

先秦转训转注之法，以今日之语言学衡量之，似太随意。此可见其时汉语尚处于进化之中，当然，严格言之，今亦如是，其他所有语言，皆如是。

倘无合理前提机制制约，则劳心或有德者治人，亦或率天下而为伪德、伪劳心？

儒家固执尊卑上下之义，一见他人学说于此有违，则痛加指斥，此或其最大弊端之一；当然，此只是态度问题，从其积极方面言之，则曰卫道之心坚决；自其消极方面言之，则曰臆必固我。问题之关键不在于态度，而尤在于学说之真理性或合理性本身，换言之，上下尊卑之等级制、特权制，又在相当程度上将人之身份人格之所谓上下尊卑进行世袭化，这才是儒家学说的根本特点、根本问题或根本弊端之一——虽则在整个中国历史上，在儒家思想学说发展施用史上，亦在不同时代而有不同程度之表现，或严苛，或松动变通，比如贬黜贵族，比如汉唐以后可考选公卿以下之职位等，而有相当程度之阶层流动，等等。但总体而言，整个封建时代，上层统治贵族仍是血统论，仍是君主世袭专制。

> 墨者夷之因徐辟而求见孟子。孟子曰：“吾固愿见，今吾尚病，病愈，我且往见，夷子不来！”他日，又求见孟子。孟子曰：“吾今则可以见矣。不直则道不见，我且直之。吾闻夷子墨者，墨之治丧也，以薄为其道也。夷子思以易天下，岂以为非是而不贵也。然而夷子葬其亲厚，则是以所贱事亲也。”[①] 徐子以告夷子。夷子曰：“儒者之道，古之人若保赤子，此言何谓也？之则以为爱无差等，施由亲始。”徐子以告孟子。孟子曰：“夫夷子信以为人之亲其兄之子为若亲其邻之赤子乎？彼

---

① 重爱有差等；重孝亲。

有取尔也。赤子匍匐将入井，非赤子之罪也。且天之生物也，使之一本，而夷子二本故也。盖上世尝有不葬其亲者，其亲死，则举而委之于壑。他日过之，狐狸食之，蝇蚋姑嘬之。其颡有泚，睨而不视。夫泚也，非为人泚，中心达于面目，盖归反蔂梩而掩之。掩之诚是也，则孝子仁人之掩其亲，亦必有道矣。”徐子以告夷子。夷子怃然，为间，曰：“命之矣。”

“爱无差等，施由亲始。”此句实巧妙，然孟子仍进一步申论驳斥之。

儒家或孟子主张亲疏远近之别爱，乃亦主张一定程度之私心私利，承认人性一定限度内之自私性之正当性（推可为鼓励自食其力、自谋生计、奖勤罚懒、勤劳智慧致富而享受更好生活水平，以及承认合法私有财产及其自由处置使用权等）；然而须注意之别事尚有几端：第一，儒家主张爱有差等之别爱的同时，亦主张仁，以及“推己及人”之仁爱与尊重（此则可推衍为现代的基本平等人权观念，而在此基础上，复加之以合理适度中式伦理规范等），比如“老吾老以及人之老”等，并非完全无视他人之基本人权，以及对于他人之基本尊重与礼节；第二，“爱有差等”之原则只可局限于情感领域和某些社会领域，并不可超越或僭越国家治理和公共行政事务等领域的公私界限原则，尤其在国家治理、公共行政或公权力层面，必须泾渭分明，首重“公私分明”原则，而“等差之爱”只可行于私人伦理与私人利益层面；第三，……质言之，儒家礼义思想中蕴含的一定程度的平等基本人权观念，与儒家伦理中蕴含的某些可能的普适性或仁善对等性道德规范（而剔除其单向等级制因素或部分），比如仁爱、推己及人、仁善对等性礼仪等，在相当程度上限制和消解了等差之爱的过分或过度；而严于公私界限之公共道德规范要求（公德），又限制或避免“等差之爱”不合理乃至不合法地侵入、僭越和消解掉社会公共事务领域与公权力领域等必然要求的公共性、普遍性、公正性或公平性原则。

滕文公下

陈代曰:“不见诸侯,宜若小然。今一见之,大则以王,小则以霸。且《志》曰:‘枉尺而直寻,’宜若可为也。”孟子曰:“昔齐景公田,招虞人以旌,不至,将杀之。志士不忘在沟壑,勇士不忘丧其元。孔子奚取焉?取非其招不往也。如不待其招而往,何哉?且夫枉尺而直寻者,以利言也。如以利,则枉寻直尺而利,亦可为与?昔者赵简子使王良与嬖奚乘,终日而不获一禽。嬖奚反命曰:‘天下之贱工也。’或以告王良。良曰:‘请复之。’强而后可,一朝而获十禽。嬖奚反命曰:‘天下之良工也。’简子曰:‘我使掌与女乘。’谓王良。良不可,曰:‘吾为之范我驰驱,终日不获一;为之诡遇,一朝而获十。《诗》云:“不失其驰,舍矢如破。”我不贯与小人乘,请辞。’御者且羞与射者比,比而得禽兽,虽若丘陵,弗为也。如枉道而从彼,何也?且子过矣!枉己者,未有能直人者也。”

“非其招不往。”此处首先涉及的是先秦君臣礼仪问题(与《孟子-公孙丑下》“孟子将朝王”一段所言论题相似)。今亦可说君子矜持,乃自重耳(自我珍重,自我珍惜)。非其道其义则不为。人倘无自重之意,则何事不可作。

古之得道士君子皆能超脱生死,置之度外,且对死亡后之肉身并不特别以为意,所重者尤在节义与精神,而自有其勇士大丈夫气概,乃至烈士精神。

今或有人只问结果，不问手段过程，故多有不择手段者，看似实现目标（所谓目标管理），实则付出极大之隐性成本，如将此种隐形成本亦计算入内，则其所得实大不偿其失，且将遗祸将来也（比如，导致性情、气质、容貌等日益卑下猥琐；养成胆大包天、为所欲为之习性；毫无自重矜持谨慎之品性与心态，从而害人害己，误国偾事，受其报应，自食其果；以及由此导致的示范、效尤以及随之而来的世风日下、人心不善、奸邪笑正直、“生无可恋”（当代年轻人用以调侃或夸张的流行语）等的严重心灵后果和社会后果……）。反之，士君子则一言一行必由正道（配义与道），谨慎怵惕，始终如一（有始有终）……其实，正如孟子一再所指出的，倘若枉道而从人，哪里能获得正面结果和实现目标呢！枉之者，又哪里能“直人”！不过是自欺欺人、同流合污而自我文饰辩解罢了。古者不单纯以利论事，尤以道与义论事。实则倘若义之不行，又何来真正之利。以不义得之，必以不义（行事而）失之。则不义之事，终究无所利也。枉道而从人，便是堕落之始，便是自就邪路，自成邪僻，岂可文饰侥幸哉。

不可枉己从人，此语西塞罗亦言之，可参看。

违背道义而枉己从人，既不利己，亦不利人，于此岂可造次敷衍！或曰：枉己以直人，其心可感，其功可偿，不亦善乎？此又糊涂之议论。倘若枉己以直人，实则已是将对方轻视了（看轻了对方），因为没把对方看成是一个正直的人，或是一个愿意接受道义原则的人——同时亦被对方看轻了，如果对方稍存良知反省能力的话——，亦给良知尚存的自己增加了许多悔吝煎熬之情，恨恨不已。友谊非以枉己而可得，违道义而枉己从人者，既非真友谊，亦非真尊重也。对于他人友人，倘失却了德业相劝、过失相规之相互间好意，而导人于不仁不善之地，乃祸害之也（害人害己）。

“枉尺而直寻。”靡不有初，鲜克有终；始终如一，其道一贯。初不进以道，后亦难能也。

“非其招不往也。”此可对比尾生、宋襄公等之事迹。或曰：纵横家、法家兴，则先秦中国人之气节道义乃受一大斵丧损害，而利益算计之徒盈天下。义当固执。或曰：部分中国人后来之善变与油滑不诚之一脉，此为一大关节或转折。（“进必以道”。）当然，从另一角度来看，也可以说是这意味着宗法封建专制制度已经根本腐滥，势必要有新的变化或改革。

“枉尺直寻。”此处仍是讲义利之辨。以利破义，则天下不义之人事将层出不穷。

害大义而获小利，则岂可岂明智！违大义而获大利，似也，而其实不然，实则一时获利，终害大义大利而已。屈志亵道，害于一己心志品节，又教坏士风，士将无所持守而无所不用其极、无所不可为也。枉尺枉寻（直寻直尺），似有程度轻重，然降志辱身，慢亵道义，则一也。其人道义犹可亵慢轻忽，则其人何事不可为，则其人是何人！非其招不往，进身以道，不可枉道从人、进不由道，此所以励士名节之心也。礼仪、程序，事关正义或道义，岂可轻忽哉！

“诡遇”。此言当各司其职，各行其道、其职权，不可以诡违遇合。此亦可作为集义共事之原则（各有职责许可、权限义务，不以弄公权、违公法而徇人。又可对照现代政治学、法学中行政法之立意与程序安排等）。焦循《孟子正义》中对“诡遇”一词有更具体征实详明之解释，可参看①。

“诡遇。”此言应重正当性。后世诡遇者多矣，唐世士子尤多（所谓求知己、温卷等）——平心而论，此或亦有不得已处耳——今世特甚。进不以道，则进后必无作为也（所谓人情社会学）。

杨氏曰：“何其不自重也，枉己其能直人乎？古之人宁道之不行，而不轻其去就；是以孔孟虽在春秋战国之时，而进必以正，以至终不得行而死也。使不恤其去就而可以行道，孔孟当先为之矣。孔孟岂不欲道之行哉？”②必以正道行之。后之机会主义者每有诡

---

① 焦循，《〈孟子〉正义》，pp412—414。

② 参见：朱熹著，《孟子章句集注-滕文公章句下》。

遇，失节以进，进不由其道，如张仪苏秦之流，岂可望其能正身行道邪？每多文饰辩解之徒，实皆趋利忘义、干求禄利富贵而已……

孟子或儒家思想就其理想而言，乃是十分坚定决绝的，始终奉道一贯而正大光明，不肯以原则做交易，即便做交易的结果可获一时之大利。而要以道义原则为根本，保证目的、初衷、过程与结果的相应，始终求其“正”与直，不肯以功利主义态度做犬儒主义的交易。这是真正儒家与一般伪儒、纵横家、功利主义者的根本区别。何曾有一丝便佞机巧、诡诈权宜之意！立身发言行事，一切求知正当而后可，诚朴不欺心，不口是心非，不阳奉阴违，不枉尺直寻（慎独与一贯），故一生磊落而真有大丈夫之行事也。倘真能养成此种人格与国民性，则国家实行贤人德治当然亦是一种理想的社会政治状态（必由其正道而已）。

此章许多处论述可用以对照“不动心”的论题。由“大则以王，小则以霸”一句观之，“虽由此王霸不异也”中之“不异”亦可解如赵注、焦注、朱注，然此是从问者（公孙丑、陈代）而言；若从答者即孟子之观念而言，则又当解如吾注，而将王霸区分之。此处亦然，孟子首斥之曰此事非小，乃大志大节所在（如《公孙丑上》一章中指斥齐王不足用、管晏之术不可效、王霸之道术不可混一样）；次斥“且不可为，无其效”，即“枉之者未有能直人者”，故下文言“大丈夫”，正和《公孙丑上》一章之“不动心”对应，景春之问类于公孙丑，“公孙衍、张仪岂不大丈夫哉”，以为此为大丈夫，“王霸不异”。孟子皆斥之，以为皆“枉道事人”。故公孙丑、陈代、景春之错皆同。孟子反复列举叙述，多方晓谕使读者明其大义深意也。孟子载戴盈之问之意亦如是：即守道卫道，当下实行，原本实行，毫不枉道屈道，不以一毫挫于道，不以不义杀不辜。非其道，一箪食一瓢饮不可受于人；虽小国不改其事道之志（万章问），而不以权宜苟且之。又借公都子问“好辩”而回应《公孙丑上》知言之论。可见此章乃与《公孙丑上》每相照应，反复申论也（匡章问陈仲子一节则似不类……)。(此数人,似皆有纵横家之习气影响[①]。)

“大则以王,小则以霸”,赵岐本一贯之义,而解之以“辅致”,然据下文言“一怒而诸侯惧,安居而天下熄”云云,仍有将王、霸系于贤能(包括纵横家等强臣,亦即另一种贤能)(而不徒系于君主)之意——主词当为贤能本身,而非“辅君主以致”——,则与吾“圣贤自王”、“圣贤共王”等之分析有若合符节之处。至于“辅君主以致”,不过采取现实主义的政治(思想)态度耳,非孟子之理想型态之政治主张(选择)也。孟子对君君臣臣之一维之政治伦理,似稍有看轻或松动(而强调民本,社稷次之,君轻,强调君臣对等道义和礼义/礼仪要求,强调君臣以道合、以义合……)——至少与秦汉后之所谓“君为臣纲”不可同日而语——其实,孟子对孔子所谓“吾从周”之原则亦多有取舍。孟子虽在《孟子》第一章“梁惠王上”起首谈及义利之辨时而连带强调君卿大夫之等级制,然尤多谈易位、变置、诛独夫、禅让等论,由此可见其隐含思想之一斑。

此节讲及御法[②],可知其时乘车射御、车战等之技法原则之一斑,又可以其后乃至当下游牧民族或部族之事比征之,而知当时之礼义文明与军事技术文明之水平也。

在关于古代典籍文辞的诠释方面,往往存在着这样一种情形:古义原有所本、有所实据,其后因生活形式变化,而原本实据渐失渐轻之,词义与文义皆双重抽象化,故今日亦可以此引申比喻之,而获更抽象更深广之含义,乃成为规范许多事物之抽象原则。比如所谓“诡遇”。

景春曰:“公孙衍、张仪岂不诚大丈夫哉?一怒而诸侯惧,安居而天下熄。”孟子曰:“是焉得为大丈夫乎?子未学礼乎?丈夫之冠也,父命之;女子之嫁也,母命之,往送之门,戒之曰:‘往之女家,必敬必戒,无违夫子!’以顺为正者,妾妇之道也。

① 焦循,《〈孟子〉正义》,p415。

② 详细解读可看《孟子正义》中的相关论述,pp412—414。

居天下之广居，立天下之正位，行天下之大道；得志，与民由之；不得志，独行其道。富贵不能淫，贫贱不能移，威武不能屈，此之谓大丈夫。”

“不得志，独行其道”，何等傲然，何等决绝，何等从容，何等安然，何等矜持！必守其正，正其心志，方为大丈夫，方有今人所谓男人味。若只认得权力、暴力、禄利、阴谋、手段、狡诈、利用（当下网络语所谓之“套路”）等，为干求权力不择手段，无所不用其极，为之而无正心正气，则哪里有一丝一毫的大丈夫气概（或所谓男人味），都是污泥浊水，一塌糊涂，若竟然还有无良男女群相趋附之，则适见一丘之貉也。

大丈夫在于正与直，在于守道与义，不在富贵、贫贱、威暴、权势也。在于面对富贵、贫贱、威暴、权势时犹不失其正。大丈夫即或亦可富贵得位行权，然仍须一切本诸道义，正直立身行事用权，然后可谓不改大丈夫本色也。

三代之治之真实全面情状毕竟不可征，揆诸信史，则既见不少节义君子士人之行事，亦每多奸巧之徒得志横行，可见人性及人类社会本相之一面，自古皆然。虽然，不正之事终究都是不正之事，人皆鄙视之，亦自古无改于是。真正或理想中之儒家之价值，便应当在于秉持一种理想，起而矫正之，而始终不予附逆认同，故有一种特别之节义精神和悲剧精神。即向人类、人类社会乃至一切既有人类历史的可能的某些不善乃至邪恶的本性愤然说不，作为一种坚决抵抗力量，而展现人性的亮色与生机，或人性的另一面。倘无条件承认所谓弱肉强食的所谓进化人类学或人类进化心理学等的人性预设或所谓结论，则这个社会就变成丛林法则横行的丛林社会，一切正义、仁善将无所表见也。如此，则人类势必将自我毁灭。

公孙衍、张仪此二人皆进不以道而又不行正道者也。

“必敬必戒。”必敬必戒，必励劝匡正扶持之，此夫妻对待相处之道也，非独妇人。尚当正言匡正之。

或曰：孟子乃曰此为妾妇之道，正夫人则不为此，而必当匡正之。为人臣亦当正言谠论以正君，如正友然，而"今之所谓良臣，古之所谓民贼也"，故曰妾妇。或曰妾妇即普指妻妾而言，乃至即指妻子而言，未分嫡庶或正妻庶妾也。然此确乎有歧视女性之弊病，实则女子亦能居仁由义，亦可为大丈夫，而有女大丈夫也。

为民制产，为士制禄，取于民有制。于今日言之，则当有健全之税收、财政预算、会计审计等制度，一切税收财政用度，皆当经各级国民议事机关依法预算讨论表决之，尤当明确记录之（议事表决过程及预算用度之详细实目等）、公开之或公布之……而计其出入用度……以合于古今之"十一"之好意。"为士制禄"则当有合理中央地方政制之设施，减少不必要管理环节（最优行政结构）、精兵简政（以避免或克服人浮于事、职官设置叠床架屋、招朋引伴、裙带汲引、官职批发买卖或送人情、官员群体庞大、官民比例过大，等等诸如此类的弊病）。

"居天下之广居，立天下之正位，行天下之大道。得志与民由之，不得志独行其道。"尤当强调正位大道，此为"与民由之"、"独行大道"之先决条件。

唐代士风颇浊，科举考试期间每多求知己、温卷等奔走干谒之丑态（亦类于"钻穴隙"），失却进身以道之泰然自安（此或亦是"官本位"社会文化之常态）……一种取人制度，倘不能于程序设置上杜绝此等钻穴隙之丑态丑行，则便不甚完善，则仍当于程序制度等方面寻对策，务俾人无所干求而能凭借逞展其真实才华以入选，方为良制。

"富贵不能淫，贫贱不能移，威武不能屈。"此皆上文曾论及之独立人格或公民人格也。

焦循所引孔子论纵横家之语甚切当，"《汉书-艺文志》云'纵横家者流，盖出于行人之官。孔子曰："诵诗三百，使于四方，不能专对，虽多亦奚以为？"又曰："使乎，使乎！"言其当权事制宜，受命而不受辞，此其所长也。及邪人为之，则上谖诈而弃其信。'"①。

---

① 焦循，《〈孟子〉正义》，pp415—416。

若《吕氏春秋》及《史记-张仪列传-赞》不谬，则当时挑动天下扰动者，除诸侯国君、卿大夫等本有贪婪侵伐之心者外，其他无位或失意之贵族子孙（所谓“余子”），亦皆四出干诸侯，欲以干禄致富贵，正乃后之“彼可代也”之先声（亦可谓有史以来人类本性使然之共同心声，故特权等级制一日不止，则干求争斗一日不息）。孟子亦隐隐主张“圣贤自王”，与乎纵横家为个人富贵而干禄干君之行事格调固然有差异，而不认可君主专制私有，则隐然一也。亲亲尊尊之铁律，于此已稍见松动怀疑……然孟子仍大体尊王道仁政、尊明君、尊经，不同于纵横家之行权干求，无所不为（如纵横捭阖、投其君之所欲好等……[①]）

焦循解“无违夫子”，煞费苦心而居间调和之[②]，乃至重释孔子之“利义”含义而为说，虽有苦心，然亦有牵强处。又以妻道合臣道，仍当义以衡之，固然。然当时之妻道实如何，与今时妻道当如何，乃两回事，前者为历史研究（包括经学史的研究），后者为经学家言或立说家言即思想家言。以应然言，则“无违”一词，固当重释也。妻之无违于义，与乎一般乃至无礼不正之所谓妾妇之谄媚，固不可同日而语，然亦不可以此宽纵或厚诬一般宽仁柔爱之好人也。今则无妾，妇行当一，皆无违于义而已，同于男之无违于义。男女夫妇或有礼之异同，而其礼皆当合于相应之义理究问也。（男女夫妻之温柔、体贴、善解人意、恕谅等，涉及情意，然不可与道义混为一谈。于道义，固当相互砥砺匡正，而后相互恕谅柔慰之。）又有所谓“女正位乎内”[③]之说，亦可思论之。

“此之谓大丈夫”一节云云，虽曰有男性主义之嫌，然仅就其对男性之责任言，未尝不为良正之男性主义。实则女亦当为大丈夫，

---

① 可参看《鬼谷子》里的相关论述。

② 焦循，《〈孟子〉正义》，pp418—419。

③ 《易-家人-彖传》，转引自：焦循，《〈孟子〉正义》，p419。

而曰女大丈夫也，或女君子、女豪杰、女大人也。

义勇、不动心、大丈夫等，皆一事也。

周霄问曰："古之君子仕乎？"孟子曰："仕。《传》曰：'孔子三月无君，则皇皇如也，出疆必载质。'公明仪曰：'古之人三月无君，则吊。'""三月无君则吊，不以急乎？"曰："士之失位也，犹诸侯之失国家也。《礼》曰：'诸侯耕助，以供粢盛；夫人蚕缫，以为衣服。牺牲不成，粢盛不絜，衣服不备，不敢以祭。惟士无田，则亦不祭。'牲杀、器皿、衣服不备，不敢以祭，则不敢以宴，亦不足吊乎？""出疆必载质，何也？"曰："士之仕也，犹农夫之耕也。农夫岂为出疆舍其耒耜哉？"曰："晋国亦仕国也，未尝闻仕如此其急。仕如此其急也，君子之难仕，何也？"曰："丈夫生而愿为之有室，女子生而愿为之有家。父母之心，人皆有之。不待父母之命、媒妁之言，钻穴隙相窥，逾墙相从，则父母国人皆贱之。古之人未尝不欲仕也，又恶不由其道。不由其道而往者，与钻穴隙之类也。"

彭更问曰："后车数十乘，从者数百人，以传食于诸侯，不以泰乎？"孟子曰："非其道，则一箪食不可受于人；如其道，则舜受尧之天下，不以为泰。子以为泰乎？"曰："否！士无事而食，不可也。"曰："子不通功易事，以羡补不足，则农有余粟，女有余布；子如通之，则梓匠轮舆皆得食于子。于此有人焉，入则孝，出则悌，守先王之道，以待后之学者，而不得食于子。子何尊梓匠轮舆而轻为仁义者哉？"曰："梓匠轮舆，其志将以求食也；君子之为道也，其志亦将以求食与？"曰："子何以其志为哉？其有功于子，可食而食之矣。且子食志乎？食功乎？"曰："食志。"曰："有人于此，毁瓦画墁，其志将以求食也，则子食之乎？"曰："否。"曰："然则子非食志也，食功也。"

"三月无君则吊。"此段所论稍牵强，然亦未尝不能稍圆其说。士之欲得位，乃欲以行正道、为国为民为天下也。故必以正道得之，而后人剑合一，可行正道。但士君子犹当有一种澄清天下之志，不必依附于君也。自为平益天下之志，非是群相争大位，而以得其权能相应之位，共相匡正，集义行事，共襄大道而已。古代士君子每依于君主，今之士君子则依于天性、道义、良知、法令、制度（法度），矢志于某种合理政经文教制度等，或补苴罅漏，或无则创设之，而后演成之，护卫之，逐步上位之，以襄天道，以成大正义，以成宪章典则，又以寻贤能，共同捍卫宪章制度，而不必依附于古之皇帝乃至暴君昏君独夫一人。君失其道，违其宪章典制，则共逐之；士官之自失其道，亦当引咎辞位。

“君子之难仕。”君子仕急，复仕难（矜持别择），二而一也。入仕之心，士皆有之（乃用以行正道耳），然必以其正道也。

士君子或有急于作为之志，然一须有心性修养，二须有才具准备（储才养望，培养其治平任事、经天纬地之知识才干），三须有正道以进，故士君子又有从容矜持之态，并不求逞于一时。士君子耻钻穴巧进者也，必待之以礼义，循以正道，授以正位，托以正事，俾其可正色立朝、任道治平，方可出仕作为也。

士志于道，士志于教学（守先待后），士志于治国（典章制度）。以分工言，士固可以其道术、学术、政术而受俸禄。然倘不事生产，士人便有一种天生之依附性，不能自立，而设若生在权力专制独裁之时代，便往往必须寄食于人，可能失却了独立不阿之品格与地位。故古人又讲耕读传家，耕以糊口养家自给，读以志于道义、学术、文教也，而可维持一种独立不阿、天地清高之气节志气。又或可以私塾教馆书院（之束修）而维持生计，存身度日；或以医术悬壶济世、字画售人而自济等；最不济则有幕府文书、信函书办等以谋生——然亦有所谓“依明主而栖”之说，否则或失其志气，尤有依附而为虎作伥之虞，故尤当矜慎也。今日之士，当有一技之长，方好，则可进退裕如，不至于为五斗米而失节折节（进退失据）。

“守先王之道，以待后之学者。”儒家讲教育、学统，此为其最大优长之一。孔子开私人教育之风气,而为儒家别开生面,别辟蹊径,故屹立几三千年而不倒。

理想中之儒家志气大,有治平天下之志,本乎其诚心,受天下而不敢私,一心为天下,而天下为公。

“为士制禄”,亦为王道仁政之重要关目(亦可参看严耕望的《中国政治制度史纲》)①。

或曰:士之无恒产而有恒心者,惟其有世禄也。以此解,则民当制恒产,士当制恒禄。不制恒禄,亦所以为难士人也;不制恒田,所以为难农民百姓或国民也(现代社会之“制恒产”,则为创制合理、法治之农业、工业、商业等经济制度,合理合法之国家财政税收制度、工资制度以及各种劳保或社会保障制度也);不创造多元教育体系让所有人皆得接受教育和获得一技之长,不遵循科学规律、重视科技人才、保障科技人才之权益、促进科学技术发展而在此基础上不断创造各种新的技术、产品以及相应的充足的工作岗位,不创造法治化市场经济秩序以让所有人都有自由科技创造、创业经商的权利和相应法律保障(保障其知识产权、专利权、收益权等),不妥善创制合理之社会保障制度,等等,即所以为难市民、工人、知识分子与百姓国民也……有合理正当而不过分之恒禄而后敢责之士官以“先公后私”(亦当严格公私分明之原则)乃至“公而无私”(当然是公私分明之意义上的),责之以“不可无事而食”,而当“食功”。

仕乃有恒禄,以供粢盛,得位行志;仕必正当,而恶不由其道。倘“如其道”,则受之天下亦可也。

《滕文公下》前四节皆以问答形式讨论进身之论题,而斥纵横家之不由其道、无一贯之道义或正道王道……后又有“不见诸侯”之讨论,仍继续此一论题。

既曰“食功”,则士当有仁义之心志行止,行王道仁政、造福一

---

① 严耕望,《中国政治制度史纲》,上海古籍出版社,2013年12月。

方人民、惠、忠、仁(《滕文公上》:“分人以财谓之惠,教人以善谓之忠,为天下得人者谓之仁。”)等,而后或可食禄优礼也。

君子士人虽有治平之心志,亦不可仅凭此一心志而大言不惭以食禄也。必当德行粹谨,博通经术(今则包含现代治国学术体系),施于政事(有效验而民受其益),传教后学而后可。士之功何在?曰“入则孝,出则悌,守先王之道,以待后之学者”,“入则孝,出则悌”,则修身敦品(严于律己,克己归仁);“守先王之道”,则博通经术、典章制度也,今又当博通法学(尤其是现代宪法、行政法等公法学)、政治学、经济学等治国之大道设施也;“以待后之学者”,则以经术政典、道德品行,示范传授于后生,乃化育之事业。士者,必终身为学不辍,方能守先待后也,可不勤勉哉!

仕当限制数量,士当另有谋生技艺、手段、能力、职业等。

“士无事而食,不可也。”反对不劳而获之寄生虫生活,士必有功于国家人民,方食相应之禄。

西周实行宗法制、嫡长子世袭制等,以此推行之,三四世代尚可维持,然四五代以后,形势便将大为不同。比如,随着时间的发展,王孙日繁,而职位有限,则士之失位,必也。于此可见西周乃至夏代以来的世袭贵族制不可持续(尤其是宗法世袭制)。士之失位,正战国时期处士横议、百家竞胜、纵横捭阖、征伐频仍之原因之一也。士沦为民,或则四出干禄,或则将上层文化观念传布于庶民百姓中间,民遂皆有竞逐上流之心,贵族等级制(及其观念)遂将一溃不起(而并不视为天经地义、理所当然,或迫于权势压迫而无奈接受之,或阳奉阴违,或反抗争斗)。其后科举制起,世家士族渐亡,而平民社会稍有兴起,但最高政治权力仍是君主世袭制度,仍多残酷之权力争斗。君主世袭制所以维持二千年不倒不溃者,在于人皆羡嫉专制独裁者其权其利,而争斗不休,治乱循环也。

或曰:“三月无君则吊”与“无恒产而有恒心者,惟士为能”,似有抵牾?实则涉及不同论题而各有特别针对性或言说用意而已,有时倒不必做过多的无谓比照，或以现代逻辑观念、论文标准等来苛求当时特别著述体例下（札记体，而非今之论文体）的思想论述。

“晋国亦仕国也，未尝闻仕如此其急。仕如此其急也，君子之难仕，何也?”此又可回应“不动心”一章。或问：若有法有礼，而法非正法，礼非正礼，则士人如之何自处与处他？则曰：心中自有正法正礼，以心中之正法正礼依据行事，而不以心外之非正不正之法礼而行事也。故君子于正法正礼不立之时代，必当自立正法正礼于心，乃至于世，于心则（奉正道正法正礼而）自守，于世则（奉正道正法正礼而）淑世教化、治国平天下也。平治天下，即立正法正礼而施治诸天下也。必先立其正道正法正礼，而后可务仕、急仕，务急者，以其已有已成之道法，思播行其正道正法正礼正义也。

孟子此处乃云：君子或则以师道德义教学化（俗）后生，或则出仕以行其大道（政术）而化天下。处则为师与儒，仕则为王与臣。今日或曰：处则为博士、教授、作人（作者）、知识分子（科学家、科技人员），出则为王与臣（比喻意义上，指官员或国家公职人员），以及游士或公共事务参与者。基层则为：处则为硕士、学士、科士（专业士人）、老师，出则为科员、公职人员、官员、以及游士或各种公共事务参与者等。

“以待后之学者”，则孟子于齐国接受许多齐国子弟为弟子，乃以师儒身份而为功于齐国也。不可受禄而既不为师儒又不为臣僚也。

彭更问儒者是否亦求食，孟子未正面回答，或可补曰：“有功则得食，必然之义也，而无论其求食与否。”

> 万章问曰：“宋，小国也，今将行王政，齐楚恶而伐之，则如之何?”[①]孟子曰：“汤居亳，与葛为邻。葛伯放而不祀，汤使人问之，曰：‘何为不祀?’曰：‘无以供牺牲也。’汤使遗之牛羊。葛伯食之，又不以祀。汤又使人问之曰：‘何为不祀?’曰：‘无以供粢盛也。’汤使亳众往为之耕，老弱馈食。葛伯率其民，要

① 此为国际关系上之常见难题，孟子多次谈及。

其有酒食黍稻者夺之，不授者杀之。有童子以黍肉饷，杀而夺之。《书》曰：'葛伯仇饷。'此之谓也。为其杀是童子而征之，四海之内皆曰：'非富天下也，为匹夫匹妇复雠也。'汤始征，自葛载，十一征而无敌于天下。东面而征，西夷怨；南面而征，北狄怨。曰：'奚为后我？'民之望之，若大旱之望雨也。归市者弗止，芸者不变，诛其君，吊其民，如时雨降。民大悦。《书》曰：'徯我后，后来其无罚！''有攸不惟臣，东征，绥厥士女，篚厥玄黄，绍我周王见休，惟臣附于大邑周。'其君子实玄黄于篚以迎其君子，其小人箪食壶浆以迎其小人。救民于水火之中，取其残而已矣。《太誓》曰：'我武惟扬，侵于之疆，则取于残，杀伐用张，于汤有光。'不行王政云尔。苟行王政，四海之内皆举首而望之，欲以为君，齐楚虽大，何畏焉？"

爱国主义与爱民主义。"非富天下也，为匹夫匹妇复雠也"，此节中，孟子不讲爱国主义，而首重爱民主义[①]。一种可能的解释是：当时一般庶民百姓是没有资格说"爱国"的，因为严格来说，"国"并不是庶民的"国"，因为其时所谓的"国家"乃指诸侯国君、卿大夫之私国、私家，一般庶民百姓并没有什么国（甚至并不住在"国"即都城里，而只是住在"国都"之外，或郭外、效外、野外，而有所谓"野人"之说），也没有卿大夫的"大家"（所谓百乘之家、千乘之家等）。一般庶民百姓只有资格说爱自己的"小家"[②]，另外则被要

① 此可谓人类历史上较早提出的人权重于统治权的思想，也是人类文明史上较早提出爱人爱民之仁爱思想和"民权"（庶民权利）思想的思想家之一，惜乎后来者并未意识到这一思想的重要性，或并未在智识学说上将此思想系统化、制度化而发扬光大之，遂使中国文明和中国历史走上两千多年来的专制之路。

② 并且，连这一点都疑窦丛生。换言之，根据典籍记载和历史叙述，庶民到底是否"拥有"自己的这个"小家"都尚且颇成疑问。换言之，当时的"拥有"到底是什么性质？比如，庶民耕种的土地和居住的宫室居所房屋，是"私有财产"意义上的"拥有"？还是"租赁"意义上的"拥有"？还是"被贵族雇佣"意义上的"拥有"？还是其他形式？（所谓的"雨我公田，遂及我私"亦可能仅仅是农奴意义上的"我私"，未必就是自由民意义上的"私有财产"。）

求"奉公"(为"公家"即国君卿大夫之"大家"来做事,所谓"劳于王事"[①]、"雨我公田,遂及我私"[②])、守法(遵守由贵族统治阶级所制定出来的用以维护自己的统治权力、特权和地位的法度和礼义等)。在这种情形下,当时诸侯卿大夫之国、家、社稷可能随时被征伐、侵略、篡弑等而灭亡,而庶民百姓则没有国家、社稷等概念,不必死守一国一城一地一社稷(因为并非其私国私城私地私社稷,甚至并无个体私有财产之谓),或则依附于(或被胁迫)贵族君卿大夫,或则投靠别的贵族,或则被新的贵族统治者所统治(当然,也可能逃到荒野深山等统治权力所不及的地方,成为自由自在的真正的"野人"——我甚至不想用"葛天氏之民"来形容,因为"葛天氏"此名仍可能意味着有一定部落统治形态),像农奴乃至牲口一样被转手到新的贵族统治者或主人手中。故庶民在观念上乃是"哪里有饭吃就去哪里"、"哪里有地种有房屋住就去哪里"(当然,房屋本身也是他们自己造的),而愿意或不得不随时"自由"迁徙或被迫"逃亡"。即使不逃亡,也并没有什么国家观念——农奴或奴隶能有什么国家观念或爱国主义?作为国家的拥有者的贵族统治者精英才有国家观念和爱国主义观念[③]。

故而这也对当时的贵族统治者提出了挑战,而相应地采取了两种可能的应对措施,一种应对思路便是尽量以较好的待遇招徕

① 《孟子·万章上》

② 《诗经·小雅·大田》

③ 那么,这种国家观念或爱国主义观念是怎样产生的呢?这同样是一个极其重要的论题,当然,也是一个极其复杂的论题。某种意义上,在中国历史语境中,这同样和儒家思想的发展有关,比如,民本思想、仁爱思想扩展到(或重新回归到)庶民百姓,平民土地所有权或使用权的进展,宗法制由贵族统治者阶级扩展到所有庶民百姓阶层(由统治权力的特殊组织形式变成普遍的社会组织形式),在政治哲学上主张王道仁政、爱民若子的儒家思想逐渐成为统治思想意识形态(至少是表面的,比如汉朝的统一及其"独尊儒术"),等等,都在促进庶民百姓变成国民和国民的爱国主义精神等方面,发挥了重要的作用。简单来说,庶民或平民有多少权利,就有多少国家意识和爱国精神。庶民慢慢变成国民的历史,便是庶民或平民慢慢获得更多权利的历史,也是国家意识和爱国主义精神发展的历史。

庶民百姓或流民来自己的统治地域耕种务农，其最高号召便是儒家的王道仁政（为民制产、养生养老丧死、薄税敛等）；另一种应对措施便是法家的做法，“民无出乡”，而用强力将庶民百姓限制束缚在自己的统治范围内，其最极端的表现便是商鞅的相关做法。中国历史的发展便在这两种思路下曲折前进。

另一种解释思路也差为近似。夏商西周以来，虽曰不同族类、不同国家之间或有征伐，而儒家其时之政治伦理乃有爱民主义（仁）之因素，未尝言爱国主义①，亦无过于狭隘之种族上之夷夏之辨（而有文化上之夷夏之辨）。或曰：因为当时交通不便，活动范围不大②，虽曰天下，大体为东亚黄种人种③，并无太大差别，故无种

① 而只是强调用“礼义或礼乐”或“先王之制”来维护不同私有“国家”即不同诸侯国君卿大夫士之间的关系，此亦是孟子在《梁惠王上》起首便强调的义利之辨，用以调节和维护统治阶级贵族之间的利益关系，主要针对国家间关系，不是针对国、民关系。在先秦儒家和孟子的观念里，当他们谈到国、民关系时，更多谈及贵族统治者应以“民本”为执政原则，强调的仍是自上而下的“爱民主义”，而并未强调庶民对于贵族私有国家的义务，孟子甚至为庶民在特别情形下的缺乏国家观念来辩护，“邹与鲁哄。穆公问曰：‘吾有司死者三十三人，而民莫之死也。诛之，则不可胜诛；不诛，则疾视其长上之死而不救，如之何则可也？’孟子对曰：‘凶年饥岁，君之民老弱转乎沟壑，壮者散而之四方者，几千人矣；而君之仓廪实，府库充，有司莫以告，是上慢而残下也。曾子曰：‘戒之戒之！出乎尔者，反乎尔者也。’夫民今而后得反之也。君无尤焉。君行仁政，斯民亲其上、死其长矣。’”（《梁惠王下》）换言之，先秦儒家和孟子都是在“爱民主义”的基础上来谈“爱国主义”的。值得注意的是，中国乃至世界范围内的历史叙述，谈论所谓“亡国”，往往都是指统治者的覆灭和“统治权”的易手，以及对其文化、社会组织形态的根本改造或剥夺，未必意味着将其国所有民众全部屠戮杀绝（虽然亦确多此事），而更多是或奴役、或统治、或改造（比如上文所述的“变其文化与社会组织形态乃至语言风俗等）、或同化等，于是其国其民作为一个民族也就从历史中消失了。当然，此间仍多其他变数，暂不赘。

② 此解其实也不能说完全成立，因为借助骆驼牛马（以及其他现代人类未必知道的远古驯化牲畜），尤其是后者，上古人类的活动范围仍可甚为广大，或有远超吾人想象者，如果有些传说属实，则吾人只要看看大禹的足迹便可知此。当然，这也只是局限于一部分人群中，因为并非所有人都能获得这些交通工具和相应的物质条件，只是在这个意义上，文中的论断才是成立的。

③ 有人甚至怀疑当时中国大地本来尽皆汉藏语系之黄种人，本是一家，然有各地方言及地方文化，而各以部落形态存在而已。然此亦是猜测，不必拘泥。

族主义之执着，对天下万民一视同仁，故倡爱民主义、行仁政、爱万民者王天下，天下可尽归之，并无狭隘之单向之爱国主义或爱君（政府）主义。当然，他国“人民”之所以会“箪食壶浆以迎王师”，亦有其前提，即所谓“外国”（当时之诸侯国）之王师亦当爱“此国”之民，“绥其士女”，“归市者弗止，芸者不变，诛其君，吊其民，如时雨降。民大悦”，甚乃为之立贤明之国君而后去之……

独夫残民者不可有其国也。但西周儒家之政治伦理虽不大特别讲讲爱国主义，但亦讲究“兴灭国，继绝世”，立其君，而并不吞并之（此则为先秦时期天子之体恤诸侯之“爱国主义”，实则贵族统治者之间之同胞怜悯同情也，和今日所谓之“国民或人民之爱国主义”不同）。灭其暴君，立其后嗣而诫之行爱民之仁政，所谓“置君而后去之”。

此为国际关系上之常见难题，孟子多次谈及。

以此为原则，而须有王师，或须四海之内有正义之人心，此为前提。

孟子赞同王师之征伐，为其国置之君而后去之。一切王师当如是。

或曰：世界范围内，其后则有暴君、佞臣、野心勃勃者等以民族主义、爱国主义挟持之，则如之何？故曰：“民族主义、爱国主义等本身有其价值，但民族主义、爱国主义亦往往是暴君、奸臣之最后之遮羞布也。”故当有合理之爱国主义与民族主义，不可走向极端、反面乃至反人类之境地。而当遵照孟子的政治思想，倡导建立在爱民主义基础上的爱国主义（民、国一体），乃至“‘爱’‘人’主义”基础上的爱国主义和天下主义。又：倘暴君、奸臣以文教而训致万民为众多“小暴君”者（或文化本身有问题，而必然导致此种结果），而侵略邻国，则何如？则又有“天时地利不如人和”之说以应之：内政不修，恶有力量胆量向外侵伐也?！内政修明，共襄天道，又岂会无端征伐侵略外国也！又岂会担心邪恶不义之外国侵略哉！

“不行王政云尔，苟行王政，四海之内皆举首而望之，欲以为君。齐楚虽大，何畏焉？”此处文句看似稍夸饰，然实亦有好意，而在战国诸侯暴政虐民、不义征伐之形势下，亦确有其可能性，如汤、文武然。

“非富天下也，为匹夫匹妇复雠也。”保护国民之责任，师出有名。

“东面而征，西夷怨；南面而征，北狄怨，曰：‘奚为后我？’民之望之，若大旱之望雨也。”此则言商汤乃一切暴君（残民者）专制者之仇敌，而人民之救星也。

此段此节可以与“王道仁政作为治道”（而非“治权”）之论题进行关联。可结合如下材料进行论述：宋（卷六“齐楚虽大，何畏焉？”）、滕（卷二）皆小国，然滕“将五十里也，犹可以为善国”（卷五）、“王不待大。汤以七十里，文王以百里”（卷三）、“虽大国，必畏之矣”（卷三）、“信能行此五者，……则无敌于天下。……然而不王者，未之有也”（卷三）、“以小事大，以大事小”（卷二）。

> 孟子谓戴不胜曰：“子欲子之王之善与？我明告子。有楚大夫于此，欲其子之齐语也，则使齐人傅诸？使楚人傅诸？”曰：“使齐人傅之。”曰：“一齐人傅之，众楚人咻之，虽日挞而求其齐也，不可得矣；引而置之庄岳之间数年，虽日挞而求其楚，亦不可得矣。子谓薛居州，善士也，使之居于王所。在于王所者，长幼卑尊皆薛居州也，王谁与为不善？在王所者，长幼卑尊皆非薛居州也，王谁与为善？一薛居州，独如宋王何？”

“一齐人傅之，众楚人咻之，虽日挞而求其齐也，不可得矣；引而置之庄岳之间数年，虽日挞而求其楚，亦不可得矣。”蓬生麻中，不扶而直；孟子意曰，若夫时丑并进，独木难支，则无须勉强，无须轻捐其身躯，三谏而不听，则去之，退隐之，而待其自食其果也。

“在于王所者，长幼卑尊，皆薛居州也，王谁与为不善？在王所者，长幼卑尊，皆非薛居州也，王谁与为善？一薛居州，独如宋王何？”士官当推贤进能，以造就一正向贤德之人才群体，促王为善，集义做事，共襄仁政。切不可妒贤嫉能而提拔一批心术不正、才华不高、专事谄媚之徒，而求得一己之虚荣与权势跋扈，终至于被裹挟而去（近墨者黑），为群小所包围，沆瀣一气，狼狈为奸，不能成就正事善政，最后自食其果（导致乱政乱象无已）。

若想作恶犯邪，便须勾引朋党、沆瀣一气；若想行仁政善政正事，成就正向功业（事功）名声，亦须奖掖人才、推贤进能，乃至甘心泯于此一正向人才群体之中，而成就时代之正向事业，而不必求独得事功、独霸名誉于一己也。

择官极须慎重，尤当重德，贤臣自当以进贤才为务，以集义共事。又当黜小人，因小人亦将汲引同类，朋党为奸，把持朝政，淆乱朝纲，排挤倾轧贤臣正人君子。倘小人当政，沆瀣一气，寖以成势，则“一薛居州”亦无可如何，而小人朋党将误国偾事迫士害民。此可对照欧阳修之《朋党论》、王安石之《读〈孟尝君传〉》等相关论述。

“薛居州”一节之意涵：故当进贤臣、正人、君子。反之则亦反之，沆瀣一气。

“一薛居州，独如宋王何？”此可见孟子政治思想上之一定现实性，而看出现实之不可为。

> 公孙丑问曰：“不见诸侯，何义？”孟子曰：“古者不为臣不见。段干木逾垣而辟之，泄柳闭门而不纳，是皆已甚。迫，斯可以见矣。阳货欲见孔子而恶无礼，大夫有赐于士，不得受于其家，则往拜其门。阳货瞰孔子之亡也，而馈孔子蒸豚。孔子亦瞰其亡也，而往拜之。当是时，阳货先，岂得不见？曾子曰：‘胁肩谄笑，病于夏畦。’子路曰：‘未同而言，观其色赧赧然，非由之所知也。’由是观之，则君子之所养，可知已矣。”

“公孙丑问‘不见诸侯’之义”这段写得甚有趣，显示了官员与士人之间的面子较劲。士人有士节，自视甚高（自命清高），必不肯屈节（干进）求见达官权贵；而诸侯或达官亦想摆架子，想在地位礼节上凌驾于士人之上，又碍于当时的舆论、惯例、风习、（现实政治）形势和礼仪（可见当时士人既有地位，亦有傲然气节，未曾被诸侯达官权贵轻视之;反倒是后来,士人之地位,和达官权贵比起来,反见得低人一等似的,故不少无行士人亦无士节,拜倒在达官权贵之令牌下,而地位遂一落千丈了,既为正道士林(如果有的话)所耻笑,亦为达官权势所肆意轻慢折辱,自取其辱而已矣。实则此等人皆佞人丑恶,不可称其为士也),不敢倨傲召之前来,又不甘心撙节上门拜访,乃想出此种变通手段。但士人仍不上当,在既有礼节范围内予以应对,仍然要维持士人独立不臣之礼仪地位,所谓"上不臣天子,下不事诸侯",而有一种顶天立地、傲然独立之气概。其时之礼制,士不为臣则可不见诸侯;诸侯如欲见之(求见之心迫切),则当登门拜访请见,方可。必待士人以正道正礼,则或可与见之。故古代士人不轻易入仕为臣,必观其人其政正否、合于大道否(明君贤臣、天道仁政等),而后抉择其出处行藏,是否入仕而臣事之,等等。倘士人不入仕做官,则士人与君臣官员等皆为平等关系,入仕后则为君臣关系(臣属关系、上下属关系或同事关系等),故士于出仕一事(出处之间),尤其慎重其事。其实在现代价值观念下,民亦当如士,而与君官平等,自有其基本人权,官员不能无故非法干预打扰,亦不能不敢无故非法召见国民、公民,国民、公民亦不必对官员表以特别之礼仪,平等对待、互相尊重而已。

此或可作《人情社会学》中之人格劳动之戏言:"胁肩谄笑,病于夏畦",亦是一种变相特殊劳动,其所得嗟来之食,亦其变相"报酬"。徒非义非法而为人不齿、为法不容而已。

"公孙丑问不见诸侯何义。"事实则反之,徐复观有论之也。

"曾子曰:'胁肩谄笑,病于夏畦。'子路曰:'未同而言,观其色赧赧然,非由之所知也。'由是观之,则君子之所养可知已矣。"仕则当可为正言正道正事也,如此则理直气壮,神气伸张,心气舒畅。故古代君子择明君而共集义,鄙昏君庸人而不见、不与之。正道而进,复进于正道之"正人君子之群与正义之政事",则自可率性作为而皆不违心志。心志事功两无违碍,则风清气正、心舒气顺,而可养心养生矣。

阳货以大夫赐士之礼见孔子，而不以敌体之礼见孔子，亦是无礼而不尊贤也。

吾以为“胁”训为“翕”而为“敛”甚当，焦循有门户之见，必守汉儒之注，而有牵附也[①]。

戴盈之曰：“什一，去关市之征，今兹未能，请轻之，以待来年，然后已，何如？”孟子曰：“今有人日攘其邻之鸡者，或告之曰：‘是非君子之道。’曰：‘请损之，月攘一鸡，以待来年，然后已。’如知其非义，斯速已矣，何待来年？”

“如知其非义，斯速已矣，何待来年。”当下醒悟，当下行动，何待来年！“待来年”云云，皆不真诚，非真悟也。

公都子曰：“外人皆称夫子好辩，敢问何也？”孟子曰：“予岂好辩哉？予不得已也。天下之生久矣，一治一乱。当尧之时，水逆行，氾滥于中国，蛇龙居之，民无所定。下者为巢，上者为营窟。《书》曰：‘洚水警余。’洚水者，洪水也。使禹治之。禹掘地而注之海，驱蛇龙而放之菹。水由地中行，江、淮、河、汉是也。险阻既远，鸟兽之害人者消，然后人得平土而居之。尧、舜既没，圣人之道衰，暴君代作。坏宫室以为污池，民无所安息；弃田以为园囿，使民不得衣食。邪说暴行又作，园囿、污池、沛泽多而禽兽至。及纣之身，天下又大乱。周公相武王诛纣，伐奄三年讨其君，驱飞廉于海隅而戮之，灭国者五十，驱虎、豹、犀、象而远之，天下大悦。《书》曰：‘丕显哉，文王谟！丕承哉，武王烈！佑启我后人，咸以正无缺。’世衰道微，邪说暴行有作，臣弑其君者有之，子弑其父者有之。孔子惧，作《春秋》。《春秋》，天子之事也。是故孔子曰：‘知我者其惟《春秋》乎！罪我者其惟《春秋》乎！’圣王不作，诸侯放恣，处士横议，杨朱、墨翟之言盈天下。天下之言不归杨，则归墨。杨氏为我，是无君也；

---

① 焦循，《〈孟子〉正义》，pp443—444。

墨氏兼爱，是无父也。无父无君，是禽兽也。公明仪曰：'庖有肥肉，厩有肥马；民有饥色，野有饿莩，此率兽而食人也。'杨墨之道不息，孔子之道不着，是邪说诬民，充塞仁义也。仁义充塞，则率兽食人，人将相食。吾为此惧，闲先圣之道，距杨墨，放淫辞，邪说者不得作。作于其心，害于其事；作于其事，害于其政。圣人复起，不易吾言矣。昔者禹抑洪水而天下平，周公兼夷狄，驱猛兽而百姓宁，孔子成《春秋》而乱臣贼子惧。《诗》云：'戎狄是膺，荆舒是惩，则莫我敢承。'无父无君，是周公所膺也。我亦欲正人心，息邪说，距诐行，放淫辞，以承三圣者，岂好辩哉？予不得已也。能言距杨墨者，圣人之徒也。"

"予岂好辩哉！予不得已也。"此亦可用以言孔子作《春秋》之事（因撰史本为天子之事，奈何圣王不作而未之有作，故孔子不得不尔，而有"知我罪我"之叹），此又可用以言吾之作"新经学"，则吾亦曰："予岂好辩哉！予不得已也"；"知我者，其唯新经学，罪我者，其唯新经学乎！"孟子之意为：天下无人作之，而天下苦于无正学久矣，故予当仁不让而骄然而起作也，予乃代圣王作之者也。

当是时，因无圣王正教，先王之制、先王之礼乐业已崩坏，乃有"诸侯放恣，处士横议"之事，此皆君之过也。圣王贤君当本诸公心仁心而立仁政大本，制礼作乐得其正，则诸侯不敢放恣，处士不必横议——即使纵横议之而有不正不义者，民亦不听从也。倘为民治时代，则亦须有贤士君子智识国民而为此也，未必是君王圣贤独专之事业。"吾亦有此惧，而综贯中西一切仁正之善道，代圣王而创新经学、新经义、新礼乐也。""我亦欲正己心、正人心，……予不得已也。"此亦道义自任者之自道也。

道义自任者当思："正己心"为个体自修之事，而"正人心"乃为先进有志者或道义自任者之事，有志者虽无其位，虽此古皆天子之事，奈何有位者无意、无暇或无力、无能及此，故吾自当仁不让而代之作也（伊尹亦有是语，"思天下之民匹夫匹妇有不被尧舜之泽者，若己推而内之沟中。其自任以天下之重如此”，见《孟子-万章上》）。此亦佛教所谓“自觉觉他”之意。

“程子曰：‘杨墨之害，甚于申韩；佛氏之害，甚于杨墨。盖杨氏为我疑于义，墨氏兼爱疑于仁，申韩则浅陋易见。故孟子止辟杨墨，为其惑世之甚也。佛氏之言近理，又非杨墨之比，所以为害尤甚。’”[①]孟子、程子之意，换成今语今思来表达，则曰：讲权利还须讲伦理，讲人道博爱还须讲仁爱亲情和孝慈之道，讲个人主义权利的同时还须讲共生共处的人间或人际好意，或合理对等之人际伦理，等等。此或可稍救西方个体主义之某些弊端也。

钟山先生言，“辩”有是非之辩与胜负之辩之分（《学蔽》）[②]。

孔子尚或有维护开明贵族统治之意，更有维护特别社会伦理等之意；孟子虽亦有是意，然尤着眼长远与社会百姓万民之和平福祉也。虽亦曰“无君无父”之恶果（然亦大体是温和情意对等制伦理，而无有如秦汉之后之单向等级制伦理之严酷苛刻），然尤重民祉也。

孟子论《书》曰“尽信书则不如无书”，论《诗》则曰“说《诗》者不以文害辞，不以辞害志”。钟泰解之为“信古而能断，孔子以后，盖一人而已”[③]，亦以此距杨墨、放淫辞也。

“作于其心，害于其事；作于其事，害于其政。”邪心邪说与邪事邪政，有互为表里、相生相成者。

孔子之学说，必联成整体而后评价其可否，但拈出一点来批评，往往或有厚诬孔子处，比如倘单说君臣父子夫妇之单方义务，则往往视其为维持君主专制、贵族专制、父权夫权而斥之。实则孔子并非只说单方面之义务，尤重君、父、夫之自身品节修养与责任

---

① 朱熹著，《孟子章句集注-滕文公章句下》。

② 钟泰，《钟泰学术文集》，上海人民出版社，2012年6月，p275。

③ 钟泰，《中国哲学史》，东方出版社，2008年1月，p52。

也，必先有其品节责任而后可言尊重权利也，则孔子之君臣父子夫妇本来乃对等之要求，非单方之专制，如此则岂可简单雌黄哉（关键在于缺乏有效制约与惩处机制）。比如，君有君道，臣有臣道（父有父道，夫有夫道，士有士道），皆当各自奉守无违；而君道臣道又皆统一于尧舜之道，则两者又有统一者在矣，即以普遍道德规范之人道仁善为本，又责之以对等之特殊身份伦理道义与礼仪也，非谓单方面剥夺某方或某类主体之基本权利、人格、尊严也（此仅从社会伦理层面为说，另有政治伦理，比如天道王道仁政，亦如是理）。故中国之礼义礼仪如欲设计或重塑得更为合理，乃当为今日西方所谓尊重一切人之基本人权基础上之更高道德要求也，与现代自由人权之说，本来便不应有所违背扞格也，尤不可为特权之类。

“使禹治之，禹掘地而注之海，驱蛇龙而放之菹。水由地中行，江、淮、河、汉是也。”或曰：不知此是孟子空想之言抑或历史事实之陈述，倘为后者，则江淮河汉非自然天成，乃大禹时所人力开掘也，则此乃人类历史上较早之极大水利工程，乃为华夏祖先为后人开辟宜居之地，功劳大焉。而此前则洪水四处泛滥流衍，人只能居之于高岸山岭而已。此则不尽然，殆顺其原有之地势高下，而疏引而至于、成于江、淮、河、汉也，天成与人力皆有之。

孟子此处之描述，或可为史前人类学假设，后或当以人类考古学等证之。即或有一定文学修饰成分，究竟是两千四百年前之古人所撰，其时去古未远，或本为上古时代，且有人心淳朴处，故其所描述，即或未必符合现代所谓科学研究的那些标准或框架，亦仍有其自身价值和相当真实性。包括考古学等在内的近现代学科乃至一些近现代的思想家、哲学家、学者等，其对上古历史或史前人类史的研究或假设，固然有一定科学方法之辅助，然其写作年代，也究竟落后于孟子乃至其他中国古代文字作者一两千年，虽然不必对“猜测不如耳闻，耳闻不如目见（亲见）”这样的说法过于胶柱鼓瑟，但也不可以所谓的科学主义或考古学教条（必有考古学实物才承认历史记述的真实性——何况后来的居心叵测者还可能伪造所谓的考古遗物或遗迹）而想当然地将古人文字乃至中国上古史一笔抹杀。对于在世界范围内几乎独一无二地拥有年代久远的丰富史籍（虽然同样需要考证其版本或真实写作年代等，有时“阙疑”的态度也未尝不可）的中国文化和中国文明而言，这是中国文化和中国文明的特点，也是财富，岂可简单化地弃置、否定或一笔勾销？！

“孔子惧”一语，甚可玩味[①]。惧贵族统治者失其等级特权欤？惧政治失法度欤？惧社会人伦泯灭欤？平心而论，三者皆有之，古注大体皆持后两种意见，近代尤其是五四以来，则增加第一种意见。则其第一惧，乃当思如何降低、弃绝单向等级特权之严苛性，重塑双向对等或平等之不同政治主体关系，调整不同阶层之权力利益关系，以缓和阶层冲突，整个天下国家，化而为一公正仁善共同体，而非一味保守古代特权等级制礼乐，尤其是当时因礼崩乐坏（战国以前之所谓开明对等等级制）而已显贫富差距悬殊、等级特权极为过度过分之等级制；其第二惧乃有一定正当性，而亦当调整而成合理、平衡之礼乐，不可过度与严苛；其第三惧则正当性更大，但人伦规范同样有可改进者，比如走向基于人权、平等、博爱、自由等的现代伦理，和融合现代伦理的基于仁善情意的合理的、不过分的双向对等伦理安排等，而减弱古代伦理的严酷等级安排与权利义务关系。

杨朱墨翟亦其时之觉悟者，厌恶当时已经礼崩乐坏而日渐走

---

① 赵岐注：“世衰道微，周衰之时也。孔子惧正道遂灭，故作《春秋》，因鲁史记，设素王之法，谓天子之事也。知我者谓我正纲纪也，罪我者谓时人见弹贬者。言孔子以《春秋》拨乱也。”孙奭疏：“孟子又言至周世之道衰于是微灭，邪说暴行之人又有起作，于是臣弑其君者有之，子弑其父者有之，惟孔子于此时乃恐惧正道遂灭，而害人正心，故因鲁史记而作《春秋》之经。盖《春秋》者，乃设素王之道，皆天子之事迹也。孔子云：知我正王纲者，其惟以《春秋》知我矣；罪我以谓迷乱天下者，其亦惟以《春秋》罪我矣。”焦循的详细解读，可参照：《〈孟子〉正义》，pp452—456。

向严苛残酷极端之特权等级制，起而矫之，虽或有偏激之处，然亦有正向意义。其未必是反儒家思想本身，尤其未必反对儒家思想中之理想成分与状态，而毋宁说是反对儒家思想发展到其时的严重过度、过分的状况，故激于义愤，而选择另外一种思路，如墨子的兼爱、尚同、尚贤、非乐、节葬、节用等，乃至趋于另一极端，用以肯定自我享乐之要求与价值（杨朱学派），而不是成为儒家社会组织体系中特权阶层的奴仆，被横征暴敛而全为贵族奴隶主之奢靡生活服务，自身却无一毫享乐。墨家亦如是，在相当程度上，乃是针对和反对儒家政治文化和组织中的特权制而已。今日吾人若欲谈论评估墨翟杨朱之思想，必须将墨家和杨朱思想与其出现的时代背景对照来看，同时考虑到其作为当时的主流思想文化与政治文化的对抗性、批判性力量或反动、因应地位等的态势与事实（故或有偏激之处）。当时等级特权愈演愈烈，残酷盘剥、权力压迫之下，贫富分化严重，朱门酒肉臭，而民不聊生，或毫无生活乐趣而言，如此水深火热其甚，难道还没有个别勇毅有识之士人起而对此提出批评意见乃至吐露激愤之言?！即或当时之贵族统治者强力钳制人民言论自由，庶民百姓迫于淫威而噤若寒蝉，亦仍将有道路以目、揭竿而起之事。思想文化领域亦如是也。

“我亦欲正人心，息邪说，距诐行，放淫辞，以承三圣者；岂好辩哉？予不得已也。”辩论乃为公民与公职人员之一种责任与义务，而未必是个人喜好。古希腊罗马之教育每有辩论术之科目与训练，民主时代亦讲究民主之辩论，亦为治国者才能之一。看西方议会辩论情形可知其重要性。亦可参看《辩论：美国制宪会议记录》一书[①]。

孟子多以尧舜连称，而不及禹。于禹，虽亦叙其功，然不与尧

① (美)詹姆斯·麦迪逊著，尹宣译，《辩论：美国制宪会议记录》，译林出版社，2014年7月。

舜连称，而每但言“尧舜之道”。此岂有所褒贬轩轾邪？揆之《孟子》等书中之叙述，禹本人或未开创世袭制，而夏启实开之（一反尧舜以来的禅让制，而开启世袭制家天下），亦开治乱相循之政治后果。然则孟子或以为禅让乃可长治久安而根本避免一治一乱之困境？或疑曰其时未必提出过所谓“一治一乱”之命题，实则上文明言“天下之生久矣，一治一乱”，则或以为尧舜之前亦有治乱相循之情形，至尧舜禅让而本以为可以从此治而不乱，不料夏代又开启世袭制家天下而为夏羿（夏朝有穷国君主）、夏桀之乱……

恰尧舜圣人之道衰（禅让、选贤任能、天道仁政、为民制产等），故导致暴君代作（世袭制家天下之必然后果）。孟子于此处或批评君主世袭制也。然孟子仍尊禹、周公、孔子为三圣[①]，且亦言“唐虞禅，夏后、殷、周继，其义一也”（《孟子-万章上》），则孟子对禹并无菲薄芥蒂（然未知其对夏启之态度），甚至似乎亦并不拘泥执着于“禅”与“继”之区分……孟子又赞孔子之作春秋，而正“君臣父子之道”，辟杨墨无父无君之非[②]，则孟子似仍赞同君臣父子之先王礼乐与西周之贤君世袭制，如此，岂其思想反叛似乎并不彻底，而有内在矛盾？当然，孟子对“君臣父子”之礼义的执着之前提，在于“贤君行王道”或“王道领贤君”，始终强调治道优先于治权，然则岂此乃孟子在王道与世袭制、君臣父子之先王礼义之间所做的一种妥协或坚持（守）？质言之，今人之疑问为：孟子是否并未根本反思特权等级制之根本问题，而试图仅以开明等级制及道德仁义、礼乐制度等来维持之？此皆当深思明辨之……焦循引万斯大《学春秋随笔》云：“暴行，即弑父弑君是也。所谓邪说，即乱臣贼子与其侪

---

① “我亦欲正人心，息邪说，距诐行，放淫辞，以承三圣者；岂好辩哉？予不得已也。”（《孟子-滕文公下》）

② 焦循，《〈孟子〉正义》，pp452—461。

类将不利于君，必饰君之恶，张己之功，造作语言，诬惑众庶是也。有邪说以济其暴，遂若其君真可弑而已可告无罪然者。相习既久，政柄下移，群臣知有私门而不知公室。且邻封执政，相倚为奸，凡有逆节，多蔽过于君，鲜有罪及其臣者，如鲁、卫出君，师旷、史墨之言可证也。”①

馘(guó)，《说文》：军战断耳也。

附：《康熙字典》上关于馘的解释：

【广韵】【韵会】古获切【集韵】骨或切【正韵】古伯切，音蝈。【玉篇】截耳也。【说文】军战断耳也。【诗・大雅】攸馘安安。【注】军法，获而不服，则杀而献其左耳。【礼・王制】以讯馘告。【注】讯是生者，馘是死而截耳者。【尔雅・释诂】馘，获也。【注】今以获贼耳为馘。

又【五音集韵】呼臭切，音洫。面也。【庄子・列御寇】槁项黄馘。【说文】本作聝。【字林】截耳则作耳旁，献首则作首旁。

又叶况壁切，音翕。【诗・鲁颂】矫矫虎臣，在泮献馘。叶上德服。

吾亦借《〈孟子〉广义》拨乱正义也。

可写一文辨明“宗周”与“宗国”、“王周”与“王鲁”……

桓公“乃假成之之名而取赂焉”，则鲁何可当“王鲁”也。王者，无偏无党，官民同一，则特权等级制又何可当也。一有用私取赂，或不平有等有特权之制，便不是王道仁政，便非正义之治道，而沦为非正义之治权或权术也。

孔子但以《春秋》微言大义讥贬之，又以维护君臣等级制，虽有开明贤君政治之理想或空想，终究在政治上保守落后。或曰：《春秋》乃君子动口不动手、言语胜之耳……此亦稍过矣。

① 焦循，《〈孟子〉正义》，pp452—453。

孔子素王论、公羊家之黜周王鲁论、孔子改制论、孔子素王立法论、孟子之“变置君、诛独夫论”、“诸侯君可弑论”[①]等论题，可分析比较之。

或可写“孟子改制考”一文；又可分析孟子的若干所谓思想矛盾：尊君与圣王不作、诸侯放恣、处士横议；尊贤选贤与处士横议；儒士宾师与宗法世卿；孟子的宗尧舜、（禅让）圣贤而王与宗夏商周（世袭而王而世禄）；尊君与匡君（辅君与训君）；尊君与任君（选君）；选君与辅君；（君权、师权、士权与相权）；等等。

孔孟之顺议（相对于所谓“横议”而言）[②]、正议，则保守之议、维护贵族统治之议，以今日眼光看来，仍确有其保守处……有“议”[③]与“正”议之意识则可，而其所以“正”之者却未必对。

或问曰：儒者亦是“游说以干诸侯”吗？如果一切以周之宗法世禄为之，则孔孟贤儒之流，又岂有机会得卿相？则孔孟游说诸侯，不亦“干诸侯”邪？徒孔孟非横议，乃顺议、正议耳？然倘一切以夏商周之家天下宗法世袭制为准绳，贤士亦无由得卿相大夫之位而行大道也……

宗法世袭制度基础上之君臣父子之礼义，乃用以维护、守卫统治阶级之权力、特权、权威、利益与等级制等，如果作为制度根基的宗法世袭制度未有根本改易，而一切采用君臣父子这一套礼义系统，则一般平民乃至底层士人或贤能等，怎么可能有机会出人头地、得位行道、治国平天下？故近代以来尤其是五四以来，许多知识分子断言，至少就其政治哲学而言，孔孟等先秦儒家皆出于维护统治阶级、阶层（贵族）、或统治家族（或统治民族？）治权之目的，而

---

① 参见上引万斯大之相关论述，焦循，《〈孟子〉正义》，pp452—453。

② 焦循解曰：“从则顺，横则逆，故政之不顺者为横政，行之不顺者为横行，则议之不顺者为横议。”焦循，《〈孟子〉正义》，p456。

③ 段玉裁《说文解字注》解“议”为“谊”，“谊者，人所宜也。言得其宜之谓议”。参见：焦循，《〈孟子〉正义》，p456。

严持君臣父子礼义之政治主张——或亦存在另外一种可能情形，即孔孟等一部分先秦儒家并未意识到其思想中的内在矛盾，即宗法制基础上君主世袭乃至君卿大夫世袭制度与选贤任能之间的矛盾[①]，又或并未区分政治哲学和伦理观念，即政治哲学层面的君臣

① 关于这个论题，首先要明确孔孟等儒家所谓的选贤任能的真正含义到底是什么，这可能存在三种情形或假设，第一种假设：选贤任能的对象是贵族群体，贤能所可能担任的职位包括公卿大夫等各种职位或臣位，但君位并不包括在内，即选贤任能其实是从贵族群体（亦即上文所云的统治家族、统治贵族、统治阶层，主要是商周贵族后裔，以及“兴灭国、继绝世”意义上的夏朝君主以及之前的各代帝王的后裔）中选择贤能者担任相关公卿大夫等臣位，而并未扩展到一般庶民身上，至于君位世袭制度，则不变；第二种假设：选贤任能的对象包括统治民族的所有贵族子弟及庶民百姓在内——如果当时存在被统治民族或奴隶制的话，则被统治民族和奴隶并不包含在内（有时，被统治民族和奴隶是重合的，比如因为征伐所谓蛮夷而俘虏的其他部落、国家或民族的子民），而这却似乎并无定论，并且，经过一段长久的民族融合之后，连统治民族与被征服民族、庶民和奴隶之间的界限也慢慢泯灭了，正如最典型的情形即商周两大民族的融合，以及贵族后代亦有沦为平民的情形等一样——，职位同样包括公卿大夫及其他各种职位，君位则仍为特定世袭制。第三种假设是：孟子所谓的“选贤任能”的本意是我在本书论述《孟子·公孙丑》等章节中一再提出的“圣贤自王”或“圣贤共王”，即贤能不但可以担任公卿大夫等官职，还可以选任圣贤为天子，亦即尧舜禹时期的“圣贤禅让制”，这就大大“深化”了“选贤任能”的含义——所谓“深化”，即“更彻底”。以上关于“选贤任能”的三种假设，分别从两个维度来谈：第一个维度是“选贤任能”的对象，而大体分为少数贵族与全体庶民或国民（还有上文所述的其他分类角度，比如统治民族、征服民族与被统治、被征服民族，统治家族、贵族与百姓、平民或庶民，贵族、庶民与奴隶等）；第二个维度是“选贤任能”的职位，而分为君位与臣位。

如果我们将“选贤任能”限定或定义为：在君位世袭制度前提和基础上，选拔贤能担任公卿大夫士等臣官，来“辅佐君王”，则无论第一、第二种假设，君主世袭制度和选贤任能制度之间，都并不存在矛盾。如果我们将孟子所谓的“选贤任能”的本义界定为我在本书论述《孟子·公孙丑》等章节中一再提出的“圣贤自王”或“圣贤共王”，则这个意义上的“选贤任能”便才和宗法制基础上的“君主世袭制”存在着根本的矛盾。

如果孟子的本意在于第一种假设或情形，则其进步意义有限；如果属于第二种情形，则可谓是具有巨大的进步意义，而和后来的科举制同一命意；如果属于第三种情形（亦即孟子所云之“匹夫而有天下”），则可以说是具有极大的超前性（这个说法也未必准确，这涉及对于“禅让制”的进一步界定，暂不赘述），或先进性。

之所以说第一种情形的进步意义有限，乃至是非常自私的（即为了维护本阶级、家族或个人的权力和利益而已），是基于可能存在的如下一些解读或假设：即孔孟等人亦身为贵族后代（孔子是宋国贵族的后代，孟子是鲁国贵族孟孙氏的后裔），（转下页注）

权力等级制（所谓“尊尊”）与伦理层面的父子之间的权力义务关系（所谓“亲亲”）。然而历史发展到春秋战国，士民阶层崛起后，毕竟无可奈何花落去，就其人才职位选任而言，至秦汉而天下幡然一变[①]，至唐宋而又一大变[②]……当区分作为政治观念的君臣父子原则与作为普遍伦理观念的君臣父子礼义。孔孟或皆于此有所（故意？）混淆之。

焦循解杨朱之道为“但知为我，不顾民之饥寒，故率兽食人”[③]，此解似将实行杨朱之道之主体，仅仅系于君卿大夫等统治者。于今一般理解而言，此解颇有新意，因为离开了当时的时代背景，现代人一般将“杨朱之道”视为一个针对所有人的思想派别，在此基础上思考和评估其思想意义。但焦循的解读更有时代针对性

（接上页注）属于统治家族（贵族）或统治民族，如果依据其时的宗法世袭制度，本来亦皆有资格或有机会被选任而继续担任相关职位，故维护宗法世袭制就是维护自己亦隶属其中的统治家族、贵族群体或统治民族的特别权力和利益。其进步意义当然就颇为有限了。

值得注意的是，第一和第二种假设中，还涉及孟子的民族观念、人类观念、文化或文明观念等，如果将国家主权或领土主权、生存空间竞争、人类人权平等观念、民族平等观念等现代政治学概念纳入分析，则便存在着更大的分析诠释空间。限于篇幅、时间和精力，只得俟隙再详论。

① 由西周以来之天下主义宗法封建贵族世袭制而变为国家主义（郡县制）之帝王专制世袭制；汉代在初期很短的一段时期，尚分封有异姓王，类于西周乃至整个周代，其后则因剪除异姓王而终于形成刘姓独大之状态，而为君主专制形式下之国家主义封建制度，与西周之天下主义之封建制度已然不侔矣。然秦汉时期，君主以下之职位之“选贤任能”之事势，已然形成或成形，徒其用人权或人事任命权基本牢牢掌握于帝王手中而已，且不同于周代或春秋战国时期或仍将“贤能”局限于贵族子弟或士人中间的情形，而将选贤任能的人才范围，真正扩展到庶民百姓阶层。汉代以来之选举制等，亦为战国以来逐渐形成之“选贤任能”之事实，又乃科举制之先声，然皇帝毕竟能在相当程度上进行专权控制，或仍掌握有相当程度之人事任命权，而不同于后来科举制的相当程度的制度化、程序化和独立化的选任制度。

② 科举制兴起，帝王专权依然，而士族贵族阶层逐渐消失，代之而起者为不能世袭之平民士大夫阶层，遂有君主专制制度下之一定程度的平民政治之表现。于此而言，则唐宋乃中国政治史上之同一类似阶段，而不必特标所谓“唐宋变革论”。

③ 详细补充论述，可参见：焦循，《〈孟子〉正义》，p457。

（孟子所处的战国时期），尤其将针对对象突出系于统治者或统治阶层身上，看出了统治者横征暴敛、穷奢极侈与杨朱之道的一拍即合的问题所在，则其针砭意义便更为明显——在当时，平民追鹜杨朱之道的问题反在其次，因为庶民百姓本来就处于一个被剥削压迫的地位，没有什么机会和空间来实行所谓的杨朱之道。当然，此种解释虽好，未必完全合于孟子本意。

焦循宗汉儒，而在《孟子正义》中一再辟宋明儒之空疏，言其“不习六经”等，有时亦嫌固执而或有牵强解附处……

焦循此解[①]若合孔子原意，则孔子持顽固世袭制也。则孟子“诛独夫论”与孔子之无条件尊王尊君不同。而可思议焦氏此处所云“无论君之昏暴与否皆不可弑”之论，其政治后果如何？

焦氏此解[②]亦好（然当剔除其有关特权等级制之礼义等），故贤人撰著而明大义，教化万民，使人尽知之，亦大功也。吾撰《孟子广义》亦可于此着力发力。

于今言之，孟子斥杨朱，而斥其自私自利、专以为我之邪说，而明人当负有责任义务，当有家国之责任义务等，此解有其合于现代观念处；然今日未必要强调孟子所尤注意之“无君”之那层含义。以现代观念看来，或以现代观念对孟子思想进行创造性诠释转化，则今解“无君”为“无国家观念”、“无公共义务观念”、“无法治观念或遵守正当法律制度之观念”、“无守规范秩序纪律”等，则可；解为

---

① 实则顾栋高之议论亦未尝不无启发，顾栋高曰：“吾恐元凶劭及安庆绪、史朝义之徒，虽日揭其策（罗按：指《春秋》），以示于前，而彼不知惧也。”良可深思。焦循则顺其思路而推论曰：“若谓作《春秋》为为人君父者言之，则孔子成《春秋》，非使乱臣贼子惧，是使君父惧矣……”焦氏之所以如此推论，目的乃在于斥顾氏之非，殊不知此种推论恰恰揭示出先秦君臣父子礼制中之重要缺陷，不思以改弦更张，而欲以变本加厉以巩固维持之，是南辕北辙而无济于事也。今世吾人乃曰现代政治哲学或新经学或新礼义，恰当于此改弦更张，斥弃特权等级制，倡平等权利，而在此基础上创制情意对等新礼义、新礼仪、新礼乐等。参见：焦循，《〈孟子〉正义》，p460。

② 焦循，《〈孟子〉正义》，p461。

"斥人无有专制君主观念",则不可。同理,孟子斥墨子兼爱,解以言人当孝悌父母则可,明人当负有家庭责任义务也;解以言人不当尊敬他人(人权)、仁善平等待人则不可。墨子岂无父、岂不爱敬孝养其亲哉!

蹁,实则跛行也(跛行),所谓"禹步或禹行"、"步不相过"云云,即跛行之象;胼指,则手指粘连或手指"挛曲不分",即"禹手不爪"。胼胝,则皮厚、皮坚多茧也。

匡章曰:"陈仲子岂不诚廉士哉?居于陵,三日不食,耳无闻,目无见也。井上有李,螬食实者过半矣,匍匐往,将食之,三咽,然后耳有闻,目有见。"孟子曰:"于齐国之士,吾必以仲子为巨擘焉。虽然,仲子恶能廉?充仲子之操,则蚓而后可者也。夫蚓,上食槁壤,下饮黄泉。仲子所居之室,伯夷之所筑与?抑亦盗跖之所筑与?所食之粟,伯夷之所树与?抑亦盗跖之所树与?是未可知也。"曰:"是何伤哉?彼身织屦,妻辟纑,以易之也。"曰:"仲子,齐之世家也,兄戴,盖禄万钟。以兄之禄为不义之禄而不食也,以兄之室为不义之室而不居也,辟兄离母,处于于陵。他日归,则有馈其兄生鹅者,己频顣曰:'恶用是鶃鶃者为哉?'他日,其母杀是鹅也,与之食之。其兄自外至,曰:'是鶃鶃之肉也。'出而哇之。以母则不食,以妻则食之;以兄之室则弗居,以于陵则居之,是尚为能充其类也乎?若仲子者,蚓而后充其操者也。"

或问:"陈仲子"此节未知何意,或不以陈仲子之行事为然,以为过矣,又违人伦(重妻女而轻母、兄,亦即重妻族而轻本族)?此或亦可结合中国古代家族宗法伦理论述之。

在孟子看来,陈仲子之思想与表现,有类于农家许行者,虽有节操,而不知分工之义,且有违儒家亲亲孝悌之道,故孟子批评之。在孟子看来,陈仲子此种节操表现过度离于正常人情,太苛太亢,必离群索居、遗世独立而后可(个别高卓之士固可为之,吾人亦推重之，然不可以此律诸一般俗众人生)，故孟子不与焉。

“若仲子者，蚓而后充其操者也。”孟子仍主张亲情人伦，不以小义害亲伤大伦也，又可对照“子为父隐”之论。

陈仲子事，可见孟子仍讲家族共同体伦理主义。

在孟子看来，陈仲子之行为，过清而无用(无用于世、无用于人)，君子当慎之。

离娄上

孟子曰："离娄之明，公输子之巧，不以规矩，不能成方员；师旷之聪，不以六律，不能正五音；尧、舜之道，不以仁政，不能平治天下。今有仁心仁闻而民不被其泽，不可法于后世者，不行先王之道也。故曰：徒善不足以为政，徒法不能以自行。《诗》云：'不愆不忘，率由旧章。'遵先王之法而过者，未之有也。圣人既竭目力焉，继之以规矩准绳，以为方员平直，不可胜用也；既竭耳力焉，继之以六律正五音，不可胜用也；既竭心思焉，继之以不忍人之政，而仁覆天下矣。故曰：为高必因丘陵，为下必因川泽，为政不因先王之道，可谓智乎？是以惟仁者宜在高位。不仁而在高位，是播其恶于众也。上无道揆也，下无法守也，朝不通道，工不信度，君子犯义，小人犯刑，国之所存者幸也。故曰：城郭不完，兵甲不多，非国之灾也；田野不辟，货财不聚，非国之害也。上无礼，下无学，贼民兴，丧无日矣。《诗》曰：'天之方蹶，无然泄泄。'泄泄犹沓沓也。事君无义，进退无礼，言则非先王之道者，犹沓沓也。故曰：责难于君谓之恭，陈善闭邪谓之敬，吾君不能谓之贼。"

儒家并非空论家或空想家，并非只能发空言空论，儒家固然有其理想，而亦有具体之法度与规划。儒家经典亦复如是，谈理想、谈心性、谈哲学与谈法度、谈礼制者等皆有之，特各经之论述侧重点或内容分工各有所不同而已，比如，孔孟之言（《论语》、《孟子》）

多为理论与理想探讨,《易经》颇涉更抽象之哲学思考,而“三礼”则多具体之规则、制度设施和规划,后代人或惮烦于礼学,而放言心性,则便流于放言高论,无所缜密沉实的实在任事能力或行政能力,而误为“百无一用是书生”之流弊(其实,先秦本有孔门四科之说,德行、政事、文学、言语——或曰为文行忠信——,当时实皆有特别训练方法和相关典籍或教材,不仅仅在于师儒先生之亲身提撕、耳提面命、熏染陶冶也。后亦有所谓洒扫应对之说,以及北宋安定先生胡瑗创设“经义”和“治事”两斋制,治事包括讲武、水利、历法、算术等,亦讲实学——胡瑗又有相应之所谓“苏湖教法”,不赘)。不懂礼学不足以言经世,礼学即礼义、礼法、礼制、礼仪或仪节、法度之学也。典章制度、礼乐钟鼓、聘使盟会、规划主持、冠婚丧祭乡饮酒相见乃至朝聘军旅等诸礼①、洒扫应对,无一不是礼学也。政治哲学或从《书》、《春秋》、《诗》中来,政治制度或行政管理学则从礼学中来也。就其讲究规矩方圆、法度仪节、程序步骤、名分职位区分、不可随意逾越违反等而论,礼学经世或礼治简直可以是古代之法治。后来的科举考试不大重视礼学,是古代文教、政教之一大失策(实则在具体政治实践中,仍然极为重视礼学)。此外,作为国家教育之大本,竟然不立诸种工技医商之学,而委诸于民间之家业相继、师徒相授,一方面言,可谓是工艺技术之学的民间市

---

① 如“九礼”:《大戴礼记·本命》:“冠、婚、朝、聘、丧、祭、宾主、乡饮酒、军旅,此之谓九礼也。”如“六礼”:《礼记·王制》:“六礼:冠、昏、丧、祭、乡、相见。”郑玄注:“乡,乡饮酒、乡射。”《荀子·大略》:“立大学,设庠序,修六礼,明十教,所以道之也。”杨倞注:“六礼,冠、昏、丧、祭、乡、相见。”如婚礼中之“六礼”:《仪礼·士昏礼》“纳采用鴈”,唐贾公彦疏:“昏礼有六,五礼用鴈:纳采、问名、纳吉、请期、亲迎是也。唯纳征不用鴈,以其自有币帛可执故也。”如享祭宗庙之“六礼”:《周礼·春官·大宗伯》:“以肆献祼享先王,以馈食享先王,以祠春享先王,以禴夏享先王,以尝秋享先王,以烝冬享先王。”贾公彦疏:“此一经,陈享宗庙之六礼也。”如诸侯朝见天子之“六礼”:《周礼·春官·大宗伯》:“春见曰朝,夏见曰宗,秋见曰觐,冬见曰遇,时见曰会,殷见曰同。”郑玄注:“此六礼者,以诸侯见王为文。六服之内,四方以时分来,或朝春,或宗夏,或觐秋,或遇冬,名殊礼异,更递而徧。”等等,不一而足。

场机制，有其价值，乃至合于现代科学技术创新规律，而从另一方面论之，不以制度化之学校教育（更遑论现代制度化的以企业、公司为主体的科学技术创新机制）来推进科学乃至工技之学，亦或是一失策，或稍恨不能早有先知先觉者。仅就此一思路而言，注重各领域各学科专业技术教育的现代教育体制，以及以企业和公司为主体的制度化科技创造机制，和鼓励所有人进行创新发明的自由市场机制（当然也包括专利等知识产权保护机制），对于促进科学技术发展而言，远胜于古代。然倘若分科太过机械而绝对，则又可恨割裂支离，难能培养通贯经史人文、理工科技之才。然此亦有不得不然者，而稍平衡之。

“圣人既竭目力焉，继之以规矩准绳，以为方员平直，不可胜用也”云云，言为规矩法度，则事半功倍，不可胜用；为简单人力，则不堪其乱烦也。

今之教育，于通人教育而言，当有基本之常识教育。凡逻辑学、（哲学、历史学、言语辞章学）、科学方法论、社会学方法、组织方法学、现代礼学（现代经学）等，必须纳入之。

法者，天子与天下公共也，既以法律度天下，亦以法度自守，皆同一法也，未有律他不律己、律臣民不律君官、君子之法律也。

“离娄之明，公输子之巧，不以规矩，不能成方员；师旷之聪，不以六律，不能正五音；尧舜之道，不以仁政，不能平治天下。”不仅需要有道、政治哲学或理念、原则、义理，还需要有具体制度、规则、体系、法度等，两者又必须适配。仁政不仅是政治哲学、原则，还是一整套具体务实的制度、法度等。换言之，义理与原则之外，尚需妥善严密、逻辑自洽之制度，能有效实现其所致力之原则，方可（实则“仁政”不仅是原则，而有具体征实之制度、规则等，如前文所分析的孟子所言的治国纲领等）。不然，亦可能是道有余而政、制不足，心有余而制度不足，乃至心有虚伪而制度反其道而行也。

“徒善不足以为政，徒法不能以自行。”儒家亦讲法度、规则、制度或“法治”(法度之治),并非只单讲德治——其实“礼治”亦是一种“法度之治”,只是其礼义系统本身以现代价值观念看来存在若干根本问题。以德治该概儒家政治学说,误矣!所谓先王之法、先王之制,皆讲典章制度法度者也,徒不似法家之君主专制之所谓法治也——当然亦不类于现代“法治”。

以规矩法度、制度规则为标准,则可以一驭万、以一统多、以简驭繁,以静制动,而纲举目张,万事有条不紊,事多而政简。

“上无道揆也,下无法守也。”上当有正当之立国大道(根本原则),下当有治国之根本法度、制度,以制度落实大道,以大道主导制度创设,两相吻合,而后国可正立大治也。无正当之大道或反大道而有相应之制度,则邪恶国、无礼义之国、极权国也;有大道而无制度,或制度紊乱,则乱国弱国也。

“君子犯义,小人犯刑。”君子要求更高,故前亦有“进身以道”、“小节不可苟”之要求。

“城郭不完,兵甲不多,非国之灾也;田野不辟,货财不聚,非国之害也。上无礼,下无学,贼民兴,丧无日矣。”此种论述方式,乃曰强调句式,乃为比较论述句式,乃是对照论述句式,乃为一种修辞手法。此种句式,意在强调最后一句,然非谓前句之事为不重要也。孟子颇多此种论述方式,读者当留意其中深意。质言之,当时岂可谓完城郭、多兵甲、辟田野、聚资财等不为国之大事?然而上礼下学、立人立民,则尤其不可轻忽也。

三代之治也诉诸于人,君臣皆以仁义相规劝匡谏,则“三代之得天下也以仁”。然则何以至“其失天下也以不仁”,亦曰小人胆壮诱迫、君子自放隐退、权势污染天下、人欲横流无制、君臣相诱以欲乐,而渐至矣(迁延几代之后)。至则一发不可收拾,先王之制遂形同虚设,千疮百孔,而有汤武革命之巨大代价。何以免此局面?今之所谓法治或民治果然比古代之德治或人治更有效?其相应之内外部条件及筹措当如何?此皆当细审之,而不可想当然耳。

人心淳朴之治世，外部总体环境积极向上、正义凛然、情意温柔，则匡正友人毫无压力，谏者恭敬，受者亦心感亲敬；人心堕落之世则反之，正言谠论反而有巨大压力。

“事君无义，进退无礼，言则非先王之道者，犹沓沓也。”所谓先王之道，今当以比喻意义理解之，在于其仁心善心、公心公义而已，至于具体制度、法则，则是形下之器，顺道合道便可。后之君子国士，将秉承先圣先王之公心善意，与时俱进，斟酌损益，为天下制长治久安之大法也。非谓一切株守之意，乃守其立法立制之公心善意也。

“责难于君谓之恭，陈善闭邪谓之敬，吾君不能谓之贼。”不独事君当如此，事友事亲乃至事一切人（事者，交往也，情意恭敬也，非等级制之“侍奉”），皆当如此也，则可为普遍之规范。然后之官吏之相交（尤其是基层——虽或亦偶有贤君士大夫秉持公义而相互规劝匡谏者，然非其主流），往往相互投其所好，引诱堕落，狼狈为奸，而“播其恶于众”。

“徒善不足以为政”，乃谓不仅当讲究仁心善意、大道公义，亦须同时讲求制度、法度，奉法守制，以合理、逻辑自洽、有效之制度、法度来实现仁心善意与大道公义，亦可谓是需要有程序正义与法治，即合法性审查；“徒法不能以自行”，则可发挥出两层意思，一层意思乃重视仁正文教或化育，育正人、得正人贤人（民）等，而选贤任能，以之奉法行政，法乃可实行、正行，此或可谓“合德性审查”，即对于公务人员或国家治术人才职员的公德与私德的双重审查[①]；另一层

① 于今言之，对于其人的“公德”的合德性审查，即以宪法、行政法等公法对国家公务人员进行监督和审查也，实可纳入“合法性审查”之中；而对于公职人员的“私德”的“合德性审查”，国人每多误解，以为此为道德层面之事，自由社会舆论和私法等监督制裁即可，不必如此严苛，而牵涉其公职方面。实则古代对于公职人员之私德极其重视，亦有其道理和价值，试想，倘若其人私德不检，无以抵御各种诱惑，无以自制自克，岂可指望其在公德和公共政事上一切自奉自克？所以不可放弃中国古代德治在这一点上的价值，而想当然地以西方社会的某些个案来为公职人员的私德不修辩护，又因此鼓励那些言行不正、私德不检的人对于公职存了觊觎侥幸之心。

意思乃指出仅有法律、制度、法度、组织规范还不够(因为也可能是恶法),这些法度与程序还需合道也(古所谓符合先圣先王之道),此则可谓“正当性”追问或“正当性”审查。综合两句,可知合法性与正当性(以及对于公职人员的“合德性审查”)都必须满足,结合行之,乃可谓仁政。前者(合法性审查)排除人治、排除私意和单纯寄托于私人之能力意愿的情形,亦可谓不倚恃于人治政治或强人政治,因为人皆有私情私意,人又皆有能力、智力、德性限度或局限,究竟难免有短处,有力不赡处,有徇私情私心处,故当以法度、规范、规律、规矩、程序、法律正之,继之,规矩之,而广收博纳众人之智慧才力之效,而不但恃于一二圣人强人能人也,亦即以法度、制度而可广收大众之智慧、力量(此处朱子所解不甚好)。后者(正当性审查)排除恶法政治。合德性审查则排除“不德者居高位、公位而播其不德于众而破坏公序良俗”之示范效应也。

然揆上下文句意,此句当往下连读,孟子之意,乃谓无论(秉政者之)“善”(心仁闻)与(秉政时所依恃之)“法”(度),皆当合于先王之道,皆当以先王之道引导之,不可以私心私智私法而违逆之。比如“徒善”,意为仅有声称的乃至实质的善心仁闻并不够(甚至包括所谓的“尽心”等),因为可能仅仅是声称的或虚张声势的“善心仁闻”,或因为智力德性或“自知之明”的限度与不足,而错误地坚信自己有“善心仁闻”,又有可能因为智力能力不足,而导致“好心办大事”,或因为缺乏法度,而不能更有效、更大化地行政安民治国,所以不可尽信其(统治者或国家公职人员之)“善”心也,故曰“徒善不足以为政”;又比如“徒法”,一方面当然是前文所述的“仅有法度,而不得其人奉法行政,则法亦具文,难以实行”之意,另一方面还可能存在其他的情形,比如:有恶法,有私心私智之法(私智之法,则因其智力或有不赡,而可能导致私智之法成为坏法、恶法;私心之法,则尤其如此),有坏法(低智力低水平之法),有不法之法(缺乏法律的基本要求,比如在逻辑自洽性上便有问题,不能自圆其说,而不成其为真正的逻辑自洽、理性贯通的法律),有假法,等等,故曰“徒法不能以自行”。于孟子之本意言之,乃谓要切实“遵先王之法”,则此种绝对意义上的“遵先王之法”或稍有泥古之实;今日当以其比喻意义理解之,或赋予新义新解,则以比喻意义上之“先王之道”解为“公心公义、仁心善意”,而引导监督之,避免上述所有“徒善”、“徒法”之弊,此乃是今日有意制作道法礼乐者所应全面权衡考虑者①。此外又可结合现代法学尤其是立法学申论之。不赘。

“徒法不能以自行”盖有两层意思,一者乃为当合“先王之道”而涉正当性拷问,二者则为法亦当得其人,以贤人在位而后播善影响,迁化濡染而靡然从风也。

先王之法与先王之道。孟子于此处虽未作极明确之区分,然吾人可以于此进一步细审深化其思想(或好意),则先王之法乃法治、程序正义、合法性自我拷问;而“先王之道”乃天命、天道、正当性拷问。“道”、“正当性”为更高层次之起指引与节制作用者(政治哲学层面之正当性,为目的),“法”则为实现“道”的制度、组织、法度设施,为手段;“道”化而为宪法,“法”则为受宪法指导节制之逻辑自洽的一般法律体系,及制度、组织、程序、手段等,必须合于大道(当然,严格地讲,道、法、制、政这四者皆不同,而仍当有进一步界定区分之)。然仅有大道、理想,而没有合理之制度组织以配合其实现,则亦不行,而可能恰恰偏离了大道及其初衷,或阳饰阴违。就此而言,在具体制度、法律与政治哲学或政治理想之间,亦有一个适配性的问题,因为两者之间,固然有相互适配的合理情形,却也可能有适得其反或阳奉阴违的情形。值得注意的是,“上无道揆,下无法守”中之上下云云,未必仅指君与臣、上层统治者与下层民众,而亦是道上器下、政治哲学(理念)在上而具体制度设施为下位的意思;此外则有所谓大君大臣与小

---

① 此处之解说,比赵岐之注更为深入:“但有善心而不行之,不足以为政。但有善法度而不施之,法度亦不能独自行也。”

臣小民、大人小民、君子小人之区分——但倘若孟子或焦循等作如是具体言说或解说时，则其抽象理论意义（政治哲学）反而被弱化了，变成了儒家的人格等级制下的不同制度安排。

“上无道揆也，下无法守也”；“上无礼，下无学，贼民兴，丧无日矣”。此两处所谓上、下之说含义多歧，当仔细分辨之，有时兼有“天道与世法”之优先性区分、上大君大臣与下小臣小民之职位地位区分，如“上无道揆，下无法守”；有时又单指朝野君民之位置身份之分，如“上无礼，下无学”；有时又有人格身份之区分，如“君子犯义，小人犯刑”；而“朝不通道，工不信度”，亦可引申发挥而视为政务官（正当性）与事务官（合法性）之区分，前者制定政策，后者落实政策，具体实行实施。而将道、法具体化为“事君无义，进退无礼”，则反见得狭隘了。然义、礼亦可作抽象之“道、法关系”解，不必拘泥于孟子之所意指义、礼之本来具体内容也。

《离娄上》讲法制、法先王、礼治等，如离娄之明、师旷之聪、尧舜之心仁，犹不敢独凭单恃，而必当凭于规矩准绳、六律五音、先王之道法，而明“徒善不足以为政，徒法不能以自行；仁心与道、法、政、礼之治，当合而为之，乃可”，以此言之，则焦氏上章以“法先王”、“习六经”等来解“作于其心，害于其事……”亦可谓言而有征、自圆其说矣。此处之题解于讲析“法治”之义颇有启发[①]，而道、法、德、礼四者之关系亦可进一步分析明剖之。道则正当性也，法则合法性也，德与礼则合德性也，礼则立日常行为规范以合法维法、合道维道，又有范铸感发情意之功也。

---

① 如：“目必凭以规矩准绳，以为方圆平直。……以方出圆，正绳望高，测深知远，皆目之明也。非平矩、偃矩、覆矩、卧矩，目虽明无可恃也。此目必以矩也。所以离娄之明，必待规矩，乃成方圆也。……目虽明如离娄，耳虽聪如师旷，心虽仁如尧舜，不以规矩，则目无所凭，不以六律，则耳无所凭，不以先王之道，则心无所凭。”谈论天下公共政事、法治等，不可师心自用，自作聪明，自我作圣，而当学，当上下中外博观约取，当集纳众智，当本诸逻辑与科学，当依凭准绳规矩等，明矣。焦循，《〈孟子〉正义》，pp473—474。

道、法、政、礼。

不可尽信(凭)主观多变之人心,仍当有客观之法度。故但有仁人仁心而无良法、治法,则不可、则不行;但有治人而无治法,则不可、则不行。此可以说儒家亦讲法度法治,同于法家,其不同者,在于儒家尤讲仁心仁道、王道仁政、圣人之道、先王之法指导规制下之法度、法治,以道率(帅)法,以“义”率(帅)法,而成有道(天道、人道、正道、仁道、博爱道[①])之法。此不同于法家之以功利率法、以君主强权、霸道率法。儒家强调仁心仁道之宪与法,虽则其别爱似可议,然“仁者爱人”仍有一定博爱之意,法家则强调治权独尊之宪与法,以君王专制专权之治权而随时变动其宪其法[②]。……但焦氏则将此解为尊先圣先王之道、法,学习六经之典则法度。以遵先圣先王之仁心仁道固当然,应有正当之治法亦固然,株守先王之一切法度则不可,以一味复古代法度法治则不妥(以今之正当性价值观念与立法标准而言,六经中之许多法度亦多有可议者),此或焦氏矫枉过正也。

或曰:墨子本宋国贵族之后,故救宋,其提倡兼爱亦所以反矫“周人儒者别爱而维护周人统治权”之举动策略也。然此徒为悬测而已,并无实据,不可拘执。

“尧舜之道”,王道也。“行先王之道”,即上文之“仁政”也,亦可写作“不以仁政”或“不行仁政”。“徒善”即“但有仁心仁闻而不行(以)仁政”。孟子此处,“政”通于“法”,“法”即是“政”,“徒法”即

① 但儒家在“博爱道”这一点上有问题,其所谓仁,虽亦含有博爱之成分,而终究是别爱之仁,不是平等博爱之仁。

② 否则,如果将“先王之道,先王之法”理解为维护其专制统治之专制之道法,则儒家与法家也就没有任何区别了,无论法先王还是法后王,皆法专制独夫而已。无论孔孟所述之先王史事是否是事实,其叙述或重释古代史事因而提出法先王之用心——将其叙述或重释为王道仁政——,仍有好意,仍在倡导一种王道仁政之政治哲学,非为独夫专制张目也。先王其人究竟如何,今已不可考,而又不必考,孔孟以其述作,而提出此种好意和政治哲学,为中华文化溯源开新,即其心其功也。

“徒政”，无仁心仁闻、善心善闻之仁人善人，则亦不能自行，即亦无人推行之（法度、政事）。故“法政”与“仁人善人”，二者缺一不可。（孟子此处，对道、政、法三者并未严格界定区分，此其失也。）“既竭目力”、“既竭耳力”、“既竭心思”，皆（一己之）仁心、尽（一己之）心、尽（一己之）智、尽（一己之）力也；而先之以和继之以圣贤之仁政正法。“不忍人之政”即是仁政，仁政即是仁善正法。圣贤之仁政正法即是先王或先圣王之法、政。孟子大体将道与政、法作了某种区分，对政与法在这里则并未严格区分。

赵歧此处解“政”与“道”皆不得力，未能申明其义。此处之“政”与“道”，并未如后代那样严格区分之（如后代将“道”主要界定为抽象的价值或理念原则，涉及政治哲学，将“政”主要界定为具体的制度措施），实则皆乃今之所谓制度、政制（施政策制）、法度也。其所谓“政”乃伸（今日意义上之）道以立政、行政、施政；乃立制度，立施政法度也；其所谓“道”乃兼治道与治制、治法而言之。质言之，从其文义可知，此处的政与道，皆有制度、法度之意，立制、立法以合道伸道行道也，而道、制、法并未严格区分：道、制、法——礼——人。古代汉语中，道与法等之含义未区分，故造成种种混淆与不明朗，下文又言“先王之法”，此处言“先王之道”，实则揆上下文可知，孟子其本意似皆为“法”（法度）也。

今则区分道与法、政。道须实行，道须以政实行。道以仁政实行，而后乃可法于后世。此段亦可对照《离娄下》所谈及之乘舆、徒杠等事。

“今有仁心仁闻，而民不被其泽”，此则有仁人（有治人）而无治法也。无治法、无合宜法度，而但有仁人仁心，则亦可能好心办坏事、好意成乱局等。倘只有治人、能人而无仁心、无治法，则尤为混乱专制（强权私利），民必不堪，暴乱相应……

所谓“可法于后世”，可以判例法解之，亦可以治道、正政解之。

但有善心善言而不以法、制实行之，不足以为政；善心善言，则不过心思言论上之正当性而已(言论正当性或理念正当性);以合理之法、制、政而与心思、言论、政治理念相应相合,如此方有政、法、制之制度正当性也(制度正当性);实行之,则实践、实效、实行之正当性也(实践正当性)。这里提出了三个政治哲学概念:理念或理论正当性;制度、法度正当性;实践正当性与实践合法性。

徒善(口言善或心善、情善)而不以善政、善法、良法行之,则愚仁愚善之人、庸仁庸善人、伪仁伪善人也;徒善法、良法而空措置不实行或假行之,则无仁人仁心之人也(此处善法与良法不同,善法言正当性、道义性,良法言有效性、逻辑自洽、形式理性等),而假借法治(正当性、合法性、有效性)之名而已。

"徒法不能以自行",一解当有用法、治法之人,即当有治人,一解作"当以仁心施行之",无其仁人仁心,必致舞文弄法、改篡法则,而渐使法将不法而崩解、毁坏、变乱之,故当德法并施、礼法并施、德选法治并施。因为后之社会分工及治事之繁杂,又有专业区分及能力高下之区分,而又德选(德行选举)、科考或专业选拔考试制度(专业才智之培养选拔)、法治三合一之政治。

善心善道引导法;善心善道为政必以良法,有良法,又必能实真行之,两相吻合之,方可;法吻合符合仁道仁心,法能真实奉守且有效,方为良法,而为实际法治。

于政治而言,善心当行之,又当以良好法制行之,即良法亦当行之;简言之:善心当行之,行之当以良法,良法又当行之。

"既竭目力",喻言仁心仁道,"继之以规矩准绳",喻言法治法度,则正政善政不可胜用。下文之音律比喻亦同。"既竭心思",则直言仁心仁道;"不忍人之政",则直言仁政善法良法。

道是一事(合理性或正当性),法又是一事(合理性下之法度与合法性),法以卫道,道以导(立)法。先王之道则仁也,正义也,仁政也;先王之法则用以维仁心、维正义、维仁政也。先王之道则以仁心与正义为原则(自然法),不可变不可违;先王之法则不可泥,一合于仁心(之意义)与正义(之意义)之扩展也。道、仁、仁心、正义乃中国之自然法之源。

虚道、实政、仁心(仁善之心)或徒善(徒有仁心仁闻)、法度。徒法或似亦可指不当之法、不合道之法、恶法,亦即:空有法(度),不合道与仁政,则是不当之法、不合道之法、恶法,则亦不能以自行,或行之终无实效。然此解稍过牵强,亦不同赵岐之注解,赵氏解作"善法度",以照应上文"徒善",实则似有增义之嫌疑。然焦氏之解甚好,"以仁心行仁政而法行,非徒法矣。法行而心之仁乃行,非徒善矣。徒法不能以自行,荀子所谓'有治人无治法'也。有治人,即有此既竭心思,又继述先王之道之人也。舍治法亦无治人矣。"[①]可作进一步发挥。吾上文所解未尝不可备一说。

道、心、仁、人——法、制、政、礼。道器内外之分。

孟子当时,道、法未明确分化,故道、法混用而兼二义,今则道是道(正当性),法是法(制度化与法度化),且法又分化为制度与法律(法度),即制度(制度、行政与立法)(制度化与正当化——对应于人治化)与法治(正当化与合法化)。此外又有仁德化或仁贤化(仁心正义之贤人德人)。

以道率法,以上位之道率导下位之法。"上下"未必要机械解为君臣上下,乃可解作上道下法。

虽曰有治人无治法,实则舍治法亦无治人矣。然虽曰"舍治法亦无治人",实仍可曰"有治人亦有治法"乃是题中应有之义,故必择选仁人在位,以善政善法良法良政而成就贤德法治政治。

道、仁、仁心、正义(自然法)——1. 仁人贤人;2. 法:A. 制度:a. 政;b. 刑。B. 法治。

焦氏解"徒法"有"不揆度天意道术"之意[②],不仅是前文所解

① 焦循,《〈孟子〉正义》,p486。

② 焦循,《〈孟子〉正义》,p487。

之“不以仁心施之”，此亦是吾所谓“不合道、不正当之法为徒法”之意。

“上无礼，下无学，贼民兴，丧无日矣。”赵歧解为“言君不知礼，臣不学法度，无以相检制，则贼民兴。亡在朝夕，无复有期日，言国无礼义必亡。”焦循言“近时通解以‘下’指民……”①。吾以为赵歧之解尤为当。礼亦是道之一维。

孟子曰：“规矩，方员之至也；圣人，人伦之至也。欲为君，尽君道；欲为臣，尽臣道。二者皆法尧、舜而已矣。不以舜之所以事尧事君，不敬其君者也；不以尧之所以治民治民，贼其民者也。孔子曰：‘道二，仁与不仁而已矣。’暴其民甚，则身弑国亡；不甚，则身危国削，名之曰‘幽’、‘厉’，虽孝子慈孙，百世不能改也。《诗》云：‘殷鉴不远，在夏后之世’，此之谓也。”

规矩与圣人，皆立一最高准则也。规矩，犹柏拉图之理念也。

“暴其民甚，则身弑国亡；不甚，则身危国削。名之曰‘幽厉’，虽孝子慈孙，百世不能改也。”重名誉。君子重名，故若是君子在位，则有所矜持，小人在位，则不然矣。

“规矩，方员之至也；圣人，人伦之至也。欲为君尽君道，欲为臣尽臣道，二者皆法尧舜而已矣。不以舜之所以事尧事君，不敬其君者也；不以尧之所以治民治民，贼其民者也。”孟子此论，似将“道”下落至人伦之道，将“法”下落至君臣之礼，如此解说，则从上文我对“徒善不足以为政”以及“先王之法与先王之道”的抽象发挥之理论上退却下来，而反见得其时之思想局限了。

客观物质世界、符号抽象世界，或有客观规律、准绳。人事、人情世界，是否有客观规律、准则？今日之观念或曰此二者不可等同（混同）类比。然揆孟子之论述逻辑（可写一文“孟子语言逻辑与论述逻辑总批判”），似乃以为——或将——人事人情世界之规律、准

① 焦循，《〈孟子〉正义》，p487。

绳视为当然必然，乃将儒家人伦视为天经地义、至则极规，而丝毫不容质疑此一大前提，故隐隐有自然法之武断。而赵岐、焦循之解，又再三声明告诫：应当先圣先王之道、法之学习奉行在先，而后乃敢谈心由心，而反明末王学末流之师心自用、随意造作与所谓空疏狂悖，乃至以此文饰其私心丑行[1]。上文之章指所言“虽有巧智，犹须法度”[2]，亦是此意。

“欲为君尽君道，欲为臣尽臣道，二者皆法尧舜而已矣。不以舜之所以事尧事君，不敬其君者也；不以尧之所以治民治民，贼其民者也。孔子曰：‘道二：仁与不仁而已矣。’”此句可对照《公孙丑上》“虽由此”一句。治道与治权，职位不同，道术无二。

君道臣道俱是王道，皆法尧舜，即皆法王道仁政也。所谓臣道，如舜事尧，即以王道仁政听命共事、陈行、辅佐、匡谏也，此所以臣敬君，以大道公利圣誉敬也，非以遂其私欲私利私智敬也。所谓君道，如尧之“治民理民”，必以仁心、仁道仁政而爱理之。设若不然，则臣乃佞臣、奸臣、掊克之臣……君乃暴君、昏君、贼（民之）君……君臣看似有位权职权之异之分，实则皆一也。治道同，治权看似不同，实则亦有同，同于仁心、仁道仁政之心思法度之内也。治政虽看似可自由因缘而变，实则第一当有一定法度（今曰宪制或公法），第二亦当同受（制）于仁心仁道也。

赵岐解为“敬之至也”，则以王道仁政、仁心仁闻而敬之也；“爱之尽”，则以爱心爱道解仁心仁道也。孟子此引孔子“道仁”，乃倡言道无二，道一也，一于仁心仁道仁人仁民仁政仁权仁闻仁名也。

焦循再三申明学习奉守先圣先王之道法，亦以矫明末王学末流之空疏轻狂。

中华文化重名誉，超越死生，几同于宗教信仰，故曰“名教”，不

---

① 此又可对照焦循相关之论述，焦循，《〈孟子〉正义》，p492。

② 焦循，《〈孟子〉正义》，p490。

徒名分之教，亦可谓名誉之教。

孟子曰："三代之得天下也以仁，其失天下也以不仁。国之所以废兴存亡者亦然。天子不仁，不保四海；诸侯不仁，不保社稷；卿大夫不仁，不保宗庙；士庶人不仁，不保四体。今恶死亡而乐不仁，是由恶醉而强酒。"

"三代之得天下也以仁，其失天下也以不仁。"孔子所谓"君子怀刑，小人怀惠"。儒家论事，先论仁而不先论形势、性恶、器技（重仁而稍轻势恶技……），或曰亦稍有不务实处。然此或亦只是强调句式，强调首要原则或根本道理之所在也。

孟子曰："爱人不亲，反其仁；治人不治，反其智；礼人不答，反其敬。行有不得者皆反求诸己，其身正而天下归之。《诗》云：'永言配命，自求多福。'"

"行有不得者，皆反求诸己，其身正而天下归之。"孔孟皆于此深致意焉。礼义首先以克己自制律己也，非先存律人之心而后己也（礼义者，尤当先己后人）……孔子言："为仁由己"，孟子言"反求诸己"……

"爱人不亲反其仁，治人不治反其智，礼人不答反其敬。"三句中，"治人不治反其智"一语稍可议——因为"治"之一词，于今有控制、操纵之贬义——，余皆好。若将"治"理解为"治事，理事，治民事"，则可。

孟子学有所本，亦有与时人同调交叉者。

孟子曰："人有恒言，皆曰'天下国家'。天下之本在国，国之本在家，家之本在身。"

"天下之本在国，国之本在家，家之本在身。"又可加之曰：身之本在平等博爱、尊重人权之仁义。

"人有恒言，皆曰'天下国家'。天下之本在国，国之本在家，家之本在身。"当时之"天下国家"，乃是天下主义之家族国家之君主贵族共和地方自治制，扩而可为增加加盟自治共和国或加盟联邦自治州。

孟子曰："为政不难，不得罪于巨室。巨室之所慕，一国慕之；一国之所慕，天下慕之。故沛然德教，溢乎四海。"

以德报怨固是高尚其事，然当天下归仁之时方有其一定之约束力，不然则姑息绥靖、养虎为患害人也。固仍须（对怙恶不悛者）有制恶之智术力也。

所谓巨室，当指贤卿大夫之家，方可通，或方有好意，即因巨室仍有世家巨室之德操荣誉家风，而可为当世范。然亦有别解："不得罪于巨室"，或亦是孟子现实主义政治观，与下文之小国听命于大国一样。又或为权宜之计而暗自更张振作，以期国君之重掌国政（收回权力）。此种解读则有权术、权谋之弊病，不够光明正大磊落。现代之政治，当有公开政治交涉之程序与途径，如此乃能避免阴谋权斗，亦可因此维护人之光明磊落之性格，而避免政客之阴鸷虚伪、弄权弄诈、行险侥幸之恶习惯例也。

孟子曰："天下有道，小德役大德，小贤役大贤；天下无道，小役大，弱役强。斯二者，天也。顺天者存，逆天者亡。齐景公曰：'既不能令，又不受命，是绝物也。'涕出而女于吴。今也小国师大国而耻受命焉，是犹弟子而耻受命于先师也。如耻之，莫若师文王。师文王，大国五年，小国七年，必为政于天下矣。《诗》云：'商之孙子，其丽不亿。上帝既命，侯于周服。侯服于周，天命靡常。殷士肤敏，裸将于京。'孔子曰：'仁不可为众也。夫国君好仁，天下无敌。'今也欲无敌于天下而不以仁，是犹执热而不以濯也。《诗》云：'谁能执热，逝不以濯？'"

既不欲令，又不受命，是绝人自处也。欲行令，须修德养仁；欲自存于人群，则必有所受命之处（德性之律令）。可见儒家强调社会性，本不讲过度或非公或非礼义之个性。隐逸亦不得已而为之耳。当然，现代社会同样不主张违反礼义之个性，徒今之礼义与古之礼义有所不同而已。

“天下有道，小德役大德，小贤役大贤；天下无道，小役大，弱役强。斯二者天也。顺天者存，逆天者亡。”或将“役”字解释为服从他人之引导或领导，赵歧亦持此解“服于贤德也”。天下有道，则君子贤德得势，成为社会之表率与中流砥柱，而天下靡然从风，服从于大道正义也。此处所谓之“役”，以今日之价值观要求之，则当仅为服从贤德君子之大道正义之意，人人向善慕德、力争上游，并非大贤大德之人对于所谓小贤小德之人的役使与人格凌驾之等级制也。反之，天下无道则必为弱肉强食、恃强凌弱之丛林社会。孟子言“斯二者天也”，乃曰必然之势，而为政者为民者当自处，则必不可沦为无道之弱肉强食，而当进于儒家仁政，如“老吾老以及人之老……”，又当各自进德修业，推达仁义，等等。

西方哲学家罗尔斯之《正义论》亦讲究对底层与弱势群体之关怀，原与儒家仁政相合也。

或问：“小德役大德，小贤役大贤”，与“小役大，弱役强”，皆是“役”，则其有道、无道之分在何处？又曰：同用一“役”字，恐同为服侍使令之“奴役制”也，一为赤裸裸之邪恶暴力奴役制，一为虚伪文饰之“德性”身份等级奴役制而已。天下有道，则尊重一切人之基本人权、人格平等、机会平等、博爱法治也；天下无道，则反之，一有“役”之价值观或事实，则便是无道。故曰：天下有道，人皆向善向德，平等博爱，尊重他人（人权），各各平等互尊，无所谓等级与役使，或有大德大贤，又或有各自崇德慕德敬德之事，然无贤德役使自傲之心与事，有之，即非贤德也；天下无道，则或有所谓贤德役使之事，或有大小强弱凌辱欺侮之心与事。

因有道无道之区别，故有治世与乱世，治世有道乃理想与良好之状况，乱世无道亦为可能之现实，此又孟子承认现实（主义）之表现也。

文王一怒而安天下，文王一耻而为政于天下。

“今也小国师大国而耻受命焉，是犹弟子而耻受命于先师也。”

孟子此处似乎主张：天下无道之时，可取现实主义国际关系原则自处，小国师大国而受命。若耻之，则同时师法文王行仁政，七年而可为政于天下，而一改小国听命于大国之局面。则至于天下有道，而无论大国小国，共奉王道仁政，各各相安也。

孟子本人性情乃为刚直一路，然因受孔子影响，亦有现实主义之一维，如此处言“小役大，弱役强，小国师大国而受命”等皆是也，而某章言“世守而效死勿去”等，又有刚直坚执之维。

受儒家文化影响，中国人自古便有根深蒂固之上下尊卑贵贱观念，孟子亦不免，其实小德大德，小贤大贤，何必曰役？亦只需说其遭际不同而已，大德岂会岂可役使小德？倘有役使，便已是不德。

孟子曰：“不仁者可与言哉？安其危而利其菑，乐其所以亡者。不仁而可与言，则何亡国败家之有？有孺子歌曰：‘沧浪之水清兮，可以濯我缨；沧浪之水浊兮，可以濯我足。’孔子曰：‘小子听之！清斯濯缨，浊斯濯足矣。自取之也。’夫人必自侮，然后人侮之；家必自毁，而后人毁之；国必自伐，而后人伐之。《太甲》曰：‘天作孽，犹可违。自作孽，不可活。’此之谓也。”

“夫人必自侮，然后人侮之；家必自毁，而后人毁之；国必自伐，而后人伐之。”人而有礼节威仪，便能自尊自重自爱，不怒自威，不自侮，故人亦不敢侮；家而有仁爱纲纪，便能敬重亲爱相扶持，同心同力，不自毁，故人亦不敢毁。国亦如是。人与国，必得自尊自爱，自克自制，而后可安处居夷也。不然，“天作孽，犹可违。自作孽，不可活。”

孟子此处之喻意为：人之为人所役，小德、小贤、小弱为大德、大贤、大强所役，与乎水之因清浊而濯缨濯足，正同一事也。故倘不想为人所役，便当自求仁义智礼，自求贤德、自尊、自重、自强，否则（不自求仁义，不自求上进，而为非作歹，日趋下流沉沦），便是自作孽也，便有刑罚规训（规训之，使改邪归正）、使令罚役（罚役而偿其罪愆）。无论天下有道无道，现实主义抑或理想主义，人与国皆当自求仁义、自克自制、上进、强大。当然，此处之“役”，不可仅解作奴役或役使，或可解作“管理”、“治理”，而此等管理、治理之“役”又须有限度底线（人权、自由、平等，即小德小人小弱恶人等亦须保障其基本人权，唯其或不能获得需要更高德能智礼力之工作资格、职位或地位也。当然，为非作歹而违法入罪者不在此例，而视其情节轻重而必有相应之刑罚规训、使令罚役），且有规则（法治），如此方有其一定好意。不然，如果“役”乃奴役、控制、欺压、役使命令、特权等之意，在日常生活中，不涉及违法犯罪之事或程度，而有如此之所谓上下大小役使或奴役之事，则便有违现代文明价值观念而变成古代之黑暗专制等级制也。

所谓“自取之也”、“自为之也”、“自作之也”、“自暴自弃也”等，皆从反面立言，而亦可从其正面设想；若夫“反求诸己”，则从正面立言也。

“不仁者可与言哉？”此语甚吃紧。不仁者难以听取他人谏言正告，刚愎自用，一意孤行，且以其暴乱习气性情而驱离身边忠谏仁爱者（忠谏于仁道，而未必是忠于其人之私欲，然此乃真正之忠也），而终将受其苦报。可不悲悯哀怜哉。皆自取焉，又岂可不怵惕哉！

“是犹执热而不以濯也。诗云：‘谁能执热，逝不以濯？’”此可谓古代烧烤食物之法，孟子引喻之。

> 孟子曰：“桀纣之失天下也，失其民也。失其民者，失其心也。得天下有道：得其民，斯得天下矣。得其民有道：得其心，斯得民矣。得其心有道：所欲与之聚之，所恶勿施尔也。民之归仁也，犹水之就下、兽之走圹也。故为渊驱鱼者，獭也；为丛驱爵者，鹯也；为汤武驱民者，桀与纣也。今天下之君有好仁者，则诸侯皆为之驱矣。虽欲无王，不可得已。今之欲王者，

犹七年之病求三年之艾也。苟为不畜，终身不得。苟不志于仁，终身忧辱，以陷于死亡。《诗》云：‘其何能淑，载胥及溺。’此之谓也。”

“为渊驱鱼者，獭也；为丛驱爵者，鹯也；为汤武驱民者，桀与纣也。”必先去獭鹯而后有鱼雀，去民之所畏与害，而后民可安居归聚。必先致民之所欲而后民心归服。民心之所欲者，寿富安逸也，何以致之？科技、组织、重商、法治也。

世有桀纣，则正王者兴起之机也，桀纣乃助王者，“为渊驱鱼，为丛驱雀”者也。

蓄仁而王。贵以仁义得人，末世乱世则以权势暂时得人耳。

“桀纣之失天下也，失其民也；失其民者，失其心也。得天下有道：得其民，斯得天下矣；得其民有道：得其心，斯得民矣；得其心有道：所欲与之聚之，所恶勿施尔也。……苟为不畜，终身不得。苟不志于仁，终身忧辱，以陷于死亡。”此段之论述方式乃是正反论证。上半段正面论述，下半段为反面论述，则仁义非高尚道德之表现，乃必要道德之要求也。

“得其心有道：所欲与之聚之，所恶勿施尔也。”此可为中国式正向情商。自为仁义，聚与（民之）其所欲（正常合理之生活欲求），勿施其所恶，则民人尽归之也。何止君王为民之道，亦平人相处之道也，则此又可为普遍道德律也。

“为渊驱鱼者，獭也；为丛驱爵者，鹯也；为汤武驱民者，桀与纣也。”为外国驱民者，本国之桀纣也。把老百姓赶到政府乃至国家的对立面（虽然国家乃由人民等所组成）。中国封建时代之仇官、民众不信任政府（政府公信力、威信下降）等事，正或此之写照也。

“今之欲王者，犹七年之病求三年之艾也。苟为不畜，终身不得。苟不志于仁，终身忧辱，以陷于死亡。”孟子于此处，可谓语重心长，仁心宅厚，忧患深重也。

孟子曰：“自暴者不可与有言也，自弃者不可与有为也。

言非礼义，谓之自暴也。吾身不能居仁由义，谓之自弃也。仁，人之安宅也；义，人之正路也。旷安宅而弗居，舍正路而不由，哀哉！”

不由仁义，乃是自暴自弃也，终将自食其果。

“自暴者，不可与有言也；自弃者，不可与有为也。言非礼义，谓之自暴也；吾身不能居仁由义，谓之自弃也。”仍是接续上文自求仁义、自求上进之意。今或有人每喜欢追逐网络与社会流行语言，以说脏话为时髦（以为时髦有趣），不守礼义，言行多戾气，皆亦是自暴自弃之一种表现也。

孟子谈自暴自弃，兼顾言行，言行谨慎，合理合义，居仁由义。“哀哉”一词，见出得道居仁由义之孟子对世人之悲悯，与对世态之深深哀伤之情。

言语自暴，行止自弃。

此节章指之疏甚好，“旷之舍之”而有两种情形，一则自谓不能，二则非之以为不足居，不足由，皆自暴自弃也。“自暴者已不可与之言”又甚警醒世人，亦有两种情形：自其自暴者而言，是刚愎自用，不纳善言；自他人视之而言，则又不愿与之言也，乃以其坏恶脾气性格行止，而赶走身边一切正人善人，我行我素，而终至于自食其果。然孟子以悲悯之心视之，仍觉哀痛也。

孟子曰：“道在迩而求诸远，事在易而求诸难。人人亲其亲，长其长，而天下平。”

孟子曰：“居下位而不获于上，民不可得而治也。获于上有道，不信于友，弗获于上矣。信于友有道，事亲弗悦，弗信于友矣。悦亲有道，反身不诚，不悦于亲矣。诚身有道，不明乎善，不诚其身矣。是故诚者，天之道也。思诚者，人之道也。至诚而不动者，未之有也。不诚，未有能动者也。”①

---

① 此节讲日常修行之道。

此段言人之被信任，不仅在于特殊方向、对象上之德行表现，“事亲弗悦，弗信于友矣”（别爱，等差之爱，亲疏之爱，熟陌区别之爱），尤在于普遍对待之德行表现也，“不明乎善，不诚其身矣”（正直平等，仁善博爱等），则实有德之人也。故仍是“推”或“推己及人”之意。爱一人者，亦必当以仁义之心爱千万人也。

“悦亲有道：反身不诚，不悦于亲矣；诚身有道：不明乎善，不诚其身矣。”悦亲有道，在于正身、诚身、明善、敦品、励节、自修也（不在于权势富贵）——父母子女皆当存此善念诚义，而自为深明仁善道义之父母子女，未可相责之以不义不善之言行事利，而误入歧途。须知：诚善结合，为一切之本。“诚”不仅为“毋自欺”，亦须以善为本。

此节讲日常修行之道。

或曰：西方基督教首先将人从家庭、父母那里夺过来，其次，西方人成年后即往往离家独立居住，则又切切实实将子女从父母（家庭）那里夺走，或将父母与子女分离，如此，则虽得一公正无偏之上帝与世人兄弟姐妹平等之爱，又得一自由，然失一私爱私庇之父母或子女及其私情亲情，失一留恋依赖信任之家庭亲爱，亦或属“得之在此，失之在彼”而已。或又曰：西方人因为早早离开父母，故亲子情感未必如古代中国人之深厚，故子女亦觉无所谓，又可内心强大，独自面对老年与生死，未必是孤独……西方之小家庭固然清静，中国之老小天伦之乐亦好……然皆当有合理之好意与法度（合理伦理设计），不可演成等级专制与淫威压迫，或情意冷漠残酷。实则中国亦讲天下普遍仁爱，西方亦讲亲情，而为人类常识或共识，徒性质或程度或有若干差异而已。

“诚者，天之道也；思诚者，人之道也。”此语出于《中庸》，可知孟子确受业于子思之门人。

“居下位而不获于上，民不可得而治也。获于上有道：不信于友，弗获于上矣；信于友有道：事亲弗悦，弗信于友矣；悦亲有道：反身不诚，不悦于亲矣；诚身有道：不明乎善，不诚其身矣。”孟子此段所论，须联系具体之政治文化、政治制度、赋权方式与政治录用方式、负责对象等，比如由上到下与由下至上等，来进行评估。在污浊专制政治文化制度背景下，则恰为逆淘汰，而处处与孟子之描述相违背。

“反身而诚”，是讲“诚”的“实有其善”；“明乎善”，是讲“实有（即诚有）其善”之方法（即讲明、探究明白清楚“何为善、何为正当”，亦即善的伦理学分析或正当性分析）；此则将“善”作为最根本的正当性价值和标准。“不明乎善，不诚其身”中，后一“不”字，乃“不易、难能、不能”之意。

此段文字中，孟子以必然逻辑言之，不过为强调孟子之思想主张与价值观耳，以今日观念看来，却非逻辑学中所谓之必然关系、绝对关系、因果关系或一一对应关系，而更多只是前提条件之一，有时或为必要条件，而并非是充分条件。此段亦言取信于友、被友信任的重要性和方法标准等。

郑氏解“不明乎善，不诚其身”为“知善之为善，乃能行善”①，则诚其身之前提在于讲习研讨明了善正之义理②（可结合《中庸》文本论之③），明白何者为善、何者为义，知其真善真好，乃能行诚实行。然此亦或可解作：诚实之本、之根本内容在于仁善。故焦循解为：曰善曰德，尽其实之谓诚。亦有解作不伪者，此则不及“诚”

---

① 焦循，《〈孟子〉正义》，p508。

② 亦即上文所云：讲明、探究明白清楚“何为善、何为正当”，亦即善的伦理学分析或正当性分析。

③ “《礼记-中庸》云：‘诚者，天之道也。诚之者，人之道也。’注云：‘言诚者，天性也。诚之者，学而诚之者也。’赵氏佑《温故录》云：‘《中庸》言“诚之者”，而下详其目，故以“慎思”为诚之一事，乃就所削所问而次第及之，然后进以“明辨”“笃行”。孟子浑括其辞，独揭一“思”字加本句上，则统所知所行而归重言之，明示人以反求诸身为诚身之要。惟思故能择善，惟思故能固执，君子无往而不致其思，无思而不要于诚……’”《〈孟子〉正义》，p509。

与“实”之内容，但言内外一致，仍有不足。

焦循解“尧舜之道，孝悌而已”，孟子亦有是说；焦循解亲亲长长为君君臣臣父子（无父无君），孟子亦有时说。或曰然若仅作如此（征实）解，或确为孟子本意之一，然则尧舜之道隘也。若前据孟子文意，而解尧舜之道为王道，为仁心仁人仁政，则乃更显尧舜之道之广大。此则不尽然，须知父子君臣、亲亲长长而为仁义，乃就其施行之初始着手处而言①，非谓尧舜之道便只有亲亲长长，如此则尧舜之道狭隘也②。古人不是采取现代定义（内涵界定与外延罗列）之方式来谈论，故一处只是谈其中之一维而已。实则孟子之意为：孝悌为尧舜之道之根本，推达而为王道仁政，正所谓亲亲仁仁而内圣外王之意也。亲亲孝悌，王道仁政，正一事耳。

“思诚”者，时刻思维、学习、探究、施行此一本有仁善之性，而维持推扩者也。“思诚”者，颠沛流离必于是也。儒家有许多坚决的价值观念与信念，却温温劝诫，诉诸于人之自省自反或道德自觉，而非以严厉与不容分说的戒律的形式来强迫人接受。这是儒家的优势所在，亦是劣势所在。优势即前文所云的诉诸于人文自省自反或道德自觉的人文主义和理性主义；说是劣势，则言其不甚明确严格，未能体系化；此又可对比一神教或其他宗教之严格戒律。然而，倘若实行儒家信条的戒律化（乃至宗教化），亦有利有弊，亦当慎思。

两种仁善礼敬之表现或境界：

一、可感可形可见之仁善礼义——常人——礼义可形可验可效——礼法——动容周旋中礼。

---

① 正如佛教修持八正道之入手方法一样，往往先从身边人入手，非谓有所分别轩轻也。就其本来义理而言，众生无别而已。

② 吾曾有言：至今思墨翟，尧舜道之嫡。亦是从此立言。然此亦或是吾之“托古改说”，未必是孔孟本意，孔孟本意或确有父子君臣、亲疏远近之别爱存焉，不必讳言；甚至亦未必是尧舜之道之本义。

二、若不可知可感可见可形之仁善礼遇……——高境界人——精微或特殊形式——大德——然大德亦必遵礼、法而后求更高之德，神化之，常人或不知。

倘“诚”但为“不自欺”之意，则此诚非第一位，(明)仁善乃为第一位，乃为根本义。若“诚”乃“实有其善而不自欺”之意，则此“诚”亦可是根本义。质言之，仁善是道，是根本道、根本义、根本内容，是正当性标准。(不自欺之)诚是形式道、形式法，是合法性标准(是程序法，内外一致，言行合一而实有其言)——而“实有其善而不自欺”之“诚”亦可以是根本道、根本义。然则上述对于“仁善”与“诚”的所谓正当性标准与合法性标准的区分，只是从孟子此句具体论述，乃是建立在将诚与仁善稍作区分的基础上的，实则就儒家价值观念主张而言，诚本来就应是“实有其善”，而不仅仅是“实有(其言)、不伪、不自欺”而已。就此而言，则诚即仁善，两者未区分开。当然，如解“诚”以“实有(其言)、不伪、不自欺”之义，则可将“诚”区分为合道之诚与不合道之诚，以及知道之诚与不知道之诚。

诚，实有也，于《孟子》此句中则实有其孝行孝心，于儒家思想则实有人性之本善之端及善行也。

所谓自诚明、自明诚之分，虽亦可以现代观念强行解读厘清之，然就其语言表述本身言，则究竟牵缠淆乱，无益于语言清晰、思想明晰与思想阐发，乃无效之语言表达与概念表述，与其牵强附会、左支右绌解释之，不如弃之，或另换更合适之概念与表述，此亦文化更生或哲学进化(进展)之基本路向。

此中之“动”，亦可从领导力方向作解读：诚实仁善之人之行，乃可感动号召引导领导万民友人也。

诚有三解：“实有(其言)、不伪、不自欺”；实有其善或实有人性之善端；(其人)诸事(言行万事)皆合于仁善。孟子行文时未区分三者，而随意转换，故造成种种难解或误解。质言之，不仅仅在诠释学的困境与难题，尤在语言学、逻辑学方面之幼稚或问题。

孟子乃暂举事亲、悦亲之一事而明乎诚之含义耳，实则诚不止悦亲、事亲之一事。万事皆当本乎仁善，悦亲事亲不过其中首要入手者也。

孟子曰："伯夷辟纣，居北海之滨，闻文王作，兴曰：'盍归乎来！吾闻西伯善养老者。'太公辟纣，居东海之滨，闻文王作，兴曰：'盍归乎来！吾闻西伯善养老者。'二老者，天下之大老也，而归之，是天下之父归之也。天下之父归之，其子焉往？诸侯有行文王之政者，七年之内，必为政于天下矣。"

"二老者，天下之大老也，而归之，是天下之父归之也。天下之父归之，其子焉往？"文王善养老，故天下之父子百姓万民归焉，而遂王天下。所谓"善养老"，是谓有一整套政治经济纲领而使百姓兆民皆得足衣足食，富裕安居，又有人伦文教化育而有孝悌之化也，非仅谓"赡养老人之法"，实则治国治天下之法。可对照孟子所述之治国纲领。

"二老者，天下之大老也，而归之，是天下之父归之也。天下之父归之，其子焉往？"今可曰：闻某国善待人才人民（保障人权，政治清明，激浊扬清，人尽其才、智劳酬得而又有优恤鳏寡孤独之制，社会公正安定和谐），则纷纷归之（天下之人才纷纷归之，归之之原因不仅在于能尽其才，能得其位其禄其优游生活，亦在于能得其安心安生，能无有社会欺压不公、贫穷悲惨之事以煎熬自己之良心，能得其所处于清明淳朴良善优雅之社会生活环境也）。不然，则纷纷避走退却之，则哪里能为政于天下！一国犹不能治也。

孟子曰："求也为季氏宰，无能改于其德，而赋粟倍他日。孔子曰：'求非我徒也，小子鸣鼓而攻之可也。'由此观之，君不行仁政而富之，皆弃于孔子者也，况于为之强战？争地以战，杀人盈野；争城以战，杀人盈城，此所谓率土地而食人肉，罪不容于死。故善战者服上刑，连诸侯者次之，辟草莱、任土地者次之。"

孔子宗周，主张封建宗法制，主张维持既有政治、社会秩序，故反对诸侯为扩展土地势力而进行的一切战争，故曰："善战者服上刑"。若夫抵抗侵略、反抗欺侮的正义战争，则不然也。

"善战者服上刑，连诸侯者次之，辟草莱、任土地者次之。"此真振聋发聩，乃当时时代之强音，惜乎当时之权势统治者皆昏聩而不识，乃至几千年来亦不识也。吾则曰：自强自卫而止，不事侵伐，王道仁政，怀柔远人，而成大国，而成大同之世也。然则，孰可执善战者而使其服上刑？则仍需有正义之王师乃至相应之武备军事制度。近代以来乃至古希腊、古罗马以来之西方（欧洲及后之欧美等），每以均势原则作为国家行事或国际行动之准则，提防觊觎，各怀鬼胎，虎视眈眈，咄咄逼人，先发制人，遂演成两次世界大战之惨酷。其未雨绸缪之心行虽有一定合理性，其无事干预压制和平之国家竞争则不可取。

未必是冉求之主张，然冉求不能改其君政，故孔子仍斥之，实则兼斥冉求与季氏也。

"鸣鼓而攻之"可见孔门之内以道砥砺、责让鼓励之气象。

《左传》记载："季孙欲以天赋，使冉有访诸仲尼。"[①]"访"乃以此假冒其合法性，言君子教之也，孔子岂为此。

此章当明其所针对之时代环境和现实，不可胶柱鼓瑟而绝对化理解，善战者等皆当时不义征伐、干禄、富君之行，固不可。若夫换一时代情境现实，为善战者而反侵略、伐不义，为纵横家（现实主义政治者）而明天下、世界之山川地理形势及利害关系等，为农家而知富民，而皆有其价值，唯儒家重王道仁政，以正政、王道仁政率战、合纵连横、富而已矣。

孟子曰："存乎人者，莫良于眸子。眸子不能掩其恶。胸中正则眸子了焉，胸中不正则眸子眊焉。听其言也，观其眸

① 焦循，《〈孟子〉正义》，p515。

子,人焉度哉!"

孟子曰:"恭者不侮人,俭者不夺人。侮夺人之君,惟恐不顺焉,恶得为恭俭?恭俭岂可以声音笑貌为哉?"

恭俭非谄媚铿吝也,而自有气度者也。恭俭倘流于谄吝,便失却本意而不复为恭俭也。过犹不及,失其中则流荡。真恭俭者自不谄吝,而复不侮人不夺人。

"恭俭岂可以声音笑貌为哉?"先秦或尚多此等责正责善之恭俭,后之人则往往以声音笑貌为恭俭,已不知真恭俭之真义之何为。中国人之精神风貌而一大变,渐减傲岸英挺一身正气者(大丈夫),而渐多卑顺谄媚狡诈佞狠者也。

吾(颜回)心定,即"不以廉为悲",而安贫乐道。

淳于髡曰:"男女授受不亲,礼与?"孟子曰:"礼也。"曰:"嫂溺,则援之以手乎?"曰:"嫂溺不援,是豺狼也。男女授受不亲,礼也。嫂溺,援之以手者,权也。"曰:"今天下溺矣,夫子之不援,何也?"曰:"天下溺,援之以道。嫂溺,援之以手。子欲手援天下乎?"

天下溺,恰因道之不彰,正人君子无以大量涌现,以源源不绝继之济之拯之之故也。故首当"援之以道",不必尽皆援之以手,或尽援之以匹夫之勇力。然而援之以道之方亦多矣,比如:继绝学,培人才;创经义礼法、制礼作乐;创制政制,损益因革;杀身成仁,警醒世人,而留一天道消息;路见不平拔刀相助,而有无畏布施;精覃著述,藏诸名山……凡此种种,皆是也。有其大心志大慈悲者,徒不可但逞暴虎冯河之匹夫之勇,而当思有更大作为也。但亦不可以此文饰畏葸苟且,而为怯私懦弱、无志无勇之实也。天下渐溺时,仁人君子,当相率据道援之以手,亦即援之以道也……

"天下溺,援之以道。"何等气魄!何等心志!当重立其根本。

权或反经,反经当善合道。即:道——经/法——权——变——通——道。

公孙丑曰:"君子之不教子,何也?"孟子曰:"势不行也。教者必以正。以正不行,继之以怒。继之以怒,则反夷矣。夫子教我以正,夫子未出于正也。则是父子相夷也。父子相夷,则恶矣。古者易子而教之,父子之间不责善。责善则离,离则不祥莫大焉。"

"易子而教"颇有趣,古代之太子教育,必择陪读者,亦便于太子太傅少傅在教育太子时指桑骂槐,既保全储君之尊严与君臣之礼,复顾全师生之礼与教授之责实。只苦了陪读者,每代太子受责骂,所以古有俗语曰:陪太子读书。可见幼蒙之教育实难始终和颜悦色,而有必要时"继之以怒"之处(实则此亦无稽,按现代心理学理论,婴儿小孩主情绪的杏仁体或情绪脑很早就已发育成长,但主理性的大脑皮层的发育成熟则要晚得多,故婴儿小孩天生难以控制情绪,明乎此,则父母在教育小孩时便当多一份耐心与循循善诱也。当然,所谓"善诱",绝不是哄骗。不赘)。不过儒家太过多虑,父教子之时的偶怒,何损父子之亲爱也。但易子而教亦确有其一定之价值,故曰严师慈父。幼蒙眼中的老夫子形象,怕都是大恶人吧,敬畏的成分多,爱依的成分少。不过,这些都不成其为问题,小孩长大后,鲜有对蒙师记恨的,尤其在中国这样尊师重道的国家。当然不能过度体罚。此外又有易子而食,则残忍虚伪也,乃后来之伪儒所生造者。

儒家主张:父子不当责善,但可争谏不义,而有显谏与微谏、几谏之分。

此或本意便在讲父教子当以其正,不可"继之以怒"。"以正不行"言子一时不能领教也。但因此而想出"易子而教"的办法,固或可,然或亦不必,而可以有其他选择,比如,"父不当继之以怒,而耐心温言,循循善诱为佳"。孟子言"古者",乃告诫为父者,不当耐不住性子而继之以怒而待子,以免父子相离,而未必是倡导易子而教,或认为只有易子而教之一途。然据"君子不教子"、"势不行"而言,此解或不合孟子原意,然乃优于孟子之原意。

此论有稍可笑处，何必如此！当申父不怒则可，且夫子本来便当出于正而免其子之夷，何必言及“父子相夷”。且父子之间，本当父以表率，父以责善教子也，何至担心其子之反夷。或曰其子成人后，亦可谏父从善也。何必如赵氏章指所云“易子而教，相与成仁”？课子读书从善，不亦相与成仁、恩情相维乎？（此亦涉及教学法；情感规律；根据幼儿心理特点而特别施教等论题，读者可自思之。不赘。）

“反夷也”当从上读，“夫子”以下，乃孟子模拟孩童口吻而责备父教子之“继之以怒”，“继之以怒”即孩童所云“夫子未出于正也”。孟子于此，言父教子当以正言正情正态，不可暴怒恶詈也。

此亦可对照匡章之“子父责善而不相遇”。

“援天下以手”乃是真的“势不行也”，“君子之教子”则未必是“势不行也”，父之不怒何难？今之教育学理论于此多有论述。

> 孟子曰：“事，孰为大？事亲为大。守，孰为大？守身为大。不失其身而能事其亲者，吾闻之矣。失其身而能事其亲者，吾未之闻也。孰不为事？事亲，事之本也。孰不为守？守身，守之本也。曾子养曾皙，必有酒肉。将彻，必请所与。问有余，必曰：‘有。’曾皙死，曾元养曾子，必有酒肉。将彻，不请所与。问有余，曰：‘亡矣。’将以复进也。此所谓养口体者也。若曾子，则可谓养志也。事亲若曾子者，可也。”

或解曰：“曾子养曾皙”此段，言曾子虽担心因为父亲将有余与人（或所爱之孙辈）而导致父不能复食，却仍如实相告，以守自身之诚而养父仁善之志；而曾元有同样担心而不如实相告，虽存心爱护父亲（使父亲下一餐能复食之），然其自身行为失之不诚，且又不能顺扬父亲仁善之志，故曰只是养口体者也。

父母之养儿女，亦当养志。不可徒养口体也，故儿女有玩好，当鼓励其与人共享共乐之，乃至赠送之。

此“养志”，亦上文之“守身”、“诚身”也。此一“养志”又同于曾子之“守约”，养其为仁之心志也。

“敬身为大”，然而不可仅以孝言。

孟子曰：“人不足与适也，政不足与间也。唯大人为能格君心之非。君仁，莫不仁；君义，莫不义；君正，莫不正。一正君而国定矣。”

孟子此语，言当政之小人不足与适（同谪）也，其政亦不足间也，皆由君上失职故耳，故当责格于上，而后上行下效，风气清正。其论述逻辑乃为：中国古代之政治，大多从上烂起，亦当从上治起，得其仁正之君上，则风云际会，人才涌现而天地焕然一新，以往乱政之人或匿或改，而有政风新气象。今则以民治政府、限制公权力、保护公民权利、民选陟黜、监督法治为思路。

此言吏治最为重要，自身正，不令而行也。

现代西方重制度，古代中国重人心；现代西方重由下而上之监督制约，古代中国重由上而下之示范。然人心从何而来？古代中国重文教，重世风，重忠谏，然亦往往而不克，尤其是末世乱世，更为政乖俗乱，触目惊心，故仍需同时有制度辅助之。

“人不足与适（同谪）也，政不足间也。惟大人为能格君心之非。君仁莫不仁，君义莫不义，君正莫不正。一正君而国定矣。”孟子不斤斤于小人小事小体，而欲先立大本大体，本立则小人小事不能进逞，则政简矣。否则穷其精力于人事勾斗，岂有余力于国之大政正事。大本大体者，孟子以为“格君心之非”，以及基本制度建设等（其实亦应包括基本社会礼乐建设）——如前文所述之“为民制产”、“惠而不知为政”等事即是此意——，亦即根本“为国之道”。

古者以谏诤之人治法“格君心之非”，又有太子教育之事，今则当同时以制度、以考选及民选、民黜而格“君”心之非（所谓“君”，比喻意义也，今乃指国家公职人员，与古代君臣官吏已根本不同矣），其次则有比喻意义上之所谓臣（下属据行政法等公法而来）之谏诤或据理据法力争，乃至拒绝执行非法之行政命令，以及普通国民教育也。

“一正君而国定矣。”此乃在王权制度下是如此，在民治国民政府则非是，政治文化或政治制度背景不同故也。读者当深思之。

在君权专制（中性描述）之时代，正君为首要之务，其所用人行政之失，乃恰因君心不正所致，若格正君心，则国君自将以其专断之权力，而罢黜佞臣小人，推贤进能，施行仁政善政良政。故曰：“一正君而国定”。何人能正君？唯“大人”能之，孟子以此勉励君子当勉力自修、进德修业而为大人贤德，以此来感染激动国君，成就其正德利民、王道仁政之心态行政也。

“上二章言父子，此章言君臣。父之教子，必先自出于正；子之事父，必先不失其身。君之定国，必先正其心之非；而臣之辅君，必先自居于正。……”[①]此处总结近三章之意旨颇切。

孟子曰：“有不虞之誉，有求全之毁。”

君子不可为不虞之誉，亦不可为求全之毁，而当平正其心，真诚、平实、中正论人、论事也。虽然，虽有诚心，仍或有障目之可能（个人理性的限度），故亦无法全然避免不虞之誉、求全之毁……然当始终一贯，以诚心公平发言论事也。

“言毁誉之言，未必皆实，修己者不可以是遽为忧喜。观人者不可以是轻为进退”[②]，论人者亦不可以是月旦臧否。

不虞之誉不敢当，不以自喜；求全之毁不在意，不以为忧。

孟子曰：“人之易其言也，无责耳矣。”

“人之易其言也，无责耳矣。”倘是官员或每易发其胡言乱语，有时乃至违背基本常识或基本文明共识，皆由乏言责之故。然一般公民之言则为言论自由，不可苛求。然虽曰不苛求，而仍须合法或不违法，又不违背公序良俗；于公民个体而言，则仍须有自我责

① 焦循，《〈孟子〉正义》，p526。

② 朱熹著，《孟子章句集注-离娄章句上》。

实之意，以成正人君子人格也。国民公民当有君子品格之追求也。

“人之易其言也，无责耳矣。”重然诺，树信誉。

君子之行，皆当本乎心（动机与价值观），心行皆配义与道，以此评价之，至若不虞之誉、求全之毁，皆未足以改动其心志。

孟子曰：“人之患在好为人师。”

好为人师未必全然不好，仍看如何表现也。强词夺理，唯我独尊，盛气凌人，高声教训，固然不好；乐于解惑，诲人不倦，则亦好矣。

此处之好为人师，言其有自满之心；若夫倘为人师，则尤当进学不懈也。

乐正子从于子敖之齐。乐正子见孟子。孟子曰：“子亦来见我乎？”曰：“先生何为出此言也？”曰：“子来几日矣？”曰：“昔者。”曰：“昔者，则我出此言也，不亦宜乎？”曰：“舍馆未定。”曰：“子闻之也，舍馆定，然后求见长者乎？”曰：“克有罪。”

当多与贤者交游请益。

从有德者、长者游。

责备之本义：于己，当责贤责备；于一般人（常人），则“勿责以备”。或曰：自责以备，勿责备于人。

孟子谓乐正子曰：“子之从于子敖来，徒餔啜也。我不意子学古之道而以餔啜也。”

孟子曰：“不孝有三，无后为大。舜不告而娶，为无后也，君子以为犹告也。”

对于“舜不告而娶”一事，朱熹解之曰：“舜告焉则不得娶，而终于无后矣。告者礼也。不告者权也。犹告，言与告同也。盖权而得中，则不离于正矣。范氏曰：‘天下之道，有正有权。正者万世之常，权者一时之用。常道人皆可守，权非体道者不能用也。盖权出于不得已者也，若父非瞽瞍，子非大舜，而欲不告而娶，则天下之罪人也。'"[1]道或固有正有权,然权亦当有理据,有后效责实,能自圆其说,不然则文饰也。

"赵氏曰:'于礼有不孝者三事:谓阿意曲从,陷亲不义,一也;家贫亲老,不为禄仕,二也;不娶无子,绝先祖祀,三也。三者之中,无后为大。'"[2]对"于礼有不孝者三事"[3]之解读,换以现代文乃为:不走正道,不工作造福家庭社会,不生小孩。

> 孟子曰:"仁之实,事亲是也;义之实,从兄是也;智之实,知斯二者弗去是也;礼之实,节文斯二者是也;乐之实,乐斯二者,乐则生矣;生则恶可已也,恶可已,则不知足之蹈之手之舞之。"

个人自我片面强调单向之仁义忠义,固然是求仁得仁之意;然若谓君上无德作恶亦必须随顺,则过分而愚忠愚义也。必也(君臣朋友等一切相与对象)皆有德义之心行,而后有对等之德义砥砺。

仁义礼智乐,一于仁义也。

"仁之实,事亲是也;义之实,从兄是也。"此仍言仁义之根本而已,不可拘泥,否则皆狭隘,而将人束缚于家中,不得游观天下,参与公共事务,发挥个性特长等,亦过矣。倘仁义只如此,则不过小家庭伦理与社会伦理而已矣。实则亦有仁爱推达治平天下之义也。

对照上文对于"反身不诚(实),不悦于亲"的相关论述,仁不止事亲,而举事亲为首要入手之事例,而包含万事;义不止从兄,而暂举从兄为入手之事例,而包含万事。孟子论说策略逻辑,常常如此,举一事而包含万事也。未如今日语言学、逻辑学之严格科学定

---

① 朱熹著,《孟子章句集注-离娄章句上》。

② 朱熹著,《孟子章句集注-离娄章句上》。

③ "赵氏曰:'于礼有不孝者三事:谓阿意曲从,陷亲不义,一也;家贫亲老,不为禄仕,二也;不娶无子,绝先祖祀,三也。三者之中,无后为大。'"参见:朱熹著,《孟子章句集注-离娄章句上》。

义。然孟子言仁义首明事亲从兄，亦有其深意，以此二者为真实效验，又为家庭社会国家稳定之根本(重)也。

“礼之实”云云，言礼不外乎事亲从兄等平常日用中之人伦规范也，“乐之实”则乐此事亲从兄等之人伦相处之情意也，皆举事亲从兄而包含一切人伦礼义礼仪规范也。人伦相处情意之乐，日用平生之乐，发乎心盎于背，而手足舞蹈，造作人生之事以乐爱也。中国人重人伦相处情意，以之为人生快乐心情愉悦之最重要来源。仁善皆在人伦、人际相处之实事情意中，此为古代中国人之认识；后又以著书立说、得位行道、发明科技、造福人类为仁善为欢乐也。(又：家和万事乐而万事兴也。)

上文关于“反身不诚(实)，不悦于亲”、“仁之实，事亲是也；义之实，从兄是也”的评论中所言“举一例而包含(举)万事”云云，固是如此，然此一事与所包含推衍之万事，毕竟有首要、次要之分，如同“爱有等差、施由亲始”之儒家“别爱”然。于儒家观念而言，仁善无等差，爱有差别。仁善当准行乎一切人事，而以事亲从兄为首要入手与效验也。事亲之不为，已失仁善也。

“唯大人能格君心之非”，“唯圣人能格顽父之非”(如舜与瞽叟)，“至诚而不动者，未之有也”，此皆言人当“思诚”、“至诚”，当自修进德不止，则事无不达不动也。(又：“其身正而天下归之”，“苟为不畜，终身不得”、“自暴自弃”等，而皆行仁由己、反求诸己而已。)

“不告而娶”，则君子大人亦当心有定主定则，不当以其为父兄尊长之一时未明智之决定而遂亦盲从曲从之，而陷父兄尊长于不义不正，而当则道则仁，配义与道，反求诸道，反求诸己。此亦是上文所言“悦亲反诚，诚身明善”(事亲则诚善)、“守身事亲”之意。不可枉己枉义从人(徇人)(包括君、亲、师、友等)。人固当孝亲尊亲，然不可曲徇之而长养亲上之恶，人之相交，如君、亲、师、友等，皆当如是也。(“其何能淑，载胥及溺”，岂可乎！)

“责难于君谓之恭，陈善闭邪谓之敬……”按照相关解读，则舜之不告而娶亦是对父之恭敬，“父子之间亦可责善”（“师徒之间自当以道义相规而鸣鼓而攻之”，而所谓“攻”者，匡谏责让也，而仍自有其礼节尊重也）……此则如何与“不顺乎亲”相一致？有人以“天下无不是的父母”为说（朱熹），则不好，吾则以为如朱熹而加道义于其间为是，而婉谏之，共顺于道义。

对照匡章“子父责善而不相遇”（《离娄下》）。

> 孟子曰：“天下大悦而将归己，视天下悦而归己犹草芥也，惟舜为然。不得乎亲，不可以为人。不顺乎亲，不可以为子。舜尽事亲之道而瞽瞍厎豫，瞽瞍厎豫而天下化，瞽瞍厎豫而天下之为父子者定，此之谓大孝。”

“天下大悦而将归己。视天下悦而归己，犹草芥也。惟舜为然。不得乎亲，不可以为人；不顺乎亲，不可以为子。”孟子此处亦可谓是夫子自道，孟子受慈母教诲抚爱之恩重，故有发乎至诚之孝心，体悟深切，乃有此语此思之深切诚恳……

离 娄 下

孟子曰："舜生于诸冯，迁于负夏，卒于鸣条，东夷之人也。文王生于岐周，卒于毕郢，西夷之人也。地之相去也，千有余里；世之相后也，千有余岁。得志行乎中国，若合符节，先圣后圣，其揆一也。"

舜与文王，虽曰东夷西夷之人，实只是就其所处地域而言，并非是民族或种族意义上的异民族。"得志行乎中国，若合符节"，言其所处之时世地域虽不同，而其圣贤品性心志则一也。

其实此处所谓"东夷"、"西夷"，皆以地名该其地之人耳，并非民族差别意义上的东夷西夷。

或曰：中国历史上亦确实有外夷入主中原而建政称王者，然其中亦有自厕身于华夏正统，不敢另辟统纪者也。

得位以得志，得志重得位。

子产听郑国之政，以其乘舆济人于溱洧。孟子曰："惠而不知为政。岁十一月，徒杠成；十二月，舆梁成，民未病涉也。君子平其政，行辟人可也，焉得人人而济之？故为政者，每人而悦之，日亦不足矣。"

小惠而不知为政，故善为政者当思务根本、立法度、创设施，以普济民、国。教人以一种天地清高、堂堂正正、自树自立之气，亦是为政立人之大本（即正教）。为政不为悦一二人，乃悦千万人与全体之人民也。好为小恩小惠者，必有以掩其大贪大墨以售其奸之处。为政者之言,虽看似对一人言,实则对千万人言也,可不慎乎。

为国政,倘不务根本,或根本未立定,而一味好行小惠,则每败坏大政(大本),每掩其大政不修之失。

以古代政治术语言,为政当有君国大体、封疆大体,等等,不可徒为小恩小惠、小仁小义以猎市不知就里之人心。

民众有所病,则当以公共行政(今日提供公共产品,包括立法、立制等)济便之,如“雨毕而除道以便行旅,水涸而成梁以便民转运,使不涉水也”然。政者,先以普遍法度行公共行政也,普遍便利于人民;然非无法度而偶发慈悲,尤非但以小惠市私恩(而当王道神化之①)。民众有所病与不足,则为立法立制以及公共行政普济之,非单每私与之而无法度无效率也。《孟子》后文亦讲“圣贤与王道之神化而民众不知”之圣王之仁心与效果。

公职人员以法度行公共行政,恰所以正当、合理、有效率之真正“人人而济之”、“每人而悦之”(普济);治国为政,不可忘忽大政、公政、普政而务私恩偶慈,若行政无法度效率,不讲科学与法度,则虽“每人而悦之,日亦不足矣”,乃是愚庸、无能、无智也。

> 孟子告齐宣王曰:“君之视臣如手足,则臣视君如腹心;君之视臣如犬马,则臣视君如国人;君之视臣如土芥,则臣视君如寇雠。”王曰:“礼,为旧君有服,何如斯可为服矣?”曰:“谏行

---

① 笔者曾游宁远古城(最初名为宁远卫城,后改称兴城,今或曰兴城古城,在今辽宁兴城市),古城内仍保有明代以来的若干(祖氏)石坊(牌坊),石坊最高处的立匾上皆雕刻有“王音”二字,当时看到,与平常从思想史等角度的思考的感觉又自不同,颇为感慨系之,又可与王化、正教、王道仁政、王师、天子、王道浩荡等词语进行关联想象。亦可设想其时明代边地人民对于“王音”、“王化”、“王道浩荡”、天子、王师等的特殊情感、信念、想象和期待。天子、王音、王化云云,对于一般庶民百姓尤其是边地人民而言,是天下国家和仁慈庇护者的象征,而并不是专制独裁、横征暴敛的暴君和剥削压迫者。当时又见兴城古城上到处悬挂着令旗等各种旗帜,仍大书一“袁”字,亦是感慨万千。此外又参观了附近的首山——为当年宁锦大捷之主战场之一——,而遥想当年包括宁锦大捷等在内的战事史事,亦皆不胜感叹而多思考。此皆不赘。韩国景福宫亦有“光化门”及其匾额。

言听，膏泽下于民；有故而去，则使人导之出疆，又先于其所往；去三年不反，然后收其田里。此之谓三有礼焉。如此，则为之服矣。今也为臣，谏则不行，言则不听，膏泽不下于民；有故而去，则君搏执之，又极之于其所往；去之日，遂收其田里。此之谓寇雠。寇雠何服之有？”

“三有礼”乃孔孟等先秦儒家所传述、设想、倡导之先王礼乐中之有关君臣之礼义之内容（礼制与礼治），如此而曰君臣有义，乃是一定程度之对等礼义礼仪，并非后来的君主绝对专制和高高在上。或曰：此必贤君或有君子品性胸襟之君王方能为之，然或恐于乱世末世，则此种君子之臣亦罕矣。质言之，孔孟一般儒家所传述设想的先王礼乐制度废弛即礼崩乐坏之后，则君臣皆不贤不义，无所谓君臣有义，而虐杀弑逆相循也，故“孔子惧”而作《春秋》。

孟子及儒家对于君臣关系等之议论，乃是在王权私有专制的既有历史（现实）背景和政治背景上来谈，故每不得已采取上层路线，苦口婆心劝导君王统治者。设若有民治或国民政府、契约政府、有限责任政府、共和（republic，关于此一词语之具体含义，笔者在其他著述中有专门探讨，兹不赘）、人民主权等观念，则君臣、君民、臣民关系便大不一样。

“今也为臣。谏则不行，言则不听；膏泽不下于民；有故而去，则君搏执之，又极之于其所往；去之日，遂收其田里。此之谓寇雠。寇雠何服之有？”《孟子》一书中，孟子既为贤者士人、宾师争礼争权利（如《万章下》10.3，10.4，10.6，10.7 等皆是）——孟子有时似乎在君卿对待自己的礼仪和权利方面颇为锱铢必较、顽固或较劲，比如《公孙丑下》4.2“孟子将朝王”一节，比如《滕文公下》6.7“不见诸侯何义”一节等，其实不过为贤者士人群体争礼争地位争权利而已，乃动以自身言行而为世范，而为士节、政教乃至天下立法，岂是小器而斤斤为私利哉；亦为臣“争”礼“争”权利（如此处之所谓“三有礼”，以及其他类似论述——其实，为贤者士人宾师等争礼争权利，亦是为臣官争相对于王君卿大夫等之礼仪与权利，因为在孟子的观念和设想中，本来就应该选贤任能，以贤能为臣官）；又为民争礼争权利（比如"为民制产"、使民有时、民本等，皆是也）；当然，也为君王争礼争权利（此种思想及论述同样随处可见）。事实上，孟子几乎为一切群体或人众争礼争权利！质言之，亦可谓孟子乃是为所有阶层人民争权利也，而维持某种在孟子看来是仁义、合理或公平的法度和礼制（权界与礼界，或权利义务界限与礼义礼仪规范），以此期待和实现所有阶层人民的和谐相处或共处，不"逾'矩'"即不僭越礼仪界线，乃至以此使得所有阶层、群体、民人在相与时皆能维持有一种好意，而实现某种意义上的"共乐乐"的生活状态或天下大同的仁义共同体生活。

所以，虽然正如本书中的其他部分所提及的，孟子在《孟子》一书中的言说对象主要是王君卿大夫和贤士君子等所谓精英群体，但我们在《孟子》一书里看到，孟子却并不是简单化地仅仅站在某一特定群体的立场和利益上来进行思虑和言说，而几乎是顾及当时所有的重要群体或人众来进行言说，和文化、伦理、政治制度等的建构（用今天的大白话或口语来说，就是至少在姿态上做到了并未"拉偏架"，或忽视其他人的权利要求以及不同群体、个体之间的权利平衡而一味"自说自话"地声索过度，或离开整体系统和不考虑整体系统的衡平性或系统可能性而简单化地思考和声索，乃至偏激地走向极端，走向"个体极化"或"群体极化"等[①]），按照其自

---

① 作为个体，在现代社会"民主"已经成为一种基本的进行政治参与、表达权利诉求、达成政治共识的政治方式或行动方式的情形下，个人可以在相关法律框架内（宪法及其他法律），表达自己的利益诉求和权利诉求，如此这般地声索其个人权利和利益，而或许无法同时在整体上全面兼顾考虑其他群体的利益诉求乃至整个系统的衡平性与可能性——这却是整体政治体系或更大的整体文制系统本身在建立或形成之后就内在含有或保有的，否则就意味着本来就是一个不稳定乃至无效的政治体系或文制系统，或仍然处于演化过程中，是体系和结构本身的问题，不是"合系统规则"（另一种或另一层次层面的所谓的"合法性"）地在系统内行动的个体的问题；然而，（转下页注）

身所深信不疑或深思熟虑、全面考虑后而深信不疑的价值观念（仁义礼乐系统）和标准——当然，在今天，这些都是可以并且应该以批判性眼光来批判的，事实上，按照现代人文主义、理性主义和民主主义的思想观念，一切价值观念和标准都可以、应该和必须不断地经过批判性质疑，或不断地进行“正当性”的自我证明或论证——来进行全面的、整体的、系统的、不偏颇的整体系统设定和全面文制或文化构建（政治、经济、伦理、道德、社会结构、权力结构等）。

这样一种做法，就其用心而言，是至诚恳切的、严肃的、认真的，确有好意，或表现出某种圣贤之心意胸怀；就其思考方法（乃至态度立场方面）而言，则亦表现出某种全面、系统、整体、衡平乃至公平思维等的特点（不偏颇、不偏私或不私心昭著，甚至可以说是某种客观中立的分析思路，虽然那时并未发展出或明确界定出现代认识论意义或社会科学方法论意义上的“客观”和“中立”的概念或意识），亦有其可取处。而就其价值观念等方面而言，甚至先秦时期孟子等人也未必无“正当性论证”之意识，其言天、天道乃至先王之制等，亦可谓是顾及正当性或合法性——只是其时其所认定

（接上页注）作为有志治国平天下或为天下立法者——比如中国古代儒家思想文化所赞慕的圣贤，各种宗教里面的“神”、教主或圣徒，世俗君主等统治者或权力所有者，以及现代社会中的各种立法机关及其成员（当然，这样的现代立法者及立法程序等，和前三种极为不同）等——，却不能如此行事或意气用事，不能只顾自己或自己所属的群体、阶层的利益，乃至不能只顾大多数群体、阶层或个体的利益而忽略其他群体、阶层、个体的利益。当然，从更高的要求而言，普通公民也应当更理性地进行民主参与，理性地提出自己的合理诉求，顾及其他群体的合理要求和权利，以及某些公共事业的相关要求，乃至必要的妥协，这是民主的必然要求和结果。这个论题非常复杂，限于篇幅，暂不深入展开。我们只要先记住这一事实：即古代立法形式（包括立法者、立法过程、立法标准、立法初衷等）和现代立法形式不同——当然，这并不意味着他们之间的简单的高下优劣关系。另外还要考虑两点因素：一方面是立法者可能的眼界的局限和智力的限度，另一方面是立法者个体的可能的道德的限度。但即使这样，也不能简单地和绝对地完全否定和否认古代圣贤立法的意义、价值和现代借鉴的可能性。

的进行正当性论证的根本价值之道或标准，与今天不同。换言之，即使其时或无“客观”、“中立”这样的显在明确概念，也没有现代政治学意义等上的“民主讨论”、“协商民主”、“共识”、“正当性”等概念，但却有“知言”（反向而言，则为诐、淫、邪、遁之辞）——对应于所谓的客观中立等概念——、“仁义”、“性本善”、“民本”、圣贤精神、圣贤神化和圣贤立法（以及后来的横渠“四句教”）、天下为公等观念，在相当程度上可以和相关现代价值观念等衔接起来——当然，在此也必须承认，在科学方法、逻辑、认识论等方面，中国古代思想文化或许存在着不甚精密或精确等的问题。

总结而质言之，就其价值观念、思想主张、政治哲学或价值标准而言，孟子所秉持的礼义系统、礼乐系统、先王之制乃至儒家实质所持的建立在“别爱”基础上的仁义的价值标准，都存在其一定时代局限性，在今天都可以进行商榷和批判性分析。也就是说，如果以今天的更为明显乃至已经被视为“理所当然”的文化价值观念来对照和批判，则也可以说，惜乎孟子并未明确提出“平等人权”之说，而只是在不过分的阶层制乃至开明等级制基础上，提出不同阶层与人民之相当的权利与尊严，以及相应的礼义、礼仪、伦理、权力结构、社会结构、经济结构等的一整套系统安排，或特别文化安排。从发展孟子思想的角度而言，今当扩展之，争平等人权，并以合宜之制度确定之；而又或可设计基于好意与某些人群特殊性或人伦特殊性的具有某些优秀中华传统文化特点和优点的仁善人际礼仪，而成一民治、仁善、美好之社会与国家也。

此外再稍做一点补充论述。如前所述，孟子的问题在于，孟子所给出、设想或依据的礼义、礼仪、礼制体系或伦理结构体系、权力结构系统等，却是西周以来周公、孔子所规划概括的那一套具有一定对等性而同时又具有显明的等级性的礼乐系统或礼制系统。虽然孟子对此或有所微小的调整取舍——比如在其论述中所隐约表达的“圣贤自王”、“圣贤共王”以及对于暴君独夫的“变置”、“诛独夫”乃至汤武革命等观念——，却大体要求以之为基本标准和法度，从而和先秦儒学共享着一些共同的缺陷或问题。不过，即便如此，与此同时，值得提及的是，这样的一种要求现实的政治必须依据“先王之制”、先王法度或王道仁政、礼乐制度等既定原则和法度的理念和做法，也在某种意义上表现出了先秦儒家的“礼治性法治”的特点来——当然并非今日建立在平等人权基础上的现代法治。

每家每派之振兴、光大、发扬，皆有赖于得其大才伟人，为之述作创造、别开生面，而光宗耀教……（孔子固然是儒家之集大成者）孟子可谓儒家之大才，其学每多承传周孔子思，又有新见创造，发皇起绪，亦可谓集大成、大创作。孟子思想中亦有矛盾处，其人其才亦或有不足处，其所谓雄辩，亦或不无名学不周之武断者，乃至因此而或有近似于诡辩处，亦有思想义理方面之局限处，等等。然孟子究竟才大而将其学思所得糅合成一大体系，为功儒家。孔、孟有同有不同，孟子之不同于孔子处，恰孟子后来被纳入儒家道统人物系列（《孟子》一书纳入儒家经典之事亦复如是）之原由之一。今日各家各派（儒、法、佛、道、墨等，乃至包括科学在内的一切现代学术）或皆乏大才通才伟人。则曰：专学初具，通人有待，新正而集大成而创制者何在？

子曰：“无罪而杀士，则大夫可以去；无罪而戮民，则士可以徙。”

“无罪而杀士，则大夫可以去；无罪而戮民，则士可以徙。”并非愚忠于暴君昏君，实则一（合）于道义。今则不仅是“去”与“徙”的选择，而当申之以公义公力救济，将之（不法官员）绳之以法也。

“无罪而杀士，则大夫可以去；无罪而戮民，则士可以徙。”由孟子此言可知，即使在专制王权私有时代，士臣亦不必忠臣于昏君昏官。今则不然，无罪而杀士戮民，则国家公权力、政府、法律等将依法处置之。古之所谓“君臣”或今之所谓官员、政客或政府公职人员也。

孟子曰：“君仁，莫不仁；君义，莫不义。”

孟子曰："非礼之礼，非义之义，大人弗为。"

"非礼之礼，非义之义，大人弗为。"合乎正常礼仪礼节便可，不必过度。倘若其人之礼，每多看客下菜之选择性，或超乎正当、正常之礼貌礼节，不合于正常应有之常礼，则或有非礼之谄之求之伪也。先当有合理正当之礼节礼仪（其前提在于建立经得起正向优秀现代价值观或先进人文价值观念推敲和拷问的合理之礼义）（正当性），而后动辄合理合义合礼（合法性）；非礼之礼，施受而主客皆辱；非义之义，亦只是歪义错义、假情假义。礼有其一定之轨则法度，过则非礼，故曰礼法。质言之，礼有法度，乃至礼即是法，既经正当性推敲或自证正当性之后（亦即制礼或立礼、议礼程序，对应于今日法学所谓立法程序等），乃可奉行之；则既定之后，不可任意违反变动，故曰礼法。礼仪建立在（经过严格正当性推敲和拷问之后而创制的）严格的义法、礼义规范的基础之上，又有相应的礼仪程序、絜矩，有法有度，故谓之礼法。古之行礼之人亦有一种尊严，受礼之人亦当对等还礼，行礼受礼皆有自重与尊人重人之意，而便有一种清严。倘无正礼义、正礼仪，则今或有行非礼、受非礼之人，皆不知自尊自重自爱，亦不知尊人重人之真义也（"教人以善谓之忠"），故其人其礼其仪也早就没了正礼的真正韵味。行礼与受礼皆是非常严肃平正的，有其规矩法度，不可逾矩，或有所差池、随便与敷衍，否则便失去礼之本意。行礼与受礼都是一种精神的提振与端肃（行礼者倘误自以为低人一等，受礼者倘不回礼，或又误以为自己高人一等，则此皆未能理解礼之内在含义）。古代人行礼或受别人行礼，都是极其郑重其事的，不敢造次，遑论嘻嘻哈哈打打闹闹了。古人之有修养者为什么有一种端严肃穆之风度？平日里礼义仪节之端肃的训练，是其重要原因之一。古代祭礼、拜师、祭天等等，向来是肃穆端正、一本正经的，所谓如祭仙灵、如承大宾……《礼记》第一句，即是"毋不敬"，可见此为中华文化和中国人精神之最重要因素之一。重塑中国人之精神气节，首先从教中国人怎样行正礼、受正礼开始——而礼本身，亦当重塑（正当性重塑和自证）而合于人权、人格平等、自由、对等、仁爱等古今优良价值观念。

“非礼之礼，非义之义，大人弗为。”（比如邪礼邪义）。此处之意，同于“不虞之誉，求全之毁”、“声闻过情”之事例等。

孟子曰：“中也养不中，才也养不才，故人乐有贤父兄也。如中也弃不中，才也弃不才，则贤不肖之相去，其间不能以寸。”

“中也养不中，才也养不才，故人乐有贤父兄也。如中也弃不中，才也弃不才，则贤不肖之相去，其闲不能以寸。”此为人际之亲善情意。又：君子不可仅独善其身，亦当垂范劝善，敢于主动正向作为，当仁不让，或如佛家所言，而有法布施、无畏布施之心行。化民成俗，乃君子之职责也。亦可对应今之真正无私心私利之志愿者文化。又可关联公民意识来讨论。

倘贤父兄之中、才养不中、不才，则不必易子而教，明矣。

或曰：古人概念不精确，德、贤、才、能等混用之。又或曰：其实先秦人用词有精确处，后来意义扩展，或因为不能为所有概念造出新字，故暂借用同一字而表示其他含义，如此而慢慢与其本来意义混淆交叉，遂有不精确之嫌。古代汉语有“音韵训诂学”，西方亦有所谓“词语考古学”等之说，可联系语言学、语言哲学、语言进化学等客观分析看待之。语言进化和语言精确化，是一个颇为复杂的论题。

此小节言父兄当教子弟以善，即父兄当责善于子弟，此为父兄之责任义务，而与子弟之孝悌责任义务相对应。

孟子曰：“人有不为也，而后可以有为。”

“人有不为也，而后可以有为。”佛家以“舍-得”二字概括之。

孟子曰：“言人之不善，当如后患何？”

“言人之不善，当如后患何？”此句不可拘泥之。劝善责善、匡斥不仁不义等，乃皆为君子之责任。

“言人之不善，当如后患何？”此句颇不可解，焦循所解[①]，亦不甚切，似非孟子性格与思想。

或曰：吾人尊重孟子其人，恰在于其锋芒毕露之处。孟子之过不在锋芒太露，而在于或偶亦有妥协者也（如政治现实主义思路）。幸而其尤多锋芒，故其人格遂彪炳至今也。前言或有不确处。然质言之，于礼义当有锋芒圭角，于情意则可敛锋芒、平棱角，温厚仁爱，与人为善，温温文雅，文质彬彬，温良恭俭让。锋芒圭角亦不可不有，儒家因为孟子及其后诸儒贤所展现之气节锋芒，遂不至萎靡沉沦，而激励挺立以至于今也。后世陋儒在强权、专制下匍匐觳觫，苟合取容，明哲保身，苟全性命富贵而沾沾自喜，自夸其智巧油滑、谄媚无骨，遂反谓孟子锋芒太露；及其后贤明刚毅之儒士因挺立道义而命运多舛、动辄得咎时，又有陋儒或竟谓其咎由自取，实在可恨。实则陋儒小人之苟合取容，亦足以帮闲帮凶、为虎作伥也。

孟子曰：“仲尼不为已甚者。”

“仲尼不为已甚者”，朱熹注曰：“已，犹太也。杨氏曰：‘言圣人所为，本分之外，不加毫末。非孟子真知孔子，不能以是称之。’”[②]说话行事，皆当如此，不夸饰，不冒进。文人夸张扬厉之风，只可或见诸文学，不可见之于论事行事。实际言行当合于儒者平正实在之轨辙。然而衰世乱世，狂狷者、英雄豪杰之言语行事，亦或有激浊扬清、鼓舞士气之作用。

“仲尼不为已甚者”，亦不过甚其辞。

孟子之偶似有礼义因循处，或以情意也，亦或受孔子影响耳，义上不让，情上不争，而温良恭俭让，有君子长者之风。争以义，不争以情与气。情则仁爱敬让温恭也，气则以志帅气。

---

① 焦循，《〈孟子〉正义》，p554。

② 朱熹著，《孟子章句集注-离娄章句下》。

孟子曰："大人者，言不必信，行不必果，惟义所在。"

"大人者，言不必信，行不必果，惟义所在。"此真更高一层境界矣。然倘不诚，必流于游荡欺诈、诡辩文饰之无行境地。质言之，言必信，行必果，以义；言不必信，行不必果，亦以义（只是不可欺心）。此真义士儒者之风行。只是不可欺心欺人，一有欺心欺人之侥幸，便沦为文人无行、小人无耻。朱熹亦于此再三致意焉："大人言行，不先期于信果，但义之所在，则必从之，卒亦未尝不信果也。尹氏云：'主于义，则信果在其中矣；主于信果，则未必合义。'王勉曰：'若不合于义而不信不果，则妄人尔。'"①

"大人者，言不必信，行不必果，惟义所在。"倘自非大人，或未修行至大人之境界，则不可以此文饰。

"大人者，言不必信，行不必果，惟义所在。"此又对"言必信，行必果"而言，"言不必信"，知错则改，不惮于改过，而惟义所依所据；"行不必果"，倘合义，即使不得其果，亦称心、心安无憾也。

此小节赵岐之注虽征实有本，便于理解和实行，固然是诠释方法之一。然亦可有其他诠释方式，即直接解为哲思，便可。对于有些典籍或文本思想等，倘抽象解读之，或反而可能有更广大普遍之思想意义，而征实之解读有时反见其狭隘也——且此处赵岐所举之例证本来可议。但汉人或汉学征实有本之学风亦有其价值，读者学子当识之。换言之，读者学子读古书时，须知古人著书，往往每句皆有出处，皆有所指所本，皆有例证；后因时代久远，读者不谙当日情势史实，遂只能望文生义，或直接从字面上作思想发挥或哲思发挥，而有上文所谓之哲学解读法。此可谓从考证或征实解读法转向哲学解读法。此为两种诠释学思路，今皆提示之。其实，从考证到哲学发挥，有时甚至是一种有意选择的重塑典籍文本或古代思想文化的有效诠释方法，而不可无的放矢地简单化斥之为游谈无根、放言

① 朱熹著，《孟子章句集注-离娄章句下》。

空论。详之，则曰：其所本之本事或有非谬处，其所议论或有抽离作者原意、文本原意或历史背景而抽象发挥者，而其所发挥推衍之义理哲思等，若加以严格限定和逻辑表述，则或有其思想价值。考证之目的在于征实与还原，哲学诠释之目的在于(本乎文本而作)思想解读、重塑乃至思想创造。至于此句中，“言不必信，行不必果”，则权也，行权则必有严格条件限定，而以合(大)义为准。

大义、小义，其间之比较权衡抉择，又当有严格限定；又比如今又有所谓义之序列、不可通约之善、总体主义与个体主义之关系等论题关注也。

孟子曰：“大人者，不失其赤子之心者也。”

焦循解“赤子之心”为“保爱赤子之心”，朱熹则解为“纯一无伪”。赵歧两解。朱熹之解又稍类老子。

《礼记、大学-郑氏注》、《说苑-贵德篇》乃至《荀子-臣道篇》所引文字[①]，可用以解说《礼记-曲礼上》之“视于无形，听于无声”一句，此句本义是讲孝道，实则亦可引申发挥之，言当时父母以此原则待子女(慈道)，而当子女长成、父母“垂垂老矣”后，则子女亦当以此原则还待之于父母也(孝道；情商等)，如此解说，亦有好意。

孟子曰：“养生者不足以当大事，惟送死可以当大事。”

孟子曰：“君子深造之以道，欲其自得之也。自得之，则居之安；居之安，则资之深；资之深，则取之左右逢其原，故君子欲其自得之也。”

“君子深造之以道，欲其自得之也。自得之，则居之安；居之安，则资之深；资之深，则取之左右逢其原，故君子欲其自得之也。”此可解为：从心所欲不逾矩，或佛家所谓“正念”、“一心不乱”。

孟子曰：“博学而详说之，将以反说约也。”

孟子曰：“以善服人者，未有能服人者也。以善养人，然后

① 焦循，《〈孟子〉正义》，pp556—557。

能服天下。天下不心服而王者,未之有也。”

以善养人,则同臻于善,则善人之相处,皆心意相通、蔼然和平也。朋友夫妻之间,皆当以此自处相处。

“以善服人者,未有能服人者也;以善养人,然后能服天下。天下不心服而王者,未之有也。”从善非自炫;劝善以提升人。

孟子曰:“言无实不祥。不祥之实,蔽贤者当之。”

善之实,仁爱正义是也。孟子此节或指斥谗言中伤贤者之“蔽贤者”。

徐子曰:“仲尼亟称于水,曰‘水哉,水哉!’何取于水也?”孟子曰:“原泉混混,不舍昼夜,盈科而后进,放乎四海。有本者如是,是之取尔。苟为无本,七八月之间雨集,沟浍皆盈,其涸也,可立而待也。故声闻过情,君子耻之。”

“原泉混混,不舍昼夜。盈科而后进,放乎四海,有本者如是,是之取尔。”有本之学,亦当如此而可源源不断。又如海浪,绵厚沉实,内力深厚,绵绵不绝。倘无博观通识,(乃至远察游历、躬行实践,)单只是看论文、做课题、写文章,便是无本之学,不能长久绵远。

“盈科而后进”。此言为学、修行等皆当有本、自得。修行之不舍昼夜,颠沛必于是,造次必于是,用舍行藏,皆如是也。此为修行之方法步骤。“盈科乃后进”,如此乃为“有本”也。

“苟为无本,七八月之间雨集,沟浍皆盈;其涸也,可立而待也。故声闻过情,君子耻之。”不躐等,不迟滞,不虚矫。

古人训诂,往往直接引用他书他注(包括字典等工具书),有时又武断其义,而不推究其造字之原由、推敲其字所以释此义之因由,倘是如此,则仍是知其然不知其所以然,犹有不足也。若夫能每字皆推究其造字之本原及本义,然后梳理其字义演变引申之史迹(词源学或词源考古学)及规律,则汉字与汉语之研究乃将可更上层楼(汉语进化或语言进化,或者,通过更主动积极的作为,来达成更好、更有效的语言改造与进化)。除了语言学之外,考古学、人类学、历史学、文物学、博物学等皆可助力其中，而贯通之，上古文明历史之迹，或亦可更明达之。

“放乎四海”或亦可解作“达满而如四海之深广渊博也”，或“渐至于海而如海之渊深博大也”，“四海”乃用其比喻义，正与下文之沟浍相对。其德仁知学等，皆有积累，皆累年经月集义而成之，而自得之，而渊博深厚之，而有本也。无本者则义袭而取，无积累，未自得，故“立涸”也；七八月间之雨，皆暴雨，来之疾，去之也速，以其无“纳之己”也。有德者有本，有本即实有之，即反身而诚（实有）；又非乍热乍寒、一曝十寒、心血来潮、情绪不稳、信念不深、义袭而取者（而有一贯之自动行事，言动行止，一举一动，皆循义合道，自然而然，心静如水，波澜不惊，丝毫不乱[①]）；若夫如七八月间雨集而“暴得善声”，则当警惕怵耻，进德修业不止也。赵岐解“声闻过情”甚好，“人无本，行暴得善声，令闻过其情，若潦水不能久也，故君子耻之”[②]。此节乃主要言“进德”，移之“为学”亦如是。

孟子曰：“人之所以异于禽兽者几希，庶民去之，君之存之。舜明于庶物，察于人伦，由仁义行，非行仁义也。”

“由仁义行，非行仁义，则仁义已根于心，而所行皆从此出。非以仁义为美，而后勉强行之，所谓安而行之也。此则圣人之事，不待存之，而无不存矣。尹氏曰：‘存之者，君子也；存者，圣人也。君子所存，存天理也。由仁义行，存者能之。’”[③]此谓：吾人既是由仁义行者，虽迹近愚夫愚妇，实则圣贤也。而即或行之艰难，吾人亦

① 即有深固的礼义价值观、信念、内化规范，和稳定的情绪、行为方式、情感表达方式与行为表现等。质言之，不仅要关注礼义修养，还要注重情绪控制和修行，不然，即使在义理和价值观上有明确而深固的信念，亦可能因为情绪不稳定而导致冲动性的违反相关礼义规范的行为，导致一些负面后果，付出代价——包括情感上的后悔自责等。情绪控制，以及情感表达方式、行为方式的选择和控制，也是修行中很重要的一个方面，不可忽视。

② 焦循，《〈孟子〉正义》，p567。

③ 朱熹著，《孟子章句集注-离娄章句下》。

是行仁义者。倘虽位高学富，而或行之虚伪，则其仁义仍未真正入门入心也。

“人之所以异于禽于兽者几希，庶民去之，君子存之。”虽有君子庶民之分（不合于今日人权平等之现代价值），而实有鼓励庶民修行而皆成君子之意。由仁义行，自然发出，若无其事；若仁义根存于心而无知无觉，则自然而发为大人君子之行事也。

“舜明于庶物，察于人伦。由仁义行，非行仁义也。”焦循解“庶物”为“禽”，似稍牵强，然对照乎上文及章指，“章指言：人与禽兽，俱含天气，就利避害，其间不希。众人皆然，君子则否。圣人超绝，识仁义之生于己也”①，则又合矣。

> 孟子曰：“禹恶旨酒而好善言。汤执中，立贤无方。文王视民如伤，望道而未之见。武王不泄迩，不忘远。周公思兼三王，以施四事，其有不合者，仰而思之，夜以继日；幸而得之，坐以待旦。”

焦循此处所解“执中而权”②，或为中国人或中国式“智慧”之渊源之一，亦为中国人或中国社会、文化问题之根源之一。

乱世、浊世当立贤无方，以贤之难遇难觅，故而急致，乃所以不拘一格求人才也。禹为进德自修克己，汤急中正进贤，文王爱民（若子），武王咨商团结远近贤臣，周公总结创制集大成，而成一代礼乐典制，亦即章指之所谓“礼乐之备”。“武王以太公望为师、周公旦为辅”，此亦可谓君子或为宾师（太公望），或为辅臣（周公旦），由来久矣。至于周公于成王，则父兄宾师辅臣兼而是（有）之。

> 孟子曰：“王者之迹熄而《诗》亡，《诗》亡然后《春秋》作。晋之《乘》，楚之《梼杌》，鲁之《春秋》，一也。其事则齐桓、晋文，其文则史。孔子曰：‘其义则丘窃取之矣。’”

---

① 焦循，《〈孟子〉正义》，p569。

② 焦循，《〈孟子〉正义》，p570。

“王者之迹熄而诗亡，诗亡然后《春秋》作。”孔子之《春秋》之异于（亦高于）晋、楚、鲁之《乘》、《梼杌》、《春秋》者，不仅在于笔削，尤在于微言大义，“定天下之邪正，为百王之大法”，此则其他史籍、史官所不可及处。即“以作经之法作史”，实亦可谓是“文以载道”之意。或亦可曰：此乃“史学中寓经学”，而未必是“以经学代史学”也（以论代史）。微言大义，“以作经之法著史”，与删订《诗经》之意之法一脉相承矣。《诗经》乃可谓“以作经之法作诗”或“以作经之法编诗集”也。此为传统中国学术之一大特点，不同于今人所谓之客观史学、学术中立之义。

《春秋》文成数万，其指数千，义指尤重也。“夫事为会盟攻伐之迹，文为属辞比事之方。文以纪事，义丽于文。”①

“王者之迹熄而诗亡，诗亡然后春秋作。”《诗》与《春秋》相表里。

大略言之，《春秋三传》可谓各有侧重，《左传》则事与文，《公羊传》、《谷梁传》则尤重大义也。辞章文学之徒，倘但以辞章之言观好《左传》，或但为其中之故事情节所吸引，而不遑探其大义，则实亦有本末倒置处②，遇夫先生亦言及此③。然《公羊传》、《谷梁传》（尤其后者）亦稍简隐，虽曰重“微言大义”，实则如无师儒讲说，一般读者未必能领悟或归纳其深义④。今若能将三书合为一本，则

---

① 曾运乾序《春秋大义述》，参见：杨树达，《春秋大义述》，上海古籍出版社，2013年9月，p3。

② 然此亦只是大体言之，因为《左传》中所记载之人物言语行事及史实等之中，究竟含有某种义理或精神，读者不期然而能获得某种感染、熏陶或感召、激励，绝对不可能毫无精神义理层面的影响，甚至尤其因为这种类型的文本能够同时诉诸对于读者情感上的触动，而发生更大的感召作用。中国文化其实从来是经、史、文——广义之“文学”，至少可包括辞章等现代学术体系中与文史哲并称的所谓“文学”——等相互辅翼的。传统士人虽每或曰小说诗词乃小道，实则以文载道传道卫道之做法，自始便有深厚的传统，而直到晚清始由梁启超及其后的新文学运动倡导者等，在《论小说与群治之关系》等论著中，予以完全说破。兹不赘述。

③ 参见：杨树达，《春秋大义述-凡例》，上海古籍出版社，2013年9月，p9。

④ 遇夫先生有《春秋大义述》一书概括《春秋》大义，可参看：杨树达著，《春秋大义述》，上海古籍出版社，2007年4月。

极好，亦难矣哉。此外，虽曰《春秋》之微言大义，非探究公、谷之传不可，然亦多学派纷呈、各执一词、众说纷纭处，仍需师儒讲述和读者之独立思考。

大义正在微言中，若无微言，大义难出也。此为一种特别之论述形式，或不可轻易改易。

"兴灭国继绝世"；"武王追思先圣王，乃褒封神农之后于焦，黄帝之后于祝，帝尧之后于蓟，帝舜之后于陈，大禹之后于杞。于是封功臣谋士，而师尚父为首封，封尚父于营丘，曰齐。封周公旦于曲阜，曰鲁。封召公奭于燕。封弟叔鲜于管，弟叔度于蔡。余各以次受封。"[①]"周公奉成王命，伐诛武庚、管叔，放蔡叔。以微子开代殷后，国于宋。颇收殷余民，以封武王少弟，封为卫康叔。"[②]"太公望吕尚者，东海上人。其先祖尝为四岳，佐禹平水土甚有功。虞夏之际封于吕，或封于申，姓姜氏。夏商之时，申、吕或封枝庶子孙，或为庶人，尚其后苗裔也。本姓姜氏，从其封姓，故曰吕尚。"[③]稍总结之：吴国之内（太伯），太伯为外来者，其居民主体为荆蛮[④]；召公在成王时为三公，主"自陕以西"，周公则主"自陕以东"；宋灭曹（晋人不救）；舜居于妫（guī）汭，因以为氏姓，姓妫氏；楚灭陈、杞等；齐灭宋；秦灭周；秦灭卫；箕子朝鲜；齐、魏、楚灭宋而三分其地；秦、楚皆帝颛顼之苗裔；大费（柏翳或伯益）为赵国与秦国之共同祖先，与禹同治洪水，舜赐其姓嬴氏；赵又与秦共祖先，蜚廉有二子，

---

① 《史记-周本纪第四》。

② 《史记-周本纪》。

③ 《史记-齐太公世家第二》。

④ 其实，此或为先秦史（诸国、诸族等）乃至中国历史上存在的一般规律之一，或是观察和思考中国民族史（民族关系、民族融合等论题）、中国上古史乃至整个中国史（甚至世界史）的视角之一，即在思考相关论题时，应当将统治者阶层或贵族阶层与本土居民或庶民阶层区分开来，至少应该区分不同的情形，比如，在有的情形下，统治者阶层或贵族阶层与其国内本土居民或庶民属于同一个民族，有的情形则并非如此，并因此而导致不同的民族融合过程，或政治文化表现等。兹不赘述。

一曰“恶来”，事纣，为周所杀，其后为秦；恶来弟曰季胜，其后为赵；韩、魏与周同姓，而“魏之先，毕公高之后也。毕公高与周同姓。武王伐纣，而高封于毕，于是为毕姓。其后绝封，为庶人，或在中国，或在夷狄。”[①]齐国周围有莱夷、淮夷等。以上略述上古民族关系等，多缺漏不完。

当时，或孔子之前，亦有诸史。然“诸史无义（但记万事），而（孔子之）春秋有义也”，“义”则贬刺拨乱，故云“春秋作而乱臣贼子惧”。然此或亦有夸大，盖其时诸侯坐大，周王寖微，诸侯与周王不但隐然敌国（对等或相对），且实力早已超迈其上，故春秋时期诸侯国君之惧或尚有孔子所云之“乱臣贼子惧”的成分，到战国时期，则（诸侯国君之）惧尤在或只在诸侯列国关系，不在王君关系。战国时期，诸侯纷纷称王，于王君名分，何惧之有存！

此处谈孔子之“罪”甚有线索。一则孔子自曰不受君命而私作《春秋》，故有罪也，故自言“其义则丘窃取之”，“……其词则丘有罪焉尔”，“知我罪我，其惟春秋”；二为公羊家言，何休注云：“其贬绝讥刺之辞有所失者，是丘之罪与。”赵氏注：“罪我，为时人见弹贬者”[②]，赵歧之注云，“孔子自谓窃取之，以为素王也。孔子人臣，不受君命，私作之，故言窃，亦圣人之谦辞尔”[③]，稍同。则孔子自述之所谓“罪”，乃指私撰《春秋》（以贬刺拨乱）也。

《春秋》作为历史记载之史籍（所谓“史记”）之名，孔子之前各国皆有，而或只是流水账，类似于会计簿册、簿书期会等；又或类《红楼梦》中所谓“护官符”（“官场关系谱”）[④]——然此皆无征阙疑——，至孔子始将褒贬寓于其中，而中国之“史记”遂幡然一

---

① 《史记-魏世家》。

② 焦循，《〈孟子〉正义》，p575。

③ 焦循，《〈孟子〉正义》，p574。

④ 参见《红楼梦》第四回“葫芦僧判断糊涂案”中，门子向贾雨村提供所谓“护官符”的情节。

变也。

此可用以解释文学观念、杂文、讥讽文等，皆因此而作也。微言大义、褒贬讥刺颂……

> 孟子曰："君子之泽五世而斩，小人之泽五世而斩。予未得为孔子徒也，予私淑诸人也。"

"予未得为孔子徒也，予私淑诸人也。"尚友古贤，私淑其人。

五世而斩，故古之封建难以长久也（非长久之计）。私心不得长久，公义方可垂万世。

孔子以至于孟子，于师徒则四世，于时则或过于五世，故孟子有是语是叹。孟子虽受教于子思之门人，盖因君子之泽五世而斩，故其所得尤多从私淑诸人、转益多师、自学自悟而来也，不得亲炙于孔子，而稍有恨（遗憾），不然，或尤有卓异表现也。

朱熹解"人"为"子思之门人"，或"闻君子之道于人，而窃以善治其身"①。然而，"私淑诸人"或亦可解释为"私淑诸孔子其人"。

> 孟子曰："可以取，可以无取，取伤廉；可以与，可以无与，与伤惠；可以死，可以无死，死伤勇。"

"可以取，可以无取，取伤廉；可以与，可以无与，与伤惠；可以死，可以无死，死伤勇。"君子不求必取、必与、必死之名，中庸而行，不引发自己与他人额外过度之预期而过犹不及也。

> 逢蒙学射于羿，尽羿之道，思天下惟羿为愈己，于是杀羿。孟子曰："是亦羿有罪焉。"公明仪曰："宜若无罪焉。"曰："薄乎云尔，恶得无罪？郑人使子濯孺子侵卫，卫使庾公之斯追之。子濯孺子曰：'今日我疾作，不可以执弓，吾死矣夫！'问其仆曰：'追我者谁也？'其仆曰：'庾公之斯也。'曰：'吾生矣。'其仆曰：'庾公之斯，卫之善射者也。夫子曰吾生，何谓也？'曰：'庾公之斯学射于尹公之他，尹公之他学射于我。夫尹公之他，端

---

① 焦循，《〈孟子〉正义》，p339。

人也，其取友必端矣。’庾公之斯至，曰：‘夫子何为不执弓？’曰：‘今日我疾作，不可以执弓。’曰：‘小人学射于尹公之他，尹公之他学射于夫子。我不忍以夫子之道反害夫子。虽然，今日之事，君事也，我不敢废。’抽矢，扣轮，去其金，发乘矢而后反。”

“我不忍以夫子之道反害夫子。”上行下效，师行徒效，以其人之道还治其身，如此，则教岂可不慎乎！必教以正道正义也，乃有师道，乃得长久尊重之师生情意，乃有淳朴世风政风也。其实，君臣乃至父子、夫妇之相处，何尝不皆如是。

羿失之于不能择人取友，乃取心术不正者，或不能予正道教之，故有此祸辱。若夫尹公之他则知取人教人也。今之人或有每以功利诡道交者，则前车之鉴，可不慎哉！

楚庄王围宋（楚之司马子反、宋之华元）。华元坦言城内易子而食、析骸而炊，司马子反实告之“只有七日之粮”，后楚兵退。此皆为不欺人之臣之人。

孟子此所述与《左传》所述之事不同，故后人或疑孟子乃辩士设辞说事也，此固可考证之，然亦不必泥之。但取其义，不必拘泥其事。

孟子曰：“西子蒙不洁，则人皆掩鼻而过之。虽有恶人，斋戒沐浴，则可以祀上帝。”

“西子蒙不洁，则人皆掩鼻而过之。虽有恶人，齐戒沐浴，则可以祀上帝。”此处可见孟子劝善、劝人避过避堕落之意之深切仁厚也。亦可对照“却之却之为不恭”之一节。

“西子蒙不洁，则人皆掩鼻而过之。虽有恶人，齐戒沐浴，则可以祀上帝。”善人偶为过错，则人弃之，可不时刻怵惕精进哉！恶人或进一善，则人赞之，可不洗心革面、痛改前非哉！

此或亦可解为：孟子以“蒙不洁”比喻义节有亏，作恶行丑……而以“斋戒沐浴”比喻改过自新、弃恶从善……美丑之差异，在于恭敬、仁义、礼信与否也，貌恭敬、行修正而美，反之则恶丑。

孟子曰："天下之言性也，则故而已矣。故者以利为本。所恶于智者，为其凿也。如智者若禹之行水也，则无恶于智矣。禹之行水也，行其所无事也。如智者亦行其所无事，则智亦大矣。天之高也，星辰之远也，苟求其故，千岁之日至，可坐而致也。"

"所恶于智者，为其凿也。"朱熹解曰："天下之理，本皆顺利，小智之人，务为穿凿，所以失之。禹之行水，则因其自然之势而导之，未尝以私智穿凿而有所事，是以水得其润下之性而不为害也。"[①]今人于经典，亦当以此自警醒自勉励，不可以经典之缺漏遂穿凿之，胡乱质疑之，乃至以小人之心度君子之腹等。然亦当有理性分析之态度精神也。

"故"者，(人)性之本故也(性之本故则性善也)，顺其本故，乃欲以利益之，顺"吾人"本性自然，乃可利乐(快)之。然而恶人、小人不知人性本善，偏要矫揉戕贼更造违逆仁善之本性本故，乃是小智与不智。孟子嫌以"故"言性不能直揭本旨，故直接揭橥、倡言性善论，而不言"性故论"。赵岐之注大体质切[②]，焦氏反多淆乱。然此是孟子之价值观念与思想，吾此处乃顺其思路而言说。以今观之，孟子等儒家有时以静态观点看人，而将孺子孩童时期之人性需求特点，扩大概括为整个人生阶段的性情需求的本质，亦有偏颇处

---

① 朱熹著，《孟子章句集注-离娄章句下》。

② "言天下万物之情性，当顺其故，则利之也。改戾其性，则失其利矣。(别本作"今天下之言性，则以故而已矣。以言其故者，以利为本耳。")若以杞柳为桮棬，非杞柳之性也。恶人欲用智而妄穿凿，不顺物之性，而改道以养之。禹之用智，决江疏河，因水之性，因地之宜，引之就下，行其空虚无事之处。如用智者不妄改作，作事循理，若禹行水于无事之处，则为大智也。天虽高，星辰虽远，诚能推求其故常之行，千岁日至之日可坐知也(别本作"坐而致也")。星辰日月之会。致，至也。知其日至在何日也。""章指言：能修性守故，天道可知，妄智改常，必与道乖，性命之指也。"焦循，《〈孟子〉正义》，pp584—593。

(故后来宋儒有先天、后天之分)。婴儿孩童之“故”有类于成人、老年人之“故”者,然亦有异之者,“同者”有“性中之善”,“异者”有性中之欲而渐大渐长,必既使之得到正常合理之满足,而又使之有必要限制、约束而后可。此则礼与义与刑也。礼以正常表达和满足(相关仁善之意与欲望),义、刑以外在限制约束(过度之欲望等),如此则是“义外”也。孩童、成人、老人同善者,则“仁内义外”也,其相异者,则成人、老人之欲当以外义(外在义矩规范)制约之也。

儒家既不以利说性,亦不以智说性,而以仁义说性,因利有大利小利,智有大智小智,一般凡人或目光短浅,只顾目前眼下,不能视计长远,而务骛小利小智,失大利大智,故代之以仁义说性。以仁义说性行事,则必得大利、大智(所谓“大利者,义之和也”),故有性善论,有“义利之辨”,皆所以求人、家、国、天下之真正大利、大智也。

《尚书-洪范》:“六极五曰恶”,郑氏注云:“恶,貌不恭之罚。”[①]貌恭则容俨形美而成性,以终其命,容毁故致恶也。此解亦有正意,甚有启发。

凿,穿木也,即《告子》所云之“戕贼”、矫揉也。人或戕贼、矫揉本性之善,而为不善,而为恶暴,则是“自作孽不可活”、“苟不志于仁,终身忧辱,以陷于死亡”、“其何能淑,载胥及溺”、“旷安宅而弗居,舍正路而不由,哀哉”也,此岂有利?岂可曰智?恰所谓小智、反智、不智也。凿,非对应智而言,乃对于“顺”、“故”而言,即戕贼更造人性之本故之善也(性故)。焦氏所解不合[②]。赵岐所解稍不谬,“恶人欲用智而妄穿凿,不顺物之性,而改道以养之”[③]。凿,即更造,不顺物之性。凿者,恶人、小人也,似以小智求利,实则大不

① 焦循,《〈孟子〉正义》,p584。
② 焦循,《〈孟子〉正义》,pp586—587。
③ 焦循,《〈孟子〉正义》,p586。

智、大不利，至于大智大利者则顺人之性善，“如智者亦行其所无事，则智亦大矣。”乃大智大利，“居仁由义”，利莫大焉，此之谓也。

“如智者若禹之行水也，则无恶于智矣。禹之行水也，行其所无事也。”赵岐注：“禹之用智，决江疏河，因水之性，因地之宜，引之就下，行其空虚无事之处。”“如智者亦行其所无事，则智亦大矣。”赵岐注：“如用智者，不妄改作，但循理，若禹之行水于无事，则为大智也。”[①]此句及赵注可对照《告子》上相关文本之分析。

人之智者，则顺其人性(之善)而自然而行也，则自然向善，由仁义行，则无事而大智也；反之则多事，多舛难，戕贼矫揉其天性本性，则苦矣，为小智、不智。

隐恶而扬善，非苟合取容也，乃仁善宽恕待人，顺其人善性。无事、无为而其人臻善；无思、无事，心中无邪念也；心无邪念，则自然安定从容，而貌恭心敬，宽和、平和、欢乐、自由，无所不平易自然。

“天命之谓性，率性之谓道”，此即顺其天性(之善)，而行其无事也。

无邪而治安也。居仁由义，安宅无事，其乐、其智大焉。

圣人言大道，虽有一定之法，又讲究通变神化，与时推移而求合道，此圣人之通法也。后人揆度之，亦当先以道揆之，而后与时变易因创。

孟子此处言“故”，有人性之故，则本性也，焦氏解以经验主义人性论，言圣人必当“明庶物察人伦，仰而思之，夜以继日”，而有以明之；又有自然之性之“故”，而论及“实测”等，则人性与物性皆有“故”，此则同；其“故”各有不同，此则异。求其“故”之方法又不同，又异也。关于最后一点，现代学术中亦多所讨论，不赘。

公行子有子之丧。右师往吊，入门，有进而与右师言者，有就右师之位而与右师言者。孟子不与右师言，右师不悦，

---

① 焦循，《〈孟子〉正义》，p587。

曰:“诸君子皆与驩言,孟子独不与驩言,是简驩也。”孟子闻之,曰:“礼,朝廷不历位而相与言,不逾阶而相揖也。我欲行礼,子敖以我为简,不亦异乎?”

“礼,朝廷不历位而相与言,不踰阶而相揖也。我欲行礼,子敖以我为简,不亦异乎?”此乃遵朝礼,而避干求取媚之嫌疑,今亦有其必要,于公共行政而言,不可越级以“求知己”,求奖掖荐进。

按陈祥道所言,此为朝廷之礼,故尚严,而不历位相与言,不同于燕(居之)礼之“君降阶尔卿大夫”之礼也[①]。

孟子曰:“君子所以异于人者,以其存心也。君子以仁存心,以礼存心。仁者爱人,有礼者敬人。爱人者,人恒爱之;敬人者,人恒敬之。有人于此,其待我以横逆,则君子必自反也:我必不仁也,必无礼也,此物奚宜至哉?其自反而仁矣,自反而有礼矣,其横逆由是也,君子必自反也,我必不忠。自反而忠矣,其横逆由是也。君子曰:‘此亦妄人也已矣。如此,则与禽兽奚择哉?于禽兽又何难焉?’是故君子有终身之忧,无一朝之患也。乃若所忧则有之:舜,人也;我,亦人也。舜为法于天下,可传于后世,我由未免为乡人也,是则可忧也。忧之如何?如舜而已矣。若夫君子所患则亡矣。非仁无为也,非礼无行也。如有一朝之患,则君子不患矣。”

“君子有终身之忧,无一朝之患也”,所忧者何?曰“为法于天下,可传于后世”之事业也。

“忧之如何,如舜而已矣”,真乃胸襟(胸次)辞气阔大也。

“君子所以异于人者,以其存心也。君子以仁存心,以礼存心。”真心、诚心、不自欺之正心、仁心、义心。

先言“仁者爱人,有礼者敬人”,乃曰仁礼者之规范(下文所谓“天则”)与义界表现;后言“爱人者,人恒爱之;敬人者,人恒敬之”,

---

① “朝廷尚严,燕居尚和”,参见:《〈孟子〉正义》,p595。

非以功利、功效倡言仁礼也，乃启下句而言，以为人若不爱我敬我，则当自反：我本爱人敬人否？何故而不合于前述天则邪？[①] 此段皆以自修言仁礼，非以一般功利或利害说仁礼。今人所谓庸俗或灰色情商或反之，反向而解读，论证曰"因爱人者人恒爱之……，故吾当作仁者、有礼者，吾爱人敬人，以收人之爱、人之敬"，以此逻辑解读，则完全误会颠倒仁礼之本义矣！

"此亦妄人也已矣。如此则与禽兽奚择哉？于禽兽又何难焉？"或曰：此则恐有沦为"精神胜利法"之嫌疑，君子正人，可以宽恕原谅，而不可流于精神胜利法，于公义或治国言，妄人恶人违法犯罪，则有刑政。然此或但从社会礼仪等言之耳。

"君子有终身之忧，无一朝之患也。"终身之忧者，忧自己不能居仁由礼（仁礼），不能进于圣贤矣。"非仁无为也，非礼无行也"，此孟子得道之言。一切无仁心植其基者，则不为，即强为之，亦同于无为、无用、无意义。"非礼无行"，亦可作如是解。故行不必求多，求其正而已。

忧与患不同，前忧后患，忧为未行事之前之未雨绸缪，而预为正行；患为某实事之不好之结果后患。

> 禹、稷当平世，三过其门而不入，孔子贤之。颜子当乱世，居于陋巷，一箪食，一瓢饮，人不堪其忧，颜子不改其乐，孔子贤之。孟子曰："禹、稷、颜回同道。禹思天下有溺者，由己溺之也；稷思天下有饥者，由己饥之也，是以如是其急也。禹、稷、颜子易地则皆然。今有同室之人斗者，救之，虽被发缨冠而救之，可也。乡邻有斗者，被发缨冠而往救之，则惑也，虽闭户可也。"

此言平世当进取，仁爱造福万民；乱世当避隐自修，洁身自乐，

---

① 此一天则，或三段论的大前提，或元预设，即为："爱人者，人恒爱之；敬人者，人恒敬之。"

不随波逐流、干求弄权、为虎作伥、同流合污、误国虐民……

“禹、稷、颜子易地则皆然。”今之学者或现代新儒者必习西学，必知军事，乃至一切学问无所不可研求之，又或专攻一门而造福人类社会，皆可谓现代儒者学者之志行也。

以前读此节时，吾对其“闭户不救”之选择稍有不解或微词，以为圣贤不当如此，如此则不合于圣贤之心行。今乃稍能推求其意而理解之，且知此亦乱世常态之一，质言之，于治国平天下而言，倘但援之以手、援之以乘舆，而不授之以道、援之以政，或有小补，终无大用。援之以手，此侠者之所为，亦可赞可敬，然未必是圣贤之大事大为，圣贤之“大为”，如“文武一怒而安天下”，如“为天下立正法”等。侠义之行，以佛家之语言之，亦是一种大慈悲、大无畏、大布施，吾亦颂之。而大侠之心行，又可为法布施、道布施，以其大慈悲之心，发大愿力，而为天下全体之心安和平、长治久安而愤而著述创制，如此，虽或未援一手，仍可为英雄豪杰，可为圣者大为也。乱世之人事，各为不正乱违，一时难以理义揆判，不如安贫乐道，研磨著述经世大法，以俟时机天机也。然此乃为大圣言，非大圣，不足以言此，亦不足(资格)以行此，不如行侠仗义，勉为世间义士善士也。

> 公都子曰：“匡章，通国皆称不孝焉。夫子与之游，又从而礼貌之，敢问何也？”孟子曰：“世俗所谓不孝者五：惰其四支，不顾父母之养，一不孝也；博奕好饮酒，不顾父母之养，二不孝也；好货财，私妻子，不顾父母之养，三不孝也；从耳目之欲，以为父母戮，四不孝也；好勇斗很，以危父母，五不孝也。章子有一于是乎？夫章子，子父责善而不相遇也。责善，朋友之道也。父子责善，贼恩之大者。夫章子，岂不欲有夫妻子母之属哉？为得罪于父，不得近，出妻屏子，终身不养焉。其设心以为不若是，是则罪之大者，是则章子已矣。”

或曰：格君心、正君、责善于友，皆可，何独不可责善于父母邪？

本书前后文另有详论，所谓互相匡正而进于道也。

孟子言父子匡善砥砺则可，责善不可。

此处须联系《孟子》中其他论及匡章者，合而评析之。又结合“父子责善”之论题来分析。

> 曾子居武城，有越寇。或曰：“寇至，盍去诸？”曰：“无寓人于我室，毁伤其薪木。”寇退，则曰：“修我墙屋，我将反。”寇退，曾子反。左右曰：“待先生如此其忠且敬也，寇至则先去以为民望；寇退则反，殆于不可。”沈犹行曰：“是非汝所知也。昔沈犹有负刍之祸，从先生者七十人，未有与焉。”子思居于卫，有齐寇。或曰：“寇至，盍去诸？”子思曰：“如伋去，君谁与守？”孟子曰：“曾子、子思同道。曾子，师也，父兄也。子思，臣也，微也。曾子、子思易地则皆然。”

孟子甚讲求社会分工与人伦名分分际、社会分职，言社会分工则见于与陈相之辩论；言人伦分际与社会分职，则散见不系统，人或忽之，实则亦有一贯之系统焉：大德役小德，劳心劳力之分，师宾、君臣各司其职，等等，皆各明其权责伦理义务，然不必混同一律而无所分别要求之。比如，混同古今言之，或可不责文职人员、文弱书生武力攘盗，此则军队、警员、武士、军士、壮士等之职责；然国之典章制度有亏，乃文官士大夫或士人之失职，而各问责或黜退之也。偏激者或言：或有学者不像学者，官员不像官员，士兵不像士兵（军人），警察不像警察，学生不像学生……斯则不可。倘各失其基本本职本分本礼，而不务本、改张或问责之，或反而在本职之外徒呶呶喧嚷，如此，则分职之初衷何在邪？分职而乱，难以取信，则分职之正向功能效果又何在？！此皆当深思乃至改张之。

此节以今人眼光看来似觉曾子自私无礼，如上文孟子言“乡邻有斗则闭户可也”、“颜回与禹、稷易地皆然”等，有相类处。而孟子乃以其时之君臣父子、宾主师弟之伦理礼义判其行事，而以之为当然，以为为宾师而可绰有余裕。或问：为其守继、承传文化道法乎？

此固因由之一。孟子甚讲职位、职分、名位、名分，以此尊师重教，以此而明宾师之责任重大、宾师之名位难当而难得，则亦有其好意。然而宾师亦当有宾师戒律，方为对等公平。故人轻易不聘请他人为宾师，聘则谨慎且有更高德业道学之要求也。

储子曰："王使人瞷夫子，果有以异于人乎？"孟子曰："何以异于人哉？尧、舜与人同耳。"

齐人有一妻一妾而处室者。其良人出，则必餍酒肉而后反。其妻问所与饮食者，则尽富贵也。其妻告其妾曰："良人出，则必餍酒肉而后反，问其与饮食者，尽富贵也，而未尝有显者来，吾将瞷良人之所之也。"蚤起，施从良人之所之，遍国中无与立谈者。卒之东郭墦间，之祭者乞其余，不足，又顾而之他，此其为餍足之道也。其妻归，告其妾，曰："良人者，所仰望而终身也，今若此。"与其妾讪其良人，而相泣于中庭，而良人未之知也，施施从外来，骄其妻妾。由君子观之，则人之所以求富贵利达者，其妻妾不羞也而不相泣者，几希矣。

"由君子观之，则人之所以求富贵利达者，其妻妾不羞也，而不相泣者，几希矣。"倘不以正道得其位（"诡遇"、"不由其道"等），得其位后又不以正道行其权，此孟子所讥弹也。

上古虽或亦有与"天下兴亡，匹夫有责"类似之言语（共保父母兄弟之邦），实则其时天下国家之治理，王君卿大夫士之责而实掌其权位也。天下国家之捍卫，君臣卿大夫与君民合力之责也。中古近古，实际国家治理仍为士大夫之责（掌其权、位而"治国平天下"），然教育平民化，故匹夫皆可以此立志也，尤当国家存亡危急之秋，则匹夫尽当奋起有责也。然必至民治政治之时世，"天下兴亡，匹夫有责"乃可落到实处。质言之，上古、中古、近古之世，匹夫即于天下兴亡有其责，亦每有分职之责之实，至于今世，则"人人有责"乃以民治政府、民主政治落实之——甚至国民、公民人人有机会参与国家治理（国家公职人员或公民民主参与），乃至经相关民主选举制度和程序，而成为总统、总理等最高领袖，以此有责、有位于“天下兴亡”之事业。故现代乃个人本位与民治政治社会，古代中国乃伦理名分本位与职业本位的社会。

万章上[1]

万章问曰："舜往于田，号泣于旻天，何为其号泣也？"孟子曰："怨慕也。"万章曰："'父母爱之，喜而不忘。父母恶之，劳而不怨。'然则舜怨乎？"曰："长息问于公明高曰：'舜往于田，则吾既得闻命矣。号泣于旻天，于父母，则吾不知也。'公明高曰：'是非尔所知也。'夫公明高以孝子之心为不若是恝。我竭力耕田，共为子职而已矣。父母之不我爱，于我何哉？帝使其子九男二女，百官牛羊仓廪备，以事舜于畎亩之中，天下之士多就之者，帝将胥天下而迁之焉。为不顺于父母，如穷人无所归。天下之士悦之，人之所欲也，而不足以解忧；好色，人之所欲，妻帝之二女，而不足以解忧；富，人之所欲，富有天下，而不足以解忧；贵，人之所欲，贵为天子，而不足以解忧。人悦之、好色、富贵，无足以解忧者，惟顺于父母可以解忧。人少则慕父母，知好色则慕少艾，有妻子则慕妻子，仕则慕君，不得于君则热中。大孝终身慕父母。五十而慕者，予于大舜见之矣。"

此节将孝的重要性提升而列于"人悦之"、好色、富贵等人生欲望或目标追求之上。

顺悦于父母，乃最根本之情感依恋。儒家以孝为一切德行之

---

① 此章（卷）颇言"皇"权继承问题。

首，乃谓非经此试金石，不易见人之本质也。

三岁而慕，天性也，柔弱也，天之道也；五十岁而慕，人性也，仁善也，人之道也。前有“思诚”之说，今有“思慕”之说。

或曰：“吾”以为五十而慕者，乃人性之常也，何故孟子于此大书特书？实则人若年届五十，往往自亦有妻室儿女，又有孟子文中所列举之诸多追求与欲望，而往往情感注意力转移，或忽略年老之父母。孟子表彰舜，以此倡导孝道，思父母昔日之恩情，今日之柔弱，而有人间仁善慈悲之大爱在矣。

孝之作用功能，除了家庭亲情伦理之外，又乃在于让人养成一种仁爱、善良、温情之心行，养成平实、温和、忍耐、负责任、担义务之性格、习惯、意识，养成平和、乐亲、爱人之生活理想，以此（心行、性格等）遂可以与一切人处，与一切人处皆可平和、仁爱、耐心，而世间人伦人事、万事万端、家族社会、天下国家皆可得和合谐睦、亲善安乐此生。此意甚好，其措施于今或可更张精审之——尤其是处理别爱与兼爱之关系。

艾，美好也，古有“幼艾”之说。

万章问曰：“《诗》云，‘娶妻如之何？必告父母。’信斯言也，宜莫如舜。舜之不告而娶，何也？”孟子曰：“告则不得娶。男女居室，人之大伦也。如告，则废人之大伦，以怼父母，是以不告也。”万章曰：“舜之不告而娶，则吾既得闻命矣。帝之妻舜而不告，何也？”曰：“帝亦知告焉则不得妻也。”万章曰：“父母使舜完廪，捐阶，瞽瞍焚廪。使浚井，出，从而揜之。象曰：‘谟盖都君咸我绩，牛羊，父母；仓廪，父母。干戈，朕；琴，朕；弤，朕；二嫂，使治朕栖。’象往入舜宫，舜在床琴。象曰：‘郁陶思君尔。’忸怩。舜曰：‘惟兹臣庶，汝其于予治。’不识舜不知象之将杀己与？”曰：“奚而不知也？象忧亦忧，象喜亦喜。”曰：“然则舜伪喜者与？”曰：“否；昔者有馈生鱼于郑子产，子产使校人畜之池。校人烹之，反命曰：‘始舍之，圉圉焉；少则洋洋焉；攸然而逝。’子产曰：‘得其所哉！得其所哉！’[①]校人出，曰：‘孰谓子产智？予既烹而食之，曰，得其所哉，得其所哉。’故君子可欺以其方，难罔以非其道。彼以爱兄之道来，故诚信而喜之，奚伪焉？”

“舜之不告而娶”。按一般观念或思路来看，此节之论辩理由，颇为出乎意外，虽未尝无其道理，然不免看似有诡辩之虞（或诡辩的成分），或内含着内在悖论关系（顺从父母 vs 违逆父母，两者本不可通约，不顺则违，违则不顺。如每皆仿此为辞，依违两可，则一切父母所不允许者皆可违逆之，而自辩曰：“吾不欲因此而怼父母也”，则儒家孝道如何确立，而又何顺之有？）。但从另一角度而言，按照孟子的论辩思路，认为顺从父母亦有限度与特定原则，或特殊条款，即对人之大伦的认可和予以满足（或其他根本人伦礼义），如若不然，则子女在此并不一味顺从父母错误的意见，此可称之为“有条件的或合理的违抗”，乃有其正面意义。有意思的是，孟子一方面以舜的至孝例子来倡导鼓励高标准之孝道（父顽母嚚而仍然孝敬如故），另一方面，对于父母子女之间的权力义务关系，尤其是涉及理义方面的情形，又规定了更高层级的正当性指导原则，亦即当时的礼义礼法，或现在的所谓正当性与合法性原则，以及所谓的自由人权或双方正当权利。如果父母的要求不正当、不合法，或者太过分，尤其是在重大问题上违背了正当性原则或子女的重要正当权利，远远超过了情意的范畴，则子女或对方便可不予遵从。但孟子又给出了另一种变通的行动选择：理（义）上自主，情（意）上顺从，而通过这样一种稍嫌委曲的做法，试图让人们始终珍视并保护此种亲情孝道，维护家庭或家族和睦，亦可谓苦心孤诣。孟子将万章的这一提问编入《孟子》一书，显然并不仅仅是简单地记录答疑过程，而是以此来表明伦理观念或伦理价值主张，质言之，始终重

---

① 此处描述文采斐然。

视孝道和家族伦理关系，同时将其主要落实于主动自发之仁善之亲情上面，而非单方面的权力，尤其并非违背礼法、法度或正当性要求的单向的控制权力。试将孟子的这种旨趣和精神，和后来发展到极端乃至变态的“二十四孝图”中的扭曲“孝道”，作一比较，便可看出此点。另外，由此亦可见，先秦儒家并无禁欲主义观念，而安之以礼斯可矣。又：此节可见先秦即有父母儿女分家之情形——虽则或是以不肖子的特例。

舜乃大智若愚、大愚若智者也？说舜不知象之害己，可能是事实（以舜淳厚而对人无所猜疑），亦可能不是事实（以舜睿智聪明而能识事之几微）；可能是舜宅心仁厚，也可能难免拔高（根据孟子等人之相关叙述，舜之于其父弟害己，似乎亦有所豫备防范故而能得脱身也——或曰是二妃之计——，可见其非愚孝），但即或舜知之而避害之后，而仍喜其有忸怩自惭之色（解为“天良未泯，不失善意”之表征），以为天良未全泯，尚存羞恶、是非、隐恻之心，尚余兄弟之情，故仍闻弟象假托之言而喜。盖眼中若得其人（父母兄弟等）一丝良善处便认可之，以亲情仁爱及维护家庭和睦计，而不计前嫌或捐弃前嫌，而宽恕原谅其之前之暴恶劣邪处也。一者可见舜乃真宽容大度善良之人，二者可见舜（实则叙述者孟子）之维护家族、家庭和睦仁爱之苦心孤诣或委曲求全。然而，如果以今日之眼光看来，孟子此处所述，实在是一种人伦惨剧，其（父、后母、继弟）违背亲情仁爱之程度、手段行动之残忍，令现代人毛骨悚然而愤怒不已。设若其得手，后果岂不是不堪设想，则岂可赞美倡导之?! 而孟子仍然特地记述下来，以赞颂倡导舜之所为，令今人非常难以理解，甚至愤怒。何故邪？其实，这就是古代中国儒家人伦文化的根本特点或价值所在，也是其根本问题或缺陷所在。儒家重视亲情仁爱、家族家庭伦理，然而其亲情仁爱、家族家庭伦理又是一种等级制“仁义”伦理（礼乐、礼义、礼仪等）、别爱伦理。就前者言，相比于其他社会伦理关系，中国人往往能从家庭或家族中得到极大或最大的可以维持终身的情感慰藉、归属感、认同感和安全感，或将其最大心力爱意皆寄托于家庭、家族、亲情或其中之相关成员身上，而得一极大精神慰藉和满足，这种情意慰藉程度之深厚，似乎是别的文明体系所不能给予的；并且，这样的一种伦理安排，对于增强家族凝聚力、社会组织力以及社会结构乃至建基其上的国家的稳定性，都有其重要作用。就后者言，中国人的家庭、家族伦理中又存在着巨大的压迫性——即使是先秦的正统的对等性的伦理安排中，亦是如此——，并且，从整个社会系统的整体视角而言，如果稍入歧途或沦为极端，则这种基于亲疏远近熟陌而来的选择性人伦情意行动原则，如果缺乏儒家文化所同时倡导强调的“推己及人”、“仁者爱人”、“推达天下”这一维的平衡，有时也会导致中国社会中家族、家庭或亲情之外的普遍的冷漠乃至冷酷，对陌生人的歧视压迫，以及公共精神不足，亲情私情僭越凌驾于公共规则、普遍人道主义、公共伦理乃至国家政治之上的畸形状态，以及造成亲疏内外有别、任人唯亲、裙带汲引、结党营私的独特或腐败政治文化，和其他诸如此类的严重的问题。这是不必讳言的，也是今天必须正确面对和解决的文化论题。限于主题和篇幅，暂不细论，而仅就其中一个方面稍言其大略。质言之，今解以亲情、情意理想则可，然亦当有更为合理之义界，又须和现代平等人权价值观念。等进行良好衔接；而解以无底线之愚孝或父权专制等则不可。其实，如果放大视界，人类间皆持一人道主义善意，各各平等，各相尊重对方平等人权，以此维持基本情意，然后谈及合理对等有度且基于情意本身的家庭伦理，岂不更好？情在家中，平等人权在社会里，公法在国中，天道公理在一切中。

君子可欺之以方以道，以方道权辩之，虽则彼人于事有欺，而终究吾人此心于理信实自安，并不违反心中信念、原则，故吾人可谅宥之，亦所谓严于律己以方道，宽以待人以微道心。当然，这也并非意味着君子对欺骗者的赞同或无知无觉，毋宁说是着眼于欺蒙之人尚有一份对方道隐微敬畏之心而已。能成为君子友者,必是以方道自处之人,而非以方道相伪饰相欺蒙之人。至于以非方道而欺骗之,则君子将严拒斥却疏远之。

象所好者,无非玩乐器物声色也。纨绔子弟耳。

或曰:舜此亦大胸怀,智勇仁厚兼于一身。

“君子可欺以其方”一节:此处描述文采斐然。

“君子可欺以其方,难罔以非其道。”然亦不可故意以“欺之以方”而为乡愿之言行也,或托言以“其方”,实则自欺欺人。

或质疑曰:然则不告而娶,岂不同样让舜之父母不快乎?于逻辑不通。或答曰:怨怼有大有小,且“男女居室,人之大伦”,本是常理常经,既不可废,废之又有不孝无后之大愆,又或将使父母将来悔之,故不告而娶。亦有牵强处,不赘。

“奚而不知也?象忧亦忧,象喜亦喜。”或质疑曰:此又太过矣,且又有违下句所谓“不藏怒”,故此处或曲为之说而已。然此处重在说义理,不必斤斤于琐细微末与无伤大雅之逻辑或小智也。

可欺以其方,只是因为君子诚朴良善,亦相信他人之诚朴良善,以此化之,非其不智也。而于此无所用智也,此亦用智,则难化世风。

此中涉及对孟子写作方式之辨析:设辞说事邪?据事(实)说理邪?辩事说理邪?以其全文看,即或偶有与事实稍似差池者,而其意则在据事辩实而说理,而非设事设辞而说事理。

万章问曰:“象日以杀舜为事。立为天子则放之,何也?”孟子曰:“封之也,或曰放焉。”万章曰:“舜流共工于幽州,放驩兜于崇山,杀三苗于三危,殛鲧于羽山,四罪而天下咸服,诛不仁也。象至不仁,封之有庳。有庳之人奚罪焉?仁人固如是乎?在他人则诛之,在弟则封之?”曰:“仁人之于弟也,不藏怒焉,不宿怨焉,亲爱之而已矣。亲之,欲其贵也;爱之,欲其富也。封之有庳,富贵之也。身为天子,弟为匹夫,可谓亲爱之乎?”“敢问或曰放者,何谓也?”曰:“象不得有为于其国,天子使吏治其国而纳其贡税焉,故谓之放。岂得暴彼民哉?虽然,欲常常而见之,故源源而来,‘不及贡,以政接于有庳。’此之谓也。”

此节万章之问甚好,故能激发孟子之深入分析思考。好的提问者(学生)亦能让思想家的思想发挥,表现得更为深入精微。万章可谓善思善问者也——当然也可以说是孟子或《孟子》一书的编撰者的属辞比事的论述策略或技巧高妙。万章之问实在精彩,可谓得儒家仁义爱民原则之一贯(然此节中孟子所表出之思想或颇有问题):“象至不仁,封之有庳。有庳之人奚罪焉?”质言之,对于暴佞邪恶者,不可简单逐之他方而为害他方之民也,亦即不可姑息绥靖而危害别的群体。后世颇多此事,其官长不仁,仅以调任或下派他方而已。然舜之处置并非全无计虑,而亦有稍周全者,据古人之注疏,所谓“封之”,不过仅以存身,以存兄弟之情,而并未赋予实际政治权力,故已是摘免其作恶之羽翼后患了。但仍有公私不分、执法不平等之缺陷。且舜不以为意,反以为常(识)。“在他人则诛之,在弟则封之”一句,于万章,乃以为甚为谬误而发尖锐之质问(此或可解读为当时墨家兼爱、尚同等思想之影响,或亦可见当时乃至人类历史早期便已有平等法治观念等之常识,不是汉武帝“罢黜百家,独尊儒术”之后等级制儒家思想成为“天经地义”而“深入人心”的情形);于孟子(或儒家),则视之为天经地义,故曰:“身为天子,弟为匹夫,可谓亲爱之乎?”反问万章而愈加强调其必然性,亦即儒家所主张的亲亲伦理原则。若以诸如平等、法治等现代价值观念来衡量之,此则孟子思想或儒家思想之缺陷,而不必讳言也。

虚爵以尽私恩,此种手段或策略,其后及今人亦有用之者,然往往而皆负面之术或有负面之后果也。

此亦涉及古代天子或中央直接任命官吏而控制分封诸侯等的政治控制技术。

流放皆消极之政治处罚，或可见其时之政治斗争尚有某种风度，不是你死我活。杀、殛则见其罪大恶极，故加重处罚。如暂不考虑此中公私不分及违反正当政治录用程序等的问题，则在某种意义上，舜之“放”象，乃可视为一种消极之政治处罚。

参见《史记-五帝本纪第一》：“于是舜归而言于帝，请流共工于幽陵，以变北狄；放驩兜于崇山，以变南蛮；迁三苗于三危，以变西戎；殛鲧于羽山，以变东夷。四罪而天下咸服。”

“仁人之于弟也，不藏怒焉，不宿怨焉，亲爱之而已矣。”不独于弟，于友亦当如之，故此或可扩展为普遍道德规范。

“吴氏曰：‘言圣人不以公义废私恩，亦不以私恩害公义。舜之于象，仁之至，义之尽也。’”[①]然而若以现代公私观念而论，则此处已然是私恩害公义矣。至于不以公义废私恩，当另有安排处置，只可动用私力私财，不可动用或违背公力公利公法也。以令人眼光看来，此段真曲辞文饰！

“太史公曰：禹为姒姓，其后分封，用国为姓，故有夏后氏、有扈氏、有男氏、斟鄩氏、彤城氏、褒氏、费氏、杞氏、缯氏、辛氏、冥氏、斟氏、戈氏。”（《史记-夏本纪》）“自黄帝至舜、禹，皆同姓而异其国号，以章明德。故黄帝为有熊、帝颛顼为高阳，帝喾为高辛，帝尧为陶唐，帝舜为有虞。帝禹为夏后而别氏，姓姒氏。契为商，姓子氏。弃为周，姓姬氏。”（《史记-五帝本纪》）“唯禹之功为大，披九山，通九泽，决九河，定九州岛，各以其职来贡，不失厥宜。方五千里。至于荒服。南抚交址、北发，西戎、析枝、渠廋、氐、羌，北山戎、发、息慎，东长、鸟夷，四海之内咸戴帝舜之功。于时禹乃兴《九招》之乐，致异物，凤皇来翔。天下明德皆自虞帝始。”（《史记-五帝本纪》）或按：故尧舜仍非禅让，亦扩大化之家族内世袭耳（婿）——所谓禅让传贤，乃扩大化之家族内世袭传贤而已。因当时尚无明确之权力

---

① 朱熹著，《孟子章句集注-万章章句上》。

继承之制度，故有原始家族内部大会公决之制。又见之尧舜之寻替代者，每皆如此。自禹传启，而禹家族中之有扈氏不服，启乃伐之，大战于甘，自此而废弃扩大化之家族内禅让传贤之制，而定下直系世袭之制。有扈氏或乃第一个直系争权者，第一个挑战直系传贤制度者（然未知启与有扈氏孰为兄弟）。自有扈氏失败灭亡，直系世袭制遂固定下来，然不知是否已确立嫡长子继承制。然直至帝桀，再未传出像有扈氏这样的内部挑战者，亦殊可怪矣！但这样的分析亦有牵强处，家族的概念亦不可如此准的无依地使用。故此处亦只是提供一种有待进一步分析的不成熟的思路而已，不可拘执。

疑古者或曰：中国的上古世袭，实则或往往为外来征服政权（部落外征服，或被别的部落所征服）；后则有内部征服政权，则已是融合后之内部纷争；自禹传启，中国之家族专制遂确立下来，中国之大一统专制集权制度，乃于此时正式奠定，中国之政治文化品格亦于此时塑形完成，其后乃自然发展，而已经不再有机会走向自治均势之政治生态了，此其与西方政治文化不一样的地方。

"身为天子，弟为匹夫，可谓亲爱之乎？"此种振振有词、理直气壮的观念，稍不合现代观念，可议。然天子自可以私力接济之，比如，于今言之，总统、总理亦未尝不可因为念系亲情而以一己之薪水或私人财产来接济有困难之兄弟姐妹，徒不可动用公权力而损公肥私耳，等等。舜封象于有庳，而使有庳之民纳其贡税以养象，亦公私不分，不当。

咸丘蒙问曰："语云：盛德之士，君不得而臣，父不得而子。舜南面而立，尧帅诸侯北面而朝之，瞽瞍亦北面而朝之。舜见瞽瞍，其容有蹙。孔子曰：'于斯时也，天下殆哉，岌岌乎！'不识此语诚然乎哉？"孟子曰："否！此非君子之言，齐东野人之语也。尧老而舜摄也。《尧典》曰：'二十有八载，放勋乃徂落，百姓如丧考妣。三年，四海遏密八音。'孔子曰：'天无二日，民无二王。'舜既为天子矣,又帅天下诸侯以为尧三年丧,是二天子矣。"咸丘蒙曰:"舜之不臣尧,则吾既得闻命矣。《诗》云,'普天之下,莫非王土。率土之滨,莫非王臣。'而舜既为天子矣,敢问瞽瞍之非臣,如何?"曰:"是诗也,非是之谓也。劳于王事而不得养父母也。曰:'此莫非王事,我独贤劳也。'[①]故说诗者不以文害辞,不以辞害志。以意逆志,是为得之,如以辞而已矣,《云汉》之诗曰:'周余黎民,靡有孑遗。'信斯言也,是周无遗民也[②]。孝子之至,莫大乎尊亲。尊亲之至,莫大乎以天下养。为天子父,尊之至也。以天下养,养之至也。《诗》曰:'永言孝思,孝思惟则。'此之谓也。《书》曰:'祗载见瞽瞍,夔夔斋栗,瞽瞍亦允若。'是为父不得而子也。"

"语云:'盛德之士,君不得而臣,父不得而子。'""语云"者,则当时之俗语俗谚也,故"语云"一词,即可见当时之社会风尚、舆论、士节,尚不失其正。有的时代,则或无之,而或竟每多反映表现出冷漠邪僻、残忍无情、不正不义、庸俗无聊无耻价值观之俗语俗谚(即今之年轻人所谓"三观不正"之俗语俗谚也)。

1."劳于王事,而不得养父母",奉公赴义,国事为重[③],而自我宽慰曰:"以天下养",天下乂安仁善,则百姓万民之父无不得安之养之也(此则天下大同社会中之所言)。天下国家不安,一家一姓一室又何安焉。故安天下亦所以赡养父母也(外部大环境),"以天下养"乃尊重(父母)之至,亦尊重之始。何独尊亲,爱幼小亦当如此也。公安天下,乃可利安家室也。今人昧于此,但私庇一家一室而不顾天下之公义,乃至害公害国害天下(公义)而不惜,则终不能尊亲爱子女,而适足以害家害国害天下也。

---

① 孟子斥常解之非,然此后人复以常解解之,可叹息也。或可对照《诗经》原文之解说。

② 可举康熙谈百子晨省昏定之言为例。

③ 《诗经-召南-小星》中所谓"肃肃宵征,夙夜在公"。

2. 天子不可臣其父，尊亲重于尊君。

吾爱子女，正所以爱天下。吾爱天下，正所以爱子女。

以意逆志，固然不错，然亦不可以辞害志，而仍当文辞意志平实信然，免得误导读者，误国偾事。中国文人每喜夸饰、虚浮、空疏之文风，有时将诗赋文学之风带入政事公文，亦造成诸多问题。文学固可风格多变，公文则重务实公信。

孟子斥常解之非，然此后之人复以常解解之，可叹息也。或可对照《诗经》原文之解说。

“周余黎民，靡有孑遗。”可举康熙谈百子晨省昏定之言为例（其言大意曰：倘对儒家礼制胶柱鼓瑟理解奉行之，而要求所有儿子都来晨省昏定，则其每天应付百子行礼都来不及，还哪里谈得上治国理政——当然，这个例子本身便有问题，适见统治阶级荒淫奢靡、欲色无度、特权享乐、作威作福等之情状也。①）。

“书曰：‘祗载见瞽瞍，夔夔齐栗，瞽瞍亦允若。’是为父不得而子也。”相互尊重对方身份：子尊父，而父亦尊子之职位也。

按：“故说诗者不以文害辞，不以辞害志。以意逆志，是为得之，如以辞而已矣，”此节文句中，“文”即字词也；“辞”即辞章、篇章、修辞也；“志”即文义、诗义、作者文字之心意也；“意”则说诗者、读诗者设身处地、同心同理之心意也（同理心）；“逆”即感通、揣摩、相应、共鸣、感知也，即以读者之心意而感通作者之心意。

此节中，“文、字、词”同义，“辞”则篇章、修辞，“志”则诗义、诗心、诗人义、诗人之心之本心，“意”则诗人与读书人之意相通，又有知人论诗人之意在（方法）。

此言父子之伦大于君臣之伦，乃至大于德行之分（君子小人），瞽叟虽顽劣，舜仍父事之、敬事之，不敢有丝毫正常父子礼节之违逆。

孟子主张“盛德之士，君不得而臣”（君不得臣盛德之士），亦即

---

① 康熙，《庭训格言》。

所谓的“尊贤”。

从其负面之流弊而论，则此节言子不当“以父为臣”，之前言“舜以其弟象封之有庳”并赞许之（“身为天子，弟为匹夫，可谓亲爱之乎?”），又有“窃负父而逃”、“子为父隐、父为子隐”等说法，皆紊乱公私界限，鼓励宣扬以亲人私情凌驾于公法公义公则公德之上。此则导致中国人以家庭家族利益凌驾于国家利益、公共利益之上，或至少不能明确区分公共规则与私人伦理规范之间的界限或区别。疑古论者或颇怀疑，实则三皇三王以后之先秦儒家之著述，每多为统治阶级、统治民族、贵族而发言告诫，用以维持统治民族利益共同体内部之团结与利益，其言说对象乃统治民族之统治者（君卿大夫士等）及其子弟（士君子，及有些文句中的“民”，即作为统治民族成员或同胞父兄子弟的“民”），言说之目的则在于通过塑造统治民族共同体之规则法度而维护其利益。至于春秋战国，上层统治阶级、统治民族人口日繁，职位、爵位等不足以普及满足所有统治民族成员或贵族子弟，许多统治民族之子弟遂降为士与平民，几乎同于之前的被统治民族之平民乃至奴隶，遂在统治民族中间亦产生阶级区分，至此而下层民众遂大体融合于平民阶级或阶层，不复有民族、种族区分。之前的民族区分、民族矛盾遂转而变成阶级区分、等级区分、身份职业区分以及相应的等级阶级矛盾。至此而百家争鸣，各以其学说一反之前的统治民族的学说，以或隐晦含蓄间接或直接之学说和方式，反对建立在之前统治民族或部落优越等级制基础上的权力等级制和伦理等级制。墨子的兼爱论即主张民族（部落）平等，尚俭论即反对周民族（部落）之掠夺奢靡（墨子为宋人）。此外，楚人等皆有不同学说表现，而平民阶层亦起而提出自己的文化主张与政治主张，如孔孟（孔孟可谓是没落的贵族子弟而渐渐沦为平民）提出师宾、贤士、君子等之概念，而反抗世袭等级制。因为上述的种族或部落混一，故以往仅主要及于本部落民族的一些开明做法（为民制产），亦扩而用之于所有平民阶层，不再需要对商遗民及其他异姓部落民族予以特别的监视和压制。但他们的思想仍然有模糊犹豫处，又仍想保持得位者的某种特权和优势，故对君臣父子等级伦理（特权）仍多维护，亦且增设师宾特权伦理，虽说有尊师重道的好意，但仍有其一定局限性。

然上述此种解释或有以今视昔、以今律古之嫌疑，古之人或无太多部落、民族、种族或人种之意识畛域也。伊尹亦乐尧舜之道，孔子亦从周，天下华夏人皆知自从黄帝而来，同为民人，未必有今人之强烈种族主义或民族主义意识。

以下对“盛德之士，君不得而臣，父不得而子”这一句作一详细分析：

上文两个命题表达中，臣、子怎么解释？（使动用法、意动用法或其他）这个问题不难，很显然，这里是意动用法，即“以之为臣，以之为子”，意为“以对待臣子的礼节即君臣之礼来对待之，以对待儿子的礼节即父子之礼来对待之”。

下文两个例证中（舜与尧，舜与瞽叟），“君”指谁？“盛德之士”指谁？这却似乎有游移变化之处，以下将论之。

补充省略部分，这一句其实应该拆分为两个句子或命题，或者，用两个命题形式来表示：“盛德之士，君不得而臣”与“盛德之士，父不得而子”。为使其语意显豁，亦可补述为：

盛德之士，君不得而臣（之），父不得而子（之）。（“之”为“盛德之士”）

盛德之士，君不得而（以之为）臣，父不得而（以之为）子。（“之”为“盛德之士”）

以下将分为三个层次来一一分析之，即：语言分析、语法分析和逻辑分析；思想观念分析；思想观念评判。

先论“盛德之士，父不得而子”这句。如果将“之”解释为“盛德之士”，那么，根据“父不得而子”即“父不得而子（之）”这一句子和这一例子来看，“之”字应指“舜”，即父亲亦不能“子之”，即父亲不能以父子之礼来要求所谓的作为“盛德之士”的“子”——这显然是孟子所反对和视为悖谬的，则“此非君子之言”中的“此”，也包括这一“语云”，并不仅仅指下文的两个具体例子。尤其是对“盛德之士，父不得而子”这一句，孟子是强烈反对的，“孝子之至，莫大乎尊亲”、“永言孝思，孝思维则”、“窃负而逃”等，都可见孟子是将孝道放在君臣关系前面的，孝道是第一位的“则”即伦理原则，而非相反，故不能以爵位凌驾于父子伦理和家庭伦理之上。故“普天之下，莫非王土；率土之滨，莫非王臣”这句话，并不适用父子关系（天子的父子关系，以及相类的王官的父子关系，用今天通俗的话来说，儿子就是再大的官，再大的贤德才华之士，也仍然是儿子，也仍然不能失了父子之礼，即要以父子之礼而非君臣、臣属、君民或臣民、官民关系来相互对待。但儒家为了避免父子伦理与君臣伦理冲突的尴尬，又增加了一个补充条款，即区分开公私场合，于天下国家之公共权力领域，天子是天下之主、一国之君，父亲亦当尊重此一点，或避免在这种场合与儿子见面；而于后宫私人家庭领域，则天子或臣官仍当对父亲执父子之礼。当然，值得提及的是，父子等在朝廷上会见的情形几乎是没有的，因为父子家庭亲情伦理与君臣朝廷政治伦理这两者本来就属于不同的领域，双方会主动避免这样的状况——即便在中国古代或有“父子同朝”的情形，一般也是父亲居于更高位置，绝不会有“子位在父位之上”的尴尬情形——，所以一般也不会出现咸丘蒙所指出的“瞽瞍亦（对舜）北面而朝之”的那种情形[①]），并且此诗的本意，本来就不是通常所理解

① 值得再度提请注意的是，按照现代逻辑，亲情私情是不允许介入到庙堂、朝廷或政治伦理中，而应严格限制在家庭或家族伦理之内，以此和公私分明的现代政治文化进行衔接。或曰：但在儒家和孟子的观念里面，虽然有时而试图厘清两者，但更多却是以一种特殊的方式而使后者以某种特殊形式凌驾于前者之上，比如“窃负而逃”、“身为天子，弟为匹夫，可谓亲爱之乎”等，都可见出这种痕迹或倾向。关于此点，今当有更清晰的界限厘定，本书下文将续有讨论。

的天子臣天下一切人的意思，“是诗也，非是之谓也；劳于王事，而不得养父母也”。作者在这里特地提及引用这句诗，其实也是为了澄清世俗的错误理解。所以，“是为父不得而子也”处理成疑问句比较合乎原意[①]。

而关于“盛德之士，君不得而臣”这句话，根据上下文，这句话里的“盛德之士”应该指的是尧而非舜，“君”则指的是舜，即对于作为“盛德之士”的尧，作为君或天子的舜不能以之（尧）为臣，而咸丘蒙却认为舜曾以尧为臣。所以，一方面，孟子对咸丘蒙举出的具体事例即“舜南面而立，尧帅诸侯北面而朝之”进行了纠谬，表示舜并未以“尧”为臣；另一方面，这句话又涉及一个颇为重要的论题，即盛德之士与天子国君的关系，关于这点，一者《礼记》中有“上不臣天子，下不事诸侯”这样的对贤士自处的鼓励和赞许之辞，孟子亦多次强调天子国君须尊贤礼贤，所谓有“不召之臣”，所谓的“迭为宾主”，乃至以之为宾师，同时对贤士之自处亦提出了许多相应的严格的要求，比如“士不见诸侯”等，就此而言，孟子是鼓励和持有“王君等应尊重贤士”和“贤士应当自尊自爱而表现出对于王君等的品格独立性”的思想主张；但是，与此同时，孟子也主张，在王君尊贤礼贤、“师之而后臣之”的前提下，被礼聘征召为臣的贤士亦当奉守君臣大义，臣守臣之职分，就此而言，则孟子同时也主张被礼聘征召为臣的贤士在君士互相尊重的前提下尊君，即一旦王君以正礼征召而贤士选择接受为臣，则当在共同遵守王道或行大道正道的前提和基础上，遵守君臣礼节，以及相应的政治伦理。这是应当注意的。质言之，君当尊重盛德之士，不可以一般君臣关系随便臣之，而当先尊师之，敬请之，登门拜访之，待盛德之士或贤士答应辅佐后，始有君臣之礼，而君仍予以特别尊重敬礼之，并不是一般的小臣小吏那样的相对更为直接简单的上下级关系。这样的一种

---

① 杨伯峻，《〈孟子〉译注》，中华书局，1960年1月，p215，219。

相对比较特殊的君臣关系，推演归纳之，则可成为对等的道义互敬君臣关系——这其实就是商汤与伊尹、周文武王与姜太公、齐桓公与管仲等之间的君臣关系典型，而具有一定的普遍化和合理化的空间。事实上，在咸丘蒙所举出的例子中，尧和舜都是"盛德之士"，但舜在接受尧的礼遇征召之后，不也是谨守臣职而尊奉天子尧的吗！就此而言，对于"盛德之士，君不得而臣"、"上不臣天子，下不事诸侯"等句，亦不可胶柱鼓瑟，做机械化理解。孟子给出的解决办法是，将君臣关系再度细分为两种，一种是一般的上下级君臣（小臣小吏或尚未表现出更高道义学识才干的一般官吏）关系，臣子听命和执行君主或上级的行政命令（用孔孟自己的话来说，就是"小德役大德"或"小德听命于大德"），另一种则是特殊的君臣关系（大臣，或宾师之臣，或德高勋老望重之臣，或达道通儒之臣），则是一种对等互敬咨商匡谏的君臣关系[①]，在这种君臣关系中，大臣对君王仍谨持君臣之礼，而君王对此等贤德大臣又特别礼敬之，而有特别之尊礼规范。孟子每每特别强调后一种君臣关系，这是应该注意的。质言之，孟子通过引入尊贤或师宾的概念，而调和了君与臣、尊贤与尊君或尊尊的关系或矛盾。在这样的解决方案下，尊贤（或贤贤）与尊尊（或君臣关系）并不矛盾，而统一于大道正道。就此而言，或在孟子的解决方案下（宾师之臣、尊贤之臣），臣道亦非是一个完全负面的东西，而在满足相关前提条件的情形下，仍然有其正面意义乃至必要性。按照孟子这样的安排，则贤士君子讲究气节固然是必要的，当其求学、在野或退隐阶段，固然可以"上不臣天子，下不事诸侯"自我勉励和要求，但亦不必过于高亢，在政治清明的时世，在君臣皆合道的情形下，亦可以从容接受臣位，行臣职，奉臣道，而人格人权平等，君臣有义，共襄大道，共为天下，实现

① 这也和前文对《公孙丑上》中的"伊尹以其君王，管仲以其君霸，晏子以其君显"的"圣贤自王"、"圣贤共王"等分析接榫起来了。

“圣贤共王”或“辅君而王”，而不必非要拘泥一个“王”的名位职权而一定要“圣贤自王”①。尧舜就是君臣关系的典范。所以这里的议论对于那些过于高亢的士人贤士而言，也有一定启发。

但读者往往是将“盛德之士，君不得而臣之，父不得而子之”作为一个整句来阅读和理解的，那么，如果分析一下这句话的语法结构，则知“盛德之士”是宾语前置和宾语强调，和后面的代词宾语“之”同一，两句中的“之”都是指前置和强调的“盛德之士”，那么，按照现代思维逻辑、语言逻辑或语法，则两句中的“之”（“君不得而臣之，父不得而子之”，即盛德之士）的所指必须同一（统一）。然而，如果按照现代逻辑来理解而认定两句中的“之”和“盛德之士”的所指必须同一（统一）的话，那么，和“父不得而子之”中的“之”指“舜”一样，“君不得而臣”即“君不得而臣（之）”中的“之”同样指“舜”，则“君”便指“尧”，亦即，尧不可将舜视为臣，这却和儒家观念或历史叙述完全不吻合（《尚书》等），并且也不吻合孟子在下文例子中的辩论之所针对。

由此分析可知，孟子在这里虽然举了两个例子，并用同一个复句来表达思想观念，其实却是想表达两个不同的命题，亦即上文所分析的：盛德之士，君不得而臣（之）；盛德之士，父不得而子（之）。但孟子为了行文的简洁和方便，将两个命题涵纳在同一个复句中，

---

①　商汤与伊尹、周武王与姜太公、齐桓公与管仲等，皆既可以说是“辅君而王”，亦可以说是“圣贤共王”，不必拘泥一个名分或权位。《孟子》一书中，所引伊尹之言，“与我处畎亩之中，由是以乐尧、舜之道，吾岂若使是君为尧、舜之君哉？吾岂若使是民为尧、舜之民哉？吾岂若于吾身亲见之哉？天之生此民也，使先知觉后知，使先觉觉后觉也。予，天民之先觉者也，予将以斯道觉斯民也，非予觉之而谁也?”又论之曰“思天下之民匹夫匹妇有不被尧舜之泽者，若己推而内之沟中。其自任以天下之重如此”（《孟子-万章上》），便是对这一思想的非常好的说明。质言之，盛德之士、贤德之士非争名分权位也，其重心乃在以大道安平天下也，其着眼点始终在大道、兆民、天下之公利也，此方是“辅君而王”、“圣贤共王”之根本目的，不可本末倒置。此处简单谈及“辅君而王”、“圣贤共王”、“圣贤自王”三者之关系，实则此三者之关系极为重要，俟隙当细论之。

进行抽象的思想观念表达,同时在举例论证两个命题时,以同一个具体对象(即舜)分任两个分句命题中的不同位置或身份象征(主宾、君臣、父子)(亦即:在"盛德之士,君不得而臣之"中,舜代表君,尧代表"盛德之士"或"之";而在"盛德之士,父不得而子之"中,则舜代表"盛德之士"或"之"),两相对照,出现一些主宾误置,于是对于更注意现代语法、严格逻辑表达(命题表达)的现代读者而言,就可能导致一些理解上的问题。孟子这样表述也许是为了表述的简洁,但此种将抽象命题表达和具体例证放置在一处却并未对可能的例证中的所指误置的情形予以特别说明的文字表达、语法表达或命题表述,本身便存在不严谨的问题。虽然在《孟子》一书中,设问者乃咸丘蒙,但《孟子》毕竟是由孟子及其弟子创述而成,故在语法和思维上的某些混乱,仍旧应归之于孟子,或归之于古代汉语在语法或逻辑上(命题表达)的某些不完善。

当然,换一种分析思路,如果单纯就其命题表达而言,"盛德之士,君不得而臣,父不得而子"这样的抽象命题表达,在语法和逻辑上亦可通,并无问题。这里的问题仅仅在于例证时所采纳的所指对象的误置——同一所指,分担不同能指——,给读者的理解带来一定的可能的误导或挑战。质言之,"盛德之士,君不得而臣,父不得而子"是命题表达,是思想的能指;后面的说明文字则是具体例证,是具体的所指。孟子用同一个所指即舜来代表不同的能指——在上句中舜代表君(而以尧为臣),处于主语或施动者位置,下句中舜则代表子,处于宾语或被动者位置——,由此导致理解上的问题。(能指分别有:君、臣、父、子、盛德之士;所指分别有:舜、尧、瞽叟,而舜以同一所指分担不同能指即君、子、盛德之士,并且在命题表述和例证之外的实际历史语境中,就舜和尧的关系来看,舜又是臣,所以,以同时具有君、子、盛德之士、臣四种所指的舜来论证需要明确区分能指的上述两个命题,自然导致一些理解上的问题。)

再不厌其烦地进一步详细分析之。揆其意，即从其下文例子中所表达的意思来看，“君不得而臣(之)；父不得而子(之)”这两句中，作为抽象命题表达，只要求作为宾语前置和宾语强调的“盛德之士”与代词宾语的“之”的同一(同一律)即可(但两个分句中间应用分号，以表示这是两个不同的思想命题)；而在具体例证时，作者并未相应要求语言表述或语法表达的“同一律”，其“之”字即盛德之士的能指分别用两个不同的具体所指来进行论证，在前一句及其例证中，用“尧”来指代作为被动宾词、臣、能指的盛德之士，在后一句及其例证中，则用“舜”来指代作为被动宾词、子、能指的盛德之士。详细说来，前一句中的作为“盛德之士”的“之”乃以“尧”来例证(不可能指“舜”，因为正如上文所言，舜为尧臣是儒家所认定的事实，不需要辨别辨正)，后一句中的作为“盛德之士”的“之”乃以“舜”来例证；同时，同一所指“舜”，在前一句中例证的是能指“君”，在后一句中例证的却是能指“子”。这样的一种抽象能指与具体所指、命题表达与具体例证等之间的复杂交叉关系，是造成理解上的问题的根本原因之一。

虽然从抽象语法和思想表达而言，“盛德之士，君不得而臣，父不得而子”这样的表述是可以传达其思想观念的(虽然这里不涉及真理判断或价值观念评判)；但若结合下文两个实例，则便会因为“宾词”即“之”字含义的游移而导致理解上的误会，而文不对事，或文事不符。

前文已述，若想命题表达的清晰严格，则可分为两个命题来表达；而若想文事符合，以现代逻辑或现代语法来表达，则应当分两例来谈，并同时讲明各自所指所指代的能指，不要导致误置或歧义。就其字面意义而论，则前言“盛德之士，君不得而臣”，是言舜为天子即君时不可以“盛德之士”之“尧”为臣；后言“盛德之士，父不得而子”，是言作为父亲的瞽叟不可以“盛德之士”之“舜”为子。在例证中，主词和宾词的所指都游移变化了，并不如命题表达“盛德之士，君不得而臣，父不得而子”中这一表述所给人的“宾词同一”的感觉。并且，所谓“臣之”、“子之”，亦是就君臣、父子礼节而言，即对待“盛德之士”，不可以一般君臣、父子礼节律之——如“上不臣天子，下不事诸侯”然。

以上分析的是文句的语法结构和逻辑结构（语言分析、语法分析、逻辑分析）。那么，咸丘蒙和孟子所分别要表达的思想观念是什么呢？这涉及观念和真理判断本身（观念判断和真理判断）。根据上下文可知，咸丘蒙是认同“盛德之士，君不得而臣，父不得而子”这一说法或观念的，所以举此而质疑传说中的尧舜关系和瞽舜关系，以为违反了儒家原则。换言之，咸丘蒙明确认为：君不得以盛德之士为臣，亦即君不得以一般君臣礼节来对待和要求盛德之士或贤士；父不得以盛德之士为子，亦即父亲不能以一般父子礼节来对待和要求作为盛德之士或贤士的自己的儿子。这是咸丘蒙的观念和原则，也是他所认为和理解的儒家的根本原则，然后他举自己所听闻的有关尧舜关系和瞽舜关系的传闻，质疑他们违反了这些原则和信条。

孟子的反驳分为两个部分：一个部分是对价值观念和原则本身的辩驳，另一个部分则是对历史传闻的辩驳。就对历史传统的辩驳而言，孟子指出咸丘蒙所听闻的有关所谓“舜以尧为臣”的传说乃是“齐东野人之语”，不足为凭，然后举出自己的考证，证明上述传闻之谬误；此后又通过文本分析或文本细读，指出咸丘蒙对于《诗经》中“普天之下，莫非王土。率土之滨，莫非王臣”这一句的错误理解，指出这句诗并不是表达“君臣之礼涵盖和凌驾于父子之礼”的意思，而恰恰是想表达“劳于王事而不得养父母也”的意思，即父子之礼高于君臣之礼的观念和原则，是咸丘蒙自己理解错了；并进一步举《书》“祗载见瞽瞍，夔夔斋栗，瞽瞍亦允若”这一句来证明“作为天子国君的舜仍然以父子之礼来对待父亲”，以此证明父子之礼高于君臣之礼，以此反驳“对于盛德之士，父不得而子之”的说法。就对咸丘蒙所提出的价值观念和原则本身的辩驳而言，孟子赞同前者，反对后者，具体而言，一方面，孟子肯定了咸丘蒙“盛德之士，君不得而臣”这样的思想主张（亦即尊贤），指出舜其实是严格地遵守了这一点，并未违反；另一方面，孟子驳斥了咸丘蒙“盛德之士，父不得而子”这样的思想主张，认为是错误的，而提出自己的思想主张，即“孝子之至，莫大乎尊亲。尊亲之至，莫大乎以天下养。为天子父，尊之至也。以天下养，养之至也。”这是孟子的思想主张。

以上通过分析，厘清了孟子通过这一节文字所想表达的思想主张。但对这一思想主张的评判又是另一回事。

一方面，孟子特别强调要尊贤和尊重盛德之士，其实就是尊师重道，或重道尊师，这自然有其特别的价值。所以才有后面尤其是宋代的“君臣坐而论道”之说、之做法，而历代专制者却都试图破坏这种良好传统。与此同时，尊贤是否同样需要有义界呢？比如后之“八议”之说中的相关部分，是否是尊贤原则或尊师重道原则的滥用与误用（尊贤养才、尊师重道与现代法治、平等人权的关系）？此外，对道、师、礼是否亦当有所限定或规范（道是正道，师是正师，礼是正礼）？比如今之所谓学术自由与学术规范的关系、学术公器与学阀学霸的关系、道与礼的关系、礼与儒家节义或戒律的关系——比如对于贤者师德师风师范师表等方面的更高要求，等等。

另一方面，孟子认为什么时候都不可失了父子之礼，父子之礼高于君臣之礼，乃至于凌驾于公共职务之礼节之上。这也导致后来宫廷中礼节的相应安排，比如在后宫或在皇帝家庭内，皇帝仍然要对父母等执尊亲之礼。但问题在于，父母等是否可以干预作为皇帝或公共官员的儿女们的公务呢？父子之礼或尊亲之礼如何不僭入到君臣之礼或国家公共伦理中？如何避免这一点？那么，家庭伦理和公共伦理两者之间是否仍要订立某种义界呢？孟子盛赞曾皙养其父之志，那么，如果父亲要求作为皇帝或官员的儿子为某些人或事——即或看上去也或有某些正面因素在内——徇私枉法或网开一面，是否可以呢？公私关系，仍然不可不注意。又比如，孟子所举“舜窃负而逃”之事，是否同样是尊亲之礼对于国家公共伦理的僭越？可见，儒家在这个问题上，仍然没有处理好，或者，换一种思路，孟子对于国家礼乐文化体系的设计，仍有缺漏、缺环，仍未根本完成，这却是后之儒者所当努力而补苴罅漏、继长增高、补益完善之所在。“为天子父，尊之至也。以天下养，养之至也”，此句亦可议，暂不赘（可对照本书上文之相关论述，“劳于王事，而不得养父母”）。

另外几点须关注者：“此非君子之言”中的“此”，亦有歧义，前文已说明。

或疑曰：此种解读是否有点吹毛求疵？——然此涉及精确表达，涉及成熟语法、汉语法的进化、汉语哲学等论题。不过，完全精确的自然语言或书面语言几乎是不可能的，西方语言哲学家等已辩之甚明。即此而言，则此处确有吹毛求疵之处也。然亦有所用心也。

所谓“盛德之士，君不得而臣”，而当友之（“迭为宾主”）、师事之、共天职之。

咸丘蒙引用“语云”之意，言盛德之士，君不敢臣，父不敢子。

万章曰：“尧以天下与舜，有诸？”孟子曰：“否。天子不能以天下与人。”“然则舜有天下也，孰与之？”曰：“天与之。”“天与之者，谆谆然命之乎？”曰：“否。天不言，以行与事示之而已矣。”曰：“以行与事示之者，如之何？”曰：“天子能荐人于天，不能使天与之天下。诸侯能荐人于天子，不能使天子与之诸侯。大夫能荐人于诸侯，不能使诸侯与之大夫。昔者，尧荐舜于天而天受之，暴之于民而民受之。故曰：天不言，以行与事示之而已矣。”“曰：敢问荐之于天而天受之，暴之于民而民受之，如何？”曰：“使之主祭，而百神享之，是天受之；使之主事而事治，百姓安之,是民受之也。天与之,人与之,故曰天子不能以天下与人。舜相尧二十有八载,非人之所能为也,天也。尧崩,三年之丧毕,舜避尧之子于南河之南,天下诸侯朝觐者,不之尧之子而之舜;讼狱者,不之尧之子而之舜;讴歌者,不讴歌尧之子而讴歌舜,故曰天也。夫然后之中国,践天子位焉。而居尧之宫,逼尧之子,是篡也,非天与也。《太誓》曰:'天视自我民视,天听自我民听。'此之谓也。"

孟子云:"天子不能以天下与人",则明确反对权力私授,而突出一"荐"字,在当时乃有其进步意义(试比较洛克《政府论》中对君权神授之批判)。但这一"荐"字,在中国政治史中亦发生极大之问题,早期(东周之前)君主或能本诸公心,拔擢优异才智之士,授以官职,然后考察群僚而择其德能优异者而荐之,后者并以行事证明其德操能力才干,倘得民望之归止,然后可以为更高长官或君长。故其荐,只是给机会,并不是实授大位——乃是一层一层地由上到下选拔人才精英,由上级从直接下级中举荐选拔继任者或拔擢为更高职位,并非所有层级都实行全民普选,甚至并非所有层级都实行此一层级的所有相关成员参与的有限层级选举(有点类似于今天选举制度的候选人推荐制度,然后通过选民的实际选举来确定其民望归止。只是古代一方面缺乏今天严密规范程序化的选举制度,另一方面古代农业宗法社会,民风亦相对淳朴,相对容易通过察访等方式了解被推荐者的实际民望,故未必需要今天的民主选举制度)。必天与之,人与之(民望),然后可践大位。但后来之君主每有私心,此一荐举制度便往往沦为任人唯亲,又生权力私授、变相世袭等种种政治堕落行为。但如果一定要采取"荐"法,似乎亦无别的良法,而曰:荐亦当有法度规范、资格程序,天授之亦当有仪节礼貌(深语礼仪法度,威仪容止等),民受之则可以民主投票(选举、罢免等)来决定之。且对荐(者)亦当追责。

亦可补述:"吾望君长之位,虽有前君长之荐,然并无私授之恩，不必政治报恩(私恩)(而杜绝老人政治或老人干政之弊端)，而当以天下自任，以事治民安之公义为矢志之归，示之行事政绩，而后可为君长也。又须接受百姓之考核，五年考绩”；“天下非君长私有之天下，乃天下之天下，乃天下百姓人民之天下”；“天下非任何人之私有，乃天下百姓委托、责成、共同参与并监督治理之公共天下也”；“授予汝以天下，乃所以以天下之公义责任而责汝，当对天下百姓人民负责，非所以对前君长负责；所授予之天下，本天下百姓人民委托者，而今复由天下百姓人民委托授予汝(民选民治等合理而严格之选举制度程序)。非吾之授汝，乃天下百姓人民之授予汝。天下非所以私授也。谨之，勤之，莫负天下百姓人民，负则天下百姓人民共黜之逐之也。”“此权非汝权，乃天下人民之权，汝若不能秉公行政，一有徇私舞弊弄权者，则天下人民将收回汝手中之权力，且有相应之责罚之。”

“舜相尧，二十有八载，非人之所能为也，天也。”此亦可作为人情社会学之人格劳动之别解——当然，按照儒家之正统解读，舜之相尧，乃集义为天下，非私人效忠也，究竟不同于吾颇多批判的基于权力寻租或人格交易等的所谓人格劳动。或亦可结合下文所述之传言，“伊尹以割烹要汤”，进一步申论之——同样，孟子对此有所驳正。又可援引“或谓孔子于卫主痈疽，于齐主侍瘠环”之文字，分析辩驳。质言之，按儒家正统解释(包括孟子此处的申斥解读)，则此并非庸俗人情学之人格劳动、权力寻租、公权私授与裙带主义(虽然舜后来确乎为尧之女婿)；然按当时曾存在的传言或谣言(孟子及儒家正统论述皆斥之为谣言)，以及后来中国社会大量存在的类似现象，则对此种情形与可能(私人效忠、人格劳动、不以其道而进等)亦当深刻反省和预防，思以创立良制以矫正完善避免之。

此段所述，乃舜让贤之举。今则曰必须有全民选举、差额选举，必须有多人竞选(理论上，人人都有被选举权，人人都可参选竞选)，不可但荐一人便径为君长，而成可能之权力私授之政治恶果。

孟子此处关于天子举荐之分析，虽未必无好意，然终究有含糊其辞之处，或存在着无明确可行之法度之嫌，可参照洛克在《政府论》中之相关论述，对照分析之，则中西政治思想之异同，乃可一目了然。

所谓“天与之”，实乃人以其对于国家人民之行事功绩而得之也。天则天道，天道则天下为公、为国为民也。天子官长皆不可以天下公职私授与人，按孟子的设想，官长仅有推荐权与自荐权，然后民选举而任之，任优而受之，任事而行事不彰则去之而已。天不言，而以人之行事悦于民，其后乃则民受任之。

“使之主祭，而百神享之，是天受之；使之主事而事治，百姓安之，是民受之也。”如何为“百神享之”？今恐亦是语焉不详？今或解读曰：宗庙社稷与上帝天鬼之祭祀，在古代乃是极为重要之国家大事，需要熟知相关仪轨、礼仪、程序、典章制度，又需要有很强的组织能力、领导能力，使其主祭，如果能够一切合乎礼乐仪轨、肃穆严整、有条不紊、秩序井然、端谨恭敬等，不出差错，没有混乱或轻薄，得到参与祭祀的所有人的认可，那么就意味着“百神享之”，同时也意味着主祭者熟悉天下国家之宗庙社稷之祭祀礼乐仪轨、典章制度，具有很强的组织能力，能够和合九族百姓万邦，故具有担当天子的德行、能力和资格。反之，如果祭祀过程中一团混乱，吵嚷喧嚣，轻佻杂闹，每多乱兆凶兆，则便不是“百神享之”，则便没有担任天子的资格和能力了。又有解读曰：此和上古巫觋制度有关，西周之前，天子或身兼巫觋之职，何人有资格担任巫觋？则曰“古者民之精爽不携二者，而又能齐肃中正，其知能上下比义，其圣能光远宣朗，其明能光照之，其聪能听彻之，如是则神明降之。在男曰觋”（《楚语》），可见，在上古之世，对巫觋的德性和能力的要求非常高，而天子身兼巫觋亦可以是顺理成章或理所当然的了。巫觋的职责乃是“齐肃事神明”、“使制神之处位次主。而为之牲器时服”等，这些都需要主其事者十分熟悉宗庙社稷祭祀之礼乐仪轨，也需要高超的组织能力，而这些本来就是天下国家的象征，此同样可以昭示或暗示天子和巫觋之间的密切关系。只是发展到后面，天子和巫觋的职权才开始分化为二了，不赘述。

巫:《说文》祝也。女能事无形，以舞降神者也。象人两褎舞形。《世本》巫咸始作巫。《楚语》古者民之精爽不携二者，而又能齐肃中正，其知能上下比义，其圣能光远宣朗，其明能光照之，其聪能听彻之，如是则神明降之。在男曰觋，在女曰巫。(《康熙字典》)

巫:(巫)巫祝也。依韵会本，三字一句。按祝乃觋之误，巫觋皆巫也。故觋篆下緫言其义。示部曰:祝，祭主赞辞者。周礼祝与巫分职，二者虽相须为用，不得以祝释巫也。女能事无形，舞降神者也。无舞皆与巫韵。周礼女巫无数。旱暵则舞雩。许云:能以舞降神。故其字象舞褎。象人两褎舞形。(《说文解字注》)

觋:(觋)能齐肃事神明者。楚语:民之精爽不贰者，而又能齐肃衷正，其知能上下比义，其圣能光远宣朗，其明能光照之，其緫能听彻之，如是则明神降之。在男曰觋，在女曰巫。是使制神之处位次主，而为之牲器时服。韦注:齐，一也。肃，敬也。巫觋见鬼者。今说文齐作斋，非。国语神明作明神，非。在男曰觋，在女曰巫。此析言之耳，统言则周礼男亦曰巫。女非不可曰觋也。诗譜曰:陈大姬无子，好巫觋祷祈鬼神歌舞之乐，民俗化而为之。(《康熙字典》)

“诸侯归之，然后禹践天子位。尧子丹朱，舜子商均，皆有疆土，以奉先祀。服其服，礼乐如之。以客见天子，天子弗臣，示不敢专也。”(《史记-五帝本纪》)“示不敢专也”，则天下非皇帝一家之天下，其意明矣!

“天与之，人与之。”此种解释稍有含糊或神秘处，缺乏明确制度程序，而以事物自然发展之结果为断，则易予“成王败寇”之现实主义和机会主义以空间与口实。

但孟子此处所谓“荐之”，权力实大，当时民亦无荐人权与自荐权，故后文孟子慨叹“仲尼不有天下”，似亦对天子垄断荐人权有所关注和批判(但此种批判是以极为隐微的方式表现出来，隐微到一般人根本没意识到，即没有意识到孟子对君位世袭制的隐微批判）。但总体上，孟子仍以现实主义态度而认可“继世以有天下”即世袭制的事实，乃至其一定合理性。若益、伊尹、周公、孔子乃至孟子自己，皆因此而不有天下（一者因为无人“荐”之，二者因为孟子也在一定程度上和一定限定前提条件下认可“继世以有天下”的一定程度的合理性，三者因为孟子认定采取其所认定或界定的“圣贤共王”的方式同样可以达到推行王道仁政的终极目的，所以不必拘泥于实际是谁占据君位）。然此等人亦实伟大之人物，比之秦末之“大丈夫当如此”、“彼可取而代也”之项刘陈吴，皆过之不可以道里计也。故曰：益、伊尹、周公亦乃继承尧舜禹启汤周文武之伟大人物，亦当纳入此一儒家道统之内。

（然尧时之欢兜、共工、鲧乃至丹朱、三苗亦皆不服舜者，而舜皆流放迁殛之？禹继舜位则贤臣多，似无反对者。）尧欲禅位时则曰：“悉举贵戚及疏远隐匿者”，所谓“疏远隐匿者”，乃指黄帝家族后代之在民间隐匿者，然则尧似仍欲在家族内部选取继承者（当然，“疏远隐匿者”既可解作黄帝帝王家族中之旁系远亲，亦可解作当时黄帝华夏民族中之一般庶民，如系后一种解释，则乃是从全民中举荐优选，而破家族权力垄断之事实），故“众皆言于尧曰：‘有矜在民间，曰虞舜。’”所谓“在民间”者，乃亦是黄帝家族后代之在民间隐匿者，明矣！[①] 舜则问四岳（并非问天下百姓）曰：“有能成美尧之事者使居官？”则举荐乃是天子和大臣共同举荐，而由天子来定夺。[②] 禹则先“举皋陶荐之，且授政焉，而皋陶卒”，其后则“而后

---

① 尧曰：“悉举贵戚及疏远隐匿者。”众皆言于尧曰：“有矜在民间，曰虞舜。”参见：《史记-五帝本纪》。

② 舜谓四岳曰：“有能奋庸美尧之事者，使居官相事？”皆曰：“伯禹为司空，可美帝功。”舜曰：“嗟，然！禹，汝平水土，维是勉哉。”禹拜稽首，让于稷、契与皋陶。舜曰：“然，往矣。”参见：《史记-五帝本纪》。尧崩，帝舜问四岳曰：“有能成美尧之事者使居官？”皆曰：“伯禹为司空，可成美尧之功。”舜曰：“嗟，然！”命禹：“女平水土，维是勉之。”禹拜稽首，让于契、后稷、皋陶。舜曰：“女其往视尔事矣。”参见：《史记-夏本纪》。

举益,任之政”,禹崩后,“以天下授益”,三年之丧后,天下归启①。由上可见,天子之举荐权极大,然诸侯拥立之功亦极大。此外,三王之时代,人臣皆有“自知之明”,且有谦让之德(或亦可视为当时君臣之默契,或默认之契约),故大臣争位者亦少。

“天视自我民视,天听自我民听。”此即为中国民本主义(人民主导天下,天子公权)之意。然或恐当时之所谓“我民”,乃指家族或部落、民族中之众庶而言,未必指天下之民。其后乃在内涵和义理上扩展之,而成中华文明之民本主义思想渊源。

“天子不能以天下与人”,而曰“天与之,人与之”,此段所议,亦易沦为现实主义、犬儒主义、功效主义、机会主义等之陷阱(成王败寇,荐举选拔等无所定则,故亦当进一步申论),容易为枭雄强蛮专制者留有空间——因为按照这种逻辑,枭雄强蛮者无论通过什么方式取得权位,只需说一句,此乃“天与之,人与之”,便可获得其权力正当性或统治正当性,实则乃是建立在暴力或阴谋等的基础上而已,而完全没有更高更本原的尤其是涉及更高价值原则和道德理想原则的权力正当性或统治正当性的标准的制约。

此即人事权之垄断、独裁和专制,从上到下垄断荐人权或人事大权,故可一手遮天……或曰:然而或亦有中央集权、政权平稳过渡之正面效果。

此节孟子并未直接回答万章“以行与事示之者如之何?”的提问,而先转为“天子荐之”,此与前面谈及“故家遗俗”之思路同,乃孟子现实主义之政治态度,非理想主义之政治理想,于后者,孟子有圣贤自王、圣贤共王与禅让等之政治理想,而无更有效合理之制

---

① 帝禹立而举皋陶荐之,且授政焉,而皋陶卒。封皋陶之后于英、六,或在许。而后举益,任之政。(《史记-夏本纪》)十年,帝禹东巡狩,至于会稽而崩。以天下授益。三年之丧毕,益让帝禹之子启,而辟居箕山之阳。禹子启贤,天下属意焉。及禹崩,虽授益,益之佐禹日浅,天下未洽。故诸侯皆去益而朝启,曰:“吾君帝禹之子也。”于是启遂即天子之位,是为夏后帝启。参见:《史记-夏本纪》。

度安排。其实，无论中国古代的乡选里举制与现代西方的民主选举，作为手段，于实现所谓的圣贤政治的理想而言，皆不算妥善。内部选举恐有内部利益集团之问题；全民选举，则有民不知其（被选举）人之问题；乡选里举制则有荐之者之私心昭著之弊端……

“天与之，人与之”，而“天子荐之”，倘天子有私心，诸侯大夫有私心，则荐之一层，便将导致大问题。荐而天不受、民不受，然已触怒于天，虐害于民，扰攘为害，生灵涂炭，其害已成（后果成本），则如之何？而此皆因“荐”法有问题也。孟子乃只谈古之正面例子，不能顾及负面例子，不能对政治理想及其政治措施或制度设计方案进行逻辑自洽性审查、有效性审查（亦即观念与制度的适配性问题）和实践性审查（实践性审查则结合历史事实与现实事实来考察也），或避免可能的制度漏洞，而创制更妥善制度，是其失也。

“天命不常”①，则自与世袭制相左，则世袭制乃失去正当性，而儒家，包括孟子，乃以“故家遗俗”、“圣王子孙当行王道仁政”、“天与之”等为说，乃现实主义政治思路而已。但仅诉诸于汤武革命、替天行道、重归王道，终究难以避免一治一乱之沉重代价；诉诸于仁德教化、贤臣匡辅，而因为集权专制独裁体制，终究难以避免暴君昏君之作恶。史实彰然，则儒家之解决方案乃有根本不足之义，当思改张更化之。

> 万章问曰：“人有言‘至于禹而德衰，不传于贤而传于子’，有诸？”孟子曰：“否，不然也。天与贤，则与贤；天与子，则与子。昔者，舜荐禹于天，十有七年，舜崩。三年之丧毕，禹避舜之子于阳城，天下之民从之，若尧崩之后不从尧之子而从舜也。禹荐益于天，七年，禹崩。三年之丧毕，益避禹之子于箕山之阴。朝觐讼狱者不之益而之启，曰：‘吾君之子也。’讴歌

① 其实“天命不常”的提出，亦可视为统治者对于自身或子孙的告诫，以时刻怵惕谨慎、谨守礼义，保己平安，避免身死国灭或被历史抛弃的悲惨后果。

者不讴歌益而讴歌启，曰：‘吾君之子也。’丹朱之不肖，舜之子亦不肖。舜之相尧、禹之相舜也，历年多，施泽于民久。启贤，能敬承继禹之道。益之相禹也，历年少，施泽于民未久。舜、禹、益相去久远，其子之贤不肖，皆天也，非人之所能为也。莫之为而为者，天也；莫之致而至者，命也。匹夫而有天下者，德必若舜禹，而又有天子荐之者，故仲尼不有天下。继世而有天下，天之所废，必若桀纣者也，故益、伊尹、周公不有天下①。伊尹相汤以王于天下，汤崩，太丁未立，外丙二年，仲壬四年。太甲颠覆汤之典刑，伊尹放之于桐三年。太甲悔过，自怨自艾，于桐处仁迁义三年，以听伊尹之训己也，复归于亳。周公之不有天下，犹益之于夏、伊尹之于殷也。孔子曰：‘唐虞禅，夏后殷周继，其义一也。’”

对于权力传承问题，孟子亦无良策而觉无奈，而慨叹之。又，孟子列举了两种有德能而未必有位的情形：第一类为仲尼等圣贤大儒，仲尼乃圣贤盛德之士，乃因为无人推荐之故，而不得位，其对应之情形或竞争者则为被天子荐之者。这些被天子荐之者往往相君长“历年多，施泽于民久”，声望、知名度、施展才干的空间、政绩、行事及影响力，都比因无人推荐而不得位、不得机会的有德者更有优势，故贤德之士往往没有机会，或一时难以抗衡后者——此种情形在今日世界亦颇然，在朝者或（古之所谓）君长（今之所谓）官吏及其子女更容易获得机会来表现才干与知名度，故往往能享受到相对于其他竞争者来说不够公平或不平等的优势与机会。但随着社会事业空间之增大，包括现代科技、现代传媒等的影响力量对于某些传统弊端的克服，在野者或渐亦能扭转劣势，未必不可与之（政治世家或所谓“官二代三代”等）一争长短。现代或西方民主制度之推荐权并不操于在朝当权者之手，在野者只要符合宪法、选举

① 孟子并不绝对反对世袭制。

法所规定之资格程序，亦可通过考选、民荐、自荐、组党等方式而参加公职竞选或政治选举，故解决了上述（无人推）“荐”的问题。私有传媒亦在一定程度上可以解决扩大知名度的问题——事实上，在许多成熟民主制度中，往往规定公共媒体必须在竞选期间给不同竞选者提供相同的媒体使用权、使用时间或曝光度，以避免由于传播权、话语权的不公正、不对等而影响到民主竞选的公正性本身。第二类为益、伊尹、周公等贤德大臣，其对应之情形或竞争者乃世袭之太子等“继世以有天下”者也。在古代（君权神授的时代），世袭者只要不表现得太差，别人是很难“篡逆”之的。在当时普遍存在于人们心中和社会舆论中的皇权思想理论和观念意识下，最终往往都会还政于皇帝之一家一姓。今则在理论上和制度上废除了君权世袭制的正当性和可能性，故解决了当时困扰孟子的两大政治问题。但在实际政治表现上，在世界范围内，仍有专制糟粕的因袭或遗留因素。

孟子慨叹传贤、传子皆天命，以之解释禅、继不一之政治现实，仍是限于时代条件所致。孟子一方面对于世袭制或继世制抱有谨慎的认同——因为此为当时之儒家伦理题中必然之义，另一方面又歆慕三代之传贤禅让制度（亦或可能仅仅是儒家想象或理想）。换言之，在儒家政治哲学或政治伦理中内含着一个矛盾，即儒家所理想化的三代传贤传德制度，与西周宗法伦理的世袭继世分封制度之间的内在矛盾。前者重德重贤重才，后者重尊亲、血缘、宗法等，并最终在政治现实上向皇权宗法制妥协。但在政治理想上，又始终不放弃三代传贤禅让制，从而对现实世袭制施加了一种特别的监督与警示，即将内在矛盾成功地转化为一种外在的正当性监督，亦是十分吊诡的事情。就此而言，儒家的政治理想是不彻底的，亦是混合的、妥协的。

可思考三代儒与西周儒（或先秦儒）的区别及内部冲突（紧张关系）；今日民治民选时代，“荐”与“继”都在理论上和价值观念上失却了控制现实政治的威权。

“舜、禹、益相去久远，其子之贤不肖，皆天也，非人之所能为也。莫之为而为者，天也；莫之致而至者，命也。”或曰孟子此时尚未曾如前汉之贾谊思及太子教育之事，故似乎稍有点唯心主义地解释为“天”、“命”（当然，在其他方面，孟子在谈到“命”时，又表现出一种积极进取的精神信仰方面的伟大力量）。然此亦可知人之贤不肖，实无法逆料，亦无法以血缘而遂决定之也。然则孟子虽言性善，然由于人终未必能尽其性善也，则世袭制自然亦无道理。嫡长子继承制虽有稳定政治预期之功效，然未必嫡长子即为贤德才能之人（故或以大臣辅佐制约之，而为虚君实大臣治国制度而矫之）；直系或家族内传贤每又启人各生觊觎之心或“站队押宝”之行为，而启政治争斗，而致政治不稳定，故有问题。清代皇帝则应对之以秘密立储之法，然亦未必是良制……现代西方民主选举制或为良法，然亦有漏洞或问题，暂不赘述。

孟子并不绝对反对世袭制。

“继世以有天下，天之所废，必若桀纣者也，故益、伊尹、周公不有天下。”此言帝王祖先父母之政治遗产或政治文化风力。

此处又言“施泽于民久”，与前面“故家遗俗”相照应，乃现实主义政治思路。

当时天子之子亦皆为诸侯，此与孟子认为“舜之弟象不应当为匹夫”为理所当然同，此上古之世之普遍观念也，然又有言丹朱始未有国者①。

然平心而论，或从胜利者视角而论，古代中国有此严格严密之宗法、封建、君臣制度，乃所以战胜他族、抵御侵略、度过劫难之根

---

① 参见：焦循，《〈孟子〉正义》，p648。虽则阎若璩在《释地续》中云：“《汉历志》引《帝系》曰：‘陶唐氏让天下于虞，使子朱处于丹渊为诸侯。’”参见：焦循，《〈孟子〉正义》，p647。

由凭藉也(征服部落)。无此组织法度者,或被灭亡或被征服,或被奴役杀戮,受害深也。类如十五世纪以来之美洲土著印第安人(欧洲人名之曰所谓“新大陆”,此是欧洲中心主义之命名,实则此一大陆早就有土著印第安人居住,也根本不是什么“无主地”而可自由殖民者——虽然“据说”当时的印第安人的土地主权观念不强或与欧洲人不同),因无内部强大组织法度,而导致惨遭杀戮奴役之悲惨命运。故孔子曰:“夷狄之有君,不如诸夏之亡也。”[①]然此是从胜利者的角度立论,而从失败者或受害者乃至被灭亡者的角度立论,其所受苦难厄运危险又何等深重悲惨也。人类之仇怨杀伐、报仇报应,世世相循难了,可悲可叹!比如,为私欲而杀人,为免于杀戮而杀人……

“舜、禹、益相去久远,其子之贤不肖,皆天也,非人之所能为也。莫之为而为者,天也;莫之致而至者,命也。”如此,则世袭制便无其必然性,而儒家或考虑到以下情形:如以天子职位由天下贤者公寻公选,则恐导致争斗衅叛、扰攘不休,代价巨大,故代之以荐之而禅让、嫡长子之世袭制度等,而保证天子职位传承即权力过渡之政治稳定,而同时以王道仁政之先王之道、之制、之法度,预先制约限制之,又以贤臣辅佐匡正封驳之(类于今日西方民主的三权分立制衡之),以此现实主义政治思路,思以确保政治稳定。然其制度仍多缺漏,尤其是在创制初期,比如如何保证天子荐举无私心,如何选拔和保证贤臣,等等,故事实往往有一反初衷而大谬不然者。近现代西方则远绍古希腊、古罗马之政治文化资源,发展出现代民主制和民主选举制,而避免一治一乱之困局,然亦并非没有相应之问题。就儒家或孟子而言,非不知“圣贤自王”之义,非不尊誉圣贤也,然为万民福祉、政治过渡平稳、社会稳定计,乃不得不采取现实

① 《论语-八佾》。当然,对此一句,可以有不同解读,可参阅:程树德著,《论语集释》,中华书局,2013年3月,p171—175。

主义思路之荐举制、世袭制，又以王道、仁政、法治等，以制约天子诸侯卿相大夫之权力，复以尊师重道、尊崇圣贤德才君子，乃至予其相当独立地位，而对被荐举任位之君臣进行教化指导制约之。尊师重道、士不见诸侯、士君子独立不阿、士君子为素王、学术自由与学术独立、清议、匡谏无罪（言者无罪）等，皆是于不得已而采取的现实主义政治思路下的荐举世袭制度之外，而可能借鉴采取的用以进行的必要的制衡性文化安排与制度安排。故暴君昏君欲弃先圣、先王之道、制、法度，必先摧抑士人宾师，不尊重宾师士君子，禁焚诗书典籍，“诸侯以其害己，而尽去之”，而欲摆脱道法、道统之制衡，与独裁暴政正相表里。然暴政独裁毕竟无效而不能行之久远，故而最终亦皆自食其果。

伊尹之德能足以自王，而守“天与之”、先王之制、“故家遗俗”等政治文化习俗，辅佐太甲，即其有过而亦只暂放太甲，暂时摄政，待太甲改过而仍旧归政于太甲，此有德人也。此或可谓之“反禅让”，不是禅让而有禅让之德，可也。若夫王者、贤者共持此共识，在既有世袭制下，贤者不轻自王，王者亦守先圣先王之道之制之法，行王道仁政，爱民尊贤，以贤德为宾师，则乃中国之善政治也。此当然是设想出来的理想状态，实行起来未必没有许多变数。此亦可见其时人心淳朴，共守道德。后则无此共识，君不君（不尊贤乐义，不守道爱民，视臣民如寇仇，等等），臣不臣（不尊明君，不明道不爱民），德不德（不尊道乐义，或其德学不称其名），民不民（不尊师重道明礼义谨守法度），奚可得福也！

伊尹、周公有“圣贤自王”之德能，而不自王，此正其圣德处也。孟子解以“施泽于民久”、“故家遗俗”、“继世以有天下”（赵岐解为“不遭时者”）、“天与之”等。孔子解为“禅、继，其义一也”，亦其圣德之表征也，不独为现实主义政治思路，亦且是为天下万民之福祉安定计，不计较圣贤个人之名位职权也。圣人计虑大事，岂斤斤一己之出处利益哉！

万章问曰："人有言'伊尹以割烹要汤'，有诸？"孟子曰："否，不然。伊尹耕于有莘之野，而乐尧、舜之道焉。非其义也，非其道也，禄之以天下弗顾也，系马千驷弗视也。非其义也，非其道也。一介不以与人，一介不以取诸人。汤使人以币聘之，嚣嚣然曰：'我何以汤之聘币为哉？我岂若处畎亩之中，由是以乐尧、舜之道哉？'汤三使往聘之①，既而幡然改曰：'与我处畎亩之中，由是以乐尧、舜之道，吾岂若使是君为尧、舜之君哉？吾岂若使是民为尧、舜之民哉？吾岂若于吾身亲见之哉？天之生此民也，使先知觉后知，使先觉觉后觉也。予，天民之先觉者也，予将以斯道觉斯民也，非予觉之而谁也？'②思天下之民，匹夫匹妇有不被尧、舜之泽者，若己推而内之沟中，其自任以天下之重如此，故就汤而说之以伐夏救民。吾未闻枉己而正人者也，况辱己以正天下者乎？圣人之行不同也，或远或近，或去或不去，归洁其身而已矣。吾闻其以尧、舜之道要汤，未闻以割烹也。《伊训》曰：'天诛造攻自牧宫，朕载自亳。'"③

"伊尹以割烹要汤"，此节可见当时确有传言。孟子乃否认驳斥之，然司马迁亦采信之（"伊尹以割烹要汤"）。然则其事实有邪？虚无邪？今不可考，或亦不必考。儒家的本事在于其理论学说的体系化，即构造了一整套理论，将所有的事情纳入其中予以自圆其说的解释，并且在相当程度和方面上（当然不包括某些专制性的因素），是在正向的意义上来倡导一种正面的有意义的思想体系，有一种仁善而积极向上的价值，故激发人们宁可信其有（儒家理想人物之正面事迹、心态等——某种意义上亦可视为一种正向立意的

① 尊贤之意已见。

② 同于孟子之舍我其谁，而伊尹、周公亦皆当纳于儒家道统也。

③ 此章亦可参阅《史记-殷本纪》。

圣化或神化），不愿信其无；宁可信其善美，不愿信其恶丑，以自我鼓励向上。

质言之，儒家有可能更多采取的是经学家、道德家乃至宗教家的思路，未必全是历史学家的思路（但这也仅仅是退一步的猜测，并不意味着确实如此，相反，很有可能，儒家的相关历史叙述，反而都是言而有据，是更为真实和符合历史真相的，故亦不可简单地归之为经学家创制之言，亦不可如五四时期疑古学派简单乃至偏激地全盘质疑中国古史和儒家的历史叙述等）。以至于事实如何，反而是其次，甚至是根本不重要的（此之谓经学家与史学家的区别所在，何况三代之人物事迹，有许多确乎是文献文物无征的，且和现实政治并无任何私人利益勾连。当然，历史学家、考古学家仍然可以对儒家圣贤人物系列等进行基于事实的客观的历史学研究和考古学研究，并在言而有据的前提下和经学家进行沟通交流）。换言之，从历史（事实）中抽离寻绎并系统化出一种哲学或思想体系，或价值观念、抽象理想，当这套抽象理想与观念体系成立后，便已经可同历史事实无涉了（所谓“圣化或神化”，当从此立意）。故你说儒家言而有据地归纳出一套道统也罢，理想化剪裁也罢，圣化或神化也罢，乃至作伪也罢，都不能改变一个事实：即儒家本着仁善美好之理想构造了一套有其相当正面价值的思想体系，并在后代发挥了许多正面的、真实的历史影响，直到现代社会的今天，其中仍不乏有价值或能和现代正面价值接榫的内容因素。质言之，即便退一万步讲，其起源或许有伪饰伪造的成分（故而可对之做历史研究和批判），影响与结果却是实实在在、真真实实的（可以——亦须——做规范研究和批判。质言之，思想层面须经得起逻辑推敲和理性批判）。我们在看待儒家思想体系中的理想人物群像或人物事迹时，有时应将他们作为某种观念符号的承担者来看（俗语所谓“拿他来说事儿”），而进行规范分析或逻辑自洽的审查，而不必单一化、简单化地当作历史来看。换言之，经学思想研究与历史研究之间有一定差别。但将历史研究阑入经学研究亦有价值，则可破了经学(家)对于人性完美的苛求，及其对人性的理想想象，或完善完美之人性预设的固执，而对一般人性更有亲切之宽容、之同情、之理解，乃至对人性恶或人性的弱点亦有基本的认识，从而在进行文化思考和文化制度设计时，亦将这些因素纳入思路之中，从而更为审慎、全面和深入。

与此同时，却也必须认识到，儒家政治哲学或思想体系中，确实存在着某些缺陷，使得古代中国社会确实大量存在着当时(可能的)“谣言”所传播的权力私相授受、政治裙带关系等负面丑恶之政治腐败问题与现象，而当思以革新应对之。并且，从激浊扬清，或对于古往今来的各种弄权使诈、欺蒙造谣、颠倒黑白忠奸、伪造历史的暴君昏君奸臣小人等的震慑和制约，以及对于义人志士的精神激励等方面来看，历史研究和还原历史真相等，仍然有其必要性和好处，不可让权势者存了篡改历史、欺骗历史和人民的侥幸心理，而亦能培养一种理性、客观、诚实之民性也。故经学研究虽然因为有其可以归为纯粹思想研究的一面而有其特殊性和独立性，但又因为有其和历史研究相关联的一面而必须采取历史研究的方法和成果，就后者而言，历史研究，是经学研究的基础之一和重要辅助手段之一；就前者而言，则更多属于思想研究与哲学研究，则概念分析、规范分析和逻辑自洽的审查，是这类经学研究及其政治哲学研究的重要方法和根本检验手段。

“非其义也，非其道也，禄之以天下，弗顾也；系马千驷，弗视也。非其义也，非其道也，一介不以与人，一介不以取诸人。”取予之间，节义凛然，真大丈夫也。

“与我处畎亩之中，由是以乐尧舜之道，吾岂若使是君为尧舜之君哉？吾岂若使是民为尧舜之民哉？吾岂若于吾身亲见之哉？天之生此民也，使先知觉后知，使先觉觉后觉也。予，天民之先觉者也；予将以斯道觉斯民也。非予觉之，而谁也？”“思天下之民匹夫匹妇有不被尧舜之泽者，若己推而内之沟中。其自任以天下之重如此……"此真有天下自任之气概，以及淑世济民之大愿力，舍我其谁之大信心也。范仲淹之名句皆从中感召而来也。以天下之苦乐为自己之职责（或过错而坦承拯救之）也。

"吾闻其以尧舜之道要汤，未闻以割烹也。"岂有辱己以正天下者！必也归洁其身。

此下可参阅《史记-殷本纪》。

"天之生此民也，使先知觉后知，使先觉觉后觉也。予，天民之先觉者也；予将以斯道觉斯民也。非予觉之，而谁也？"此即孟子之"舍我其谁"，伊尹、周公皆当纳于儒家道统也。

第七小节：

阅读焦循对此一句的相关解释[①]，读者或仍生疑问：孟子其有立正统而强整历史之意否？孟子此处乃为翻案文章？经与史之关系如何（此则可参照上文之论述）？如何处理德与真、道与真之关系？另可参阅其他相关论述[②]。

鲧、商汤、文王皆娶有莘氏之女，而有莘国其地不同，或繁衍迁居或共名邪？

此句还是解"造"为"始"为妥，"天诛造攻自牧宫"，言夏桀自作孽，为汤武驱民，自取灭亡而天命诛之。后句"朕载自亳"则言商汤、伊尹承天命替天行道而兴师讨伐。

焦循据赵歧注解第二"自"字为"猷"，稍觉牵强，解"朕"为"汤"，虽合于一般历史叙述或想象，但既是《伊训》，则解"朕"为"伊尹"似亦可，而与吾之前所提出的"圣贤自王"等论题接榫起来。

万章问曰："或谓孔子于卫主痈疽，于齐主侍人瘠环，有诸

① 焦循，《〈孟子〉正义》，pp652—653。

② 焦循，《〈孟子〉正义》，p609。（赵佑《温故录》中所引文字），p625。（阎若璩《释地又续》所引文字），pp652—653，p666。

乎?"孟子曰:"否,不然也。好事者为之也。于卫主颜雠由。弥子之妻与子路之妻,兄弟也。弥子谓子路曰:'孔子主我,卫卿可得也。'子路以告。孔子曰:'有命。'孔子进以礼,退以义,得之不得曰'有命'。而主痈疽与侍人瘠环,是无义无命也。孔子不悦于鲁、卫,遭宋桓司马,将要而杀之,微服而过宋。是时孔子当阨,主司城贞子,为陈侯周臣。吾闻观近臣,以其所为主;观远臣,以其所主。若孔子主痈疽与侍人瘠环,何以为孔子。"

"或谓孔子于卫主痈疽,于齐主侍人瘠环,有诸乎?"读者初读时,或觉此节中孟子之申辩,似若在逻辑或论证理由上稍有欠缺不充分处,即并未正面响应对事实的质疑,而只是认为那种传言并不符合孔子的一贯言行思想,这固然亦有一定理据,但这并不能从逻辑上和史实上必然论证事实本身。所以某种意义上亦可以说孟子回避了质疑,甚至有诡辩之嫌疑,至少是逻辑有缺漏的不成功的申辩。但这样说也有点吹毛求疵,如果借用孟子的论证理由,则像孟子这样一贯志诚贤德之人,岂会存心诡辩。但朱熹的解释,便无逻辑漏洞了[①]。

"孔子进以礼,退以义,得之不得曰'有命'。"儒家尽其心,但并非志在必得,不合礼义,时势未至,虽无悔无怨,亦安然离世,而解之曰"有命",此种从容,乃是大境界。今人每言生命苦短,于种种物欲人欲等,志在必得,必欲得之而无憾,故不择手段,无所不用其极,即坐无信仰、不认命之故,而缺乏儒家士人之人生境界也。于儒家言,人生种种物欲人欲,正常得之,固亦不谬,然(若不合礼义,则)无一是必得者,而仁善节义,和精神层面之修养与境界,乃是其

① 朱熹,《孟子章句集注》:"孟子言孔子虽当阨难,当犹择所主,况在齐卫无事之时,岂有主痈疽侍人之事乎? ……君子小人,各从其类,故观其所为主,与其所主者,而其人可知。"又可参见:焦循,《〈孟子〉正义》,p291。

所志在必得者也。

“好事者为之也。”政治中亦多好事造谣者，亦当警惕，未可轻信。

“孔子曰：‘有命。’孔子进以礼，退以义，得之不得曰‘有命’。”何止“有命”，此种言行修持，乃得道之人也，外缘不能入也。

向魋（即宋司马桓魋）弟子司马牛为孔子弟子，“宋君之珠，殃及池鱼”[①]；“魋惧，将走。公闭门而泣之，目尽肿。”（魋为宋景公男宠）（《左传-定公十年》）

此节亦可与下章谈士之交际者对照观之，《〈孟子〉正义》引赵注云“孔子知弥子幸于灵公，不以正道，故不纳之而归于命。”[②]此亦可见中国人对于不以正道进身、苟合取容者之极度鄙视与深恶痛疾[③]。

“好事者为之也”，赵歧解为“但好事毁人德行者为之辞尔”，此句可对照“蔽贤者当之”（《离娄下》）。

此节谈主与所主，乃以“人以群分”而观其人品，亦是“取友必端”之意。不独在申言不可“枉道取容”之义，而小人佞臣每欲借贤者自高遮丑，附庸风雅，贤者岂会苟合取容、同流合污哉！贤者之一辞，胜过无信无德无令闻令望之小人佞臣之万千谀词，盖可以盖棺论定者也。然贤者岂轻易其辞哉。

贤者言语谨慎而一词便可盖棺论定，一语可定论。得佞人千万辞，不如贤者一字，以前者无信，后者惜言重信故也。佞人谀词

---

① 《吕氏春秋·必己》：“宋桓司马有宝珠，抵罪出亡，王使人问珠之所在，曰：‘投之池中。’于是竭池而求之，无得，鱼死焉。此言祸福之相及也。”

② 焦循，《〈孟子〉正义》，p657。

③ 《史记·孔子世家》：“居卫月余，灵公与夫人同车，宦者雍渠参乘，出，使孔子为次乘，招摇市过之。孔子曰：‘吾未见好德如好色者也。’于是丑之，去卫，过曹。”《司马迁-报任安书》：“昔卫灵公与雍渠同载，孔子适陈；商鞅因景监见，赵良寒心；同子参乘，袁丝变色。自古而耻之！夫以中材之人，事有关于宦竖，莫不伤气，而况于慷慨之士乎！”

连篇累牍，贤者一言定谳，以贤者重言重信重德也。当时后世之历史学家、百姓民众等，不信佞人，而乃采信贤者之言。魏忠贤当时谀词万千，而今如何？臭名昭著，岂能以万千谀词掩夺。

欲有为者，自始至终，正道行事，不枉道从人，不苟合取容。枉道取容者，岂能正人正天下？即得位行权，又岂能行正道正事？恰因多此枉道徇人、阿意取容之佞人伪诈之人，国事天下事、世风世俗才每况愈下、沉沦腐朽、人格国格不立、内外轻之、令人不耻……

> 万章问曰："或曰：'百里奚自鬻于秦养牲者，五羊之皮，食牛，以要秦缪公。'信乎？"孟子曰："否，不然。好事者为之也。百里奚，虞人也。晋人以垂棘之璧与屈产之乘，假道于虞以伐虢。宫之奇谏，百里奚不谏。知虞公之不可谏而去之秦，年已七十矣，曾不知以食牛干秦缪公之为污也，可谓智乎？不可谏而不谏，可谓不智乎？知虞公之将亡而先去之，不可谓不智也。时举于秦，知缪公之可与有行也而相之，可谓不智乎？相秦而显其君于天下，可传于后世，不贤而能之乎？自鬻以成其君，乡党自好者不为，而谓贤者为之乎？"

以上三节皆破（辟）贤士"要君"之谣言。（士人不可辱己干求，必"三使往聘之"等。所谓"辱己"，乃言"非礼义"也）。"自鬻"、"主痈疽侍人"、"割烹要汤"，皆不自重自尊自爱、不合礼义之举动也，贤者岂可为之。实则无之。

"不可谏而不谏，可谓不智乎？知虞公之将亡而先去之，不可谓不智也。"君子国士之出处，皆甚严也。

赵岐断句于"宫之奇谏"之后，而以"百里奚不谏"冠其后两节之首[1]。

或曰孟子此节只言百里奚之智以证其德，以证其必不为食牛干秦君之行，似在逻辑上稍不圆满，因为智不必然证德也。然孟子

① 焦循，《〈孟子〉正义》，p666。

言百里奚之事亦稍凿凿，或可信。孟子非空言诳辞者，未必仅为道统而强为之说，而仍有事实依据。吾观《孟子》全文，或有逻辑欠圆满之处，而几无强词夺理乃至虚托伪饰处，与乎庄子之寓言著述体式不同。孟子可信。史迁亦当信之，然或有史实采择失当之处。

上页所引崔颢言甚好[①]，可见其时确有反对君臣父子、世袭继位等种种制度者，可见当时平民兴起、阶层（阶级）矛盾凸显，而出现圣贤自王、处士横议、能者猎取卿相乃至篡弑不绝等思想或史事，皆因西周宗法分封世袭既久，职位不足以分封繁衍众多之贵族子弟，而在统治阶层内部产生不满、反抗与动乱……

本节尽辟“好事者”之谣言。好事者，或前文所云“蔽贤者”也；“蔽贤者”，除一般流俗之言外，又多见于儒家之外之百家之流，可见当时思想斗争之激烈。各相攻讦，乃至中伤谣诼。此外又有卫道自辩（若孟子之相关辩护、辩论）。其原因之一乃在于诸侯恶列国信史之害己而皆去其籍，故民间乃能各逞其私心私智（或公心道心）以重述历史。然所谓各国之“信史”又真的是信史而不是西周统治者之“以史为治”、“以史利己”之书乎？儒家乃至西周及之前之官府之史书，或未必无偏见，未必无伪托以利于其统治者。今当以历史学家之态度与方法，综核各家，以略窥其时之虚实而已，不必尽信“正史”或儒家之一家之叙述。

① 焦循，《〈孟子〉正义》，p666。

万 章 下

孟子曰:"伯夷,目不视恶色,耳不听恶声。非其君不事,非其民不使。治则进,乱则退。横政之所出,横民之所止,不忍居也。思与乡人处,如以朝衣朝冠坐于涂炭也。当纣之时,居北海之滨,以待天下之清也。故闻伯夷之风者,顽夫廉,懦夫有立志。伊尹曰:'何事非君?何使非民?'治亦进,乱亦进,曰:'天之生斯民也,使先知觉后知,使先觉觉后觉。予,天民之先觉者也。予将以此道觉此民也。'思天下之民,匹夫匹妇有不与被尧、舜之泽者,若己推而内之沟中,其自任以天下之重也。柳下惠不羞污君,不辞小官。进不隐贤,必以其道。遗佚而不怨,阨穷而不悯。与乡人处,由由然不忍去也。'尔为尔,我为我,虽袒裼裸裎于我侧,尔焉能浼我哉?'故闻柳下惠之风者,鄙夫宽,薄夫敦。孔子之去齐,接淅而行。去鲁,曰:'迟迟吾行也,去父母国之道也。'可以速而速,可以久而久,可以处而处,可以仕而仕,孔子也。"孟子曰:"伯夷,圣之清者也;伊尹,圣之任者也;柳下惠,圣之和者也;孔子,圣之时者也。孔子之谓集大成。集大成也者,金声而玉振之也。金声也者,始条理也;玉振之也者,终条理也。始条理者,智之事也;终条理者,圣之事也。智,譬则巧也;圣,譬则力也。由射于百步之外也,其至,尔力也;其中,非尔力也。"

孟子列举四类贤人,各有其特点,亦以明处世自处之道本多,不必拘于一隅，尤不可违义附逆。清白自处之空间无时无世不有，污者皆自污，自甘猥贱耳。伯夷刚严正直，庸俗不染分毫。伊尹自任先知，先觉求道不止，而以启牖民众为己任，而有大悲心大愿力。柳下惠能与天下人处，不激不随，进则正直，默默无闻亦无怨艾，不汲汲于富贵，不求闻达于诸侯，与俗世人交，而不染其弊，真乃宽厚从容大人。孔子则乘时权变而不失其道。四贤君子，孟子评之曰清、任、和、时，而以孔子为集大成者。然清者纯清，一介不取，一尘不染；任者有功，事大功大，宛然世上人前；和者宽大仁厚，居仁由义，自有令闻令名。此三者皆豁然可判，难能作伪。若夫"时者"，"仕、止、速、久，各当其可"，神化莫测，则难以判定，故每有以此自期而实朝秦暮楚、汲汲干求、追名逐利之徒。如孔子之真"时者"，真"集大成者"，真神化通变者，则难矣乎，故孟子尤重之。后世伪儒或每皆以时者自期，不敢以清、任、和者立身，乃在于后者难以作伪而前者每可文饰也。故吾则曰：与其孔、柳，莫如伯、伊，伯、伊未至，岂敢孔、柳。今当首推伯夷，次论伊尹，再论柳下惠，最后论孔子矣（此与"德业亦当先重戒律，权变当首先合经，神化不可违义矩"等之立意相通）。

先知先觉自任，故亦当先求道若渴不止。

"思与乡人处，如以朝衣朝冠坐于涂炭也。"礼仪敬慎，威仪恭谨。

伯夷之行事，可谓自奉谨严端肃。

柳下惠之行事，则曰此言观人之善、成人之美、随和乐群、顺其自然、污泥不染、无扰悲喜、达观乐天也。

按孟子之论述，伯夷、伊尹、柳下惠各以一端之纯应万事万境，孔子则以多方之各纯应万事万境。前者但应一境，后者使万境于我皆有应，皆有得，故为集大成也。前者以我为主，重主体之精神力量，后者亦兼顾客体，万缘皆有所施、淑、对治。伯夷、伊尹、柳下惠皆至于圣之一事一维矣，而孔子则万端万缘万境皆可至而中矣，故得圣之圆浑者，故为集大成。

速、久、处、仕，恰与清、任、和、仕相对应，又可与行可、际可、公养等对应勾连之。

按孟子之评述，伯夷、伊尹、柳下惠，各得其圣(之一维或一种)，孔子兼得之而集大成，智圣合一，巧力融会，有始有终，始终中节不违，可谓是因时因事因人因境，无不合辙合规，任心而行、从心所欲不逾矩。伯夷、伊尹、柳下惠皆以自心自性应万端万境，自心自性不动，端境外缘于我何有哉！而皆能一心不动、一心始终，故亦圣也。孔子则以一心随机应端境外缘，无不中节合矩，各得其(正心之)始，各得其(正确条理选择)之正终，而一心应万境万事，无不有对待淑世之心法，无不始终不乱。

此几小节主要讲士之出处及出仕之法，今亦可引申为一般人处世之法。伯夷忠(而清)，忠于一国一家一姓(族)。伊尹仁(而任)，不分一国一家一姓(族)，而以人类天下万民为念。柳下惠宽厚乐生乐世爱人。孔子则有伯夷之忠于父母之国，又有伊尹之仁爱天下苍生(人类)，复有柳下惠之乐生乐世爱人，故为集大成者，故为圣之时者。三子各守其一端终身，故为圣；孔子则各以其始而具体、分析、“治条理”之，又各得始终，皆中理合节。“始、终条理”之谓，孟子或批评伯夷之后(终)“不食周粟”为稍狭隘，伊尹之前(始)乐处畎亩之中而不出(《万章上》)为稍迟，柳下惠不恭(《公孙丑上》)，皆于“始终”上或稍有差(《公孙丑上》)？朱子有“有所偏”、“故不可由也”[①]等评论说法。然因时代变化而或不明了其时之若干常识背景，我们今人或觉孟子此处文字稍晦涩，故吾人此处之解说亦稍有强为解说而牵强处，读者当识之，不必拘泥也。

第一小节可对照《公孙丑上》中的相关文字。

“思与乡人处，如以朝衣朝冠坐于涂炭也”，自奉甚严之谓，不

---

① 焦循，《〈孟子〉正义》，p223。

同流合污，乃至根本远离流污，厌恶一朝共处也。然有消极隐遁之嫌。伯夷重清，重自清，重节，亦有类于狷者。

此句或亦有两种解释，一者曰伯夷和普通乡党之人相处，亦端肃章甫、自奉谨严，严守礼节，中规中矩；一者曰伯夷和粗鄙无识之乡人相处时，丝毫不染其鄙陋粗野之俗，而洁身自好，端肃谨慎。不同的解释中，“乡人”的意思也不一样。

柳下惠则正道而行，污泥不染，随遇而安，优裕和乐，中庸平和，不废此生之心泰和乐，颇有孔子舞雩之泰然自若、宽心自得，虽不同于伊尹之矫易俗弊，然亦能直道而行，与世和乐，宽裕深厚，仁心善行，且不失志失身。

伊尹有心志，有仁心仁意，有救世淑世之勇概慈悲，故不在意虚名，以天下为己任，精进进取，积极用世救世，重任，重仁，重自任天下。

伯夷、伊尹、柳下惠，分别代表了三种不同入世态度，亦可作为与一般人相处之三种不同态度。

四种备选行事方式，而各循其本性，不必有所特别轩轾比较，或自我强矫桎梏，而孟子以为孔子难能也。吾虽素喜伯夷之行，今亦知后三者之难得。彼难浼汝，何必离之！

“接淅而行”，携其已淅干之米。淅者，以水淘洗米也，此言淘米已干。

“智”、“巧”者，不主张胶柱鼓瑟，而主张具体分析（中国人思维），而一于其“的”。

孟子此处谈智、巧、时，似言三子不知智、巧、时？孟子主张应“当‘时’”，“当‘时’”即具体情况具体分析对待。按孟子思路，似言三子则执一狭隘、偏执、我执，不问具体对象与情势，不能“时”之，而孔子则有“时”，能“时之”。

始条理、终条理云云，言其目的始终在条理、治理、合理（实质正义），不在某一不看具体对象的抽象或单一原则、规则？此或可见中国人思维方式之特点。

所谓金声玉振，乃指始终深厚不绝，始终如一？

智圣双全。治（分析）、理（理义、正义）皆中（义），始终如一，一于正义合理。

巧则用心自制，力则自然天成，无所用心而毫无违碍而中也。

三子固能守身，然对其对象而发挥影响作用否？（“中”或“中的”，“中”读四声。）

规则易守（至），中的则难。

其意或为：执一规则易，始终中的合理难。三子皆只在其一生表现圣之一种，孔子则皆表现之。

以逻辑学解之，乃在于古人古语逻辑不明或未分化故。力则天生，中则巧。

此节稍有不可解处，不必拘泥或牵强附会。

北宫锜问曰："周室班爵禄也，如之何？"孟子曰："其详不可得闻也，诸侯恶其害己也，而皆去其籍；然而轲也尝闻其略也。天子一位，公一位，侯一位，伯一位，子、男同一位，凡五等也[①]。君一位，卿一位，大夫一位，上士一位，中士一位，下士一位，凡六等[②]。天子之制，地方千里，公侯皆方百里，伯七十里，子、男五十里，凡四等。不能五十里，不达于天子，附于诸侯，曰附庸。天子之卿受地视侯[③]，大夫受地视伯，元士受地视子、男[④]。大国地方百里，君十卿禄，卿禄四大夫，大夫倍上士，上士倍中士，中士倍下士，下士与庶人在官者同禄，禄足以代其耕也。次国地方七十里，君十卿禄，卿禄三大夫，大夫倍上士，上士倍中士，中士倍下士，下士与庶人在官者同禄，禄足以代其耕也。小国地方五十里，君十卿禄，卿禄二大夫，大夫

① 此为亲亲（宗统）宗法分封制。

② 此为尊尊（君统）君臣制。

③ 以下皆有关俸禄制度，此后又可据不同行政职位、俸禄而规定不同礼仪规格。

④ 分封之法度。

倍上士，上士倍中士，中士倍下士，下士与庶人在官者同禄，禄足以代其耕也①。耕者之所获，一夫百亩，百亩之粪，上农夫食九人，上次食八人，中食七人，中次食六人，下食五人。庶人在官者，其禄以是为差。"②

"其详不可得闻也。诸侯恶其害己也，而皆去其籍。"1. 此亦诸侯隐瞒中央政策法度之古例，因为地方利益、集团利益、部门利益、内部利益、私人利益故，下级隐瞒、篡改上级命令，政令不能畅通，政策不能贯彻执行，地方或基层官僚把持与操纵公共权力、公共资源，形成地方各级"家天下"，导致国家治理的障碍，以及政治合法性的流失或丧失。2. 各级权力、政府都具有一定程度的自利性，既以欺瞒对抗中央，亦以蒙蔽盘剥百姓（就其正面而言，在特定制度下，或亦有维护地方利益的情形）。故如何有效控制各级权力、政府、组织、机构的可能的——同时亦是必然的——自利动机（自利性），便成为国家治理的重要课题（严明纪律，暴力惩处；行政法；政务公开；古今之监察纪检等。当然，还有另外一种思路，即以民主协商和法治的方式明确划分相关权力利益关系，然后依法治理之即可，如此，则地方亦可在法律框架之内依法公开争取自身的权益，中央同样依法责成地方对中央应负的责任义务）。3. 各级权力天生具有焚书坑儒的倾向，控制言论，禁止一切不利于自己的言论、思想、政策、政令等。故当重视政令公开，大道为公、学术为天下之公器、言论自由、学术自由与学术独立、中立等原则，保持思想言论、意见乃至异见等的自由活跃。4. 书籍、思想流转之世运。

"周室班爵禄"，乃国家大政方略，乃国家政治架构之总体设

---

① 虽曰君臣行政制，实则亦以宗法制而分封臣僚（卿大夫士）于王畿之内，故天子虽曰地方千里，实则分封诸臣之后，自有者甚少。

② 此可见当时庶民之经济状况，"一夫"或为一家（夫妇）之长或户主而言，乃涵盖全家即夫妇子女而言也，亦可约略等同于今日之核心家庭，虽则整个大家族仍然聚族而居，但未必共灶共财。

计，此是制礼作乐之基础，而可名之曰：定政立法，设官分职。当时乃分两类并行：宗法伦理分封制与君臣（国家）伦理行政制。

宗法分封制下乃君臣行政制。然孟子此处只论及分封制、行政制、俸禄制，未进一步讲明官员与分封成员的数量情况。缺此一环（包括庶民数量），故难以据此推断出其时之实际经济财政状况以及庶民百姓之负担，此未必是孟子答问之疏漏，乃无法于此详述而已（实则《周礼》对此则有较为详细之说明）。（徐氏则据以推算出，然亦有漏洞，因天子之地当分封诸侯或卿大夫等也①。此外亦可参阅《周礼》中对于设官分职之相关叙述。）

"禄足以代其耕也"，一语可尽下士之地位及将来走向……

以下皆有关俸禄制度，此后又可据不同行政职位、俸禄而规定不同礼仪规格。

虽曰君臣行政制，实则亦以宗法制而分封臣僚（卿大夫士）于王畿之内，故天子虽曰地方千里，实则分封诸臣之后，自有者甚少，并非是专制中央帝制（帝秦）成立后的皇帝君临天下、统制一切的情形。

此可见当时庶民之经济状况，"一夫"或为一家（夫妇）之长或户主而言，乃涵盖全家即夫妇子女而言也，亦可约略等同于今日之核心家庭，虽则整个大家族仍然聚族而居，但未必共灶共财。

"愚按：君以下所食之禄，皆助法之公田，借农夫之力以耕而收其租。士之无田，与庶人在官者，则但受禄于官，如田之入而已。"②

---

① "徐氏曰：'大国君田三万二千亩，其人可食二千八百八十人。卿田三千二百亩，可食二百八十八人。大夫田八百亩，可食七十二人。上士田四百亩，可食三十六人。中士田二百亩，可食十八人。下士与庶人在官者田百亩，可食九人至五人。庶人在官，府史胥徒也。'愚按：君以下所食之禄，皆助法之公田，借农夫之力以耕而收其租。士之无田，与庶人在官者，则但受禄于官，如田之入而已。""徐氏曰：'次国君田二万四千亩，可食二千一百六十人。卿田二千四百亩，可食二百十六人。'""徐氏曰：'小国君田一万六千亩，可食千四百四十人。卿田一千六百亩，可食百四十四人。'"参见：朱熹著，《孟子章句集注-万章章句下》。

② 参见：朱熹著，《孟子章句集注-万章章句下》。

故下士以上皆有其私田，然于下士以上者言虽曰私田，于庶民而言则实乃实行助法之公田（井田制下八家庶民所共耕而其收成则归于公家贵族之所谓“公田”），故其下士以上之贵族之私田（公田）上之一大批自耕农或佃农，而对下士以上之贵族有一定人身依附关系或私人效忠关系，平时便有所组织和军事训练，特定情势下便更可能转为私人武装，对抗其他五等六等之诸侯臣僚等。下士与“庶人在官者”虽不必像农民一样依附于土地，但往往必须依附于官府，加之俸禄微薄，往往生活艰辛，易生不满，故每转为游士、游侠、谋士、食客、商人等。

“其详不可得闻也。诸侯恶其害己也，而皆去其籍。”此是诸侯之毁书也，于秦政之前而早着先鞭矣。先王之道之法，良法美意，典章制度，圣贤国士之言论书籍，因其不利于诸侯自己之私欲贪欲，故诸侯皆阴而毁之、禁之、篡之、藏之，实乃包藏私心祸心，而天下专制独夫皆同此心此行也。

此节甚务实，惜乎只论及俸禄等级制，未列出各等级职位之人数结构，当与《周礼》或《周官》对照之，如此而知古今之所谓“官民比例”及“国民或官民财富分布结构图”，甚至乃可知其时之“基尼系数”。又当将当时天子、诸侯、卿、大夫、士之家庭成员结构，作一统计图表，再与职级人数结构、俸禄结构进行对勘，则当问：其多余之庶子将何以自存？而贬出宫室，成为庶民？庶民尽从不得立之庶子而来？（抑或本有庶民，又有从奴隶而来者？）最初被各级贵族所食之民从何而来？由什么人构成？奴隶？庶子贬出者？部落中非酋长或部落贵族子弟的一般平民或追随者？当时前来定居时追随大家族的小家族？等等，诸如此类的问题，皆可深考之，而明中国上古史之真面目，而明中国、中国人、中国文化等之所从来。

万章问曰：“敢问友。”孟子曰：“不挟长，不挟贵，不挟兄弟而友。友也者，友其德也，不可以有挟也。孟献子，百乘之家也，有友五人焉：乐正裘，牧仲，其三人则予忘之矣。献子之与此五人者友也，无献子之家者也。此五人者，亦有献子之家，则不与之友矣。非惟百乘之家为然也，虽小国之君亦有之。费惠公曰：'吾于子思则师之矣，吾于颜般则友之矣。王顺、长息，则事我者也。非惟小国之君为然也，虽大国之君亦有之。晋平公之于亥唐也，入云则入，坐云则坐，食云则食。虽蔬食菜羹，未尝不饱，盖不敢不饱也。然终于此而已矣。弗与共天位也，弗与治天职也，弗与食天禄也。士之尊贤者也，非王公之尊贤也。舜尚见帝，帝馆甥于贰室，亦飨舜，迭为宾主，是天子而友匹夫也。用下敬上，谓之贵贵；用上敬下，谓之尊贤。贵贵尊贤，其义一也。"

何谓友？孟子云：友于德，无关长幼贵贱贫富者也。若友者，自可无大无小，然不可无德无耻。忘却一切地位权势，亦无任何利益权力之想，倾心相与，辅仁进德，则真友也。故君子敢友一切人，于一切人皆可平等视之，故朋友一伦乃是消解一切等级制（比如另外四伦）的普遍平等主义因素，亦是传统中国的一个对于严格等级制纲常伦理的必要而有效的代偿性、平衡性机制。当然，必须友于德，不然皆非友也。故古代真能称得上朋友传奇的故事也并不多。

士之于小国之君，其身份或自处之地位，或为师，或为友，或为臣。反之则曰：小国之君之于士，或则师之，或则友之，或则臣之（事我者，事君者）。士之自处于世亦当严其分际也。古者士不为昏庸暴恶之君臣。今则有行政法规制之，士或为比喻意义上之所谓臣（下属下级），不必以古代之臣道事之（上焉者以道事君而君臣有礼，下焉者而为私人人身依附与私人效忠等），事于人民、国家、公法而已矣！今之公法，即古之道义也，古之士事道，或以道事君，今之士事人民、国家、公法，以公法事国家人民。（其实古代亦以德为依归，事于道义，未必事于君王本人也。然而虽曰事于天道、道义、天下、国家，而仍有温厚对等之君臣之礼。）

天位、天职、天禄，今可置换为公位、公职、公禄，当与天下人共也，故须公开考试（公务员、公职人员、文官队伍或事务官），选任贤能（政务官），不可为一家一姓、小集小群私相授受也。

士之尊贤不同于王公之尊贤。

“舜尚见帝，帝馆甥于贰室，亦飨舜，迭为宾主，是天子而友匹夫也。”礼遇优待，互为宾主，平等互敬，是天子友（贤德之）匹夫之道。别小看了“迭为宾主”这一句，这乃是平等与否的最重要标志之一，亦即登门拜访才是一种必要的尊重或礼遇。

“用下敬上，谓之贵贵；用上敬下，谓之尊贤。贵贵、尊贤，其义一也。”上、下云云，虽是以爵序，终究稍不贴切。若夫上有道有德有功（于天下国家人民），固当贵上。倘是每见无道无德无功（于天下国家人民）之人，凭借亲贵弄权援引（裙带关系）或谄媚贿赂，或灰色交易等，而得以身居要职、尸位素餐、飞扬跋扈、为非作歹，则人不但不贵之，亦且鄙视之，仇恨之。

或打趣曰：召去领奖的，大体都是一般臣僚职员民众，政府以臣视之，乃督促奖掖其勤勉于公事也。君王去其家里登门拜访的，才是真正的贤德，乃树立尊贤礼士之社会风尚也。所以奖并不仅仅是授予荣誉，乃更是督促、责任与义务；登门拜访的，才是更高的尊崇与仰慕。

“不挟长，不挟贵，不挟兄弟而友。友也者，友其德也，不可以有挟也。”不挟兄弟即不挟亲、不挟等夷之谓也①。“献子之与此五人者友也，无献子之家者也。”献子之所以友之，乃不以富贵权势为意，对方倘有德有学而为长者教训我，故师事（视）之。

“无献子之家者也”，或解曰：此句主语当为“此五人者”，意为此五人者忘献子之权贵势力；而下文之“亦有献子之家”，意为此五人者也和一般流俗一样，眼中心中所关注者乃献子之权贵势力，欲以趋附，则同俗人无分别，则献子便不与之友，而以“事我者”待之。

---

① 但历来对此句之解释多有分歧，可见下一条注释。

换言之，倘其（此五人）奔趋富贵权势而来，则孟献子便不友（视）之，而视其为“事我者”，或根本无所交接也。此处当辨明一点，所谓“有献子之家”者，乃谓此五人有挟其（献子）富贵之意也，非谓此五人亦实有富贵之意也。或有人解“有献子之家”为“同献子一样富有”，则似乎于理难通，因为这里强调的是“友其德”，而无论“有献子之家”或“无献子之家”，都不必然同时意味着有德无德。

“不挟兄弟”此章，应联系全章上下文而论，乃特别针对天子国君公侯（王公）等在上位者而言（倘是如此，则“不挟兄弟”当解如赵岐注“兄弟，兄弟有富贵者”，而非上文所分析之“不挟亲、不挟等夷”之谓）。①

乃问王公交友之道也。

“此五人者，亦有献子之家，则不与之友矣。”倘此五人未必以德闻，故未必友。“用上敬下，谓之尊贤”。孟子此处似将友与尊贤等同之。然又有“师之”之说。

王顺、长息则有慕权事贵干求之意，故费惠公以“事我者”视之。颜般则不以富贵权势为意，而有德，故费惠公以友视之。子思不但没有干求之意，又有德有学，故费惠公师事之。

“晋平公之于亥唐也，入云则入，坐云则坐，食云则食。虽疏食菜羹，未尝不饱，盖不敢不饱也。然终于此而已矣。弗与共天位也，弗与治天职也，弗与食天禄也，士之尊贤者也，非王公之尊贤也。”此批评平公。孟子主张，王公尊贤则当师之，与共天职②。

---

① 关于“挟兄弟”之解释：江永《群经补义》云：“古人以婚姻为兄弟，如张子之于二程，程允夫之于朱子，皆有中表之亲，既为友则有师道，不可谓我与彼为姻亲，有疑不肯下问也。‘挟兄弟而问’与‘挟故而问’相似。俗解谓不挟兄弟多人而友。兄弟多人，有何可挟乎？须辨别之。”赵佑《四书温故录》云：“兄弟，等夷之称。必其人之与己等夷而后友之，则不肯与胜己处，不能不耻下问矣。兄弟有富贵者，则仍挟贵意耳。”以上两说，与赵岐异，录之以供参考。参见：焦循，《〈孟子〉正义》，p690。

② 范氏曰：“位曰天位，职曰天职，禄曰天禄。言天所以待贤人，使治天民，非人君所得专者也。”参见：朱熹著，《孟子章句集注-万章章句下》。

四种情形：1. 卿大夫与一般贤士（友）；2. 小国之君与贤德（师）、贤士（友）、一般士人（臣）；3. 大国之君与贤德之士，正面表现：师奉之；不足：弗与共天位、职、禄；4. 天子与贤德之士、天子与（贤德之）匹夫：共天位、职、禄，迭为宾主。

或曰：若此五人有干求之心，则此五人亦不敢与献子友也；若此五人有德有学、自尊自重，则权贵亦不敢与之友也，如本章下文言“千乘之君求与之友而不可得”然。然此是借题发挥，原文未言及此。

“三不挟”原则，既指交友主体一方而言，又指交友对象而言，皆不可存了（挟己与挟他）三挟之意，即既不存了自挟长、贵、兄弟，又不存了挟对方之长、贵、兄弟之意。友则友其德，非挟长、贵、兄弟而友，故朋友平等、朋辈为友，不以长、贵、兄弟（亲故）渗入进来，如此则在严格的纲常伦理等级制之外，另外增加补充条款或另外做一特别安排，网开一面，而平衡之乃至消解之，成为朋友伦理、平等伦理、公民伦理，而可向现代平等人权伦理顺势转化。

按孟子之论述本意，“贵贵”，乃是君臣官员（上下级）礼仪关系；“尊贤”，乃是贵贤关系，或君臣官员与贤德师士之关系。当然，君臣官员与贤德师士又有各种等级，而有互相对应之礼仪，此亦可谓“官师乃相敌对之体”，正如妻乃夫之伉体或敌体（夫妻伉俪）一样。于儒家所设想之君臣关系而言，贤德师士有上书纠谬指正斥失之能力权利，君臣官员有政事独断之权力，而又有虚心求取接纳师儒之参谋教训之责任。师儒议政无言责，君臣官员行政有职责。“其义一也”，乃指一于德，一于对等互尊互重、共相勉励于正道。如就理想化的圣贤自王、圣贤共王、德治科举、选贤任能等角度来论，则“尊”或“贵”与“贤”之地位乃是互相转化，甚至是二而一的，亦即：“尊”（尊者或贵者）是既有或现有之君臣（权、职、位），过去之无位贤能（即贤能读书培才、储才养望之时）；“贤”（贤能或贤德之人）是将来之君臣（即贤能将来要被选任授职，成为国家治术人才)，现在之无位贤能。贤而辅佐、监督以爵位来序次的作为尊者、贵者的君臣官员，尊而得位行政同时尊师尊贤、推贤进士。无论贤与尊，皆来自学与德能，而面对民或所谓理民；贤乃兼而对民、官负责或责成督促，尊乃兼而对民、贤负责或尊礼推举。

孟子此处之意乃为：尧之行事，是尊(大)贤(圣人)之最高层次之表现与典范：互为宾主，且与共天位与治天职，与食天禄也。然此要求双方本身皆有最高之贤德表现(条件)而后可。孟子自为豪杰之士、王佐之才乃至天下自任之士，故有此豪气，而论及上古之禅让政治也。

孟子此章谈友，谈交际，皆主要从士人与权贵之相互交际交游(友，)或士人与士人之间而言，而对士人与庶民、庶民之间或一般人民之间之交际交游(友)似未赞多词，此亦可见其局限性，可见其言说对象确实主要是王君卿大夫士等贵族阶层或精英阶层，是为了教化精英或教化统治者。然而，站在士人阶层之身份、利益上，告诫士人之道义、德业修养与气节戒律，为士人阶层争得地位与荣誉，可谓是当时广大士人阶层之权利诉求(政治权利、社会权利、平等权利等)之代言人。争权利当然是向权力垄断或权力掌控者来争取或抗争，故而每每眼光向上，而对作为权力垄断者或掌控者的权贵阶层表一特别关注、敏感乃至对抗。然而这也导致某种悖论，即士人阶层的争权利，包括两个看似稍嫌矛盾的方面，即既想得到权贵阶层之垂青任用，又要争取自身之独立地位与荣誉，故有时乃有以德、学而傲王侯，或求售于王侯，从而从根本上、精神上仍有不独立、不平等的因素。此亦中国人对于权贵态度之一种悖论，必完全平等人格、身份之后，才能完全避免这种情形。不过孟子的思路似乎是通过争取贤士的精神独立、道义独立(道统)或道义统摄，以此获得“圣贤共王”或“辅君而王”的效果，从而在相当程度上解决了如上悖论，即在精神独立、道义独立或道义统摄(道统)的前提下遵守君臣礼节，共臻于王道仁政。不是求售于王侯，而是通过制度化措施和程序化开放政治录用空间（比如之前的选举制和隋唐以后的科举制），以此开放政治权力，实现圣贤共王、圣贤共治、君王士臣共治的政治理想。

孟子此处似专指贵族尊贤（师友）而言，并非一般（平民百姓）交友之道，故所举例子皆权贵尊贤之事。不挟长、贵，不挟兄弟，而或解兄弟意即有贵族身份之兄弟。

不可因己之年长（齿）、位高、尊贵（爵位）、（与贤者）年龄相当便不礼敬尊重贤者。前文曾谈及“三达爵”：齿、爵、德。则贤者为德，长为齿，贵为爵，而兄弟则或为齿之丑夷，或为兄弟之悌，皆为齿之变体，不可因为贤德对方为平辈或弟辈而不尊礼之。“兄”又或意为赵注之“兄弟之富贵者”，则仍归于贵。

挟：倚仗，仗着；怀持或怀恃。

“三不挟”原则，乃同时针对权贵与贤德士人双方面言之，权贵交友固不可有傲慢自挟之意，士人交友亦不可有势利挟他之心，前者言权贵当尊贤敬德，尊重士人贤人，不可妄自尊大；后者言士人亦当有志气、气节，（自处）自尊自爱自立自高（德高而人格平等），而两者统一于为士人争平等地位、身份、权利、利益也。

可对照“无友不如己者”[①]。

以下为对于《孟子-万章下》第三节（10.3）的较为详细系统的分析：

这里所谓“友”，乃指君卿大夫士等之交友之道。孟子在这一节中分别谈及百乘之家即卿大夫之交友、小国之君之交友、大国之君之交友、天子之交友以及士之交友（在此节末尾稍为顺带提及，即所谓的“士之尊贤也”，并非专门论述，所以此节的主旨仍是论述君卿大夫即权贵或贵族之交友尊贤之道），后者仅顺带提及，并非谈论重

① 程树德著，《论语集释》，中华书局，2013年3月，pp40—42。

心。谈论重心主要是王君卿大夫(与贤德士人之)交友尊贤之道。而提出一个原则,即“友其德”,以德择友。战国时期因为诸侯国即列国竞争,选拔人才的重要性凸显,加上士人阶层的兴起,使得当时社会逐渐打破西周时期的单一机械地按照宗法分封的方式从家族内部来进行各个层级的宗法世袭选任的制度和惯例,而同时注重从底层士人阶层,乃至从本为贵族子弟但因为宗法繁衍而逐渐沦落或落魄到平民阶层的庶民中,不拘一格地选拔人才(所谓的“一格”,即是宗法世袭之单一法度);同时,孟子等作为士人阶层的代言人,也主张选贤任能。综上种种,使得孟子在这里所谈及的王君卿大夫交友尊贤之道,无论是从孟子的主张或理想而言,还是从王君卿大夫的动机而言,乃至从当时的社会风气而言,都往往带有选贤任能或选任官臣的意图或功能。于是,交友尊贤之道和选任之道便合而为一了,统一到选贤任能上来。也就是说,交友也罢,选任也罢,都以贤德和贤能为重要标准。故而,当时的王君卿大夫的交友尊贤之道,即是选贤任能之道。质言之,这里谈的不是纯粹的社会文化层面的交友,而尤其是政治层面的选任人才。这是应当明确的。

于是,我们现代读者在阅读这一节时,也须区分这一点,不可遂将孟子在这一节里所谈的“交友之道”简单地等同于纯粹社会层面或人际友谊层面的“交友之道”——虽然孟子也约略谈及后者,但并不完足,且必须和政治层面的作为选贤任能的交友尊贤之道区分开来。社会层面和人际友谊层面的交友之道,应有更充分完满的自足论述或补充论述(比如:朋友有信,忠恕之道,责善匡正谓之忠,“分人以财谓之惠,教人以善谓之忠”,“君子之爱人也以德,细人之爱人也以姑息”[①],等等)。明确上述这点之后,我们再来看孟子此处所论述的带有浓厚政治色彩的王君卿大夫的交友尊贤之道。这分为三种情形:师事而尊之,友而尊之,臣而尊之。而三者

① 《礼记·檀弓上》。

必须满足一个共同标准:“友于德”——这甚至也包括“事我者”之“臣”,因为君君臣臣,本来就包括君对一切臣的相应的礼节或礼仪上的尊重。现代读者千万不要被“事我者”一词所迷惑,以为王君卿大夫对“事我者”之“臣”便可无礼。此则大谬。无论师、友、臣,所选者皆当是有一定德能之人,皆当以礼尊之,徒其贤德或贤能或有双方之间的相对或比较意义上的等差或境界不同而已(故古人颇喜欢以此品评、品次人物,比如《汉书-古今人表》,比如魏晋时期的九品中正制等,皆是同一思路),故其礼节礼仪而亦有相应之差等而已(这当然非常容易造成面子纠纷和礼仪纠纷,因为贤德或德能是很难明确量化区分的。关于这点,现代西方则以人权平等与礼仪平等来解决,于是就避免了许多无谓的德能臧否、面子纠纷和礼仪纠纷)。宾师最尊,友次之,臣又次之,礼遇亦如之。当然,宾师、朋友、臣官亦当尊重其王君卿大夫或其主,而亦据其相互间德能品次或双方关系(师、友、臣)而有不同责任义务要求和礼仪要求(君臣之礼、之责任等),比如孟子在书中多次提出,宾师可不“与难”(曾子遇寇)、贤士上不臣天子下不事诸侯、臣当死君难等。

值得特别提出的是:确定双方关系到底是师、友、臣中的哪一类,根据的是双方的德能关系,是一个主体主义和相对主义意义上的伦理关系,说是主体主义,意为每个人都以自己的德能为基准,比较自己与某一对象的德能高低,而进行主体自我的判断、选择和认定,即认定对象应归为师、友、臣中的哪一类;说是相对主义,意为师、友、臣的认定,根据的是两个主体之间的德能相互关系或比较关系,而不是单一主体的绝对德能状态,甲之德能可能只能臣事乙,但却可能成为丙的宾师,因为跟丙比起来,甲的德能要超过丙很多。

经过如上分析后,我们再来看这一节的几个例子,便容易理解了。

第一个例子。孟献子这一句,因为往往省略主语,“有”字又不能区分“实有”和“意有”(“无”字如之),往往导致读者的许多疑问,不能确定句意。但经过上述的总体思路分析后，确定句意就容易得多了：作为卿大夫的孟献子与这五个人（五位贤士）交友，他并不摆出自己是百乘之家之卿大夫身份的架子，心中亦没有自恃自己是贵卿大夫的身份的想法（即并不以卿大夫的身份来确定其和这五个人之间的礼仪关系，亦即“不挟贵”），来和这五个人交友，而是尊敬这五个人的德行，尊贤友德，礼贤下士。反过来，如果这五人也心怀“孟献子是百乘之家之权贵”之意，即有追骛羡慕权势之意，亦即在交友时有“挟（对方之）贵”的意思，那么，这就意味着这五人并无道义独立自任之高洁志行，并不贤德，则孟献子就不会以对待贤德之士的态度来对待这五个人了，而可能把他们看作有求于自己权势财富的“事我者”而“臣之”了。这种解读相对更容易被中国人所理解或接受，也更符合孟子的原意。论述重心主要是谈“交友不当有挟”，但这种交友标准较易和普通社会伦理关联起来，而被移用为普遍社会伦理。当然，对于“此五人者，亦有献子之家，则不与之友矣”这一句，亦有另外两种不同解读，第一种解读为：如果这五个人，也有“孟献子之家”，即和孟献子一样也有“百乘之家”，则这五个人的身份也属于卿大夫，那么，孟献子和这五个人的关系就不是“尊贤”为友或“礼贤下士”的关系，而是属于卿大夫和卿大夫之间的关系，必须按照先王所定下的卿大夫之间的礼节（先王之制，《周礼》等）来相互对待[①]。质言之，卿大夫不可“挟己之贵”而

① 另有一种解释即前文已述的解读：反过来，如果这五个人，心里想着孟献子的卿大夫的身份来和孟献子交友（即这五个人乃是“挟他贵”而友他人），那么，孟献子就认为这五个人不能做到友于德，或德行不够，而不愿和他们交友了。质言之，卿大夫不可“挟已之贵”而与人交友，其他人也不能“挟他人之贵”而与他人（权贵或王君卿大夫）交友。然而，或曰：根据下文“用下敬上，谓之贵贵；用上敬下，谓之尊贤”的说法，这样的解读可能并不符合孟子的原意。因为正如前文所论，孟子在这里谈的主要是王君卿大夫的“交友之道”或“友贤之道”、“友士之道”，以爵位方面的上下贵卑而言，王君卿大夫的身份是上是贵，士或贤人的身份则是下是卑，只有“用上敬下，谓之尊贤”，则这里“此五子者，亦有百乘之家”的意思应该解释为：而当此五人亦实有百乘之家，同为卿大夫，则双方于此便为平等身份地位，谈不上“用上敬下”——当然，这种解释也有其牵强处，故亦只是聊备一说而已。

与人交友，其(卿大夫)与士人交友，乃是友士人之德(友其德)、礼贤下士或尊贤；另一方面，卿大夫之间的交往则不当以“友道”行之，因为他们的身份是周王或国君的臣，故其礼仪规范和交往规范便主要适用于君臣关系伦理，或以正式制度内的相关政治伦理来规范之(比如巡狩述职、朝觐宗遇、朝聘会盟等)，应落实在天子宗法分封等的制度范围之内，不当超出先王所定下的正式宗法制度伦理或政治伦理之外。这个例子讲的是卿大夫的交友之道，顺带提及卿大夫之间的交往不适用于“友道”或“贤贤之道”(即遵守既有的宗法分封制度，亦即孟子在《孟子-梁惠王》开篇所提出的“王何必曰利？亦有仁义而已矣”，而不当“上下交征利而国危”，用以维护既有的宗法封建制度)，而应是“君臣之道”或制度化政治伦理规范——有点类似于今日所谓“革命同志关系”、“公职人员之间的关系”、“上下级关系”或“官僚等级关系”等，适用于“公务员法”或行政法等公法等，而不是上述的带有更浓厚政治文化规范或社会文化规范意味的尊贤交友之道。第二种解读为：如果这五人也像孟献子一样有百乘之家，那么，这五人可能认为自己和孟献子爵位相同，或认为自己并无求于权贵的尊任接济，而孟献子的德能并不高于自己，所以并不会和孟献子交友。在这样一种解读中，贤士以其德高，权贵以其爵高，相互平衡抵消，乃能互相为友；而如果在德和爵这两者中，一者相同或持平，而另一者不同，则便无法平等为友，而要么“小德事大德”，要么“下爵事上爵”，而并没有交友或称兄道弟的资格；另外，如果采取诛心之论，将动机亦纳入分析，则这种解读似见得贤士和权贵之间乃是一种相互利用的关系，相互有求于对方，一者，贤者求对方(即权贵)之尊贤以授官授禄或通财接济，一者，尊者或权贵则求对方之贤能以教我辅佐我，相互利用。但这种解读似乎显得太过功利主义，也显得非常势利，比如读者往往会想到另一个耳熟能详而又颇多争议的句子“无友不如己者”，我们按照良好之意愿，而愿意以我为主地解释为“不要与那些德行不如自己的人交友”，以提倡一种“友于德”、“进德修业、力争上游”的好意，但是，就其流衍之意而言，是否容易导致“眼珠向上，不要和爵位不如自己的人交往”这样的势利的解读，也是应予注意警惕的事情；并且，无论于权贵还是于士人而言，如果解释为“不要与那些德行不如自己的人交友”，仍然有某种正向意义在——虽然仍然有其问题；同时，无论于士人还是于权贵而言，“不要和权势财富爵位等不如自己的人交往”这样的解释，就成为庸俗社会学规范了。最后，这种解释还凸显了古代根深蒂固的德性等级观念和权力等级观念。故无论是否符合作者本意、历史原意，从其思想价值本身的判断来说，都是一种不大好的观念或解释。

第二个例子。这一句相对容易理解。小国之君费惠公的交友之道就是根据对方德行才能的高下，而分别师之、友之、臣之。这里主要是谈政治伦理。但显然，同样不可“有诸挟”。宾师或可能德高望重，或德高年高，但就其交友尊贤的必要条件而言，仍是德能第一，岁齿则非必要条件。友之、臣之，亦如是。因为这里涉及的是政治伦理和德性伦理，不是社会伦理，亦即孟子在《孟子》一书其他地方所谈及的应将“天下之三达尊”中的德、齿、爵区分开来[①]，这里涉及的是其中的“二达尊”即爵与德之间的关系。此外，就其对象而言，则一人到底是被王君卿大夫师之、友之、臣之，则非自身所可决定，乃由王君卿大夫根据双方德能比较关系来选择认定。换言之，一个人是否有德，不是自己说了算，而是最终要靠他人的认可即社会的认可或王君卿大夫的认可。社会认可或王君卿大夫认可，便自会举荐或征引访求。当然，如果这个被征引访求的对象认为社会或王君卿大夫的认定层次与自身的自我期待不一致，比如自己认为可以成为王君卿大夫的宾师，而王君卿大夫只想

① 《公孙丑下》：“天下有达尊三：爵一，齿一，德一。朝廷莫如爵，乡党莫如齿，辅世长民莫如德。恶得有其一，以慢其二哉？”

友之或臣之，则自亦可以理由婉拒征引访求。而倘若社会或王君卿大夫确乎认可其德能，则自然会别以身份征引之，若认为此对象并未达到这个层次，则便放弃之。如果将权力看成是权贵私有，可以垄断人事任命或任用权，则以此种方式而完成一轮相互品评和相互间的自由选择，亦属公平——但如果从权力公有、公共权力、公共行政等的角度来分析，则这种选择便有权贵垄断公权力、公权私授等的根本问题和弊端。孟子所提出的“士不见诸侯”，反面所提出的“穿窬”之说，目的都在于维持此一过程在皇权制下的一定程度的程序公正。换言之，贤者必须确有声誉才能，为社会所认可，乃至因此传闻而至于王君卿大夫之耳目，然后王君卿大夫尊礼访求之，如此乃为对其贤德之认可，乃为征引之正道。否则，即“不由其道”之穿窬也。（当然，此段所谈及的“师、友之区别对待不必与年齿相关相合”这一标准，亦可在特别情形下移用于社会伦理层面的人际交往，比如黄侃拜与其年岁相仿的刘师培为师，即其例也。）

第三个例子。这一句中，晋平公对待亥唐，似在“友之”与“师之”之间，而或“师之”为多，因为所谓“共天位”、“治天职”、“食天禄”等（可参见《孟子》一书中别处论及天位、天职的文字段落），往往和大贤德之人相关，如伊尹、周公等，即王君先访求尊贤之、师事之[①]，“与之共天位治天职”，而后共成王道仁政，共襄天下大道——由此可知，我之前一再设想和提及的“圣贤自王”或“圣贤共王”（或“圣贤共治”、“贤德君臣共治”）以及建基其上的“圣贤禅让

① 然就此而言，有时亦包括“臣之”在内，即贤者与王君乃是师友而兼君臣的关系（或先师之而后臣之，如孟子在《孟子》一书中的其他文字所述）。但此亦更多是秦制以后的认知，战国以前，更多师友或“共天职天位”（“圣贤共王”或“贤德君臣共治”）的关系，这也是我一再强调三代之前的政治理念与三王时期的政治理念根本不同、孟子主张回溯或回复到三王之前的五帝乃至五帝之前的三皇时代的政治文化理念，以及强调三皇上世、五帝次世与三王下世不同的原因所在。

制”，以及对于“伊尹以其君王，管仲以其君霸，晏子以其君显”等的“共天位天职”即“共成”王业、霸业等的解读，都符合孟子的一贯思路或真实想法[①]。故第三个例子，乃是第二个例子的反面。在孟子看来，晋平公徒有其表，而无其实；徒好尊贤之虚誉，而无尊贤之实质作为，即施行王道、共襄天下仁政大同之作为。“共天位”、“治天职”、“食天禄”云云，则提出了大国之君尊贤交友的标准——当然，仍然是君主交友尊贤的政治伦理标准，并非一般平民百姓的交友之道。（实则此节所谓“天职”乃兼指治国平天下之职位爵禄也，亦即今之所谓国家公职。虽然，在具体论述逻辑上，天子或天下的层次似乎要等到下一个例子中谈论天子时才正式相应而落实。）晋平公之交友，虽然亦符合“不挟”（即不挟贵）的初级标准，但总体而言，和从孟子的论述重心而言，在这一例子中，是从反面立言，谈大国之君交友尊贤的问题或失误。值得注意的是，这里例子中隐含了第五个例子，即“士之尊贤”，但这仅仅是在批评晋平公错误的交友尊贤的做法时而顺带而提出的。而“士之尊贤”，与社会层面的人际交友之道更为接近，当然也要“友其德”、“不挟”且尊敬之（三点标准），但社会层面的人际交友之道，亦可有根据双方贤能关系而分别平等尊友之与师事而尊之等的不同选择或区分情形。

第四个例子。这一句中，又是正面立言。“天子而友匹夫”，这里的匹夫其实指“贤士”或“贤德之士”，比如舜，并不是指一般匹夫。这里同样符合前面几个例子里所谈及的各种标准，天子“不挟”（贵、长等），天子“友其德”，天子“尊敬之”，天子与（贤德）匹夫“迭为宾主”（亦即礼尚往来或互报其礼），天子“与之共天位”（此点未明确提出，但孟子在《孟子》一书中多处提及，且亦是基本常识，

---

① 于此，孟子仍有限定，王或天子有荐举贤人（为天子）之权，而无与之之权，与之则为天授之，若天受之，民受之，则可；反之则不可。此外，在举贤任能这一事情上，孟子又设置了严格的程序，左右、诸大夫、国人、王君自己察之而后可。可见孟子其实是试图进行严格的制度设计。

故可谓隐含此义或间接提出)。“天子而友匹夫”是对前面三种例子的一个极端表达,以此总结王君卿大夫和贤德能士之间的交往伦理,可谓孟子之精心设辞属文也。有意思的是,天子的交友之道中,除了“与之共天位”主要涉及政治伦理外,其他几条都可在相当程度上移用为社会层面的人际交友之道。这也是孟子此节论述中虽然主要谈政治伦理,而实际上亦在相当程度上适用于社会伦理,并且在《孟子》接受史或孟子思想接受史上,这些伦理原则往往确被移用于普遍社会伦理的原因所在。

四个例子分别讲了四类人的尊贤或友德的情形,即王、君(大国之君与小国之君)、卿大夫,此外还包括顺带提及的士人之间的交友之道。则知无论王、君、卿大夫,乃至士人,皆当“友贤”、“友德”、“尊贤”或“贤贤”。而王、君、卿大夫友贤尊贤之道有三种:师之、友之、臣之,而皆尊贤之(而师之、友之、臣之,其实亦往往包含授官任职、授禄通财的含义在内)。

总结之,第一个例子,提出(卿大夫与贤德士人)交友的“友其德”和“不挟”的基本标准或初级标准,同时或顺带提及卿大夫之间应当遵循先王之制,谨守各自分际礼仪,非以朋党或友道交。第二个例子,提出小国之君(王君卿大夫)与士人交友的三种可能情形(亦可以是普通人交友的三种情形,而“臣之”则当改为“平等追随之”)。第三个例子,则提出了大国之君(王君卿大夫)与贤德士人交友的“共天位”、“治天职”、“食天禄”的政治伦理标准或二级标准,并顺带提及士人之间的交友标准是“友其德”、“不挟”、“尊敬之”。第四个例子,则举出天子交友的最为极端特殊的情形,强调王君卿大夫与贤德能士之间的伦理关系(无论是政治伦理还是社会伦理)。以此作结,良有苦心孤诣深意。

又:此节中,百乘之家者,卿大夫也;小国之君者,千乘之国也;大国之君者,万乘之国也;天子者,(周)王也。此正与《孟子-梁惠王》开篇所提出的“王何必曰利?亦有仁义而已矣。王曰‘何以利吾国'？大夫曰'何以利吾家'？士庶人曰'何以利吾身'？上下交征利而国危矣。万乘之国弑其君者，必千乘之家；千乘之国弑其君者，必百乘之家。万取千焉，千取百焉，不为不多矣。苟为后义而先利，不夺不餍"的论述思路转相呼应、若合符节，揆之，知孟子之论述原意或深意也。（既尊重既有的宗法世袭制，又提倡新创的选贤任能制度，在二者之间维持某种平衡关系。）

再次强调一点，"不挟长、不挟贵、不挟兄弟而友"的"三不挟"标准，却具有作为某种单纯人际友谊的普遍标准的特质，所以后来就由孟子或先秦时期的政治伦理而转变为兼而具有文化社会伦理的特质和功能。就此而言，"不挟"（贵、长等），"友其德"，"尊敬之"，"师之、友之、追随之"，"迭为宾主"（亦即礼尚往来或报礼）等，都可视为普遍社会伦理建设的传统文化资源，或经过某种改造或更严格的限定后，转化成为现代社会的社会交往伦理。这是后话，或是另一个论题，然亦当明确之。

这样一解读，就不必再斤斤于第二个例子中孟子文字表述的语法问题了。

如果从更大的视角来仔细分析，则孟子之提出"尊贤"、"贤贤"或（王君卿大夫的）"友贤之道"，其实还另外良有深意。质言之，乃是从既有的正式的天子宗法分封选任制度之外，另辟一条选拔人才尤其是从士人阶层中选拔贤能人才的另一条通道，或另一条上升通道，从而补充既有的天子分封宗法制度的不足和问题，包括正当性的不足，加强既有的天子分封宗法制的统治基础——一方面使得使得宗法分封制度出现某种调整或松动，从贵族手中分取其人事权或用人权，另一方面却并不根本挑战宗法分封制度，尤其是在高层职位方面（并不挑战君王世袭制度），故在相当程度上加强了封建宗法制的统治基础，逐渐由先秦的天子宗法分封自治制度过渡到后来的封建皇权专制。此可谓孟子的"托友""改制"。但这里也面临着两个悖论，即僧多粥少的问题，以及可能的乃至必然的人治主义选任制度或人身依附性(即由王君卿大夫主宰人格主义的选任),后者也是德治或贤能政治的根本问题之一。

另外,无论将这些贤德之人定位为臣、师、友中的任何一类,哪怕是全部将他们定位为辅佐王君卿大夫的臣,他们都必然要和在既有的分封宗法制度框架内"正当地"获得职位的既有的贵族子弟争夺有限的职位,而在宗法权贵和贤能士人阶层之间造成无法调和的矛盾——苏秦(比如苏秦在齐国便招致齐国贵族的嫉恨)、商鞅等人的悲剧(李斯的《谏逐客书》亦是事关此点的重要文献),都有这方面的因素。此亦可以说是世臣与幸臣(贤士是幸臣吗?)、贵戚之卿与异姓之卿即新进之贤士卿大夫等之间的矛盾。

此处特意不厌其烦地举出王、君、卿、大夫的各个阶层,乃是为了强调他们都要尊贤,亦即每个层次都应当开启另一条士人上升的渠道。这具有两重含义,一方面即其为底层士人阶层创造了一条新的上升通道(同时缓解当时王君卿大夫等上层统治阶级与下层广大士人之间的日益尖锐的矛盾或权力利益争夺),另一方面,这也和孟子此前所提及的王君卿大夫各个阶层的"荐举贤能"对接起来了,亦即"天子能荐人于天,不能使天与之天下;诸侯能荐人于天子,不能使天子与之诸侯;大夫能荐人于诸侯,不能使诸侯与之大夫"。就后者言,孟子以"荐"修正夏商周以来的"袭"或"继",而和尧舜禹时期的"禅让"或"让贤"的政治文化在某种意义和某种程度上再度挂钩起来。孟子看似以"荐"来为"袭"或"继"论证、寻找正当性乃至辩护,实际上同时又以区分"荐"与"与"或"受",来削弱"袭"或"继"的正当性和必然性。这是十分有意思的事情。当然,与彻底的"圣贤而王"、"圣贤自王"乃至当今社会的民主政治比起来,即使是孟子所设想的"荐",亦仍带有浓厚的保守性和妥协性,或是不得已的现实主义思路。

若就前者言,那么,这另外一条上升通道是取代原有的宗法分封制度呢,还是辅助之呢?孟子并未明确指出。然而,从其在《孟子》一书中所时时展现出来的内在思路和内在逻辑看，取代和颠覆的意图其实颇为显明。往者学者不明，未明白揭橥之也。

又可结合战国养士之风来谈。

可以说，从西周开始实行完善的宗法分封制度始，就在这一等级结构中设计了“士”之等级，就已经有了士人阶层。只是最初因为地广人稀，相对来说有足够的土地来分封贵族子弟，所以，士人阶层并没有那么多数量。但随着人口宗族的繁衍，人口众多，尤其是贵族子弟的增多，土地分封殆尽，加上后来的兼并和征伐，更导致越来越多无法获得更高爵位的底层士人，以及因为亡国灭家而逐渐沉沦底层的士人平民，便使得士人阶层的出路和稳定成为一个巨大的政治问题。原有的天子分封宗法制度已经不足以安置宗亲子弟了，这便可能产生怨言、怨恨和分裂，成为严重的政治问题。

孟子遂想出了一种方法，即以“尊贤”的方式打破——或在一定程度上松动——既有的宗法分封世袭制，而另行安置底层士人，因为其标准是“贤士”，故便和夏商周之前的“圣贤自王”、“贤能政治”、“禅让制度”等重新衔接起来，可以说是一种回归，所以仍然有其正当性根源。最初乃可能将之视为一种权宜之计，但在其心中，似乎颇有意颠覆夏商周以来的世袭制度，回归圣贤自王、禅让和贤能政治等。孟子屡次称引所谓的“尧舜之道”，其意大概亦有在此者。

这一方面给了士人一条出路，另一方面阻碍了当时贵族的既得权力利益，从而在两者之间引发了巨大的矛盾与纷争。

以某种眼光看来，孟子所设想的“尊贤友士”，简直有点接济或“维稳”士人阶层的意味在内——比如孟献子一例，有种解释说，如果士人已经很富裕，则不必亲近擢拔之，而应该将注意力放到那些更为贫穷的士人身上。我颇为怀疑孟子确实是有这样的想法在内的，比如他说“孔子三月无君则惶惶如”、“三月无君则吊”、“不能祭”、“士无恒产”等，都是对士人阶层表一深切同情。只是他同时强调士人要贤德才有出仕和被尊贤任用的资格，这点很有其价值；另外，他确实并未明确提出一种直接反对和代替宗法世袭制的选贤任能的制度化措施，而仍然诉诸于在不根本破坏——乃至极力维护——宗法世袭制的前提下，对王君卿大夫的教化（即教育其要尊贤任能、施行王道仁政等），以及王君卿大夫的个体自我道德发现或个体的政治道德意识，即并不根本打破既有的世袭宗法分封制度，而是在世袭宗法分封制度的框架内，给予士人一席之地，并且仍然是通过王君卿大夫为枢纽权衡，为权力总监，为人治总管，为德治推手。这就体现了孟子的某种现实主义乃至保守主义思路，说是现实主义思路，乃是对于当时贵族阶级的强大权力的体认，说是保守主义，则是孟子似乎仍然要维护贵族阶级的权益。以孟子所设想的方式，最终建立的也仍然是一个贵族社会，而不是唐宋以后的相当程度的平民社会。汉魏所采取的选举制度从形式上似乎稍微比孟子往前走了一点点，或是战国时期选贤任能思想的自然发展，但从实质上和现实上，却仍然造成了另一种世族社会——虽然这一世族社会业已经由秦汉之际的大变动而早已颠覆了西周的贵族社会结构。唐宋以来所采取的科举制度，其实跟孟子的思路亦有相似之处，孟子是仍要大体维护宗周宗法分封自治共治总体框架而稍作变通，唐宋以来的科举制则是要根本维持中央集权国家结构下君主一家专权总体框架的基础上，将其他所有政治职位都开放给全民，形成相当程度的平民社会。汉魏唐宋以来的这种局面当然是经由秦代和西汉的中央集权＋皇帝专制＋官僚帝国的中介而最终形成的（中间经过了西汉初期的宗法分封制度）。

从孟子设想的权宜之计乃至初步构想的实质主义要求下的“圣贤自王”或“圣贤共王”的理念与措施（并未完足创设相应完整制度），到汉唐的不够完善的实质主义的选举制度（缺乏形式主义或程序主义的制度设计），到唐宋以来的形式主义的科举选贤任能制度，体现了某种进步，但同时又都没有根本触动背后的权力世袭制度，尤其是最高层的权力世袭制度，不能对最高权力进行必要的限制和制约。只是到了现代之后，经由近现代西方文化的影响，以及对于尧舜禹时期的政治理想的重新发掘和诠释，才从三代以来第一次提出了包括所有层面的“选贤任能”、“圣贤自王”或“圣贤共王”的政治理想。

孟子“友道”的重要现代意义。孟子谈“友道”，其实可从中发掘出平等主义伦理，而对宗法世袭承继等级制形成某种制约和补充，乃至替代，这是孟子思想中最有意义的方面之一。古今许多真正有修养的士人颇具平等礼敬待人之风度仪节，对封建时代等级森严的等级制度有所超脱自立，面对权力毫无惧色和奴颜婢膝之态，乃至对待一般平民等亦颇能礼待尊敬，固然跟儒家强调“仁爱”有关，也和儒家对于“上不臣天子，下不事诸侯”、“士志于道”的士节的强调有关，更和孟子所揭橥并大力倡导发挥的“友道”的精神资源有极大的关系。当然，孟子亦并未完全反对封建宗法世袭承继等级制，只是试图将封建制度限制在最基本的层面，即最主要的王君卿大夫的层面，而将其他更多的职位、臣位、卿大夫之位等，以选贤任能的方式，留给贤德士人（所谓“异姓之卿”等），以此达成优先而有限封建制下的贤能政治。后来的科举制，至少在理念上，就是秉承孟子这一思路而进行的制度设计和政治实践。今当于此更进一步。

孟子“友道”的不彻底性。只是孟子的“友道”更多针对当时的王君卿大夫等官僚权力人物而言，是对当时等级制的某种反拨，是要为“士人”争得和“王君卿大夫”等一样的地位或平等的地位。却依然保留和尊重既有的等级制，尤其是对于庶民的等级优势，所以后世一些庸陋士人乃至一般平民等亦不乏这些深具的优越感和特权心理，比如鄙陋师儒先生对于弟子的过分的身份特权（曾子“不与难”①），凡庸士人阶层对于平民的不合理的身份优越感等（“劳

① 参见《离娄下》“曾子居武城，有越寇”一段。

心者治人”等），以及平民之间受此种文化所影响而产生的身份特权等情形，不仅有傲视王侯的一些有其一定正面意义的气节和节操，并且，与此同时，不尊重平民、横行武断乡曲的情形，也所在多有，成为那些不彻底的士或伪士乃至许多中国人的通病（根深蒂固的等级偏见、官本位意识等）。孟子或真正的士人当然不会染上这样的毛病，但因为儒家和孟子并未在义理原则上明确地表示出这样的平等主义伦理，导致后世许多义理修养领悟不深而自命士人或知识分子的人或伪士、陋儒，在这方面都出现许多问题。这是现代社会重思传统文化复兴或儒家文化价值的论题时，所必须要考虑的。发展孟子思想，此是其中之一维。

孟子在那个封建宗法权力和势力极其强大的时代，通过提出“尊贤”、“友贤”等论题，而做了在他那个时代非常具有勇气的思想文化创造，使中国社会在某个层面和相当程度上向平等主义的方向上迈出了一大步，这是非常有勇气、有智慧和有贡献的。那么，二十一世纪的我们，可以接着做点什么呢？

当然，从维护民族利益的角度来看，在中国上古或古代，此种宗法封建制，仍然在保存和发展中国民族和中国文明方面，发挥了居功至伟的作用。因有君长封建宗法制度，乃使得中国有组织力量，而可组织起来面对外来的威胁，乃至拓展自身的文化影响力（所谓“夷狄之有君也，不如诸夏之亡也”①）。组织性与平等性，义务与权利等，两者如何平衡，是制度设计者所应当认真考虑筹措的。

孟子以一己之行事而为天下之士人立法，亦可谓“吐辞为经，身为世范”。亦可谓“一人而为天下立法”，后世之真有大心志、欲大作为者于此心意相通。唯圣贤大丈夫乃能如此也。孟子在《孟

① 《论语・八佾》，关于此句的解释，可参看：程树德著，《论语集释》，中华书局，2013年3月，pp171—175。

子》一书里谈及的许多义理与行事原则，固亦多有承受自六经及周公、孔子、曾子、子思等者，然亦多自身所特别揭橥、申明、创设、发挥之义理及行事原则等。比如“士不见诸侯”、“士不托于诸侯”、“友道”（友于德、互为宾主等）、“却之为不恭”、“周之则可，馈之则不可”、“无处而馈之，是货之也”、“无功不受禄”等等，既可以说有所承受（自先秦或先孟儒家义理），又因孟子之特别强调和奉行，而成为后世士人之基本立身处世之原则规范。

孟子之托古改制、托贤改制、托友改制。孟子与马丁-路德。

孟子的思想矛盾之处亦不少。

万章曰：“敢问交际何心也？”孟子曰：“恭也。”曰：“却之却之为不恭’，何哉？”曰：“尊者赐之。曰：其所取之者义乎，不义乎？而后受之，以是为不恭，故弗却也。”曰：“请无以辞却之，以心却之，曰：其取诸民之不义也。而以他辞无受，不可乎？”曰：“其交也以道，其接也以礼，斯孔子受之矣。”万章曰：“今有御人于国门之外者，其交也以道，其馈也以礼，斯可受御与？”曰：“不可。《康诰》曰：‘杀越人于货，闵不畏死，凡民罔不譈。’是不待教而诛者也。殷受夏，周受殷，所不辞也。于今为烈，如之何其受之？”曰：“今之诸侯取之于民也，犹御也。苟善其礼际矣，斯君子受之，敢问何说也？”曰：“子以为有王者作，将比今之诸侯而诛之乎？其教之不改而后诛之乎？夫谓非其有而取之者盗也，充类至义之尽也。孔子之仕于鲁也，鲁人猎较，孔子亦猎较。猎较犹可，而况受其赐乎？”曰：“然则孔子之仕也，非事道与？”曰：“事道也。”“事道奚猎较也？”曰：“孔子先簿正祭器，不以四方之食供簿正。”曰：“奚不去也？”曰：“为之兆也。兆足以行矣，而不行，而后去，是以未尝有所终三年淹也。孔子有见行可之仕，有际可之仕，有公养之仕。于季桓子，见行可之仕也。于卫灵公，际可之仕也。于卫孝公，公养之仕也。”

揆孟子之意,“却之为不恭”,或乃因为人当“贵贵”,且当持人性本善之态度视人,乃为尊敬他人。今无真凭实据,而妄自逆测他人之不义,不厚道也,视人如盗贼,故曰不恭。人当有仁厚之意,把人往好里看,则为尊人,亦为尊贵(对照仇富仇官),由此且可起到一种正向激励作用,促人向善,以仁善为当然之社会风气。既未知其义否,便当以“伊伊之礼之情”[①],而交往之,岂可心怀叵测哉!此孟子之意。

“却之却之为不恭”,此节之解说恐不合孟子一贯之思想。可作伦理学之深度分析。另外,读者之所以有此怀疑,乃因此种思想和解说本身便有问题,亦难与现代价值观衔接,故心有抵触。实则原意如何,或孟子本意如何,是另一回事。

“子以为有王者作,将比今之诸侯而诛之乎?其教之不改而后诛之乎?夫谓非其有而取之者盗也,充类至义之尽也。”一者设立王道政教,申严其治道,申饬之,“教之”,不改而后罚诛之,则王道彰彰,仁至义尽;二者设立文教以教臣属百姓,使知礼义廉耻,取之有道,不为不义,教之不改而后刑罪之。此处所谓“教”,可作文教与政教两解。

“其交也以道,其接也以礼,斯孔子受之矣”,此即吾所谓“伊伊之情”或个人主义之礼。

万章“曰:‘今之诸侯取之于民也,犹御也。’”于兹可见万章真乃至诚君子也……

“交以道,如馈赆、闻戒、周其饥饿之类。接以礼,谓辞命恭敬之节。孔子受之,如受阳货烝豚之类也。”[②]以孟子之意,接以礼即可。

---

① 所谓“伊伊之礼之情”,可参见笔者在《人情社会学概论》(暂未出版)中的相关论述。

② 参见:朱熹著,《孟子章句集注-万章章句下》。

君子从政，当小试其道，以示于人，以观其可行否。倘君长不能遂行之，则不得已而去之，故必出己之真诚政见而后观其可行否，未可私下臆测而鲁莽去之。

此为三种可仕之情境：道、礼、贤，故倘若仕不违志，乃有其正当性，不则去之，以全清节。此则孔子随机之行为选择，即所谓"时者"，伯夷未必为也("际可"、"公养")，故伯夷难得。孔子心安随机，孟子视之为"圣之时者"，下节孟子又谓孔子"尝为委吏"，亦是能屈能伸，既可为贫为养，亦可为道为义，然必随机而有不同礼节之选择，而必全其大节大义。

"今之诸侯取之于民也，犹御也。"万章之问极好，得孟子真传，或亦可谓本来师徒心意气质相通相得。

"言今诸侯之取于民，固多不义，然有王者起，必不连合而尽诛之。必教之不改而后诛之，则其与御人之盗，不待教而诛者不同矣。夫御人于国门之外，与非其有而取之，二者固皆不义之类，然必御人，乃为真盗。其谓非有而取为盗者，乃推其类，至于义之至精至密之处而极言之耳，非便以为真盗也。"[①]吾初读此，觉得朱熹此论不好、不妥，岂"刑不上大夫"邪？且有等级制之嫌疑。孟子尚有"以政杀人"之说。若夫"杀人以政"，与御人者真盗有异乎？然若思及孟子于改造、改良、改革社会、文化与政治等方面所持有的相对稳健的现实主义和渐进主义思路，则此仍当进一步申论细说之。

可取卷四"王馈兼金"及其他论及取与之事例者，对照阅读，而总结出取与之规范。吾意以为，因文字或有缺漏，此段文义不甚通全，孟子之本意难尽明。实则尊者之赐，亦当赐之有名，交接合于道(法)礼而后可(且须公私分明)。即：私人馈赠或可，以公利市恩则不可。不然则亦当却之。另可对照阅读卷四"王谓时子曰'我欲

① 参见：朱熹著，《孟子章句集注-万章章句下》。

中国而授孟子室'"、本卷即卷十"士之不托诸侯"一节中诸如"无常职而赐于上者,以为不恭也"、"犬马畜",以及卷十二"以币交,受之而不报"等处之议论。

"曰:'奚不去也?'曰:'为之兆也。兆足以行矣,而不行,而后去,是以未尝有所终三年淹也。'"不轻易放弃任何可以正向作为的机会与可能,此则士之尽忠于国、民、君王也。朱熹解之为"孔子所以不去者,亦欲小试行道之端,以示于人,使知吾道之果可行也。若其端既可行,而人不能遂行之,然后不得已而必去之。盖其去虽不轻,而亦未尝不决,是以未尝终三年留于一国也。"[①]

10.4:

焦循解此节主语为"诸侯",然据下文来看,此节主语似当为士人(第一第二句的主语——即"敢问交际何心"、"恭也"这两句的主语——或为诸侯,第三句"却之却之为不恭"的主语则显然为士人)。然则上节(10.3)主要谈王君卿大夫取(选取、选拔)友之道,权贵如何对待贤士,此节则主要谈贤士或士人如何对待交往王君卿大夫。前者(上节10.3)为尊敬贤者,后者(此节10.4)为恭敬尊者;前者为尊贤或贤贤,后者为尊尊。注意:交际之义不同于今日交际之义,今日之交际之词义,似为"交往""社交"而已,于先秦或战国时,则有更为实在之意义,乃士人传质相见而诸侯等以礼仪币帛与士人相交接授受也;又有朝聘享礼之事等,故属于庙堂重要礼仪之一。故先秦时的交际乃是礼仪币帛职位等之交接授受也。(今日俗语曰交际——即人际交往——亦需要钱,虽属调侃,而亦恰合于古代交际之真实情形,即币帛贽雁等,此点稍不同于现代西人之所谓交际或社交。)

孟子非常关注王君卿大夫与士人的关系、统治者与庶民的关

① 参见:朱熹著,《孟子章句集注-万章章句下》。

系(为民制产、使民有时等)、士君子个人守道守正修养与王君卿大夫的正身律己的关系、君臣关系、父子关系等,因为这些都是当时的关键问题乃至严重问题所在,故再三致意焉,而希望找出合适的文化安置方案或处置解决方案。孟子此两节(10.3;10.4)谈王君卿大夫与贤士之间的交接、尊礼(遇)关系,于今都因为其背后的政治文化和政治制度早已根本改易而或失其必要性与制度性意义,但其谈修养、养气、守正、守道不回、反求诸己、居仁由义、配义与道、修己正人而不枉尺直寻、行由正道、寡欲、无欲则刚、不动心等修养之法,乃永远有其正面意义和普遍意义,而成为中华文化精神之精髓与血脉所在。

孟子于第四节(10.4),似特借万章之问而为士人受君卿赠礼而曲意回护辩解,自有其苦心用意,即周济无恒产(或且因为其为贵族子弟而本来便不事生产,而只享有最低限度之圭田或公田)之贫穷之(贤)士,免其堕入赤贫状态,亦可谓有宅心仁厚处而用心良苦也(或亦是对于作为逐渐没落底层的贵族子弟的同胞的同情之心)。虽然,按照其在文中的论述,其思路逻辑乃或有漏洞,不能自圆其说,其针对此一问题所设计之文化安排或制度安排未能完满公平,而如果制度不能完满公平,往往就不能实现制度设计者初衷中的或然的良好用意,而给别有用心者可乘之机,或给一些人树立不良的预期,最后导致或吸引了一批钻制度漏洞的人,而让制度设计者本来预期的受益者或所期待的制度的正向结果落空而不能实现。比如竞技体育规则制度设计,如果不合理完满,就会大大地阻碍此项运动的水平的提高和参与者的积极性。结合3—4小节,则孟子"对尊者贵者之赐却之为不恭"的这样一条规范设计,就其正面意义而言,当然有上述的"周济贤士"的意义和价值,但就其负面后果而言,则亦有可能让许多伪士以及权贵收买或私相授受之污行络绎不绝。不问其义不义而一概受之,以为"杀人越货者之赐"与"掠取于民之诸侯之赐"不同,故而可一概受之,这样的文化安排显然是偏袒偏爱士人的规范设计（当然有其苦心与困境，比如士人按正常程序或当时之制度化安排，亦即各级官职的宗法分封制和世袭制，显然无法轻易地获得职位和俸禄，因为职位已少，而贵族子弟太多，僧多粥少，无法一一满足），而放弃了对于“诸侯权贵之盗御”的批判以及对于士人“洁身自好”的规范的一贯强调。其实，按照万章的质疑，盗贼之杀人越货与诸侯之掠夺于民，只是一回事，不过一者显明突出，一者隐晦间接一些罢了，万章之问可谓一针见血（“犹御也”）。但或以为此亦稍偏激，赵岐之注解可。但是，孟子这样的文化或社会伦理安排，却并未意识到这样的文化安排可能会损害到士人的道义独立性和道义批判性，亦可能在相当程度上正当化了权贵的不正当掠夺，失却了或减弱了孟子思想乃至儒家思想本来所具有的尖锐的批判性，而表现出某种保守性乃至妥协性。

儒家一方面要维持一种士农工商的四民社会分层，另一方面又让士人除心志与治平学问外而无一技之长（这当然也可以说是一个历史遗留问题，因为士人的最初来源乃是作为统治家族、统治民族或统治阶层的贵族子弟，本来便不必躬耕力田），失却独立性，而有依附性，故在这种情形下要求其“以正道自任”、“无恒产而有恒心而守正不回”，有时亦确乎难持。中国士人不类西方宗教僧侣之独身不婚主义，仍有家室，若无仕禄，固难以坐视举家嗷嗷待哺而不顾也。故往往有因此失身者，不然则忍心让家人妻子挨饿受苦，饥馁寒冻而死，又何贤德之有！好在此后因为士人每皆兼习医道而悬壶济世，或托身于教馆私塾（仍在一定意义或一定程度上依托于科举制，不然此亦难以维生，此不必讳言）而勉强维生，其他便只能卖文卖身于权贵之一途了，亦可哀也。今当改张之。经商以正道，仍可不失士人心志与本色，有一技之长以维持生计，亦与士人心志问学不相矛盾。“受之”，乃指士人接受王君卿大夫之俸禄而为臣也，未必仅仅为币帛赠赂，此从下文谈际可、行可、仕可之区分可知。故交际可分为两种意义：一者为授受币帛赠礼，而为尊、贤关系，二者为授受俸禄而为君臣（关系）。

孟子此解，未尝无一定道理，除非极端横征暴敛者，战国时究竟仍未过分至此，故孟子以为此处诸侯之取于民，毕竟不同于直接杀人越货者。当然，设若为极端暴君污吏，则另当别论，仍有类于乃至过于杀人越货者，而危害程度与规模尤大，所谓苛政猛于虎，是也。

较猎似可见当时犹不脱游牧民族之风习，其时或为农牧二元经济结构。

“子以为有王者作，将比今之诸侯而诛之乎？其教之不改而后诛之乎？夫谓非其有而取之者盗也，充类至义之尽也。孔子之仕于鲁也，鲁人猎较，孔子亦猎较。猎较犹可，而况受其赐乎？”实则此又系孟子现实主义之政治态度及行动选择，而并非是激进主义之行径。孟子是于立志守志上激进，而于现实政治行动或策略上则不激进，而有耐心智慧。渐渐改进改良，待积久势成时，再完全改张之。时机不到，则暂时权宜。

猎较之本义似指为帮助国君与民争抢猎物，以“类至义尽”而为言，则此亦为盗。孟子之论述逻辑为：孔子对“国君直接与国民‘猎较’争抢猎物的情形”都能容忍，则一般尊者之赐，何必却之不受？又可进一步推衍表述为：如此御抢国民（或与国民争抢猎物）之国君，其赐尚且受之，则一般尊者之赐，何必却之不受，亦即“猎较犹可，而况受其赐乎”。此是孟子之论述。当然，这只是孟子论述的一部分，倘止步于此，则乃是为虎作伥，而谈不上什么政治策略上的现实主义与渐进主义。但孟子接下来补充论述道：孔子并非听任此种猎较之行为而不管，而仍有后续渐进而坚决之对治、处置而后禁绝之政治规划与行动，从而和那些逢君之恶、为虎作伥之徒划清了界限。下文有述，兹不赘。

“充类至义之尽”有两解，赵注、焦注之解亦可：“充类至，义之尽”，充满其法式到极点（极致）、适宜义法至于极点（极致）。类为法式、法度之意，至与尽同义。朱熹之解释更切合一些：“乃推其类,至于义之至精至密之处而极言之耳”[1](朱熹),扩充、放大、推扩其事类情状而至于理论上之极端情形,即就其事类情状做法之极端情形而论也。此处“乃充不取之类,至于义之至极而后为然”也[2],换言之,孟子和万章都认可“国君不可御抢或盗御民人之财物”这一原则,或义类、义方,或法度,即认为“猎较”是错的,是有问题的。不过,如果仔细分析,则其实也不是“不取于民”之“义类”义方,而是“不违反先王之法度”地“取之于民”之“义类”义方。但孟子认为这是就其原则而言,在实际施行时,可能会有所不同程度之出入违反,一时亦无可奈何,故亦暂时权宜待之而已,待制度、形势有了根本改变的条件之后,再要求严格的法治或原则之治。这是孟子进行社会改革的稳妥、稳健的渐进改良主义思路。后举孔子“孔子先簿正祭器,不以四方之食供簿正”为例,说明应在制度、形势等内外部环境层面积极创造用以改良和施行严格法治的必要条件乃至充分条件之后,等到条件时机成熟,然后再来实行严格的法治或规则之治,其实就是遵循这样的一种渐进改良主义策略和思路。

“充类至义之尽”,上述两解皆可,可分别简洁解释之。猎较之五种解释[3],亦皆可稍作分析,然皆有尚武游牧田猎之遗风。猎较乃相互攫夺禽兽以供祭祀,似与诸侯强制暴取之于民以助祭同然,然究竟为当时时俗,上下众皆习安之,故“小同于俗,不汲汲于更张”,而渐进改良于人众不知不觉之中,如孔子以“正簿器”以应对猎较,如孟子以尊贤以应对世袭宗法分封之现实政治权力形势而后渐归圣贤自王之禅让之改良策略,等等,可谓有政治智慧。

理想上守王道仁政,即“事道”,以之为长远目标与最终目标;

---

① 焦循,《〈孟子〉正义》,p298。

② 焦循,《〈孟子〉正义》,p702。

③ 焦循,《〈孟子〉正义》,pp701—703。

现实政治策略上，则取稳妥、稳健而坚决之渐进主义。孟子论孔子之猎较亦如此。

焦循、袁、朱熹之解甚好，且可对接上文论“士受今之诸侯之礼遇”之义例，孟子盖谓诸侯（大或暴）取之于民，“不由其道”（赵歧），确为弊端弊俗，虽犹类于御，犹类于盗，然因诸侯本当（合法度而）取之于民，今乃过甚之，过甚其度，“大过之”、“过（法）度之”，虽固有足议处，而仍不可直接等同于盗与御[①]，正如不可将鲁人猎较尤其是鲁君猎较直接等同于御盗一样，因为鲁人或鲁君本当用猎以奉祭祀，徒其“务以多品异物之观类”，“非独较多寡，亦较珍异也”，斯则过甚“猎较以奉祭祀之”正礼。故孟子然可孔子之暂时不违，“而孔子不违，以小同于俗，不汲汲于更张也”，此亦是现实主义思路或政治策略智慧也（“徐图更张，避免大震荡或欲益反损”，即赵注所云：“孟子曰：孔子仕于衰世，不可卒暴改戾，故以渐正之，先为簿书以正其宗庙祭祀之器，即其旧礼，取备于国中，不以四方珍食供其所簿正之器，度珍食难常有，乏绝则为不敬，故猎较以祭也。”[②]）（田猎以奉祭祀，本当有法度，不可过多或奢侈炫异，猎较则过度、违法式，故同于“诸侯过甚法度而取之于民”。至于诸侯（法）取之于民，以及诸侯大夫（奉正法度）田猎以奉祭祀，皆本来法度法式之题中应有之义也。御与盗则并非如此，完全不合法，无任何正当性、合法性而言，与“诸侯之法取之于民、奉法田猎以祭祀”相比，乃两回事，故不可混为一谈或混同言之。可见在孟子那时，诸侯虽多取之于民，尚未到极其横暴而不顾及任何“合法性”（合先王之法）的地步。当然，亦可解作孟子对统治阶级仍存相当宽宥态度——其实，孟子对普通民众

---

① 赵歧注：“谓非其有而窃取之者为盗。充，满。至，甚也。满其类大过至者，但义尽耳，未为盗也。诸侯本当税民之类者，今大尽耳，亦不可比于御。孔子随鲁人之猎较。猎较者，田猎相较，夺禽兽得之以祭，时俗所尚，以为吉祥。孔子不违而从之，所以小同于世也。猎较尚犹可为，况受其赐而不可也！”焦循，《〈孟子〉正义》，p701。

② 焦循，《〈孟子〉正义》，pp703—704。

同样本诸此一不二之仁厚宽悯之心，比如对于无恒产而无所不为而终于陷于罪的普通民众，亦先斥责柄国者未尽“为民制产”和“教民”等的责任义务，重视治国者先教化的责任，等等。但前一解释较适切，因为其时之诸侯，虽过违先王之法度，而仍不敢不将先王之制、之法——如为民制产、使民有时、十一税等——完全抛弃之，只是，并非如有的时代乃强行掠夺民田民物之甚。故孟子言王者作而当先教之归正法、正制，仍不改而后诛，而不同于对于真盗、真御人者之“凡民罔不譈，是不待教而诛者也”的做法。即完全的盗、御或杀人越货与“过法取于民”这两种行为的性质，毕竟不同“类”。然此与孟子之前的“以政杀人”之论稍有矛盾扞格，稍减其批判性，然亦或可谓孟子的宽仁当时贵族阶级之心意。）

猎较似亦有相争掠夺之意，类于“不与民争利争猎”、“为阱于国中”等所揭示反对之事，而和万章前面“比诸侯为御、盗”之语意衔接起来。孔子施政时，一方面有因正法、正礼未立而暂时因循旧俗，以避免社会震荡、百姓失据之现实主义政治思路，另一方面又有正向作为，即正其法度而示范之，又教化之，以此移风易俗，待新俗、正俗成而后思扭转、祛除旧俗、弊俗。而并非一有弊俗即怫然大怒且无所作为而去之，乃将有所作为，为之因革之筹划，为之兆，兆显而君民仍不行之，然后方去之。

圣贤行事，尤其是涉及公事国事时，皆一本乎仁善、公义，或有暂时委曲求全之权宜，而绝无私心，吾前言孟子维护贵族统治阶级利益亦是今人言语，实则孟子仁人之心，对一切人皆如此也。

此节亦可见孔子孟子之为国为民为人为天下之苦心仁心。道不能为国君所采择施行，而吾人仍然为之兆，欲以示范、展示于君，俾君能因知睹其良好效果而改张、采纳、施行之。其行事之策略乃为：先强为之兆，而稍导之以良效善果，引君于正道。此亦是圣贤之心志行事：不轻易放弃努力，有一线希望而仍然委屈耐心作为之。此亦可为施政之法、正君于正政之法。如果仅以道说君，或因君之智不能及，以为其道迂阔疏略抽象，不能理解与施行，故又以兆说君，君或以其具体可行、良效善果而采纳施行之也。又：此亦是“正本造始”之法，即先为之“正本造始”，而以此正本正法而施政，亦是施政行事之法门之一。孟子、孔子，盖“知政”、知“为政”者也（又可参见“惠而不知为政”一节，亦强调为政当有本有法）。

此节万章或言孔子正其簿器后而猎较之风气仍不改，则道不行也，故万章以为此乃道不行而问“孔子奚不去也”。孟子则答曰：即使道一时不行，而犹当以具体之政事为之兆，如此犹不行纳则方可去之。“正簿器”是以道立法，而鲁人鲁君不听；“为之兆”是具体施行正法，而鲁侯不采纳；则知道终难行，乃去之。

公养则一般养贤士而已，行可、际可、公养，以此递降。此节焦氏所详述季桓子行可之仕甚好[①]。古之经典，言必有据，皆有实事实证，非空疏立言也，而汉人解经亦皆有征实，有师承，能明古经之事实真义。讲课时，亦当讲明其背景之史事，然后乃尤能明经义也。

但孟子也并非主张士人完全不加别择地接受“取于民逾制”的诸侯卿大夫等尊者之赐予，本章第五小节（10.5）即是对“却之却之为不恭”的一个相关补充论述，在分别行可、际可、公养之后，对于不能尽行正道正政之君卿大夫，士人在出仕或接受其俸禄赐予时，当辞尊居卑，辞富居贫，从而在行道与生计之间达成一个最低标准的平衡或底线。这个底线并不违反孟子所提出的“不枉道直寻”、“配义与道”、“不枉道出仕事人”等根本标准，因为“会计当”、“牛羊茁壮长”等最低级简单职位的纯粹事务性事务，完全不涉及道义层面的抉择，任何正常社会都有类似事务，且不涉及道义和政治价值问题，固可心安理得以谋生计而已。此又不同于西方现代政治理论喜欢讨论的“平庸之恶”（汉娜-阿伦特）——这当然是一个严肃

---

① 指季桓子受女乐之事，参见：《〈孟子〉正义》，p706。

的论题，且“平庸之恶”确实涉及严肃的道德抉择和评判——，限于篇幅和主题，暂不赘述。不必将道德评判乃至道德绑架至于此极。然而一旦涉及道义问题，或职位涉及道义选择，或涉及政治决策、道义政策制定，则另当别论，而或成为严重的“枉道”的问题，或成为“平庸之恶”的问题。

其实孟子对“却之为不恭”，尤其是对于“犹御也之取之于民之诸侯”之征辟赐予，亦有隐含的直接补充论述（条款），比如出仕为臣后的“教人以善谓之忠”、“正君匡君”、“一正君而国定”、“教之”（而非“不教而战而诛”等）等，并非真的姑息纵容、枉道要禄、沆瀣一气。

> 孟子曰：“仕非为贫也，而有时乎为贫。娶妻非为养也，而有时乎为养。为贫者，辞尊居卑，辞富居贫。辞尊居卑，辞富居贫，恶乎宜乎？抱关击柝。孔子尝为委吏矣，曰：‘会计当而已矣。’尝为乘田矣，曰：‘牛羊茁壮长而已矣。’位卑而言高，罪也。立乎人之本朝而道不行，耻也。”

“孟子曰：‘仕非为贫也，而有时乎为贫；娶妻非为养也，而有时乎为养。’”孟子颇宽容，不废平常人伦所欲与正常日常生活追求，宽厚仁爱之心，跃然纸上……

“为贫者，辞尊居卑，辞富居贫。辞尊居卑，辞富居贫，恶乎宜乎？抱关击柝。孔子尝为委吏矣，曰‘会计当而已矣’。尝为乘田矣，曰‘牛羊茁壮，长而已矣’。位卑而言高，罪也；立乎人之本朝，而道不行，耻也’。”孔孟真乃大人君子也，与古今之觍颜事不公之权势、为虎作伥而犹振振有词、自我文饰辩解之伪士、奴才、奸佞、弄权者，其人格高下之差距，不啻天壤也。为生计谋亦当有其底线与礼义限度，所谓居卑居贫者，一者以示仅为生存和稻粱谋而已，乃迫不得已，然亦只止于生存与最简单的技术性、事务性工作，决不腆颜违吾道以干富贵厚禄也。二者既然居卑（位卑）居贫，因不在其位，故便不必（无义务）参与不合道之国事，而免为虎作伥、附逆帮闲、帮凶之恶事。且随时可去之。吾本为贫为养，故但求最低程度之生养生存即可，居卑居贫，不越雷池一步，以明其心志也，不存非分非义之思想言动。“立乎人之本朝，而道不行，耻也”，但此一句，便是所有伪士的照妖镜。

恰因为只是居卑居贫之小吏，故只须完成本职工作，更不必有所谓“不得不作恶”之言动行止（朱子解曰：“以出位为罪，则无行道之责；以废道为耻，则非窃禄之官，此为贫者之所以必辞尊富而宁处贫贱也。尹氏曰：‘言为贫者不可以居尊，居尊者必欲以行道。’”①）。“牛羊茁壮长而已矣”，“会计当而已矣”，此亦所谓权宜之计耳。对于士君子而言，即便穷困潦倒，亦须有其自处之法之礼，不可遂至于饥不择食、无所不为也。小吏所以寄身（仅为最低限度之生计或养身），大官所以行道。反之皆不可。

“仕非为贫也，而有时乎为贫；娶妻非为养也，而有时乎为养。”此段之论述，为乱世、末世真正儒士之自处立一矩矱绳尺（jǔ yuē），亦为判断真士伪士提供了极简明之标准。任再多文饰自辩皆是枉然，适尤见其无耻而已。耻而不知耻，尤无耻也。此乃可作照妖镜。

“盖为贫者虽不主于行道，而亦不可以苟禄。故惟抱关击柝之吏，位卑禄薄，其职易称，为所宜居也。李氏曰：‘道不行矣，为贫而仕者，此其律令也。若不能然，则是贪位慕禄而已矣。’”②朱子此处解说甚好。事实上，此乃儒者最低限度之权宜之计，过则违道不义，其自律自奉之严也如此。如此方有真大丈夫、真国士之精神与行事作为也，而非文饰觍颜服事不义权贵之伪士。此段可使一切贪位慕禄、觍颜附逆、附不义不正之人之制之事、呶呶文饰、辩解遮羞不休之伪士之无耻面目尽显，高下立判。只争钱多钱少，未争做

① 参见：朱熹著，《孟子章句集注-万章章句下》。

② 参见：朱熹著，《孟子章句集注-万章章句下》。

了多少正事义事，而且还都振振有词，实无耻也……此真儒者之行，而有高明正大者在。今人不知真正气节，而竟往往敢于虚自标榜，若和真儒者之行事比起来，真是高下天壤而不可以道里计。不读书之故也。

“位卑而言高，罪也；立乎人之本朝，而道不行，耻也。”官员每怨自己位次不高，升官不速，俸禄不厚，未自审道行也不行，是无耻也。

抱关是监门之职，击柝是门卒之职。

一罪一耻，君子慎之。学者或可客观中立而进行独立之学术研究，独立知识分子与公民或可合法参政议政(公民参与)。然涉及官僚政治，则当依公法或公职程序行动言事；涉及出处，则当一本乎道，不可违之而徇人事。

“会计当而已矣”，“当”乃“相当、相值、正确”之义，然可作两解，一解以技术主义思路，只要数字没错就可以了，“我”只是一个技术人员，不涉及政治、政事、道义或评价臧否之责任；二解以规范或价值评价，焦氏引孙星衍解以“奏当”之当，虽更具高义深意，实则或稍不合孟子原意，孟子本意乃是言：因仕“有时乎为贫”，故而辞尊居卑、辞富居贫，以避免违道而为虎作伥、辅桀佐纣之罪也。

万章曰：“士之不讬诸侯，何也？”孟子曰：“不敢也。诸侯失国而后讬于诸侯，礼也。士之讬于诸侯，非礼也。”万章曰：“君馈之粟，则受之乎？”曰：“受之。”“受之何义也？”曰：“君之于氓也，固周之。”曰：“周之则受，赐之则不受，何也？”曰：“不敢也。”曰：“敢问其不敢何也？”曰：“抱关击柝者皆有常职以食于上。无常职而赐于上者，以为不恭也。”曰：“君馈之则受之，不识可常继乎？”曰：“缪公之于子思也，亟问，亟馈鼎肉。子思不悦。于卒也，摽使者出诸大门之外，北面稽首再拜而不受，曰：‘今而后知君之犬马畜伋。’盖自是台无馈也。悦贤不能举，又不能养也，可谓悦贤乎？”曰：“敢问国君欲养君子，如何斯可谓养矣?”曰:“以君命将之,再拜稽首而受。其后廪人继粟,庖人继肉,不以君命将之。子思以为鼎肉使己仆仆尔亟拜也,非养君子之道也。尧之于舜也,使其子九男事之,二女女焉,百官牛羊仓廪备,以养舜于畎亩之中,后举而加诸上位,故曰王公之尊贤者也。”①

“不仕而食禄则非礼”,故士不可托(寄)诸侯,然或可仕诸侯。此节朱子之解释②虽通,然于文词上不免牵强,“周之,馈之,赐之”云云,从字面上并不能区分开来,故曰言辞表述不准确。然朱子于文词解释上之牵强,不妨朱子解释本身之达意也。

“缪公之于子思也,亟问,亟馈鼎肉。子思不悦。”缪公此举,盖牢笼之,笼络之,收买之,欲使之(子思)怀私恩不敢议政,不以正道责督君上,而又收尊贤悦贤之美名,以此邀百姓之拥护而增其统治合法性。子思则不合作,直言不讳:“今而后知君之犬马畜伋……悦贤不能举,又不能养矣,可谓悦贤乎?”将缪公不举荐贤德、不行贤人之道的君官的虚伪面具,直接揭穿之。

“以君命将之,再拜稽首而受。其后廪人继粟,庖人继肉,不以君命将之。子思以为鼎肉,使己仆仆尔亟拜也,非养君子之道也。”此虽非聘任或今之所谓政治录用之制度化正式仪式,而亦可视为政治任命(仕)之仪式之变体,亦即君臣之间的订约仪式,从此各有其份(责任义务)。士有常职,亦有常禄,以其职事而取其正常俸禄,乃是国家养士举任,非是受君上私恩豢养,故不需动辄感激涕零、仆仆尔亟拜也。所谓食禄者,乃正当职事劳动收入也,虽形式上似出于君长诸侯,实则取之于国于民于公,得之于自己之心智劳

① 儒士之自傲王侯、自视甚高如此!

② “托,寄也,谓不仕而食其禄也。古者诸侯出奔他国,食其廪饩,谓之寄公。士无爵士,不得比诸侯。不仕而食禄,则非礼也。周,救也。视其空乏,则周恤之,无常数,君待民之礼也。赐,谓予之禄,有常数,君所以待臣之礼也。”参见:朱熹,《四书章句集注》

苦等,故只要勤于职事、忠心为国为民为公为君(比喻意义上之"为君",今则亦曰为公也),便不必受之有愧。恪守臣职臣节(今则曰宪法、行政法等公法也),则亦不必对君上而受之有愧也。

尊贤者,尊其道也,非以"犬马畜"、收买牢笼也。

"士之不托诸侯。"此段之议论,置于现代世界人民政府、国民政府或民治政府时代,则因背景不同而当重新考虑评估之。不可以王权私有专制时代之行为规范,直接用于民治时代士民之自处。国家、政府或政府官员以普遍国法、律令、程序,"师出有名"地周之、馈之,则可;官员以公利市私恩、"师出无名"而赐之、馈之,则不可,因为任何政府官员或公职人员都无权越过行政法等公法来进行馈赠,因为其动用的是国家财产或国家财政,亦即是纳税人、全体人民或国家之公共财产。

"万章曰:'士之不托诸侯,何也?'孟子曰:'不敢也。诸侯失国,而后托于诸侯,礼也;士之托于诸侯,非礼也。'""不敢"一词甚当,无论国家公职人员或平民,首先都应自问是否合法合理,即自我进行严格的合法性、正当性拷问(所谓正当性,即法理学意义上的正当性判断 *legitimacy*,而非仅仅"合法性"或"依法"意义上的判断 *legality*,因为在某些情形下,所依之"法"亦可能有不合理、不完善乃至根本违背常理、良知、宪法或其他法律之处)。"犬马畜"则前文曾论及之,又比如卷四有关"货之"之论述:"无处而馈之,是货之也。焉有君子而可以货取乎?"亦类于此。

尧之尊舜一例,此真只堪有圣贤国士之德、之贤、之才者,方可为此,一般文士伪士胡可觍颜自命国士哉。

"馈之粟"而非"赐之财货"。"馈之粟",是周之;"赐之财货",则是"无处而馈之,是货之也",是为不恭,授受者皆不恭,故不受。

前文言"却之却之为不恭",此又言"受赐为不恭",似相矛盾?或调和解之曰:以尊贤之礼以赐之于无位之儒士贤士,则贤士却之不恭;以赐于有位(因而有俸禄)之职士,则职士受之不恭;然偶尔因周济困穷而馈之粟，则职士亦可受，因为《周礼》本有周济贫民贫士之常科正礼也，受之不为不恭。

此节似又可与“君子不可货取”一例进行关联论述。（“无处而馈之，是货之也。”）

第六小节（10.6）中之“士”皆谓“无常职之士也”。由“士不托于诸侯”一句可知，因无常职，故无俸禄（然当有田百亩，同于庶民；或有圭田，以公田形式，由庶民以助法代耕种之），故欲托于诸侯，“托于诸侯者，欲受诸侯所赐之谷禄财货也”，孟子以为不可。下文直接说明“无常职而赐于上者，以为不恭也”，则尤可明了此节中所谓之“士”乃是“无常职之士”。第四小节（10.4）“却之为不恭”，则是诸侯以礼下贤、尊贤而交际之，则贤士可受，因贤士虽亦无常职，然受之可“守先待后，以教国之孺子”，乃为食功，受之而有特别职任（守先待后以教），故可受。质言之，贤者亦非徒受也，则（10.4）一节中贤士之受赐于上，并未违反“无常职而赐于上者，以为不恭也”的原则。故只可用三个原则（行可、际可、公养）即可囊括，即“食功”原则亦可归入“有常职而受之”原则……然据下文“养君子”之论述，则吾此处之解读亦属牵强附会，盖尊贤或以礼下贤或礼贤下士而交际馈之，仍为四原则之一，认为其多闻而贤之尊之也。

孟子此章，其实就是讲友贤、尊贤、举贤任能而已。士皆指贤士乃至大贤之士，有时又特别指未仕之贤士或“无常职之贤士”。

友、宾师、臣、尊养、举。孟子此章言“友”，主要指尊德尊贤而言（又包含周济之义），并非今人所理解的一般社会伦理的朋友关系。倘士之德与君相若而稍高之，则君可友之（贤士），此与“无友不如己者”亦合；士之德高于君卿大夫远矣，则不敢友，而师事之；前文已述，第三小节言“此五者亦有孟献子之家，则不与之友”，可有两解：一则此五子羡慕孟献子之贵与势，则此五子为势利人，则德行有欠缺，则孟献子便不与之友；二则解曰：此五子亦实有百乘之家，则一方面未必是贤者（而可能是掊克之臣、聚敛之臣，或聚敛不义钱财之贪夫，不是有德之人，故不友），另一方面，尤其更为重要的原因是，如此则此五子非“士”，尤非“贫士”（因为此节乃专讲王君卿大夫友“士”之法也），不必周济之——因为孟子此节乃至此章所言“友之”，除了尊师与授任等之外，其实亦包含周济相助之意。此解吾以为亦可备一说，另可加上吾于上文所言之第三解：“百乘之家与百乘之家之间乃卿与卿之政治关系”——虽然按《孟子》全书上下文来看，孟子原意应是第一解（《尽心下》曾互文谈及）。

从此小节文字及焦氏之解释来看，孟子似将未仕之士人视为庶人？（抑或下士？而同于无官职之庶人？……）

万章曰：“敢问不见诸侯，何义也？”孟子曰：“在国曰市井之臣，在野曰草莽之臣，皆谓庶人。庶人不传质为臣，不敢见于诸侯，礼也。”万章曰：“庶人，召之役则往役，君欲见之，召之则不往见之，何也？”曰：“往役，义也。往见，不义也。且君之欲见之也，何为也哉？”曰：“为其多闻也，为其贤也。”曰：“为其多闻也，则天子不召师，而况诸侯乎？为其贤也，则吾未闻欲见贤而召之也。缪公亟见于子思，曰：‘古千乘之国以友士，何如？’子思不悦，曰：‘古之人有言曰：事之云乎？岂曰友之云乎？’子思之不悦也，岂不曰：‘以位，则子，君也；我，臣也；何敢与君友也？以德，则子事我者也，奚可以与我友？’千乘之君求与之友而不可得也，而况可召与？齐景公田，招虞人以旌，不至，将杀之。志士不忘在沟壑，勇士不忘丧其元。孔子奚取焉？取非其招不往也。”曰：“敢问招虞人何以？”曰：“以皮冠。庶人以旃，士以旂，大夫以旌。以大夫之招招虞人，虞人死不敢往。以士之招招庶人，庶人岂敢往哉？况乎以不贤人之招招贤人乎？欲见贤人而不以其道，犹欲其入而闭之门也。夫义，路也；礼，门也。惟君子能由是路，出入是门也。《诗》云，‘周道如底，其直如矢。君子所履，小人所视。’”万章曰：“孔子，君命召不俟驾而行，然则孔子非与?”曰：“孔子当仕，有官职，而以其官召之也。”

“不见诸侯。”毛遂自荐，在古代极不多见，亦不利于尊贤(士之自重自强)，而令君长在礼节上跃于士子之上也。市井草莽之庶人虽曰王臣(所谓“率土之滨，莫非王臣”)，究非正式命官之臣，故不可干求于诸侯君长，必待其以求贤之礼而来聘求之而后可，或士人传质为臣而后可。然此亦是君主制时代之事，于民权民治时代，又无所谓任何君臣之礼，而只有所谓比喻意义上的君臣或官员对才士、贤达、人民的基于平等人权基础上的尊礼，不必有其他才士、贤达、人民对于官员的超过平等人权之外的额外的礼节。

“为其多闻也，为其贤也。”可知古代君长诸侯所求人才中之两类，正宗儒士仅其中一类，余则多为游士，或博闻，或多才多智谋，故此种人才品类颇杂，或亦有商人、游侠等。因商人交游广，见多识广，往往有高明见解，或可闻得、学得异方之思想、技术，而可以献之君王也。

此两节与其说是谈士节，毋宁说是谈君节君礼，君上必须待士臣有礼，然后能得士臣之拥戴。君节君礼包括：用其道，尊贤，养贤，师事之，“登门拜访，互为宾主”，召之有礼，君臣订约仪式等。

先秦之贤士庶人自视甚高，毫无在君长面前之卑躬屈膝之态度，甚至往往以师道处之，故特别自尊自重自矜，非礼不悦。故中国古代特重礼节面子，就其正面意义而言，乃是重其气节；就其负面而言，便为争意气，争面子，而礼须相称其身份，不偏不倚。不当或不合礼之高规格接待，亦不敢僭。今人或无气节，苟且干求，或无自度与自知之明，僭越出格，皆是非礼而无气节节操之大病。至于所谓臣官，固当恪守臣节，以公职身份，以其本职工作或公事等理由，在工作或公事时间里召之即来而已，乃是今天之公职伦理，亦即今之所谓“君命不俟驾而行”。

“欲见贤人而不以其道，犹欲其入而闭之门也。”古之真儒士对权贵真有一种傲然独立之气势。

此节万章之首问"万章曰：'敢问不见诸侯，何义也？'"，固可根据语境和上下文而解读之为"敢问夫子不见诸侯，何义也？"但又不必机械理解，因为此虽合于孟子行事，且合于上下文之具体语境，但实则孟子及其弟子在编撰《孟子》此书时，亦可以说其目的及论述思路已经不是就事论事，乃是藉此确立、说明矩矱义方，并循此而行。质言之，孟子叙此，乃是以一人之行事或事例而树立普遍义方、义理也。就此而言，则其主语可解作"未仕之贤德之士与庶人"。

"万章曰：'敢问不见诸侯，何义也？'"，赵岐解为："问诸侯聘请而夫子不见之，于义何取也。"赵岐此解乃征实之解，即结合语境之解读，但正如上文所述，此句亦可作普遍解读，则其主语亦可为未仕之士，意为未仕之贤士不可主动求见诸侯而干求位禄，必待诸侯君卿大夫主动拜访聘授为臣（或师事之）而后可。于语境言，当然是赵岐所云的"诸侯欲聘请夫子"。但"聘请"一词又稍有歧义，是聘为臣？抑或聘请指诸侯召之？孟子并非卿臣，故诸侯当然不可召之，召之亦不可去，即"不见诸侯"；但若是聘为宾师卿臣，则情形便有不同。故赵岐此注亦不的确。

或曰：孟子严格限定"庶人及未仕之士不见诸侯"之原则，似仍严格遵守维护宗法分封用人体制之根本，而所谓尊贤、举贤、任贤则不过是极小范围、要求极严格之变通用人制度而已邪？

未仕之士亦视同庶人，故若诸侯以庶人视之而召之役，则为庶人之本分（当然亦有限制，比如"岁不过三日"等）。若诸侯视之为贤士，则不当召之，而当师之、友之。师之则就见之，友之则迭为宾主，皆非召也（可参见"往见之"、"迭为宾主"、"有采薪之忧"及"孔子阙其亡也"等例子）。故按照孟子所定之原则和论述逻辑，则未仕之士，只有一条出路，就是以其贤德贤能而被王君卿大夫发现之，而后就见之、师之、友之、臣之、举用之。其时所谓之"贤"，兼有德与能之含义，未如后世往往将两者分化而分言之，如司马光《资治通鉴》中特别区分德与才。又：王君卿大夫亦因其自身品格境界之高下不同，而各有不同的有关“贤能”之标准与评判，而据此举用不同人才。战国时期百家争鸣、众士（不同之贤能）并进之局面，即职是故也。

《〈孟子〉正义》此页第一行所举例，“卫献公……不释皮冠而与之言，二子怒”[①]，可谓先秦君臣之礼之典型例子，即不但臣对君有礼，君对臣亦须有礼。又：礼之于人，实荣辱相关，可不慎哉！皮冠为皮弁，即礼冠上另加用以御尘御雨之冠。

周柄中引毛大可言，而解之为：王招大夫以旌，诸侯招士以旗，卿招庶人以旃[②]。

义路礼门。

“不贤人之招”，不贤（于我，不贤于我王君卿大夫），则事我者，则臣也，则可召见之，故“不贤人之招”即是以“事我者”、“我臣之者”而召见之也。至于“贤人之召”，则“我”（王君卿大夫）先就见之也，友之、师事之，共天职也，而后为相互对等之君臣之礼，类于尧与舜、商汤与伊尹、周文武与姜太公（乃至齐桓公与管仲、齐景公与晏子）等，而共成王道仁政。理想中之君臣关系并非“以臣事我者”之普遍臣仆之道，乃共襄大道之共事者之君臣之道（两种君臣之道，而以事道与事人为分，或为师之、友之而共事大道之君臣关系，即事道，或为“事我者之君臣关系”，即事人）。此种君与贤士之关系，正圣贤共王、圣贤共治之关系，徒此王于道，不王于位而已；王于道则共王；不王于位，则伊尹相汤，益相禹，而以汤、禹为得王位乃至传子，然亦不改圣贤自王与圣贤共王共治之实也。当然，另亦有更高层次之“圣贤共王”，不徒王于道，亦且王于位，而为真正之“圣贤而王”；现代之民治政治，亦在某种意义上可视为“圣贤而王”之一种，民选其贤能者而暂摄国家最高权位也。称职而尊之，不称

---

① 焦循，《〈孟子〉正义》，p722。

② 焦循，《〈孟子〉正义》，p722。

职而去之黜之，而另选贤能代之。

圣贤共王共治者，共王共治于王道仁政，共王共治于大道天道也，共王共治于王道宪制也，共王共治于全民之意见利益也。共者，人格、道格平等，而或有职位不同而已。

孟子此处乃讨论一个原则："诸侯亦不可召见庶人"，即便是召之役亦有成法制度（先王之制、度）——如《礼记-王制》："用民之力，岁不过三日。"以及其他限制或制度——，则在一定意义上亦可谓当时已有某种程度之民权保护之意识与制度也。然而，"诸侯不可召见庶人"，这并非事实，上文言"庶人以旃"是其反证也，焦氏亦言"本有可否之义"[①]，然则此段第一行当修正为："诸侯亦无权以非礼召庶人。"

焦氏此解[②]，分君子（未仕之士）与庶人分言之，合之则言贤人，则贤人本来乃包举士与庶人而言，则孟子尊贤之意，或有普遍主义仁民举德之内涵，并非本书有的地方所谈及的仅仅为作为底层贵族子弟的士人争权益，实乃又有为所有士人、庶人争取权利（以贤德进身）而稍矫世袭主义分封宗法举人制之弊之意图与作用也。如由此解，则可见当时必无奴隶制，庶人亦有相当权利。但这里仅仅是某种创造性解读、正向发挥乃至大胆假设，不可遂当成历史事实或历史研究的结论。

于今尤其为烈烈明法，如之何受御者之馈。

"杀人越货，强横杀戮而不畏死。凡民罔不杀之"。越、于皆于，杀于人，取于货。闵：知其不可而强暴作恶杀戮；譈：厌恶，恨；杀。对杀人越货者，不待王君之教命，即可讨诛之。

盈满其法式于税法之外，又多取之，于应当取处又太甚[③]。

---

① 焦循，《〈孟子〉正义》，p725。

② 焦循，《〈孟子〉正义》，p724。

③ 《〈孟子〉正义》，p702。杨伯峻将"充类至义之尽"解为："充类"即"充其类"，"至义"犹言"极其义"，其以"充类至"为一读者，误。并据此翻译为"这只是提高到原则性高度的话"。此解与焦循不同。可参见：杨伯峻，《孟子译注》，中华书局，1960年1月，pp241—242。

“未尝有所终三年淹也”，此亦是前文所言及之金声玉振、始终条理之意。

猎较：与百姓抢夺猎物。

尊者之赐与杀人越货者之赐，两种主体，一为直接杀人，一为间接害人；一为情形残忍、重大、明显，一为情形隐蔽、难睹、过后方显；一为有实据有直接因果关系，一为似无实据无直接因果关系（乃有间接隐匿因果关系）；一为常人之所知所晓，一为常人所难知难瞭（而有知识者稍补充隐蔽、缺隐之中间环节，即可显其不义害人之实）。而孟子以为两者不同，似对后者稍有宽纵，故偏激者或曰：此处孟子偏袒不义权贵之意甚明显。朱子之解释亦牵强[①]。庄子“窃国者侯”，孟子于《梁惠王上》中所言“以政杀人”等语，皆可一语尽之。

从历史上之许多事实而言，“却之不恭”一句，遮却多少丑行！无功不受禄，受之，何以为助独夫暴君之功？助独夫暴君，岂是为国为民之功？实则为虎作伥，必矣！

孟子此章，言诸侯之友、交际，士之不托诸侯、不见诸侯，皆是针对君王、公卿与士（之关系）而言，实则此皆涉及政治录用、权力授受或负面意义上的干禄之事也。孟子虽然试图在不根本触动分封世袭制的基础上，而在“正式”的分封世袭制之外另辟一条选贤任能的政治录用渠道，然而最终仍然是德治其表、人治其里其实的选任模式，因为一切操纵于君王个人之手，君王个人自可以其自己的所谓“贤能”标准而实际上任情喜怒地选拔任用人才，为我君王

---

① “言今诸侯之取于民，固多不义，然有王者起，必不连合而尽诛之。必教之不改而后诛之，则其与御人之盗，不待教而诛者不同矣。夫御人于国门之外，与非其有而取之，二者固皆不义之类，然必御人，乃为真盗。其谓非有而取为盗者，乃推其类，至于义之至精至密之处而极言之耳，非便以为真盗也。然则今之诸侯，虽曰取非其有，而岂可遽以同于御人之盗也哉？又引孔子之事，以明世俗所尚，犹或可从，况受其赐，何为不可乎？”参见：朱熹，《四书章句集注》，p298。

个人所用，来选拔所谓的治术人才，而非为国为民来选拔为国为民的公仆人才也。基本的政治哲学不变（民治政治或全民公共权力政治 vs 皇权政治或私有权力政治），权力基础不变，是不可能有公正的、公开的、法治化的全国性的公平政治录用制度或人才选拔制度，而弄权干禄朋党之风，将必然“长盛不衰”。但孟子亦试图通过德性和程序上的某些限制，来减少人治性的尤其是昏庸人治性政治的负面后果，比如倡讲士之名分、职分、正轨礼仪（贤德、为国为民等），而恶其不由其道（穿窬），不行其道也。不见诸侯、不托诸侯等，是恶不由其道；辞尊居卑而仕贫、与诸侯君卿大夫友或被诸侯君卿大夫友、却之不恭、际可、公养之仕等，皆是权宜自处之计；圣之清、任、和、时、行可之仕、辞尊居卑而仕贫等，是恶不行其道（正反立论）；贵戚之卿、异姓之卿云云之不同行事职分，是讲恪尽士人之职分。不过，揆其实，这（种德治粉饰）仍然只是人治政治哲学的花边而已。

此节所叙之事，现代或有不适用处，当时并非现代意义上的国家，乃是王权私有私治，故有君王、公卿尊贤养贤之制，倘所授是其人（贤能），所行为国、民，则君王、公卿馈之似合义，贤德受之似无愧，反之不然，而有私人报效、为虎作伥之事，然此皆是封建开明专制私国之背景中之事也。今则不然，强调民权民治之国家，群己权界，人人平等，财产私有，国家财产公有，公私分明等，而国家公职人员乃民选而暂摄职耳，其用权行政分财皆须有法律规制，不可以人治方式为之，比如所谓“馈之”，便当符合相关法律程序，而以公共行政的方式为之，以避免公利市私恩或以公权公利私相授受的情形。国家亦不必以人治方式尊贤养才用人，乃用普通全民教育、专业教育等合理教育体制来养才；以公务员考试制度之考选，民主选举制度之民选等，来选任（公职）和用人；设官分职，设置职位、俸禄、权力之等级制度或俸禄结构（而人格平等），而公授其薪；另有制度化预算、民治化再分配等财税制度来进行宏观经济治理等。

如此则何来尊者，何来赐之、馈之之事、之制也！如此则旧时代一切所谓清客、门人、食客、幕僚（友）、客卿乃至所谓养才之事皆消散之，而公私不明、公财市私恩、贿赂公行之事便可消失大半。其实，即使在今天，私人馈赠、周济乃至聘请私人幕僚、谋士等，皆无所不可，然皆须用私财，如西方网球运动员自掏腰包聘请私人教练、私人体能训练师然。然此非所谓“尊贤”，乃市场行为、公平交易买卖行为、市场雇佣行为、劳务或三产服务行为等，且双方本自人格平等与人权平等，各有权界，而非尊、贤之关系（雇佣关系）。乱世亦且不可有此而成专制之势，况民治时代乎！

此两事例乃言国君尊贤当任用聘请之，或为常职用士贤，或为师事尊贤养贤，或擢拔为上位大臣，而为王公之尊贤，乃谓诸侯国君王公天子当主动拜访、任用、尊养、擢拔贤者，而士人自己讲气节、重荣誉，不会主动做诸如“托于诸侯”、“见诸侯”之类之事。自命清高，确是儒士一大特点、优劣互见。若真乃贤德者、学者、才者、能者，古代权贵或可用之（常职）、尊养之（师）、任之（大臣）等；然非其人而自命贤德，又言权贵不知尊贤之义，则亦无可奈何。贤德何容易成之！今又当同时是学者、才能者等方可。

或曰：贤德不见诸侯，则诸侯何由知晓之（贤德）？贤德隐居，诸侯又何由知之？此或造成士人虚伪性之一面。在中国古代皇权私有形势下，士人讲气节（所谓气节，不仅是“不食嗟来之食”这样的个人人格自重，尤其是涉及出处取舍方面的以大道、公道、正义为标准）、以道自任、以是否行道为出处之判断，固然有其积极性的一面，固然要讲气节；但除此之外，在其他日常生活方面太过清高亦不甚对，难以比照效仿，或难以容众和众——而或当稍效柳下惠之宽易；又比如倨傲、瞧不起人等，则只是意气，不是气节。甚至太过矜持，缺乏积极进取，尤其是超越皇权或不公正权力的积极进取反抗精神（只说“无道则隐”，而不说“无道则反、则抗争之、则改革改良之”），也是根本问题。有儒士戒律与修养，然后或可有尊贤之礼仪。质言之，上述种种权贵尊贤及贤人自重自爱之原则，在封建时代，此或造成士人之气节，然亦或造成士人难遇、难用之志业悲剧，以及群小昏佞乘机占据高位低位而群相作恶、沆瀣一气、乌烟瘴气之政治生态。

士人非其招不往。进仕不由其道，则犹如穿窬也。

有意思的是，尊贤友贤是孟子试图开辟另一人才任用渠道，“不见诸侯”则对士人气节提出要求，形成某种相生相克、相反相成的伦理规范结构；另外，一方面是孟子提出“不见诸侯”这样的士人交际规范，另一方面，战国时期的现实却是大量纵横家、游士等违背这一原则而通过种种“不由其道”的形式——如投靠求助于宦者宠幸等——干求诸侯。可见孟子提出这些原则乃是有其现实针对性的，但同时，考虑到先秦乃至古代中国以来乃至人类本性中便存在的根深蒂固的任人唯亲、血缘私情、肥水不流外人田等的观念，这样一种原则的提出，也在相当程度上，可能阻碍默默无闻的真正的平民的机会，进一步固化统治者贵族与普通平民之间的阶级区隔和身份区隔。因为在那样严苛的身份等级制社会，一般庶民要获得知识和出人头地太难了，即或有贤德表现，诸侯也可能因为徇私或其他政治考虑，而优先“拜访”任用属于自己阶层或先代贵族之后的人，即选拔的仍然是贵族子弟，或各类贵族的后裔，和魏晋时期“世胄蹑高位，英俊沉下僚”、“上品无寒门，下品无世族”的情形，一般无二，而不大可能去拜见和选任真正的一般平民。故而，在此意义上，孟子“不见诸侯”这样的交际原则的提出，虽固然有其积极意义、进步性，但亦未必无其保守性。

既为臣，则当禄之。不禄，则君官何由、何敢法外召贤、扰民?!“庶人，召之役，则往役”，此则“义”也，今曰“法度之内”或“法治之内”(合先王之道，如“岁不过三日”)。倘无法、非法，则官员、公务员、公权力等皆不可、不敢损害国民权利或扰民也，亦不可随意劳动国民、剥削国民智力、财富、时间精力等。官员或公权力如欲得贤者之建议、智力等，当尊礼往见之而后或可。尊礼，有荣誉礼貌之尊，有聘请酬劳之尊，有为国为公之尊，非利用剥削之也。不见诸侯之原则，未必古已有之，或古虽有之而有不同含义，比如严格的阶级区隔或身份区隔（统治者与被统治者，统治民族与被统治民族，贵族与平民，乃至贵族与奴隶等），而尤可能是孟子对古礼赋予新义而新立制、立新制也（类于马丁-路德之作为）。犹今之立制"法官不见当事人"、"公务员不与公私酒席、不受任何馈赠"（民不赠礼于公务员、官员）、"教师不受在学学生与家长赠礼"云云然。

孟子于"君臣父子"、"贵贵"、"长长"等之外，而增一"贤贤"（友友）①，亦是为士人贤德争地位权益。孟子此处乃为士人贤德争地位、权益（应当或"举"或"养"，举则任用其为臣也，养则以俸禄礼貌养贤也），然终究因为权力私有的根本缺陷或本质，而不免"求之私恩私宠"或私人依附、干禄乃至依附或阿附权贵之嫌；且士人倘无一技之长，不能自立，生计来源受制于人，则终究难免其依附地位。战国养士之风，即如此类；后来幕府宾客、师爷之流，以至无耻无骨士人阿附权贵、为虎作伥之风，俱皆因此也。不好，当改张之。

孟子谈"却之却之为不恭"，仍是为维护士人贤德的权益（以此周济之），然其在此处之文化制度设计并不好（周全妥善），而有偏袒士人贤者之处，或有矫枉过正之处（即这样一种以"却之为不恭"为理由而收受权力人物的馈赠的情形，其实就可能是在取与之间不问道义的言行失检，违背了士人"非其义，一介不取"、"君子不可货取"等原则）。其为了应对当时士人地位低下、生计堪忧的问题，而一时采取此种权宜之计，固有好意，然而却并未意识到这种矫枉

① 值得注意的是，揆度孟子在《孟子》一书中的相关论述和语意，贤贤、友友的主语似乎皆针对王君卿大夫而言，主语并非是士人或平民。而"无友不如己者"似乎亦可从此角度进行理解，即王君卿大夫不可以德性不如自己者为友，不可友之，不以之为贤（于己），故亦不授予官职。这和今天对"贤贤"、"友友"的理解不同，今天则将其隐含主语视为所有人，成为一个普遍价值倡导，即所有人的贤贤之道、友友之道。

过正的文化伦理规范之可能的更加不良的后果。因此,此处虽曰尊贤,但亦导致后世许多伪士之污行丑态。文化制度设计,可借鉴现代竞技体育规则设计、汽车车灯交通信号设计或其他制度设计,当本诸公心,不留可能产生不公平、不公正或舞文弄法的漏洞,方好。尤其切不可为了一己之私心,而设计出私心昭著、漏洞百出的所谓"制度"、"程序"或"法度",根本经不起推敲。文化制度之设计,一者当内在逻辑自洽,二者当制度手段与制度目的相洽。今人行事作为,若有改制、立制之心志愿力,于此当谨慎怵惕而再三致意焉。

孟子谓万章曰:"一乡之善士斯友一乡之善士,一国之善士斯友一国之善士,天下之善士斯友天下之善士。以友天下之善士为未足,又尚论古之人。颂其诗,读其书,不知其人,可乎?是以论其世也,是尚友也。"

"一乡之善士,斯友一乡之善士;一国之善士,斯友一国之善士;天下之善士,斯友天下之善士。以友天下之善士为未足,又尚论古之人。颂其诗,读其书,不知其人,可乎?是以论其世也。是尚友也。"士人自身之志节才具之规模如何,便会友此格局规模之善士(物以类聚,人以群分);自有天下之心志才具,方能识天下之俊才贤士,且善友之。倘自不成材,无其心志,则所交便无一善士贤才,亦不善之"友之"。无他,自无胸怀,见识狭隘短浅耳,只是日夕与功利之徒、贪酷宵小、阿谀奉承之徒游,何能有治平造福天下之志气胸襟!(王安石所谓"夫鸡鸣狗盗之出其门,此士之所以不至也"。)贤才不限于一世(此世),故可上友古人;贤才亦不限于一界,故可广友域外四海五洲,士人贤才岂可言孤独哉!

"以友天下之善士为未足,又尚论古之人。颂其诗,读其书,不知其人,可乎?是以论其世也。是尚友也。"古今善士贤哲尽当友之,反之尽当摒弃斥退之。

"古之人"指孔子等崇尚先王之道之古贤德圣人也;指今世未

来世之一切恪守儒家正向心志道义法度之人也(于今言之,所谓正向心志道义法度,即基于普遍仁善之心而爱人爱民爱国爱天下之心志道义法度也,而未必认同儒家思想史中同样存在的人格等级制等方面的伦理内容,以及可能的专制性的政治观念方面的内容)。颂诗(经)、读书(《尚书》)(皆往圣所作而孔子所删定),实皆尚论古之人、尚善士、尚贤人贤友也。得贤人、推贤进德,是求立国之根本之意,故其意乃为论世知人,知人尚友尊贤为其目的;又为知人论世,而论世论道行道,又以行先王之成法为目的。而原不可将其(知人论世)仅仅理解成今日文艺心理学中所引申之传记之法,则太狭隘也。

读书之目的在于得人,得人有两含义:自得,自成其人其贤其才其道;尊贤得才。故颂诗读书论世之目的,皆在于自得贤德与尊贤乐义,不然则昧于读书本旨也。然而今乃又有读专业书、消遣阅读等,亦不必拘泥之……

言不离"古之人,古之人",即"口必言尧舜"。

此节实乃对君王公卿而言,告诫其当尚友善士也,亦是尊贤之意,亦即"为士人代言","为士人谋其地位、出路、利益。"

依次友乡、国、天下之善士者,进德修业,循序渐进,好高慕远,精进向上,自修不止也。"毋友不如己者",此以德言,且"友"含尊贤慕德之意,然非谓不以公民基本礼仪尊重一切人也。孟子乃主张在德业上各自力争上游,由乡士而国士而天下士而圣贤而超迈古今也。德业无止境,此生无止息,终身进修,若无餍足,臻于自身之所能极,斯不负一生。诗书者,不必泥为但指《诗经》、《尚书》,而可解为:"诗"为心志、"书"为学术,论其世而知其用心苦心,知其德业善行之所在,知其神通变化之用……尚论古人、知人论世、神交古人,等等,乃意指进德不止,永不自满,而个性扩展、德业扩展无穷尽也,正如学术、思想、科学发展一样。上论古人,为天下士犹不自满,而友古今一切圣贤哲智,不以一世论英雄贤德,而效慕三皇上世、五帝次世、三王下世(乃至未来一切世也,此则可谓"下友后生来人")。不以自己所处之时世为自限,亦即超越自己的时代,警惕被自己所处的时世所局限或自限,而自满自骄,其实则自己的境界格局成就可能与古之人、未来人不可同日而语。尽己之所能,修行无止息。

"尚论古人"之解云云,及赵歧上世、次世、下世之解,可知孟子虽赞三王,然尤慕圣贤自王之世,即三皇五帝之时代。

此外,中国人在盖棺论定时,又有一句"功德无量"之说,然其功德所及之范围如何?其功德之成色(正当性)、手段如何?又皆当明确之。立德、立功、立言,皆如是。功德及于一家、一村、一乡、一国、一天下、一人寰、众生界?是否是"以邻为壑"?是否公私不分?是否立此一家、一村、一乡、一国之功德,而恰成另一家、一村、一乡、一国之灾难殃害?是否任人唯亲、党同伐异、结党营私、打压贤能才士?等等等等,皆当深思之。揆诸历史,每见得表伪功德、实真灾殃其群其地者也!

齐宣王问卿。孟子曰:"王何卿之问也?"王曰:"卿不同乎?"曰:"不同。有贵戚之卿,有异姓之卿。"王曰:"请问贵戚之卿。"曰:"君有大过则谏,反复之而不听,则易位。"王勃然变乎色。曰:"王勿异也。王问臣,臣不敢不以正对。"王色定,然后请问异姓之卿。曰:"君有过则谏,反复之而不听,则去。"

贵戚之卿与异姓之卿,亦约略可对应"周皇班爵禄"一节之五等六等之分,然并非判然,即贵戚之卿既可为宗法分封之臣,亦可是朝廷行政之臣。此则可见其时之官僚体制与选人选任用人情况之一斑。贵戚之卿可易君位,可见其势力更大,更易号召宗亲诸侯,故君位问题实质乃贵族之家事也。异姓之卿则势力小,且不易得其他卿臣尤其是宗室贵族群体之奥援拥戴,故政治运作之空间小,故只可自行去之,不敢易君位。即易君位,亦不敢自代,而须商之正统宗族贵族,而立其子孙也。朱熹解为:"贵戚之卿,小过非不谏也，但必大过而不听，乃可易位。异姓之卿，大过非不谏也，虽小过而不听，已可去矣。”

在先秦，异姓卿即或能政变，而极难乎政变之后。

“王勃然乎变色”与“王顾左右而言他”等，可对照观之，可知其时士人之地位、胆色、气节，亦可见其时之士风、社会舆论，以及其时君上某种程度上相应之风度等（对照于之后君主专制独裁时代的情形）。

弹劾（纠错）；辞职（政见不同）。

孟子此节言异姓之卿，仍是主张尊贤、举贤任能，与圣贤自王之思路一致；孟子又以贵戚之卿与异姓之卿作对比，按赵岐与焦循的解读，似言选贤任能之异姓之卿尤可信任，因其乃以德选，故可君臣离合皆有礼，不似贵戚之卿或将颠覆之，以此劝说诸侯选贤任能。（实则此亦是便宜说法而已。）此亦可谓孟子视“圣贤自王或禅让贤者、选贤任能”优于世袭宗法之又一例证。吾以前则解“易位”为“正君之极”，以为孟子大胆议论。

推类至义之尽，则孟子此种主张，乃王君主导下的贤能政治（王君拥有举荐权和根本人事权），但此种王君尊贤荐举之道义主义、人格主义、专权主义、德治主义政治制度真能奏效吗？值得注意的是，此处并未论及王君层面之圣贤自王，故亦只是五帝之次世。然则，三皇之上世则如何？或为圣贤王君庶民之贤者自王制？

“三年待放”之制，可见其时“君臣有义”之规范并非抽象之虚语，乃有具体之规范礼仪——又可对照前文谈及君“不释皮冠而与之（臣）言”而臣怒之事[①]。选贤任能制度下，君臣以道义合，无道义则离，离则亦有礼。然若昏君不选贤任能，不以道义待国与臣，而昏庸暴虐无道，则如之何？贵戚之卿将变置之，孟子未知赞然否（弑）？汤武革命之，孟子似为赞同，然而仍难免社会震荡、生灵涂

---

① 焦循，《〈孟子〉正义》，p722。

炭，然事情发展到那种程度，似亦难有其他变数。贤臣三谏不听则去之，于贤臣无所损，然若昏君暴君一意孤行，则于国于民仍是听其受昏君暴君之恣肆凌虐，最后或至于弑逆变置，或至于汤武革命，则“兴，百姓苦；亡，百姓苦”，仍未为善法。故：选贤任能乃至圣贤自王而外，尚仍当有其他制度良法，预为之制，方可免于一治一乱之纷乱涂炭。

本章3～7小节，本意似皆万章问孟子自己出处选择之缘由，即“夫子为何不见诸侯?”“夫子为何不托诸侯?”“齐君如何与夫子交际为是?”“如何与夫子友?”第五小节则为“夫子如何看待出仕之法门?”或又谓此皆齐人万章等为齐王问夫子也(北宫锜是卫人)。然此解亦稍有胶柱鼓瑟之嫌。实则此几句虽或有结合孟子自身行事出处遭遇而问之者，其实则为孟子立此义方而教授万章等弟子，万章乃问其意何在，孟子解说申教之，以立义法也。质言之，之所以阑入《孟子》一书中，显然有藉此为士人立一义法之意也。此亦是孟子及其弟子撰写编辑《孟子》一书之旨意也。

告 子 上

告子曰："性犹杞柳也，义犹桮棬也。以人性为仁义，犹以杞柳为桮棬。"①孟子曰："子能顺杞柳之性而以为桮棬乎？将戕贼杞柳而后以为桮棬也？如将戕贼杞柳而以为桮棬，则亦将戕贼人以为仁义与？率天下之人而祸仁义者，必子之言夫！"

告子认为性无善恶，而矫揉之为善恶，即外在环境或外在因素或后天成长等因素，使之呈现出善恶不同的表现，人所表现出来的仁义，即外在环境所引发的好的和正向的表现，此外亦同样可能存在着不仁不义的恶的或不好的人性表现。如果单纯从语言学或语义学的角度来分析告子此言，自可得出如上可能的语句含义（分析哲学的思路）。此从其论述逻辑本身言，亦能言之成理，自圆其说。孟子则顺着告子的比喻进行驳斥，但也恰恰是因为沿用告子的生物类比的论述方式，而使得自己的驳辩表面上似乎出现一些漏洞（但其实并非如此，下文将有详细论述），因为告子的说法只是一种经验性模拟或比喻而已，这种模拟本身就不是严密严格的逻辑表述或逻辑论断（分析哲学）——这也可以说是中国思想、中国文化或所谓"中国哲学"的根本问题，也是西方分析哲学的价值所在。

下文孟子言"生之谓性"，"生"或解为"天生"、"生而有之"，或

① 无善无恶论。

解为“生物、生命”，又或解为“生长”，从后者即“生长”言，故本来就当雕琢之教养之，“以杞柳为桮棬”，凿性臻义。孟子则以为是因为人性本善，故能顺性为善为仁义，故驳斥告子曰：“子能顺杞柳之性而以为桮棬乎？”但孟子此处之反驳似有不妥，或似有逻辑漏洞。比如，告子说，我并非是戕贼之而使之成为“桮棬”或仁善之人，而是雕琢培育（“雕琢”或“琢磨”一词，正合于儒家常用的比喻“如琢如磨”、雕琢璞玉等）之而使之成为“桮棬”或仁善之人，不亦可乎？！并且，如果告子退一步，而持“性有善有恶论”，而曰其意乃顺其善者，而“戕贼”其不善者，即“去蔽”去恶，则又何来戕贼其人之说（正如上述，此则如谓告子持“性有善有恶论”则可，持“性无善恶论”则不可）？不亦驳斥了孟子的性唯善论吗？！孟子将“为”换成“戕贼”一词，以转换概念或概念内涵即褒贬含义的方式来进行辩论，从辩论本身来说，似有诡辩的成分——虽或孟子并无诡辩的故意。因为在“以人性为仁义，犹以杞柳为桮棬”一句中，“为”乃中性词，乃客观描述而已；而在孟子的驳斥中，却采用了带有强烈贬义或感情色彩的戕害意义的“戕贼”一词来置换“为”（为和戕贼两词，在概念上不能对等），以词语褒贬来暗示或代替观点本身的是非对错，似乎就犯了逻辑错置的错误了。其实，如果单单顺着孟子的思路从逻辑上考察，而不涉及文化价值观的判断，则孟子的驳斥乃是对了一半，而又错了一半，所谓“对了一半”，即其对告子的“性无善恶论”的驳斥：倘若人性本无仁义，则“子能顺杞柳之性而以为桮棬乎？”所谓“错了一半”，则在于其持性唯善论，将人的恶解释为外在环境即“势”的污染——这从文化观念上来解释，在逻辑上当然亦可自圆其说，正如用“人性本有恶的成分”即“性有恶论”的解释同样能自圆其说一样——但如果告子顺着孟子的思路逻辑反驳说：“既然如你所说，后天环境能逆汝所谓‘本性善’而为恶”，那么为什么就不可能是‘逆其性之本无善恶或性之本恶而为善’呢？即其性善亦是因后天影响而来。这在逻辑上不是一样的吗？！其实同样能打击孟子的性唯善论的观点，可谓“以子之矛攻子之盾”。孟子或儒家的性善论，将人的恶解释为外在环境的污染，以此激励人人向上向善，不要被其所归因的引起恶的外在环境所污染，当然有其深意和好意。然而从逻辑上乃至从事实上言，告子的解释也能成立，所以孟子是永远无法从逻辑和观念本身来驳倒告子的。

质言之，孟子和告子的分歧只是文化价值观的差异，并非是真理的差异。这里不是论证方式或逻辑漏洞的问题，并且，如果采取类比论证，各人都可以根据自己的文化价值观，来选择有利于自己的类比论证或其他论证方式，并且都可以做到一定程度上的自圆其说，却很难完全驳倒对方的论证。其实，关于人性的真理，吾恐即便是在生物分子学、基因科学、神经科学以及进化心理学等取得巨大进展的今天，亦无法简单断言也。

文化比较一定要落实到逻辑比较？价值比较是否可能？是否一定要建立在逻辑比较的基础之上？问题在于，逻辑或三段论的大前提或元预设是否能够比较或判别真假？

质言之，性无善恶也罢，性有善恶也罢，性或善或恶也罢，教顺其善性善端，抑斥弃其恶性恶端，岂不然哉！

“告子言人性本无仁义，必待矫揉而后成，如荀子性恶之说也。”[①]朱子此论，前半句是，后半句误会告子，因告子并不认可性恶论，乃是无善无恶论。

告子每用生物学类比或（历史）事物类比等不完善、不严密之论证方式，此中国式初级逻辑论证或辩论也。今则有相对更为严格的形式逻辑论证，以及包括诸如科学实验在内的科学论证或科学证明。

告子、孟子之争，之所以千年以来仍多分歧，便在于古代中国之逻辑论证方式不严密，比如，第一，往往缺乏概念界定的明确意

① 参见：朱熹著，《四书章句集注-告子章句上》。

识或方法，内涵外延变来变去；然后又多造不精确界定之概念（性、才、情、理、气等）[①]，尤使真义暧昧不明（当然也可以说是因为语言与字词本身就不是高度抽象化的、概念化的，但这又几乎是所有语言的共同特点或缺陷，所以语言哲学家才有诸如“抛弃自然语言，而完全采取逻辑语言或数理语言”等的想法）；第二，论证方式上又不够成熟完善或高级，每多生物学类比、人事类比、历史类比等，故往往导致聚讼纷纭，也使得一些居心叵测者在古典中国思想里面夹塞兜售了不少专制主义、愚民主义的私货，惑乱中国人的智识、心神、道德，颇多严重后果。其实孟子亦未严格界定仁、爱、义、性、礼、智等，同样亦包含或潜在包含了许多维护封建专制主义的成分；而同时告子所论，虽亦多不完善，亦未必没有指出许多富于启发性的思路。今当合而观之，不可存了成见，一味认同孟子而将告子之论视为一无是处也。

告子此处即“性无善无不善，在于矫揉之而已”之意，故确有问题。孟子则以为人之善性乃天性，则确乎比告子看得深远，但仁与义不同，孟子虽亦稍提及，然于此处未严格区分，今人则当严格区分之。爱、善，仁、义不同。四者皆需明确概念界定。爱、善之仁则人皆有之，故曰性善或性有善；封建道德规范之具体仁、义（包括儒家所谓之“别爱”之“仁义”），则未必也。现代社会中之今人讲平等、博爱、人权、自由，乃至由平等、人权、自由、博爱而来之民主手段等等，便皆与孔孟所主张的等差性的或别爱意义上的仁义道德规范不同。岂谓现代人权、平等、博爱、自由而皆错，而三纲五常之封建仁义而皆对邪？故当明辨之。

此种生物学类比或事物类比之论辩法，并不属于严密、成熟、完善之逻辑辩论方式，缺乏形式化或程式化，往往完全存乎人之解释，故亦不可视为严密有效之论证。生物学类比和历史人事类比

---

① 《孟子》卷十三又增加心、性之关系。

等，其论证的逻辑自洽性有限。比如孟子用“戕贼”一词，语带贬义，便似乎“矫揉”不好，若夫改成“矫然而起”、“锤炼”、“雕琢”、“迁善改过”、“惩忿窒欲”等，则便不同。此外又可同样以类比论证而思及：杞柳亦有多种本性表现，比如其密度，比如有直有曲，岂弃其曲者而仅取其直者邪？如此则“曲者”与性善何与？当然，孟子乃顺循告子之辩论方式（类比）而来，若其自言，或不采此种论辩方式而免不完全（不完善）论证之病也。

“今夫水，搏而跃之，可使过颡；激而行之，可使在山。是岂水之性哉？其势则然也。人之可使为不善，其性亦犹是也。”孟子此处比喻或稍不好。搏、激本来乃可为主动精进向上之意，可与下文之“求则得之”，以及孔孟儒家所谈之“精进向上”、“求仁得仁”、“为仁由己”等相合。此处却以搏、激比喻为“为不善”，虽在理论分析上亦无不可，然终在文学修辞上稍有所不妥，或易增人困惑。

孟子“率天下之人而祸仁义”之言，似预设、断定或知晓告子实则亦认可仁义之必要性，徒在对仁义与人性之关系的问题上，与孟子不同意（调）而已，即告子认为仁义学说就是一种外在的道德学说体系，仁义道德规范与人性本质乃两事，不必混为一谈，而取外在论，故曰：“性犹杞柳也，义犹桮棬也。以人性为仁义，犹以杞柳为桮棬。”孟子则认为仁义学说乃根源于人性本来仁善之本质中，而取内在论，以此论证仁义道德规范的正当性、自发性、内在性，或易于施行性。吾人今天知道许多政治学说和道德学说乃基于某种人性预设，或往往同时预设某种人性论（而未必是基于），由此展开其理论论述。也就是上文所说的，乃是基于不同的文化价值观而已。这种文化价值观到底是真是假难以判断，人们往往是根据其所导致的后果或效果的好坏来评判和调整文化价值观。那么，到底是性善论及建基其上而设计的文化制度系统，还是性恶论及建基其上而设计的文化制度系统，能让人类获得更好的生活呢？这就是根本评判标准之一了。当然，采取同一人性论预设，却仍然可能在其基础上设计出不同的文化制度系统，所以上面的设问也只是一种极度简化的提问的角度或方式，实际情况往往很复杂，需要考虑的评判标准和评判变量更为复杂缠绕。比如，单是所谓的后果或效果的好坏，便有非常多的评判角度、标准或目的。当然，在进行思考和制度设计时，仍可删繁就简，以点带面，主次分明，先立其根本大本和基础结构，其他则润泽之可也。

或曰：告子本来就认为性、义或杞柳、桮棬是两事（外在论），不可混为一谈。孟子之答辩却恰恰将两者混为一谈来立论（内在论），可谓是答非所论问。

告子与孟子的人性论区别：告子：性材仁矫论、仁义外铄论、性无善无不善（无善无恶）而外铄论；孟子：仁性内在一体论。

告子以为仁义乃为一种外在或后天道德观念与文化观念，则以今日之文化视野看之，儒家之仁义学说仅是其中之一种，此外还有自由博爱平等人权学说、众生平等（慈悲出世）之大乘度人之佛教学说、“兼爱”之墨家学说、“贵生利已为己”之杨朱学说、进化论学说、趋乐避害学说、自私自利抢夺争斗之人性本恶学说等。

朱熹解曰：“告子言人性本无仁义，必待矫揉而后成，如荀子性恶之说也。……言如此，则天下之人皆以仁义为害性而不肯为，是因子之言而为仁义之祸也。”[1]另可参阅《〈孟子〉正义》中的相关论述[2]。

孟、告之区分：人性内仁义则只需顺之，人性外仁义则需戕贼或矫揉之。

告子曰：“性犹湍水也，决诸东方则东流，决诸西方则西流。人性之无分于善不善也，犹水之无分于东西也。”孟子曰：

---

① 朱熹，《孟子章句集注》，p304。

② 焦循，《〈孟子〉正义》，pp731—735，引用的同时可以现代汉语复述之。

“水信无分于东西，无分于上下乎？人性之善也，犹水之就下也。人无有不善，水无有不下。今夫水，搏而跃之，可使过颡；激而行之，可使在山。是岂水之性哉？其势则然也。人之可使为不善，其性亦犹是也。”

孟子将人性与水性做比较（当然，孟子乃接承告子之言而论之），逻辑上并无（类比）必然性。但此种已被现代逻辑学认定为不完善之论证方式却能很好表达其理想和观点，可谓以不完善之论证而得理想之观点。关于人性论，儒家思想主张并非科学结论，而是伦理思想或伦理理想，是建立在性本善人性预设上的伦理学，其目的乃是求善、化育或文化（文而化之）。

“性犹湍水也，决诸东方则东流，决诸西方则西流。人性之无分于善不善也，犹水之无分于东西也。”告子此言，即无善无恶论，而取乎于外教外势。此则有破绽流弊，而可能导致有人将个人之主动修养诿过于外在环境，而流为犬儒主义、保守主义[①]等。而儒家或孟子之性善论，孟子之良知良能论，在某些方面则更有积极意义，将为善为恶等交由个体来抉择，表现出更多的人类积极主动性或主观能动性。即不以外在环境来自我推诿辩解，故大有自立自修自任自为之正向精神。然告子虽认性无善恶，其本人却并无徇恶自辨之心，而本诸孟子之同一思路，即要教养雕琢修养之，可谓异曲而同工，仍有积极进取矫揉归正之心态，并非犬儒之徒。其实孟子亦大致认可告子的某些观点，即外在环境或“势”亦可导致其臻于不善（孟子此处意为：人性本善——犹如水性之就下——，而外势使之为不善——所谓“过颡在山”），故要求复性、教化、斥恶、改势等。

儒家重理想，故务虚立论。告子重事实，故务实立论。

告子：性无善无恶论，性外缘论；孟子：性善论，势迁（染著或遮

---

① 即抱残守缺的文化保守主义，当然，也有积极正面的文化保守主义。

蔽)性论。

另可参阅《〈孟子〉正义》中的相关论述[①]。

> 告子曰:"生之谓性。"孟子曰:"生之谓性也,犹白之谓白与?"曰:"然。""白羽之白也,犹白雪之白;白雪之白,犹白玉之白欤?"曰:"然。""然则犬之性犹牛之性,牛之性犹人之性欤?"

告子逻辑有误,即告子未区分物体之性(物理)与生物之性(心意)。生、性论未以逻辑学分辨清楚,又转以理、气而论,仍未作逻辑分析,故仍是一片聚讼纷纭杂乱。此无他,但坐认识论、逻辑学观念之不自觉也。朱子以理气论解之,虽或更显豁精微,然亦益增复杂"纷纭"。质言之:三人皆未作概念分析,故不免牛头马嘴。今人倘在此种概念基础上继续讨论,而无概念界定,则都在做无用功。

性、义(生性、仁义)——气、理(本来就是一致的思路,偏要叠床架屋,另起炉灶,横生枝节)。

或曰:孟子驳告子之思路为:告子未区分物质或物理之性与生物或生命之性(物性 vs 人性)。只有在明确论述对象即人性之后,方可言及性善性恶等,换言之,此后告子之论(人性无善无恶)则有其道理。孟子只是一味驳斥前者("所有生物之性相同"),于后者(人性无善无恶)并无太多有效之辨正,而从后面孟子的某些论述看,在这方面,孟子甚至和告子更多相似相同点,故亦可见人性善恶之说实无一定,孟子亦只能强调立正论。

或曰:"告子曰:'生之谓性'。"然而,此处之"生"是何意?天生?天性?抑或"生成"、"生长"、"生生不息"、"发挥"之意?与上两段关联来思考,告子本意或在后者,以为人本无善无恶,而生生矫揉以成性,不取本质主义之人性观,而取相对主义、发展主义、动态主义人性观。即或不同于儒家思路,亦有意义。(这是笔者最初

---

① 焦循,《〈孟子〉正义》,pp735—737。

的解读，但经过仔细思考后，笔者认为这里的“生”亦有“生物”、“众生”、“生命物”之意，后文有详细论述，不赘。）

“生之谓性”，此乃对“性”进行概念界定，然而吾人亦可顺孟子之论而加一言曰：“此人之性，犹彼人之性与？”然此亦只是相对言之，此人与彼人虽有不同，终有人性之同者，不同于牛羊之性。

“白羽之白也，犹白雪之白；白雪之白，犹白玉之白与？”白羽白雪亦生来如此之谓，但孟子则指出不同物类有不同的天性。

或曰：此段中，孟子不过以偷换概念之方式引告子误入歧途而已，并非真正直接来驳斥其论点。今人辩论亦有如是者，乃志在求胜或伪胜口服，不在求真与心服。读者当注意之。然孟子未必是故意为之，而或乃因为当时尚不能达至此种严密逻辑之自觉也。

告子：众生性相同论，生物同性论，性无善恶论或性无善无不善论；孟子：人、兽性相异论。

另可参阅《〈孟子〉正义》中的相关论述[①]。

其实，上述指斥孟子论证逻辑有误的论述（各种“或曰”）同样有错置之嫌，因为告子这里所谓的“生”，是“生物”、“生命”、“活物”的意思，告子说“生之谓性”，其所想表达的意思是：所有的生物都有性，所有的生物其性都一样，人和所有生物都一样，其性无善无恶，亦即：牛羊犬马等生物（生下来）都无善无恶，人也和这些生物一样，无善无恶；人之所以后来表现出仁义的言行，是因为后天的“矫揉”、影响、濡染，或孟子所谓的“搏而跃之，激而行之”。孟子则认为告子这样的思路忽略了不同生物之间的本性差别，尤其是人和动物之间的本性差别，这点孟子是对的。但孟子在驳斥告子的错误时，却回避直接的、真正的逻辑辩论或真理辩论，而采取了辩论术乃至初看上去像是诡辩术的方式，让没有认真细读的读者一时误以为孟子是通过偷换概念，设计逻辑陷阱，让告子中计而钻到

---

① 焦循，《〈孟子〉正义》，pp737—742。

孟子设计的逻辑圈套或陷阱中，然后以此“击败”告子，“赢得”辩论。如果真是这样的话，那么，这就只是逻辑圈套和陷阱，不是真正的真理辩论本身。但事实并非如此，孟子只是以此指出告子的逻辑漏洞，并非有意诡辩。后文有详述。

事实上，如果以君子之心揣摩圣贤之心，我们便可看出，孟子本意并非在于“赢得”辩论，而是以这样的一种论证方式，让告子看到其观点和论证中的根本问题，故其目的仍是旨在观点争鸣和真理辩论，虽则采取辩论术的形式，却不是意气胜负之争。否则，孟子自可直截了当地指出根本观点：“不同类之生，其性不同也”，或“异类之生，其性亦异”，就可以了。但那样做的话，就不能起到强调的作用，不能让告子或读者更清楚地意识到其观念和论证的根本错误之处，故采取辩论术的方式，让其思路错误更加凸显，而起到强调的作用；质言之，孟子觉得告子“生之谓性”的说法实在错得太过离谱，故而以一种离谱的方式来让告子意识到自己的观点的明显错误之处；另外，从写文章的角度来说，孟子的这种论述方式也更加引人入胜和富于趣味。读者如果不能意识到这一点，也就不能真正明白孟子圣贤之心，而将其看成是为争意气胜负而不惜采取诡辩方式的人，而生出“圣贤亦不过如此”的想法，那就大大误解孟子了。我们尚且可以轻易看出告子“生之谓性”中的问题，以孟子之聪慧，孟子岂不然哉！

告子曰：“食、色，性也。仁，内也，非外也；义，外也，非内也。”孟子曰：“何以谓仁内义外也？”曰：“彼长而我长之，非有长于我也。犹彼白而我白之，从其白于外也，故谓之外也。”曰：“异于白马之白也，无以异于白人之白也。不识长马之长也，无以异于长人之长欤？且谓长者义乎？长之者义乎？”曰：“吾弟则爱之，秦人之弟则不爱也，是以我为悦者也，故谓之内。长楚人之长，亦长吾之长，是以长为悦者也，故谓之外也。”曰：“耆秦人之炙，无以异于耆吾炙，夫物则亦有然者也，然则耆炙亦有外欤?”

告子此言则思路不清,或许反而是受了孟子论辩的影响,带乱了思路,比如,他似乎从之前坚持的仁义外铄论上退却下来,而开始宣称“仁,内也”,而从之前所坚持的“性无善恶论”后退一步,而往孟子的思路方向进了一步。其实,正如上述,孟子之前的驳斥并未驳斥到告子的核心观点(人性无善无恶论),或对其核心观点的驳斥并非逻辑充足,而只是通过指出告子论述中的逻辑问题或漏洞,而让告子看到其观点中的另外一个严重问题(逻辑问题),从而指出和驳斥了告子“生之谓性”即“所有生物之性皆一样故而无善无恶”的观点。质言之,孟子其实并未有效驳倒告子的核心观点,但告子却主动缴械而采取孟子的某些观点(告子承认“仁内”说,其实就是从其之前的“人性无善无恶说”后退一步,开始承认“人性有善说”)。或曰:此可谓告子虽持“人性无善无恶论”,而其论辩能力较为不足,或思路有混乱处,故很容易被孟子影响而带乱了其本身应有的内在逻辑思路。此可暂时聊备一说耳。

“耆秦人之炙,无以异于耆吾炙。夫物则亦有然者也,然则耆炙亦有外与?”孟子此处逻辑可商榷,因“嗜炙”乃为有“欲”,“长长”则为有“义”,为不同范畴,故不可类比。

告子以“悦”、“自愿”为内,而以对外在规范的遵从为当然(但并不以之为压力,而以之为必要义务,即虽然认为是外在规范,却同时认为须内在接受、认同和奉行)。告子之论亦有正面意义或理论分析价值,即对必要礼义规范的认同,虽然理论上有不足之处。

朱子亦误会告子之意[①],因为告子并未有“不合于义”的主张。

此节中,告子一反之前的性无善无恶论,而主“欲(食色)爱

---

① “告子以人之知觉、运动者为性,故言人之甘食、悦色者即其性。故仁爱之心生于内,而事物之宜由乎外;学者但当用力于仁,而不必求合于义也。”参见:朱熹著,《四书章句集注-告子章句上》。

(仁)皆性”,而转为持“性有仁有欲论”——有仁则有同于儒家观念处(当然,性有仁论不同于孟子常常表现出来的性唯善论),有欲则表一其对正常人性欲望之宽容态度(不似有些宋明理学者将“灭人欲”解读为过于窒碍正常人性欲望的苛刻);以及仁内义外论——此则涉及私己与外在规范的关系,即告子以“人皆有之”之“私爱”、“别爱”、“爱亲”为“仁”、为内,而以外在规范压力之敬长为“义”、为外。质言之,仁是自性善爱,义是外在压力或义务。

“告子曰:‘食色,性也。’”则此段告子似又将“性”界定为天生或天性。

“生之谓性”与“食色,性也”,是两种不同的界定方式或描述方式。但都并非现代逻辑学意义上的严格定义方式,换言之,两种不同界定或描述方式,如果用现代定义的标准来衡量,有着不同的定义的价值,不可混同。

“异于白马之白也,无以异于白人之白也;不识长马之长也,无以异于长人之长与?且谓长者义乎?长之者义乎?”当思:此句中“长”字何意?长短之长?抑或敬长之长?少长之长?

“吾弟则爱之,秦人之弟则不爱也,是以我为悦者也,故谓之内。长楚人之长,亦长吾之长,是以长为悦者也,故谓之外也。”告子此论,似言仁爱则关情感,义方则关道德规范;爱吾弟是情意情感,敬他人之长则是道德规范。

告子:(食色)本能性论与仁内义外论,性无善无不善或性无善恶论,仁内义外论;孟子:仁义内在论。

另可参阅《〈孟子〉正义》中的相关论述[①]。

孟季子问公都子曰:“何以谓义内也?”曰:“行吾敬,故谓之内也。”“乡人长于伯兄一岁,则谁敬?”曰:“敬兄。”“酌则谁先?”曰:“先酌乡人。”“所敬在此,所长在彼,果在外非由内

① 焦循,《〈孟子〉正义》,pp743—745。

也。"公都子不能答,以告孟子。孟子曰:"敬叔父乎?敬弟乎?彼将曰:'敬叔父。'曰:'弟为尸,则谁敬?'彼将曰:'敬弟。'子曰:'恶在其敬叔父也?'彼将曰:'在位故也。'子亦曰:'在位故也。庸敬在兄,斯须之敬在乡人。'"季子闻之,曰:"敬叔父则敬,敬弟则敬,果在外非由内也。"公都子曰:"冬日则饮汤,夏日则饮水,然则饮食亦在外也?"

或曰:告子以义为必要之外在规范,人虽或不悦之,然视其为必要的伦理而仍奉遵之,告子此论似更为符合人性人情。孟子则以义为必要之内在规范(性),为人之本性,本来悦之。孟子此论,固然为更高境界,然而稍嫌陈义过高,对于上智固然理解和实行起来皆无问题(且能得其"道乐"或"道喜乐"),对于中人而言,反而觉得不合情理,实行起来反而可能不情不愿,似乎不若告子的仁内义外论更能被一般人所接受。岂其然邪?下文将续论之。

其实,表面上看来,或以今人对于道德规范的外在性的成见看来,孟子此节中之论述,似乎恰恰是论证了告子之前的观念(仁内义外),敬兄为内在仁悦,先酌乡人则为外义,皆当恪遵之。"在位"故敬之,亦以明外义之必要。"庸敬"为内心本心一贯之仁悦,"斯须之敬"则为奉行服膺之外在准则。但真的是这样吗?下文将续论之,这里暂时搁置。另外,为何而须有外义?当时未讲,而或以圣人制礼作乐而不容置疑,今则可以自由主义理论解释之也(比如为了更好地共同生活;人各有权利,而以不侵犯他人权利为之限度;等等)。质言之,孟子与告子都认为须敬长,其所辩在于内外本末,而皆未明谈或详谈或质疑"为什么一定要敬长"。于此亦可见当时敬长之观念深入人心,辩论双方皆以为此点为当然之事,根本不必置辩或质疑。

"行吾敬,故谓之内也。"有敬之内在心意规范,而后乃敬人。

"'乡人长于伯兄一岁,则谁敬?'曰:'敬兄。''酌则谁先?'曰:'先酌乡人。'"兄则情意之爱,长则义方之敬。

“庸敬在兄，斯须之敬在乡人。”庸敬，庸者常也，常则发之于心；“斯须”则“此一时彼一时”，则“暂”、“变”也，随机而变之。孟子此对，实乃在一定程度上走向了孟季子的观点：“庸敬在兄”乃坚持孟子自己的观点，“斯须之敬在乡人”，则要么将对乡人之敬解为“暂时”、“权宜”，要么便只能用上文“仁爱为情意而敬长为义方”之说，方能讲得通。

按其思路，所以敬者，似乎在于外在规范、外在权位与外在压力。

“冬日则饮汤，夏日则饮水，然则饮食亦在外也？”类比，言敬之以其有内心也。

孟季子：义外论；孟子：义内论。

另可参阅《〈孟子〉正义》中的相关论述[①]。

以上几节，可本乎焦里堂之解说，而以现代汉语表述之，以免因文言文或古文之语法不精确，如省略主语、词性不分、词义多歧等，而导致许多歧异。焦氏之说往往解说明白，逻辑自洽。

> 公都子曰：“告子曰：‘性无善无不善也。’或曰：‘性可以为善，可以为不善。是故文、武兴则民好善，幽、厉兴则民好暴。’或曰：‘有性善，有性不善。是故以尧为君而有象，以瞽瞍为父而有舜，以纣为兄之子且以为君而有微子启、王子比干。’今曰‘性善’，然则彼皆非欤？”孟子曰：“乃若其情，则可以为善矣，乃所谓善也。若夫为不善，非才之罪也。恻隐之心，人皆有之；羞恶之心，人皆有之；恭敬之心，人皆有之；是非之心，人皆有之。恻隐之心，仁也；羞恶之心，义也；恭敬之心，礼也；是非之心，智也。仁义礼智，非由外铄我也，我固有之也，弗思耳矣。故曰：‘求则得之，舍则失之。’或相倍蓰而无筭者，不能尽其才者也。《诗》曰：‘天生蒸民，有物有则。民之秉彝，好是懿

① 焦循，《〈孟子〉正义》，pp746—748。

德。'孔子曰:'为此诗者,其知道乎!故有物必有则,民之秉彝也,故好是懿德。'"

公都子列举了当时的三种人性理论:性无善恶论;性有善有恶论;有性善有性不善论;与孟子性善论(或性有善论)合而为四[①]。此种做法甚好,将当时的异见争论列举出来,让人自行思考评判之。倘无言说或论争对象,甚至没有论争过程,则易流于思想专制和蒙蔽。事实上,孟子亦并未正面否认、或绝对否认、或明确否认前述三种人性理论的一定合理性,尤其是对第二种,颇能涵容之,即"性有善有恶论"与孟子的"性有善论"并不矛盾,毋宁说是前者涵摄后者的关系。孟子只说人皆有善之心(但虽曰固有,然亦是求则得之,舍则失之;或"相倍蓰而无算"),未尝说人皆无不善之心。孟子驳斥了性无善无恶论(性有善),但未驳斥性有善有恶论(因为孟子未置一词于性无恶论),对于有性善有性不善论,则亦有所不认同。此外,孟子又增加了"情"与"才"的概念,其实无必要,适足以混乱概念和思路。中国古代的许多论证,不围绕既有的概念进行概念界定和辨析,却通过增加新的概念的方式来扩展讨论,但同样因为缺少概念界定和逻辑论证,而显得有点转换概念的味道,使得讨论愈加复杂纠缠,而不是围绕此一论题而越辨越清晰。缺乏概念界定、逻辑论证等自觉的知识论或逻辑学论证,这是中国古代思想史以及所谓"中国哲学史"——西方学者对其成立与否颇持怀疑态度——的根本问题之一。

仁(义)为告子所谓之"内",(义)礼为告子所谓之"外义",智为反思或思维能力,羞恶之心亦为"外义"。仁为内悦,义礼为外服,智为理性分析。仁则有本而复性;义礼则当教化制度之(制礼作乐);智则是将外在义礼转而为内在信念之方法或中介(教化或内

---

① 公都子曰:"告子曰:'性无善无不善也。'或曰:'性可以为善,可以为不善。是故文、武兴则民好善,幽、厉兴则民好暴。'或曰:'有性善,有性不善……'"

化之工具)。质言之,义礼当先以教化外烁之,而后内化之;智则当以认识论、逻辑学、理性分析、哲学批判等教育之;仁则扩充之,推广之,涵养之,深厚之也。然亦当对其私心私悦予以适当制度之,即以义礼制之——亦即内外之分:先酌乡人,而敬兄;或"庸敬在兄",但"斯须之敬在乡人",此即私仁私悦不当违反外在之义礼之意。

"程子曰:'性即理也,理则尧舜至于涂人一也。才禀于气,气有清浊,禀其清者为贤,禀其浊者为愚。学而知之,则气无清浊,皆可至于善而复性之本,汤武身之是也。孔子所言下愚不移者,则自暴自弃之人也。'又曰:'论性不论气,不备;论气不论性,不明,二之则不是。'张子曰:'形而后有气质之性,善反之则天地之性存焉。故气质之性,君子有弗性者焉。'愚按:程子此说才字,与孟子本文小异。盖孟子专指其发于性者言之,故以为才无不善;程子兼指其禀于气者言之,则人之才固有昏明强弱之不同矣,张子所谓气质之性是也。二说虽殊,各有所当,然以事理考之,程子为密。盖气质所禀虽有不善,而不害性之本善;性虽本善,而不可以无省察矫揉之功,学者所当深玩也。"①"才气清浊之说"与"去蔽复性之说"(佛教)相同。但如果取"人有善有不善论",则这些关目便都可不要(性理、才气、清浊、气质之性与天地之性等),而仍可论学养、省察矫揉、教化等,不必弄得如此复杂繁复。中国人思维或中国文化中有时所存在的空疏混乱,未尝不表现于此也。概念太多太混乱,却不肯进行规范的逻辑或哲学分析(概念、推理、批判、论证等;规范研究或定性分析)。换言之,本应在儒家思想中用理性(逻辑)便可辨明的事,宋儒偏要援佛入儒地论证,有时反而弄得复杂,颇多歧途,离题愈远了。

"性即理"与"性本全善论"皆有好意,但失之粗暴武断,不若

---

① 参见:朱熹著,《四书章句集注-告子章句上》,p308。

“性有善论”温和而务实。

一定意义和一定程度上，孟子对仁义礼智皆缺乏较为精确严密之概念界定与逻辑分析，故导致孟子与告子之辩论不能对位，游移不定。“求则得之，舍则失之”一语，仍重视人的主动性，比告子所言之“性犹湍水，决之东西则东西”以及“性可以为善不善，文武幽厉使之异”，更凸显人之主动性与内在精进向上之心，有其价值。但告子上述二言亦指出了仁善实行的外部条件或影响因素，亦有思考价值，不可完全忽视也。不然便难解释人们性本善却往往或求或舍而不能尽其性才这一现象，尤其不能解释末世乱世中人心浇漓、世风日下、群相作恶作乱之事实，以及人有善与不善之表现之事实。

孟子此段，又造出情与才两个新概念，让辩论愈发繁冗，颇有叠床架屋之嫌，似不合逻辑思辨之规律。然有两种可能路向或评价：一者，精确界定概念；二者，增加新的精确概念，以便于或利于更深入的论证，或使论证愈加精密。

或可模拟告子之言曰：人之心也，有时而为喜爱之心（涉及情感或情意——甚至可包括美学即求美——其情形又多歧多样，比如求相知或求知音，求依恋依赖，求崇拜仰慕……又比如双方互补或相同……皆可显成一喜爱之心也）；有时而为恻隐之心（普遍善性）；有时而为是非之心（道德判断与理性判断；求善与求真）；又时而为恭敬之心、羞恶之心。

“民之秉夷，好是懿德”，确乎！然而或有外在权力或邪恶力量压迫之，或引诱之使相率作恶作伪，使不能秉夷而好懿德，亦是历史上常见之现象，则如何解释？而又如之何？此皆不可回避之问题，而告子之论于此皆有启发。吾人读书，切不可先存了孟子或圣贤所论一切皆好而其反对者或驳斥者之论便一无是处之心，而当平心论之，圣贤所斥者（之论点），又未尝无其一得之愚，或谬误中之万一启发等。其实儒家讲教化，讲“一君正而天下正”之驯化统治者，讲“改变气质”、“太子之师保教育”等，无一不是在响应上文告子所谈及之几点。

为何不能尽其才？如何尽其才？仅以“求舍”而解之，显得太过皮相之论。而事实或有所不然：岂不欲求之、操之、存之、守之，势有所不能也。小之小之可操守，大之大之必将至于有所不能。不谈外缘责正之事，而仅责成个体自守；自守固可得“道乐”，然若外部虎狼肆虐而一无所制，则此求此守亦实乃造成中国历史上多少诚朴之人之人生悲剧。然此种论述亦有本末倒置之问题。

孟子曰：“富岁，子弟多赖；凶岁，子弟多暴。非天之降才尔殊也，其所以陷溺其心者然也。今夫麰麦，播种而耰之，其地同，树之时又同，浡然而生，至于日至之时，皆孰矣。虽有不同，则地有肥硗，雨露之养、人事之不齐也。故凡同类者，举相似也，何独至于人而疑之？圣人与我同类者。故龙子曰：‘不知足而为屦，我知其不为蒉也。’屦之相似，天下之足同也。口之于味有同耆也，易牙先得我口之所耆者也。如使口之于味也，其性与人殊，若犬马之与我不同类也，则天下何耆皆从易牙之于味也？至于味，天下期于易牙，是天下之口相似也。惟耳亦然。至于声，天下期于师旷，是天下之耳相似也。惟目亦然。至于子都，天下莫不知其姣也。不知子都之姣者，无目者也。故曰：口之于味也，有同耆焉；耳之于声也，有同听焉；目之于色也，有同美焉。至于心，独无所同然乎？心之所同然者何也？谓理也，义也。圣人先得我心之所同然耳。故理义之悦我心，犹刍豢之悦我口。”

或曰：孟子未区分心理学与伦理学，中间所论乃心理学规律，涉及感知觉等，结尾所论则为伦理学、道德、情理学等。姑备一说，后将有进一步分析，而或驳斥此说，读者且耐心读去。

此节（“富岁子弟多赖”）解释虽不同于告子之无善无恶论，与前文孟子对“势”的强调一致，其实都和告子“湍水”之论并无本质区别，只不过孟子强立性善而已。

“故龙子曰：‘不知足而为屦，我知其不为蒉也。’屦之相似，天下之足同也。”此处乃（体质人类学）生理学，亦可以柏拉图之理念论解之（因而稍有哲学分析的价值）。

“心之所同然者何也？谓理也，义也。圣人先得我心之所同然耳。故理义之悦我心，犹刍豢之悦我口。”此语吾乃深以为然。此亦是一种境界。但此前的推理仍有牵强处，故中人闻之或觉勉强，而不免有逆反心理或犹疑心理。质言之，道理虽好，然未讲清楚；或以不合逻辑的方式来讲好的道理，则对于中人而言，仍有可能适得其反。所以必须讲逻辑，讲理性，讲客观，讲真理等，方可尽智尽美也。

“外缘陷溺其心”、“地有肥硗、雨露之养”云云，皆所以响应告子之论，亦所以部分回到和认同告子之质疑等，但尤其强调其根本与大本，即性本善论。质言之，在儒家观念中，当区分本末，性善是根本，亦是人类、天下文明之立基根本，不可本末倒置而“率天下之心而祸仁义”，而驯至人心沉沦、天下大乱。综述此段文意而质言之，其大本或其本质乃在于——或乃是——性善，而性善之表现则有程度不同之区别而已。然即有程度不同，其根本或大本仍是性善，此为“人之为人”之本性、本质——当然，对于此一看似稍有本质主义之嫌疑的人性论，亦不可视为绝对主义之本质主义……质言之，人性与其他物性终有本质区别也……

性本善论与性有善论，仍然稍有区别，读者当细心体会。

孟子此处似乎亦承认环境、熏习必然会导致人之后天表现不同。而其所提出来的解决方案，固然亦有为民制产、民有恒产之类的用以解决“环境、外缘、机会之不平等”的措施——但儒家所宣扬的等级制又必然会导致本性（本善）平等的人在外在环境方面的不平等，比如“尽心上”中所提及的“居移气”等——，然而，当这些孟子等先秦儒家所设想或规划的外在制度环境、经济结构安排或物质环境（“为民制产”等），被诸侯国君或统治者所破坏时，孟子便诉诸于人的自我道德本性之操守或复反（“复性”），或以性命反复之学，来勉励人们，即进行相应的努力德性修养来应对之。这种试图逆转上文所论孟子对“环境影响人性的必然性”的“自我德性努力”，固然值得嘉奖（实则强立义理学说，将之作为绝对或先验观念），但“人必然受外在环境影响”的必然性的一般铁律却岂是那么容易打破的？尤其是对一般人（而非圣贤）而言，很难做到以德性修养来抵御外在越来越大的环境的压力，故孟子在其他地方亦谈及“若民，则无恒产，因无恒心。苟无恒心，放辟，邪侈，无不为已。及陷于罪，然后从而刑之，是罔民也。焉有仁人在位，罔民而可为也？”（《梁惠王上》）。所以孟子于此或有二失，或未考虑到这两种矛盾：一则等级制与人性平等之要求之间的矛盾；二则（普通）人勉力居仁由义与外缘环境影响的必然性之间的矛盾。前者要求打碎等级制，后者要求在倡导德性修养时，同时或优先反抗不公正公平之外缘环境，而建立公正公平之机会平等的制度，即首先强调以合理制度保证机会平等，然后或可倡导居仁由义之德性之学，才能锦上添花。

孟子曰：“牛山之木尝美矣，以其郊于大国也，斧斤伐之，可以为美乎？是其日夜之所息，雨露之所润，非无萌蘖之生焉，牛羊又从而牧之，是以若彼濯濯也。人见其濯濯也，以为未尝有材焉，此岂山之性也哉？虽存乎人者，岂无仁义之心哉？其所以放其良心者，亦犹斧斤之于木也，旦旦而伐之，可以为美乎？其日夜之所息，平旦之气，其好恶与人相近也者几希，则其旦昼之所为，有梏亡之矣。梏之反复，则其夜气不足以存。夜气不足以存，则其违禽兽不远矣。人见其禽兽也，而以为未尝有才焉者，是岂人之情也哉？故苟得其养，无物不长；苟失其养，无物不消。孔子曰：‘操则存，舍则亡；出入无时，莫知其乡。’惟心之谓与？”

“故苟得其养，无物不长；苟失其养，无物不消。孔子曰：‘操则存，舍则亡；出入无时，莫知其乡。’惟心之谓与？”修养未至，不可为大臣，不可掌大权大财，否则有害修养而日臻于恶道，终于误己误国误民，害人害己。修养未至，则大富大贵亦无缘享受担负，于他人或为富贵，于自己则或为大害。必须臾不失正道者方可享其富贵。以修养未至之人为大臣官吏，则职权位禄终将沦落为害人害己之斧斤，不仅放己心伐己木，乃至训至人己世界尽皆濯濯也。又以其旦昼之所为，梏亡日夜之所息与平旦之气；梏之反复，夜气不足以存，人与人世违禽兽不远，而天下大乱，率兽以食人，全体付出惨重代价（正道日稀，邪道日炽，超过一定临界点后，则邪气弥纶于世界，共至于灭亡）。

弃此伐性之斧斤之法有二，一以修养而弃斧斤；二以制度建设而弃斧斤，即以创造良好之修养的外部环境的方式来弃却斧斤，如此，则可良性循环而有助其内在修养。

孟子讲夜气甚有味。昼则喧嚣，夜则安静；静以澄澈其心，无所扰乱，反思养志，存其良心。故宋儒主静（此当然有受佛教影响的成分）。静可包括内静与外静，内静则静心，外静则或处深山僻巷，或以制度安排之，一切井井有条，则不必相互扰乱相争也。故道家又有清静无为之政治思想。儒家则应讲有法度的有为，比如法治与宪制，如此乃亦可臻于清静之郅治，而天下清静，清气日滋，人心日淳朴也。

“几希”者，可见性有善，亦有未知善恶者也。

朱子解曰：“昼之所为，既有以害其夜之所息；夜之所息，又不能胜其昼之所为。是以辗转相害，至于夜气之生日以寝薄，而不足以存其仁义之良心；则平旦之气亦不能清，而所好恶遂与人远矣。”[①]此解颇好，道出人之修养存心、堕落沉沦之缘故也。因此人未可以固定眼光看人，以人始终处于修养变化中故也……故儒家对人始终存有一正向之期待与信心。

---

① 参见：朱熹著，《四书章句集注 告子章句上》。

《论语》精简，《孟子》论述深入完整。

故儒家特重修养与教化，修养在内，教化于外，而皆旨在复性。不教未必知其性（然亦有天性未蔽因而不教亦知其性者），教则不但教知其性，又教其礼义礼仪。礼仪或可循情境主义进行创设，在不同情境下有不同的礼仪系统，包括职业礼仪等；礼义则为道德规范，比如何者可做，何者不可做，等等——然此亦须先有自身之合理性批判，即在合理性方面自证其身，然后或可成立。此后则以礼义分析之，而以礼仪制约之。故此类教育之内容有四：一者使其自觉其性，二者使知礼义，三者使知以礼义分析处置，即伦理学思维，四者乃为礼仪之自我节制与平等敬人待人之道。

"牛山之木尝美矣"此段稍回应告子"可善可不善"、"有善有不善"之论，而尤重自身内在之主动护持、培植，仍重主体自身之作为修养，与告子谈及外部因素、条件或障碍者，思路不同。故儒家始终重视人自身之振作修养，而非诿过于外在因素压力。

另可参阅《〈孟子〉正义》中的相关论述[①]。

或曰：牛山之木岂是牛山之木自所伐？非也，外之斧斤所伐也，外之牛羊所践牧也；山上之木，岂自伐者？斧斤，岂木之所请致者？不责斧斤、牛羊，而责之牛山之木，有是理乎？此亦可谓不明事理也。若仅以此为比喻，则此比喻甚不妥当适合，适足增添误会（不通）。平旦夜气，旦昼梏亡之喻稍切于前者，然亦有含糊浑浊处，或问：岂人性中之善，全系由己梏亡之者？非也，实则亦多外缘（人、事、物、制度、环境等）梏亡之者，不同时责正乎外缘，而但责成于个体之内守内修，固有好意，然亦有偏颇。质言之，孟子其人如此言之，或有好意，如此其求则或将以致适得其反之后果。且如上文富岁凶岁子弟表现不同的外缘影响必然性何?！此可见类比论证和比喻论证皆容易造成问题，可为文学手法，却不能算是严格的

① 焦循，《〈孟子〉正义》，pp776—778。

思想论证方式或哲学讨论方式。

孔孟此处只谈操存舍亡，少谈责正外缘（实则于别处多有论及，如善政、王政、仁政等皆是也），于良法良制已立而大行之之正法治世或可，于末法乱世则无效，亦只是“天平稳一头”而势不得矣。重人性操存（重人）则可，然不同时重正外缘则不可。

> 孟子曰：“无或乎王之不智也。虽有天下易生之物也，一日暴之，十日寒之，未有能生者也。吾见亦罕矣，吾退而寒之者至矣，吾如有萌焉何哉？今夫弈之为数，小数也，不专心致志，则不得也。弈秋，通国之善弈者也。使弈秋诲二人弈，其一人专心致志，惟弈秋之为听。一人虽听之，一心以为有鸿鹄将至，思援弓缴而射之，虽与之俱学，弗若之矣。为是其智弗若与？曰：非然也。”

“无惑乎王之不智也”，此一句，真可见其时士人之自信，与对于王官之傲然以师傅自命之气概，与前述逼问得“王”顾左右而言他，恰成一照应。

“……孔子曰：‘操则存，舍则亡；出入无时，莫知其乡。’惟心之谓与？”……孟子曰：“无或乎王之不智也。虽有天下易生之物也，一日暴之，十日寒之，未有能生者也。”此皆言修养之不可斯须间断，乃儒家修养之法门也。

“我退则谄谀杂进之日多，是十日寒之也。虽有萌蘖之生，我亦安能如之何哉？”[1]士人必当正道进取，取正道之位，而以正道占（治）天下。

此说实为至语[2]。由此亦可知人性有不善者存焉，否则为何顺人性之善者如此其难，而逆人性之善者如此其易？故儒家性善论亦

---

① 参见：朱熹著，《四书章句集注-告子章句上》。

② 范氏曰“人君之心，惟在所养。君子养之以善则智，小人养之以恶则愚。然贤人易疏，小人易亲，是以寡不能胜众，正不能胜邪。自古国家治日常少，而乱日常多，盖以此也。”参见：朱熹著，《四书章句集注-告子章句上》。

有问题，不若西方承认人性恶的一面，而特别重视以制度制衡或钳制之。（或曰：中国则太过迷信文教的无上力量，而忽视以制度制约人性。其实此亦不然，中国古代儒家文化亦讲礼乐刑政来制约人性之恶，但在政治哲学和政治制度上，仍然没有发育出更为妥善的制度来，而更加强调带有浓厚人治主义色彩的德治与礼治，尤其是始终没有真正发育出现代意义上的公权力和民治主义的观念来……）

在传统儒家思想观念里，王（当政者）必当有士师之教化督责，士师必有文教（德教）考试制度挑选之。此种观念在宋代得以基本实现，然而亦多问题（最关键的是国家权力本身的皇权制或私有制，以及随之而来的人治主义的浓厚色彩，或本质），故知其亦非万全之策，而当思以改良或改革之。

“孟子曰：‘无惑乎王之不智也。虽有天下易生之物也，一日暴之，十日寒之，未有能生者也。’”士人自任（帝师）自责之意，见于言表。士师当教化当政者（学术独立与学术训政）。

“今夫弈之为数，小数也；不专心致志，则不得也。弈秋，通国之善弈者也。使弈秋诲二人弈，其一人专心致志，惟弈秋之为听。一人虽听之，一心以为有鸿鹄将至，思援弓缴而射之，虽与之俱学，弗若之矣。为是其智弗若与？曰：非然也。”然文教又不能必然解决问题，仍有待于学者之专心致志。然则教师必严也，正道严师出正徒。或曰：其不专心致志者，恰性之蔽之深者，尤当严格教化之。

“程子为讲官，言于上曰：‘人主一日之间，接贤士大夫之时多，亲宦官宫妾之时少；则可以涵养气质，而熏托德性。’时不能用，识者恨之。范氏曰‘人君之心，惟在所养。君子养之以善则智，小人养之以恶则愚。然贤人易疏，小人易亲，是以寡不能胜众，正不能胜邪。自古国家治日常少，而乱日常多，盖以此也。’”[①]此可深思之。

---

① 朱熹，《四书章句集注》，p311。

孟子曰："鱼，我所欲也，熊掌亦我所欲也；二者不可得兼，舍鱼而取熊掌者也。生亦我所欲也，义亦我所欲也；二者不可得兼，舍生而取义者也。生亦我所欲，所欲有甚于生者，故不为苟得也；死亦我所恶，所恶有甚于死者，故患有所不辟也。如使人之所欲莫甚于生，则凡可以得生者，何不用也？使人之所恶莫甚于死者，则凡可以辟患者，何不为也？由是则生而有不用也，由是则可以辟患而有不为也，是故所欲有甚于生者，所恶有甚于死者。非独贤者有是心也，人皆有之，贤者能勿丧耳。一箪食，一豆羹，得之则生，弗得则死，嘑尔而与之，行道之人弗受；蹴尔而与之，乞人不屑也。万钟则不辨礼义而受之。万钟于我何加焉？为宫室之美、妻妾之奉、所识穷乏者得我与？乡为身死而不受，今为宫室之美为之；乡为身死而不受，今为妻妾之奉为之；乡为身死而不受，今为所识穷乏者得我而为之，是亦不可以已乎？此之谓失其本心。"

"二者不可得兼"，此句当作假使句解，然亦不可作绝对化理解。孟子此语，乃更多是以一种夸张表述或极言形式来强调思想重心而已，因为实际上，许多抉择之机，甚至本来就根本未到生死相关的程度。孟子此语，不过为强调一种态度和精神，强调节义精神之自励与硁硁自守，并非就看轻了生命权，或鼓励人们为小事而轻捐其身躯性命。孟子此语之重心所在，毋宁说是强调小事亦不可放松自我要求或放弃节义精神也。质言之，忧患、所欲事小，节义事大（同于生死），不可因所欲与忧患而放弃节义，乃至任何自我辩解文饰的理由都不可以，故孟子采取极言形式来强调节义精神之重要性。但宋儒"存天理灭人欲"的口号便或被人误解，并因此误解了孟子。孟子并不反对正常人欲（亦不应该反对正常人欲。正如宋儒亦并不都反对正常人欲一样），孟子毋宁是将"所欲"的一种极端形式提出，以此强调"所欲"应循正道和得礼义之正，而并非禁欲主义，亦非轻生和不尊重生命权（对照日本的武士道）。比如：

不苟得，为礼义不辞忧患，不失本心，不丧志……

“生亦我所欲，所欲有甚于生者，故不为苟得也；死亦我所恶，所恶有甚于死者，故患有所不辟也。”所欲于道义，有甚于生；所恶于非道义，有甚于死。

前文孟子并未驳斥告子“食色性也”的说法，可见孟子亦给予正常人性以一席之地（认可），同时亦对感官之欲表示理解（如味、声、色等，即“口之于味也，有同耆焉；耳之于声也，有同听焉；目之于色也，有同美焉”）。孟子所强调的，乃是这些“所欲”应得礼义之正而已（“至于心，独无所同然乎?”）。朱熹亦言欲生恶死乃众人利害之常情。

“所欲莫善于生，所恶莫甚于死”，未尝不错，亦并不影响人之道义抉择，因为日常生活中的绝大多数事情并不涉及生死之际。然则有人则为非必要之“所欲”而有“何不用”、“何不为”或不择手段之表现，故孟子以此极言形式来强调礼义之极端重要性，形成一种正向社会风气。孟子与宋儒乃于此而发扬出一种极刚健决绝之态度精神。此又可分两层情境分别论说：一般情境中之个人抉择，特殊生死之际之抉择（亦可对照朱子所谓“欲生而不为苟得，恶死而有所不避”）。此在《孟子-告子下》第一节中亦谈及：“孟子曰：‘……不揣其本，而齐其末，方寸之木，可使高于岑楼；金重于羽者，岂谓一钩金与一舆羽之谓哉！取食之重者与礼之轻者而比之，奚翅食重？取色之重者与礼之轻者而比之，奚翅色重?’”孟子只说仁义礼节重于生死，未说生死不重要，或说为任何事皆生死置之度外也。其实，大多有关节义之事，自有处置之空间，未到必须舍生才能取义、才能以完其节的地步。

或曰：舍生取义者不重视生命权（人权），责人过苛。殊不知倘若人人弃义而求生，持“好死不如赖活着”之苟且偷生之原则，实则群魔乱舞，以万民为刍狗，则赖活亦终究未必得也。即得之，赖活之苦有甚于好死，且无意义价值（后者则有之），则此之赖活真乃因小失大也。

“生亦我所欲，所欲有甚于生者，故不为苟得也；死亦我所恶，所恶有甚于死者，故患有所不辟也。”真乃刚健清奇、卓然振作之志气也。

“是故所欲有甚于生者，所恶有甚于死者，非独贤者有是心也，人皆有之，贤者能勿丧耳。”孟子始终强调自身选择，不以外在因素自辩，乃至超越生死、舍生取义，于一般人、普通人或现代人或所谓正常人而言，确乎陈义过高，牺牲太大或过苛，如作比喻尚可，如作义务规范，对一般人而言，确乎难行于庸众，故当另有制度设施以制恶、窒过度之欲，而不必使仁人善人面临生死之考验。当然，若能人人存此心志，一者不必生死，二者即有生死之抉择，亦极端偶然之机会，三者亦为正向悲剧，而有其正向之精神意义……

“乡（向）为身死而不受”等句，乃列举一般人容易受诱惑而自放堕落之若干种情形，正为修养者戒，亦以之指斥放弃自我卓立修养者之不自尊自爱也。

“是亦不可以已乎？此之谓失其本心。”直言不讳。孟子真乃刚正坚毅、卓然自立者，万古而有不灭之大丈夫气概。

乃问曰：有甚于生者之义否？何义也？有甚于死者之恶否？何恶也？以言前者，生命权乃第一义，然以不侵犯他人生命权（及其他权利）为前提。以后者言亦然，不可为侵犯他人人身权、生命权等权利之事之恶，违犯之则非义为恶，而违犯其生命权之恶乃有甚于死者。此句可从法理学、人权法学、民法学、刑法学等角度细论之。“生而有不用也”者何事？“可以避患而有不为也”者何事？即“义甚于生者”何事？“恶甚于死者”何事？当具体界定标举之，以助读者理解。生死，乃极言之，不用、不为乃平言之，皆当具体界说、标举之。现代社会以法律明确之。“舍生取义”则一基本原则耳，然稍笼统极端，故当另行分说。“有不用也”、“有不为也”，亦是说基本原则，与今之立法理论、方式稍不同，又可稍加比较、解说之。

“设使人无秉彝之良心，而但有利害之私情，则凡可以偷生免死者，皆将不顾礼义而为之矣。”[1]

另可参阅《〈孟子〉正义》中的相关论述[2]。

或曰：此义或有所是，此事例或有所过于极端，不当以生死例证。虽造成中国士人或中国文化中之一种刚健之元气，而究竟嫌其残酷，亦违生命权（优先）之义。生死大事，乃极端情形，而有所特别处置之原则，此种极端情形下，只要不侵犯他人人权、不违法犯罪、不违反大义大道，当或可权也。在现代社会，在某些特殊情形下，法律规定个体有权宜处置乃至在法律规定的范围内合理而暂时征用公共财物或他人财物的选择（比如紧急避险情形下的临时征用他人或公共财物的权宜行为），而事后亦有相应补过、补偿之法，比如今之应急处置之相关法律安排亦如是。当然，这一切都必须严格限定在既有的法律框架之内。

把人逼到只有“舍生取义”的“道德”选择的绝境上，这本身就是不道德的。一定意义上，在这种情形下，需要进行道德评判的对象，不仅仅是那个被逼迫的对象，而尤其是逼迫的主体，无论其是人还是物，是群体、组织还是制度、环境，乃至文化。在现代社会，应该有另一种思路，即对生命权的重视与倡导，代替对舍生取（大）义的倡导，并将这种对生命权的倡导传遍全世界、全人类，乃至众生，这是天下大同的第一个共识，即对普遍生命权的承认和保护。在此价值地基或道德原则上来设计相关的法律、制度、道德规范体系等。

或曰：偏激点讲，舍生取义根本就是一个伪命题，因为如果人人皆坚守道义的话，一般是不会出现需要舍生取义的抉择的，生

---

① 朱熹，《四书章句集注》，p311。

② 焦循，《〈孟子〉正义》，pp783—784。

命权是第一义,爱生恶惧死,亦常人之常情。只有在极少数极端情况下,才会出现需要有人舍生取义的情境,并且仍然是一种个体的自由选择,不是任何外人有权施加的必然义务,因为对任何个体来说,将其生命权视为第一义、根本义,别人都是无可苛责的——只要其不同时侵犯别人的生命权——,除非其心甘情愿舍生取义。舍生取义不是一种道德义务,却可以成为个体的一种自由选择,并因此赢得别人的尊敬。甚至于舍生取大义这样的修正主义论断,同样不可作为一种道德义务。人们要谴责的,首先是将人逼迫到不得不面临舍生取义的选择的那些人事、施事者或制度文化等本身,而不是处于生命权受到"道义的威胁"下的无辜个体。

在伦理学上,尊重自己和他人的生命权是最重要的伦理原则之一,一个人当然会珍惜自己的生命权,但如果一个人以牺牲他人的生命权来求得自己的生命权,那就是对此一"大义"的根本违反,当然是绝对不允许的;在此情形下,或者采取其他并不侵害他人生命权的可能的自救形式,或者接受命运的安排。此亦可谓是某种消极意义上的舍生取义或知天命。

焦氏此处分析论述学问之目的甚好,以学习学问为求放心之法,落到实处,切实可行[①]。

> 孟子曰:"仁,人心也;义,人路也。舍其路而弗由,放其心而不知求,哀哉!人有鸡犬放,则知求之;有放心而不知求。学问之道无他,求其放心而已矣。"

"仁,人心也;义,人路也。舍其路而弗由,放其心而不知求,哀哉!"仁心义路,老成慧长者或知道体道得道者固知如此,但儒家士人知其然,而往往并未论其所以然,未将其理由与原因、论证过程等呈现出来,而往往只是以类比或讲历史故事等方式来论证,如

---

① 焦循,《〈孟子〉正义》,pp786—787。

此，则无益于人从理性上接受这一观念、理论或原则，尤不利于让年轻人或童蒙真正理解之，亦无益于增进人之理性分析能力，而易于造成人的愚执其义（迂腐），换言之，造就一批质朴、真挚但却并不明智开明的士君子。这虽然未尝无好的意义，但也可能同时造成他们的悲剧。

“舍其路而弗由，放其心而不知求，哀哉！”正直仁义之风未立，效果未彰，则人不知其宝，既不宝之，便等闲放之，而逐其小利（鸡犬），故曰“哀哉”。

西人讲原罪，中国人固难理解，然儒家文化“放心”之说亦有难以理解处：既是性善，为何人如此易放心？乃至于自孩童始便有放心之虞？整个人类或中国人，从什么时候开始放心，从而造就了导致或诱惑一代代人放逸其心的外部物质环境与精神、文化、制度环境呢？（可对照罗尔斯“无知之幕”之人类学或人性预设。）如此一想，便知性唯善论有其武断处，但“求其放心”与“正心”等，则仍有其积极意义。

“孟子曰：‘仁，人心也；义，人路也。’”此句则一定程度上回到前文告子所述仁内义外之论述，而稍有不同：告子将两者阻却开来，孟子则视两者为指导与被指导之关系。

“学问之道无他，求其放心而已矣。”求回其所放失之心。

> 孟子曰：“今有无名之指屈而不信，非疾痛害事也，如有能信之者，则不远秦、楚之路，为指之不若人也。指不若人，则知恶之；心不若人，则不知恶，此之谓不知类也。”

此节论抓大遗小，同于上节之旨：不辨轻重大小（批判）。

朱熹解曰：“不知类，言其不知轻重之等也。”[①]赵岐注云：“心不若人，可恶之大者也，而反恶指，故曰不知其类也。类，事也。”[②]

① 朱熹，《四书章句集注》，p313。

② 焦循，《〈孟子〉正义》，p788。

焦循正义曰："《吕氏春秋-达郁篇》云：'得其细，失其大，不知类耳'，……《礼记-学记》云：'九年知类通达'，注云：'知类，知事义之比也。'"①

孟子曰："拱把之桐梓，人苟欲生之，皆知所以养之者。至于身，而不知所以养之者，岂爱身不若桐梓哉？弗思甚也。"

"至于身，而不知所以养之者。"养身养心皆有其术，当各各教化之。倘若既乏正当养身之正教，亦乏正当养心之正教，则皆须努力研究教化之（体育、健身、卫生、饮食等养身养生；以及理学、佛学、哲学、宗教学、人文学等养心养神）。

孟子曰："人之于身也，兼所爱。兼所爱，则兼所养也。无尺寸之肤不爱焉，则无尺寸之肤不养也。所以考其善不善者，岂有他哉？于己取之而已矣。体有贵贱，有小大。无以小害大，无以贱害贵。养其小者为小人，养其大者为大人。今有场师，舍其梧槚，养其樲棘，则为贱场师焉。养其一指而失其肩背，而不知也，则为狼疾人也。饮食之人，则人贱之矣，为其养小以失大也。饮食之人无有失也，则口腹岂适为尺寸之肤哉？"

"体有贵贱，有小大。无以小害大，无以贱害贵。养其小者为小人，养其大者为大人。"过去中国人，百姓自称小人，称士官为大人，大人之大，不在权力与身形，而在于道义心志也。人皆当有成就士君子大人之心志也。若仅求口腹之欲者（饮食之人），则为小人、庸人乃至贱夫。

"饮食之人，则人贱之矣，为其养小以失大也。"儒家并非反对养生，故曰兼爱兼养其身。但不可以小害大、养小失大而仅为口腹之欲之徒也。养心重于养生，气节重于利益也，至少应前者引领后者而齐头并进。

---

① 焦循，《〈孟子〉正义》，p788。

儒家尤重养心志，以养心而养生；道家则重养生（饮食，炼丹-服丹，房中术等），但道家养生之法中亦包括养心。

“养其小者为小人，养其大者为大人。”成大人乃尤重在精神人格之成，不徒在于身体钱财权势，此孔子之所以尤贤颜子也。

养身之道，非独食物享乐，尤重在养心，或以正心养之。

“人于一身，固当兼养，然欲考其所养之善否者，惟在反之于身，以审其轻重而已矣。贱而小者，口腹也；贵而大者，心志也。……此言若使专养口腹，而能不失其大体，专口腹之养，躯命所关，不但为尺寸之肤而已。但养小之人，无不失其大者，故口腹虽所当养，而终不可以小害大，贱害贵也。”[①]赵歧注曰：“考知其善否，皆在己之所养也。……养小则害大，养贱则害贵。小，口腹也。大，心志也。头颈，贵者也。指拇，贱者也，不可舍贵养贱也。务口腹者为小人，治心志者为大人。”[②]

教养当立其大本，养心、养志、养德、养义、养“尊重人权，平等待人，反抗侵权，反抗暴政”等之类也。西方古希腊有古典教育，中世纪为宗教教育，今则曰公民教育与人文主义教育，以及常识教育，专业教育其次也，或其后也。其后则又并行不悖。

此节于当今中国社会甚有针砭之意义。

> 公都子问曰：“钧是人也，或为大人，或为小人，何也？”孟子曰：“从其大体为大人，从其小体为小人。”曰：“钧是人也，或从其大体，或从其小体，何也？”曰：“耳目之官不思，而蔽于物。物交物，则引之而已矣。心之官则思，思则得之，不思则不得也。此天之所与我者。先立乎其大者，则其小者不能夺也。此为大人而已矣。”

“从其大体为大人，从其小体为小人。”食色耳目等欲为生理学

---

① 朱熹，《四书章句集注》。p313。

② 焦循，《〈孟子〉正义》，p789。

或感官心理学，仁义礼节则为心学。但求生理或感官上之满足者为小人，求仁心之满足者方为大人。养身以为养心也，养生乃基础与手段，养心乃矢的，而成就为大人(此亦牵涉吾之所谓“成熟社会学”，于儒家思想观念或人生理想而言，人之成熟之目的乃在于成就为仁义大人，乃在于养心成贤也)。

感官乃物，感官之欲则物欲也。食色声音(佛家所谓色香味触法等)皆物欲也；仁义礼节则为心思，为心之官思而得之。以心官(反思)制衡、主宰物欲，则心不放不乱，而为大人(不会被外物所蔽、所盲目驱使)。

以有心官为主故，则“耳目之欲不可夺之”，物欲不能入而为主矣；物欲不能入为主，则仁义礼节为世间主，世间方不至于物欲横流。范浚《心箴》极好[①]，心之势孤力薄，尤当战战兢兢，克谨克刚，以御众小体之攻也……人之不可须臾斯须放松警惕，于此可见。于此亦可见人修行之艰难与危难、苦难之深，与坚毅、持守之必要也……

此处大人小人之辩，同于君子小人之辩。

“耳目之官不思，而蔽于物，物交物，则引之而已矣。心之官则思，思则得之，不思则不得也。”此句中之“不思”，与上文所云之“不养”，皆重自立，而轻外在因素，不同于告子注重外染外势影响之论，此乃孟子及儒家一贯之思想。

此种论述很容易与佛学进行关联，如《楞严经》，无怪乎后来儒、佛有相互勾连贯通之事。

戴震与程瑶田之论[②]皆颇平实，既重立其大本，亦不废养其小

---

① 范浚《心箴》曰：“茫茫堪舆，俯仰无垠。人于其间，眇然有身。是身之微，大仓稊米，参为三才，曰惟心耳。往古来今，孰无此心？心为形役，乃兽乃禽。惟口耳目，手足动静，投闲抵隙，为厥心病。一心之微，众欲攻之，其与存者，呜呼几希！君子存诚，克念克敬，天君泰然，百体从令。”参见：朱熹著，《四书章句集注-告子章句上》。

② 焦循，《〈孟子〉正义》，p795。

体，而以德义制导之，尤其对儒与佛、道于此之差异辩之甚切当。

"此天"，焦氏以为乃"比天"①。

另可参阅《〈孟子〉正义》中的相关论述②。

> 孟子曰："有天爵者，有人爵者。仁义忠信，乐善不倦，此天爵也；公卿大夫，此人爵也。古之人修其天爵，而人爵从之。今之人修其天爵，以要人爵；既得人爵，而弃其天爵，则惑之甚者也，终亦必亡而已矣。"

"古之人修其天爵，而人爵从之。今之人修其天爵，以要人爵；既得人爵，而弃其天爵，则惑之甚者也，终亦必亡而已矣。"治世重天爵，乱世鹜人爵。重天爵则世治太平，鹜人爵则或为乱世……。天爵人爵之转换，乃治乱转换之枢机。吾羡与天爵者。此亦可见孟子真知人(性)知世者也！眼光如炬，真假无隐。"既得人爵而弃其天爵"，既是基于对事实或现实之观察与白描，亦是对某种情境下必然规律之概括(可参酌阿克顿爵士所谓"绝对的权力导致绝对的腐败"之言)，又可见其特别之沉痛与悲哀。

要人爵而修天爵，则非真天爵。有天爵者，人爵或不期然而至。此关天命，或非人力矣——虽则儒家并不如此看待。

"古之人修其天爵，而人爵从之。今之人修其天爵，以要人爵；既得人爵，而弃其天爵，则惑之甚者也，终亦必亡而已矣。"此一句真乃将今人之动机、初衷与人格人性变化，讲得极准确而又极深刻也。对人情之微，对修行堕落之过程，其讲之精确入微，自古或无有过于此句者。

"令闻广誉施于身，所以不愿人之文绣也。"所讲真乃得道者之言也，唯得道者方能讲此、出此语言且以此行事也。

当孟子之学说补充上人权(民权)学说、抗争学说以及建基其

---

① 焦循，《〈孟子〉正义》，p794。

② 焦循，《〈孟子〉正义》，pp792—795。

上的政治儒学，而以之为前提或基础或并立条件之后，则其性命反复学说或德性学说，便甚多极高明正大得道者也。

> 孟子曰："欲贵者，人之同心也。人人有贵于己者，弗思耳矣。人之所贵者，非良贵也。赵孟之所贵，赵孟能贱之。《诗》云：'既醉以酒，既饱以德。'言饱乎仁义也，所以不愿人之膏粱之味也。令闻广誉施于身，所以不愿人之文绣也。"

"欲贵者，人之同心也"，则孟子认可理解人之认同感、尊严感（自尊）和成就感之需求，但有时，人们在追求自尊、认同感和成就感时却往往走错了方向，仅仅追逐外在的尊贵（爵禄），则往往心为形役，且为外物外人所左右，不得安宁，亦非真正的尊贵（"良贵"）。真正的尊贵，乃是自我珍惜、自我珍重、自奉仁义之意，此为内在尊贵，人不可夺，自亦从容自安，不以外物为变化扰动，乃"良贵"也。

"能以爵禄与人而使之贵，则亦能夺之而使之贱矣。若良贵，则人安得而贱之哉？"[①]前者乃外在之贵，后者则为内在自我之贵，则人不能夺。

"人人有贵于己者"，真是振聋发聩；"弗思耳"，又见其沉痛与惋惜。外求之，乃南辕北辙，终身无得，一生劳苦奔忙而难自安。自我珍重，则不在乎外在之物欲毁誉，不为形役，不为物欲所拘，亦不以外在物议为意，晏然自安，乃"良贵"，乃真有福气也。吾迄未见其人矣。

> 孟子曰："仁之胜不仁也，犹水胜火。今之为仁者，犹以一杯水救一车薪之火也，不熄，则谓之水不胜火。此又与于不仁之甚者也，亦终必亡而已矣。"

"今之为仁者，犹以一杯水，救一车薪之火也；不熄，则谓之水不胜火，此又与于不仁之甚者也"，是真一针见血之批评和鞭策！亦为君子自励自任自负之崇高境界，而不可自我文饰、自辩诿过

① 参见：朱熹著，《四书章句集注-告子章句上》。

(君子无任何理由不居仁由义、不志于穀或不熟)。

“今之为仁者,犹以一杯水,救一车薪之火也;不熄,则谓之水不胜火,此又与于不仁之甚者也。”此皆无志、不自立之人之文饰自辩也。

朱熹之解颇好:“仁之能胜不仁,必然之理也。但为之不力,则无以胜不仁,而人遂以为真不能胜,是我之所为有以深助于不仁者也。言此人之心,亦且自怠于为仁,终必并与其所为而亡之。”[①]

孟子曰:“五谷者,种之美者也。苟为不熟,不如荑稗。夫仁亦在乎熟之而已矣。”

“苟为不熟,不如荑稗。夫仁亦在乎熟之而已矣。”必熟而心安。

“荑稗,草之似谷者,其实亦可食,然不能如五谷之美也。但五谷不熟,则反不如荑稗之熟;犹为仁而不熟,则反不如为他道之有成。是以为仁必贵乎熟,而不可徒恃其种之美,又不可以仁之难熟,而甘为他道之有成也。尹氏曰:‘日新而不已,则熟。’”[②]道不成,则前功尽弃,则前功亦不是功。道不成(不成贤),则无可傲他人(当然,道若成,更不会以之傲人),无论五十步与九十步。

“夫仁,亦在乎熟之而已矣。”于仁义之修养,必当勇往直前,精进向上,志在必得,差一毫厘便全无功劳……“今之为仁者,犹以一杯水,救一车薪之火也;不熄,则谓之水不胜火,此又与于不仁之甚者也。”今人多杯水车薪之徒,而妄言仁之不胜不行,实乃其自无弘毅之心志也。

“五谷者,种之美者也;苟为不熟,不如荑稗。夫仁亦在乎熟之而已矣。”不可半途而废,必成人、成大人而后为熟(成熟社会学)。

“荑稗,草之似谷者,其实亦可食,然不能如五谷之美也。但五

① 朱熹著,《四书章句集注-告子章句上》,p315。

② 参见:朱熹著,《四书章句集注-告子章句上》。

谷不熟，则反不如荑稗之熟；犹为仁而不熟，则反不如为他道之有成。是以为仁必贵乎熟，而不可徒恃其种之美，又不可以仁之难熟，而甘为他道之有成也。尹氏曰：'日新而不已则熟。'"[①]

参见《尽心上》之"掘井"，以及《告子上》之"必志于鹄彀"、"不成章不达"等。

孟子曰："羿之教人射，必志于彀。学者亦必志于彀。[②]大匠诲人必以规矩，学者亦必以规矩。"

此卷后半卷，全讲个人修养，包括原则、意义、法门等，只要不关联封建专制之礼义内容系统，则完全合于普遍道德教育或国民教育，具有普世意义，亦可合于普遍公民教育等，与封建纲常等级制等全无关系，此可谓《孟子》一书中之内圣学之精华。

但是告子强调末世、乱世等之外在影响因素，亦当引起儒者及有志者之充分注意，思以对策之。儒家重自我卓立固有好意，亦是正途，然亦当重外在制度、制恶等之相关设施安排，以利于一般民众之自我向善修行，减少逼迫诱惑之外缘外力……

以下为对于《告子上》一卷进一步之分节评析（分节以《〈孟子〉正义》为准）：

第一节：

告子在写下第一句时，其所想到的和所针对的，或许是其所观察到的当时的人心沉沦、道德沦丧的现状和对此的对治之法，他不是像孟子一样想到远古的道德现实或道德理想，其注意力的重心亦不是儿童的善性和人的善性。故只针对当时的实际道德状况立论，这中间当然犯了一些错误，前文已述。孟子的问题或许在于，其看到了儿童时期人所表现出来的善性，看到了成人所表现出来的善端

---

① 朱熹，《四书章句集注》，p315＋评论之。

② 以上三节可合为一节，所论之旨的相同。

即四端，却似乎对人性采取一种机械的或固定主义而非发展主义的思路，对于人类可能在成年阶段所表现出来的和儿童时期不一样的人性状态，比如欲望的增长和需求，视而不见，故而较为忽略对这方面的思考、承认、满足或对治。因为人性并非固定不变的，随着年龄的变化而有不同的人性表现或人性需求，这是对人性的思考的新的思路。古今许多人往往采取本质主义和固定主义的思路来看这个问题，而往往无视成人或老人所表现出来的某些人性表现或欲求。成年的欲求也是人性的内容之一，不可无视之、抹杀之。

另外，值得注意的是，古人讨论人性论，正如孟子讨论"故"一样，其目的是为教化和政治治理提供指导。告子似乎忽略了儿童乃至成人时期的顺其善性而柔性教育的一面，却单纯强调后天之强制规范，是其偏失也。

或曰：人类或在几万年或几十万年前被神人或外星智慧生物所指点，或赋予人类智慧，或赋予仁义之性，遂成万类之灵长？此之谓外力仁义或外来仁义（"外义"论）。然则，外星智慧生物的智慧又从何而来呢？

若将仁义视为外力所灌注，或亦可说，作为外力而来之仁义（"外义"论），乃来自圣人之先得我心之所同然。

告子此论，若如赵岐所言"义为成器"、焦氏所言其成义"有人力以之也"，则有其是处；以言人性本无或全无仁善则不然。仁或内有之（恶亦或内有之），义或多不同，然其因有内仁（不同于"本性全仁、本性全善"）而生发不同之外义则同也。所谓不同之外义，今则谓之多元文化价值也。告子言"以人性为仁义，犹以杞柳为桮棬"，乃混淆仁与义，而其指出义有外者、义有后天而成者，则有其见识。或曰：有内仁、性仁而生发之内义、外义，有内恶、性恶而生发出之内不义、外不义，有内无所善恶而生发出无所义不义之或内或外之天机自然之自然性。所谓内义或内不义者，乃与内仁、内不仁即内在内化之信念相合者；所谓外义、外不义者，则不合内在内化之信念，而被外欲、外缘所拘牵而实际执之奉之者。

孟子执内仁、内义为唯一、为是、为本，韩非子等法家执内恶、内不义为唯一、为是、为本，佛家则以为内仁、内恶仍不是本，而再往前推进一步，以孟子所云之内仁、内义及法家所云之内恶、内不义为中间层次或次本，而另拈出种子识、阿赖耶识等之说，仍是要追本溯源，是本质主义思路——然最后亦只说空无、四大化合、佛，类于道家。道家则放弃本质主义和原本主义的固执追问，乃曰自然，乃曰阴阳，乃曰道，乃曰一，乃曰变易转化，乃曰天机……生命起源何处尚不可知，则性便不可知，无论人性与生命性。

如告子原意以杞柳比喻才干、材质，则其意类于今人说性本璞玉朴木而须雕琢乃成桮棬，则亦或以为性中犹有仁义之材质或质素；若其原意乃以杞柳比作不材之才，则以后天外在作为而将不材矫揉而成才器也。以上皆正面分析告子观点之分析思路、方法，而孟子则并不遵循这种正常分析思路，乃特出机杼应对之，对此可以有两种对待和分析思路，如果从负面来分析，则孟子乃是以语言游戏、修辞学、辩论术（乃至诡辩术）之方式来回避正面分析指斥，而以歪曲、混乱告子之思路之方式应对之，则鸡同鸭讲矣。以孟子之贤德，且告子尚且或以弟子问，则可知孟子必无诡辩之意图，而有诡辩之实质（但这种分析是误解了孟子及其论述，后文有述）。此是一种分析思路，而如果从正面来分析，则亦可以解读为：孟子看出告子的问题之大，用一般正常辩论程序或论证逻辑来指斥，不易凸显其纰缪，故而采取一种特别方式，使告子看出自己的逻辑问题和思想问题，则反而可能会取得更好的辩论效果。显而易见，不以逻辑分析，而以文学表述、类比论述，则难以对话和辨明论题，从《孟子》全书来看，孟子并非不懂逻辑分析和逻辑辩论，此从孟子自言“吾知言，……诐辞知其所蔽，淫辞知其所陷，邪辞知其所离，遁辞知其所穷。生于其心，害于其政；发于其政，害于其事。圣人复起，必从吾言矣”这样自信的论述可以看出，并且，如果认为孟子不懂逻辑辩论，那么也与《公孙丑》一章中论“不得于言”等句之论述方式大异其趣。这样分析下来，则孟子很可能是故意采取后一种辩论方式。但是，今天我们来分析告、孟之辩时，却必须不加偏袒而平允客观地进行思想分析。质言之，今人断告、孟之辩，必须另辟蹊径，另以正常逻辑分析之方法思路回应告子，而不可在不知原委的情形下简单顺着孟子的思路而被带乱了思路，愈增繁乱纷纭——因为一者，类比论证本来就是不完善的论证方式，不是现代规范分析；二者，孟子采取这种论证方式，只是特出机杼的权宜之计，是为了辩论效果的目的，而不是正常的思想辩论或真理分析的一般方法。但以上两种分析解读都有误解乃至厚诬孟子之处，因为孟子是根本就否定了告子之类比之不伦不类，即告子将人性与仁义分为二事而类论述比是不伦不类的，所以孟子丝毫没有任何诡辩或使用机巧诡辩论术之处。

焦氏之解稍好[①]，可谓为后人之“厚诬古人”（厚诬孟子）而辩诬，质言之，孟子未必是不知逻辑，而乃以此种类比分析，直指告子观点中之荒谬处，因其根本已错，余皆不必以逻辑驳也。焦氏以为孟子认为告子之比喻根本错误，误认人性同于物性，可谓固陋，未看到人性异于物性之处，而实际上人性一者通乎（他人）之心而为仁，二者知乎所不宜而为义，故顺之而可为仁善合义之人也。亦是说，于杞柳之物性也，或当戕贼杞柳而为桮棬，人性则不同，不必戕贼而顺之即可为仁义也。孟子针对的是告子将人性比做物性的谬误，故驳之曰物性可戕贼而人性不可戕贼、不必戕贼，而当从小顺其性之善者，以长养之。孟子以为告子的问题在于其看不到人性有本善者而顺之，而将人性等同于物性（此即是告子类比例证之不伦不类），而后天、外在教之仁义，以为外加之。告子以“性犹杞柳也”，则将人与物、禽兽等混为一谈，无有仁义，无善无恶，而后天外

① 焦循，《〈孟子〉正义》，p734。

铄之(如此,则将问曰:"实施外铄者,其谁也?"并追根溯源下去,则答曰:前人或先人? 神? 上帝? 若谓前人先人,则前人先人又何以知仁义?[①])。告子乃违反"人之异于禽兽也几希,贤者存之,小人亡之"之意,虽"几希",然"仍有"。

质言之,孟子重从小顺其人性之善者而长发教养之(无论平世衰世皆当如此,然未及已染之成人),告子重矫,对衰世已被外缘恶习污染之成人,而思以外义矫正之。

第二节:

告子之意,言湍水回漩圆转之,流水无分东西,而善恶随物而化,譬犹人性无善恶而由外势外习而成善恶也。

"其性亦犹是也",意为:人性本善,而有时可使为不善,正如水性本就下,而有时可使过颡在山,皆"势"使之然,非"性"使之然或"性"本其然也。告子、孟子皆认为:人之为不善,是势使之然;然而告子将"势使之然"视为或等同于"性本然或本不然";孟子则申明:"势使之然"不能推导出"性本然",势、性不同,"势"乃是外在与偶然,此例乃不顺性;性本然则是内在与必然,乃顺其性。孟子以为人性本善,顺其性为善,不顺其性则为不善。告子则以为人性无善无不善,而实际决而出者皆顺,换言之,告子于此完全悬置了性善或性不善的论题,或以之为假命题,而代之以现实主义或结果主义思路或实然主义思路:性无所谓善不善,表现出来是怎样的就是怎样的,表现或结果的或善或恶并不能说明本性或本原的善恶,即告子虽认为"势使之然"不能推导出"性本然",然而却武断地认为可由"势使之然"推导出"性本不然"或"性本无然"即非本质主义,仍强调仁义为外,与第一节之思路一贯,而非许多分析者所认为的告子在第二节或第二回合辩论中转换其思路。孟子是以"有其本然"而加之以"顺之而成应然"。"有其然"则有"人性本善"的部分(虽

---

① 上文有假设:外力仁义("外义"论),乃来自圣人之先得我心之所同然。

然或亦可理解为有“人性本不善”的部分)，“顺之”则“顺其性之善者”，“成应然”则“奉守使不失、使增长，使克不善之性而成应然”。告子所显示出来的思路则有犬儒主义、自然主义、放任主义、无为主义、不干涉主义、自由主义等的某些色彩……

告子在第一句和第二句中维持了论点的一致性，就是都主张人性无分于善与不善，或以杞柳为桮棬，或决诸东方则东流，决诸西方则西流。然而两句亦有其所不同处，亦即：前一句中，谁来让(使)杞柳为桮棬呢？后一句中，则曰外在环境是导致人性表现的关键。这同样可以有不同的解读，比如，第一，自外缘或内外力量对比而言之，可以解读为哪方面薄弱(外在礼义规范不强大)则往哪方面走，或哪方面强大(内在欲力强大)则往哪方面走；第二，自外缘而言之，外力导之哪个方向便向哪个方向发展(这和第一句是一样的思路)；第三，自内缘而言之，个人权能大则能突破外在薄弱处(这点倒是无法从这一句中直接推出，然可间接推出，即：哪方面强大则可冲毁礼义堤坝而突破之，或表现出强大冲力而有相应个人人性和个人事实之表现)。当然，上述三点并非泾渭分明，此只是大体区分之。

第三节：

性者，生也；生者，原本、天生也；生物、生命、活物也；生长、生成、生生不息也。告子之思路如此[①]。孟子则以为如此定义“性”不充足(但告子采取的似乎是古人常用的词语训诂的方式，未必是今日所谓的下定义的方式)，不足以说明人性与其他生物、生命之不同本性，故强调区分之，似指告子混同人性与其他生物禽兽之性，故特地申明其间之不同(几希)。赵歧解为“同类”[②]，乃受孟子下句的影响，其实不必拘泥牵附解之。

---

① 前文已述：告子说“生之谓性”，其所想表达的意思似乎是：所有的生物都有性，所有的生物其性都一样，人和所有生物都一样，其性无善无恶，亦即：牛羊犬马等生物(生下来)都无善无恶，人也和这些生物一样，无善无恶。

② 赵歧解“生之谓性”为“凡物生同类者皆同性。”焦循，《〈孟子〉正义》，p737。

“孟子曰：‘生之谓性也，犹白之谓白与？’”此句似指告子“生之谓性”乃同义反复，不算是一个严格的或成立的定义[①]，因为这个定义并未说明人的特点或属性，故而是一个无效的定义，因为定义的目的本身就是将某个“种”和其他“种”区分开来，而告子并未将人性与禽兽等其他生物之性区别开来。“白羽之白也，犹白雪之白；白雪之白，犹白玉之白欤？”这一句，目的是为了说明告子在定义时只是提出了非本质属性，而并未注意到本质属性，从而不能将人和动物区别开来，在定义方式上便错了，故而不是一个有效的定义——按照这种定义，甚至不能将羽、雪、玉等区分开来。“然则犬之性犹牛之性，牛之性犹人之性欤？”这一句，孟子明确告诉告子，应该区分动物本性与人性本性，因为孟子看到告子经过上一句的点拨仍未领悟出来，故而不得已明确点题。从以上分析思路可见，孟子的思路其实非常清楚，一步一步地引导告子认识其思路观念尤其是定义方式的错误或缺陷，而并未有任何诡辩或故意设置逻辑陷阱的意图。质言之，全节思路在于：告子与孟子乃在讨论“人性”，但告子的定义似乎并未明确论题，而将人性与生物之性混为一谈，故孟子此句进一步指明告子的逻辑错误或失误在于：告子只看到不同物类间的非本质的相同点，而未注意到或错失本质性的不同点。而人性之本性恰恰落实在此种特殊不同点上。由此看来，孟子讲逻辑，告子不讲逻辑，或告子的论述逻辑反而有问题。

焦循亦以“告子混同、人、物之性”为解[②]，然以“人无不善”则未必然。

在概念使用上，或在语言表达上，“性”可用作多重意义，或“性”与“人性”的混淆——因为混用同一“性”字——，这也导致理

---

① 按照现代逻辑学或知识论，定义的基本方式之一是：种＝属或类＋种差；或：种概念或下位概念＝上位概念或属概念＋种差；或：被定义者＝种差＋临近的属概念（但告子采取的似乎是古人常用的词语训诂的方式，未必是今日所谓的下定义的方式）。

② 焦循，《〈孟子〉正义》，p738。

解上的歧异。

就其所列举的物类之相互比较关系而言，则白羽之白、白雪之白、白玉之白，皆非此三种物类之本质属性，“性”则谓为本质属性。质言之，如果将“生”解释为“天生”或“生物”、“生命”，则此“生”并非本质属性，（犬性、牛性之）性别（性之区别）或特性为本质属性，亦不可混。

即使就规范定义法来看，告子说“生之谓性”，只是说了“性”，却根本没有说“人性”，以及人的“性”的内容是什么。所以孟子要强调人的“生”、“性”和牛、犬的“生”、“性”不一样。换言之，孟子想讨论的是“人性”是什么，而不是“性”是什么[①]；告子只说了“性”的定义，却没有讨论“人性”的定义，故孟子指出告子的论述问题，即告子在第三节里混淆了“人性”与“性”去区别，或错失了双方讨论的主题：“人性”。

质言之，孟子在第三节里的思路是：告子的定义只是说明了“性”是什么，没有谈及“人性”是什么，所以，就讨论“人性”这个主题而言，告子这里对于“性”的定义（“生”）是没有意义的。为了让告子意识到这一点，孟子接着就举例说白羽之白、白雪之白与白玉之白，这三者都是一样的，但这丝毫无助于说明白“羽”之“性”、白“雪”之性、白“玉”之性。换言之，如果我孟子和你告子讨论的主题是“人性”意义上的“性”的话，则你告子“生之谓性”的定义，就只说了“人”的“性”（即“人性”）是“天生的”（如果告子这里的“性”指的是“人性”或“人的性”的意思的话），没有说“人性”到底是什么，而所有物类的“性”同样是“天生的”，所以你告子的这个定义是无意义的或无效的。孟子仍然是要强调人的性与禽兽万物的性不同。孟子的言下之意是：你告子应该谈“人的性”是什么，而不是“性”是什么；但告子恰恰就是否定“人”有“性”的，或否认人性与物性有什

① 关于“性”是什么，孟子大概是认可告子这里的定义的，因为孟子亦说过“天下之言性也，则故而已矣”。（《离娄下》）。这里的“故”与“生之谓性”里的“生”，其意大体相同。但关于“人性”是什么，孟子和告子却是大异其趣的。

么本质的区别。所以，按照告子的定义来看，不但牛之性同于犬之性，而且牛犬之性亦同于人之性。孟子认为，这当然是荒谬的。

告子、孟子之辩中，他们在使用“性”之一字时，有时是当作“性”本身来使用，有时是当作“人性”来使用。告子以为人性为原本、材质（第一节），为原本天生（第三节），性皆一样，无论人、物、禽兽；人性无分善与不善，犹如植物性（杞柳）无分善与不善、动物性（犬、牛）无分善与不善，故告子乃是对人性与物性不作区别，故人性同于杞柳；仁义乃是外铄而有之而已（第二节）。孟子则认为人性与物性不同，人性无不善，且仁义内在。

性的两种区分或分类：第一，性：人性；物性；禽兽性；第二，性：善；恶；

“凡相忘于习则不觉，见异焉乃觉”，此句甚好，与吾人所谓个性扩展思想相类。[①]

第四节：

第四回合辩论中，孟子问告子的“仁内义外”是什么意思，告子先讲了“义外”[②]，然后孟子对告子的观点和论述进行了回应和辩驳，于是，在文章写作策略或叙述策略上，关于“义外”的辩论就算是暂时结束了。但还没有谈到“仁内”，所以接下来的一句，是告子继续谈论“仁内”（亦涉及“义外”），而孟子则相应地对告子的“仁内”观点和思路进行回应和辩驳[③]。

---

① 焦循，《〈孟子〉正义》，p740。

② 当然，这也可以说是《孟子》一书的编者的文字叙述策略而已，并不能直接等同于当时具体的讨论场景本身，不过无论《孟子》一书的编者是孟子本人还是其弟子，或是孟子和其弟子一起编写的，我们都可以相信，以孟子的贤德，并不会故意曲解或隐瞒告子的观点和论述思路。

③ 叙述思路是清晰的，这种叙述思路在《孟子》一书的其他地方也可以看到，比如在《公孙丑上》中孟子回应公孙丑“敢问夫子恶乎长”的问题说“我知言，我善养吾浩然之气”之后，接着便先解释“何谓浩然之气”，然后再谈何谓“知言”，都可以看出类似叙述思路。读者读书时，当明其内在思路线索。

第四节告子以列举或枚举的方式来论述"性"。孟子对"食色是性(的一部分)"似无异议？但其实在后文的论述中，孟子认为食色不是人性中的最本质最重要的一部分，"体有贵贱，有小大。无以小害大，无以贱害贵。养其小者为小人，养其大者为大人。""从其大体为大人，从其小体为小人。"(《孟子-告子上》)而主张仁义、礼义、仁义礼智乃是最关键、最本质、最重要的人性特征。其实，告子说"食色性也"，仍是延续其之前的思路，即人性无特殊性；就其本性而言，"性"皆一同，无论人、物、禽兽，食色乃是一切物类(人、物、禽兽动植等)之本性，舍此无他。即告子始终不认为人之"性"同其他物类之"性"有什么不同，不认同孟子"人之异于禽兽也几希"的说法。"食色性也"是"生之谓性"的进一步说明，两句共同点在于都认为"性"皆一致一同，无分人、物、禽兽动植等，此节之思路则在于进一步将"'性'之一致处、同一处、共同处"指出来为"食色"而已(而非善恶，告子想强调的乃是这一点，即"性无善无不善"，但"性中有食色"，"食色"固然也是无所谓善恶的)。然其是对人与动物而言，抑或仅对人性而言？若是后者，则其(告子)认识到食色和"爱悦"意义上的"仁"的内在性("内在性"即"性")，但坚持"义"的外在性，则看似告子仍然被孟子说动了一部分而转向"仁内说"，实则仍是坚持己见，因为告子的"仁内"不等同于孟子的"仁内"，告子这里所说的"仁"，并不是孟子意义上的"仁"(善恶 VS 爱悦或食色)，前文有详细论述，兹不赘述。

关于这里出现的"食色性也"这一句的意思和意图，可以结合《孟子》一书中其他地方的论述进行对比分析而得出，比如，孟子说，"故曰：口之于味也，有同耆焉；耳之于声也，有同听焉；目之于色也，有同美焉。至于心，独无所同然乎？心之所同然者何也？谓理也，义也。圣人先得我心之所同然耳。故理义之悦我心，犹刍豢之悦我口。"(《孟子-告子上》)关于这句话，一方面，如果从告子的思路出发，则可以理解为：可知人性不能只去关注所谓的善恶，还有食色等，回应第四节告子"食色性也"之不完全列举定义法；当然，另一方面，从孟子的思路出发，则孟子的本意或论述思路正好相反，乃是反驳或纠正告子的观念：食色固然是人性的一部分，但仁义也是人性中更重要的一部分。又比如，“饮食之人，则人贱之矣，为其养小以失大也”（《孟子-告子上》），说的也是同样的意思。再比如，“任人有问屋庐子曰：‘礼与食孰重？’曰：‘礼重。’”（《孟子-告子下》），都是对于食色之性与仁义之性的比较强调之辞。当然，这并未论证出“仁义是本性”，而只能说明：在孟子的思想价值观念里，仁义比食色更为重要。

焦循解释说：“人性之善，所以异于禽兽者，全在于义。义外非内，是人性中本无义矣。性本无义，将人、物之性同。告子始以仁义同比桮棬，则仁亦在性外，此分仁义言之。”[①]焦氏的解读固然是秉持儒家仁义价值观来立论，但如果客观言之，则此恰可能是教化后之内化结果，未必是原始本性。

“彼长而我长之，非有长于我也；犹彼白而我白之，从其白于外也，故谓之外也。”告子此处的表述有问题，告子想表达的意思大概是：是因为对方年长，所以我才必须以对待年长者的态度和礼节来敬长对待他，换言之，外在先存在着一个敬长的礼义和礼节要求，所以我被迫、不得不或因为认可而接受之[②]，并不是我内在或本来就存有这样的一个敬长的礼义和礼节规范或观念，质言之，敬长的礼义和礼节是由外力（外在礼义规范、外在社会舆论、外在舆论强制力等）施加给我的，此即我告子所一再宣称的“义外论”。就好像某人或某物体的颜色是白色的，是因为外在对方或对象本来就是白色的，所以我才说是白色的，我只是遵从物体本身的白颜色而命名或断言之，并不是我自己这里有什么白色。如果告子想表达的观念是：敬长的礼义或

① 焦循，《〈孟子〉正义》，p743。

② 被迫、不得不接受与因为认可而接受并不一样。“被迫或不得不”意味着“我”完全是迫于外部压力而被动接受的；而“认可、认同”则至少意味着“我”在理性上认可此种礼义规范的正当性、合理性或必要性等。即使同是“义外论”，后者也是经过了主体的内化或认同之“外义”，具有完全不同的伦理学效果乃至政治学效果等。暂不赘述。

伦理规范是外在的，是由外力施加的，那么，这种“义外论”的观念当然亦可备一说——正如孟子的“义内论”可备一说一样。

但他的表述却不够准确，让孟子抓住了逻辑漏洞或缺环，这分别表现在前一分句和后一分句。对于前一分句，孟子可以这样反驳：并不是因为“彼长”，而是因为“我”内在具有——或至少是认同了[①]——“敬长”的礼义或伦理规范，所以“我”才内在地以此“敬长”礼义规范或观念来决定我的行为方式，即采取敬长的行为方式。质言之，我之所以“敬长”，对方年长只是一个外部或外缘前提条件，关键却在于我内在地具有“敬长”的礼义，即“内义论”，从而和告子的观点形成了正面的对应和实质性的交锋——虽然不能说孟子就可以因此驳倒告子的观点，但至少形成了观点与观点的碰撞，而不是鸡同鸭讲，牛头不对马嘴。

对于后一分句，其逻辑问题更大，孟子更可以从容反驳：“敬长”和“白之”不一样，前者涉及主观礼义和个人主观选择，后者涉及客观属性（进一步说，前者属于精神层面的抽象礼义，后者属于对客观属性的认知），两者属于不同层面，不可等同视之，故不可简单类比（即不犹、不类）[②]；另外，“彼白而我白之”也可解释为，“是因为我具有辨别或识别白色的感知判断力，所以才能识别并断

---

① 当然，内在具有和认同意义不同。“内在具有”则和孟子的“内义论”完全吻合；“认同”则不然，而可以和告子的“义外论”衔接起来，即认可、接受外在的礼义规范而内化之、自觉接受之、奉行之。由此也可以看出，在“义外论”和“义内论”之间，仍然存在着更多变体，或仍有衔接沟通的可能性，并非绝对的“非此即彼”的关系。

② 质言之，关于后者，“我”可以对客体进行客观属性判断或断定，这种客观属性确实是属于客体所有，但这对于客体来说，仍是客体的属性，是客体的“内”；对于判断的主体即“我”来说，却又仍然是属于“我”的感知判断力，就判断主体“我”而言，仍属“内”，是主体的“内”——虽然只是“感知判断力的内”，而并非所谓的“义内”。事实上，孟子下文以“且谓长者义乎？长之者义乎？”的说法来批判“义外论”，就是采取这种分析思路，也就是说，“持敬礼作为客体之‘长者’之礼义而行敬礼作为客体之‘长者’的人”或“持有敬长礼义的人”、“感知判断作为客体属性之‘白’的人”或“拥有感知判断力的人”，都是主体“我”，都是我“内在”具有的，所以是“义内论”，这就是孟子的论述思路。

言——即'白之'——其是白色的"——这当然是现代读者的思路，但从孟子下文所云的"且谓长者义乎？长之者义乎？"一句中，其实也可以推出这种思路："且"是"何况"的意思，"何况，当'我'敬长时，到底是长者持有和表现出了'敬长'礼义，还是'敬长之人'持有和表现出了'敬长'礼义呢？很显然，当然是后者"，以此推之，也可以问，"且谓白马白之乎？人白之乎？"翻译出来就是："何况，当'我'说白马是白颜色的时候，到底是白马断言其是白色的呢？还是'我'在断言其是白色的呢？谁具有这种感知判断和语言判断的能力呢？当然很显然是作为人类的'我'"。

为了揭示出告子的思路及其逻辑问题，我不得不采用极为啰嗦繁冗的语法或语言表达方式，不厌其烦乃至叠床架屋地将所有的语法要素明确写出，并一再以补充说明的方式来确定每个语法要素的具体所指，以避免可能的误解，使得现代读者更能清楚地理解告子和孟子两人的语言表述和论述上的思路。显然，经过上面的分析，我们知道告子的语言表述确实不够完满，但这却只能说明其不能很好地表述其思想观点，而并不能说明其思想观点本身的对错；而孟子在这里回应时，主要指出告子在语言表述上的逻辑漏洞或问题，同样只能说明告子的语言表述和逻辑上的问题，而不能证伪告子的思想观点本身的谬误。质言之，在本节中，两者根本尚未形成思想观点本身的交锋。这只有等到告子以更合逻辑和更严密的方式来陈述其思想观点的时候才有可能。比如，如果告子说"彼长（年长）而我长（敬长）之，乃我因外部压力而不得不接受外部礼义规范，非我天生内在而长之也"，则将其思想观点表达得更为清楚而严密，则孟子就必须针对其思想观点本身来进行论辩，而不是在《孟子》一书此节中所做的，只需要抓住告子的表述问题或逻辑问题大做文章，而甚至不需要针对告子的观念本身来驳倒他。就此而言，合乎逻辑并合乎语法地表达思想观念是十分重要的，不然就导致思想观念表达的不清晰，或导致对本来可能非常有价值的思想观念的遮蔽，或导致思想观念交流和辩论的障碍。

“异于白马之白也，无以异于白人之白也；不识长马之长也，无以异于长人之长与？且谓长者义乎？长之者义乎？”关于这一小段的断句和解读，亦有几种说法，第一种，断句为“异。于白马之白也，无以异于白人之白也；不识长马之长也，无以异于长人之长与？且谓长者义乎？长之者义乎？”或曰，可在“异”后加一“哉”字，“异(哉)，于白马之白也，无以异于白人之白也；不识长马之长也，无以异于长人之长与？且谓长者义乎？长之者义乎？”加不加“哉”字，断句和意思都可以是一样的，即：“不一样(否定上一句的“犹”字)。对于白马之白，(知道)无以异于白人之白；难道说，长马之长，(亦)无以异于长人之长吗?”但对“异”字可以有两种解释，一解为“不一样”，用以否定前一句中的“犹”，即否定“彼长而我长之，犹彼白而我白之”这样的判断[①]；另一解为“奇怪啊，怪事啊”。但无论解为“不一样”还是“奇怪”，大体不影响整个句子的思想表达。

而关于“不识”，可以有两种解释，其一，是将“不识”直接理解和翻译为表示陈述的字面意思“不知道”，但这种翻译似乎和孟子所要表达的句意不合，“不知道长马之长亦无以异于长人之长与?”这样的解释和表述给人一种“长马之长和长人之长是一回事”的感觉，但这并不符合孟子的原意，因为很显然，马并不存在敬长之礼，也不存在人以敬长之礼来区别对待老马与小马；第二种解释是“不知道是不是说”，表示反问，其实也就是表示疑问，即以反问的方式来表达疑问，则“不识”就是一种更强烈表示疑问的疑问词，而非表示客观陈述的否定词“不知道”，故理解或翻译时要将其强烈怀疑

① 三问答中，告子对于孟子关于“犹……与”的提问皆用“然”字来表示认同，此处孟子则用“异”来表示对于告子前句中“犹……”类比论证的不认可。

的意味表达出来，故可翻译为“难道……也……吗”，即“难道长马之长，亦无以异于长人之长与?”其言下之意就是“显然，这两者是根本不一样的”。

而关于“长”的意思，也有必要特别予以注意和辨析[①]，读者可参见下文从语言学或语法学等角度进行的补充分析，这里不再重复。

第二种断句是“异于白马之白也，无以异于白人之白也；不识长马之长也，无以异于长人之长与？且谓长者义乎？长之者义乎?”同样是承接上一句告子之论述而来，意思是“‘彼长而我长之’和“白马之白”亦即“彼白而我白之”[②]不一样”，然后接下来，将前半句作为宾语或状语的“白马之白”当作后半句的主语，而继续解读为“‘白马之白’，和‘白人之白’没有什么不一样”，随后的翻译就同于前一种断句，无须赘言。换言之，这种断句中，“白马之白”的语法作用很特殊，既作前半句的宾语或状语，又作后半句的主语，一身兼两职，乃是为了表达的简洁，而省略了一个“白马之白”，如果叠床架屋地补充出来，则应该是“异于白马之白也。白马之白也，无以异于白人之白也；不识长马之长也，无以异于长人之长与？且谓长者义乎？长之者义乎?”这当然也可以解释得通，但稍嫌繁

① 在这里，前半句“长马之长”中的两个“长”字，都是“年长”、“年齿长大”之意；而后半句“长人之长”中的两个“长”字，前一“长”字是“敬长”之意，后一“长”字是“年长”之意。这样一种解释在语法上似乎有前后不一而稍嫌牵强之处，但最合于孟子语意。并且，如果与前后句语法须一致而解释之，则“敬长马之年长者”不同于“敬长年长者之年长”，则前句似不妥，因为似乎不存在敬长老马之说，前文已述；而如若解为“年长老马之年长”不同于“年长长者之年长”，则不合语意（年长老马之年长，和年长长者之年长，确实是一样的，都是表示外在客观年龄而已）（但此亦未必，下文另有论述），并且后半句也不合上下文之论述原意，因为关于“长人之长”，孟子想表达的是对年长者的敬长的礼义规范，即“敬长”。鉴于此，则采取本段开始的解释较妥善——当然，如果这样解释“以年长之马为长，与以年长之人为长不一样”，前者是纯粹的年长之意而已，后者却包含有“敬长之礼义”在内，这样解释倒也大体说得过去。

② 亦即上文告子所云“彼白而我白之”，孟子以“白马之白”而概括告子的“彼白而我白之”。

复，并且“白马之白”这样的语法用法，亦须结合上古汉语语法来进行考察，考察其是否是一种常见的语法表达方式，而后判断这种断句和语法解读是否合乎上古语言表达的实情[①]——这样说当然是为了表示一种谨慎的态度，其实，为了表达简洁和避免重复的需要，这样的行文方式在上古汉语中是常见的，所以第二种断句和解释同样可以自圆其说[②]。

第三种断句涉及脱落或讹误，虽然赵岐并未明言，但我们从他的注里面可以知道，赵岐对这里的原文也有所怀疑，“孟子曰：长异于白，白马白人，同谓之白可也，不知敬老马无异于敬老人邪。且谓老者为义义乎？将谓敬老者为有义乎？且敬老者，己也，何以为外也。”[③]从赵岐的注可以看出，赵岐倾向于以“异于”后断句，但又觉得语法不通，故干脆以补字的方式来作注，此种“补字作注”的选择意味着赵岐亦或怀疑这里有脱衍或传抄讹误，其所猜测的原句或为：“长异于白。白马之白也，无以异于白人之白也；不识长马之长也，无以异于长人之长与？且谓长者义乎？长之者义乎？”这样一来，原文就很容易理解了。其实，这样的一种补字断句，和上文所述的第一种断句，在语意效果上是一样的。所以，在没有见到更明确的原始文本或更早期的文本因而无法断定是否有脱衍讹误之前——换言之，不排除将来的考古事业可能发现《孟子》的更早版本，比如战国或西汉时期的竹帛版本等——，本书姑且以第一种断

---

① 简言之，这第二种断句是“异于白马之白也，无以异于白人之白也；不识长马之长也，无以异于长人之长与？”意为“彼长而我长之”的情形与“彼白而我白之”即“白马之白”的情形不一样，但“白马之白与白人之白没有区别”（省略了一个“白马之白”）。后面的解释同于前文所述的第一种解读。

② 当然，这里还有一种可能的断句法：“异于‘白马之白也无以异于白人之白也’”意思是：告子上句所说的“彼长而我长之”和“彼白而我白之”的关系（这个上半句作为省略的主语），不同于“白马之白也无以异于白人之白也”的关系。这虽然也可以说得通，但这样的断句和解读实在太过繁复曲折，且后下半句不大好照应，所以本书不取这一断句和解读法。

③ 焦循，《〈孟子〉正义》，p744。

句为准，这也符合上下文的文意贯通，以及孟子本人的论述思路。

还有第四种解读，其断句可以采取以上三种的任一种，但解读稍有不同："……难道不知道马的年长不同于人的年长吗？……"意思是说人与马（禽兽）不同，而和孟子于第三节中所强调指斥的人性与物性、动物性不同的思路衔接了起来。

焦循亦以"异"字断句，赵岐之注亦曰"孟子曰，长异于白"[①]，其后之解释都可采取上文所述之第一种断句和解释。再次强调一点：此句乃孟子接上文告子语而来，第一个"异"字乃回应上一句告子之"犹"字，而曰"彼白而我白之"不同于"彼长而我长之"。

孟子"物则亦有然者也"一句，乃回应"白马之白也，无以异于白人之白也"。孟子意为："吾炙秦炙"，其炙本身皆自有足嗜者，则其"足嗜者"在炙不在人（且自物而言之，则"足嗜者之材质"乃物之内质也），如"白"之在物不在人；然而嗜欲则同在于人，不在于物，即在于内而不在于外也——正如识别白之感知判断能力（看见）在人不在物一样。

焦氏以"异"字断句，"异"字乃回应上文告子所言中之"犹"字，"异""犹"为反义词，"异"是为了反驳上一句告子的话，意为"'彼长而我长之'与'彼白而我白之'不一样"，故"异。于白马之白也，无以异于白人之白也；不识长马之长也，无以异于长人之长与？"这句可翻译为："（……[②]）不一样。关于白马之白，与白人之白没有什么不同；难道可以说以年长之马为长，与以年长之人为长（也）没有什么不同吗？"

孟子为了帮助告子进一步认识其观点中的逻辑问题，特地将告子言语中的"彼白而我白之，从其白于外也"这一句做进一步的展开论述，以强调作为客观物理属性或作为客观属性的抽象概念

① 焦循，《〈孟子〉正义》，p744。

② 即"'彼长而我长之'与'彼白而我白之'"。

的“白”与作为主观精神属性或伦理观念属性的“长”(以长者为敬、“我”敬长)不一样,故孟子特地作了推演展开论述,说“(于)白马之白也,无以异于白人之白也”,以使告子认识到他(告子)是将“白”作为物体和人体的客观属性和抽象颜色概念来谈,是外在于“我”的物体自身(包括人体)的客观属性或客观事实,不以“我”的意志为转移,当然就是“外之”了。其实,从今天的认识论观念来说,“白”是客观属性,是不以人的意志为转移的,也不是由人所赋予物体的,是物体自在的属性,我也许能认识到、感觉到、看到或不能认识到、感觉到、看到“白马之白”和“白人之白”,都不改“白马之白”和“白人之白”这个事实,故其(“白马之白”和“白人之白”)是独立于人主体的客观事实,是外在于人或“我”的。所以告子说“我白之”,并非我赋予了“白马与白人”的白,而只不过是我认识到、了解到、看到“白马与白人”的白,这并不能改变白马之白与白人之白都是外在于“我”的客观属性的事实(但吾人亦在本书其他部分谈到:作为感知判断力的“我能白之”,则仍然是属于“我”,正如“我长之”、“长之之礼义”是“我”所持有拥有的一样)。

“我长之”则不一样,如果告子仅仅从其事实来说,则可以说“我比较了两者的年龄关系,知道对方比我年长”,仅此而已,则亦可以说这样的“作为客观年龄关系比较的长”与“作为物体客观属性的白”是一回事,那么告子说两者都是“外之”是可以成立的。但这显然并非是告子和孟子对于“长之”的定义,即并非是年龄比较的客观事实判断,而是“长之”后面所体现出来的义则即伦理规范,“我以对待长者之礼义礼仪来对待长者”。从告子的论述或两人的论辩主题有关“仁义”便可知道这一点。质言之,告子在这里混淆了作为客观事实或人体属性的“长”(年龄长)与作为道“义”范畴、精神范畴或伦理礼仪规范的“长”(敬长),将两者混为一谈,导致逻辑出现问题。也就是说,在这里“长”属于“义”的范畴,不是“事实”的范畴,告子则在思路和逻辑上混淆之。

当然，如果以白马和白人作为论述主体的话，则“白”也是白马的内在属性之一，“白”也是白人的内在属性之一，相对于白马和白人来说，白亦属于白人和白马的内在属性之一——虽然同样不能说“白”是人与马的内在属性（因为还有黑人黑马等）。另外，如果要从定义或属性差别上（种差）将白马和白人区分开来，同样不能说“白”是人与马的本质内在属性。这样的讨论已经走得太远，不在这里的论述范围之内，故不赘。

但“长马之长也”一句，亦稍有疑义，“长马之长”的主语是什么，即谁“长马之长”？人？抑或是“马”？如果是马，马岂有义？且和孟子屡次提及的“人、物之性不同”的观点相冲突；如果主语是人，则亦不伦，因为人岂会礼敬马——但也可能，这里的意思是说，人对老马和对小马，会有不同的态度或方式。如果这样深究的话，则孟子的表述或举例亦稍有不严谨，或者，“长马之长”这一句完全没有必要出现。然此是求全责备或吹毛求疵，因为这句话的意思非常平实，就是“年长或年老之马的年长（或年老）”而已，无须横生枝节地深论。

以上分析将告子的逻辑问题指明了，可见孟子的逻辑更清晰。但问题并不仅仅止步于此。因为逻辑分析检查只能说明论证的问题，却不能说明观点本身的对错。这里存在两种情形：一种是逻辑论证非常逻辑自洽或合乎逻辑，但其大前提或观点本身就错了[①]，所以结论仍然可能是错的；另一种情形是：逻辑论述和逻辑分析过程可能存在逻辑漏洞和问题，却并不必然意味着其某些观点仍然是对的或是有价值的[②]，如果换一种更清晰严密的逻辑论述，或换成另一个思路清晰或眼光敏锐的人来进行分析论述，则仍然可能

---

① 当然，大前提、价值观或观点本身是无法以逻辑来论证的，因为这涉及价值观念的不同。这又是另外一个问题，此不赘述。

② 这里抛开价值观的差异先不论，见上注。

逻辑自洽、言之成理，或找出别人的有问题的逻辑论述中的正面的有价值的部分。告子的论述就是这样，下面不妨对此作进一步的分析。

先再度复述一下上文论述观点，以加深理解。这一节里，先不论其观点对错（仁内义外），单论其论述思路，则告子的论证当然有逻辑漏洞，“彼长而我长之”，“我长之”在这里的意思是“我以对待长者的礼节来对待之”，这就意味着我已经认同“应该礼敬长者”这一“义则”，那当然是由我自己所发，发之于我，即“有长于我也”，故告子的论述是有问题的——但这是从论述逻辑来看，不是从观点本身来看。告子想表达的是：是因为对方年长，所以我才以年长之礼来对待对方，所以我的礼敬是由于对方的年长而主导的，告子并未意识到：“我”之所以礼敬年长者，是由“我”接受了“礼敬长者”这一“义则”所决定的，“年长”是现象，是事实，“礼敬年长”则是“义则”、“义理”、“义礼”，“义则”由“我”、由“我心”，所以既然（或如果[①]）“我”接受了这一“义则”（认同或内化），那么就其实在状态而论（而非历史主义或发生论意义上），就必然是从“我”内心所来，从而为“内义”[②]——除非“我”没有接受这一“义则”。但如果“我”没有接受这一义则，我就不会“以长幼之礼来对待长者”。

如果告子这里的本意是说：“我”并未接受“年幼者必须礼敬年长者”这一义则，但却因为外在舆论压力等，而不得不遵守这一“义则”故而“以长幼之礼来对待长者”，那么告子的论述还有其一定道理或内在逻辑，并且颇能被现代人所接受，或体现了某种现代观念，即：为了共同生活或其他目的，人们或其他主体通过某种方式

---

① “如果”作为论述前提。

② 当然，从其发生论或过程论而言，则这一“内义”亦可能是由接受“外义”而逐渐内化而来，故从其发生论而言，仍然是“外义”；只是外义而“内化”之后，如果以截断众流的非历史主义的眼光来看待，遮蔽其“外义内化”的过程，此一“外义而内化之”所谓“内义”，乃成隐蔽了来源的非历史主义意义上的“内义”。

设定某些“义则”或规范，通过某种手段，直接或间接地强迫所有人或让所有人都在理性思考衡量并形成共识的基础上[①]，都以此作为言行规范标准，从而有效地促进了共同生活和社会的稳定。也许告子的确就是这样想的？这当然要继续看其后续的论述了。但由此来再度审视孟子与告子的辩论，即不再以告子的论述逻辑或逻辑论述为中心来进行纠谬，而是直接把告子的观点或价值观与孟子的观点或价值观拿出来进行比较，则便具有另一种意义。就此而言，我个人的看法，直到今天，告子和孟子都无法互相根本驳倒对方，甚至现代科学也仍然无法帮助证实证伪两者中的任何观点。

告子认为“义外”，但做了糟糕的论证，被孟子抓住了逻辑漏洞，而似乎失败了；然而，正如上文所述，这只是告子的逻辑论述的失败，并非是告子的论点的失败，后人可以为告子的“义外论”做更为精确或逻辑自洽的论证，亦即不再顺着告子的逻辑论证方式乃至论述思路，而以现代人自己的思路和逻辑，再度和孟子做一番辩论（虽然孟子已经不能直接参与辩论了）。这是一个思路。另一个思路是，让我们跳过对于告子论证逻辑或逻辑论证的问题的审查（审查结果已经出来，告子的逻辑论证或论证逻辑有问题），而回到对于孟子的论证逻辑或辩论逻辑的同样的审查，则孟子的论述或论述逻辑同样有可以商榷和可以补充论述的地方，同样不能根本驳倒告子的论点（这涉及逻辑学、认识论或知识论、语言哲学等相关论题，兹不赘述）。质言之，这里可区分出三个论题：告子的论述逻辑，孟子的论述或辩论逻辑，对于论题本身的现代分析论证。

以下再试从语言学或语法学等角度进行补充分析，比如，由于形容词与动词的变换无定所造成的理解上的困难或误解。

“异于白马之白也，无以异于白人之白也；不识长马之长也，无

① 价值规范正当性的两个来源，暴力、强力；理性共识。

以异于长人之长与？且谓长者义乎？长之者义乎？”

“(异于)白马之白也，无以异于白人之白也。”这一句中，“白”都是形容词；“不识长马之长也”这半句中，“长”字都是形容词，“年长”的意思，“无以异于长人之长与?”这半句中，按照前一句的语法，两个“长”字也应该是形容词①。这是(第)一种思路。但歧义或歧异也可能出在这半句中，因为如果抛开上下文，不用考虑照应于或拘泥于上下文的语法结构或句法结构的相同②，单就这半句本身来看，则“长人之长”中的“长”也可理解为动词，即“长敬之”，“长敬长者之‘长敬’”——有点类似于今人口语中自我介绍时对名字的进一步说明，“我姓孟，孟子的孟”。这也可以是第二种思路。当然，“长人之长”中的“长”字，也可能有两个意思，前一个“长”是“敬长”的意思，后一个“长”是“年长”的意思，这是第三种思路。那

① 这和本书对于本句中“异”字的解释亦相吻合，即：“彼长而我长之”不同于“彼白而我白之”，或干脆如赵岐直接简单表达的“长异于白”，从而和本书对于“异于白马之白也，无以异于白人之白也；不识长马之长也，无以异于长人之长与?”一句的第一种断句和第三种断句正相吻合。

② 因为按照中国先秦以来的汉语文法结构“规律”或句法结构“规律”，尤其是魏晋骈文和唐宋诗词的严格格律要求和文法结构规律，中国人很容易认定孟子这句里的“长马之长”与“长人之长”应该是属于同一句法结构，故对应或照应于“长马之长”中的“长”是形容词“年长”的意思，则“长人之长”中的“长”也应该是形容词“年长”的意思。并且，说“长马之长”中的“长”是“长敬之”就稍嫌荒唐了，因为按照孟子的思路，是认为人和禽兽不同，岂可说马亦有人类独有的“长敬”之义，那是不符合孟子的思想的。但也恰恰是这一点，使得我们并未全无理由来判断说“不识长马之长也，无以异于长人之长与?”这一句中，未必要拘泥于先秦的句法结构“规律”，而直接断定前后两个半句中的“长”的意思其实可以不一样，即前半句中的两个“长”字乃是“年长”之意，后半句中的两个“长”却可能都是“长敬之”或“敬长”(或都是“敬长之义则”)之意，或者，前一个“长”字是“长敬”之意，后一“长”字是“年长”之意(这种解读当然稍为牵强)。所以，孟子对告子前面的用“犹”字表达出来的类比，断言为“异”或“异于”(即“不一样”的意思)，“异”的意思也落实在这里的对于“长马之长”与“长人之长”的不一样上。其实，从下文“且谓长者义乎？长之者义乎?”这一句的下半句中“长之者”中的“长”解释为“长敬之”或“以敬长之义则长敬之”，可以看出，将“长人之长”中的“长”解释为“长敬之”或“敬长之义则”，也是很自然的事情。

么,“无以异于长人之长与?”中的“长”字,到底是什么意思?到底是形容词,还是动词(意动用法),还是包括其他含义?这对告、孟之辩意义重大,以下将徐徐道来。

第一种思路:“不识长马之长也,无以异于长人之长与?”这一句中,“长”应理解为形容词的“年长”,而不应理解为动词的“长敬之”、“长礼之”。孟子在这一句中想表达的意思是:“长马之长,异于长人之长”,即“马的年长,不同于人的年长”,亦即赵歧注的“长异于白”。综合前句,则此处“异于白马之白也,无以异于白人之白也;不识长马之长也,无以异于长人之长与?”的整体思路为:“……不一样。白马之白,当然跟白人之白没什么不同(因为在这里两者都属于自然属性[①]),但你难道不知道马的年长却不同于人的年长吗?”孟子的言下之意是:白马、白人之白,以及长马之长,讲的都是作为“物”的属性或自然属性,而“长人之长”,却是兼有“物”的属性(年龄)与“义”的属性,即兼有自然属性与社会道义规范意涵在内。“义”的属性或社会规范意涵即“长者长之”,亦即“对于长者要礼敬之”的“义”,所以,从人类世界(实则儒家理论观念)的“长”的社会道义规范意涵来看,“长马之长当然不同于长人之长了”。在这一句中,虽然吾人将“长”字都直接理解为形容词的“年长”,但古代汉语尚无词性的严格的分化或区分,所以,也可以说,在古人的表述和理解中,“长人之长”中的前一个“长”字,也带有动词即“长敬之”的某些含义或意味在内。质言之,在这种“词性未严格分化的语言”系统中或语言环境下,人们在理解阅读时,几乎可以根据具体语境和上下文自动而自由地在动词意义与形容词意义之间游移,而不会影响对整句句意的理解,此可谓语言或词性未严格分化形势下的模糊理解或非形式逻辑的理解能力。

---

① 自然属性与社会属性、精神属性或道德属性等概念。这就是我们借助更为分化和区分准确的现代概念来进行分析的好处。

再到下一句，“且谓长者义乎？长之者义乎？”中的前一“长”字应理解为形容词的“年长”，后一“长”字则当理解为意动用法即动词的“以之为长”、“长敬之”、“长礼之”，而明确指出“长”即“长礼之”、“长敬之”的社会道义规范意涵[①]。于是，“且谓长者义乎？长之者义乎？”这一句的意思就是：当一个人礼敬年长者的时候，（你认为）是那被礼敬的年长者表现出了“礼敬长者”的义或礼义，还是这个礼敬年长者的人表现出了“礼敬长者”的义或礼义呢？孟子的言下之意是：事实的情形当然是：礼敬年长者的人（“长之者”）自身主动选择和表现出了礼义，所以也就并不是因为告子前文所说的由于对方年长而使得“我”被动地去“长之”、“长礼之”，而是“我”觉得和接受了“应该礼敬年长者”这一义则，所以才会真正去奉行此一义则而去礼敬年长者，故而，“长之”或“礼长之”、“敬长之”的义则乃在于“我”自身的主动选择奉行。质言之，孟子辩论说：这个人是先有了或先接受了[②]“长敬礼之”或“礼敬长者”的“义则”，然后奉行此一“义则”而真正去“长长者”即“长敬长者”、“礼敬长者”。“先有了”长敬礼之的义则，就是“内义”或“义内”；然而，如果这个人仅仅是“先接受了”呢（那就仍然不是“义内”）？孟子和告子在这里都没有谈到或没有将“彼长而我不长之”的事例明确提出来，也就是说，没有谈到“先未有”或“先未接受（礼敬长者的义则）”的情形。

其实，告子似乎和孟子一样，也认为应该有仁义或礼义，包括“礼敬长者”的仁义或礼义，只是对于仁义或礼义的来源有不同意见，孟子认为儒家仁义或礼义等“内在于”或来自于自身内在之“性”，“性本有仁义”乃至“性本仁义”、“性本善”；而告子则认为儒

---

① 当然，此处我们同样可以用上文所述的“词性未严格分化的语言及其非形式逻辑的理解方式”（或模糊数学之类的概念）来解释。

② 前文已述，“先有”和“先接受”的意义不同，前者为“内在”或“本性”而有之，则为“义内论”；后者则有可能是接受外在礼义而内化之，仍为“义外论”。不赘述。

家仁义或礼义等并非来自于自身内在之“性”，并非“性本有仁义”，而不过是“外铄”而已，实则“性无善无不善”、“性无仁义”而已。恰恰因为告子也认可儒家仁义（作为“外义”）的价值和必要性，并且亦可能因为当时的社会伦理和社会教化尚未失坠、大部分人都能遵守“长幼伦理”等的社会现实，使得告子也几乎把“彼长而我长之”视为一个既定的义则共识和伦理现实，所以告子并未意识到亦可有——因而亦可举——“彼长而我不长之”的例子来反驳孟子。其实，如果告子采取这种论辩思路，则不就更方便对于“义内”“义外”论题的讨论吗?！换言之，“彼长而我长之”有可能是“外义”的外在教化的结果，未必是“内义”的自发生成的结果，也就是说，“义”的社会伦理现实不能自动论证出“义”的内在性，“义”的社会伦理现实并不能充分说明“义”的来源，“义”的社会伦理现实与对“义”的社会伦理现实的（原因与来源等的）解释是两回事。其实，“义”的应然和实然都不能证明“义”的内在性或外在性，如果要证明“义”的内在性，需要有其他的更具针对性的论证方式或证明方式。

以上是孟子反驳告子论点的思路。然而，孟子正确理解、概括并紧扣告子的论述思路了吗？让我们再回到前文告子的论述，看看孟子是否是在正确理解和概述告子思路的基础上来进行辩论的，抑或是误解乃至曲解告子的思路来进行反驳的。

“彼长而我长之，非有长于我也；犹彼白而我白之，从其白于外也，故谓之外也。”“彼长而我长之”这句话比较容易理解，第一个“长”指形容词的“年长”，第二个“长”指动词的“长礼之”，亦即“长礼之”的义则。

但这里的关键在于“非有长于我也”这一句，而这一句的关键又在于如何理解“长”、“有长”和“有长于我”的意思。这其实存在着两种可能的不同解读。第一种解读：从告子下半句中所用的“犹”字，可根据下半句的思路逻辑而回溯认定告子似将这里的

"长"字解释为形容词的"年长"(正如喻词"犹"字后面所引出的"喻体"或"喻体句"中的"彼白人之白在彼之'白'而不在我"一样[①],"白"亦是形容词),则这句话的意思便是:"因为彼人年长,所以我长敬之,那么,我之所以长敬彼人,是因为彼人的年长,而不是因为我的年长,年长在彼不在我,我之敬礼长者,在彼、在外而不在我、不在内,所以是义外。这就好像因为彼人肤白所以我认为彼人为肤白之人一样,也是由于彼人的肤白,跟我自己"白不白"并无关系,所以我说'长之'和'白之'都是'外'者也。"(为了避免继续引起误解,我不惜繁冗啰嗦地详细翻译。)

如果告子真的是这样的思路,则孟子的反驳便是有的放矢,孟子的相应的第一种反驳思路是:孟子先肯定了告子"彼白而我白之,从其白于外也"这样的论述[②],说"白马之白也,无以异于白人之白也",孟子的意思也就是说,告子你说的"彼白而我白之"乃是说"白人之白"即(白)人的肤色的自然属性,当然是属于"白人"即"彼人"的,和"我"没有关系,故而是"外",这没有问题。孟子为了强调这一点,又将白人之白和白马之白来进行类比,说:这和"白马之白"作为(白)马的自然属性一样,亦即:白马之白,和白人之白,都是其相应主体的自然属性,都是相应的客观属性而已,跟作为感知主体的"我"没有关系。接着,孟子就先以"异于"或"异"字[③]否

① 其实,即使这样解释,告子的思路也有问题。因为"彼白人之白"(形容词)固然在于"彼白人"自身,但我"白之"(动词)却是体现了"我"的感知能力,从感知的角度来说,仍然是"我""白之"(动词,意动用法,表主体"我"的感知能力);但从自然属性"白"(形容词)的主体来说,当然是"彼白人"之"白"(形容词,表主体"彼白人"的自然属性)。

② 显然,同告子一样,孟子在这里也并未谈及作为"我"的主体感知能力的"白之",见上文注释。

③ 这有赖于对"异于白马之白也无以异于白人之白也"这句话的断句,但无论是断句为"异。于白马之白也无以异于白人之白也",还是断句为"异于'白马之白也无以异于白人之白也'",所表达的意思是一样的。这也跟春秋战国时期的语法表述尤其是孟子的语法表述方式有关,姑不细论。

定了告子上一句中的“犹”字，也就是说告子用“犹”字表达出来的类比是不能成立的，（长与白）两者不是一回事；但这里孟子只是用“异”或“异于”表达了否定判断，然后，孟子再进一步提出了否定的内容，“不识长马之长也，无以异于长人之长与？”亦即：但你难道不知道马的年长却不同于人的年长吗？这就是上文所分析提出的孟子的整体反驳思路：“不一样（回应告子上文的“犹”字）。白马之白，当然跟白人之白没什么不同（因为在这里两者都属于自然属性），但你难道不知道马的年长却不同于人的年长吗？”

这样一分析，可以说孟子的反驳思路是清晰的，也抓住了告子论述中的逻辑漏洞。但是，问题不仅止于此，因为对于告子的“非有长于我也”，还存在着第二种解读可能：这句话里的“长”，既不是形容词的“年长”之意，亦不简单地是动词的“长敬之”之意，而是“敬长之义则”之意，即“并不是因为我本来、内在或本性便有‘敬长之义则’”（意思是说，“我”只是被外在的“敬长”之义则或规范所要求或制约而已），亦即焦循在其《〈孟子〉正义》中所提及的“近解”：“非我先预有长之心”[①]。顺此思路，则“彼长而我长之，非有长于我也；犹彼白而我白之，从其白于外也，故谓之外也。”这整句话的意思便是：“因为彼人年长，所以我长敬之，那么，我之所以长敬彼人，并不是因为我本来、内在或本性便有‘敬长之义则’（我之所以敬礼长者，在于外在之‘敬长之义则’或社会规范，在外而不在我、不在内，所以是义外）。这就好像因为彼人肤白所以我认为彼人为肤白之人一样，也是由于彼人的外在的肤白而已（跟我自己“白不白”并无关系），所以我说（‘长之’和‘白之’都）是‘外’者也。”

如此，则孟子的反驳思路亦当相应地调整理解为第二种反驳思路：关于前面半句“异于白马之白也，无以异于白人之白也”的解读是一样的（即前文所述的第一种和第三种断句或解读），但关于

---

① 焦循，《〈孟子〉正义》，p743。

“不识长马之长也，无以异于长人之长与？且谓长者义乎？长之者义乎？”，亦即关于孟子对告子观点的否定的内容，则应相应地有所调整，“无以异于长人之长与”这句话中，前一“长”字为动词“长敬之”，后一“长”字为形容词“年长”：“但你难道不知道马的年长却不同于人之敬长或人的‘长敬年长者之义则’吗？”（详细论述见上文详细注释）如此，则孟子此一整句的思路便是：“不一样（回应告子上文的“犹”字）。白马之白，当然跟白人之白没什么不同（因为在这里两者都属于自然属性），但你难道不知道马的年长却不同于人之敬长或人的‘长敬年长者之义则’吗？并且，是年长者表现出了‘敬长之义则’呢，还是敬长者表现出了‘敬长之义则’呢？（这不是很显豁的事情吗！）”

但是，如果采取第二种解读和第二种反驳思路，则孟子和告子的辩论就还有新的开拓的空间，质言之，无论这里的第二种解读或第二种反驳思路是不是告子或孟子的本意，都为告子与孟子的辩论打开了一个新的空间，或者，将告子与孟子的辩论从偏离了论辩主题的歧路上重新拉回到正确的轨道上来，即回到到底是“义外”还是“义内”，或“仁内”还是“仁外”，或“性本善”还是“性无善无不善”的根本问题上来。

管子的这句话，或许对孟、告之辩亦有所启发，“仁从中出，义从外作”（《管子-戒篇》）。

正义曰：此章指言事者虽从外，行其事者，皆发于中。明仁、义由内，所以晓告子之惑者也。“告子曰：食、色，性也。仁，内也，非外也。义，外也，非内也”，告子言人之嗜其甘食，悦其好色，是人之性也。仁在我为内，非自外而入者也；义在彼非在我，故为外也，非内也。“孟子曰：何以谓仁内义外也”，孟子见告子以为仁内义外，故问之曰：何以为仁内义外？“曰彼长而我长之”至“故谓之外也”，告子言彼人之年老，而我从而敬长之，非有长在我也。如彼物之色白，而我从而白之，是从其白于外也,我故谓义为在外也。"曰:异于白马之白也,无以异于白人之白也。不识长马之长也,无以异于长人之长欤?且谓长者义乎,长之者义乎",孟子又辟之曰:彼长而我长之,异于彼白而我白之也。于白马之色白,无以异于白人之色白也,是则同也,不知长老马无以异于长人之长老乎?以其是则有异也。盖白马之白,与白人之白者,彼白而我白之耳,我何容心于其间哉,固无异也;长马之长,与长人之长,则有钦不钦之心矣,此所以有异焉。以其长人之长者有钦,长马之长者无钦,是则长者在彼,长之者在我,而义自长之者生,非自长者生也。如此,告子何得谓之外乎?故问之曰:且谓长者为有义乎,长之者为有义乎?"曰吾弟则爱之"至"故谓之外也",告子又谓我之弟则亲爱之,秦人之弟则我不爱,是爱以我为悦者也,爱主仁,故谓仁为内也;敬长楚人之长者,亦敬长吾之长者,是以长为悦者也,长主义,故谓义为外也。"曰耆秦人之炙,无以异于耆吾炙"至"亦有外欤",孟子又以秦人之炙而排之,曰:好秦人之炙,无以异于好吾之炙,为物耳,则亦有如是也,然则好炙亦有外欤?且孟子所以排之以此者,盖谓仁、义皆内也。以其秦人之弟则不爱,吾弟则爱之,爱与不爱,是皆自我者也,告子谓之以我为悦,则是矣;吾之长者吾长之,楚人之长吾亦长之,长之亦皆自我者也,告子又谓之以长为悦,则非矣。是亦犹秦人之炙与吾之炙虽不同,而嗜之者,皆自我也。如是,则义果非生于外者也。云炙实,《周书》曰"黄帝始燔肉为炙"是也。秦、楚,所以喻外。[①]

曰:"吾弟则爱之,秦人之弟则不爱也,是以我为悦者也,故谓之内。长楚人之长,亦长吾之长,是以长为悦者也,故谓之外也。"曰:"耆秦人之炙,无以异于耆吾炙。夫物则亦有然

---

① 《孟子注疏》,伪孙奭疏(11.4)。

者也,然则耆炙亦有外与?”

在第四节后半部分中,告子似以是否内心喜悦和心甘情愿(“悦”)奉行之作为判断仁义“内外”的标准,也是作为判断是否为“本性”的标准(是否本性如此,本性喜欢,天生喜欢,内在喜欢),换言之,在之前将“性”认定为“天生、天性、本来就有”的基础上(“生之谓性”的解释之一),进一步提出:内心的真实喜欢爱悦(“悦”或情感喜悦)才是“本性”,亦即:心甘情愿而内心喜悦则为“内”、为“性”、为“仁义内”,心不甘情不愿(心不甘即心不喜悦)而不得不奉行之则为“外”、为“义”、为“非本性”、为“仁义外”。告子论证说,因为爱自己的弟弟,是本性如此,是自己心甘情愿而真实喜悦的——因为是“自己的”(私)弟弟;而敬别人的年长之人,并非本性如此,并非自己心甘情愿而喜悦——反而是被敬的年长之人更为喜悦——,所以对“我”来说,“爱我弟”是“我”之本性,是“我”之“内仁”或“仁内”;而敬长则是“义外”,是不得已而接受的外在的规范——喜悦的是被敬者,而不是施敬者。前者是自发的、心甘情愿的、欢喜的、真实的、内在的、情感的,是本性;后者是被动的、不得已的、义务和外在规范,是后天或外在之“义”。

不过,按照告子这样的思路分析下来,似乎是以情感愉悦、内在喜欢作为判断是否为本性的标准(亦可谓“性悦论”、“性本悦论”、“性本情说”——乃至稍一过界就走向“性本私爱私欲说”——,但不是“性本善说”。当然,这里所谓的“性悦论”,其实是说:告子是以是否内心真正愉悦和喜欢作为判断本性的标准,亦即是真正从“内心”中生发出来的,“是以我为悦者也”),并且在这里给人的感觉是:“仁”、“爱”就成了一种自悦私情,是因为弟弟是“我自己的”所以才“爱”之、才“仁”之,并因为爱之、仁之而感到中心愉“悦”;而如果是别人的弟弟即文中“秦人之弟”则不真实爱之、不仁之和不真实愉悦。而这恰恰就是告子以此回击或打击孟子观点的论辩策略之一:告子在第一节以阐述自己对于“本性”的观点的方式来反对孟子的仁义内在人性论时，那时是顺着儒家将“仁”定义为“仁者爱人”的思路来谈论的，所以反对“仁者爱人”意义上的“仁内说”（但告子并不是反对“仁者爱人”的“仁义”本身，而只是反对儒家对于“仁义”的来源的解释，认为并非儒家所说的“仁义来源于本性”，而主张“仁义”来源于“外部”，即“外义说”），而提出“仁义外在说”、“杞柳桮棬说”或“矫揉说”（或孟子所谓的“戕贼说”）；此节中，告子则先对“仁”进行了修正，即按照自己对“仁”的新定义，将“仁”限定为“私情私爱”——这显然不是孟子和儒家所谓的“仁”——，在此前提下才姑且认可私情私爱意义上的“仁”的所谓的“仁内说”或“性本仁说”，但告子这里的“性本仁说”却完全不是孟子意义上的“性本仁说”，毋宁说是“性悦论”、“性本情说”乃至“性本私爱私欲说”，从而巧妙地根本颠覆了孟子的“仁者爱人”意义上的“仁”的所谓的“性本仁说”。而告子这里提出的私情私爱意义上的“性本情说”[①]，其实仍然符合告子在第一节中所想表达出来的“性无善无不善说”而已，因为“情”实无关“善”。所以，告子并不是如后世一些评论家所言的“在孟子的追问和引导下而乱了阵脚，观点变来变去”，而其实也是一直坚持自己的观点的，并没有因为孟子的反驳而改变初衷，甚至反而根据孟子的辩驳而调整了部分辩论策略，比如试图以自己的理解和方式来重新限定孟子和儒家的“性本仁说”或“性本善说”[②]。在这里他所采取的策略乃是重新定义儒家的“仁”，将其限定为“私情私爱”，从而将儒家或孟子的“性本仁说”改造成了实际的“性本情说”、“性本私说”或“性本私情

① 但孟子似乎并未特别注意到这点，并未注意到告子将其“仁者爱人”意义上的“性本仁说”改造成了告子私情私爱意义上的“性本情说”，故对此并未有所辨析反驳，而只是特别注意到孟子自己更为关注的告子的更重要的问题即“仁外论”“义外论”，只对此有所回应，但亦稍简略。

② 《孟子》一书也相当忠实公正地记录了这一辩论过程，并无故意的扭曲和隐瞒，所以，《孟子》一书的编写者的态度也是很公正平实的，绝不会利用自己是编写者或书写者的便利，而利用这个权力来不公正地污蔑和打击对手，可谓是君子之辩论。

说”，从而试图以此有力地打击儒家或孟子意义上的“仁者爱人”等的“性本仁说”与“仁内说”、“义内说”——但再次强调一点，告子并不反对“仁义”礼义规范本身[1]，而只是反对孟子和儒家有关“仁义”来源等的学说。而对于“仁义”来源的不同设想或观点，对于相应的伦理哲学、政治哲学以及伦理规范、政治制度等的设计及其相应的效果或后果，都至关重要，这才是告子和孟子争辩的真正意义所在，后代读者在阅读思考时一定注意到这点，不可偏离关键论题。因为，如果告子对“仁”的含义的改造成功了，又因此动摇了孟子的性本善说，即其来源的内外问题，那么，既然孟子的“性本仁说”即“仁义”的来源有问题，那么也就至少意味着往告子的“性无善无不善说”等的思路上近了一点。也就是说，虽然并非直接论证了告子的“性无善无不善说”，而只是论证了“性本有私说”而已，但这已经是对孟子或儒家有关人性论的学说的一个有力的回击或打击了。孟子和儒家要对此有所回应。

其实，先不论其对于仁义的内容或本质的定义如何，告子以一个人是否心甘情愿和喜悦地奉行规范作为其是否真正接受仁或义的原则的标准，和孟子以此判断一个人是否真正内在具有和奉行仁或义（所谓“居仁由义”、“自得之”等），在这点上（以“自得”、“自悦”或“道悦、道乐”作为是否内在具有或内在接受“仁善”、“仁义”或内在得道的标准）两者是一致的（告子第三节的论述乃是从哲学或规范分析意义上来定义“性”，“生之谓性”[2]，这里第四节乃是从情感情欲的角度来判断某些特质是否是“性”或“本性”。注意：在这几节中，告子和孟子的辩论，是将“性”等同于“内”的，“内之”即

① 孟子或先秦儒家有关“仁义”本身的内容或定义，亦是重要关目之一，需要今天的读者更为深入细致的界定和辨析。但这是另外一个重要问题，不是这里孟告之辩的关注重心。

② 当然，在“生之谓性”这句话里，“生”有“天生、生来”与“生物”、“生命”等多种含义，上下文有详述，兹不赘。

"性之","性之"即"内之","内之"即"内生"、"内在而有"、"真实存有"等意,所以,"内外之别"其实就是"性不性"之别)。这种一致性也有非常重要的意义,尤其是对于儒家而言,这点成为此后有关儒家思想学说的许多命题的关键点所在,比如知行合一、真儒伪儒或真君子伪君子、诚、修行境界等,都落实在这点上,暂不赘述。

两者的区别在于,告子并不认为孟子意义上的仁义(亲亲长长或孝悌敬长)是人的内在本性(后来告子虽然说"仁"内,也仅仅只是认可"私情私爱之'仁'内"或"情内",而并非孟子意义上的所谓的"'仁'内"或"情内",论述已见前文),而孟子则认为如此。

在这节中,告子认为人有私情,所以仁爱喜悦自己的亲朋、嗜欲、利益等是人的内在本性,即告子所谓的内仁,而遵守礼义礼仪规范、尊重别人的利益和遵守相应的社会道德规范等,则并不是心甘情愿的,或并不能让人感到愉悦,所以不是人的本性,而是外义。但是,我们也必须看到,虽然告子认为对于后者(即尊重别人的利益和相关社会道德规范等),人们不是心甘情愿和喜悦的,同时告子却也认识到:人们确实必须遵守这些社会规范("外义"),换言之,孟子和告子,或者,儒家学说和兼治儒墨的告子学说,都认可"义"乃至"仁义"即道德规范的必要性——这是告子和孟子思路中共识的部分;但在对待"仁义"的来源这一论题上,告子不同意孟子或儒家的"仁义内在论"或"性本善论"、"性本仁义论"等观点,而提出"性无善无恶论"尤其是"义外论"或"仁义外来论",这恰恰是告子思想中的有价值的部分[①],亦即对告子思想进行进一步开掘生发的起点;告子本人亦是或可以从这里(这个逻辑起点)出发,去建构自己的不同于儒家的政治学说、伦理学说和社会学说(基于不同的人性论),或者,在这点上弥补儒家政治哲学、政治学说、伦理学说和社会学说的漏洞或问题,即对于"人

① 虽然我们同样可以说,"性本善论"、"仁义内在论"是孟子和儒家学说中的有重要价值的部分。两者并不矛盾。

后天之恶”、“外在之恶”（包括制度之恶、文化之恶、人心之恶等）乃至“人性中之恶”等进行必要的外在制约（当然，告子只是说“性无善无不善”，并未说“性本恶”，乃至并未说“性本有恶”）①。这是从发掘告子思想中的有价值的因素的角度而论的。但告子却认为这可能仅仅是基于理性判断（利益考虑或理性权衡）、外在压力等，并非基于本性（如果告子将本性仅仅局限于情感愉悦、私情和欲望的话）。

然而，如果站在孟子的思想立场上或顺着孟子的思路来分析，

① 质言之，孟子和告子之间的思想分歧主要体现在“义内”与“义外”的分歧，孟子和告子各执一词，各走一端，实则各有所是，各有所偏，合则全面而圆满，离则各有偏颇。我们今天重新审视告子与孟子的辩论，便须看到这一点，而将两者思想的合理处勾连融合起来，建立其更为合理圆满的新的政治哲学、道德哲学和思想文化体系。孟子的本意本来就有“性有善论”的意味在内，并且孟子在理论上或道理上并未完全否认告子思路的某些合理性（孟子在回答公都子“今曰‘性善’，然则彼皆非与？”的疑问时，孟子也并未一概抹煞、否定告子等人的观点，而只是简单地表示“乃若其情，则可以为善矣，乃所谓善也。若夫为不善，非才之罪也。”即并未完全否定告子等人的观点），但孟子在建构其政治哲学时，却仍然仅仅是建立在更为理想化、应然化的“性善论”的基础上（而不是更为务实的或实然化的“性有善论”），是在“性善论”的基础上或逻辑起点上来建构其整个政治哲学体系的；告子虽然说“性无善无不善”，但却认可“仁义道德”及其倡导或教育的必要性与重要性（但并未简单地肯定其有效性，因为根据其“性无善无不善论”是难以简单地推出单纯的仁义治理或德治、贤人政治等——比如王道仁政——的有效性的，而必须有其他的并行制度措施等）；只是因为对于人的本性的认知或仁义是否是人类本性的认知不同（仁义的来源），故其对于国家治理、天下治理乃至人类社会治理的伦理学说、政治哲学和实际政治学说应会有所不同——虽然告子并未留下基于此点的详细阐述，但中国的法家乃至西方的政治哲学或政治学说、文化政治思想等，包括后来的达尔文的进化论等，其实在相当程度上就是顺着告子的思路而发展的。这是我们今天讨论告、孟之辩的时候，一定要留意的一个更广大的人类思想文化历史背景，即在更广大浩渺的人类思想文化的历史星空里，来思考有关人类文明和世界文明的深远主题。限于本书主题、篇幅和时间等，这里暂时只是简单提及，不展开论述。另外，后人也一定要认识到，孟子将自己和告子的这些辩论记录下来，不可简单地将其理解为孟子的“辟邪说”，或更其狭隘地理解为孟子及其弟子乃至儒家的“战胜纪事”。孟子没有这么狭隘。而是在相当程度上忠实而公正地记录了两个人的整个辩论过程，并因此间接地保留了告子的某些思想观念，使得我们今人能够得以稍窥告子思想的面貌。纵览《孟子》全书，似乎并无第二人享受到同样的待遇（这样的多回合反复辩论，甚至在孟子和杨、墨的辩论中，也并不多见），这不能不说颇具深意。质言之，孟子将其与告子的辩论忠实呈现出来，既有“辟邪说”的意味（“辟邪说”的说法太过严重，当改换一种说法），更可能是因为告子思路中或有可取者，而留以待后人资以警醒而启发之。

又是另一回事。事实上，告子机械地认定本性只是有关于情感性的愉悦和欲望性的需求，却不认为仁爱性的或善意的、理智的、道德规范的东西同样可以属于本性，故而顽固地将后者视为“外在的”、“非本性的”，即“外义”。而孟子和儒家则认为人的良善（仁）、智慧或智力（理性，亦即仁义礼智中的“智”）（乃至道德规范，如义、礼等[①]）等也属于人的内在本性，或是由人的内在本性所作出的理性判断、决定和选择的，比如礼、义等道德规范。换言之，即便人看上去只是基于理性判断而去遵守道义规范，其实也仍然是由人的本性，即人的本性中的智性或善性所共同决定的。

换言之，如果站在孟子的思路立场上来看，则告子对于人的本性的理解颇为狭隘，只看到或只认为情感愉悦、私情、私欲才是“本性”，却没看到、无视或没有意识到“仁、智”或“仁智善美”乃至“仁义礼智”等也都属于“本性”的一部分（前文已述：仁、善、智、理与礼、义是分别属于不同层次的范畴）。告子看到、关注和重点强调的是人的私情私爱、自私自利性，在此基础上谈论义的存在乃至义的必要性；孟子看到和重点强调的是人本性中存在的仁义礼智之四端，是本性具有，主张和倡导应扩充此四端（应然），将此本来内在之本性进一步扩充深厚之（不是内化——因为一说“内化”，就变成“外铄论”了——，乃是内厚内充内展内实而扩充推达之），而成为仁义之人，而以此抵御可能的外在诱惑污染。

---

① 就判断其是否为人之本性而言，与人之仁善、智慧或理性相比，礼义或道德规范是属于第二层次的范畴，即是由人的仁善本性和智慧或理性本性所决定或设想出来的第二层次的东西，是本性的创造物，而并非直接的内在本性本身。故可以说，仁（善）、智（理性）或是人的本性，而礼、义则是由作为人的本性的仁与智生发创造出来的第二层次的东西，仁、智是更为本性内在的东西，而礼、义是由内在本性所创造出来的外在的道德规范，就其来源看，属于内在，就其实际存在形态来看，又属于外在。这也正是告子“义外论”和孟子“义内论”的差异的关键原因。这样的解释，将一切回归到人本身，而不是所谓的上帝或所谓的外在客观世界，而表现出了根本性的人文主义思路（人文世界自创论、自负责论、自可知论），而非宗教的思路（不可知论）或科学主义的思路（客体世界不可知论、不可控论等）。

但就其可能的思想缺漏而言，则孟子看到了人的仁义礼智的四端，却没看到或无视人的本性中的反仁义礼智或非仁义礼智的四端——关于这点，人们完全可以仿照孟子谈论四端的文字而提出相反的例证——，故只讲内扩、自修，不讲外在制度、规约等。告子则要务实得多，从《孟子》一书中对于告子言论的有限的征引来看，告子似乎并不反对"仁义"本身——虽然他在这节里对"仁"的理解和孟子有偏差，将"仁"局限于"私情私爱"——，却认为孟子或儒家意义上的"仁者爱人"、"道德仁义"（君臣父子夫妇等礼义礼仪规范）等的"仁义"是必要的，需要遵守；但告子却坚持"仁义"尤其是顽固地坚持"义"的外在性，亦即"义外论"（因为当其将"仁"限定为只是"私情私爱"之后，便有条件地认可所谓的"仁内说"，亦即先扭曲儒家对于"仁"的定义，然后才认可了他自己修正之后的"仁内"说；但对于"义内说"，则自始至终都不同意）。

第五节：

古礼，或曰尸为主祭者之子，或曰为主祭者之弟，又或曰为主祭者之孙，未知孰是。

第五小节中的讨论仍然是第四小节的讨论的继续或补充，"行吾敬，故谓之内也。"公都子这一句，精练地总结了孟子关于"义内"或"仁义内在论"的观点，也是对前两句"且谓长者义乎？长之者义乎？""然则耆炙亦有外与？"的进一步阐释和补充说明，以此进一步指明告子前面论述时的逻辑错误——当然，这样说并不意味着孟子在论述上亦成功地达成了证实自己观点而驳倒告子观点的目的。"行吾敬，故谓之内也"，这样的一种定义，强调"是'吾'即我自己接受、持有和认可了'敬'的礼义，所以'内义论'是成立的"，孟子的逻辑是：孟子先以"敬"来代表或概括一切礼义或仁义规范，然后以"吾敬"来表示"吾人"内在接受、持有和认可了这些礼义或仁义规范，再以"行"来表示"吾人"真实奉行、实践这些礼义规范，言行一致，这就是"我"孟子所说的"义内论"、"仁义内在论"或"性本仁义论”、“性本善论”[①]。这个定义似乎可以说是比较严谨了。但问题在于，正如上文一再指出的，这个定义无法说明这些被“吾”内在接受、持有、认可乃至奉行的“礼义”或“仁义”规范到底是从哪里来的，即无法回答或回避了“礼义的根本来源”问题——这是告子和孟子的辩论最关键的问题。因为我们既可以说这些礼义规范来源于内在的心志或仁善之性，也可以说这些礼义规范是因为我们选择、权衡、接受和认可了外在的礼义规范，最后内化和实践之（但孟子可以作如下论证：因为人本性中的善性、智性或理性而发生、创制、接受、认可、奉行多种礼义规范——正如笔者在上文一再强调和区分的，善性、智性、理性是第一层次或更根本层次的范畴，而礼义规范则是第二层次的范畴，但却实实在在是由第一层次的内在本性的善性、智性或理性所生发出来的，所以也是内在的。笔者觉得这可以成为孟子对其性善论的最好或最有力的论证）。谈论至此，如果从哲学的角度来分析，从人类整体而论，则或以为一切有关人类的道德规范乃至一切人类文化都来源于人本身的内在心智能力，最终是由于人类群体本身的内在心灵或心智能力所权衡、思考、选择、群体博弈、综合而成的——当然，所谓博弈，也可以说是经由外在社会学意义上的博弈而来，但这无改于其来源于人类的内在心灵心智——，至于最后归成于谁手，比如圣贤（如孟子在本卷下文所云的“故曰：口之于味也，有同耆焉；耳之于声也，有同听焉；目之于色也，有同美焉。至于心，独无所同然乎？心之所同然者何也？谓理也，义也。圣人先得我心之所同然耳。”）、宗教圣徒、帝王、超凡魅力人物，抑或人民群众等，都无改于是[②]；而这

① 义内论与性本仁义论仍然稍有不同，下文另有进一步辨析，此处不赘。

② 儒家大体持此种观点，亦即上文所引的“故曰：口之于味也，有同耆焉；耳之于声也，有同听焉；目之于色也，有同美焉。至于心，独无所同然乎？心之所同然者何也？谓理也，义也。圣人先得我心之所同然耳。”（《告子上》）所以我们也不能说孟子或儒家根本回避“礼义”的来源问题。

种人类的内在心灵或内在心智，哲学上又将其解释为所谓的“先验的”，而避免进一步去追问人类心灵或心智的来源。此外，还有神秘主义论（包括许多宗教认为人的理智与灵性或灵魂是上帝赋予的）、经验主义论、不可知论等等，至今也不能说有唯一确切的答案。

其实，我们今天来看孟子借公都子之口所揭橥的上述对“义内”的定义时，也可以从中看出，至少孟子这里对“义内”的定义，“行吾敬，故谓之内也”（孟子这里只是论证了“一个人之所以表现出礼义行为，比如敬长，只是因为伊内在地接受、认可了这种礼义规范，所以说是‘义内’”，这种定义省略了对“义”的根本来源的追问），并不能直接等同于“人性本义”或“性本善”，即不能说明“义”的“最终来源或根源”是人性内在。所以还需要另外的论证（在本卷接下来的文本中，孟子就此给出了相关论证说明，“圣人先得我心之所同然耳”，以及“四端”之说）。所以孟子在后文关于“四端”的论述中，便试图以此来进一步论证“性本义”，即试图由判断标准和描述意义上的“义内论”，而至于人性论意义和论证意义上的“性本义”，亦即试图论证“义的根源在于人的本性，是内在于本性的”。

“所敬在此，所长在彼，果在外，非由内也。”季子此句似乎试图区分仁、义，区分“吾敬”与“彼长”，“悦敬”与“礼长”，（悦敬之）仁内（而礼长之）义外，同于告子观点，可见季子大概是告子学说的拥护者，所以第五节继之以季子和公都子、孟子的辩论，乃是接续上前四节告子与孟子的辩论。季子意为：人们只是因为接受了外铄之义则，才会敬此长彼（基于或遵循敬此长彼之义则，亦即“外义”或外在义则之适用），并非是人们内心本来就有（固有的、本有的）并且一直内心奉守的“敬、长之义则”，言下之意是：如果按照孟子的思路，既然是“仁内”或“仁本性”（不同于“义内”或“义本性”），则人们本应当一直敬兄，哪怕是和长于伯兄一岁的乡人比较，也仍然应当敬兄，如此才符合“仁内”和“仁本性”，而在这个例子里，人们却根据具体情形做出调整，而“先酌年长乡人”即“先敬年长乡人”，则知人们乃是根据外在之“义则”便宜行事，制约调整人们本性中的爱悦之情（仁），不是根据本性中的爱悦之情（仁），而是以外在礼义（义）来指导自己的行动，所以你孟子所说的“仁义”，尤其是“义”，都是外在的义则而已。这里涉及仁和义的关系。

在季子、公都子和孟子的这一节辩论行文中，《孟子》文本似乎有意识地区分使用“敬”与“长”，似乎有意要给人造成这样一种印象：“敬”则涉及内部家庭伦理或家族伦理，或私情私爱（亲亲，仁也），“长”则用于外部社会伦理，属于外部礼义（敬长，义也）；“敬”属于家族内“仁爱”的范畴，“长”则属于社会层面“礼义”的范畴。当然，如果从谁能从这种区分中获得辩论的优势或好处这一点来分辨，则显然是告子和季子有意识地区分“敬”和“长”，从而将“敬”视为内，“长”视为外，而区分开“敬内长外”，来为自己的“仁内义外”（或“悦内义外”）辩护。如若真有这样的区分，则上文我将“长”解读为“敬长”便不准确，而应该解读为更准确的“礼长”（因为按照此段上述分析，“长”主要指社会层面的年长者，并非家族内的年长者，家族内的年长者是以“亲”来统摄的），“敬”则为“敬亲”，如兄、叔、父母、祖父母等。所以所谓“吾敬”是敬家族中之亲人，“彼长”则是“长礼”家族外部之乡人等。这是按照季子和告子的思路来解读的。但按照孟子的思路，也许应将“吾敬”中的“吾”解释为“我内在地”的意思，而不是解释成为季子和告子意义上的“我自己即我私情私爱私悦地礼敬之”。换言之，两造对“吾敬”有不同理解，或故意偷换概念来为各自的观点辩护——这当然是因为上文已述的上古汉语本身的词语多义性（或词性不分等）的特点（比如“吾”既可以解释为“我内在地”，又可以解释成“我私心私爱地”）使得这种偷换概念或概念的混淆、转换更容易进行，而更容易造成误解或交流上的错位。

正如上述，季子故意曲解公都子"行吾敬，故谓之内也"中的"吾敬"，将公都子的"我内在地以礼义敬礼他人"或"奉行我内在具有的敬礼之礼义"，曲解为季子自己的"奉行我私心私情爱悦的敬礼"。那么，按照季子故意曲解公都子意义上的"义内论"后的"（私爱）吾敬"的"义内论"的说法（或判断标准），从内在情感即私情私爱来说，则乡人与伯兄之间，固然是更敬爱（私爱私情）其兄（"敬兄"），但人们在敬酒时，却"先酌乡人"，或遵守"先酌乡人"这一礼义，季子于是论证说：按照你们儒家的"义内论"（其实这时季子使用的是已经被他故意歪曲了的"义内论"），人们都会真心爱悦、爱敬他们的兄长，如果按照"义内论"（实则是季子的"悦内论"），那么在饮酒时就应该"先酌兄长"，而实际上，人们却在饮酒时"先酌乡人"，那么，这便意味着爱兄敬兄的内在爱悦之仁情与礼敬乡人的礼义是不一样的，前者是内在的，后者却是外在的，是不得不遵守的，不是内心真实爱悦的（告子和季子始终以"心甘情愿、真正喜悦地接受"作为判断是否本性或内在的根本标准），所以其实应该是"（悦内）义外论"，所以你们儒家的"义内论"是错的。

公都子被季子的偷换概念的辩论难住了，不能发现季子的偷换概念，一时无法反驳，于是就去请教孟子。于是孟子教导公都子如此应对论辩说：你可以问季子：叔父和弟弟之间，是敬叔父还是敬弟？季子一定回答说是"敬叔父"①，那么，你接着问："代扮'祭尸'的弟弟和叔父之间，应该敬谁？"季子肯定会说应该敬代扮"祭尸"的弟弟。那么，你接着问季子："那么，此处对叔父的礼敬在哪里呢？（或解为：那为什么刚才敬叔父呢？）（为什么在之前的一个

① 这里非常有意思，我在前文亦论及，其实当时孟子和告子都认可儒家的礼义，所以两造在辩论时，都毫不怀疑对方会以礼义作为标准来指导自己的行动，质言之，不会质疑礼义本身。但他们——尤其是孟子一方——，到目前为止，却经常偏离了或忽略了辩论的最中心的议题：礼义的根源是内还是外，或者，礼义到底从哪里而来？当然，孟子马上在下文给出了相关论述。

例子中敬叔父，而在后一个例子中敬弟弟呢？）”季子一定会说“在位故也”[1]，也就是说，代扮“祭尸”的弟弟这时乃是代表“父尸”或“王尸”，处于已经去世的父亲或亡父的位置，故必须以对待亡父的礼仪来对待他，而这并不是敬弟，实际上乃是敬亡父。那这时候你也可以说：同样是因为“在位”的缘故，所以在上述情境下，在兄长和年长兄长一岁的乡人之间，要先敬乡人，因为乡人处于“宾位”，或处于宾主序礼的情境位置上，故要优先按照宾客之礼来对待或序礼，而不是按照家庭内的礼节来对待兄长。换言之，这时的情境是“宾客序礼”之“位处”，不是家庭内“亲亲序礼”之情境“位处”，故要按照前一礼义要求来行礼。在通常情况下，或在更多的素常或日常生活情境中，当然是敬重兄长；但在特殊或特定情境中，才优先敬重比兄长年长的乡人——而并不是季子上文所说的“所敬在此，所长在彼，果在外非由内也”。如果补充出孟子在这里没有说出来的辩论理由，就是：“我们‘先酌乡人’，并不是像季子所说的那样，‘所敬在此，所长在彼，果在外非由内也’，而恰恰相反，我们仍然是根据我们内心持有的礼义规范的要求，而选择不同的礼仪、对待方式或行为方式（因为我们内心持有的礼义规范本来就规定有时必须根据特定情境来选择不同的礼仪或对待方式），亦即我们确实是‘行吾敬’，所以并未违反我们所持有的‘行吾敬’的‘义内论’。季子的反驳是无效的。”

季子继续反驳说：叔父在位则敬叔父，弟弟在位则敬弟弟，那么这两种敬都是由于外在的伦理地位或位阶和外在伦理礼义所决

---

① 赵岐解“在位”为“在宾位”，似乎是将文本所叙述的场景限定在“乡人来某人家里做客”或在乡饮酒礼上的情境中来谈论分析的——而代扮“父尸”的弟弟则“在尸位”——“宾位”和“尸位”都是暂摄而已，故只是“斯须之敬”，对兄和叔父的敬，却是“庸敬”（而不是暂摄或暂时情境式的）。所以焦循解曰：“弟不在尸位，则叔父之敬，无时可易；乡人不在宾位，则伯兄之敬，无时可易。庸敬、斯须之敬，因事转移，随时通变，吾心确有权衡，此真义内也。”参见：《孟子正义》，pp746—747。

定的，所以是“义外”也。公都子则反驳说：按照你的逻辑，则冬天喝热汤，夏天喝冷水，人的这些“喜欢喝热汤或喝冷水”的喜好或要求本身，难道也不是“人自己喜欢”或“‘我’内在喜欢”，反而是外在的？然而这显然不是事实，因为我在不同的时候喝热汤或喝冷水的不同选择，这或许受到外界环境温度的影响（冬夏），但我喜欢喝热汤喝冷水的喜好本身却是我内在具有的，是我根据外在环境的不同而主动自我决定到底是喝热汤还是喝冷水。同样，我或许是根据外在的伦理位置或位阶来选择不同的礼义或礼仪，但我用以决定不同礼仪的礼义规范却是我内在持有的，我是根据自己内在持有的礼义来选择和决定自己的行动方式的。如果结合双方的论辩主题来分析，则公都子的言下之意是：我之喜欢喝热汤喝冷水和我之喜欢仁义，性质上都是一样的（正如下文所说的，“理义之悦我心，犹刍豢之悦我口”），都是由于我本来具有这一内在本性，并依据这种内在本性而（根据外在不同情境）主动地选择和决定自己的行为。

> 公都子不能答，以告孟子。孟子曰：“敬叔父乎？敬弟乎？彼将曰‘敬叔父’。曰：‘弟为尸，则谁敬？’彼将曰‘敬弟。’子曰：‘恶在其敬叔父也？’彼将曰‘在位故也。’子亦曰：‘在位故也。庸敬在兄，斯须之敬在乡人。”

“弟为尸，则敬弟”，孟子举此例当然是指“尸位是一种礼位的代表或扮演，并非扮演尸位的人本身”（甚至不同于社会学意义上的角色扮演或面具，而是确确实实的表演或代扮），但从另外一个角度来分析（比如人类学、心理学等），这其实亦可视为一种移情作用，将对“王父”或“亡父”的情感（以及相应的礼仪）转移到作为扮演者的“弟”身上，外在仪式上似乎是对着弟弟行礼（看似由弟接受了礼敬），实则仍是对于父母的礼敬之情，并非是敬弟也。

某种意义上，公都子和孟子在这一节里针对季子观点所给出的举例以及辩论逻辑或理由，只能说明孟子他们是根据具体义则来决定应当先敬谁，这其实只涉及规则适用或义则适用的论题，未谈及义则本身的来源即内外、本性或外铄等的论题。故对于论证“义内论”而言，仍然是不充分的。当然，随后孟子就试图直接来论证“义内论”了。

如果以季子的思路来分析，则：“敬叔父敬弟”云云，关于这里的“敬”，如果不涉及比较，则事关“仁”（喜悦伯兄而敬之，喜悦叔父而敬之，喜悦吾弟而爱之，敬与爱皆基于仁爱之意）；如果涉及比较，则事关“义”（外在社会伦理规则），外在之义则决定先敬后敬的次序，或孰为更敬的区分，比如，庸敬则为伯兄，斯须之敬则为年长乡人；庸敬则先叔父后吾弟，斯须之敬则先（处于尸位之）吾弟后叔父。季子据此得出结论：由此可见，“义”是外在的，不也是很显明的事实嘛。当然，如果仔细分析，则前一“在位”（乡人在宾位）纯粹是外在礼仪规定，未必发乎内在情感；后一“在位”（弟在尸位）则涉及移情作用，是移情作用和外在礼仪作用的共同结果。或仍可谓稍有不同，然此无关宏旨。

在这几节的论辩中，孟子并未直接反驳告子、季子等关于“内在情感愉悦或心甘情愿，是判断是否为本性内在的重要标准”这一论点，似乎对此并无太大异议，当然，按照孟子和儒家在其他地方的论述，他们仍然是在稍为不同的意义上来认可这一点的，即诸如“自得之”、“诚”、“慎独”、“居仁由义”、“得道”、“知命”、“顺受其正”、“反身而诚”、“反求诸己”、“操存舍亡”、“真实奉行”、言行一致、内外一致等，是仁义与愉悦的一致，而并不是仅仅简单化地归约于情感愉悦层面的接受。

公都子的回答，“冬日则饮汤，夏日则饮水，然则饮食亦在外也？”，仍然是重复之前孟子的解释，“然则耆炙亦有外与？”一方面，这里强调嗜欲本身是内在具有的，并非外在环境所赋予的；另一方面，孟子和公都子在这里似乎都在暗示，正如嗜欲是人类本身或本性所具有的，礼义的来源也是基于人的内在理性或先验理性，以及内在仁善之性或先验仁善之性，从而为下文进一步论证“仁善或仁义乃本性”作下铺垫。但这里的论证是一把双刃剑，既可以证明“性有仁善或仁义”或“仁善或仁义是人之本性具有”，但同样可能为孟子的论述埋下了一颗地雷，因为很显然，按照同一逻辑，则诸如嗜欲等之类的在儒家论说中常常用来代表人性的弱点乃至人性恶的东西，竟然也可以是人所内在具有的，或是人的本性之一！如此一来，则孟子或儒家的“性唯善论”意义上的“性善论”，岂不是被证明是错误或片面的了吗？而只能调整为“性有善论”，并无法反对“性有恶论”。这是孟子和儒家所要面对的根本思想挑战。孟子和儒家妥善回应和解决了这个思想悖论吗？

然而实际上，公都子和孟子两人的论证或可解释为仁义外铄内受，却仍然并未直接说明和论证仁义本性本受说（而只是暗示和类比），因为孟子和公都子的两句话都只能说明“嗜欲在内”、“嗜欲为本性”、“敬之礼义在我、在内”、“我根据内在的礼义规范来礼敬他人”——换言之，对于后两者，既可以解释为礼义内受，又可以解释为礼义内生，而礼义内受和礼义内生的意义不一样，礼义内生可以直接对应“礼义为本性所生”，礼义内受则不能。质言之，“敬之礼义在我、在内”不能必然说明“礼义”是内生的，亦不能以此种类比论证（嗜欲与仁义的类比）而证明“仁义亦为本性在内”（注意：在这里，公都子与孟子两人又一次使用类比论证：嗜欲与仁义的类比）。

季子说“敬叔父则敬，敬弟则敬，果在外，非由内也”，季子的意思是：“敬叔父”、“敬弟”都是由于外在伦理位置决定的，涉及外在礼仪安排，是由外在礼义礼仪规范所决定的，所以是“礼义外在”。季子在这里只取“敬弟”中的外在礼仪安排这一点意义，不取其“移情作用”视角下的敬礼者的内在敬意的意义，所以再次和告子一样肯定地说：这是“外在礼义礼仪”安排的结果。

讨论至此，孟子仍未正面主动论证“义内”，“行吾敬”只是说

"我是从内心里礼敬他人"或"我遵从内心里的礼义规则来礼敬他人",却依然并未真正论证"礼义的来源"或"礼义本身是从哪里来的"、"礼义是怎么来的,或怎么形成的"这些个根本论题,所以亦无法论证仁义本性说、仁义外铄论中的任何一点,因为其未谈及来源或根源,亦未谈及和区分诸如遵从动机、观念接受认可、道德价值选择判断、认知判断等思考维度,以及这几者之间的区别。

为了加深理解,以下将把第一节和第五节视为一个互相勾连、层层深化的完整的辩论过程,从整体上来进行思路梳理、厘清和辨析。这分两个步骤,首先概括每一节或每一辩论回合的辩论逻辑或根本观念交锋,其次从逻辑学上进行总结分析,最后再列举其他分析思路。

一、各节辩论主旨概括:

第一回合:

告子:性无善无不善;仁义外铄说,劝善矫揉说(试比较道家观念)。

孟子反驳(下简曰"孟驳"):如何劝仁义劝善?戕贼之?

罗按:孟子以仁义为应然必然,又以应然必然为实然本然。

第二回合:

告子回应孟子的反驳(下简曰"告回孟"):并非戕贼,而是外势即外在环境、后天环境的影响也;外在影响本来就有善有不善,所以戕贼(人后天变得不善)、矫揉(人后天变得善)皆有,你孟老夫子单提戕贼,逻辑上有问题(不完整)。

告子:性无善无不善,人之善与不善乃外势、后天影响也。外势使人变坏,则不善之外势使之然也,亦即戕贼之;外势使人变好,则善之外势使之然也,亦即矫揉之。此皆若水之忽东忽西类也。

孟驳:告子你以水来类比,人、水类比而同一,那么,水有"性就下"(水性就下),故人亦有性,人之性本善也(人性就善)。

罗按:水、人之类比论证,并非严格证明。

第三回合:

告回孟:以你孟老夫子之思路,则天生如此,水、人同一,水、人皆物,故皆无善无不善。

告子:性之定义(规范分析或训诂方式):生之谓性。“生”可能有四种解释:1.天生(如此),生下来即有即如此;2.(后天)生成,故无善无不善;3.生物生命(皆然),众生一同,人兽无别,故无善无不善。4.先天、先验(此点超出孟告本来之讨论框架,暂不论)。告子所谓的“生”应是指生物、生命、众生之意。

孟驳:人、兽、物其类不同,各类各异,每类相同。告子你的定义只是同义反复,或你告子的定义只说了人和物(包括各种禽兽飞潜等)的共同点(属性),并未具体谈到每一物类和人类的不同特性(种性),所以你的定义是不充分的(未说明种差或种性),乃至是无效的或无意义的。

罗按:孟子在第二回合中说“人、水、物同一”而进行相应类比,这里又说人、兽、物等各类不同;且两种类比论证今皆曰不严格,故而无效。当然,孟子并非主动使用类比论证,而是接着告子的类比论证来谈,从而指出告子类比论证中的问题。

第四回合:

告回孟:孟老夫子你说每类相同,则我部分同意此点,比如,(人喜)食色之性相同,但爱、悦(而亲亲)是人之性而皆相同(私爱私情意义上之仁爱),爱人、敬长(之义则)则因他人而异(别爱意义上之礼义),因他人之内外或外人之长少而有亲疏上下之等差区分(客体),由他人(客体)之情形所决定,非由我(主体)所决定,即义不在我,则外之也。亦即:此皆根据外在之条件、因素、环境、情势而定(即义为外义外势所决定,非在我内有之也),故你孟老夫子说的“每类之性相同”(每类“性相同,习相远”)也不完全对(因为无论是人的所谓“本性”还是你孟老夫子所宣称的作为人类内在本性的礼义,都是由外部情势所决定的），所以义一定是外在的，不是内在的。

告子：性无善无不善，性本情悦说（情悦是人之性），（非情悦之）仁善礼义本外在说（仁义善不是人之性，乃外在之义、外铄之义）。即告子将“仁”重新解释和定义，将“仁”置换为“喜好与爱悦”，故喜好食色与爱悦亲人都是内在本性；敬长等礼义却不是人的内在本性。

孟驳：义则，我受之则在我，我持之以指导自身之行动，则义则在我，故在内（不在外），在内，故曰义内或义内论；我之爱悦、我之嗜欲，皆我人本性内在所有，故曰仁义与爱悦、嗜欲皆一样，是内在所有，故曰礼义本性说①。

罗按：孟子主要是以求善淑世的思路来讨论，告子主要是以求真思路来讨论，故虽都认为仁义的必要性，却认为仁义的来源和习得途径有所不同。孟子认为仁义来自自身，来自良心，来自本性，只需要操存、长养、扩展、教养即可；告子则认为仁义来自外铄和矫揉，故或需要外在环境制度的配合（势）和法度强制等，不可仅仅诉诸于人的本性发扬和良心自觉（人无本性与良心，即无善无恶论）。

第五回合：

季子回公都子：

公都子：“行吾敬，故谓之内也”，“吾敬”，即“我内有本有的礼义之敬”，故曰“义内论”或“礼义本性论”。此仍是反驳上一回合中告子认为义则在外的观点，再度提出“义则在内我有”。

季子：根据告子在之前所论说的“性本嗜好、情悦说”或“嗜好、情悦方为内本”的意见，则“我”认为所谓的“行吾敬”的意思，应该

---

① 当然，“义内论”与“礼义本性论”还是稍有差异，义内论亦可是“礼义内受之”意义上的“义内论”，以及另外一种更接近于孟子所宣称的“礼义本性论”的“礼义内生之”意义上的“义内论”。

理解为告子和“我”所认为的“我自己即我私情私爱私悦地礼敬之”，方是。那么，以此来判断“相对于伯兄当先酌乡人”的情形，则“所敬（爱悦）在此，所长（礼义）在彼，果在外，非由内也”，也就是说，你如果敬伯兄，那当然是“我自己即我私情私爱私悦地礼敬之”意义上的“行吾敬”，则此敬为内，为“情悦内在说”，亦即上文告子所提出的“情悦内在说”等；但你却“先酌乡人”，说明这并非是“我自己即我私情私爱私悦地礼敬之”意义上的“行吾敬”，那么，既然不是“行吾敬”，当然也就不是“内”了，即不是“礼义内在论”（质言之，此可谓情悦或私敬私爱内在论，却不能说是“礼义内在论”，因为按照判断是否内在的“情悦或心甘情愿”的标准，“先酌乡人”的礼义并非是人们心甘情愿奉行的，故“先酌乡人”之类的一切礼义都应该是外在的，不同于内心心甘情愿的“敬爱伯兄、胞弟、叔父等”之类的情形）。另一个例子中，敬叔父或敬弟，都是根据其外在伦理身份来确定的，那么，“敬叔父则敬，敬弟则敬，果在外，非由内也”，也就是说，都是根据外在礼义来决定我的行为方式，或是由于外在礼义或伦理位置决定了我的行为方式，所以并非是“义内”，而是“义外论”，则告子之“仁内义外”即“悦内义外”或“情内义外”果然不爽矣。

公都子驳、孟驳：“在位故也。庸敬在兄，斯须之敬在乡人”（孟子语），“冬日则饮汤，夏日则饮水，然则饮食亦在外也？”（公都子语）也就是说，这些例子中，季子以为是外在伦理位置决定了人的行为方式或行礼方式，这恰恰是颠倒因果。公都子和孟子反驳说：“相反，不是外在伦理位置决定了礼义和礼仪，而是人们内心持有的礼义和礼仪规范，内在决定了对待不同的伦理位置的人应有不同的礼仪”，所以“礼义是内在持有的”，不是外在的，质言之，一方面，礼义都是由我内在接受认可的（如果暂时不说“内生”的话），另一方面，这些礼义和嗜欲一样（类比论证），又都是人类本性所具有，再一方面，孟子和公都子试图暗示说：并且礼义的来源也是基于人的内在理性或先验理性，以及内在仁善之性或先验仁善之性[①]。孟子和公都子以此来反驳季子和告子的观点。当然，“冬日则饮汤，夏日则饮水，然则饮食亦在外也?”此句，与第四回合中孟子的话一样，“然则耆炙亦有外与?”

罗按：此一回合的辩论大体同于第四回合，而为一再的反复例证或论证。

为便于理解，以下再度简要概括五个回合中双方各自的主要观点，及观点回应或交锋，以免因为语言文字上的障碍（包括语法上的障碍）而失焦，而不能把握两人之辩论思路和观点对应交锋所在，以为两个人是自说自话，鸡同鸭讲，或以为两方的辩论是牛头不对马嘴或风牛马不相及。

告子一：性为材质，物性与人性不必区分，人性与物性一样；作为儒家所谓“人性”之仁义，实则乃由外铄而来，并非所谓“人性”或“人性本有”。

孟子一：申言仁义乃内在人性（此无法以有效逻辑反驳，观念不同或价值观不同而已），顺之而成人。

告子二：（人、物之）性本自在，无分善与不善，人性亦同，无分善与不善；物性与人性同；人性无善无不善；“天性由外势成”论（水无特性）。

孟子二：水有特性（水无有不下，水就下）；人有善性（人无有不善）；性本势末论。

告子三：性即生、生物、生命，（人类禽兽等）生物、生命皆同一，皆无善无恶而已。或解曰：性本天生，人性物性同为天生。

孟子三：性各（类）不同，人性、物性不同（可隐含推出人性与物

① 其实也未必是暗示，而是孟子和公都子本来的观点，因为随后孟子就明确指出，“仁义礼智”，皆为内在人性，其中的“智”，虽然不可直接等同于今人所谓的“理性”，但亦含有理性的某些含义。

性不同之结论）。

告子四：食色是性；（悦）仁[1]内义外；情悦（喜好或心甘情愿）为判断内在与否的标准（“内在喜悦与否”是判断“内”或“本性”的标准）。

孟子四：礼义内受内有论（“且谓长者义乎？长之者义乎？”）；人性与物性或其他生物性不同，嗜欲内在，正如仁义礼智皆为内在人性一样，亦正如人具有内在理性（智）一样（即暗示“理性内在论”或“理性人性论”＝“智内在论或智性内在论”——“仁义礼智内在论”＝“仁义礼智内在人性论”）；但孟子并未反对告子的“食色是性”、“（悦）仁内说”等观点。

季子五：礼义外在论。

公都子五：“行吾敬”，礼义内受内有内在论或“义内论”；“内在实有礼义”是判断“内”或“本性”、“人性”的标准；嗜欲内在论，暗示理性内在论或理性人性论。

二、从逻辑学角度对第一至第五节的总结分析[2]：

告子在第一节或第一回合辩论中说“人性本无善恶，仁义乃由外力加之于人而塑造而成”，孟子驳其类比论证方法而驳人性论本身。

第二节或第二回合辩论中，告子则说“人性本无善恶而由外势所形成，既是外势决定，则内无本性亦可知”，此告子之思路。当然，告子这里只论及“外势说”，并未论及“内力说”，但从逻辑上来分析，则相对应于“外势”，“内力”也是一个可以从逻辑上顺理成章地推导出来的东西或可能的假设，即：或由内力所形成，或由外势

① 告子在这里对其所说的“仁”，做了一番重新的界定，即“私情私爱私悦意义上之‘仁’”，故而并不同于孟子和儒家所谓的“仁”，这是要注意的。

② 以此明析告、孟双方的逻辑思路和辩论的相互针对性，并仔细体会双方各自可能存在的逻辑漏洞或问题，以便更好地理解告、孟之辩，尤其是双方有关人性论的思想观念及其分歧的关键所在，利于今天更加深入地思考此一论题。

而形成，内力与外势皆无善无恶或有善有恶。但是，告子当时有“内力说”这种想法吗？从告子之表述“人性之无分于善不善也，犹水之无分于东西也”与孟子之反驳，可知告子、孟子皆无“内力说”之意。孟子则一方面指出告子类比论述中之漏洞：水无分东西，但有分上下，水之就下即水的本性，即是说“水有本性”。孟子由此而证明告子之类比论述失败，告子的类比论证逻辑是这样的：“因为人‘类于’水（“性犹湍水也”）；——水无分东西，即水无本性（其实，准确地说，告子这是只能说水无方向性而已）；——所以人亦无本性”，现在孟子通过分析直接指出告子的小前提错了（水无分东西，但水有分上下，“水之就下”即水之本性；既然水有本性，那么人也应当有本性），那么，告子整个论证就全错了，故其“人无本性”（即人性亦无善恶本质）的结论也是错的。孟子接着又驳斥其“外势成论”（告子以所谓“水之东决西决论”，来说明水无本性，乃外势成之耳，当然，告子这里只论及“外势说”，并未论及“内力说”或内力，当然也就并未论及内力无善无恶或有善有恶），孟子说：按照告子你的意思，你认为水之东决西决并非水之本性，乃势使之然，但你告子的逻辑问题在于，你不能由“势使之此然”乃至“反常之使此然”而遂推导“性本不彼然”呀。

此上两节，告子皆先进行类比论证，而孟子乃指出其类比论证中之漏洞或不严密之处，而予以批驳，皆可谓对应中的。（当然，第一节中的外力与第二节中的外势稍不同，另论，兹不赘。）

到第三节即第四回合辩论中，似乎告子意识到“类比论证的不严密性”或“不进行严格定义就难以展开真正有效的辩论”等问题，于是试图主动对双方讨论的主题和核心概念“性”来下一个定义（第三节）——当然，也可能仅仅是古人常见的训诂解释的方式而已，并非今人所谓的定义方法——，以及给出一个判断“内外”的标准（第四节），以方便两人之讨论与辩驳，这也可以说表现了告子的逻辑学自觉意识和辩论思路的转变。其实第五节的辩论中，季子亦通过直接提问的方式，要求公都子给“义内”下一个定义，“何以谓义内也”——这显然是延续前面告子希望进行更严格的逻辑论辩的思路[①]——，然后公都子便以“行吾敬，故谓之内也”，而为“内”或“义内”立了一个标准，或下了一个定义。这个“义内”的定义或“内”的标准和告子在第四节论述中所传达出来的标准并不一样，告子是以“内在喜悦”作为判断“内”的标准，孟子和公都子则是以“内在实有礼义”作为判断“内”的标准（其实，这就是孟子和儒家经常谈及的“诚”或“诚”的标准）。并且，告子、季子一方和孟子、公都子一方，对于“行吾敬”的解读完全不同，前文已述，兹不赘。当然，在第三节中，孟子直接指出告子的定义和论证中的逻辑漏洞（“生之谓性”的定义的同义反复，以及“牛之性犹人之性与”的种属不分）。

其实，在第四节辩论中，告子在以列举外延的方式来对“性”进行不完全定义后（“食色性也”），又直接提出自己的观点“仁内义外”，而后，告子在孟子要求其对“仁内义外”进行说明或定义的要求下，采取举例论证；孟子在指出其逻辑问题之后，又直接通过反问的方式，让告子明白“人是根据其内在接受或持有的礼义”来进行不同的对待行动的，外在不同的对待行动并不否定“人是内在接受或持有礼义”这样的事实；随后，告子继续举例论证说，如果按照告子自己的“情悦与否为判断‘内’的标准”这一原则来看，则是“私情私爱私悦之仁为内，而礼义为外”，孟子这时则进行类比论证，指出其实仁义礼智和嗜欲一样，都是内在持有或内在接受的。

---

① 鉴于《孟子》一书是由孟子及其弟子最后写定，我们也可以说，这种逻辑学自觉或对严格逻辑的进一步要求，其实也是孟子及其弟子的思路——我们从第四节的辩论中亦可看出，孟子亦希望告子给“仁内义外”下一个定义，“何以谓仁内义外也?”但告子此时并未明确给“仁内义外”下定义，而是通过其论述，使得我们理解到告子对于判断“内”的标准是“内在喜悦”或“心甘情愿”。然后在第五节的时候，孟子就通过公都子之口，明确提出了孟子、公都子一方对于“义内”的定义和理解。

简单总结来说，第一至第二节，告子采取的是类比论证，而孟子则顺着告子的类比论证，同样以类比论证来进行反驳（第四、第五节中亦有类比论证的成分，即嗜欲与仁义、礼义的类比）；第三至第五节，两方开始试图采取下定义的方式来进行辩论，其中，第三节采取的是界定内涵的规范分析的定义方式（“生之谓性”），第四节告子采取的是列举外延的不完全定义方式（“食色性也”），其他则是例证和描述；第五节公都子采取的又是界定内涵的规范分析的定义方式（“行吾敬，故谓语之义内也”）。另外，在第四和第五节中，告子和季子是综合使用下定义和举例论证的方式，孟子和公都子则是综合使用下定义和类比论证的方式。

三、从孟子思路立场出发，对孟子思路、观点进行的总结[①]**：**

第一节中孟子指出仁义非外铄，为内在内有，故人性有善，反驳告子之人性无善恶论及人性外铄论。第二节中孟子指出人有本性，且明人性无有不善，反驳告子之“人无本性”论。第三节中孟子指出人性与禽兽等其他生物之性不同，人性有其作为同一物类即人的特殊之处，亦即明“人之异于禽兽”，反驳告子定义之同义反复（生即性，性即生）（形式层面之问题）以及不区分人性与其他生物性的问题或错误。孟子此节之意为：同类同性，不同类则不同性，可对照“圣人与我同类者”[②]。质言之，此节中，孟子特别指明“不同类则不同性”（同类则同性，不同类则不同性）。第四节中孟子指出：仁义为“我”所内在持有，非外人所有或外事或外在因素所致，又顺告子之举例论证而

---

① 经过以上的分析，告、孟之辩的整个过程可以说是比较清晰了，但为了让读者对本书作者即孟子及其所代表的儒家的有关“性善论”的思路有更加清晰的把握，而减少由于辩论所可能带来的对于主要观点的干扰或偏移，这里再度站在孟子的立场上，对孟子的思路进行一个整体上的总结。当然，为了论述的平衡，其实本书也应该从告子的思路来进行一番梳理总结，但为了避免叠床架屋，笔者省略了这一部分。不过，综合本书的对告、孟之辩的不厌其烦乃至颇显繁冗的反复分析论述，读者不难自己归纳出告子的整个思路，故兹不赘述。

② “圣人亦人也，其相觉者，以心知耳。盖体类与人同，故举相似也。”参见：《〈孟子〉正义》，p763。

类比论证指出:嗜欲与仁义礼智(理性)同为"我"内在所有。第五节中,公都子和孟子则在告子的"情悦或心甘情愿是判断内在本性的标准"之外,提出"我内在持有、真实奉行(礼义)是判断内在本性的标准","义内"即"我内在持有、真实奉行礼义";此后仍然同第四节一样,顺着告子之举例论证而类比论证指出:嗜欲与仁义礼智(理性)同为"我"内在所有[①]。

四、其他一些不完整的进一步的分析思路:

(一)孟子:性本仁义说、仁义本性说;——VS——(二)告子:仁义外铄说。

(一)孟子:性本仁义说、仁义本性说:1. 仁本性说;2. 义本性说;——仁义本性而舍染失性或蔽性(解释否定情形)。(告子之论乃正所以反对孟子之人性论,乃所以针对孟子之人性论,故孟子之人性论乃隐含之论述或论辩对象。)

(二)告子:仁义外铄说:1. 仁外铄说;2. 义外铄说:(1)(仁)义外铄而内受说(理上认同);(2)(仁)义外铄而外受说(势上遵守);——义外铄而内外不受(解释否定情形)。(告子并未作如此细密之区分解说,然而后人可以此帮助告子厘清其思路、加强其论述也,而让孟、告之辩更为清晰针对,又进一步扩展思路,以期从理上辨明之。)

(三)仁义内生说 vs 仁义内受说:不可混淆"仁义本性说"意义上的"义内说"与"仁义外铄而内受说"意义上的"义内说"。

---

① 有意思的是,以前我曾认为孟子不讲论辩逻辑,有许多逻辑漏洞,现在,当意识到孟子在这几节中的主要目的,可能是有针对性地因应指出告子的逻辑问题,而不是由自己来主动进行正面论证时,反而觉得孟子逻辑并无太大问题;相反,孟子倒是每每指出告子之逻辑漏洞或问题。当然,这并不意味着孟子的逻辑全无问题而告子的逻辑全有问题,或告子的观点毫无思想观念上的启发,尤其不意味着孟子有关性善论的观点能够完全地逻辑自证或观念自证,或毫无问题,也并不意味着告子有关人性论的观点毫无启发。逻辑和思想观念,并不完全在同一个层面,或不是同一层面的范畴,这是需要明确的基本哲学常识。

五、余论：

在进行分析时，找到合适的分析概念、分析框架或分析图式和叙述框架非常重要，如果找到这些，对论题或问题的分析往往可以迎刃而解。尤其是在处理思想论争的公案时，既要找到和辨明当事人的分析概念、分析框架或分析图式和叙述框架（顺着其思路，还原其思路），又要分析其分析概念、分析框架或分析图式和叙述框架的问题（分析其思路，找出其思路的问题），最后还要找到自己的分析概念、分析框架或分析图式和叙述框架（自己的更好的思路，而不被当事人的思路所带乱或带走），将公案的问题讲清楚。

第六节：

按焦循考论，则微子启、王子比干皆是纣之叔父，且皆有资格成为天子，而主动将天子之位让与兄之子纣，乃有德义人也。此或曰商代"兄终弟及制"乃家族代际平等制度，以现代人的公平观念来衡量，似乎比西周之嫡长子继承制更能在家族中获得更多拥护和正当性，因为理论上，在此种"兄终弟及"制度下，家族中谁都有机会获得这一最高权力，不能获得亦是天意，故无不满心理——而西周嫡长子继承制则更易形成集权结构。采取兄终弟及制度时，当或倘若同辈中皆无兄弟可及性，便到下一辈中寻找年龄最大的族兄，来继承天子之位，但这似乎有两种特殊情形，一者，当弟年龄太大而不适合继兄为天子时，则主动推让给第二代，如微子、比干等的行止；二者，当下一辈中之兄年龄过大或身体精力不足时，则主动让于年龄较小的族弟。当然，以上只是按照现代人的逻辑观念来进行的猜测，事实未必如此，正如历史未必如此剪裁整齐一样。比如在商代，所谓的"兄终弟及"存在两种情形：一种是继位为天子的最小的弟弟死后，将天子之位传给长兄（即嫡长兄）的嫡长子（即大侄子）；另一种是继位为天子的最小的弟弟死后，将天子之位传给自己的嫡长子，而并不传回给自己的嫡长兄的嫡长子（大侄子）——当然，这是否是因为嫡长兄无子还是其他原因则不得而知，或一时无暇考证之。整个商代，基本上都是这两种情形反反复复，最后，从庚丁到帝辛（纣）这五代天子，就完全是嫡长子继承制了。

或曰：用既有的人类自然语言、概念，几乎根本难以讨论和解决告、孟之辩所牵扯出来的有关辩论有效性的这个问题，因为这些词语和概念本身就不精确，而将干扰对论题的分析，并且论题本身亦可能因此而是一个不严格的命题，或根本不能构成为命题。此外，用这种意义不确定的自然语言和词语来讨论，看、读或听的人（对方或双方）在眼睛和心脑中所理解的，可能完全是另一种样子，正如千人而千种哈姆雷特，仍然无法形成共识，乃至根本无法形成有效的精确的交流。怪不得现代语言哲学家、数理逻辑学家、分析哲学家等，试图以数理语言、逻辑语言等取代人类语言，来进行分析与说理……

或曰：自然语言条件下，人类之间完全精确的沟通，是不可能的；数理语言条件下的人类精确沟通，或许不会造成任何误解，可是那到底意味着什么呢？极其精确的心灵生活与人类沟通，对人类意味着什么？有人说沟通手段——包括语言、叙述框架、结构、编程法则等等——都是适应人的心智水平的，两者处于一种大致耦合的状态，故而在特定的时代，在相应的人类文化智识水平条件下，一般人乃至整个社会都并没有更精确沟通的要求，乃至没有这种意识（既有的不完善的、不精确的语言和沟通方式，完全可以满足他们对沟通的一般或日常要求，和社会生活的一般或日常需求），只有极少数一部分人，或某些类型的人，或行业、职业、领域，才对更精确的表达和沟通，提出了更高的要求和意识，或者具有更高的能力，比如说科学家、哲学家、学术研究者，比如说所谓最聪明的大脑，等等。从某种意义上说，比如相对于数理语言或者是最精确的逻辑表达而言，所有的自然语言表述都是模糊的，所以，我们说话、读书、论辩、看别人的文章或是论文，其实都只是了解大概的意思，因为每一个字词都是模糊的——即便句法能够在一定程度上将这些模糊的字词的意义大体框定或固定下来，形成句意，然而亦只是大体而已。因此，如果要真正追究确定的意义，则每个字词都要推敲，但这又是根本无法推敲的，因为你会使用另外一些不严谨的字词和自然语言来进行说明，而自然语言永远是不严谨的。这将迫使你进行无休止的说明和定义，直到最后变成哲学语言或符号语言或数理语言。

写到这里，我简直觉得所有的著述似乎都是没有太大意义的了。所谓的大思想家、大科学家，都只是相对于现在或既有的文明状态水平而已。从未来的更高文明来看，可能其实都是很幼稚的。

可是我们仍然在说话，在写作，在读书，在沟通……语言是人类存在的家园，尽管它是不成熟的、不严谨的、不精确的，正如人类或人类的心灵生活一样，所以无须太过在意，而坦然接受之。但有时，人们会禁不住设想：等到自然语言消亡的那一天，是什么样子？

此处[①]论情、才者，良多启悟，可细绎之。

孟子以天爵反人爵，以贤贤反（或补）尊尊，以友贤共天位反（或补）宗法世袭。

“赵孟之所贵，赵孟能贱之”（《孟子-告子上》），此语乃是针对王君卿大夫享有或垄断人事任命权这一当时政治事实而言，然此语态度暧昧，一时似难见孟子臧否赞斥。然孟子以为若无天爵而但有人爵，则“非良贵”；有天爵而得人爵，且时时不忘持守培植其天爵者，方为“良贵”；此乃将天爵凌驾于人爵之上，即将贤贤凌驾于尊尊之上。则孟子以“良贵”、“天爵”、贤贤等而对宗法继承世袭等级制度，即“人爵”、尊尊等，予以警醒指斥之……

“人无有不善”（《告子上》）；“乃若其情，则可以为善矣，乃所谓善也。若夫为不善，非才之罪也。恻隐之心，人皆有之；羞恶之心，

---

① 焦循，《〈孟子〉正义》，pp752—757。

人皆有之;恭敬之心,人皆有之;是非之心,人皆有之。恻隐之心,仁也;羞恶之心,义也;恭敬之心,礼也;是非之心,智也。仁义礼智,非由外铄我也,我固有之也,弗思耳矣。故曰:‘求则得之,舍则失之。’或相倍蓰而无算者,不能尽其才者也。”(《告子上》)“故凡同类者,举相似也,何独至于人而疑之?圣人与我同类者”(《告子上》);此等论述,可以说,从里面很容易生发出平等主义的伦理出来。与此同时,孟子又认可“故曰:或劳心,或劳力;劳心者治人,劳力者治于人;治于人者食人,治人者食于人:天下之通义也。”(《滕文公上》)、“小德役大德,小贤役大贤”(《离娄上》),而似赞同权力等级主义和人格等级主义之制度安排。此两者并行并出,看来似乎有冲突?然,亦不然,此或恰亦可看出儒家学说的某种意义上的精妙性——或看成是某种相反相成之精妙安排,虽然其制度设置,以我们今天的眼光看来,似乎不是很成熟——,这其间的矛盾在下面这句话里面得到了说明或化解:

> 公都子问曰:“钧是人也,或为大人,或为小人,何也?”孟子曰:“从其大体为大人,从其小体为小人。”曰:“钧是人也,或从其大体,或从其小体,何也?”曰:“耳目之官不思,而蔽于物,物交物,则引之而已矣。心之官则思,思则得之,不思则不得也。此天之所与我者,先立乎其大者,则其小者弗能夺也。此为大人而已矣。”(《告子上》)

孟子在这里区分“天爵”和“人爵”(《告子上》),正如孟子区分“贵戚之卿”与“异姓之卿”(《万章下》)的用意一样,皆是试图以“贤贤”原则补充乃至替代“贵贵”原则,从而构成整个天下、国家、社会的基本原则,在此基础上建构起孟子的政治哲学和政治文化现实,包括圣贤而王、圣贤自王、圣贤共王、圣贤共治、选贤任能、禅让政治基础上的王道仁政。

“孟子曰:‘天下有道,小德役大德,小贤役大贤;天下无道,小役大,弱役强。斯二者天也。顺天者存,逆天者亡。’”(《离娄上》)

这句话也可以看出孟子的现实主义思路，和孟子论述“禅让”和“世袭制”时的语气态度一模一样。

第七节：

孟子和告子的辩论并不是在前五节便宣告结束了，相反，孟子在第六节以后，仍然再次回复前面五节的辩论，进一步阐明其观点理据，而指出告子观点和论证中的问题，故可视为前五节辩论的延续或后续。

或曰：焦循解“赖”为“懈”（取阮元之解），似不切，下文言“殊”，恰表示上两例乃反例也，而“陷溺其心”只是针对凶岁子弟而言，“富岁凶岁”，正回复上文告子所言“外势”及公都子所列举若干有关人性之论点（论调），明其亦有其部分正确或可取处。第七节似进一步回应第二节之论题，指出告子未区分性、才与外势陷溺，即在肯定性本（有）善（性）的基础上，亦在另一层意义上认可告子的外势说，亦是回应第六节“可以为善，可以为不善”的论点。

亦有解曰：焦循解“赖”为“懈”（取阮元之解），正切，下文言“殊”，只表示人因外在环境不同而有不同表现，皆坐外在环境所以“陷溺其心”故也。余则同上。注意：孟子并未赞同告子的“人无善无不善”的“人无本性论”和“外势论”，而仍坚持认为“人性本善本有仁义”，之所以后来变得“赖懈”或“暴恶”，不过是因为“陷溺其心”而已，并非人本性、本才有什么不同。

“今夫麰麦，播种而耰之，其地同，树之时又同，浡然而生，至于日至之时，皆熟矣。虽有不同，则地有肥硗，雨露之养，人事之不齐也。”此可谓回应第二节告、孟之辩，及“可以为善，可以为不善”之论，其理由曰：播种麰麦而耰之，熟则必为麰麦（决不会长成稻米），此其麰麦之为麰麦之“同”，即麰麦之本性也（类比而知人亦必有本性）；其不同者（如人之后天所表现出来之善恶不同），则雨露、肥硗即外势、外决也，而人有本性，正如麰麦有本性一样，并非告子所谓的“人无善无不善”的“人无本性论”（以及“水无本性论”等）。

“故龙子曰：‘不知足而为屦，我知其不为蒉也。’屦之相似，天下之足同也。”这一句回应第一节。这里孟子的思路包括两个互相嵌套的三段论：“同类者举相似”（大前提），普通人与圣人同类（皆是人）（小前提：“圣人与我同类者”），故普通人与圣人举相似（这既是上一个三段论的结论，同时又是下一个三段论的大前提）；圣人内圣内仁义（小前提），故普通人亦皆内圣内仁义（结论，即所有人皆有内圣内仁义之性）。这一句又回应第三节，同类同性，不同类不同性（柏拉图则以理念论来进行分析与表述，此中西思维方式之分途也。由此亦可见：创造出一种新的思维方式、分析方式、逻辑概念、逻辑命题等，对于推动人类思维或智识的发展，极有价值）。但中国古人更喜欢就事论事，喜欢意象化的表达方式和思维方式，喜欢非形式逻辑的综合判断、直觉判断等，而不大喜欢和不大善于提炼出逻辑命题，不善于将思辨形式化、抽象化，或抽象出相应的抽象概念、逻辑命题或逻辑论证图式等来帮助和加强分析。也因此，由窥基、玄奘等引进开创的印度因明学，在中唐以后也几乎完全失传了。这种情形，直到近代中西文化接触以后，才又有了一个新的变化——比如马建忠的《马氏文通》等，不赘。

“口之于味，有同耆也”等句，回应第三节及回应公都子诸条。

“后世必有以味亡其国者”[①]，此又同于“禹好旨酒”而后之所云。可见此或为其时普遍警醒与见识。

“相似”即“性相近”（“特于口味指出性字，可知性即在饮食男女”[②]），此几段文字，亦可谓回应第四节“食色性也”，然虽肯定“食色亦性”，而尤其特别提出“仁义、理义”亦性（事实上，孟子强调后者更为根本，更能代表人性的特点或本质），“理义之悦我心，犹刍豢之悦我口”，则又对告子之不充分列举定义法，或对告子对于“人

① 焦循，《〈孟子〉正义》，p764。

② 焦循，《〈孟子〉正义》，p764。

性”的狭隘理解或定义(告子只认为食色才是性,内仁内悦才是性,而义则不是性),进行了批评,指出其谬误和偏颇。第十节以后又强调理义、仁义比之于食色的重要性(“从其大体”、“养其大体”等),可谓不厌其烦、步步深入,力求充分阐述孟子自己对于人性本善的论点。

“礼义之悦我心,犹刍豢之悦我口”,此则亦可解读为:人性不只有善,还有食色等等,回应第四节告子之不完全列举定义法,“食色性也”;孟子以此句指出感官之嗜欲与心官之嗜欲有同然者,感官嗜好口味刍豢,心官则嗜好理义与仁义礼智也[①]。

孟子亦言“悦”——此则回应第四节告子之以“悦”论性,或“以悦作为判断性或内的标准”——,则可见孟子亦同意“爱悦”或“悦好”可为判断是否本性或“内在”的标准(之一)[②]——,以好恶为人之常情,而心亦好(四声)理义、恶非理义也。

戴震所论,似言“人之天性,天生自然(而相同),无善无不善”,后则失其自然而已,故“生之谓性”似表示告子主张上焉者任其天性自然,下焉者梏之使不为不善(戴震),类于道家与法家之综合。戴震言告子贵性亦类道家[③]。

此处[④]可回应第四节,声色味(客观属性)在物,嗜欲(主观心智情意能力)在我,然嗜欲只接于我之血气;而理义、仁义、礼义等,则接于我之心知;心知尤重于血气,心知之养大于血气之养,所谓大体、小体之分也。然戴震反对于气禀之外另增一理义之性,以为理义不出于气禀之外[⑤]。血气与理既分又合,而以理义制臣血气,

---

① 另可补充参考相关论述,焦循,《〈孟子〉正义》,p768。

② 当然,孟子和公都子的确切表述是“行吾敬”,即“内在接受、持有和认可,真实奉行、实践”,并不完全是告子的“情悦论”。读者应注意这两者之间的微小语意差别。

③ 焦循,《〈孟子〉正义》,pp765—774。

④ 焦循,《〈孟子〉正义》,p768。

⑤ 焦循,《〈孟子〉正义》,p769,p770。

则血气亦惕然自得也。

焦循指斥宋儒“天理人欲”之谬酷[1]。

“孟子告齐梁之君，曰‘与民同乐’，曰‘省刑罚，薄税敛’，曰‘必使仰足以事父母，俯足以畜妻子’，曰‘居者有积仓，行者有裹囊’，曰‘内无怨女，外无旷夫’，仁政如是，王道如是而已矣。”[2]此皆所以遂正常之情欲也。

“‘口之于味也，目之于色也，耳之于声也，鼻之于臭也，四肢之于安佚也’，此后儒视为人欲之私者，而孟子曰‘性也’，继之曰‘有命焉’。命者限制之名，如命之东则不得而西，言性之欲之不可无节也。节而不过，则依乎天理，非以天理为正，人欲为邪也。天理者，节其欲而不穷人欲也。是故欲不可穷，非不可有，有而节之，使无过情，无不及情，可谓之非天理乎？”[3]此则孟子亦并非曰不当养小体，徒当节而不过耳。

第八节：

斧斤之喻，回应第一节中之戕贼，戕贼其本性、本有之善。孟子之观点论述前后一致。

按焦循之解释思路，则在“可以为美乎”下为句意之一断，接着乃转言实则其人本与他人、贤人同。“几希”后又一转，转回“旦旦而伐之”之思路。此解可矣。平旦之气，即夜气以息以存后之才性气质，仍与贤人同，然当反复梏亡之后，则夜气夜息终不足以存，而终于“违禽兽不远”，一反之前之“思欲息长仁义”而犹可“与人相近也几希”之情形。“思欲”即焦循所解之“陷溺未深，尚知自悔”也。

焦循此两页之解甚好，乃将人心梏亡之变坏过程或心理活动过程亦写出，甚可为一般士人警惕戒备也[4]。

---

① 焦循，《〈孟子〉正义》，p772。

② 焦循，《〈孟子〉正义》，p772。

③ 焦循，《〈孟子〉正义》，pp772—773。

④ 焦循，《〈孟子〉正义》，pp776—777。

第九节：

按焦循之论述[①]，博（双陆棋），则纯粹偶然侥幸之局戏；弈（围棋），则有其定则，赖人之智力技巧，不在侥幸。博为双陆棋，用掷骰子之方法而娱乐而已，虽亦有策略，而运气成分居多。

此节言"专心致志"，实则仍是讲"操存"之术，不在于谈出处，或批评时政（齐王之用佞臣）。虽确含有后两者之意蕴，然论述主题或论述重点不在此，乃援事举例以论理也。章指之言，虽亦然，而稍偏题旨，可不论。

第十三节：

人不知最能养身养心者乃仁义也，知仁义为养身养心之最重，而犹不以仁义养之者，弗思甚也。然于今言之，此仁义非先秦儒家所谓之亲疏远近上下之区别对待之"仁义"也，而为普遍主义、平等主义之"博爱仁善仁义"，尊重他人之自由权利，礼敬之，与人为善，以此待人处世，乃今之以仁义养者也。

第十四节：

"人之于身也兼所爱"，身心兼爱，此明孟子并无后世宋儒之天理人欲对比严苛之病，甚明也。

吾人看《周礼》之体国经野、设官分职，实则乃小范围之建造宫室、安排职事而已，体现了极明显之畜牧业、农业、狩猎采集业等之混合经济形态，或者所有百姓庶民皆被纳入此一体制，并无闲人；所谓官，皆事职也，初并无太多阶级分化；虽有等级制，而一切人皆有职事，并无不劳而可获者。其后人口繁衍，土地面积增大，乃渐生出不劳而获之寄生阶级、统治阶级与勤于王事、农事之劳动阶级、被统治阶级。

第十七节：

埃及法老所穿衣服似亦多采绚烂，可比较之，又可比较苏美尔

---

① 焦循，《〈孟子〉正义》，pp779—781。

人之服饰色彩。

第十九节：

此节可对照“西子蒙不洁”一节。

总体而言，《告子上》之第 18、19、20 小节乃至第 8、9 小节之“旦旦、日夜、旦昼”(8 小节)、“专心致志”(9 小节)皆只讲一个“熟”字；第 10～17 小节则讲小体、大体之分、之别择。

告子下

任人有问屋庐子曰："礼与食孰重？"曰："礼重。""色与礼孰重？"曰："礼重。"曰："以礼食，则饥而死；不以礼食，则得食，必以礼乎？亲迎，则不得妻；不亲迎，则得妻，必亲迎乎？"屋庐子不能对。明日之邹，以告孟子。孟子曰："于！答是也何有？不揣其本，而齐其末，方寸之木可使高于岑楼。金重于羽者，岂谓一钩金与一舆羽之谓哉？取食之重者与礼之轻者而比之，奚翅食重？取色之重者与礼之轻者而比之，奚翅色重？往应之曰：'紾兄之臂而夺之食，则得食；不紾，则不得食，则将紾之乎？逾东家墙而搂其处子，则得妻；不搂，则不得妻；则将搂之乎？"

此节虽未有"权"字，其实则论"权"法。此节乃接承"舍生取义"一节而谈之。"舍生取义"，并非拘执，而当辨其轻重，本诸至诚，权衡权变取舍之。孟子并不鼓励轻易捐弃其身，尤其是为小事小节而捐弃其身，则小题大做，乃陋儒耳。其权衡之法之步骤为：第一种情形，若有空间而可两全之，则以礼义为重，"所欲"为轻，轻措所欲而存其礼义；第二种情形，若权衡轻重，所欲有其重大意义者（比如，生命乃为成就一切大道大义之根本凭借，舍生则无以成就其大义志业，故忍辱精进，"爱其生以有待"，以生欲置于侮辱之上），而礼义稍轻时（比如生活中之细小侮辱等），则舍礼义之轻者而就所欲中所蕴含之礼义之重者（以礼义中之所重者违礼义中之所轻者,即此是相比较而言);第三,礼义之最重者与所欲之最重者相比,则舍生(所欲中之最重者)取义(礼义中之最重者)。然孟子所谓礼义中之最重者究竟包括哪些情形?换言之,哪些礼义竟至于要以生死殉之?似未明言,而只是表明一种重义轻欲之决绝态度(并且上述权衡之法亦只是大体言之,不可拘泥)。而历史上之许多志士仁人却以实际行动做出了表率:岳飞、文天祥、刘宗周等。虽然这其中有的人其实或亦可以有其他并不违礼违经之正当选择,却以其决绝之舍生取义之选择而表现出伟大之文化精神也。

"于答是者何有"之"于"有两解,焦氏辩之綦详[①]。朱熹读"于"如本字(yú)。

对"不揣其本,而齐其末"可做哲学分析,如山与木,何者为高?涉及概念之内涵规定性或本质属性与具体概念物事关系。具体物事之具体比较与概念之比较不同[②]。

此与舍生取义之比有同病处。生命权之义与一般之义轻重不同,简单化等同类比之,则同为"不知类"、"不揣其本"之病。此乃思维术、逻辑学或思维科学,当于此领域中先辨明之。

"此章言义理事物,其轻重固有大分,然于其中,又各自有轻重之别。圣贤于此,错综斟酌,毫发不差,固不肯枉尺而直寻,亦未尝胶柱而调瑟,所以断之,一视于理之当然而已矣。"[③]朱熹之解说虽或有理,然仍堕入(圣贤仁人)自由心证主义、自由裁量之窠臼,不足为明确规则法治,故古代《春秋》折狱而解释权尽入于读书人、乡绅、师爷、讼师讼棍之手,其不正者乃舞文弄法、罗织罪名而陷害敲诈之。今之立法或拟定法律条文则力避笼统空疏,力求精确严密,减少自由裁量空间,加大法律明晰主义,又以法律公布主义避免律

---

① 焦循,《〈孟子〉正义》,pp806—807。

② 焦循,《〈孟子〉正义》,pp807—809,810。

③ 朱熹,《孟子章句集注》,p317。

师法官之自由裁量，稍优于古代经学立法(立法学)。

礼重于食色，亦是总体言之，立于礼义原则。然有极重之食色如饿死或儒家所重之无家室或无后，又有极轻之礼义，则不可简单对比之，而遂断言礼轻食色重。质言之，此为总体对比、判断、价值评估，将礼义与食色分别视作总体概念而对比评价之，则礼义重。然总体对比、评估不能直接推出部分之对比评估，后者又当另行具体对比评估之。前为大原则，后为具体事例，且大原则之表述亦当审慎节制有分寸。今之立法学(或逻辑学、语言学等)于此则尤为精到，尤为严密严格，而或曰："总体上，在不涉及极端差异对比的情形下，礼重于食色。"然后再有具体立法、具体条文。孟子等古人每皆大体笼统言之，重在谈原则，不似今日之立法学专业精审，讲求精确逻辑表达和法条制定。

曹交问曰："人皆可以为尧、舜，有诸?"孟子曰："然。""交闻文王十尺，汤九尺。今交九尺四寸以长，食粟而已，如何则可?"曰："奚有于是? 亦为之而已矣。有人于此，力不能胜一匹雏，则为无力人矣。今曰举百钧，则为有力人矣。然则举乌获之任，是亦为乌获而已矣。夫人岂以不胜为患哉? 弗为耳。徐行后长者谓之弟，疾行先长者谓之不弟。夫徐行者，岂人所不能哉? 所不为也。尧、舜之道，孝悌而已矣。子服尧之服，诵尧之言，行尧之行，是尧而已矣。子服桀之服，诵桀之言，行桀之行，是桀而已矣。"曰："交得见于邹君，可以假馆，愿留而受业于门。"曰："夫道若大路然，岂难知哉? 人病不求耳。子归而求之，有余师。"

"尧舜之道，孝悌而已矣。"或以为，比诸"舍生取义"之积极进取而难者，此乃消极之"人皆可以为尧舜"，实则此亦是积极之仁道。仁道不难行，平常行事中之孝悌而已，只恐弗为耳。或又曰：然倘有人不行尧舜之道，而盘剥欺压杀戮之，则如之何? 儒家似乎每未论及此，早期尚有礼乐刑政以制之之说，后则专制权力愈加苛酷,士人民众或匍匐觳觫,或不得已而隐之、去之(隐遁山林,全身避祸等),或以“多行不义必自毙”之伦理学和社会学铁律任其自生自灭、自食其果、自取灭亡,然在我亦只是消极反抗或自我宽慰……,倘若如此,则儒家思想之心学一派便终究只是自修的学说,不是积极进取的学说。积极进取的学说则应有积极卫道黜恶精神,而当论及法、兵、武、工、技等。此为一种意见。

人有良知良能,然亦有恶性恶能,两相攻击消长,倘未知胜负而率是性而为,则或有作恶、为恶人也。而儒家讲修养修行,即是一种修己完治之功,以良知良能克治恶性恶能,须臾不止,方可成贤成圣,非谓单循其本性(如果其本性善恶皆具)而为,便可成贤圣也。克治之功之地,由心中、内心世界转为世上、外部世界,则便为正向之制度、礼义、纪律、礼乐、法律、刑法、军事、组织、武艺乃至工技等。故(不得为尧舜)其原因非徒为“弗为耳”,乃在于恶性恶能亦蠢蠢欲动也(西方文化所谓七宗罪等,诸如虚荣、安逸、好逸恶劳、贪婪、暴力、权欲、色欲、偷生怕死等)。故必当有外部纪律,比如学校须有严师、正向必要之学规,家中须立正向必要之家训家风家规家法家礼,社会上须有乡规民约民风民礼,国家层面须有礼乐邢政等,然后各自自修精进,乃或可及“人皆可为尧舜”之境地也。

此言当时之论调(亦即以曹交为代表的人认为儒家之道太高难致(仰之弥高),故)常自曰“因自为无力人,故难以成为尧舜,难以成为高正之儒士”,以此为自己之不思进取、自甘平庸而辩解,此盖当时一般人之自辩之辞。孟子则解说曰:儒家之学之义并非如此其高其难,实则皆平常日用之事。简易平实,易于实行践履,如举匹雏然。一般人之以“不胜”为辞、为难、为患,实则皆“弗为”耳,非“不胜任”也,以此勉励有意修行践履者先自实行而已,故其后举“徐行后长”、“服诵尧舜之言行”、“孝悌而已”、“若大路然”等为说,其意皆在比喻和比况儒家尧舜之道如举匹雏之易为也。此亦可谓是行之求道、知行合一之意。实则许多正道皆易行,特“弗为”耳。

当然，其道其义正当否，又当审慎细论，如儒家或孟子所主张之道，于今是否尽皆正当，此又为另一回事。然此不废孟子论思想言之理论意义（行易知难，弗为则不易，此节可谓揭橥孟子“知易行易弗为论”）。

以前读此节，对孟子之表现（拒绝教导曹交）稍有微词，今则稍能理解之。盖孟子已为曹交点出问题根本与行道之法，曹交似仍无所悟，欲留另求闻知，则或可见彼究竟未听进孟子前述之言，故孟子明告之，当先求此较然简易之道，若不立此一大本根本，则不必另求知闻文辞也。而倘连此较然简易之道尚且不能当下实行，何益于留馆躐等求其他哉！以此促其猛醒，亦以此“不教”而“教之”矣！此或亦是“圣贤之心，一般人一时难知”者也[①]。

杨氏曰：“尧舜之道大矣，而所以为之，乃在夫行止疾徐之闲，非有甚高难行之事也，百姓盖日用而不知耳。”[②]此事虽不难，克治恶知恶能则难矣。

“详曹交之问，浅陋麤率，必其进见之时，礼貌衣冠言动之间，多不循理，故孟子告之如此两节云。假馆而后受业，又可见其求道之不笃。言道不难知，若归而求之事亲敬长之间，则性分之内，万理皆备，随处发见，无不可师，不必留此而受业也。曹交事长之礼既不至，求道之心又不笃，故孟子教之以孝弟，而不容其受业。盖孔子余力学文之意，亦不屑之教诲也。”[③]朱熹此处解孟子不教曹交，或亦有臆测之言，亦稍似损孟子正面形象也。亦可参见本节末“教亦多术”。

或曰曹交是曹君之弟（赵岐），或曰是曹姓（同于邹国之姓）；或

---

① 赵岐亦言：“章指言：天下大道，人病不由，不患不能，是以曹交请学，孟子辞焉。”《〈孟子〉正义》，p816。

② 朱熹著，《孟子章句集注-告子章句下》。

③ 朱熹，《孟子章句集注》，pp317—318。

曰曹交挟贵而问(《告子下》末尾一节谈及不屑教诲之事,似有相应),或以为非是,而赵佑辩之①。

"奚有于是"一句,赵岐解为:"交闻文王与汤皆长而圣。今交亦长,独但食粟而已,当如之何?孟子曰:何有于是言乎?仁义之道,亦当为之乃为贤耳。人言我力不能胜一小雏,则谓之无力之人。言我能举百钧,百钧,三千斤也,则谓之有力之人。乌获,古之有力人也,能移举千钧。人能举其所任,是为乌获才也。夫一匹雏不举,岂患不能胜哉?但不为之耳。"②焦循解为:"何有为不可答,则是以何有为无有。此何有于是,亦是无有于是,盖谓其不必如是说也。按何有亦宜解作不难,是字指文王汤之能为尧舜,谓不难于汤文之为尧舜也。"③此皆近似也。"奚有于是"之"是",当为"吾交九尺四寸以长,而徒食粟而已,难如文王商汤之为尧舜"。"然则举乌获之任,是亦为乌获而已矣。夫人岂以不胜为患哉?弗为耳",孟子似言各顺其才性权能,求道孳孳,勉为其难、力争上游而已(权能论)。

一解:此处孟子之意乃"有志者事竟成",有志,则有作为,集义积善力行之,终必成之。为乌获岂难哉,为尧舜岂难哉,行之而已,其义一也。

又解:孟子之思路或为:人性本善,人皆可以为尧舜,而人各有其材质,各推广其性其材,而各有成就;或循序渐进,渐有成就;行为之,遂由无力人而进于有力人,又进于乌获;人之顺性长才进贤亦如是也。岂先以不胜为患而不为哉!倘不为,则何可得由无力而有力而乌获(尧舜)?尧舜性之,然身之、反之、成之皆非一日之功,终身行之,终身成之,而成之终身而已。

三解:姚文田之意④,解曰"必先试为之而后知己之力之质(素

① 焦循,《〈孟子〉正义》,pp811—812。
② 焦循,《〈孟子〉正义》,p812。
③ 焦循,《〈孟子〉正义》,p812。
④ 焦循,《〈孟子〉正义》,p815。

质)”(“中,尔力也”),勉励人“勉力向上”而已。不要先自畏难,自我怀疑能不能举、能不能成为尧舜,而当先为之与当下为之而已,曹交你连(试为之)做都没做,没有力行之志向行动,则食粟而已,则谈何成为尧舜?没做,却先下判断,谓己不行,则只知理论,不知实行(力行、举动),此孟子所以斥其无志。先不去做去实行,却说担心“不胜”或不能行,此无志之人,无为之人,谈何授业,所以孟子斥之。然此种解读难解“今曰”二字。

此或孟子认为曹交无志不求,连基本礼义礼仪等尚不能为之行之,则何假躐等授业哉!

公孙丑问曰:“高子曰:《小弁》,小人之诗也。”孟子曰:“何以言之?”曰:“怨。”曰:“固哉,高叟之为诗也!有人于此,越人关弓而射之,则己谈笑而道之,无他,疏之也。其兄关弓而射之,则己垂涕泣而道之,无他,戚之也。《小弁》之怨,亲亲也。亲亲,仁也。固矣夫,高叟之为诗也!”曰:“《凯风》何以不怨?”曰:“《凯风》,亲之过小者也。《小弁》,亲之过大者也。亲之过大而不怨,是愈疏也;亲之过小而怨,是不可矶也。愈疏,不孝也;不可矶,亦不孝也。孔子曰:‘舜其至孝矣,五十而慕。’”

或曰:以现代人眼光看来,儒家有时确实有点假惺惺、虚伪,一方面表彰舜的孝行(父顽母嚚弟暴,母、弟且将害之,而仍然怨慕之(《万章》上)第一节第二节),另一方面,又认为子孙对父母之大过而可以(乃至必须)怨,此怨乃亲亲之意,不怨则是愈疏;再一方面,则曰“亲之小过而怨,是不可矶也”……真是一种复杂精细的家庭亲情伦理学。其实,其主要目的还是强调作为社会根本基础的家庭或家族的重要性,以此维持家庭或家族的亲情与团结,进而得到身、心、情的妥善安置,从家庭或家族生活中获得人生意义与人生幸福。

“五十而慕”,已五十时,父母已七八十,转而为柔弱,类如婴儿，而有怜惜之情。加之自亦为人父母，能知父母之辛苦恩情，则尤为思慕感恩也。此亦人之常性，非舜为能。

"谈笑"一词亦不甚当，故《正义》又引《大戴礼记》之言以饰之，"《大戴记-曾子制言中》云：'君子虽言不受必忠曰道。'道之，谓戒其不可射也。然疏则言之和，故谈笑，亲则言之迫，故号泣。号泣则欲其言之必受也"，看似稍有理[①]，且孟子此就一般人心人行言之，然究竟有所不妥，不必为古人讳也。孟子此处非谓太子宜臼不是小人，特辩高子之评论意旨失当而点出亲亲之旨而已[②]。

此处所举例子或为当时人情之常，故孟子举例之。然孟子如此举例似不妥，因"谈笑而道之"似有无动于衷、习以为常之嫌（而不辩斥之，则）殊不合孟子所主张之仁善推达之义——当然，此亦可谓是吹毛求疵，同于高子解诗之固陋。

或曰：亲长有过而不谏不规不匡，乃以大过小过搪塞之，助长其为非作歹、专行自恣之心行，难怪在有的时代，中国之亲长每多荒唐。

两诗之原文及译文可参照《诗经今注今译》[③]，焦氏之解甚精细[④]。

"弁，音盘。高子，齐人也。小弁，小雅篇名。周幽王娶申后，生太子宜臼；又得褒姒，生伯服，而黜申后、废宜臼。于是宜臼之傅为作此诗，以叙其哀痛迫切之情也。""凯风，邶风篇名。卫有七子之母，不能安其室，七子作此以自责也。"[⑤]

《小雅·小弁》

弁彼鸴斯，归飞提提。民莫不谷，我独于罹。何辜于天？

---

① 焦循，《〈孟子〉正义》，p819。

② 焦循，《〈孟子〉正义》，pp818—820。

③ 马乘风注译，《诗经今注今译》，新世界出版社，2011 年 8 月第一版。

④ 焦循，《〈孟子〉正义》，pp820—822。

⑤ 朱熹，《孟子章句集注》，《孟子章句集注》，p318。

我罪伊何？心之忧矣，云如之何？

踧踧周道，鞫为茂草。我心忧伤，惄焉如捣。假寐永叹，维忧用老。心之忧矣，疢如疾首。

维桑与梓，必恭敬止。靡瞻匪父，靡依匪母。不属于毛？不罹于里？天之生我，我辰安在？

菀彼柳斯，鸣蜩嘒嘒，有漼者渊，萑苇淠淠。譬彼舟流，不知所届，心之忧矣，不遑假寐。

鹿斯之奔，维足伎伎。雉之朝雊，尚求其雌。譬彼坏木，疾用无枝。心之忧矣，宁莫之知？

相彼投兔，尚或先之。行有死人，尚或墐之。君子秉心，维其忍之。心之忧矣，涕既陨之。

君子信谗，如或酬之。君子不惠，不舒究之。伐木掎矣，析薪扡矣。舍彼有罪，予之佗矣。

莫高匪山，莫浚匪泉。君子无易由言，耳属于垣。无逝我梁，无发我笱。我躬不阅，遑恤我后①。

《国风·邶风·凯风》

凯风自南，吹彼棘心。棘心夭夭，母氏劬劳。

凯风自南，吹彼棘薪。母氏圣善，我无令人。

爰有寒泉？在浚之下。有子七人，母氏劳苦。

睍睆黄鸟，载好其音。有子七人，莫慰母心②。

总结之，关于《小弁》，赵岐采韩诗说，以为伯奇之诗，因放而

---

① 马乘风解曰："这是乱世忧谗畏祸之诗。"将"君子信谗，如或酬之。君子不惠，不舒究之"翻译为"君子相信那些陷害我的谗言，就好像是被人敬酒那样的易于接受。君子不爱怜我，对于那些无稽的谗言，毫不平心静气的加以考察"，将"我躬不阅，遑恤我后"翻译为"我自己本身尚保护不住，还谈那些身外之物干什么呢！"参见：马乘风注译，《诗经今注今译》，新世界出版社，2011 年 8 月第一版，pp186—188。

② 马乘风解曰："这是孝子感念母恩报答不尽而自责之诗。"解"有子七人，莫慰母心"为"可是我们兄弟七人，竟然没有一个好的，足以安慰母亲的心啊！"马乘风注译，《诗经今注今译》，新世界出版社，2011 年 8 月第一版，p27。

怨。焦循则认为孟子与高子皆采毛诗说，认为《小弁》乃言太子宜臼，为太子之傅所作，告诫太子宜臼“遣师戍甲”之非，明示以亲亲之道。孟子或不反对高子“小人之诗”之说法，因为宜臼未为仁人，但孟子反对高子言此诗因怨而为小人。此乃其傅所作，假太子之口道之以怨，正当然也，正亲亲当怨也——因为亲之过大，涉及国本之动摇[①]。

《凯风》原诗，乃讲“七子之母不安其室”之事，以为七子能尽孝道而慰母心，母遂不嫁，故母之过小而不怨。《凯风》乃所以美七子者也，以谏笃孝以成母守节之志，不以亲之过而激感动扰，致成人伦败坏。

> 宋牼将之楚，孟子遇于石丘，曰：“先生将何之？”曰：“吾闻秦、楚构兵，我将见楚王说而罢之。楚王不悦，我将见秦王说而罢之。二王我将有所遇焉。”曰：“轲也请无问其详，愿闻其指。说之将何如？”曰：“我将言其不利也。”曰：“先生之志则大矣，先生之号则不可。先生以利说秦、楚之王，秦、楚之王悦于利，以罢三军之师，是三军之士乐罢而悦于利也。为人臣者怀利以事其君，为人子者怀利以事其父，为人弟者怀利以事其兄，是君臣、父子、兄弟终去仁义，怀利以相接，然而不亡者，未之有也。先生以仁义说秦、楚之王，秦、楚之王悦于仁义，而罢三军之师，是三军之士乐罢而悦于仁义也。为人臣者怀仁义以事其君，为人子者怀仁义以事其父，为人弟者怀仁义以事其兄，是君臣、父子、兄弟去利，怀仁义以相接也，然而不王者，未之有也。何必曰利？”

“为人臣者怀利以事其君，为人子者怀利以事其父，为人弟者怀利以事其兄。是君臣、父子、兄弟终去仁义，怀利以相接，然而不亡者，未之有也。”以义合，不当以利合，以义为行义之理因（以义说

---

① 焦循，《〈孟子〉正义》，pp820—822。

行义)，不当以利为行义之理因(以利说行义)；当以义为行止取舍之标准，乃为真立义也，而非舍本逐末、以利为行止取舍之动因，此则实立利为本也。然此非谓不应注意利益方面之事，唯当以义为取舍之根本耳。故不当误解了“何必曰利”一语。以义言利，以义生利相接聚人。

“先生之志则大矣，先生之号则不可。先生以利说秦、楚之王，秦、楚之王悦于利，以罢三军之师，是三军之士乐罢而悦于利也。为人臣者，怀利以事其君；为人子者，怀利以事其父；为人弟者，怀利以事其兄：是君臣、父子、兄弟终去仁义，怀利以相接，然而不亡者，未之有也。先生以仁义说秦、楚之王，秦、楚之王悦于仁义而罢三军之师，是三军之士乐罢而悦于仁义也。为人臣者，怀仁义以事其君；为人子者，怀仁义以事其父；为人弟者，怀仁义以事其兄：是君臣、父子、兄弟去利怀仁义以相接也，然而不王者，未之有也。何必曰利？”由此句可知，孟子之以义、利对比来说仁义，未必全是不平等、不对等的君臣父子夫妇等级专制的那一套，而更包含宗法制家族内基于血缘、亲属等的人际之情意，强调情义重于利益，或者，以情义来维护那等级制人伦关系。所以亦当从两方面来分析，一方面，诉诸血缘情感或亲情，混淆情(性善，真情，情意，人性等)与义(公正、公平或权利义务关系规范)，来文饰实际的等级专制和压迫，则愈见儒家思想的欺骗性；另一方面，如果抛弃掉人际等级专制压迫的那一套人伦规范，引入人权平等之义，在此基础上重(公平公正之)义(仁义或情义；正义与情感)轻利，或先义后利，则儒家思想便有积极意义，于今亦可借鉴推重。

不以义、法度、契约言利，纵利多，亦终将亡将散。反之，以义、法度、契约言利、生利、相接聚人，便可长治久安，以此而不能王者，未之有也。另外，倘过于言利，先利后义，则恐不利于鼓励正向人性之发露进展，而驯至人各逆拂仁善人性、弃绝人际或人类情义

(此处之“情义”意指平等人权基础上之正义与情感),使得人皆以邻为壑,人人相争,乃成一人间兽性丛林社会,失却人类与人间本应有和本可以有之良好互助仁爱之情意与义矩也。但儒家那种情义不分或故意混淆情义以兜售或掩盖其人际等级专制压迫之实的做法,亦不可行,后者亦会造成人际专制压迫乃至人间地狱,或借口曰情义实则行剥削他人之利益之不公正不正义之实。质言之,首先当区分两种义,一种乃为不对等不平等的君臣父子夫妇之等级专制压迫之“义”(比如极端化形式的所谓“三纲五常”),当毫不犹豫地抛弃之;另一种乃为正义、公正、公平、平等、人权、自由等之义,而当倡导落实之。如此,则义(正义、公正、公平、平等、人权、自由等之义)乃强制性要求,乃外烁者,必有外部规制或强制,人皆得责之督促之;情则人类天性,而自由自愿自然发露展现,乃内发者,外人不可或不必强求(虽则可鼓励之,但不可干涉之)——强求则伪,反而失却情与仁的内生本质。

不以义为本为前提,而尽以功利欲乐号召,则天下将利欲熏天、人欲横流,为利争食争杀。以利为本而尽以尊尊亲亲男男长长相号召,则天下之尊、亲、男、长每见专行威暴,无恶不作。义利之辨,一当明确“义”之含义,而黜不正当、不合理之所谓“非义”,如单向或不对等、不正当之等级制之“义”,如所谓“三纲”者,二当以“义”为本为前提,三当明确规定,正当划定当代义利之界限,四则曰,不谈平等人权、自由、生命权、人民(个体与整体)自主(此后则有作为方法之民主选举),则一切“非义”、一切“义”皆当重审而重新厘定。以义说利则可,以利夺义则不可。

此句回应《孟子》第一章之开头,读者亦可对照第一章中之评说,即孟子义利之辨固是、固好,然其等级制之义本身即有问题,根本或大本不合人权民权之说,故其道德学说、政治学说之大厦亦便难立,故今将变易其本,汲其精华,而另创新经也。

“徐氏曰:‘能于战国扰攘之中,而以罢兵息民为说,其志可谓大矣;然以利为名,则不可也。'"[①][②]

宋牼或为齐宣王时稷下学士中之一员。孟子以燕人叛齐而去齐,适为秦楚交兵,而于宋地石丘偶遇宋牼。

此节回应梁惠王第一节。

> 孟子居邹。季任为任处守,以币交,受之而不报。处于平陆,储子为相,以币交,受之而不报。他日,由邹之任,见季子;由平陆之齐,不见储子。屋庐子喜曰:"连得间矣!"问曰:"夫子之任见季子,之齐不见储子,为其为相与?"曰:"非也。《书》曰:'享多仪,仪不及物曰不享,惟不役志于享。'为其不成享也。"屋庐子悦。或问之,屋庐子曰:"季子不得之邹,储子得之平陆。"

屋庐子一句喜曰"连得间矣",便可见其时孟子师徒相与质正论辩砥砺切磋、共为求真求道之事业之真实善好情状,故于此可知孟子之言必不回护文饰也。孟子乃为求真求道,非是曲意辩解回护,强词夺理。后之学者或可质疑其逻辑结论及思想主张,不可质疑其求真求道之人格至诚也。

"书曰:'享多仪,仪不及物曰不享,惟不役志于享。'为其不成享也。"享献亦必须合乎仪节,尤必须"役志于享",仪节与心意,合而为一,以仪节明其郑重其事,明其尊重敬爱,明其心意;但仅有仪节尚不够,仍须有心意,缺一不可。虽曰倘有心意,仪节或可省,但在世风日偷、人心巧伪之世,对仪节的强调有时亦十分必要。

"不报者,来见则当报之,但以币交,则不必报也。"[③]故中国人尤其重视亲自登门拜访看望。

或问:欧美师生间有交报之礼否?其于学术、科技、世道人心

---

① 朱熹,《孟子章句集注》,p319。

② 焦循,《〈孟子〉正义》,p825,p826。

③ 参见:朱熹著,《四书章句集注-告子章句下》。

等之影响如何？可对照之。（彼自有宗教与法律维持世道人心也。）

“赵氏曰：‘季任，任君之弟。任君朝会于邻国，季任为之居守其国也。储子，齐相也。’不报者，来见则当报之，但以币交，则不必报也。……徐氏曰：‘季子为君居守，不得往他国以见孟子，则以币交而礼意已备。储子为齐相，可以至齐之境内而不来见，则虽以币交，而礼意不及其物也。’”①“孟子曰：非也。非以储子为相故不见。《尚书·洛诰篇》曰“享多仪”，言享见之礼多仪法也。物，事也。仪不及事，谓有阙也，故曰不成享礼。储子本礼不足，故我不见也。”②

任国，风姓，太昊之后；薛国，任姓，黄帝之苗裔奚仲之后。

淳于髡曰；“先名实者，为人也；后名实者，自为也。夫子在三卿之中，名实未加于上下而去之，仁者固如此乎?”孟子曰:“居下位，不以贤事不肖者，伯夷也。五就汤，五就桀者，伊尹也。不恶污君，不辞小官者，柳下惠也。三子者不同道，其趋一也。”“一者何也?”曰:“仁也。君子亦仁而已矣，何必同?”曰:“鲁缪公之时，公仪子为政，子柳、子思为臣，鲁之削也滋甚。若是乎贤者之无益于国也!”曰:“虞不用百里奚而亡，秦缪公用之而霸。不用贤则亡，削何可得欤?”曰:“昔者王豹处于淇，而河西善讴。绵驹处于高唐，而齐右善歌。华周、杞梁之妻善哭其夫而变国俗。有诸内必形诸外，为其事而无其功者，髡未尝睹之也。是故无贤者也，有则髡必识之。”曰:“孔子为鲁司寇，不用，从而祭，燔肉不至，不税冕而行。不知者以为为肉也，其知者以为为无礼也。乃孔子则欲以微罪行，不欲为苟去。君子之所为，众人固不识也。”

---

① 朱熹，《孟子章句集注》，pp319—320。

② 焦循，《〈孟子〉正义》，p827。

“先名实者，为人也；后名实者，自为也”，朱熹解曰，“言以名实为先而为之者，是有志于救民也；以名实为后而不为者，是欲独善其身者也。名实未加于上下，言上未能正其君，下未能济其民也。”①

或曰：淳于髡之两问实切中肯綮，故孟子未能正面回答，前以秦穆公为例应对之，然此例稍有不妥，因为秦或任法，未必是百里奚一儒士之功，而孟子仅以“不用贤则亡”之武断式句子搪塞之；后则以“君子之所为，众人固不识也”敷衍之，反唇相讥之，然未正面回答事功问题。然而此种解读未能把握中心意旨所在，结合《孟子》一书中之别处相关文字可互文推知，且孟子亦正面回答之，“同趋于仁而已”。孟子之意，于前例（秦穆公、百里奚之例）则曰齐王不能用贤；于后例（孔子“不税冕而行”）则乃联系自身之出处而言，曰吾今离开齐国，其实和当时孔子离开鲁国正一事耳（齐王不听孟子劝告而伐燕侵燕，致燕人反叛反攻），一般人岂知吾心。故“君子之所为，众人固不识也”一例，乃可解读为：君子所为所化，一般人不识，比如，孔子“不税冕而行”一事，按朱子的解释②，仍有一片仁善用心在内，亦是一种消息或事功。

儒家一代代士人将儒家思想系统化、逻辑化、合理化（有时甚至简直不免“强为之说”的嫌疑）之功劳也大矣，而终于造就一体大思精而颇为系统化之儒家思想体系，成其道统，则各代儒士之功劳实大矣。

孟子每将伯夷、伊尹、柳下惠三人并列而论，加孔子则并列而四，以论贤者之出处舍止。以其正言之，则一为贤者之出处立一总

---

① 焦循，《〈孟子〉正义》，p320。

② “孟子言以为为肉者，固不足道；以为为无礼，则亦未为深知孔子者。盖圣人于父母之国，不欲显其君相之失，又不欲为无故而苟去，故不以女乐去，而以膰肉行。其见几明决，而用意忠厚，固非众人所能识也。”参见：朱熹著，《四书章句集注-告子章句下》。

原则(仁、道、正),二为不同贤者或不同情境情势下之出处安排不同之方式。然就其可能之流弊言之,则为伪士、小人、恋权逐利趋势之徒,而增一惺惺作态自辩之借口,比如以“清”文饰而实则不任其正职正事,以“任”文饰其不讲原则、道义之为虎作伥,以“和”文饰其同流合污、沆瀣一气(和光同尘),以“时”文饰其心无定主、朝秦暮楚、反复无常、流质善变、唯利禄权势是图之心行。清、任、和、时,皆唯圣贤能为之,而世之圣贤究有几人?! 故不若以他法先行制衡制度之,若现代人权(民权)学说、公民不服从学说、公民抗争学说、分权制衡学说等。

淳于髡之问,儒者当正面回应之[①]、补苴罅漏之。当时之儒贤之资格要求极高,毕竟是极少数人,故大师儒而有崇高地位。其后,儒贤成为所有士人之追求,知识普及下移,圣贤未必加多,德性未必尤为醇粹,如之何而可享受如此崇高之礼遇邪? 故曰今不当责之所有人为圣贤、国士、儒贤,而当有国民、儒民(正向儒士精神之民)、公民而已,人皆平等,无所特别崇礼特权。由少数贤德、儒士进而为全体普遍讲道德守法治之国民而已,并无礼仪上之优待与特权。乃至儒士、儒家士官恐亦难行,儒士、士官如何可保证其德性超出一般儒国民? 国者,民之国也,非君之国也,然亦非圣贤儒士之国也;乃民之国也,而择民之德才优异者暂代摄其职权政柄,其实权则当以制度设置而归持、系掌于全民(之手中)也。倘若古今之许多士人或读书人、知识分子自命高人一等,瞧不起平民百姓、官员权势,不肯平等待人,那就与某些平民、官员之趋炎附势、谄媚权势、逢迎无骨,全是一事,全是同一负面文化下之影响与恶劣表现,总根子在此,不可不警醒。

儒家甚少讲军法之学,法家则讲习之,或有不正。故儒家必须

---

① 实则孟子已有正面回应,此处言“三子者不同道,其趋一也。一于仁也。君子亦仁而已矣,何必同?”,别处亦言“士食志食功”、“守先待后”、“佐成王道”等。

讲求正军法之学，以补其济世学问体系之缺漏。

孟子此处只回答了“不识之”之问题，似未回应儒家事功之具体[①]。虽然，儒家未尝无有之，且贤者之心行，确有流俗不可睹者，此又不可厚诬孟子。然而，当以更为明确之新经书、法度、仪规等之编创，以及其常识教育而普及之，则人皆能行能睹也。

另可参阅《〈孟子〉正义》等中的相关论述[②]。

“仁者，无私心而合天理之谓。杨氏曰：‘伊尹之就汤，以三聘之勤也。其就桀也，汤进之也。汤岂有伐桀之意哉？其进伊尹以事之也，欲其悔过迁善而已。伊尹既就汤，则以汤之心为心矣；及其终也，人归之，天命之，不得已而伐之耳。若汤初求伊尹，即有伐桀之心，而伊尹遂相之以伐桀，是以取天下为心也。以取天下为心，岂圣人之心哉？’”[③]“削，地见侵夺也。髡讥孟子虽不去，亦未必能有为也。”[④]“按史记：‘孔子为鲁司寇，摄行相事。齐人闻而惧，于是以女乐遗鲁君。季桓子与鲁君往观之，怠于政事。子路曰：“夫子可以行矣。”孔子曰：‘鲁今且郊，如致膰于大夫，则吾犹可以止。’桓子卒受齐女乐，郊又不致膰俎于大夫，孔子遂行。’孟子言以为为肉者，固不足道；以为为无礼，则亦未为深知孔子者。盖圣人于父母之国，不欲显其君相之失，又不欲为无故而苟去，故不以女乐去，而以膰肉行。其见几明决，而用意忠厚，固非众人所能识也。然则孟子之所为，岂髡之所能识哉？尹氏曰：‘淳于髡未尝知仁，亦未尝识贤也，宜乎其言若是。’”[⑤]

“君子亦仁而已矣，何必同？”此可谓之“仁而不必尽同”说。孔

---

① 但如将儒家经典视为一个整体，而于此事讲论綦详，不必赘言也。前注亦言之。

② 杨伯峻，《孟子译注》，中华书局，1960 年 1 月，p287；焦循，《〈孟子〉正义》，p829，834。

③ 朱熹，《孟子章句集注》，p320。

④ 朱熹，《孟子章句集注》，p320。

⑤ 朱熹，《孟子章句集注》，p321。

孟居今日，闻人权民权之学说，睹人权民权国之国政民安，亦必有所改弦更张，以人权民权学说、公民不服从学说等补其所思所立之缺失也。如此，则不必苦口婆心乃至冒死直谏，而首长大臣官员公吏皆能自省自克、勤慎奉职奉公矣。吾思之新经学，或每有与旧经学相异相左者，而时势异移，仁心同焉，亦是“君子亦仁而已矣，何必同”而已。然于创立新经过程中，吾又持开放态度而思不断自我革新、自我作古、自我批评而完善之，然立此新经之其心仁心公心未尝有私也。

按《礼制-王制》：“大国三卿，皆命于天子”，则诸侯国君皆不可命卿，然则君子之尊贤共天位治天职，或不过大夫以下？然则孟子为齐卿则违周制？此或孟子改造西周宗法世袭制度之又一证？

“非也。书曰：‘享多仪，仪不及物曰不享，惟不役志于享。’”此句可与《尽心上》之“恭敬者，币之未将者也。恭敬而无实，君子不可虚拘”一句对照解读。

天子命大国三卿，天子命次国三卿中之二卿，余一卿由次国其君命之，然天子命卿，是从天下范围选人命之（大宗法），抑或仅从诸侯国内部以宗法命之？实则为后者，“命”则徒一形式耳。

> 孟子曰：“五霸者，三王之罪人也。今之诸侯，五霸之罪人也。今之大夫，今之诸侯之罪人也。天子适诸侯曰巡狩，诸侯朝于天子曰述职。春省耕而补不足，秋省敛而助不给。入其疆，土地辟，田野治，养老尊贤，俊杰在位，则有庆，庆以地。入其疆，土地荒芜，遗老失贤，掊克在位，则有让。一不朝则贬其爵，再不朝则削其地，三不朝则六师移之。是故天子讨而不伐，诸侯伐而不讨。五霸者，搂诸侯以伐诸侯者也。故曰五霸者，三王之罪人也。五霸，桓公为盛。葵丘之会诸侯，束牲载书而不歃血。初命曰：‘诛不孝，无易树子，无以妾为妻。’再命曰：‘尊贤育才，以彰有德。’三命曰：‘敬老慈幼，无忘宾旅。’四命曰：‘士无世官，官事无摄，取士必得，无专杀大夫。’五命曰：

‘无曲防，无遏籴，无有封而不告。’曰：‘凡我同盟之人，既盟之后，言归于好。’今之诸侯皆犯此五禁，故曰今之诸侯，五霸之罪人也。长君之恶其罪小，逢君之恶其罪大。今之大夫皆逢君之恶，故曰今之大夫，今之诸侯之罪人也。”

“入其疆，土地辟，田野治，养老尊贤，俊杰在位，则有庆，庆以地。入其疆，土地荒芜，遗老失贤，掊克在位，则有让。”农业文明＋德治文明。此则可见孟子关注农业与人才。

“一不朝，则贬其爵；再不朝，则削其地；三不朝，则六师移之。是故天子讨而不伐，诸侯伐而不讨。”此即所谓朝觐聘问之制度。亦可见当时亦有统治之法度，以及相应之惩罚，以此有效控制诸侯。又：诸侯必奉天子之命方可征伐，此为当时之政治共识或宪则，而五霸坏之。

所谓“王命”实皆当时之政治共识（或政治义理与政治哲学），天子乃据先王之道、法、制而出王命而已。“无忘宾旅”而有天下一家之亲善之意；第四命中之各项内容当逐一详论（“四命曰：‘士无世官，官事无摄，取士必得，无专杀大夫。’”）；第五命涉及所谓国际关系，当详论（“五命曰：‘无曲防，无遏籴，无有封而不告。’曰：‘凡我同盟之人，既盟之后，言归于好。’”）。此五命，而诸侯皆多坏之。

或曰：（禹汤文武）三王者，尧舜之罪人也（坏禅让而用世袭）。

“初命曰：‘诛不孝，无易树子，无以妾为妻。’再命曰：‘尊贤育才，以彰有德。’三命曰：‘敬老慈幼，无忘宾旅。’四命曰：‘士无世官，官事无摄，取士必得，无专杀大夫。’五命曰：‘无曲防，无遏籴，无有封而不告。’”五命之中，涉及政治、传位或权力承继、社会人伦民风、尊贤彰德、选官（政治录用）、陟黜、国际义务、中央地方关系等论题，可细论之。

此“五命”，皆可谓当时之国际法兼国内法，循之，则政治有法度，便稳定。且别国（诸侯国）有权或有义务干预不遵守此国际约定者，共维天下之秩序。

“庆，赏也，益其地以赏之也。掊克，聚敛也。让，责也。移之者，诛其人而变置之也。讨者，出命以讨其罪，而使方伯连帅帅诸侯以伐之也。伐者奉天子之命，声其罪而伐之也。搂，牵也。五霸牵诸侯以伐诸侯，不用天子之命也。自入其疆至则有让，言巡狩之事；自一不朝至六师移之，言述职之事。”[①]若是“庆以地”，多次如此，则可能出现下文所述之“俭”、“足”之事，而违背天子、诸侯之制度，恐于王制天下宪制主义有违变之危险也，故“庆以地”亦当有限度、法度及维护王制之权宜法（如庆封子弟等）。下文将因阎若璩之言而有续论。

何谓“大国”，赵岐之解甚好，“大国秉直道以率诸侯”[②]。

另可参阅《〈孟子〉正义》中的其他论述[③]。

关于“尊贤养才”，偏激者乃言，“尊、养”二字，此甚不合民权、人权、民主、民治之时代，应为“人民尊养人民”而已。“尊贤养才”，如无规矩限度，则此或恰为身份等级制压迫、歧视，以及长虚伪干饰之风也，如老子言。

焦氏解“载书”之“载”为“加”，加载其书于牲背，书即盟书也，而不解“载书”为“盟书”。“按春秋传：“僖公九年，葵丘之会，陈牲而不杀。读书加于牲上，壹明天子之禁。”树，立也。已立世子，不得擅易。初命三事，所以修身正家之要也。宾，宾客也。旅，行旅也。皆当有以待之，不可忽忘也。士世禄而不世官，恐其未必贤也。官事无摄，当广求贤才以充之，不可以阙人废事也。取士必得，必得其人也。无专杀大夫，有罪则请命于天子而后杀之也。无曲防，不得曲为堤防，壅泉激水，以专小利，病邻国也。无遏籴，邻国凶荒，不得闭籴也。无有封而不告者，不得专封国邑而不告天子也。”[④]

① 朱熹，《四书章句集注》，pp321—322。

② 焦循，《〈孟子〉正义》，p839。

③ 焦循，《〈孟子〉正义》，p839，841—843，p844 一段可加论，p845。

④ 朱熹，《孟子章句集注》，p322。

赵歧注曰:“巡狩述职,皆以助人民。”无论此为先秦之义实,抑或汉儒之解说主张,皆可知古代中国士人中不乏民本(为民、爱民、安民乃至民生等)思想或学说,然从民本到民权、民主(人民做主),乃至到人权学说,或有三言两语偶及之者,如人民革命(权)学说,然仍未真正说到民权、人权、民主等上面来,故而一直未有根本创立,无有系统展开阐发,始终没有捅破那层窗户纸,始终不敢、不舍得放弃那套等级制之三纲学说,中国人之道德便始终不能进化发展到更高一层(故其道德便有瑕疵,即使在古代的有些德高望重者,亦往往多在熟人亲朋间表现,不能平等表现及于其他各色人,乃至所谓蛮夷、夷狄、外族、外国人,有人解之以未能发展出对待陌生人之道德,此是未看到问题根本,实则乃是未能发展出普遍道德概念和普遍人权学说而已。而将周边民族概以畜生偏旁之名字称之,既可见其文化优越感或文化自信之一面,亦可见其傲慢自大乃至颟顸也),遂驯至“古代中国无民权、民生、人权学说,万古如长夜”之局面。然此乃比较夸张愤激言之,若比乎野人相杀相残之原始丛林社会,则“微孔子,中国万古如长夜”未必不对;而若比乎两千多年后人权大行之现代世界乃至将来之大同世界,则其缺点亦不可掩也。若今人株守旧孔学中之等级制学说等,又将以今人之负面言行政事,而诿过加咎于儒家孔孟也。若孔孟生于今世,闻人权、民权、民主学说,以其仁善之圣贤之质之心,亦必将择善而从、自我作古、创立新经也。

吾读焦氏之解释,以为读如“诛不孝无易树子”较妥,而赵注“不得专诛不孝……已立世子,不得擅易也”为妥①。“旷世官”一节亦可论②。由“不待天子之命”而到“不告盟主”,自其正反言之,皆谓之下落失格也③,而稍有程度差别而已;然自其犹有稍正者而言,乃由“当

① 焦循,《〈孟子〉正义》,p847。

② 焦循,《〈孟子〉正义》,p847。

③ 焦循,《〈孟子〉正义》,p848。

待天子之命，当告天子”，而至于“当告盟主，当告霸主”；自其反者，则前不告天子，后不告盟主。而各自之后皆以“私恩擅封”，此即由公共天下而至于私意诸侯国。焦氏之解说虽稍牵强[1]，然亦有正意，可从之。

三王：夏禹商汤周文或武也，或以文王，即政立号，或以武王，伐商成王。五霸亦有多说，昆吾、大彭、豕韦、齐桓、晋文云云，正对应于三王。余几说，则以为五霸不能如三王之天下为公、选贤任能，未必对应于相应之时代，故后言“五霸，桓公为盛”。阎若璩以为孟子所言之五霸乃就东周后言之，则为战国之五霸（荀子）或春秋之五伯（赵注，亦是汉儒之解）。

焦循引阎若璩《释地又续》云，“《王制》：‘方千里者封方百里之国三十云云，名山大泽不以封，其余以为附庸闲田。’诸侯之有功者，取于闲田以禄之；其有削地者，归之闲田。则孟子所谓‘庆以地’，即于此一州之内也。故当其屡有所庆，天子不见其不足；或屡有所削，天子亦不见其有余。盖原在王畿千里外，而天子初无所与焉。”[2]此是先占理论以及土地权概念出现之前的拓土之法或情状。然虽说如此，据此为生者，以之为生产资料，亦变相之土地权与“占有”。

比较《谷梁传》、《管子》中之引文与《孟子》中之引文之异同，当良有启发：前两者其实皆无“士无世官，官事无摄”之明文[3]，“尊贤育才……取士必得”云云，似亦有贤进士庶人之意，然此亦从管子之书中来，春秋三传无此详言。管子已是霸者，其思其制，固有合于先王之制者，亦多因霸改创者。孟子又借重增加之，或亦有托远古近古改制之微意。五命中之再者、四者之中，或多有此意。

所谓朝觐聘问中之聘问，即有尊贤举士之意。

① 焦循，《〈孟子〉正义》，p849。

② 焦循，《〈孟子〉正义》，p841。

③ 焦循，《〈孟子〉正义》，p844。

“束牲、载书”，大意为：盟者书其辞于策（竹简），杀牲歃血，然后以牲皮置铺于坎洞中，加策于上而埋之。《周礼-司盟》注得之。然而云“陈牲”、“不歃血”者，见《〈孟子〉正义》中相关论述①。

“诛不孝，无易树子”，君固得专诛不孝，然对象倘为世子，则不可专诛，因君当“无易树子”也。

或曰：今世世界范围内之传媒，多有“逢民（网民）之恶者”，多为“希意承欲者”。

> 鲁欲使慎子为将军。孟子曰：“不教民而用之，谓之殃民。殃民者，不容于尧、舜之世。一战胜齐，遂有南阳，然且不可。”慎子勃然不悦，曰：“此则滑厘所不识也。”曰：“吾明告子：天子之地方千里，不千里，不足以待诸侯。诸侯之地方百里，不百里，不足以守宗庙之典籍。周公之封于鲁，为方百里也，地非不足，而俭于百里。太公之封于齐也，亦为方百里也，地非不足也，而俭于百里。今鲁方百里者五，子以为有王者作，则鲁在所损乎，在所益乎？徒取诸彼以与此，然且仁者不为，况于杀人以求之乎？君子之事君也，务引其君以当道，志于仁而已。”

“天子之地方千里；不千里，不足以待诸侯。”一“待”字，或暗寓政治或统治之实质，乃以政治军事实力慑服诸侯也。朱子之解释，“待诸侯，谓待其朝觐聘问之礼”，乃避重就轻，避力（政）就礼（也包括经济上的控制与笼络）……当时之等级制礼制，实则政治控制之法度也。此一总“礼制”不变，士君子无论宣称什么仁义道德、忠君事上等，客观事实上都是为维护统治阶级尤其是天子的政治经济利益服务的。

当时但言华夏天下主义，但言中国，不及四夷，故天下一统、制作礼制之后，诸侯便当恪守礼制，不可僭越侵伐，而所谓辟土地、充府库，皆僭越礼制而侵伐也。故孟子谓之民贼。若夫在督引君上向道志仁的基础上，开辟荒地，改善经济，以充府库，则正良臣也。

---

① 焦循，《〈孟子〉正义》，p846。

但倘若无此前提，则为民贼，富之即为富桀。良臣当以王道仁政仁道正道导引督促其君，而后求富之（强之）。故曰：士臣之于君，先教之，后富之强之。故曰：正（政）教富强也；又曰正（政）法富强也。质言之，应大略遵循道统-政统-治统或法统，或者政治纲领-经济纲领-军事战略等之轻重序次。当然亦当大体同时并行不悖，而稍有所主次轻重之权衡，乃至缓急之权变而已。

孟子以为为士之责任首在道义仁政（及正君）与教民，不在军事，不在辟地、来人民，尤其不在侵略。孟子反对侵略，然则如当时之不在王化之内之土地人民，尤其是确乎风俗野蛮残忍落后之地区何？则或曰怀柔远人？或曰王道教化、归顺降服而封其酋长，以此加入王道天下？且平均其封地之大小人民，不使侯国大于天子之地。此或为古代天下制度之一斑。此从逻辑言之，似为强干弱枝之政策，类于后来贾谊等所谓“众建诸侯而少其力”等类似思路。顾炎武“寓封建于郡县”之思路，于此可作比较。

“教民”，其教之内容若何？朱熹解为“教民者，教之礼义，使知入事父兄，出事长上也。用之，使之战也”[①]，赵歧解曰“教民以仁义”[②]。“用之”，朱熹解作“使之战也”。则此一“教民”，非谓不教行伍军阵之战斗技术，亦可征孟子并非谓可不讲求戎阵军事，而不过是尤其强调仁义、正义战争而反侵略战争而已。

孟子此处所论，亦可移置来思考有关殖民主义之相关论题，比如：美国人（来所谓“新大陆”殖民之欧洲人后裔即现代美洲人）退回欧洲乎？为一切灭亡之国、族、民复其国乎？为一切亡灵平反乎（平反政治学）？抑或消灭一切国家而天下人权平等而自由迁移共居地球天下乎？……

文明竞争而禁止任何侵略、杀伐。然而，倘若所谓的“文明竞

① 朱熹，《孟子章句集注》，p323。

② 焦循，《〈孟子〉正义》，p850。

争”的最终结果仍然是实质上的“优胜劣汰”，则如之何？则其正当性又如何？则其“文明”又何在？何谓真正的“文明”？等等。所谓的自由竞争尤其当作如是审问。此外，打着文明竞争、机会平等、“私有”财产神圣不可侵犯等的旗号，倘若实际上“先赢、先占的强盗将永保其势力与优势而后来人无所土地等生产资料”，又将如之何？（亦可对照罗尔斯在《正义论》中的相关思考和分析。）

按焦氏所解，慎子即为慎到，与孟子同时，学黄老，为法家。滑厘则或其字耳[①]。赵氏不明乎此，故只解作“善用兵者”[②]。

“今鲁方百里者五，子以为有王者作，则鲁在所损乎？在所益乎？”可对照“比天下之诸侯而诛之”一句。

中国政治思想、政治制度之来源可一言而尽：以家法为国法，乃至欲以家法为天下之法。而今之天下不然允也，今乃为民权、人权之国家法、国际法、天下法。

“诸侯以其害己而皆去其籍”，有故意去之者，亦有因亡国亡宗庙而去之者。不入宗庙，何得观览典籍；一般庶民乃至一般士人无由进入宗庙，故有学术垄断之事实。此其时之实情也。

“君子之事君也，务引其君以当道，志于仁而已。”友道亦当如是。

> 孟子曰：“今之事君者皆曰：‘我能为君辟土地，充府库。’今之所谓良臣，古之所谓民贼也。君不乡道，不志于仁，而求富之，是富桀也。‘我能为君约与国，战必克。’今之所谓良臣，古之所谓民贼也。君不乡道，不志于仁，而求为之强战，是辅桀也。由今之道，无变今之俗，虽与之天下，不能一朝居也。”[③]

---

① 焦循，《〈孟子〉正义》，p850，852。

② 焦循，《〈孟子〉正义》，p850 并加议论。p850。

③ 可见孟子对当时政治现实之失望。

富桀辅桀之说，真可警醒士人，不可为虎作伥，不可帮凶附逆，欲益反损；不可以忠君爱国之名行贼民苦民、富桀辅桀之实。士人岂可不察哉！

作君（官员等）为何？非为求遂一己之享乐也。后人或昧于此，故少贤君，每多小丑走马灯似的来来去去。

孔孟皆反对侵略，而宗周，取王道仁政天下主义（而皆未曾明确反对宗法分封制度，然孟子稍讲尊贤或选贤任能而对宗法制度稍有调节），在此一天下宪制安排下，各国君臣之首要职责乃道义仁政，不在军事。然不谈军事，如外部生事侵略何？另外，此种宪制安排，只是规定了天子与诸侯国君之间的宪制关系，未曾规定天子、诸侯国君和人民之间的宪法关系，即未在宪法上明确一般平民的包括政治权利在内的权利或人权。

孟子强调政治正当性（道），和对政策正当性（以及策略正当性，如果有的话）的引导、审查、制约、监督的优先性和必要性，此亦可约略相当于大体的宪制主义。对孟子来说，对政策正当性（legitimacy）、合法性（legality）与对行政（臣官）正当性与合法性的合宪（或违宪）审查（即是否合于王道仁政），是政治、行政与政策的优先考虑。

反对侵略与怀柔远人的关系。前文亦曾言及文明扩展之情状，如：因文明或文化制度向心力而归顺归附（未必是“内徙”，亦可是政治上归附，其居处之地不变），而原地或就地分封制之，而至于天下主义之柔性文明扩展或天下扩展主义，而至于天下大同。

孟子曰“民贼”，可见具有一定之“民权”意识，然此一所谓“民权”，乃指整体上之庶民生存权、生产资料经营权与一定收益权（“为民制产”、“薄税敛”等），并无今日“民权”含义中另外尚有的“个体权利”、“财产权”（土地所有权、个体财产权等）、“人权”等之含义也。古代主要是臣民意识，“普天之下，莫非王土；率土之滨，莫非王臣”，缺乏今日之公民意识。

其实，如果将国君视为国家之象征，或将君置换为今日所谓之民治（国家）政府，且相关税收、财政、预算、分配、行政等配套制度等，皆充分满足、符合于成熟、正当民治政府之要求时（逻辑自洽），则“为君辟土地、充府库”（吾人于此处乃将辟土地解为开垦土地，即开辟草莱或开荒等，未必是开疆拓土之意，尤非侵略他国他人，比如所谓化外之人、葛天氏之民之田地土地等）亦是公共行政之题中应有之义。关键在于是否有正当、合理、成熟、严密之税收、财政、金融、预算、分配、行政制度等，以保证公共财政能公正公平地用之于民、用之于国、用之于公，而不会被国之大蠹所侵吞贪腐。于此而后，到底是采取高税收的福利国家模式，还是低税收的自由市场经济国家的政策选择，便反而是第二位的问题或考虑因素。

白圭曰：“吾欲二十而取一，何如？”孟子曰：“子之道，貉道也。万室之国，一人陶，则可乎？”曰：“不可，器不足用也。”曰：“夫貉，五谷不生，惟黍生之。无城郭、宫室、宗庙、祭祀之礼，无诸侯币帛饔飧，无百官有司[①]，故二十取一而足也。今居中国，去人伦，无君子，如之何其可也？陶以寡，且不可以为国，况无君子乎？欲轻之于尧、舜之道者，大貉小貉也；欲重之于尧、舜之道者，大桀小桀也。”

中国古来而为礼仪之邦，又为文官官僚体制之邦，复又为王道仁政周济臣民之邦（若仅以解读者之好意来揣摩，而非从历史事实来观察，则理念上或有类于现代福利国家者），故税稍重于无礼制、无统制政治之邦国部落（貉）（可对照关于“夷狄之有君，不如诸夏之亡也”之不同解释[②]）。然亦不可太重，太重则沦为极权专制独裁暴君聚敛之邦（如梁惠王之“河东河内罪凶岁论”中，百

① 可对照之前论分工之事。

② 《论语·八佾》，关于此句的解释，可参看：程树德著，《论语集释》，中华书局，2013年3月，pp171—175。

姓民众于所谓凶年中之“转徙沟壑”之悲惨命运，其本质乃在于诸侯国君的横征暴敛所致，倘非暴君之横征暴敛，则一年之收成便可保三年之粮，偶遇一凶年，岂会导致饥荒。恰因为盘剥太甚，百姓家无余粮余财，朝不保夕，才导致偶遭凶年或不测急事，便将酿成大灾之结果）。又不可以白圭之法，以白圭之法，则无法建设社会公共事业、公共文化生活，乃至要求国家公职人员过一种清教徒式之生活，如白圭本人生活方式一样（当然，或反驳说：“以白圭之法，则民多余财而富足，亦可由民众自发建设和发展社会公共事业、公共文化生活等，不必全数依恃公共政府。此则亦可备一说，而发展出相应的政治制度，比如无政府主义，当然，其中可能的问题或挑战也不少，不能简单化地过犹不及——这正是孟子此节所特别提及指斥的。感兴趣的读者可参看相关政治思想史之著作，兹不赘述）。吾人若以好意来设想，则儒家礼仪之邦毋宁说是应该更为重视公共社会事业建设和公共文化建设等，和官民皆当享有（即与民同乐）的生机盎然、活泼快乐的现世生活和人间享乐，以及人间礼乐情意之风景，而非禁欲主义之一味聚敛（或为对于民的禁欲主义，或为对于官员或国家公职人员的禁欲主义）（可对照新教伦理）。

“欲轻之于尧舜之道者，大貉小貉也；欲重之于尧舜之道者，大桀小桀也。”故就其中之可能理想而言，或吾人以理想主义态度来解读之，则古代中国儒家之经济政策，乃取（税）民有制，成就一人间礼乐风景。

“白圭，名丹，周人也。欲更税法，二十分而取其一分。林氏曰：‘按史记：白圭能薄饮食，忍嗜欲，与童仆同苦乐。乐观时变，人弃我取，人取我与，以此居积致富。其为此论，盖欲以其术施之国家也。’”[①]此为商人悭俭治国之术。

---

① 参见：朱熹著，《四书章句集注-告子章句下》。

按孟子之解释，古代中国税收高，以有君子礼义之教养故，而成一种淳朴风俗（教育投入）。然自另一方面视之，则此中亦多侈靡与寄生阶层，以大政府之名，未行大政府之事，而耗费民财，适成腐败淫靡、虚张声势、大摆奢华排场等之恶劣后果。貉道则不然，乃小政府模式，未必以道德君子、尊贤养士等相标榜，而以纪律、法律为准绳，又无庞大之不劳而获之官僚剥削寄生阶层，类似于今之政务官之头领亦由全体成员经由原始民主程序选举而出，往往为临时职务头衔，且权力不大，公事每皆由部落全体成年成员公议而决定，无俸禄之费，故税收轻而虐民轻。现代社会仍多此者（然其根本精神和制度设施、法度等，已然有极大改换创制，不可同日而语）：或税收轻、小政府；或税收重而采取大政府模式，而行福利社会之实；而一于税收法定原则与预算法定民议制度也（议会或议院或其他议事机构）。

此言无政府主义亦不可行。化外之人无君长、政府，故而无力抗拒外来之侵略，或有组织之国家、集团等之侵略，且于发展社会公共事业方面，稍有不便或不足。

“今居中国，去人伦，无君子，如之何其可也？”朱熹将“君子”解为“百官有司”：“无君臣、祭祀、交际之礼，是去人伦；无百官有司，是无君子。”①事实上，君子，在先秦相当长的时期内，其培养目的本身，似乎便主要为了出仕（培养所谓治国人才），或为民间老师夫子或宫廷师傅而已，无怪乎后来李斯主张“以吏为师”，虽则其时之吏主要乃法吏，而此种“以吏为师”之精神亦有近于儒家者也。君子未成年则学，既成，处则师，出则仕，师仕皆士也。后则将君子概念拓展之，其目的不再仅仅局限于出仕而治国平天下，而尤其重视一种君子人格、道义承担和节义道德精神等。

---

① 朱熹，《孟子章句集注》，p324。

此则农业定居文明与游牧文明之区别也。亦可参考拉铁摩尔之著作。将此处之“君子”解作“有司百官”为妥[①]，有司百官乃是基于社会分工而来的农业定居文明之政治领域中，组织、治理“国家”之官僚、管理人员也；至于“君子之道”，亦可谓是统治阶层之治国学术体系、规范法度体系与学问道德体系也。古今中国学者皆以此为中国文化先进之表征，而稍有鄙视夷狄胡貉之意。实则此乃不同文明形态而已。游牧文明之缺点在于无农业文明之更精细之社会分工和相应之手工业技术文明等，故须常常与农业文明地区通商交易以资日用，其仰给于农业文明，犹如农业文明在和工业文明遭遇交流之后，便日益仰给于工业文明提供更多现代化工业产品一样，比如：近现代工业化之前之中国，在西方工业文明乃至后来的帝国主义、殖民主义入侵中国之后，渐渐沦为西方之半殖民地，而仰给于西方工业文明之更加精细、先进之工业产品等。游牧文明之优点则在于原始部落平等主义惯例或习俗，虽有酋长，然每采取酋长公共议事制，而部落成员间或部落家庭间又大体平等，某种程度上更易于接收现代平等人权和民主观念。反而是中国古代根深蒂固之身份等级制观念，而成为中国思想文化现代化之严重障碍，延缓了中国现代化的进程。故今亦不可简单地存了文化自大的傲慢之心。

“陶以寡，且不可以为国，况无君子乎？欲轻之于尧舜之道者，大貉小貉也；欲重之于尧舜之道者，大桀小桀也。”此句可对照“夷狄之有君矣，不入诸夏之亡也”一句来分析。

白圭曰：“丹之治水也愈于禹。”孟子曰：“子过矣。禹之治水，水之道也，是故禹以四海为壑。今吾子以邻国为壑[②]。水逆行谓之洚水。洚水者，洪水也。仁人之所恶也。吾子

① 焦循，《〈孟子〉正义》，p858。

② 不同之治水法，可见不同国际关系准则。

过矣。”

“禹以四海为壑，今吾子以邻国为壑。”不同之治水法，可见不同国际关系准则。

关于所谓的“以四海为壑”，亦可结合地缘政治学来谈，或谈及国家疆界的自然地理分界等论题。

此所谓“顺导之”①，恰孟子于《告子篇》论性善之大旨，孟子论治水与论性善正相同也。“水逆行者，下流壅塞，故水逆流，今乃壅水以害人，则与洪水之灾无异矣。”②

> 孟子曰：“君子不亮，恶乎执？”

亮，谅、信也；执，执定、操持、守持也③。朱熹之解为：“亮，信也，与谅同。恶乎执，言凡事苟且，无所执持也。”④盖此处之“亮”（谅）亦有“诚”之意，即《中庸》所云“苟不至德，其道不凝焉”，“言顾行，行顾言，君子胡不慥慥尔”，“诚之者，择善而固执之者也”，“执其两端，用其中于民，其斯以为舜乎”，“回之为人也，择乎中庸，得一善，则拳拳服膺弗失之矣”等。

> 鲁欲使乐正子为政。孟子曰：“吾闻之，喜而不寐。”公孙丑曰：“乐正子强乎？”曰：“否。”“有知虑乎？”曰：“否。”“多闻识乎？”曰：“否。”“然则奚为喜而不寐？”曰：“其为人也好善。”“好善足乎？”曰：“好善优于天下，而况鲁国乎？夫苟好善，则四海之内皆将轻千里而来告之以善。夫苟不好善，则人将曰：‘訑訑，予既已知之矣。’訑訑之声音颜色距人于千里之外。士止于千里之外，则谗谄面谀之人至矣。与谗谄面谀之人居，国欲治，可得乎？”

“鲁欲使乐正子为政”之一节。为政者之四点优长：强；有知

① 焦循，《〈孟子〉正义》，p859。

② 朱熹，《孟子章句集注》，p324。

③ 焦循，《〈孟子〉正义》，p860。

④ 朱熹，《孟子章句集注》，p324。

虑;多闻识;好善。而以好善为第一义。朱熹解曰:"此三者,皆当世之所尚,而乐正子之所短,故丑疑而历问之。"①

此论②与下文分析"人恒过……"及"不屑之教诲"同是药石之言,对于刚愎自用、文过饰非之人而言,尤有催人猛醒之警示作用,而以舜、孟子之言为依归矣!

焦氏引《音义》解"訑訑"字音"他"(訑訑音汤和反,吐和切),又达可切,训欺、"自足其智、不耆善言"(赵歧注)、"言辞不正、欺罔于人、自夸大之貌"、"欺谩不实"③。朱熹以为"音移。訑訑,自足其智,不嗜善言之貌。"④

朱熹解前三者即"强、有知虑、多闻识"为:此三者,"皆当世之所尚,而乐正子之所短,故丑疑而历问之"⑤。此是经世经天下者之眼光与思维言说方式,天下滔滔嚣嚣,而吾自史眼如炬、冷静独立判断,不与流俗同随逐。吾或不与其观点,而赞与其冷峻独立、公心为国之眼光仁心也。

朱熹最后一句为"直谅多闻之士远,则谗谄面谀之人至,理势然也"⑥,此皆国权私有、人治时代之政术、议论、德性与思维也,若其行,亦徒巩固国权公权(被)私有私治人治之根基;若其不行,亦无以异,无以易此私治、人治、专制之乱象。今则曰:"以不正不公之法政制度而人治、私治行乎国中群中,则国乱群乱,寡廉鲜耻,无恶不作,必矣! 即有一二特出卓立之人事,必终生困厄,谤咎随时,乃至不得善终也。"人权民权民治时代,而仍然但论人治权术,则其

---

① 朱熹,《孟子章句集注》,p324。

② 焦循,《〈孟子〉正义》,p861。

③ 焦循,《〈孟子〉正义》,pp862—863。

④ 朱熹,《孟子章句集注》,p325。

⑤ 朱熹,《孟子章句集注》,p324。

⑥ "訑訑,自足其智,不嗜善言之貌。君子小人,迭为消长。直谅多闻之士远,则谗谄面谀之人至,理势然也。此章言为政,不在于用一己之长,而贵于有以来天下之善。"《孟子章句集注》,p325。

政治腐败亦不难逆测，而必矣。

陈子曰："古之君子何如则仕？"孟子曰："所就三，所去三。迎之致敬以有礼；言，将行其言也，则就之。礼貌未衰，言弗行之，则去之。其次，虽未行其言也，迎之致敬以有礼，则就之。礼貌衰，则去之。其下，朝不食，夕不食，饥饿不能出门户，君闻之，曰：'吾大者不能行其道，又不能从其言也。使饥饿于我土地，吾耻之。'周之，亦可受也，免死而已矣。"

"所就三，所去三。"此谈去就之机或去就之抉择。此又言及仕与君长之关系，必以礼义、礼节定去就。

"三就"、"三去"者，此皆私有王权与人治时代之君臣交接之礼，此其总体背景。今世则不然，国民政府、民治政府、人民政府时代，则依据公法行事对待之，古代所谓君臣或现代所谓上下属本诸基本人权、公法所规定之行政上下级之相应权力与义务，以及相应之不违反人权、法律之行政礼仪等，相互对待交接，而免去种种可能之假惺惺的所谓礼貌，与双方的可能的人治性的心理、面子博弈或暗斗等。

此皆君权专制下人治（国君掌握选任或任用大权）时代之事也，而有私与人际关系或人治主义之本质。今为民治政府、民治政治及选任制度，与此大异其趣，则无此种君臣关系，故亦不需乃至必须杜绝此种权力私有前提下之依附权力之人格主义、人治主义政治关系，如清代之幕府、幕宾、汉代之掾属、先秦之养士、门人清客等。此种人治主义之所谓人才选任，必与权力私有、专制主义、专权主义、人治主义等沆瀣一气，除之而后民治政府乃可真正施行之。民治政府中，即或民选行政长官或有权根据相关法律规定而在一定范围内辟其所谓掾属（今曰幕僚等），亦仅为工作关系，双方之间人格平等，共为暂时之国家公职人员，而并非人身依附关系，故亦无此种人治主义之礼节之必要，乃至无贤德之说。所谓贤德则变为普通公民道德、普遍社会道德修养而已；此外另有法律来规范人之行为而已。

此节看似谈贤人君子之气节，实则是以承认权力私有、权力专制为前提来进行谈论的，故乃是专权制度下特有之现象。质言之，如果不谈抛弃权力私有私用的专制制度，则此种君子气节，不过是专权制度下无伤大“非”（借用“无伤大雅”的说法）之小花边文饰而已，愈推崇之，则愈发加固权力私有之专制制度而已。

“所谓公养之仕也。君之于民，固有周之之义，况此又有悔过之言，所以可受。然未至于饥饿不能出门户，则犹不受也。其曰免死而已，则其所受亦有节矣。”①

“古之君子，何如则仕”此段，可对照“士不见诸侯”。

> 孟子曰：“舜发于畎亩之中，傅说举于版筑之间，胶鬲举于鱼盐之中，管夷吾举于士，孙叔敖举于海，百里奚举于市。故天将降大任于是人也，必先苦其心志，劳其筋骨，饿其体肤，空乏其身，行拂乱其所为，所以动心忍性，曾益其所不能。人恒过，然后能改。困于心，衡于虑，而后作。征于色，发于声，而后喻。入则无法家拂士，出则无敌国外患者，国恒亡。然后知生于忧患而死于安乐也。”

“人恒过，然后能改；困于心，衡于虑，而后作；征于色，发于声，而后喻。”历来讲修行过程者，未有讲得如此好的。

“人恒过，然后能改”，又隐然有谅恕之情。

“空，穷也。乏，绝也。拂，戾也，言使之所为不遂，多背戾也。动心忍性，谓竦动其心，坚忍其性也。然所谓性，亦指气禀食色而言耳。程子曰：‘若要熟，也须从这里过。’”②“衡，与横同。恒，常

---

① 朱熹，p325。另可参阅：焦循，《〈孟子〉正义》，p864。

② 朱熹，《孟子章句集注》，pp325—326，另可参阅：焦循，《〈孟子〉正义》，p865，pp871—873。

也。犹言大率也。横，不顺也。作，奋起也。征，验也。喻，晓也。此又言中人之性，常必有过，然后能改。盖不能谨于平日，故必事势穷蹙，以至困于心，横于虑，然后能奋发而兴起；不能烛于几微，故必事理暴着，以至验于人之色，发于人之声，然后能警悟而通晓也。”[①]“以上文观之，则知人之生全，出于忧患，而死亡由于安乐矣。尹氏曰：‘言困穷拂郁，能坚人之志，而熟人之仁，以安乐失之者多矣。’”[②]

朱熹对“人恒过……而后喻”一句之解说甚好，“衡，与横同。恒，常也。犹言大率也。横，不顺也。作，奋起也。征，验也。喻，晓也。此又言中人之性，常必有过，然后能改。盖不能谨于平日，故必事势穷蹙，以至困于心，横于虑，然后能奋发而兴起；不能烛于几微，故必事理暴着，以至验于人之色，发于人之声，然后能警悟而通晓也。”[③]，此亦是“道从平常言行交接日用中来”之例证也。平心平实之语，人当深味深自警醒之。

“拂乱其所为”似可对应下文之“人恒过，然后能改”，则“动心忍性”乃“扰动磨砺其心性”之意，此又对应下文之“困于心，衡于虑，而后作；征于色，发于声，而后喻”，“困于心”即“动心”（扰动困瘁思虑其心也），“衡于虑”即“忍性”，“征色，发声，喻义、起作”皆动心忍性之态。合而言之，则“动心忍性”乃同义互举。动心虽可解为“动惊”，却不是惊动、惊恐之意，乃激发、扰动、困瘁、思虑之义。“曾益其所不能”即是下文“而后喻”、“然后能改”、“而后作”等之义，一一对应，文句甚有义法照应，并非胡乱罗列也。或孟子所举之胶鬲、管仲、孙叔敖、百里奚等亦曾经历“人恒过，然后能改”之事？赵岐章指似有此意，“章指言：

---

① 朱熹，《孟子章句集注》，p326。

② 朱熹，《孟子章句集注》，p326。

③ 朱熹，《孟子章句集注》，p326。

圣贤困穷，天坚其志；次贤感激，乃奋其虑。凡人佚乐，以丧知能；贤愚之叙也。”[①]而赵歧解“人恒过”一句时，言“谬思过行，不得福”[②]，亦似有意对应上文之“动心忍性”；征色发声，纯为动忍困衡之态（然上文之解释却似乎并未明确意识到此上下两句之内在照应关系[③]）。然此种解读，稍有胶柱鼓瑟之嫌。赵歧之注本来不错，“人常以有谬思过行，不得福，然后乃更其所为，以不能为能也。困瘁于心，衡，横也，横塞其虑于胸中，而后作为奇计异策、愤激之说也。征验见于颜色，若屈原憔悴，渔父见而怪之，发于声而后喻，若宁戚商歌，桓公异之，是而已矣。”[④]

关于此句之句读，断之以“空乏其身，行拂乱其所为”固然可以，无论是从上下文句法或语意来看，都可大体自圆其说[⑤]。然吾以为“行”字或亦可连上读，赵氏正如此解：“空乏其身行，拂乱其所为”，“身行”即是“所为”，上下句之语法亦相应（焦氏亦言“所为即所行”）。“动心忍性”，赵歧解为“动惊其心，坚忍其性，使不违仁，困而知勤”（此解颇好），与《孟子-公孙丑》注“不动心”正同，然赵注《公孙丑》中之“动心”为“恐惧可畏”，则不当，前文已论之。此处之解读，似亦有上下文稍不对应或不恰当者，下文言“人恒过”云云，似或言“动心忍性”为“过”，则“动心忍性”未必如赵歧所注，而一时不能尽索解，容后细论（当然，亦可将“过”落实在“行拂乱其所为”这一句

---

① 焦循，《〈孟子〉正义》，p873。

② 焦循，《〈孟子〉正义》，p871。

③ “舜耕历山，二十征庸。傅说筑傅岩，武丁举以为相。胶鬲，殷之贤臣，遭纣之乱，隐遁为商，文王于鬻贩鱼盐之中得其人，举之以为臣也。士，狱官也。管仲自鲁囚执于士官，桓公举以为相国。孙叔敖隐处耕于海滨，楚庄王举之以为令尹。百里奚亡虞适秦，隐于都市，穆公举之于市而以为相也。言天将降下大事以任圣贤，必先勤劳其身，饿其体而瘠其肤，使其身乏资绝粮，所行不从拂戾而乱之者，所以动惊其心，坚忍其性，使不违仁，困而知勤，增益其素所以不能行之者也。”此皆无“人恒过”之意。《〈孟子〉正义》，pp864—865。

④ 焦循，《〈孟子〉正义》，p871。

⑤ 《尽心下》亦有类似表述：“行何为踽踽凉凉。”

上，而不必落实在“动心忍性”之一句上)。而“曾益其所不能”，似可解为“增益其所不能经历、不能应付者”。虽曰不必拘泥而以为此处之“动心”必须同于《公孙丑》中之“动心”，然亦可尝试作如是寻绎，则“扰动其心其性，考验磨炼磨砺熬炼磨难”等，亦可备一说。当然，再次强调，赵岐之注解确实很好，此不过稍尝异想而已。

此言患难足为磨砺心性之良药，《公孙丑上》正面谈“不动心”、心性修养之原则，及驳告子“不动心”之错误心性修养方法；《告子下》此节则谈特别情形乃至艰难卓绝情形下之心性修养之方法与过程，以及加持力量，可见此节乃上接《告子上》论心性修养之论题也。

赵岐解上句“然后知生于忧患而死于安乐也”不妥或不确[①]，实则“法家”即“以先王法度谏匡之臣”，“拂士”即“拂戾抗命天子王君不义之政行之士”，焦循所云《荀子-臣道篇》甚好[②]。赵岐解为“辅拂之士”，乃为匡谏抗命以辅正道，亦可，不必通“弼”[③]。或“弼”亦有匡拂之意，则亦可，则赵注正切。“知”，赵注不妥(赵注为“知能”即“智能”)，当为“知道”意，不必辩。

---

① “入，谓国内也。无法度大臣之家、辅弼之士。出，谓国外也。无敌国可难，无外患可忧，则凡庸之君骄慢荒怠，国常以此亡也。故知能生于忧患，死于安乐也。死，亡也。安乐怠慢，使人亡其知能者也。”《〈孟子〉正义》，p872。

② 《荀子-臣道篇》：“有能抗君之命，窃君之重，反君之事，以安国之危，除君之辱，功伐足以成国之大利，谓之拂。”《〈孟子〉正义》，p873。

③ 弼。【说文】本作弻。西，舌也。舌柔而弓刚，以柔从刚，辅弼之意。【韵会】所以辅正弓弩者。【正韵】正弓器也。《荀子·臣道》“谓之拂”句下唐杨倞注：“拂，读为弼。弼，所以辅正弓弩者也。”又【说命】梦帝赉予良弼。【越语】憎辅远弼。【注】相道为辅，矫过为弼。又通作拂。【孟子】入则无法家拂士。以上见《康熙字典》。“(弼)辅也。辅者、车之辅也。引申为凡左右之偁。释诂曰。弼、俌也。人部曰。俌、辅也。俌辅音义皆同也。诗曰。交韔二弓。竹闭绲縢。传云。交韔、交二弓于韔中也。闭、绁。绲、绳。縢、约也。小雅。骍骍角弓。翩其反矣。传曰。骍骍、调利皃。不善绁檠巧用则翩然而反也。士丧礼注曰。柲、弓檠。弛则缚之于弓里备？伤。以竹为之。诗所谓竹柲绲縢。木部曰。榜、所以辅弓弩檠榜也。然则曰檠、曰榜、曰柲、曰闭者、竹木为之。曰绁、曰縢者、缚之于弛弓以定其体也。弓必有辅而后正。人亦然。故辅谓之弼。从弜。西声。”以上见《说文解字注》。以上引自于“汉典”网站。

焦循所解[①]虽在理义上合于孟子之思路，然而太过曲折，颇给人以牵合或牵强附会之感，同是一词，正解反解，都是“吾是”，乃至竟有强词夺理之感[②]。想孟子或其弟子写作和遣词造句时，原不会亦不应如此草率。

虽然，亦不必拘泥，以为孟子必然是在同样的意义上来使用两处的“动心”的，而实则亦可有不同解释，如此而退一步，寻绎孟子可能之内在思路，或顺着赵岐的思路，则“动心忍性”，或亦可解作“深动起念其悲悯仁人之心，坚韧其悲悯仁人之性，而增益其才能才干”。

上文说“人恒过，然后能改”是对应于“动心忍性”这一句，亦有拘泥处，岂不知，“人恒过，然后能改”乃是比兴之句，是参照论述，指有所经历，才能知道相关情形，而和“增益其所不能”（所不能经历、所不能知道、所不能处理、所不能克服困难之才干能力信心等）对应起来。

“章指言：圣贤困穷，天坚其志。次贤感激，乃奋其虑。凡人佚乐，以丧知能。贤愚之叙也。”此章指道出此节内在思路。

> 孟子曰：“教亦多术矣，予不屑之教诲也者，是亦教诲之而已矣。”

他人对“我”之不礼貌、冷遇、侮辱、怒斥、批评、詈骂等，或亦是一种变相之教诲。从他人对己之表现中看出或反思出自己的行为、形象之得失，此所谓“以人为镜，可以正己”也。仍亦是孟子前文某节所言之“先必自反”、“先反求诸己”之意也，而不是马上发作对抗之。反思而如错在“我”，则“我”不怒、不辱，而得一察己改过之机会也。

---

① 焦循，《〈孟子〉正义》，p870。

② 虽然在有的情形下，确实存在一词多义故而一词多用的情形，然大体亦不至于离题万里，且在上下文中不难确定其意义。倘若本为简单字词而随意变动其意义，圣贤作文，当不如此。

尽心上

孟子曰："尽其心者，知其性也。知其性，则知天矣。存其心，养其性，所以事天也。殀寿不贰，修身以俟之，所以立命也。"

"人有是心，莫非全体"（朱子）[1]，故当尽心，穷求其心智而不舍，以展全体。不穷求之，怎知个体之潜能、心之能量、个人之正向成就？必也锲而不舍、死而后已。

事天立命，行之有恒。

"殀寿不贰，修身以俟之，所以立命"，此则是生命文化意识（内化仁义君子品行），或将文化精神内化为生命意识和文化信仰，类于西方基于是非判断上的是非文化意识（诚则两者类同，但亦有不同：生命文化意识类于（精神）信仰，于此可言儒家有宗教之意味；是非文化则诉诸于自我承当和理性批判。另外，西方尚有宗教文化之一维），而稍与迫于外在礼仪要求之（外烁）耻感文化不同。

此处又增加心与性、天与命这两对概念。

不贰，不违反、不怀疑也。

---

① "心者，人之神明，所以具众理而应万事者也。性则心之所具之理，而天又理之所从以出者也。人有是心，莫非全体，然不穷理，则有所蔽而无以尽乎此心之量。故能极其心之全体而无不尽者，必其能穷夫理而无不知者也。既知其理，则其所从出。亦不外是矣。以大学之序言之，知性则物格之谓，尽心则知至之谓也。"朱熹，《孟子章句集注》，p327。

古人以心为智识、良知之官，今兼言心脑也，脑主智，心主情。此处之心，大体即心脑，或曰不必具体对应某具体器官，非谓今日所谓生理器官之心，乃一表示神明、神灵之主之哲学概念也。故或亦可曰“尽其心（脑）者，知其性也”，亦可但言“尽心知性”，而知此心乃人之神明、灵魂、灵智而已。尽者，穷究也，尽心者，穷究此一灵魂神明，终生不辍，以识其本然天性自性，以开启扩充充实之。此心之自性自在完足，蕴含广大乃至一切，然须各自穷究努力，而明亮光辉之，而随时生长扩展，而后自知自觉之。穷究努力，则与他心天心相交涉往还也，游戏、读书、学习、践履、交流、任事、游历等，皆所以尽心知性之道也。此皆终生之事。

尽心知性乃就后天之努力扩充言，存心养性乃就先天之天道自性（完足）言。尽心知性而后知心知性知天道天理，知心知性知天道天理而后存（其正）心，养（其正即善）性而不违天道天理；事天即不违天道天理也。尽心知性知天，乃是立其正心自性天道，存心养性事天，乃是守其正心自性天道，养守即终身奉行，不疑不违，俟此心此性之自我扩充完成，而立吾正命也。

修身所以修正，修正所以立正命。倘不存养、不修，则可能误入歧途，不能立正命。

尽心知性，存心养性，兼有自为与外缘（外力）两维，自为则自生长、自用功也，外缘（外力）则父母兄姐师傅朋友之熏习提撕也。自其主体言之，则各人皆当自我精进，自其环境言之，则父母师傅等皆须负起责任，助其循正守正、生长扩充。故父母皆当有存养之功，守正助力，而为他人之正向外缘或外缘加持力。

或可解作弱冠之前主尽心知性知天，立其正心善性，言教化学习也；成人以往则主存心养性事天，使不失其正其善，于此时而外物皆备于我，而顺受其正[①]。

---

① 焦循，《〈孟子〉正义》，pp882—883。

《告子上》乃“知性”、“论性”，此则“尽心”，知性而养性，存心而尽心。然则心、心性之关系如何？“由人之性善，故其心能变通，以天为法则也。”[①]又曰：“心能裁度，得事之宜，所以性善”[②]，“以心制之”，“能思虑”，则心似属智，而性本善，属德，心知性善，即知性善而得福；天道贵善，故而人法天。于是天赋人智即是天赋人性之善，智即知性善，智是“知道”、“知天道”、“知性善”；性善是天道之一维。天赋人智，人心有智，有智而知性善，而知性善之福，故思尽心，尽心即是尽性，尽性则多福。

“存其心，养其性，所以事天也。”赵岐解为“能存其心，养育其正性，可谓仁人。天道好生，仁人亦好生。天道无亲，惟仁是与。行与天合，故曰所以事天也。”此可对照道家“天地不仁以万物为刍狗”之观念，尤可见出儒家文化乃至中华文化之根本精神。

“殀寿不贰，修身以俟之，所以立命也。”赵岐解为“仁人之行，一度而已。虽见前人或夭或寿，终无二心改易其道。夭若颜渊，寿若邵公，皆归之命。修正其身，以待天命，此所以立命之本。”此是尽心养性之法，亦是“不动心”之法，“配义与道”而已。

孟子曰：“莫非命也，顺受其正。是故知命者不立乎岩墙之下。尽其道而死者，正命也；桎梏死者，非正命也。”

同说“莫非命也”，佛教言“命苦命空”而一切退却；古希腊则言“不可预知之神秘力量”，而倡言人当以主动性抗争之，而仍不免失败之悲剧；孟子则言“顺受其正”、“正命”、“立命”（殀寿不贰，修身以俟之）、“知命而不立乎岩墙之下”（“尽其道而死”亦有抗争“非正命”之意在，而不让于西方文化之发扬人类主动抗争性之悲剧精神）。同是超然，孟子的正命、知命更多精进向上、守道不回、守正坚韧的意味，而道义承当，悲喜坦然自承，自得自乐，宠辱不惊，心

① 焦循，《〈孟子〉正义》，p875。
② 焦循，《〈孟子〉正义》，p877。

安自喜;道家的"超然"乃随顺自然,心无所主(亦无是非);佛教则是弃绝一切而后生,心如死灰,空空如也……

"莫非命也,顺受其正。是故知命者,不立乎岩墙之下。尽其道而死者,正命也。桎梏死者,非正命也。"孟子此处之谈"命",比佛教之谈"命"(以及西方古希腊悲剧之谈命),就其入世精神及相应道理解说而言,皆高明很多,或表现出其特殊文化价值,坦然担当正道正命,守正守道不回,清新坦然,刚健从容。

知天道、正道,立正命,则顺受其正,不入乎逆(逆天违正)①,故不立乎岩墙之下,乃至力避一切不正之方面、人事。人终有一死,尽其道而死者,正命也;桎梏死者,非正命也②。

关于"莫非命也",一解为判断句或叙述句:"莫非-命也",言莫不是命,而有正命、遭命、随命之分。二解此句为祈使句:"莫-非命也",言不要违逆正命而死(行恶得恶,行善得恶),故不立岩墙之下,即是避免非命而死,如行善得恶之遭命、行恶得恶之随命。赵岐、《白虎通义》、《论衡》解随命稍不同③。

> 孟子曰:"求则得之,舍则失之,是求有益于得也,求在我者也。求之有道,得之有命,是求无益于得也,求在外者也。"

"求则得之,舍则失之,是求有益于得也,求在我者也。"此为一种生命文化精神。生命文化精神则"求在我者";耻感文化则"求在外者"也。

心当尽力穷究之,而后知性知天。尽即求也,以求而尽其心;不求则不能尽其心。无所用心而舍之,则失其心,不知其性,不知天命。

求正心正性正命,皆求在我者,求(尽心尽力)而必有益有得④。

---

① 焦循,《〈孟子〉正义》,pp877—878,p878。

② 焦循,《〈孟子〉正义》,pp879—882。

③ 焦循,《〈孟子〉正义》,pp879—882。

④ 焦循,《〈孟子〉正义》,p882。

孟子曰："万物皆备于我矣。反身而诚，乐莫大焉。强恕而行，求仁莫近焉。"

"反身而诚，乐莫大焉。"生命文化意识非外烁，身心合一，乐莫大焉。

诚，实也。由上文所述之尽心知性知天之后，则万事万物之正道正理，吾皆知之矣，亦即知天也，以此反求诸己，而皆实有之，而不违不离，则乐莫大焉。实有之法，即上文所言之存心养性；而不离不弃不违之法，亦即强恕而行而已。存心养性，即是求仁，即是反身而思诚实诚有①。

此讲修行之法门。

以上四段，皆孟子知命得道之言也。

焦里堂解为："何以知其性？以我推之也。我亦人也，我能觉于善，则人之性亦能觉于善，人之情即同乎我之情，人之欲即同乎我之欲，故曰万物皆备于我矣。己欲立而立人，己欲达而达人，己所不欲，勿施于人，即反身而诚也，即强恕而行也。圣人通神明之德，类万物之情，亦近取诸身而已矣。"②

孟子曰："行之而不著焉，习矣而不察焉，终身由之而不知其道者，众也。"

"行之而不著焉，习矣而不察焉，终身由之而不知其道者，众也。"此句本是批评俗众对于道的无知无觉的状态。其实，换一种视角，亦可以说是一种正面的身心一如的状态——如果是由之行之皆合道的话。此乃生命文化意识，而非外烁耻感文化。

如果仅将孟子思想视为心性道德修养学说来看，或主要关注其有关心性道德修养的内容，则《尽心上》一卷中的许多论述都容易理解，但一旦以哲学之眼光来分析审查之，则便将横生枝节，颇

① 焦循，《〈孟子〉正义》，pp882—883。

② 焦循，《〈孟子〉正义》，p883。

多纠缠暧昧不明。心性道德修养讲体悟、实行、务实、具体（赵岐之注颇有此特色），以我悟入为主（我受其正其善）。哲学思路则要求概念清晰，逻辑分明，论证全面周洽，以理上自洽为主。赵注、焦注或汉学朴学乃至先秦儒学本身，其著述解读往往表现为“每字皆有本”、“无一字无来历”，具体征实之，每多称引具体历史人事等，此种解读方式恰便于心性道德之修养实践，然或亦稍阻碍对其之哲学发挥。宋儒喜议论发挥，稍有不甚严格之哲学上之发挥，然亦仍多概念不清、纠缠混乱之弊病。于心性道德之具体实践修养言，汉儒、清儒之“征实有本”之学风乃其优势，而利于心性道德教化（尤其是礼学）。就哲学与思维、智识之训练培养言，则无论汉、宋之学，皆有不完善处，一大突出表现即严格清晰之哲学概念与逻辑命题太少，无以进行严格之哲学探讨。虽然，因为古人之经验主义智慧实在太过发达，故孟子等先秦学人虽每多征实之说谈行文，每字每句皆有本，皆有背后之具体人事征实之，而仍不期然每能于具体、特殊之事例论证，而推合于抽象之哲学讨论与分析，此宋儒所以稍有发挥之客观凭藉也。

此种解读，甚彰某些儒家之不相信众庶之偏见，此中国儒家文化特色（尊德贤），亦缺陷也（歧庶民）。

孟子曰：“人不可以无耻，无耻之耻，无耻矣。”

焦氏：“集解引孔氏云：‘有耻，有所不为也。’”

赵注：“人不可以无所羞耻也，《论语》曰‘行己有耻’。”

焦氏训“之”为变，“无耻之耻，谓由无耻改变而适于耻。”赵注为：“人能耻己之无所耻，是为改行迁善之人，终身无复有耻辱之累也。”[①]吾则以为，“无耻之耻”，或可解作：“无耻而耻之”，即耻己之无耻，而后可远（无）耻辱也。

赵岐之注虽稍可通，焦氏据赵注而云“之”是“改、变、代、至”之

① 焦循，《〈孟子〉正义》，p885。

意，稍有胶柱鼓瑟处，因“人能耻己之无所耻，是为改行从善之人，终身无复有耻辱之累也”[1]云云，乃赵歧进一步解说前句耳，非训之为“改变”，然此亦小事。但二人之解皆稍有不甚平实处，亦稍不类孟子行文之平实清晰，恐原文或有脱衍遗漏，不见新材料则不必深论之，以免牵强附会。

孟子曰：“耻之于人大矣。为机变之巧者，无所用耻焉。不耻不若人，何若人有？”

此节赵、焦之注，发挥其一贯之征实有本之治学风格，而尊解之。吾人虽不知当时《孟子》编著者之意果此然乎，而赵氏、焦氏其注关于“王者攻占之正道，不用陷阱机变之巧，不用黄老兵家之奇计诈谋（后乃随其意而进一步引申发挥者）”之解读，反显得其更具抽象、普遍意义，不仅在王者攻占之一事也。质言之，有本征实之解读法，有利于加深理解；抽象普遍之哲学解读，有助于举一反三、触类旁通、明乎理义。

“孟子曰：‘耻之于人大矣。为机变之巧者，无所用耻焉。’”赵歧解为：“耻者为不正之道，正人之所耻为也。今造机变阱陷之巧以攻战者，非古之正道也。取为一切可胜敌之宜，无以错于廉耻之心。”[2]此句虽或意有原本、具体征实，然亦可纯作抽象思想观念解（可参见下文谈两种解读方式）。

“为机械变诈之巧者，所为之事皆人所深耻，而彼方且自以为得计，故无所用其愧耻之心也。……但无耻一事不如人，则事事不如人矣。或曰：‘不耻其不如人，则何能有如人之事。’其义亦通。或问：‘人有耻不能之心如何？’程子曰：‘耻其不能而为之可也，耻其不能而掩藏之不可也。’”[3]

---

① 焦循，《〈孟子〉正义》，p885。

② 焦循，《〈孟子〉正义》，p886。

③ 朱熹，p329。另可参阅：焦循，《〈孟子〉正义》，pp886—887。

“不耻不若人，何若人有？”此句稍不可解。

孟子曰：“古之贤王好善而忘势。古之贤士何独不然？乐其道而忘人之势，故王公不致敬尽礼，则不得亟见之。见且由不得亟，而况得而臣之乎？”

“乐其道而忘人之势。故王公不致敬尽礼，则不得亟见之。见且由不得亟，而况得而臣之乎？”此固提倡节义之举，故古代士人当自命清高。然此犹是消极法门。关键不在致敬又尽礼，而在于公正公平选贤任能，依法治国行政，不则弹劾之，罢免之，而于权势、敬礼何有哉?！士民何必见之臣之！倘国民能自行选贤任能、弹劾罢免，则乃有真平等、真敬礼，而不为收买市恩等之惺惺作态之礼也。

然仍可有儒士或贤士，现代儒士或更加中性而避免误解的贤士的概念的意思，乃是于基本公民道德之外，而仍能有所自我树立，而有卓然英挺豪杰之言语行事表现也。今谈儒士或贤士[①]，不必仅限于气节，而尤重其心志，因气节中的许多规范要求，本应是正常时代或民治时代所有人都应具有的基本品格素养（另外一些要求又是公权私有时代下的特别情形，今为公权民有公有的时代，则那部分气节便成为不必要的了），而心志则确乎有高下也。或曰：我欲自求此生安康便好，此固然无可厚非；或曰：吾欲拯救社会或服务社会，人文化育，开太平，则是其心志之高也。然而在孟子之品格层次中，并不以治平心志为最高层次，最高层次乃是“大人

---

① 儒士之名亦徒借用耳，而其内涵与外延皆可根本改易之，比如于所谓政治哲学方面，今之儒士不必认可宗法君臣、皇权专制之事等。按照名实相副的要求，当然不能简单地沿用“儒士”这个概念，而不妨用“士人”或“贤士”便可，而对士人或贤士亦进行相应的定义或界定，免生误解。我的许多著述文字中，每皆使用既有概念，实则却赋予了新的内涵或内容，但因为缺乏严格的概念界定和逻辑论证，有可能导致一些误解，以为我在不加分辨地主张或倡导某些有问题的传统观念、文化或制度，这虽然是误会了我的本意，但也确实是由于自己稍嫌随意而不够严谨的写作或表述风格所致。故吾人在以后的撰述创作中，都应该于此再三致意焉，而更加严谨。

者，正己而物正者也”(本卷)(孔子亦因此特别称赞颜渊)。国民主权的民治时代，政治家中或不乏心志高卓之人；专制时代，则每多伪言淑世实则干禄弄权之伪士佞臣小人。此皆时势、制度背景不同之故也。

“古之贤王好善而忘势”此段确实道出中华文化之特色之一(尊贤、礼贤下士、士人重气节等)，然此亦与私有封建专制王权政治相须而行者也。因政治专制私封，乃为家天下，故有君王权贵与等级制特权、权势等之社会事实，而有一般众庶之畏服趋附谄媚之心意行事。圣贤才士乃(须)矫然而起，反于此种常态，而别有一种特立卓然之志气。然，若夫在国民政府、民治政府或民主政府、人民政府以及契约政府观念之时代，则虽有权而无势，或不能成权势。因为虽有权，然而自有严格之限制监督，故无所以成其权势跋扈肆虐于民众身心，则人尽皆卓然自立，堂堂正正，顶天立地，不畏人之势，无所趋附，国民尽皆如是，何独贤士为然哉！民众尽皆如此，则又岂会成为一项什么了不起的气节呢！气节与专制，跋扈与怯媚，皆由同一事引起。虽然，于一时不能改换之专制黑暗时代，仍当提倡气节，仍当尊崇敬重之。气节之臣，终是代表了社会正义和社会进步的一方也。

禀命即受命听令之意，可见孟子(或赵歧)之所谓尊贤，并非后之“君为臣纲”之意，亦可见“管仲以其君霸”一句之本意，孟子至少不将霸业独系于齐桓公也，确乎有圣贤共王、共治或圣贤自王(自霸)之意。焦氏疏中所引《国语-楚语》中言武丁事甚好[1]，可用以解《尚书》中“天下有罪在朕一人”等句。“而况得臣之乎”一句，可见孟子之政治理想与政治哲学始终在圣贤自王而禅让之时代，尊宗法、分封、五等爵等，不过是不得已的政治现实主义思路而已。

“孟子曰：‘古之贤王好善而忘势。’”赵歧解为“乐善而自卑，若

---

① 焦循，《〈孟子〉正义》，p888。

高宗得傅说而禀命”，禀命，受命也，无今之“白事”义，郑氏注云：“谓殷高宗之后臣傅说也，作书以命高宗。”①

“古之贤士何独不然？乐其道而忘人之势。”此句可用以助解“亦有献子之家”一句。

“故王公不致敬尽礼，则不得亟见之。见且由不得亟，而况得而臣之乎？”此句对应“士不见诸侯”。

> 孟子谓宋句践曰：“子好游乎？吾语子游。人知之亦嚣嚣；人不知亦嚣嚣。”曰：“何如斯可以嚣嚣矣？”曰：“尊德乐义，则可以嚣嚣矣。故士穷不失义，达不离道。穷不失义，故士得己焉；达不离道，故民不失望焉。古之人，得志，泽加于民；不得志，修身见于世。穷则独善其身，达则兼善天下。”

问题即在于“穷失义，达离道”，故穷达、上下、朝野皆无道义，而皆失望也。穷不失义，则自修也，亦当有基本社会保障而后可（古代则为“为民制产”或“民有恒产”等）；达而何能不离道？则曰宪法、行政法等公法建设（针对权力人物）及法治建设（针对社会权势富贵）也。有此，可保民不失望。除此之外，方可言“达不离道”之自我修养层次之事，此则自我负责耳，与民之失望与否何有哉！

不常言尊尊而恒言尊德尊贤，此孟子尊贤思想不然同于当时主流价值观之人爵、宗法世袭之微旨也。

“游”者，游说（国君）也。然此节所论之理，不仅适用于游，亦是日常修行之法门，“人知之亦嚣嚣……”，“人用之、纳（言）之亦嚣嚣……”，“人不知而不愠”，人误解之亦嚣嚣不辩。“尊德乐义，则可以嚣嚣矣！”此又是问心无愧，下文所云君子三乐中之一乐也：“仰不愧于天，俯不怍于人。”（此外又有事简人安之法）此皆自得其安乐，不涉外缘，故可萧然若忘，穷达皆嚣嚣。穷达皆可见人之奉道持守，见其风力志意：穷不失义，不枉己妄作也；达不离道，不改

① 焦循，《〈孟子〉正义》，p888。

初衷素行、不违正道也。

“尊德乐义，则可以嚣嚣矣。”“德，谓所得之善。尊之，则有以自重，而不慕乎人爵之荣。义，谓所守之正。乐之，则有以自安，而不殉乎外物之诱矣。”[①]，另可参见《儒家广议》中之论述穷达者。

先生云：“穷则独善其身，达则兼善天下”，不可仅仅将前者视为后者的手段；又不可以为“兼善天下”者不需要“独善其身”；此外更不可理解为只有“达则兼善天下”者才需要“独善其身”。事实上，与此相反，第一，“独善其身”本身就可以是和就是目的，无论个人境遇命运之穷达，或道之穷达（道之行于世与不能行于世。《孟子》原意应为“个人境遇之穷达”或得志与不得志，所谓“士穷不失义，达不离道”，朱熹的《孟子集注》即作此解[②]；但吾以为或亦可理解为“道之穷达”），皆须“以道善其身”；无论是“独处其身”，还是“兼济天下”，都须“以道义善持其身”——质言之，“以道善其身”乃基本立人教育或国民教育，任何个体或国民均须如此，无关穷达、独兼与否。

第二，“独善”与“兼善”之间并无高低关系，此点颇为重要。我们看《孟子》原文本身，“故士穷不失义，达不离道。穷不失义，故士得己焉；达不离道，故民不失望焉。古之人，得志，泽加于民；不得志，修身见于世。穷则独善其身，达则兼善天下。”完全没有高下之

---

① 朱熹，《孟子章句集注》，p329。

② 原文见《孟子、尽心上》；又可参考：朱熹，《孟子集注》：孟子谓宋句践曰：“子好游乎？吾语子游。句，音钩。好、语，皆去声。宋，姓。句践，名。游，游说也。人知之，亦嚣嚣；人不知，亦嚣嚣。”赵氏曰：“嚣嚣，自得无欲之貌。”曰：“何如斯可以嚣嚣矣？”曰：“尊德乐义，则可以嚣嚣矣。乐，音洛。德，谓所得之善。尊之，则有以自重，而不慕乎人爵之荣。义，谓所守之正。乐之，则有以自安，而不殉乎外物之诱矣。故士穷不失义，达不离道。离，力智反。言不以贫贱而移，不以富贵而淫，此尊德乐义见于行事之实也。穷不失义，故士得己焉；达不离道，故民不失望焉。得己，言不失己也。民不失望，言人素望其兴道致治，而今果如所望也。古之人，得志，泽加于民；不得志，修身见于世。穷则独善其身，达则兼善天下。”见，音现。见，谓名实之显着也。此又言士得己、民不失望之实。此章言内重而外轻，则无往而不善。

分，亦没有不得志的闷闷不乐之情感；甚至某种意义上，其强调重心还有可能落实在“达不离道”的上面，朱熹亦特别“不得志，修身见于世”（见，音现。见，谓名实之显着也），强调“内重外轻”：“此又言士得己、民不失望之实。此章言内重而外轻，则无往而不善”，则“独善其身”（即“不失义”、“不离道”才是更根本性的目的，以及人生意义所在），完全没有在两者之间建立高下之分。但在后代读书人的潜意识里面，却渐渐地或许有意无意地在两者之间进行了某种高下判断，或者，被后世儒者或士人理解成了有高下之分的两个层次，而皆欲进于第二层次，即以道术“兼善天下”或“治国平天下”才是人生的最高境界和目标，若不能达到这个目标，则便觉人生不完整、不完满，而怏怏不乐，抱憾以终①。甚至普通民众，也以混个一官半职为人生追求，此皆是本末倒置的错误理解。须知以道自守自见于世，而成就其他任何职业或生活，即可是人生圆满。关于此一误解，或许亦和对于《大学》“八目”的误解有关，容后再述。第三，并非欲以道兼善天下者才需要“独善其身”，“达”而得志“以道兼善天下”固然要以道独善其身，不达不得志而“穷”亦要以道“善其身”或独守其道而善其身②，无论穷达，都须以道善其身——此点和上述第一点似乎一样，但第一点乃强调“独善其身”本身就可以是目的，这里则强调，“独善其身”乃是立人之基本义和第一义，

① 事实上，这一理解或观念确实是造成古代士人或读书人乃至普通民众不开心、不幸福的重要原因之一，于士人或读书人而言，其最高抱负乃是治国平天下，然而大臣之位置毕竟极少，不是所有人都有真正治国平天下的机会；于普通民众而言，则或有出将入相之梦想，或有当官而光宗耀祖之梦想等，以及今之所谓“官本位”文化；这当然不是人人都能实现的人生，所以不能以此作为人们唯一或最高的人生标准，而应将“独善其身”亦视为目的乃至最高标准之一。质言之，倘能“独善其身”，已是此生具足，自可含笑九泉；“兼善天下”不过锦上添花耳。

② 此两句中，“独”之本意，在于和“兼”对举，“兼善”者，以道达于他人天下而利益他人天下也；“独善”者，不得志或天下不能达道，则以道行于己而自守其道、高尚其心志节操而自得其利益也，此时之“独”，则可理解为个人主义选择之始终以道硁硁自守。

无论穷达智愚，人皆须以此自立。“独善其身”或确是“兼济天下”之必要基础与阶梯，但尤其是“立人”之根本与阶梯。人皆当以道义自我责善修持。第四，独善与兼善，本是一事。以何为善？以“道义”为善也。重心在此！或换一种问法：用以独善、兼善者何？则乃一于道义也，故独善兼善原是一事，更无高下。而倘以治平或出将入相为“善”，则是本末倒置。

今人理解往往有几个谬误。第一，在“穷则”与“独善其身”之间建立某种错误的逻辑关系（一种降等性的条件假设关系或条件限定关系），因为“穷”，所以只得退而求其次地“独善其身”，仿佛是无奈的、退却的、第二位的，而失去了先秦儒家“以道自任”的自在自得感。第二，在“穷则独善其身”和“达则兼善天下”之间建立某种错误的逻辑关系（同样是一种降等性的条件假设关系或条件限定关系），以为前者是退而求其次的选择，本身不是目的，后者才是人生的目的和第一位的选择，从而导致许多由于价值观误会而来的人生问题和心理问题。第三，没有深刻理解到“穷达”、“独善其身与兼善天下”的内在统一性和一致性，或没有理解到两者的根本强调重心乃是“以道义自任而任天下”这一点，故对“独善”与“兼善”持一种功利性的或手段性的看法，将“独善其身”理解为但求“明哲保身”，将“兼善天下”理解为追求个人之事业功名。此皆是庸俗理解，而失却了《孟子》或儒家之本意也。

当然，《大学》中的说法亦有同样的论述结构（格物致知，正心诚意，修身齐家治国平天下）。实则应将前三者之独立地位和价值凸显出来，而未必要成为后三者尤其是最后两者的附庸。质言之，正心、诚意、修身并非仅仅是实现齐、治、平的手段，而自身就可以是目的；正心、诚意、修身未必一定要成为治国平天下的治术人才，而可选择任何职业生计也。或曰：“齐家”亦可归入国民教育之范畴，吾亦大体同意，即国民应知如何过好家庭生活，然今之所谓“齐家”方式当于古代之方式有所因革也，不可完全照搬纲常等级制组织文化及方式等；且不独男子丈夫“齐家”，女子妻子亦当知“齐家”也；此后子女长大，亦当知“齐家”之知识道理，此暂不论。当此前三者或前四者之独立地位价值凸显出来，而其文教内容亦当有所因革损益——尤其是现代新“益”的部分，今之学者于此或可有所作为努力处，补充现代国民教育；公民教育；常识教育；新礼义、新礼乐、新经义之教育等——，方可真正成为新时代之新儒家国民教育，而亦可真正成为新时代之现代化儒家文教事业之下行路线。此外，儒家在此基本下行路线之外，亦可进一步增加分业教育之内容结构体系，比如，如何教化商人、官吏、工人、农民、士兵或军事、教师、律师……，而在下行路线的基本的普遍国民教育的基础上，分别发展出相应的商、官、工、农、兵、师等的分业品行教育体系，即如何成为一个中国文化本位的商人、官员、农民、工人、军人、教师等。质言之，以现代新儒家国民教育或公民教育以及普遍人权法治教育为基础，而兼顾各行业之品行规范教育等，前者与后者相互配合，后者内部之间又相互配合，共成现代新礼乐结构体系。当然，上述教育内容不同于相应的现代专业知识理论教育，比如政治学、法学、经济学、农学、医学、理工学等，而大致相当于各行各业之特别礼义、伦理、职业道德、心性智慧修养、言行情意、行事技巧等方面之内容。如此，则儒家之文教体系，便灿然备焉！有志者或可勉乎哉！①

孟子曰：“待文王而后兴者，凡民也。若夫豪杰之士，虽无文王犹兴。”

豪杰之士，衰世乱世亦能自守作兴，此其所以为豪杰之士也。

此言豪杰自兴，犹云圣贤自王共王也。文王兴作即是豪杰自兴，豪杰兴作亦是文王自兴，正一事也。人皆可为尧舜，人皆可为

① 参见：罗云锋著，《儒家广议》，中国政法大学出版社，2017 年 5 月第一版，pp354—357。

文王，人皆可为豪杰，人皆可为贤德义士，人性本善，等等，其义一也。人皆可作为，今之平等人权及民主政治之精义之一。兴者，兴于正道大道大义正义而已，非以爵禄权势言也，如此方为今日所当有之中华文化正道。

此节乃激发人之豪杰自雄自进取之意志。读者当有奋发之志意。

豪杰之士，何处何事，不可有作为处?！岂可自我沉沦。创造时势又是一说，然豪杰之行不止此一端也。其人素行也或默默，其事而或一朝显扬，而其人淡然若素也。

孟子曰："附之以韩、魏之家，如其自视欿然，则过人远矣。"

"附之以韩、魏之家，如其自视欿然，则过人远矣。"此句即是"富而好德"、"进德不止"之意。

此即上文之"达不离道"。《孟子》又有谈舜得娥皇女英而若自然之事，亦如此也。"孟子曰：'舜之饭糗茹草也，若将终身焉；及其为天子也，被袗衣，鼓琴，二女果，若固有之。'"(《尽心下》)

孟子曰："以佚道使民，虽劳不怨。以生道杀民，虽死不怨杀者。"

"以生道杀民"，一者有比喻用法之因素在内，二者，以正当合法公平之礼乐刑政，普教普施之于民，违法犯罪者依法惩处，而为国捐躯者，国家为之安置也。

所谓"以生道杀民"，意指疑罪从无，然若犯罪杀人之实无可疑，则依法刑杀之，自取其咎，量刑公平合理，则彼无怨也[①]。

综合赵注及其章指，赵岐似以"使民"意为督促其戮力农事，"役有常时"亦只是寻农闲(事之余闲)时戮力公共事务，似不必理解为助力王之私事也(此亦可查阅对照《周礼》等中之相关论说)。

---

① 焦循，《〈孟子〉正义》，p893。

天子王君无权要求百姓助力王君卿大夫之私事也。焦氏解“以生道杀民”，乃以疑罪赦罪、罪实乃杀为说，即今之所谓“疑罪从无”云云耳。“生道”即言其始有“脱枉免冤”等之仁善之心意也。

孟子曰：“霸者之民驩虞如也，王者之民皞皞如也。杀之而不怨，利之而不庸，民日迁善而不知为之者。夫君子所过者化，所存者神，上下与天地同流，岂曰小补之哉？”

“浩浩如”则预为绸缪，化民成俗，其化如神，似无迹可求，广大自在而无已也；“驩虞如”，则霸者用心市恩显名，故意造作，好大喜功，其功易见必见，民皆知之悦之感戴之，而霸者赢得霸业维持之名，其心迹在于称霸居功显名，不似王者之心志乃在化民成俗、民自安乐，而王者功成不居……

化、过、存、神、上下等，各是何义？文化的子孙，长存不朽。

驩虞，特别欢喜也；皞皞，则浩浩广大似难睹。赵岐注曰：“霸者行善恤民，恩泽暴见易知，故民欢虞乐之也。王者道大法天，浩浩而德难见也。杀之不怨，故曰杀之而不怨。庸，功也。利之使趋时而农，六畜繁息，无冻饿之老，而民不知独是王者之功。修其庠序之教，又使日迁善，亦不能觉知谁为之者。言化迁善为之大道者也。”[①]此句亦可结合《尚书·洪范》来理解：“无偏无陂，遵王之义；无有作好，遵王之道；无有作恶，遵王之路。无偏无党，王道荡荡。无党无偏，王道平平。无反无侧，王道正直。会其有极，归其有极。曰皇极之敷言，是彝是训，于帝其训。凡厥庶民，极之敷言，是训是行，以近天子之光。曰：天子作民父母，以为天下王。”[②]

孟子曰：“仁言不如仁声之入人深也，善政不如善教之得民也。善政，民畏之；善教，民爱之。善政得民财，善教得

① 焦循，《〈孟子〉正义》，pp894—895。

② 《尚书·洪范》。

民心。”

“程子曰：‘仁言，谓以仁厚之言加于民。仁声，谓仁闻，谓有仁之实而为众所称道者也。此尤见仁德之昭著，故其感人尤深也。’……政，谓法度禁令，所以制其外也。教，谓道德齐礼，所以格其心也。”[①]“仁言，政教法度之言也。仁声，乐声《雅》、《颂》也。仁言之政虽明，不如《雅》、《颂》感人心之深也。善政使民不违上，善教使民尚仁义，心易得也。畏之，不逋怠，故赋役举而财聚于一家也。爱之，乐风化而上下亲，故欢心可得也。”[②]赵注逻辑自洽，亦有良法美意。但朱注稍切于今世，故而稍优于赵注。孟子此处本意乃对统治者而言，则其意为：仁厚之言固亦好，然不如其在人民中间之仁善之声闻更能感化人心，仁言则一时之态度表现也，仁声则长久行政之累积声誉也。赵氏将仁声解为“乐声雅颂”，亦当（因后有“入人深”之词句），仁言解作“政教法度之言”，亦有启发。今则曰立法与法治、法律公布主义、公开透明行政等。朱子解“政”为“法度禁令”，亦言之成理，逻辑自洽。但“得民”一词可商榷，“得民”乃“得民心”之意，仍有权力私有背景下人格主义和关系主义之私人恩惠关系，若有等级制或私人依附关系存焉，不合于今日民治政治、公权力之义。今则不曰“得民”、“得民心”，而代之以政府公信力、国民信任等，而根本摆脱古代中国有时所可能带有的依附性、等级性、私恩性之官民关系，而进于平等、自由、平等人权之民治政治时代。如此则下文可改为：“善政，民支持之，不善之政，民罢黜之；善教，利国利民，不善之教，误国误民也。善政国治民富人安，善教风俗醇而人心安仁。善政者，民治法治优治之政也；善教，正教也。”而《孟子》原文可去之。

“善政，不如善教之得民也。善政民畏之，善教民爱之；善政得

① 朱熹，《孟子章句集注》，pp330—331。

② 焦循，《〈孟子〉正义》，p897。

民财，善教得民心。”孟子此处所言之“政”与“教”对举，“政”有法度刑政之意。孔子亦言之，“子曰：‘道之以政，齐之以刑，民免而无耻；道之以德，齐之以礼，有耻且格。’”（《论语·为政》）

关于“仁言不如仁声之入人深也，善政不如善教之得民也”一句，可有两种解读方式：一为征实有本之解读如赵注，二为思想哲学之解读，而解曰声誉、实质、行事等重于空言。如此解，则仁言，即仁善之空言而无其实，如梁惠王自伐“尽心”；仁声，则仁善行事之声闻声誉，实有其仁善之行事者也。

> 孟子曰：“人之所不学而能者，其良能也；所不虑而知者，其良知也。孩提之童无不知爱其亲者，及其长也，无不知敬其兄也。亲亲，仁也；敬长，义也；无他，达之天下也。”

“人之所不学而能者，其良能也；所不虑而知者，其良知也。”此非仅仅良知良能，乃亦有爱之熏陶有以致之也。自其生也，父母爱护养育而无微不至，欢喜欣悦而无所不显，婴儿见之感之，故无不爱其亲也。此则曰爱之感染力有以致之也。无其先前主动之爱悦，则何来爱敬?！爱或为人之重要本性、本能或潜能之一，而爱敬乃为相互主义，又因有家庭亲子之爱，故而亦能推而爱他人社会也。

实则就其人类本性潜能而言，爱亲（父母子女）与爱人并无二致也，人皆内在具有一种对于人之爱敬欢喜之情——只要一个人能爱上或倾慕、尊敬任一他人，无论其为婴孩、父母、爱人（男女朋友之谓），或为才士、美姿容者、成就卓著者、德高望重者等等，便可谓其有爱人之本性本能。后来因发生一种私有文化，而至于似乎爱亲重于爱人，实则人能相爱也。孟子所举“恻隐之心”即其例，亦是从此而论。然而人类之爱又具有某种排他性，与爱人之情相辅相成，这甚至发生在亲子关系中，西方如俄狄浦斯情结、厄勒克特拉情结，中国如韩非子对于家庭关系之描述，皆是也。

亲子之爱为爱敬之良知良能养习培植使深厚之之所，故当重父母之爱及基于爱之家教也，家中有爱，则社会国家亦有爱也。人有良知良能，虽然，倘不以自小正向激发熏陶之，则良知良能亦将渐渐汩没而终身沉浮之也。如此，则无爱之自己固然不快乐幸福，社会亦无情意，各各争夺自恣，不顾他人，人世便多苦厄，强弱无论，尽皆苦海流转，缺乏一种文明的风景和情意的风景。故孟子力倡义利之辨，乃是要为人类社会保留某种真实的人际情意，虽则其所定“义则”仍有问题，但此种仁慈悲悯之心之思路却是对的。

亲亲长长，乃家族或家庭伦理，是否要扩展为社会普遍伦理？敬吾家之兄长，是否一定要敬别家或社会之一切兄长？吾意后者或可以平等成人礼相互待之（成人）；所以在孩童时期，自可兄姐爱护弟妹，而弟妹稍敬兄姐——且双方之伦理关系应比之古代有所减轻，尽量亦形成带有一定好意的平等关系或对等关系。若夫家庭之外，年岁差不多，同样以平等之孩童人权之礼相互对待之可也。等到成人之后，无论内外、官民等，便当以普遍成人平等人权礼仪对待之，斯可也。但在家庭内部，不妨仍可保留一定程度上之基于好意的、不违背基本平等人权、不过分的对等礼仪。父母养育幼弱子女，劬劳辛苦，情意深重，虽曰心甘情愿且于此过程中亦得喜悦，毕竟是恩重如山，故在父母年老之时，照顾看护，孝敬代劳而养老，既是人情之常，亦是题中应有之义。

“亲亲而仁民。”（本卷）vs“吾今而后知杀人亲之重也：杀人之父，人亦杀其父；杀人之兄，人亦杀其兄。然则非自杀之也，一间耳。”（卷十四）后一句乃从反面讲推己及人、尊他人之亲的重要性。

赵注训“良”为“甚”，然其意仍是朱注“本然之善”。“不学而能，性所自能。良，甚也。是人之所能甚也。知亦犹是能也。孩提，二三岁之间，在襁褓，知孩笑可提抱者也。少知爱亲，长知敬兄，此所谓良能良知也。人，仁义之心，少而皆有之。欲为善者无他，达，通也。但通此亲亲敬长之心，推之天下人而已。”[①]“良者，本然之善也。程子曰：‘良知良能，皆无所由；乃出于天，不系于人。’”[②]“言亲亲敬长，虽一人之私，然达之天下无不同者，所以为仁义也。”[③]

（揆孟子之思想），赞成“性善”说，善为本性，良即是善意，则良能、良知即是本能、本知也，即是性能、性知也，善、良、性、本（内），其义一也。良、善为人之性，则良能、良知为人之性之能、性之知，人之天性之能、天性之知，人之善良天性之能，善良天性之知。

此节亦讲“学”、“虑”，按孟子之意，爱亲敬长乃是良知良能。此外亦有“学而后能”，“虑而后知”之事，此则或为理智或理性之推演也……

“无他，达之天下也。”意为：“何故而立此说？此无他，亲亲敬长之仁之义，通达普行天下（人类）之通义通则也”。“无他”，一般引出解释，类于下文言“欲知舜与跖之分，无他，利与善之间也。”然而倘若“以意逆志”，则知孟子之论述内在思路或本意，乃在“推达至于天下”之意，因上文乃曰“爱其亲”、“敬其长”，此则顺其意而进一步讲“养性推扩其善性”，则当解为“由爱其（己）亲，敬其（己）长而至于（知道），于他人、一切人亦知亲亲敬长之仁义，此无他故，乃由一己之爱敬之善性仁义，推之而达于天下也，扩及于爱敬一切人之亲亲敬长之仁义”，此解尤合孟子原意。

“圣人君子尽心之道无他，教化推达至于天下也。”

---

① 焦循，《〈孟子〉正义》，pp897—899。

② 朱熹，《孟子章句集注》，p331。

③ 朱熹，《孟子章句集注》，p331。

可对照下文“有天民者，达可行于天下而后行之者也”。

焦氏此解[①]，则与“性善论”无关，“良能良知”即幼小众庶直觉由之而不知其道，“推达”则尽心之事耳。

“天命之谓性”，即此节之良知良能，爱其亲，敬其长；率性谓道，即“亲亲仁也，敬长义也”；“修道谓教”即“无他，达之天下也”。

能仁知义。孟子良知良能之说，乃采取告子将仁、义区分开来分别言说的思路（但与告子将仁、义视为内、外不同，孟子虽亦区分仁、义，但却将两者都视为内在生发而来），区别只在一为先天内发之（仁），一为内发而后天推扩之（义），即内发显现的时间不一样而稍有先后而已。由此可见，经此孟、告之辩，孟子亦借用或接受或本来就内含告子的某些分析思路，而将仁、义有所区分，从而试图以此完善自己的人性学说。当然，至于到底是义内还是义外，仍然需要其他的论证，或者，体现了两种不同的文化价值观念，很难简单地论证孰是孰非。

按赵歧、朱熹之解释，良知良能，其意实乃“本性本义”，良知即本义、内义，良能即本性、本能。“良”的含义较为含混模糊，兼而包含“深”、“甚或很”、“内在本来”、“原本”、“善良”、“仁善”等三重含义，即：“深”、“甚或很”；“内在本来”、“原本”；“善良”、“仁善”。分而具体言之，“深”、“甚或很”，言其程度；“内在本来”、“原本”，言其来源或根源；“善良”、“仁善”言其性质、本质或内容表现本身。合而言之，则三者皆是一事。这是古代汉语的特征，因此也是古人进行思想表述的某种特点，无法或不可简单地以今律古，而以今天的语言哲学来逆测臆度之，或离开历史语言文化背景而苛求之。

“其所以放其良心者，亦犹斧斤之于木也，旦旦而伐之，可以为美乎？”（《告子上》），“人之所贵者，非良贵也。赵孟之所贵，赵孟能贱之”（《告子上》），“良心”之良，固是“善”意；“良贵”之良，虽可解为“真”或“真正”，实则仍是“善”意、“内在自有”之意。

---

① 焦循，《〈孟子〉正义》，p899。

“人之所不学而能者，其良能也；所不虑而知者，其良知也”（《尽心上》）孟子在这里用“良”字，颇不明其思路本意（似兼含有“真正”、“仁善”、“内在本有”等意义），用“本”用“性”皆似乎更为妥帖易懂（本能、性能，本知、性知），用“良”则颇增歧疑，此孟子故意用“良”字而发明开发“良”之新意以发挥其哲学思想邪？然亦未见他例。抑或传抄讹误？“知”又是何意？和后面“孩提之童，无不知爱其亲者；及其长也，无不知敬其兄也”一句中之两“知”字，是同一意思否？此又增歧异。能、知两字，分别在下文落实了否？如何落实法？“孩提之童，无不知爱其亲者”即“所不学而能者，其良能也”；“及其长也，无不知敬其兄也”即“所不虑而知者，其良知也”？此句跟“生而知之”、“性之”等论题是否可建立联系？或曰：此句之根本问题在于古汉语中的这几个概念甚不清晰，导致理解上的难题。

孟子曰：“舜之居深山之中，与木石居，与鹿豕游。其所以异于深山之野人者几希。及其闻一善言，见一善行，若决江河，沛然莫之能御也。”

舜亦有父母之爱也，故能熏陶如此。禽兽未必便无同类相亲相爱之良知良能，然能否“推己及人（禽兽）”乃至推己及常人（禽兽）、及万物否？此则本性与教化兼有之（可参考动物之驯养史等）。

此可举具体修行之日常例子，如鞋子不入人眼（参见：教育学论整洁、持家[①]）、下车送朋友同事、起立迎学生[②]等。

---

① 美国教育学家、心理学家诺丁斯在其论著中在谈到“令人惬意的品质”时说，“整洁是魅力的组成部分……缺失整洁的品质就意味着一个人不能更充分地关心他人，以避免激起那种不适的感觉”。参见：[美]内尔·诺丁斯著，龙宝新译，《幸福与教育》，教育科学出版社，2014年12月，p198由此可见，像脏鞋子、脏袜子之类的东西，不能展露于家里或公共场合的公共空间，以免让别人看了有心理不适之感。这是个人礼仪、家庭礼仪的一部分。而之前也许许多人对此并无特别意识或自觉，当看到这些行为规范以后，在之后的日常生活和公共生活中就会力避此类事情。此亦可谓是“闻一善言，见一善行”而随时学习仿效改易之。诺丁斯在本书中对于“持家”教育的分析也很好，感兴趣者可参看。

② 学生按约定来办公室会见老师，老师必起立迎接送行之，以示对学生之平等尊重。此亦是一种良好行为规范。

“舜之居深山之中，与木石居，与鹿豕游，其所以异于深山之野人者几希”，而仍有人性之本善，亦即良知良能，故见闻善言善行则能相合，舍己从人，与人为善，乃成人成德。质言之，此句之本意在于强调人有仁善之本性本能，只要能长养培育之，自然能成人成德。

孟子曰：“无为其所不为，无欲其所不欲，如此而已矣。”

“无为其所不应为，无欲其所不应欲，如此而已矣”，加一“应”字，则有“应然”之问，乃伦理学之问，问而后以理性分析之，此则知其应然，亦知其所以应然，则知界限法度也，知取舍也。不则（否则）亦是一头雾水、习焉而不察、行之而不著。质言之，当先问思：“为何不应为”、“为何不应欲”？

赵岐解为“每以身况之如此，则人道足也。”则亦是“推同人己”之意，以之为人道者，则为普遍主义，人皆如此，同于自由主义之伦理观，进一步必可推出人权观念。朱注亦曰“人皆有是心也”，同于此理。“李氏曰：‘有所不为不欲，人皆有是心也。至于私意一萌，而不能以礼义制之，则为所不为、欲所不欲者多矣。能反是心，则所谓扩充其羞恶之心者，而义不可胜用矣，故曰如此而已矣。’”①

“孟子曰：‘无为其所不为，无欲其所不欲，如此而已矣。’”一解：此句似为孟子解孔子“己所不欲勿施于人”者，孟子每以己语解说经文及前儒思想，学有所本也。赵岐解“此”为“身”或“当”，余则认为此解似有不甚妥处，然大意则仍合可。焦氏解“其”为“己”亦不甚妥。二解：吾意以为，解“其”为“其人”即可：无（对其人而）为其人所不愿为，无（对其人而）欲其人行其所不欲者（人同此心），如其人为己而已矣。但如此解释也稍嫌牵强，不如加一“当”字于“为”、“欲”之前为简练。三解：此节乃接上节而言，言舜养性尽善

① 朱熹，《孟子章句集注》，p331。

成德之方法原则,如此而已。赵注、焦注皆有固陋牵强处。

孟子曰:"人之有德慧术知者,恒存乎疢疾。独孤臣孽子,其操心也危,其虑患也深,故达。"

"人之有德慧术知者,恒存乎疢疾。独孤臣孽子,其操心也危,其虑患也深,故达。"德义仁智,生于忧患。

此句乃对人之心理、认知之经验主义描述,不必胶柱鼓瑟,或认作普遍主义判断或必然结果。古代经典中每多此种断言,从语法结构上分析,乃采取一种绝对逻辑断言式,如"恒存乎"即采取了一种绝对断言句式,实则乃是一种经验主义描述或罗列。此皆因古代汉语乃至古代中国人在思维逻辑上尚不精密所致,可读徐复观所译日本学者(中村元)所著之相关著作,以及相关逻辑学、语言学、语法学及现代西方语言哲学著作,以广视听,以自觉之。

此节可与《告子下》一节互文见义,"故天将降大任于是人也,必先苦其心志,劳其筋骨,饿其体肤,空乏其身,行拂乱其所为,所以动心忍性,曾益其所不能。人恒过,然后能改;困于心,衡于虑,而后作;征于色,发于声,而后喻。入则无法家拂士,出则无敌国外患者,国恒亡。然后知生于忧患而死于安乐也。""操心也危"即"困于心","衡虑也深"即"衡于虑","达"则"喻"。此节乃举孤臣孽子之例,又对此进一步解说之。赵、焦解"危"为"殆",吾谓或不然,乃"人心惟危,道心惟微"之义,危、深对举,危当为怵惕谨慎(出处居止思危)之意。

孟子曰:"有事君人者,事是君则为容悦者也。有安社稷臣者,以安社稷为悦者也。有天民者,达可行于天下而后行之者也。有大人者,正己而物正者也。"

"阿殉以为容,逢迎以为悦,此鄙夫之事、妾妇之道也。"①实则所谓鄙夫、妾妇亦不当为此(今则妾亦不当存)。朱熹此处之章句

① 参见:朱熹著,《四书章句集注-尽心章句上》。

解释亦有问题。传统中国一方面造就鄙夫、妾妇之制，一方面又鄙视歧视之，此则古代文化、制度之缺陷乃至古人之虚伪也。故根本当去纳妾之制，又当正确理解所谓妇道、坤道，夫妇亦可平等互敬，匡正诤补，相亲相爱也（所谓伉俪，伉者，夫妻之敌体也）。

事君人——安社稷臣者——天民——大人。“事君人”乃为专制独裁时代之仆臣奴臣，同时自亦为虎作伥，以专制凌民虐民（专制主义人格或威权主义人格之承继）；“安社稷臣者”乃为现代法治国家之公共官员；“天民”则超越一切国家民族之私利意见而一视同仁者也；“大人”则圣之时者也。

此四种品格境界，“容悦者”固无论；“安社稷”（精进用世）、“天民”（治平天下）当然是心志之高境界，然而孟子乃以“有大人者，正之而物正者也”为最高境界（朱子解读亦可，“大人，德盛而上下化之，所谓‘见龙在田，天下文明’者”[①]），正与孔子之表彰颜回之意同也。人权民治时代，公共权力领域的公职人员之间的“容悦者”固然当消失无有；“安社稷”则政治家或公职人员与公民之共同职责；天民则知识分子中之思识卓特深广（远）者；大人，则以其粹然圣贤之言语行事，而为一国天下之仰望安心也。又可对照“性之”、“身之”、“假之”之分说[②]。

此四种品格境界，前三者之重心皆似在外，唯大人者，其重心在内，可为现代普遍公民道德规范。论者每曰东亚儒家文化乃耻感文化，外烁而内惭，固有其价值；然于培“诚”之方面，或未若“是非文化”，是则行，不是则不行，则内诚矣。诚而无关他人知见与

---

① “民者，无位之称。以其全尽天理，乃天之民，故谓之天民。必其道可行于天下，然后行之；不然，则宁没世不见知而不悔，不肯小用其道以殉于人也。张子曰：‘必功覆斯民然后出，如伊吕之徒。’……大人，德盛而上下化之，所谓‘见龙在田，天下文明’者。此章言人品不同，略有四等。容悦佞臣不足言。安社稷则忠矣，然犹一国之士也。天民则非一国之士矣，然犹有意也。无意无必，惟其所在而物无不化，惟圣者能之。”参见：朱熹，《四书章句集注-尽心章句上》，p332。

② 孟子曰：“尧舜，性之也；汤武，身之也；五霸，假之也。”参见：《孟子-尽心上》。

否。实则儒家文化尤是内省文化、内诚文化、诚文化，此观乎《中庸》、《大学》即可知矣。兹不赘述。

赵注解天民为知道者[①]，焦氏言天民即指伊尹、太公一流，乃佐天子行道之先觉贤德（大贤臣、命世贤臣等），亦可谓行天道安天下之人之民，不在一君（上司）、一国，而在乎天下。“达可……”云云，奉普遍主义天道、人道、天理而传卫之也。故后世顾炎武有亡国与亡天下之分说。焦氏解“大人”为“圣人在位者”，则大人又过于“天民”，而化成万物（亦是“圣贤而王”、“圣贤自王”、“圣贤共王”之意）[②]。朱注亦可参考[③]。今可将天下广义化而为世界乎？则必有传道弘化者至于殊方异域，而传扬推广大道，以成天下和合大同之世也。然则圣人（大人）之地位如何？

“出则天子，处则天民。”（此即是“圣贤而王”之意。）

天民，则以天下道义、公义、人义（人道主义）自任自为，其志行乃为天下，非徒为国家、社稷，而为天下人间正道大同之明达、任行之民也（天士、天下市民、行道之民士）。大人则圣人，正己物成，万物化成，“所过者化，所存者神，上下与天地同流，岂曰小补之哉”，为万物立法。人各有志，非志不为。或不为其志之上者，自甘沉沦，无志人也；或不为其志之下者，精进向上，尽心尽善，进德修业，成人成道之人也。以安社稷为志者，非安国家社稷之事则不为也，不为悦也，不为志满也；志在天民者，必其可行于天下之事而乃行也，虽亦和悦于常事，而志不止此也。又不因小事小志而废大事大志也。大人者，又无天民之或执着于政事，而正己成物，神化不觉，如舜之在深山与在天下，皆怡然自得，泰然自安，此天舜也，非人舜也。

此四科，而以天民、大人为上。以天民大人为上者，非权禄势位

---

① 焦循，《〈孟子〉正义》，p903。

② 焦循，《〈孟子〉正义》，p904。

③ 朱熹，《孟子章句集注》，p332。

人格等级制也,乃德业自修进取之科程任为也,各争上游,正己利世得福安然。天民、大人,皆不必有权禄位势,“王天下可不与存焉”,而自立其声名、自致其福安,自成其利世正物化民成俗之大功。

孟子曰:“君子有三乐,而王天下不与存焉。父母俱存,兄弟无故,一乐也;仰不愧于天,俯不怍于人,二乐也;得天下英才而教育之,三乐也。君子有三乐,而王天下不与存焉。”

“君子有三乐,而王天下不与存焉。”孟子此语发于战国礼崩乐坏、政治窳败之世,乃有洁身自好、不阿世好、不为虎作伥之意,故“三乐”中未有“王天下”之乐也。然若事有可为,能行正道,则王天下亦一乐也,虽然未必是唯一之乐,最乐之乐。此外又有经商富国富民富家之乐,循正道焉,何为而不乐!虽然,“三乐”亦确为人生之大乐也。

“君子有三乐。”儒家之外向事功心太强。实则乐而多方也,举凡凡人之常乐,正人之心安自得,贤智之士之用世(人文化成)之乐,皆是矣。岂仅以得位行权为乐哉!

“一乐”,则本节下文所云“人莫大焉亡亲戚君臣上下”。又“君子之于物也,爱之而弗仁;于民也,仁之而弗亲。亲亲而仁民,仁民而爱物”、“知者无不知也,当务之为急;仁者无不爱也,急亲贤之为务。尧舜之知而不遍物,急先务也;尧舜之仁不遍爱人,急亲贤也。”“二乐”,即“反身而诚,乐莫大焉”,“人知之亦嚣嚣,不知亦嚣嚣。……尊德乐义,则可以嚣嚣矣”。“三乐”,则守先待后之乐。无故,无他故,谓兄弟相亲好也①。

君子三乐之中,王天下不与存焉,则如一味强调“圣贤自王”亦是执着。孟子乃从公心治平或政治学言“圣贤而王”、“圣贤自王”,非谓圣贤必以王天下为唯一要务,为首要或唯一之价值观、成就观。非也,孟子乃屡言圣人之神化、大人之正己正物、君子之尽心

① “赵氏以无他故解无故,谓兄弟相亲好也。”《〈孟子〉正义》,p905。

养性、成人成德成道（心性修养），此则孟子之心性成德、得道之维（此非孟子自我宽慰之心理疏导）。

圣贤自王，岂必以禄势权位言哉！任道行道，何处何时何行何业不足王者，小事亦是王者自任之事，何必所谓“大事”，何必得位方能行道！任道行道，小事亦是大事，大事小事一体无二。“得天下英才而教育之”，亦是王者，亦是王者之事。“得天师大人天民而受教之”，私淑之，又何尝不是王者或王者之事。圣贤自王，岂以职位权势为狭言哉。

君子之价值观、人生观、成就观、幸福观如是，成性成人成德成道，则怡然欢乐、温润畅达、和颜悦色，不言而喻。

无故，意为“别无嫌隙疏远”。

> 孟子曰：“广土众民，君子欲之，所乐不存焉。中天下而立，定四海之民，君子乐之，所性不存焉。君子所性，虽大行不加焉，虽穷居不损焉，分定故也。君子所性，仁义礼智根于心，其生色也睟然，见于面，盎于背，施于四体，四体不言而喻。”

“君子所性，仁义礼智根于心。其生色也，睟然见于面，盎于背，施于四体，四体不言而喻。”此乃天道自得、天道自任之生命文化意识，而非次一境界之耻感文化意识。孟子乃得道人也。

“君子所性，虽大行不加焉，虽穷居不损焉，分定故也。”此又是上文之“大人”自得，孟子亦尤赞许内修内省自得，而次事功，与乎孔子之赞颜回同。吾亦然之。今世每见嚣然以用事救世自命，而每多伪巧求私利之实心实行。末世乱世尤多此类，未若颜子之自得心定也。

《〈孟子〉正义》解“广土众民”为大国诸侯，解“中天下而立”为“王者事业”，解“大行”为“行政于天下”，此皆从私志功德或德业事功言说[1]，然孟子此处乃用（赋比）兴耳，目的乃为引出君子之最高或根本

---

[1] 焦循，《〈孟子〉正义》，p906。

追求，即复性分定，而方便言说而已。君子固可得位遂志，而无论如何不失性也，所性乃君子之根本，穷达则此性之自然表现而已。此句亦是说“穷则独善其身，达则兼善天下”之义，而尤为强调不损不失性分，不违不忘仁义礼智。所性在己，所位在天在命而分定，不执着而逾本人之能力定分强求之（吾人所谓各人自有其不同“权能”）。

此节仍是区分天爵、人爵之意。

心为身主，心为四体主。不修心养性，何来容色端美。容色根于心。

此节，稍不易解“分”字，“乐之”、“性不存焉”又稍不易解，“所性不存焉”或意为“性不在是，而在仁善或仁义礼智而已”？

“大行不加，穷居不损”，可引舜之无论野处或居天下之位而皆能晏然自安证之。

此节中，欲则为功业、人爵之执着，乐则行道济世治平之志（立功），然仍是外王、立功、外志；性所好、内志则在进德达道成人。故曰心性德道为体，外王为用而已。内志为体，外志为用，倘体在，不用亦不妨内志晏然自足也。

上节言“王天下不与存三乐”，此则言“乐王天下”，乃尤在申言“养性达道立德之重于王天下之乐”，然合而观之，文义稍有矛盾，故不妨于上节“王天下”下加一“可”字，则文义无扞格矣。

此处论容色威仪又甚好。《易文言传》谈“美”甚好，皆当引而论之[①]。

孟子曰：“伯夷辟纣，居北海之滨，闻文王作，兴曰：‘盍归乎来？吾闻西伯善养老者。’太公辟纣，居东海之滨，闻文王作，兴曰：‘盍归乎来？吾闻西伯善养老者。’天下有善养老，则仁人以为己归矣。五亩之宅，树墙下以桑，匹妇蚕之，则老者足以衣帛矣。五母鸡，二母彘，无失其时，老者足以无失肉矣。

---

① 焦循，《〈孟子〉正义》，pp908—910。

百亩之田，匹夫耕之，八口之家足以无饥矣。所谓西伯善养老者，制其田里，教之树畜，导其妻子使养其老。五十非帛不暖，七十非肉不饱。不暖不饱，谓之冻馁。文王之民无冻馁之老者，此之谓也。”

善养老，即善养民教民也。所谓善养老，即有赡养老人之政也。文王乃以仁政善政得人得民得天下者也。此亦可知商纣乃以暴政、虐政、乱政失天下者也。养老为善政之所关系，不亦至乎！私养一二人而不养全民，乃私宠任性，欲以收买臣畜之，而以逞己之私欲也，非政也，尤非善政也。一切当有合理之制度，而非空言大言（比如仅言“尽心”），或人治性私恩收买之做法，若前文所述“乘舆济人”与“徒杠舆梁济人”之区分，“子产听郑国之政，以其乘舆济人于溱洧。孟子曰：‘惠而不知为政。’岁十一月徒杠成，十二月舆梁成，民未病涉也。君子平其政，行辟人可也。焉得人人而济之？故为政者，每人而悦之，日亦不足矣。”（《离娄下》）

自“五亩之宅，树墙下以桑”以下等句可见：此种家庭经济制度，奉行几千年，中国之（农）民至今犹是也。吾今知之矣。

善养老，即善爱民，富民教民（礼义）也；（仁）爱则其心，富则其制，教则其正（义）及人伦社会风俗也。

孟子曰：“易其田畴，薄其税敛，民可使富也。食之以时，用之以礼，财不可胜用也。民非水火不生活，昏暮叩人之门户求水火，无弗与者，至足矣。圣人治天下，使有菽粟如水火。菽粟如水火，而民焉有不仁者乎？”

民德亦以富足为前提（对于圣贤士人或为另一回事，所谓“无恒产而有恒心”云云）（然所谓“富之”亦是相对而言，并非是欲壑难填而汲汲逐利之谓也）。富之亦当有具体有效之长远制度安排，非权宜之计、左支右绌乃至空言大言。

富之，而又教之。富之以正道，教以用财之正觉正的，则不会不择手段，又不会为富不仁；又教其用之以礼，生活循正向之礼义，然后富之而不至于邪僻侈淫也。

虽然周代在政治上为贵族制、等级制,在经济上为贵族土地所有权(分封或封邑),但民众和土地的关系较为不明,一种说法认为井田制即意味着民众或庶民对土地拥有所有权与使用权,另一种意见则认为,在井田制下,民众或庶民对土地并无所有权或私有土地权,但有对于土地的使用权,和一定程度上之除土地之外之财产权(或收益权),亦有一定程度之人身自由权,或曰劳动自由权与有限自由劳动力——不能迁徙,必须服役等。因为没有所有权而只有使用权和部分收益权,故而需交纳赋税(天子是最大的地主,其他诸侯国君及卿士大夫等皆大小不一之地主,以其土地"分发"或租赁给农民耕种而已)。然而,无论事实属于哪种情形,在周代,终究有(儒家传说中的)王道仁政时代遗留下来的某些惯例,君卿贵族等并不能随意盘剥过甚;且对贵族阶层亦有礼乐之严格规定,尚可谓开明专制。所谓食邑,即此种土地所有权与使用权之分离处分方式,以及食邑所有者对土地出产和其时实为佃农或农奴之庶民之处分控制权。历史上先后不一地出现的农奴、部曲、佃农……,并无根本分别。首先乃贵族与庶民之根本等级制或一级等级制,其次为贵族阶层之中之二级等级制。此是古代(先秦)阶级或等级制度之基本结构。

"尹氏曰:'言礼义生于富足,民无常产,则无常心矣。'"①

富之亦当有具体有效之长远制度安排,非权宜之计之左支右绌,乃至空言。

> 孟子曰:"孔子登东山而小鲁,登太山而小天下,故观于海者难为水,游于圣人之门者难为言。观水有术,必观其澜。日月有明,容光必照焉。流水之为物也,不盈科不行;君子之志于道也,不成章不达。"

---

① p333。亦可参见:焦循,《〈孟子〉正义》,p912。

昔在东山云云，言所见不过百里，言不及深远广大，言无睹天下世界也；今登太山，则能具言天下矣。昔之学识也，不过涓滴，今之学也，学海无涯涘，天下学术尽入吾眼中胸中。

“流水之为物也，不盈科不行；君子之志于道也，不成章不达。”此可视为为学之方：循序渐进，学成则升。

“不盈科不行”，言内化一体而真得之矣。“不成章不达”，此即下文所谓“有为者辟若掘井……”。人生皆是由登东山而登太山，循序渐进，渐见识其广大深远，其生有涯，其学其修不息，而其乐无穷。其成就岂可限量，其乐岂可限量，故曰热爱生活，相信自己，终生攀登，行见大道，无疾自成而终。年轻人当乐观修行成就，岂可言厌世哉！不知道，不自成（章），则不识人生之乐矣！

观其澜，知其阔狭深浅？

19节至24节，皆言人、事、政皆当立乎其大、立乎其根本，19节乃立世行事成人之根本、大本；20节乃安乐之根本，21节乃立世为人之根本、大本；22、23节乃行政安天下之根本、大本；24节乃进德当立其大（本）。

成章即成道、成熟、成德，不达即未通、为至、不止。

> 孟子曰：“鸡鸣而起，孳孳为善者，舜之徒也；鸡鸣而起，孳孳为利者，跖之徒也。欲知舜与跖之分，无他，利与善之间也。”

两组概念：义与利；善与利。朱子借用程子之言解之为“善与利，公私而已矣”①。然为利者亦不易，亦当鸡鸣而起，只要不违道义法律，亦有价值，比如为社会生利也。

> 孟子曰：“杨子取为我，拔一毛而利天下，不为也。墨子兼爱，摩顶放踵利天下，为之。子莫执中。执中为近之。执中无权，犹执一也。所恶执一者，为其贼道也，举一而废百也。”

---

① 朱熹，《孟子章句集注》，p334。

“子莫执中，执中为近之，执中无权，犹执一也。所恶执一者，为其贼道也，举一而废百也。”中国当下之既有民性不宜讲“权”（“经与权”之“权”），不宜讲方便法门，（甚至不宜讲中庸），而当有执定规则，如此则不至于流于油滑无定。本非圣贤，而以圣贤之权变自居自辩，文饰掩盖，则天下滔滔皆以圣贤自命，而实则每为机巧诡诈之徒也。圣贤可权，亦不改其为圣贤。然今日何有圣贤，则皆当谨守规则经义也。不讲原则，或以“权变”而文饰其“心志无定”及种种机巧不诚，乃是国人一大根本毛病。

某种意义上，不讲原则，是古今中国一切问题弊端之根本原因之一。法治亦只是讲原则。正直亦只是讲正向原则，诚亦是当讲原则……正直、诚等，乃必然要求讲原则，以讲原则来保证正直、诚等价值的实现。机巧权变、八面玲珑之中，最多油滑诈佞之徒。人而无（正向）原则，其可为（正）人乎？！

因恶其所执之一种非道，而遂恶其之“执一”，此乃混淆思想与思想方法之误也，由疑其思想遂斥其思想方法，并无是理。（执）一种思想主张是思想，“执一”则是思想方法。其实“执一”亦非思想方法，毋宁说是对于真（理）、道、思想、主张的态度或决断而已。倘判定其真、对、是，便当执之，或“执一”；倘通过合理思想方法而判定其不真、不是、不对，便不执之，不“执一”。只有正不正、对不对、是不是、真不真，以及因之而来的执不执或执一不执一，没有“执一”还是“执中”之说，除非“中”或“一”是“对、是、真、符合”的意思。但如果是这样，“执一”就是“执中”，何必横生枝节区分。某种意义上，“执中”（乃至中庸）本来是儒家因自己的某些思想主张正好在相关论题上处于杨、墨两个（儒家判定的）极端思想主张的中道，因而以“执中”（或中庸或中道）来表示自己的立场，如此，则“执中”（乃至中庸）乃是对此一偶然状况的经验描述而已，孟子此处其实亦持此解。然而后世儒家等或却将其扩大化、抽象化、必然化（偶然）为一种绝对思想方法，则误会大矣！而亦误中国人思维几千年矣！从逻辑或认识论上讲，至少从儒家所界定的“执中”（乃至中庸）内涵来看，“执中”（乃至中庸）并不能成为一种严格的或科学的思想方法或逻辑论证命题，这是中国人采取所谓的“执中”、“中庸思想”或“中庸思维方式”的根本问题所在。“权”作为思想方法，其实就是实事求是、具体情况具体分析、理性判断或正当性权衡等之意，和简单化的、粗糙的、和稀泥式的所谓“执中”或中庸思想方法何干！“中庸”或许亦可视为“理性”中之一种，但和“求真”或“求真理”意义上的“理性”并不全是一回事。正如上文所言，其实孟子也反对简单化、绝对化的“执中”，只说“执中为近之”，而反对“执‘执中’”，“执中为近之，执中无权，犹执一也”。赵歧也意识到这个问题，所以赵歧的注说：“执中和，近圣人之道，然不权。圣人之重权。执中而不知权，犹执一介之人，不知时变也。”在“执中”和“权”之间进行平衡，或者，以理性之“权衡”来引领“执中”（理性权衡而后执中，而非“执中”而排斥“理性之权衡”），乃至消解掉对于“执中”的可能的偏执或“执一”。

按《正义》所论，则孟子等提出中庸、“执中”与“恶执一”，皆是为了距杨墨而权之。“权”解作权衡、思虑、辨析固可，但由此而简单化地提出“执中”的思想原则，或将“执中”与中庸作为一种思想方法，却显得简单化，而仍需进一步严格限定之。似乎“中庸”此一概念乃由儒家思想主张正好处于杨墨之中点而提出？思想主张不能以“执一”、“执中”来证实或证伪其正当性或真理性。倘理正理是，则执此理、执此一便可；倘理不是、不正，虽执中亦不能便证其是其正，岂可以“执中”而和稀泥！若将“中”解作符合、切合、妥当、合理、合道，则可，解作与“一端”相对之“中间”、“中道”或“中庸”，以此来作为思想对照、判定思想真假之思想方法或论证标准，则不可。若用“执中”或中庸作为思想方法，便养成国民不求真求是而好走中庸、中和、中道、和稀泥之糊涂……而犹美其名曰不走极端，是大误解矣……

权之而是、对、真，则执一即是执中，执中即是执一。是非真假问题岂可变为数量平均法则或平均数法则？此贻误遗害几千年也！比如有些中国人的有些调解，或有些情境下的讲价或谈判，若只讲执中和中庸，不讲是非，不讲正义，不讲品质，便极不公平……

"墨子兼爱，摩顶放踵利天下，为之。"摩秃其顶而下至于踵，皆摩秃之，即顶无发（秃顶）、腓无胈、胫无毛之意。

墨子尊大禹。此或孟子每言尧舜而稍不及禹之原因之一？[①]

戴震此处辩天理人欲甚好[②]。

儒家"执中而权"之人事逻辑，圣贤行之或可，常人乃至小人假托行之，流弊极大。解"权"为"理性分析权衡"固然很对。但一切事皆讲权，皆具体分析，而不讲原则法度，亦有问题。而岂可也？！

焦里堂以天气衣服为解[③]，虽有一定之理，然此是就事论事，就具体事务之比喻说法而已；"执中"之说，不足以因之确立一种绝对化思想原则或认知分析原则，"执中"乃是一种认知态度，不是逻辑方法、思想证明方法。其后乃至于今则似将"执中"扩大化或移置到思想、逻辑、认知或真理论证层次，导致中国人思维方式上的和稀泥、无原则、不讲逻辑或真理论证方法的毛病或问题。其实孟子当时只是为了辟杨墨而采取此种"执中"、"执一"等便宜说法，并未将之上升到一种真理认知或论证层面的绝对化思维原则[④]，后人误解

---

① 焦循，《〈孟子〉正义》，p920。

② 焦循，《〈孟子〉正义》，p919。

③ 焦循，《〈孟子〉正义》，p920。

④ 实际上，"执中"之说，在更早之《尚书》、《中庸》等典籍中，便已有之，比如：《尚书·大禹谟》："人心惟危，道心惟微；惟精惟一，允执厥中"，孔传："危则难安，微则难明，故戒以精一，信执其中。"《尚书·洪范》："无偏无陂，遵王之义；无有作好，遵王之道；无有作恶，遵王之路。无偏无党，王道荡荡。无党无偏，王道平平。无反无侧，王道正直。会其有极，归其有极。曰皇极之敷言，是彝是训，于帝其训。凡厥庶民，极之敷言，是训是行，以近天子之光。曰：天子作民父母，以为天下王。"比如：《论语·尧曰》："尧曰：'咨！尔舜！天之历数在尔躬，允执其中。四海困穷，天禄永终。'舜亦以命禹。"比如：《中庸》："喜怒哀乐之未发，谓之中；发而皆中节，谓之和。中也者，天下之大本也；和也者，天下之达道也。致中和，天地位焉，万物育焉。仲尼曰：'君子中庸，小人反中庸。君子之中庸也，君子而时中；小人之中庸也，小人而无忌惮也。'子曰：'中庸其至矣乎！民鲜能久矣！'"等等，可对照论述。

误用也。或曰儒家乃至古代中国文化乃至受此文化影响的中国人，本来缺乏思想论证、逻辑论证、真理论证等的科学观念或逻辑观念，故一直不能将认知态度与认知方法（真理论证方法或标准）、价值与逻辑明确区分开来，故导致中国文化与中国人在思维层面的缺陷或问题。关于这点，还可以结合《中庸》的相关文本来进行论述。

> 孟子曰："饥者甘食，渴者甘饮，是未得饮食之正也，饥渴害之也。岂惟口腹有饥渴之害？人心亦皆有害。人能无以饥渴之害为心害，则不及人不为忧矣。"

"人能无以饥渴之害为心害，则不及人不为忧矣。"此则为比喻之言，比喻重心在于强调心安心定，非谓口腹生计不重要也，孟子本已言先富后教之义。读书当注意其论说重心。

"饥者甘食，渴者甘饮，是未得饮食之正也，饥渴害之也。岂惟口腹有饥渴之害？人心亦皆有害。"今人对财富亦如是，初因饥渴，犹或有情可原也。饥渴疏解，而竟乘其惯性，滑入贪婪不自知，孳孳为利，则未得人生正觉正义正味也。

"口腹为饥渴所害，故于饮食不暇择，而失其正味；人心为贫贱所害，故于富贵不暇择，而失其正理。人能不以贫贱之故而动其心，则过人远矣。"[①]焦里堂所说甚是[②]，然吾乃欲跳脱此一语境或论题，而另外申论之。焦氏言及"富贵之悬绝"，如果在特定政治经济制度下，此种现象规模广大或大规模流行，即或人皆以智力勤劳而各自谋生计、致其富，仍见得根本政经制度有问题，当有所补正之，即通过合理之制度，既以奖掖智勤致富，又以扶持由于智能身力不赡而贫苦者……可思考关于此论题的不同经济学家思想与政治哲学思想，比如罗尔斯在《正义论》中的相关讨论；比如孟子在《梁惠王下》中所言及之对鳏寡孤独等群体之优先照顾或优待，"老

① 朱熹，《孟子章句集注》，p335。

② 焦循，《〈孟子〉正义》，pp920—921。

而无妻曰鳏。老而无夫曰寡。老而无子曰独。幼而无父曰孤。此四者,天下之穷民而无告者。文王发政施仁,必先斯四者。诗云:'哿矣富人,哀此茕独。'"比如市场经济与计划经济、福利国家与自由主义经济体制国家之各自特点与区分;又比如:贫富差距不可过于悬殊,或者,用经济学的表述就是"基尼系数"不能太高;比如,保护私有财产权,但并非保护掠夺者之经济特权;比如,所谓"不及人不为忧",非谓以此作为掠夺政治经济体制下贫苦人民之精神、道德麻醉剂……此外,孟子又有如下论述:"民之为道也,有恒产者有恒心,无恒产者无恒心。苟无恒心,放辟邪侈,无不为已。及陷乎罪,然后从而刑之,是罔民也。焉有仁人在位,罔民而可为也?"(《滕文公上》)皆可对照论述思考也……

过分追求在乎自己之正义公平,或亦是"心害",君子严乎己而宽乎人而已。若心中充实仁善德义,无有仁善德义之饥渴乏绝,则自足也,则得智识道理之正,而能正确判别是非也。仁义充实,则自足知命,顺受其正命,不以外物外缘之不及人为忧。

孟子曰:"柳下惠不以三公易其介。"

解"介"为"量大"、"特立独行",似皆不甚合。

孟子曰:"有为者辟若掘井,掘井九轫而不及泉,犹为弃井也。"

"有为者辟若掘井,掘井九轫而不及泉,犹为弃井也。"此言为学不可躐等,言为学不可半途而废(移之于为他事,亦同)。人生亦不可半途而废,废则前功尽弃,即有前功,仍未尽已之性,既为可惜,尤为可责也。君子当终身发奋,奋斗不止,锲而不舍。亦可对照上文"流水之为物也,不盈科不行;君子之志于道也,不成章不达"之说,其意同也。

赵注:"有为,为仁义也。"[1]今固亦可扩展言之,有为者,可以

---

① 焦循,《〈孟子〉正义》,p922。

是为仁义，可以是为学，可以是为事亲，乃至可以是为一切正事也。

“有为”原意或为“为仁义之事”，今直可解“有所正向作为”可也。

孟子曰：“尧、舜，性之也；汤、武，身之也；五霸，假之也。久假而不归，恶知其非有也。”

“久假而不归，恶知其非有也。”久假之伪善，亦近于善矣。

“尧舜天性浑全，不假修习。汤武修身体道，以复其性。五霸则假借仁义之名，以求济其贪欲之私耳。恶，平声。归，还也。有，实有也。言窃其名以终身，而不自知其非真有。或曰：‘盖叹世人莫觉其伪者。’亦通。旧说，久假不归，即为真有，则误矣。尹氏曰：‘性之者，与道一也；身之者，履之也，及其成功则一也。五霸则假之而已，是以功烈如彼其卑也。’”①

此为“性、身、假之”之说，《尽心下》则有“性命反复”之说。

“尧舜，性之也”。“性之”即孔子所说的“生而知之”。孔子所说的“生而知之”，不是今人所理解的知道各种知识理论，而是德性的天生自我完足。

公孙丑曰：“伊尹曰：‘予不狎于不顺，放太甲于桐，民大悦。太甲贤，又反之，民大悦。’贤者之为人臣也，其君不贤，则固可放与？”孟子曰：“有伊尹之志则可，无伊尹之志则篡也。”

“有伊尹之志，则可；无伊尹之志，则篡也。”今则曰：无一成不变之君，贤则取之，不贤则去之（弹劾、罢免、民选等），而皆有宪法、行政法等公法所法定之正当程序、规则也。古代日本则一味忠君（天皇），不谈放诛权变；中国则愚忠、放诛皆有之，故政变不断。

性之，天性仁善、纯粹无染，爱人化民，动为世法，从心所欲不逾矩；身之，将天性中之仁善扩而充之，身体力行仁义之事；假之，则其性虽有善，而受外欲所牵引诱惑染著而有失之者，故虽不能真

① 朱熹，《孟子章句集注》，p335。

实始终身体力行，然仍知仁义之重要性，故假之以治国治诸侯治民而已。（尧舜）性之，则人性本然纯善；身之，则人性本有善而身任体行之也；假之，则假借外义也。

“性之”而天性自然而为王道仁政，而为圣贤而（乃）王，而为禅让；“身之”而勉强身体力行王道仁政，而为己圣贤自王，然不能禅让于贤德，而只及身及家而为“家天下”之“家王”，而为己身家族世袭制；“假之”则假借仁义而遂私欲而为霸。尧舜是内圣，汤武是外王，王霸或霸王是假仁假义。（内性）内圣而禅让，外王而王道仁政传家，假仁义而诈谋霸道攻伐，及身而王，不及其后（余）。

“有伊尹之志”，乃任觉天下之大志公心也，其心志在公在民在天下之普被王道仁政，故可放不贤之君（可对照《万章下》言异姓之卿：“王色定，然后请问异姓之卿。曰：‘君有过则谏，反复之而不听，则去。’”）赵岐解为忠臣忠君，又言欲宁殷国，此解皆小之，未必是孟子本意。孟子非明言支持君位或王位世袭制，尤其是不贤之君王……吾恐孟子于此或有暗示圣贤放君、匡君、正君、立君、废君之意……当然，此种解读思路太过激进大胆，须细审之。

伊尹辅佐商汤得天下，汤未效尧舜故事将王位传于伊尹，而传于长子太丁之弟外丙（然后是外丙弟仲任，然后是太丁之长子太甲即汤之长孙，故商代乃为天子（嫡）长子继承而后兄终弟及制，始终仅在商代天子直系父子之间，不旁及伯叔之子系——但有时亦是由继位的最小的儿子传位给自己的嫡长子，而不是传给自己长兄的嫡长子即长侄。前文已述，此不赘言）（外丙三年崩，仲任四年崩），此则汤（武）不及尧舜处？然则伊尹与外丙当时之关系如何？可有伊尹避外丙之故事否？则曰无也。商汤即位十七年而践天子位，为天子十三年崩。岂汤无禅让之事？或曰伊尹年老（伊尹比商汤年少否？按一般历史记载，伊尹应该比商汤年少，且比商汤后死。这当然需要进一步考证。但伊尹比商汤后死，却是事实），无以传之，然则岂不可访求其他贤人？此或因夏启私心首开而竟立天子世袭制？而成政治传统，商亦效之而已？然或疑上古禅让亦只局限在尧舜两部落之间耳；其他部落则未必如此，而或仍然沿用上古早已有之之世袭制而已。倘如此，则曰尧舜所开创之禅让制，乃及身而绝而已。伊尹亦无其志力也。

此言臣之一种境界，实则臣亦有三种境界：舜禹；伊尹、周公；春秋战国之乱臣。民亦有三种境界：不就丹朱，而就舜禹；放桐而喜；春秋战国之民（然此第三种境界或有厚诬春秋战国之民处，不如改易曰"乱世末世之部分刁民"）。

就其臣位而言，舜禹，性之；伊尹周公，身之；管晏，假之。

"公孙丑曰：'伊尹曰：'予不狎于不顺。'放太甲于桐，民大悦。太甲贤。又反之，民大悦。'"孟子或以为君当禅位于贤臣？此则无稽也。

此处与《万章上》论民择舜禹、启而不选丹朱、商均、益之句同，所谓"舜避尧之子于南河之南，禹避舜之子于阳城，益避禹之子于箕山之阴"云云。

> 公孙丑曰："《诗》曰：'不素餐兮'。君子之不耕而食，何也？"孟子曰："君子居是国也，其君用之，则安富尊荣；其子弟从之，则孝悌忠信。'不素餐兮'，孰大于是？"

今则国家公职人员当以专业知识养身报国，并非素餐。且问：公职人员如何"不素餐"？

"不素餐兮"。于当代而言，则"君父"（比喻意义上，实则今乃为国家公职人员，比如：政务官、事务官、文官、公共行政人员、专业技术人员等——比如教育领域及其他事业单位工作人员）之享国之俸禄，当另有其学其术（治国学术体系）。

君子辅政、教化；守先待后，教化也；治世安民，辅政也。则问曰："辅政之学何在何来？"此则涉及吾人所谓"治国学术体系"等论题。"其子弟从之，则孝悌忠信"，则士君子以德义自行，自律甚严，濡染感化也可知。

君子即一国之“道”士(以道自任之士)、教士(正教而教化),不仅以基本公民道德标准责之,甚至不以一般民众权利适用之,而以士人、道人(比喻意义上的道人,即有道之人,并非道家之道人)之更高德行戒律之标准责之绳之。

王子垫问曰:“士何事?”孟子曰:“尚志。”曰:“何谓尚志?”曰:“仁义而已矣。杀一无罪,非仁也。非其有而取之,非义也。居恶在?仁是也。路恶在?义是也。居仁由义,大人之事备矣。”

上节言君子士人尚道而通晓治国之道术,尚德而为一国之子弟师范仿效之;此节言君子士人当尚志尚仁义,不仁不义则无、则失君子士人之资格矣。无此四点,不足以自称君子士人。

“《谷梁成公元年传》亦云:‘三代之时,民之秀者,乃收之乡序,升之司徒,而谓之士。’”若作如此解,则士非是论者所谓之沉沦下层之贵族子弟,而乃是“民之秀者”而已。

孟子曰:“仲子,不义与之齐国而弗受,人皆信之,是舍箪食豆羹之义也。人莫大焉亡亲戚君臣上下。以其小者信其大者,奚可哉?”

此处“亲戚”二字主要指“同姓九族”而言,不包括甥舅妻党,而仲子避兄离母而亲其妻族,孟子故有此说。或以现代观念衡量之,而谓孟子之指斥亦过分,实则此乃当时之宗法宗族文化使然也(换言之,在当时,这就是一个社会现实与价值观现实)。

此种评论亦偏见成见太深,以尊尊亲亲之名,而抹煞正义(义义)之特立独行、守道义不回、道义个体主义之气节,恰所以造成昏君暴君及集体作恶、不义之种种问题,与孟子所提倡之尊道、尊贤之思想有矛盾,孟子未思及邪?

此句对正义自守、道义自任之道义个体主义者,亦太过尖刻不公,与孟子所倡导之尚义、尊贤恰相矛盾,中国文化不当于此谬执。正义不大哉?岂可谬言“以小信大”!

识人论人亦当如是，勿以小节而掩大节，亦勿以小节而轻信大节。

> 桃应问曰："舜为天子，皋陶为士，瞽瞍杀人，则如之何？"孟子曰："执之而已矣。""然则舜不禁与？"曰："夫舜恶得而禁之？夫有所受之也。""然则舜如之何？"曰："舜视弃天下犹弃敝蹝也。窃负而逃，遵海滨而处，终身䜣然，乐而忘天下。"

"执之而已矣"，此为法律普遍主义之要求。"窃负而逃，遵海滨而处，终身欣然，乐而忘天下"，孟子以此为特殊人情，然则当有限定，否则亦不合现代法治价值观。

"桃应，孟子弟子也。其意以为舜虽爱父，而不可以私害公；皋陶虽执法，而不可以刑天子之父。故设此问，以观圣贤用心之所极，非以为真有此事也。……言皋陶之心，知有法而已，不知有天子之父也。……言皋陶之法，有所传受，非所敢私，虽天子之命亦不得而废之也。……言舜之心。知有父而已，不知有天下也。孟子尝言舜视天下犹草芥，而惟顺于父母可以解忧，与此意互相发。此章言为士者，但知有法，而不知天子父之为尊；为子者，但知有父，而不知天下之为大。盖其所以为心者，莫非天理之极，人伦之至。学者察此而有得焉，则不待较计论量，而天下无难处之事矣。"①上述朱注与赵注②、焦注③等，皆无一语及于拒斥，亦是思想局限。"章指言：奉法承天，政不可枉，大孝荣父，遗弃天下。"④今或曰不告发、不帮罪而已，以维护对于另造他方之公平与正义，现

---

① 朱熹，《孟子章句集注》，pp336—337。

② "孟子曰：夫舜恶得禁之，夫天下乃受之于尧，当为天理民，王法不曲，岂得禁之也！"p931。

③ 焦氏则梳理出"有所受之"的两种可能解读，一为赵岐的说法，言舜之天下受之于尧，所以不能禁之皋陶之执法；一为惠士奇的说法，"受之舜。杀人者死，天之道也。皋陶既受之舜矣，而舜复禁之，是自坏其法也。……且受之舜犹受之天，……谓其法当乎天理，合乎人心而已"。焦循，《〈孟子〉正义》，p931。

④ 焦循，《〈孟子〉正义》，p933。

有民法、民事诉讼法、刑法、刑事诉讼法等亦有相关法律规定，可稍细论之。另外，在孟子的叙述中，亦暗含了以下意涵：舜此种行为或曰大孝，而亦当自知非法，设若被执缚，则子与父各伏其法而无怨怒而已，如此亦是各得其所，自认自作自受，国法孝道两全。又可对照“父攘子证”等。

不过孟子“执之而已矣”、“夫舜恶得而禁之？夫有所受之也”这样的说法，还是体现了法治的精神（“天子之父犯法，与普通犯法之人同罪”），朱熹对于相应文句的解读亦体现了这一点，“言皋陶之心，知有法而已，不知有天子之父也。……言皋陶之法，有所传受，非所敢私，虽天子之命亦不得而废之也。”[①]

在孟子所虚托的这个案例中，孟子通过相关词语和情节的选择或设置，透露出了其所想真正表达的意思是对孝道伦理的最高地位的确认。比如，舜亦知“父杀人”与“儿子窃负”皆有罪，故曰“逃”，逃罪也，非谓不认罪。若其终被执擒，则必认罪伏法而已矣。然孟子为了强调孝道之无上重要性，乃故意设置此种“儿子窃负”之情节，以表彰孝道。孟子在情节设置时，一方面选择舜作为案例主人公，因为舜是有名的大孝子，具有典范意义，另一方面，设置此种情节的目的是宣导孝道或亲情伦理原则凌驾一切的重要性（孝道大于天，孝道大于天下之治理），亦故而将舜的行为解释为“孝道伦理下不得不或必须之行为选择”，即于孝道伦理和其私人情感两方面言之，舜都不得不和必须替父违法逃罪也。这样的一种社会伦理安排，尤其是关于社会伦理和公共伦理的关系的特别安排，一方面强化了孝道伦理的无上地位，另一方面也从根源上导致和助长中国社会中之亲属相容隐、包庇、共相违法犯罪、腐败等许多公共治理、法律治理的相关现象、障碍和问题。质言之，其源头即在于此，今当根本改易之。当然，值得提及的是，孟子在虚构这一案

---

① 朱熹，《孟子章句集注》，p337。

例时，亦颇有精巧情节设计，即为舜的“遵孝道违王法”设置了一些附加条件，并非无条件的干犯王法，比如：第一，既曰“儿子窃负”，则表明舜亦承认自己的“犯法”，亦承认法律的普遍性和权威性，就此而言，行为上的“窃负而逃”和观念上的认可法治的权威性，两者并不矛盾，舜只是不得已而遵孝道违王法，假如舜“窃负而逃”没有成功，而被抓捕，那么，他也一定会认罪伏法——即便他之前是天子。其实，无论是成功地“窃负而逃”，还是最终被抓捕，在这两种情形下，事实上都同时保全了王法和孝道。第二，逃跑者必须背井离乡，去王法所不及处，亦即所谓“遵海滨而处”——并始终自认有罪[①]；不然，倘在王法所及之处，便必然适用王法而将之抓捕之，非谓处王国之内而公然傲法蔑公义。

> 孟子自范之齐，望见齐王之子，喟然叹曰：“居移气，养移体，大哉居乎！夫非尽人之子与？”孟子曰：“王子宫室、车马、衣服多与人同，而王子若彼者，其居使之然也。况居天下之广居者乎？鲁君之宋，呼于垤泽之门。守者曰：‘此非吾君也，何其声之似我君也？’此无他，居相似也。”

赵岐分别注曰：“‘大哉居乎’者，言当慎所居，人必居仁也。”[②]“‘况居广居’，谓行仁义，仁义在身，不言而喻也。”[③]“章指言：人性皆同，居使之异，君子居仁，小人处利，譬犹王子，殊于众品也。”[④]焦循之注疏亦好[⑤]。孟子述事论事，非就事论事，乃皆有“以之比兴”之意，欲以引申大道理也。比如有时乃因其一字（如此处之“居”字）或他事之效果，而移引、比况仁义道理之情形效果也。此

---

① 举个不恰当的例子，比如辜鸿铭的先祖因为犯杀人罪而逃到南洋，虽是逃罪，而终知有罪，故改陈姓为辜姓。这当然是一个不够完全或合格的有问题的例子。不赘。

② 焦循，《〈孟子〉正义》，p933。

③ 焦循，《〈孟子〉正义》，p935。

④ 焦循，《〈孟子〉正义》，p935。

⑤ 焦循，《〈孟子〉正义》，pp933—935。

是先秦论说修辞之常，今人或稍不习惯而或误会其意。则曰：此处非倡言羡慕富贵位势使人声气高凛、威仪赫畏，乃欲明居仁则志气充满、威仪肃穆自足也。"居相似也"，亦是之意也。居仁者，皆如此得其志气威仪，不言而喻。

赵歧解孟子于范邑远远望见王子之威仪，至齐而喟叹于弟子，稍不合常理，然亦无关宏旨。此节当与下节联系起来解读，仍是"居仁由义"之意。

孟子曰："食而弗爱，豕交之也；爱而不敬，兽畜之也。恭敬者，币之未将者也。恭敬而无实，君子不可虚拘。"

"恭敬者，币之未将者也。"爱悦者，约会见面之前而有者也，此是笑言，稍存一哂。

"恭敬者，币之未将者也。"此可用之于礼义、礼仪与礼物社会学等论题之分析。……然此种币帛敬聘者亦是私有王权专制政治时代之事，今皆一方面当有正式之制度化选任程序规范，另一方面对礼物礼仪当严加限定规范，不当在公私之间淆乱、败坏，而至于腐败贿赂公行，伪态丑态百出……

今之父母抚养子女，学校教师教养学生，以及相反之子女孝养父母，学生尊重老师，皆当思此，而取其爱敬之心意，非谓仅只"食之""豕交之，兽畜之"矣。如师亦当敬重学生，尤其对于成人之学生，而称字称君等。恭敬行礼，施受者皆当存其心实，肃心正容而交互恭敬施受之。拘者，致也，"君子不可拘墟"，君子不可仅以虚文而致之来也，朱熹解曰"此言当时诸侯之待贤者"①。另可参阅《〈孟子〉正义》的相关解读②。

"恭敬者，币之未将者也。恭敬而无实，君子不可虚拘。""将，犹奉也。诗曰：'承筐是将。'程子曰：'恭敬虽因威仪币帛而后发

① "此言当时诸侯之待贤者，特以币帛为恭敬，而无其实也。拘，留也。"p337。

② 焦循，《〈孟子〉正义》，p937。

见，然币之未将时，已有此恭敬之心，非因币帛而后有也。'此言当时诸侯之待贤者，特以币帛为恭敬，而无其实也。拘，留也。"[1]赵岐与焦循则皆解为"恭敬贤者，不仅以礼仪币帛将奉之，尤当以命将奉之，方为有实。"此则仍是君卿尊贤之意，仍是孟子为贤士争地位之意。然宋儒解释较可具普遍意义，言恭敬当有其真心实意，并非仅仅是外在礼仪币帛之类。《礼记-曲礼》第一句"毋不敬"亦是此意。

此节恰可对照说明"享多仪"一句。

孟子曰："形、色，天性也。惟圣人然后可以践形。"

此句之解释可参阅《孟子正义》[2]。

齐宣王欲短丧。公孙丑曰："为期之丧，犹愈于已乎？"孟子曰："是犹或紾其兄之臂，子谓之姑徐徐云尔，亦教之孝悌而已矣。"王子有其母死者，其傅为之请数月之丧。公孙丑曰："若此者何如也？"曰："是欲终之而不可得也。虽加一日愈于已，谓夫莫之禁而弗为者也。"

此处孟子乃从正反进退两方面言之，前反说、说退，退则不稍宽，必以准绳；后正说，说进，进则虽微小亦优于不进或后退，乃是一片劝励之苦心也。自其上进者言之，必上准大道而后止，自其退却者言之，虽劝其进以尺寸亦愈于已。[3]

此节可见公孙丑或为联络齐王与孟子之关键中间人物（此处乃公孙丑为齐宣王问丧礼也），公孙丑或以齐王臣而师事于孟子者也。此节又可与"以待来年"等互相发明其义。

齐宣王欲短丧，正是章指所言"富贵怠厌，思减其日"，拟遂已之所欲乐便宜也。王子傅为王子请于王，而为数月之丧，则虽礼制

① 朱熹，《四书章句》。

② 焦循，《〈孟子〉正义》，pp937—939。

③ 焦循，《〈孟子〉正义》，pp939—941。

为“士之庶子，父在则母丧以期”，然因厌于父（在），即“公子父在为其母无服”，无以寄托恩义孝思，故其傅为王子请于齐王，而为数月之丧[1]。

“终”者，言终其期丧而不可得（礼制规定只可“为其母练冠麻，麻衣縓缘，即葬除之”而已，则曰“请而或得，虽加一日”，犹“愈于已”，寄托孝思、聊胜于无之意也）。然“君于庶夫人无一日之丧者”，此真可谓寡情薄恩[2]。

孟子曰：“君子之所以教者五：有如时雨化之者，有成德者，有达财者，有答问者，有私淑艾者。此五者，君子之所以教也。”

“君子之所以教者五：有如时雨化之者，有成德者，有达财者，有答问者，有私淑艾者。”君子教人，有私淑艾者，故一生一死、一言一动、言语著述、人间行事，皆或可收私淑之功，何来唐捐之说，此亦所谓大乘消息者也。某种学说体系之加持力，一方面当然来自于学说体系本身的价值，如道德价值、精神价值、真理价值等，另一方面却也来自于相关信徒人物之卓越言语行事表现，如儒家之颜渊，并无任何著述、事功，而仍能立一千古典范。又比如佛教中的某些高僧大德，闭关面壁几十年，即或不立文字，并无任何其他言语行事传世，而仍能传一特别消息，而为其学说或宗教增添莫大之加持力。但此间来不得半点虚饰。

私淑者，乃既是意料之外，又是意料之中者，君子贤哲之言语行事著述，皆不期然而可发生一种广泛之正向影响。正如今日之大众传媒和现代传媒社会中之种种人事内容之影响社会一样，徒后者鱼龙混杂、良莠不齐、虚实难辨乃至颠倒黑白而极多虚假炒作操控耳。可比较私淑与亲炙之不同形式与效果[3]。

---

① 以上参见：焦循，《〈孟子〉正义》，pp940—941。

② 以上参见：焦循，《〈孟子〉正义》，pp940—941。

③ “圣人，百世之师也，伯夷、柳下惠是也。故闻伯夷之风者，顽夫廉，懦夫有立志；闻柳下惠之风者，薄夫敦，鄙夫宽。奋乎百世之上。百世之下，闻者莫不兴起也。非圣人而能若是乎，而况于亲炙之者乎？”参见：（《孟子-尽心下》）。

财者，才也[①]。

关于“有私淑艾者”的第一种意见，也是一般意见。“私淑”，一般解作“（求学者）私下里学习、效慕”（其人，即君子、贤哲、先生等），将“淑”解为“学习、修习、效慕”，如后之所言“私淑弟子”、“私淑其人”，并在此意义上解释孟子所云之“私淑诸人”。这样解释的话，则此句的主语或施事者是“求学者”而不是作为“教者”或“先生”的“君子”；而“艾”的意思就也有两种解释，若将“艾”解释为“资质美好、禀赋优异之求学者或幼艾”，则其句意为“有私淑之艾者”，亦可通，而稍坳折；若将“淑艾”连读而解释，则“淑”和“艾”都是自修、自美其性其质之意，则私淑即是私淑艾，私淑艾即是私淑，私淑即是私艾，私艾即是私淑，则其句意为“有私下里效慕学习者”即可。如此，则私淑弟子即是“私艾弟子”、“私淑艾弟子”；私淑其人即是私艾其人、私淑艾其人；私淑诸人即是私艾诸人、私淑艾诸人。

但第二种意见则认为：此节既曰“君子之所以教者五”，则下句主语皆当为君子，故曰“有如时雨化之者，有成其德者，有达其财者，有答其问者，有私淑其艾者（或“有私其淑艾者”）”。“有私淑其艾者”一句中，“其”则受教之对象，“私淑”则可能有两种意思：一种意思是“私人教育或私下受聘而教育淑培之”，意为“有单独、私下、独自教善治育者”，类于古代之私人教育，或后之所谓“私塾教育”，亦即孔子时代之私人教育（束修等）[②]；另一种解读中，“私”字解释为“个别地”、“有针对性的”、“对应于特定对象的”，而“私淑其艾者”即“个别地、有针对性地培育长养其优资美质者，或其独特、善好之特长也”，后者即“单独特别长育教诲培植其善好优长之处之

---

① 焦循，《〈孟子〉正义》，p942。

② 这种解读几乎将私淑与私塾等同起来，将“私淑艾”解释为“私人教育”，而孟子之“私淑诸人”或乃成为“从私人教师先生那里接受教育”，此则虽不能说全无理据，而终究稍嫌牵强固陋、胶柱鼓瑟。

意”。在这种解读中，“艾”不仅有“优资美质或资质优异”之意，还有“特长、独特才能”之意，从而和儒家的“因材施教”对应起来。或者，在以上两种解释中，将淑、艾视为同义词，皆美好材质才性之意，而引申为教化培育，则“私淑艾”便要么是私人教育之意，要么便是孔子“因材施教”之意。但这种强求主语一致的思路也稍有“固陋执一”处，因为对“之所以教者”亦可以有不同理解，未必要在语言形式上强求主语或施事者的统一。

第三种意见则认为，“有私淑艾者”中之“私淑”亦可解为“独自、自我、私下、私自自修求善”（亦可谓是“独善其身”之意），如此，则根据其主语或施事者的不同，而或仍可有两种不同解释，一种解释仍然采取上述思路，即“教者五”的主语或施事者应该一致，故此句的主语或施事者亦是“君子”；而“艾”，则可解释为“感化、艾育、教育”；而全句可解释为，“有（君子）以其私淑自修独善之行事消息而感化艾育之者”，或者：有“以君子之私淑独善其身、居仁由义之言行自处”而艾育感奋感化之者（对照佛家所谓“加持力”），“艾”者，良好影响感染也。但亦可将“艾”解释为“自艾自修、自我向善”，则句意为“以君子之私淑自修独善而使之（后人或其他人）自艾自修”，或“有（君子）使之（求学者）独求善好、自求善好者”。如此，“时雨化之”，则君子及时提撕点化、当下当面加持；私淑（而）艾之，则以君子独善自淑之生平行事消息，而感育之，随其人（后人或其他人）之缘分志趣资质，而或感化艾育之，或得因缘使之效慕自艾（艾，感化使之自艾，自艾，即自修、自我作善之意），即随后加持、长久加持或隔空隔时之精神加持（所谓“神交古人”，亦是此意）。（“太甲颠覆汤之典刑，伊尹放之于桐。三年，太甲悔过，自怨自艾，于桐处仁迁义；三年，以听伊尹之训己也，复归于亳”，此句中，“艾”亦是此意。）

另一种解释则将主语视为“求学者”，“艾”则为善好之君子之意，引申为艾慕效仿，而全句意思为：“求学者以其私下自修求善而艾慕效仿君子”，或“我独自、自我求善、慕善于（众）贤哲德人”，或“我私下、私自效慕贤哲”——但这样的解释太过牵强不类，故不取。

据以上分析，则孟子言“予未得为孔子徒也，予私淑诸人也”一句，从逻辑上来分析，亦可有多种解释：第一种解释：我私下里慕效、学习之于人；第二种解释：我通过私人教育而学习之于人——这种表述似乎有点奇怪；第三种解释：我被个别地施教之于人——这种解释显然太过奇特，稍不通，故可不取；第四种解释，我独善其身之于人——这显然文义矛盾，也不切合文意。故结合“予私淑诸人也”和“有私淑艾者”这两句，可知应采取第一种解释意见为是（对勘定其义）。

当然，“予私淑诸人也”这一句中，“人”是何义？或“人”指何人？或解为“子思之门人”（朱熹），则如果采取关于“私淑”的第一种解释意见，则其意为“我私下慕效学习于子思之门人”，似乎不切（若采取第二种解释意见，则意为“我通过私人教育而受教于子思之门人”，当然可以，但确实也有点奇怪，前文已述，不赘）。或解“人”为“孔子”（吾意如此），则意为“我私下慕效学习于孔子”，而和前文“予未得为孔子徒也”照应起来，若合符节，所以，将“人”解释为“孔子”为当，整句当为“予未得为孔子徒也，予私淑诸孔子其人也”，而朱熹之解误会矣。或将“人”解为“他人”，似乎也可以，则其文意应为“予未得为孔子徒也，予私下效慕学习于他人也”，如此，则上下两半句并未有逻辑上的相应或符合——除非仅仅把“私淑”解释为“私人受教”（即对“私淑”的第二种解释意见）——故此种解释也是错误的。

或另有意见认为，“予私淑诸人也”其实只是孟子说“吾转益多师，各取其善好”而已，观乎孟子学问，确乎并不拘泥一家（又如孟子所谓“舍我其谁”，亦有此义）……这在思想解读上是可以成立的，但在语言形式和语言逻辑上却是说不通的，没有语言形式层面的互相支撑或印证，或无法自圆其说，所以也只能是在思想层面稍作发挥而已；从忠实于原文本意的语文学或注疏学而言，当然还是应该理解为“予未得为孔子徒也，予私淑诸孔子其人也”为是。

焦循解淑为拾，解艾为刈为取，则“私淑艾”即是私拾取[①]。

从总体上来看，此五者中，“有如时雨化之者、有答问者”，似涉及教学方法方面；“有成德者、有达财者”，似乎涉及教育目的方面；有私淑艾者，则涉及教育之一种特殊情形。合而观之，则可谓“有成德者、有达财者”亦是因材施教之意。当然，此亦只是大体言之，实则孟子当时或并无如此严格之逻辑分类。换一种表述，先秦之时的逻辑分类观念或士人文化精英的逻辑观念与水平，都和今人颇为不同[②]。

> 公孙丑曰：“道则高矣，美矣，宜若登天然，似不可及也。何不使彼为可几及而日孳孳也？”孟子曰：“大匠不为拙工改废绳墨，羿不为拙射变其彀率。君子引而不发，跃如也。中道而立，能者从之。”

“公孙丑曰：‘道则高矣，美矣，宜若登天然，似不可及也。何不使彼为可几及而日孳孳也？’孟子曰：‘大匠不为拙工改废绳墨，羿不为拙射变其彀率。君子引而不发，跃如也。中道而立，能者从之。’”诚有是矣，然公民教育、蒙养教材皆又可循序渐进而编教之。

今之教育方法有将大目标分解为若干小目标，而似两不误也。然此乃误解也。道、义、正、理、法（正义）、真等，往往有确切无疑者，无法分解通融，亦无法“中庸”，是即是，稍有欠缺欠妥即不是。未真则假，非正则邪，合于矛盾律，无可假托。故倘真有求道之心，

---

① 焦循著，《〈孟子〉正义》，p942。

② 亦可参见涂尔干在《原始分类》中所提出的相关观点或论述。

便当求其正大全体，虽一时未能至，而一步一步修行之，然不改“大道始终是大道”，确定无疑于兹，必遑遑汲汲及之合之，“全乎智仁勇”[①]，乃为得道。求道人与得道人不同，求道人当矢志矢力于得道或得道人，斯可矣！[②]

此节公孙丑之问，与《告子下》曹交之问，以及孟子之答教，可互相发明之。曹交一节，恰言尧舜之道为平常人伦日用中之简易，日孳孳行之而可几及，以此勉人于平常日用中当下行之；此节则言有志求道者不可放低要求，勉力而求最高美之大道，不可自满于一时之“几及”，而向上求道若渴，汲汲向上不止。此亦是“必志于彀”之意。此处责丑（公孙丑）欲下之（章指：“此章指言曲高和寡，道大难追，然而履正者不枉，执德者不回，故曰人能弘道。丑欲下之，非也。”[③]）；曹交一节则责“交以（尧舜之道）为难之”，此可见孟子因材施教之意。公孙丑有志有才，故勉其戮力求高明之道，故而责之深；曹交无志，故以不屑教而激发其耻辱之心，又以“道之日用简易可行”而教训之。

“孟子曰：‘大匠不为拙工改废绳墨，羿不为拙射变其彀率。君子引而不发，跃如也。中道而立，能者从之。’”焦循引戴震之解曰：“‘果能此道矣，虽愚必明，虽柔必强。’盖循此道以至乎圣人之道，实循此道以日增其智，日增其仁，日增其勇也，将使智仁勇齐乎圣人。”[④]此亦可用于解说孟子答教曹交“举乌获之任”之言。

孟子曰：“天下有道，以道殉身；天下无道，以身殉道。未闻以道殉乎人者也。”

以道殉身，至死不渝；以身殉道，则舍生取义……

“天下有道，以道殉身；天下无道，以身殉道。”终身以道自奉自

① 焦循，《〈孟子〉正义》，p943。

② 焦循，《〈孟子〉正义》，pp944—945。

③ 焦循，《〈孟子〉正义》，pp945—956。

④ 焦循，《〈孟子〉正义》，p944。

养;以道为进退,不以利禄权位为进退。可对照"枉尺而直寻"、"枉己者为有能直人者"等句。

公都子曰:"滕更之在门也,若在所礼。而不答,何也?"孟子曰:"挟贵而问,挟贤而问,挟长而问,挟有勋劳而问,挟故而问,皆所不答也。滕更有二焉。"

"挟贵而问,挟贤而问,挟长而问,挟有勋劳而问,挟故而问,皆所不答也。"是矣,求教当虚心恭敬,然或曰孟子亦或有挟贤而傲之嫌疑,于今不合,亦可戒除。

另可参阅《〈孟子〉正义》中的相关论述[①]。

孟子曰:"于不可已而已者,无所不已。于所厚者薄,无所不薄也。其进锐者,其退速。"

本义指刑赏之法,当本于平正、公当,准的有依合度,不可错滥其事也。今亦可引申扩展之,言人之言行,当本乎公义、正则、职责义务、法度准则,公正平实,依法合准而行之,不可任性妄为,准的无依,过犹不及也。[②]

赵岐以刑赏用人解此节,或未必无本,然此节亦可解以"求道上进、居仁由义"之意,可与上文"宜若登天然"及曹交"食粟而已"相互发明。"不可已"者,求道居仁由义也;"所厚"者,仁义道德也;不可"进锐"者,君子当盈科而后进也。

孟子曰:"君子之于物也,爱之而弗仁;于民也,仁之而弗亲。亲亲而仁民,仁民而爱物。"

"君子之于物也,爱之而弗仁;于民也,仁之而弗亲。亲亲而仁民,仁民而爱物。"此可从几方面分说:伦理上,推己及人,"老吾老以及人之老……",人己一视同仁,彬彬有礼;情感上,毕竟有差等,有亲密关系之个体差异;于物,当有惜物之意,然推孟子之意,不必

---

① 焦循,《〈孟子〉正义》,p947。

② 焦循,《〈孟子〉正义》,p947。

以人道之仁待之（物），然而将来技术发展，亦当仁爱外物生命也，此即生态主义之论题。

赵注以牺牲畜兽释“物”[①]。此处有可议论商榷者，俟隙细论。

仁、爱、情、亲。在儒家乃至孟子观念里面，这四者虽有分别，但又有密切关联，或共享着一些核心内容质素，比如，仁既包括“根据亲疏上下尊卑而有等差地仁爱亲人亲族”之核心命意，又包括推己及人或推扩之后之“有分别等差地仁爱一切人”之意。爱则主要是别爱，亦即上述“仁”之第一种含义，这个意义上的“仁爱”就是“等差之亲爱或爱亲”的意思；爱有时又有推己及人之“有分别地兼爱”之意，这个意义上的“仁爱”就是“等差之爱人”的意思。所以今人在阅读儒家古典文献时，切己不可以今天“仁”、“爱”之一般意义，即普遍平等之仁之爱，来悬想先秦儒家关于“仁”、“爱”的思想主张，如此则有误读和误判。亲、情亦如是。比如，先秦所云之“亲亲”即是别爱、别亲，即“有分别地亲、爱”。

或试图对亲、爱、仁作出区分：亲（亲亲）（别亲，别爱）——爱（爱情、情感或情意之爱）——仁（一切人民）（一视同仁，同仁）。或将“爱”至于“仁”之后，而为更高之道德原则：亲（亲亲）（别亲，别爱）——仁（一切人民）（一视同仁，同仁）——爱（一切物即众生）（兼爱万物众生）。

家庭伦理、社会伦理、情感伦理之别爱、亲疏之爱，如何转化为公共伦理、国家伦理、人类伦理（乃至生命伦理）之兼爱、同爱、一视同仁爱？

或有读《〈孟子〉正义》所引程瑶田之论述[②]，而勃然大怒曰：什么逻辑！完全是强词夺理，一视同仁，如何是臆必固我？爱无等差（言其人格、人权平等），又何至于父子不相爱？立其同仁同公之共

---

① 焦循，《〈孟子〉正义》，pp949—950。

② 程瑶田，《通艺录·论学小记·用恩之次》，焦循，《〈孟子〉正义》，p949。

识公义，又何至于不为私情留其自由空间？又何至于皆枉己以行其私？

大公无私，固是文学笔法，一国一群，必当有大公者，而不容私情渗入者；又必有自私或私情者，而不容外人干涉掠夺者，而以明确之法度共识规制之。岂可以“纯然别爱之公私”而淆然于“公私分明之公私”?！而适增极多之淆乱及私心夺公之事。

> 孟子曰：“知者无不知也，当务之为急；仁者无不爱也，急亲贤之为务。尧、舜之知而不遍物，急先务也；尧、舜之仁不遍爱人，急亲贤也。不能三年之丧，而缌、小功之察；放饭流歠，而问无齿决，是之谓不知务。”

亲亲与仁民之关系。亲亲，是天性内情；仁民，是推（己）及（人）同情（见上文对于“亲亲长长”之解读）。故“仁者无不爱也，急亲亲与亲贤之为务”（“无友不如己者”，当作此解，求师访友而自修养自精进自向上也），而将亲亲置于仁民之前，亲亲先于、重于仁民，由此亦可知孟子前文虚构“舜窃负犯罪之父而逃”之事例之用意，即在于明确“亲亲重于仁民”之原则。根据此处孟子之论述思路，亦可推出：虽说“一事不知，儒者之耻”，然“知而不遍物”，亦当有所“急先务”也，此又为通才与“急先务”之关系。

据《正义》，亲者，爱也，亲贤，即爱贤也。赵注解“尧舜之知而不遍物，急先务也；尧舜之仁不遍爱人，急亲贤也”一句为：“物，事也。尧舜不遍知百工之事，不遍爱众人，先爱贤使治民，不二三自往，亲加恩惠。”[①]最后一句皆所以明“舍大讥小”之非。具体解释参见《〈孟子〉正义》[②]，兹不赘。此节上文言“舍箪食豆羹之义”与“以其小者信其大者”[③]，类矣！

---

① 焦循，《〈孟子〉正义》，p950。

② 焦循，《〈孟子〉正义》，p951。

③ 《尽心上》：“仲子，不义与之齐国而弗受，人皆信之，是舍箪食豆羹之义也。人莫大焉亡亲戚、君臣、上下。以其小者信其大者，奚可哉？”

上言“亲亲”为第一，此言“亲贤”为先务。尧舜为天子，故当亲贤使治民；一般国民庶民士人百姓，先务之急为进德修善，故亦当亲贤也。赵岐但为君卿言，吾则推扩而为士人国民言。

曹交之病，或亦坐“不知急先务”。

此节吾以为当取孔氏正义之解：放饭流歠，皆古人（《礼记-曲礼》）所以教戒小儿饮食礼仪者，齿决则礼仪之小者，前者（放饭流歠）尤重，故尤当责问之，而竟然不加责问，反问询其齿决之小者，乃为不知急先务①。“放饭”之前或脱衍“不问”二字，“问”乃责问、责备之意，责备其濡肉手决（污秽其手）而不齿决之非也。

关于《尽心上》之若干总结：或曰：儒家一直就是苦口婆心、苦口婆心，虽亦说“舍生取义”，其实亦主要是涉及内向的“心性修养”层面。吾人今则曰，当发挥“为匹夫匹妇复仇”等之精神。像儒家那样，只讲苦口婆心，只讲气节，只讲严出处去就与苦谏，有用吗?!吾人则曰：亦当如武士，得众民，兴义师，为匹夫匹妇复仇，为天下国家复仇，非仅为天子复仇也。

武士兴义师，侠士兴义举，儒士兴义辞，文士兴正言谠论，其实皆一也，一于正义，一于仁德。

孟子此卷所讲的，全是针对权力专断时代所常见乃至必然出现的种种歪风邪气，比如邀宠干禄，谄谀干禄，自鬻以干诸侯……孟子所谈有针对性，针对的便是这些乱象。但他没有意识到，在权力专断时代，这种情形是必然出现的，贤德之人讲气节，讲出处，但小人邪慝之人却必然以其无所不为、无所不用其极之品性而占据高位，邀宠行虐，永无止息。

无不是命，无不有命，命即客观规律，行善得善、行恶得恶是也。顺受其正，即顺受其善。

正命与非命，正命与反命，正命与逆命……

① 焦循，《〈孟子〉正义》，p951。

关于“命”的若干解释：

1. 命：人性与个人内在信念：

“正命”即顺受吾人心性中天然之善，以仁善正义为标准来行事，则是受正命。不论其外在生死毁誉如何，不论其结果如何，皆正命也，顺于吾人之仁善之正性也。

“非命”则违反吾人心性中天然之善，或有行不仁不善之事，则无论其暂时之生死毁誉及结果如何，皆非吾人之正命。

正命与否，皆在我（内在本性与内在智慧信念，知心知性知命而后尽心养性正命），不在外。

人性内在，亦先在，亦类在；先在类在——此处之论述亦可回应“告、孟之辩”。

2. 命：外在客观规律：

无不是命，无不有命，如有正命（受正命、寿命）、遭命、随命等，而当顺受其正，而得正命。“顺受其正”者，与乎“正命”者，乃自守仁义而已矣。命者，天命也，天之规律也（客观必然法则 natural law），故行恶必得恶果恶报而为随命；行善必得善。

命若是客观规律，每事皆有其客观规律，则亦有其必然结果。每事皆有客观规律。

“正命”即是遵守客观规律……

3. 正命在我在内，正命又在天在外。在我则我执持之，信念之；在天则我敬畏之，谨遵奉守之。

人类天性与天命。

天人合一，而皆有正命；天赋人性，人性合天；天赋人命，人命合天。

“孟子道性善，言必称尧舜。”（《滕文公上》）

尽心下

孟子曰:“不仁哉梁惠王也!仁者以其所爱及其所不爱,不仁者以其所不爱及其所爱。”公孙丑问曰:“何谓也?”“梁惠王以土地之故,糜烂其民而战之,大败。将复之,恐不能胜,故驱其所爱子弟以殉之,是之谓以其所不爱及其所爱也。”

“仁者以其所爱及其所不爱,不仁者以其所不爱及其所爱。”佛教讲修行慈心之法门,亦从身边人开始,由内及外,由亲及疏。倘亲朋近内犹不能爱敬,则尤难爱敬疏远外陌者。社稷国家天下万民皆非抽象物,必欲言天下国家(治平),人、民其实在也。倘不能敬重爱惜亲朋内近,又何能爱敬他人哉!

此节可有两种解读法:赵岐之注解为征实之解,另可有较抽象之哲学解读或思想发挥。

赵岐注云:“仁者用恩于所爱之臣民,王政不偏,普施德教,所不亲爱者并蒙其恩泽也。”[①]此句可用以平衡亲亲、仁民、爱物之儒家等差之爱、亲疏之爱。亲则亲(情)私(爱)也,今之仁则当公(道)共(仁)也。

孟子曰:“《春秋》无义战。彼善于此,则有之矣。征者,上伐下也,敌国不相征也。”

---

① 焦循,《〈孟子〉正义》,p953。

“征者，上伐下也，敌国不相征也。”此处之“敌”乃“敌体”即“对等”之谓，如“伉俪”乃“夫妻之为敌体”然。按照西周体制，对于此种敌国，如果其违反先王之制，则其他诸侯国可在天子之声讨号召下而共伐之，所谓“天子讨而不伐，诸侯伐而不讨”(《告子下》)。而在东周以后，则礼崩乐坏，天子权威不再，而诸侯之霸者往往僭越天子的地位权力来讨伐其他诸侯，故孟子曰“五霸者，搂诸侯以伐诸侯者也，故曰：五霸者，三王之罪人也”(《告子下》)。

今人或有秉持国际道义主义精神，而曰：可征，不可战。征其暴君虐政，置之新(贤)“君”、新(仁)政义政而后出，而不予干预控制渔利。

又曰：按照中国先秦之某些政治理念与政治现实，则又有另外一种情形，比如秉持王道仁政，内政清明，人民安居乐业，而又怀柔远人，远方万民百姓乐于归附，而或于此柔性扩展此一天下王道仁政之风景——然此亦听诸远方异地乃至异国异邦人民之意愿而已，故曰柔性自由扩展文明风景。

在春秋之前，征讨征伐与否，乃有相关礼制规定，亦即天下王道礼乐成为天下万国诸侯之宪典。必若诸侯国违宪失礼，天子乃可征，而天子亦不可师出无名。于今，则有两种情形，一种意见以为：征讨征伐与否，在乎(本国与外国)国人之公意，曰：外国暴君暴政无侵夺损害吾国人民土地，则吾自可不征，以爱吾国子弟、人民、财富、和平也(征则本国子弟人民财富终有所损失也)。此为一种思路，或曰为消极思路。

另一种意见即是上述的秉持国际道义精神的积极干预。具体来说，西方文化或西方政治学、国际关系理论或现代国际关系理论等，往往持有这另一种思路，即根据均势原则而主动出击、应对，采取更加咄咄逼人、未雨绸缪的积极干预方式，来保护自己国家的利益，或维护世界和平。

就其目的在于保护自己的国家利益而言，则其之所以主动出击，目的在于预防别的国家实力增强后可能出现的谋求改变均势、扩张版图或势力范围的局面，即使这个国家暂时并未侵犯到“我”的国家（自己国家）或本国人民利益（若彼国有侵害吾国子民财富之事，则征之，而师出有名，非干涉内政也）。这是基于长远眼光的深谋远虑，也是基于对人性（国性）的不信任而来的主动选择和出击。西方自伯罗奔尼撒战争到欧陆分合争霸，直至近现代两次世界大战，皆受此种国际关系战略观念的极深影响。亦可参看《一次世界大战之各国关系》、《地理与世界霸权》、《和平地理学：边缘地带的战略》、《民主的理想与现实》、《论大战略》、《世界政治中的美国战略》、《陆权论》、《海权论》、《日本人为何选择了战争》等书。

就其目的在于维护世界和平而言，亦一方面是基于同样的均势原则，另一方面则是秉持国际道义精神来进行积极主动的干预（而曰：不忍彼国人民之水深火热而思拯救之也）——但其间尺度确实颇难把握，因难断其曲直也（清官难断家务事，或清官难断彼国家之内部事务），故须极慎重，而不可无端卷入彼国政争（此处同样有上述均势国际关系理论下的主动干预作为之思路），比如，如何在讨伐暴君暴政的情形下而不干预他国内政、损害他国利益？如何避免“以纣伐纣”之情形？等等，孟子在书中亦以“齐国伐燕”为例有所讨论。然于此种情形下，或亦可度本国之财力而适度接受彼国人民（或难民），以避其国之暴政，并以统一道义制度规范之——然接受国亦须妥善安置难民，和难民之间形成契约、共识，以及对于将来结局之预期①，且使其遵守本国法律，而不得为本国

---

① 难民，和某国怀柔远人或主动引进外国人才这两种情形都有所不同，后两者另有相关法规安排规范之，而可有条件地将这两种人逐渐纳入、成为或同化为本国居民或国民，亦即所谓的绿卡与入籍；难民则需要另外的法规来安排规范之，更多是一种临时性的国际人道主义安置，将来难民母国政治安定下来后，仍可依法礼送回国，或有其他基于国内法和国际法的相关安排。兹事体大，今只略谈，暂不赘述。

人民之滋扰妨害，或造成相互间之矛盾冲突；待彼国安定下来，复礼送归国也。故在此种情形下，较优路径乃是适当接受难民，并给予中立的积极国际人道主义援助，其次则极为慎重考虑出兵干涉也。朱子曰："征，所以正人也。诸侯有罪，则天子讨而正之，此春秋所以无义战也。"[①]此说颇好。

孟子持天子分封宪制主义，故反对一切诸侯征战。当时之诸侯征战，无论从其动机、过程还是从结果来看，皆逞私心私欲而希图遂一己之权欲专制独裁，而以人民为遂私欲权欲之手段；而就包括孟子在内的先秦儒家所勾勒的西周政治理想来看，（原始儒家、周公孔孟等）仍有使民以时、征什一之税、薄赋敛、井田制、朝聘会同等之王道仁政宪制主义之因素。春秋战国之诸侯则皆破坏之，又无心、无力于（天子）宪制，故曰"春秋无义战"。

但孟子其时之诸侯去古未远，故或有稍存古制古仁政者，故曰："彼善于此，则有之矣"，则又并不将五霸与更其暴虐昏庸之诸侯国君等量齐观，此乃是于堕落者中选其稍正者而已矣。宪制立，且上谨奉守之，则上伐下。不然，倘一无合法合理之宪制，二无上之谨慎奉法守宪，则上不伐下，亦难伐下，因君民皆可不听乃至阵前倒戈也（周武王伐纣而纣军倒戈）。然而，即使上无道违宪，最优选择仍非下"伐"上（而造成军民横死、经济凋敝等后果）。乃可有其他选择：1. 公民不服从（而以宪制原则或宪法规定的相关原则来组织政府自理自卫——宪制原则意味着按照宪制原则中的正当性原则来立宪，宪法所规定的相关原则即是宪制原则下的合法性尤其是合宪性审查的原则或标准）；2. 致力于和平之合宪制治斗争，或诉诸于回归合宪制度之制度斗争（当宪法本身就在立宪程序或内容上有问题时），比如问责弹劾、罢免、撤换、复制或改制（修宪或遵宪攘乱），而复归于天道大宪及

① 朱熹，《孟子章句集注》，p341。

宪制。(此两者皆须有其一大前提，即国民皆有成熟政治素养与政治共识，在现代政治常识和实践上训练有素，有公义，识大体，无私人野心膨胀……然亦难矣！)如此，则何来征伐！一切征战杀戮者皆不可，一切下令杀戮者皆不听，皆须问责(除了刑法“杀人偿命”等外)。此后无复内战和内部仇杀，而有内部政治抗争或制度斗争矣——军队不内战(然此皆必以教育为先，造成理性正直勇毅独立之国民与军人，及其政治共识)。然而，此亦太过浪漫想象，因为暴君独夫或军阀土匪等，往往通过暴力、恐吓以及相应的组织、江湖帮规和纪律等方式，威胁利诱，裹挟民众将士与俱去，然则如之何？此则又当另有分说也。最好的办法当然是创制一种新的人文文化、政治文化和政治哲学，而使得此种专制压迫、欺压争战等局面根本就不会发生——遑论一再、重复发生或重演，比如所谓的“一治一乱”。

其时有能力发动战争者，唯统治者而已，即以战车、戈矛、步兵乃至后来的骑兵等进行征战。然此乃从宏观或上层政治史、军事史言之，从一般民众而言，则恐或亦不免琐碎衅扰争执，而或由贵族统治者调解裁断之。其时之贵族有此权威及法度。纯粹之民众起义而发动战争者，或自秦末陈胜吴广始(之前亦有西周时期的“国人暴动”)，然陈胜吴广等起事者仍为戍卒，而有相应军事武器装备及战争指挥等军事、战争知识和技术，尤其是领导能力。以前之战争，亦由封建贵族领导、纠合、组织农民而战。兵士渐多，而军事知识和战争知识乃流入民间，军事领导技术下移，遂演成汉代之平民天下之局面。

> 孟子曰：“尽信《书》，则不如无《书》。吾于《武成》，取二三策而已矣。仁人无敌于天下，以至仁伐至不仁，而何其血之流杵也？”

“仁人无敌于天下。以至仁伐至不仁，而何其血之流杵也？”此处乃孟子反对一切战争之意。人而顺仁，何至于为不仁者卖命，何至于听不仁者之命令邪。仁者不杀。不仁者相杀。若不仁者杀仁者,则如之何?则自卫矣,且曰:降者不杀,各归其地。或曰:不仁者相杀,则人性中之恶的部分或非善的部分而发露表现也。此与孟子性善论思路不同。

今日吾人读《孟子》,亦当如此,以仁善贤哲之心,以意逆志,又以同心感格新思想、新时势,而有斟酌损益与更新创造也。然吾(人)信孟子圣贤之心,亦信其当时之言语行事之至诚而或颇合宜(时势),然亦当信吾人自身之与贤哲同心而于新情势下继作更创也。

"仁人无敌于天下","国君好仁,天下无敌焉"云云,此皆孟子用以强调之修辞,然幸勿视为孟浪空疏或浪漫主义之言也。

朱子《四书章句》曰:"程子曰:'取其奉天伐暴之意,反政施仁之法而已。'"[①]程子之说颇好。读书之法,有经学家之读书法,观过知仁;有历史学家之读书法,求其事实;有美学家、自修者之读书法,自励精进,进于美德,则有求善、求美之不同,而一于真善美之仁心。朱子又有征引解说曰,"程子曰:'载事之辞,容有重称而过其实者,学者当识其义而已;苟执于辞,则时或有害于义,不如无书之愈也。'"[②]"《武成》言武王伐纣,纣之'前徒倒戈,攻于后以北,血流漂杵'。孟子言此则其不可信者。然书本意,乃谓商人自相杀,非谓武王杀之也。孟子之设是言,惧后世之惑,且长不仁之心耳。"[③]朱子此语,亦是经学家、仁人之苦心细心也。

杨伯峻解以为孟子不信《武成》篇(或为伪古文)所述周武王伐纣时商纣士兵倒戈相残而血流漂杵之事,以为"以至仁伐至不仁",

① 朱熹,《孟子章句集注》,p342。

② 朱熹,《孟子章句集注》,pp341—342。

③ 朱熹,《孟子章句集注》,P342。

本当顺风而降，传檄而定。如此而合于孟子之政治思想，即"仁者无敌于天下。"此解与朱熹同[①]。

按上文所述，"私淑诸人"或亦可解释为"转益多师"。如此，则私淑诸人，亦是以我为主，以义以理为断，而转益多师，截断众说，唯衷于仁善正义天理。"尽信书则不如无书"，亦如是理。此种私淑诸人，与"与人为善"，或亦相通。

关于《武成》，为原百篇《尚书》中之一篇，真古文（孔壁所出）[②]所记与赵歧注同[③]，以为武王讨纣而血流漂杵；伪古文则言是为纣众倒戈所致。孟子当时所见应为真古文，而以为不经之谈，故斥弃不取（真古文后仍于建武即后汉光武帝时又亡）。孟子以为武王讨纣而得天命，东夷西夷及百姓皆箪食浆壶而迎之，不至于血流漂杵。然平心而论，孟子及儒者于《尚书》或取或不取，似亦有以论代史、为我所用之嫌之弊，即是经学家解史而非史学家解史。然文献无征，今亦无法根本断言，故只能阙疑。暂不细论。

孟子曰："有人曰：'我善为陈，我善为战。'大罪也。国君好仁，天下无敌焉。南面而征，北狄怨；东面而征，西夷怨。曰：'奚为后我？'武王之伐殷也，革车三百两，虎贲三千人。王曰：'无畏！宁尔也，非敌百姓也。'若崩厥角稽首。征之为言正也，各欲正己也，焉用战？"

或曰：方天下喧嚣不仁，则何敢不预备武事军兵也?！然为自

---

① 杨伯峻，《孟子译注》，中华书局，1960年1月。

② 汉文帝时伏生所传用隶书写成的《今文尚书》二十八篇；汉景帝孔壁古文乃用蝌蚪文所写成；汉武帝末年博士孔安国整理合并为五十八篇《今古文尚书》；另有晋元帝时豫章内史梅赜的《伪古文尚书》。

③ 赵歧注："《书》，《尚书》。经有所美，言事或过，若《康诰》曰'冒闻于上帝'，《甫刑》曰'帝清问下民'，《梓材》曰'欲至于万年'，又曰'子子孙孙永保民'。人不能闻天，天不能问于民，万年永保，皆不可得为书，岂可案文而皆信之哉。《武成》，逸《书》之篇名，言武王诛纣，战斗杀人，血流舂杵。孟子言武王以至仁伐至不仁，殷人箪食壶浆而迎其师，何乃至于血流漂杵乎？故吾取《武成》两三简策可用者耳，其过辞则不取之也。"《〈孟子〉正义》，pp959—960。

卫,非为侵夺也。倘武事不修备,而言"以仁伐之,仁者无敌",是迂阔也,是弃民弃国也。孟子此处乃强调仁政之首要重要性,非谓武事不必豫也。"国之大事,在祀与戎",胡可轻忽之。尔后乃可言"不战而屈人之兵"也。武备自卫,而后能国泰民安;仁政而能怀柔远人、民心归止,故仁者无敌,而外国人民亦闻风向慕也。此则仁政之和平扩展。倘若,所谓"夷狄"或外国或苦暴君昏官暴政虐政久矣,向慕"行王道仁政"之王国之仁政民权富足安详之生活久矣,故争先恐后而欲王国之来教来助也,甚乃内附之,斯然后则曰"焉用战",可也。

"民为暴君所虐,皆欲仁者来正己之国也。"①此又涉及王道仁政扩展,天下之民心向背,侵略与征伐,主权与文明扩展,天下主义与民族主义、民粹主义,文化主体性等重大论题,可深思之。

然"兵者凶器也",按儒家之叙述,则武王固仁者,以仁者掌兵用兵,固然无滥用兵刑之虞,然设若落入不仁无德之人之手呢?落于昏君庸主之手呢?落于暴虐悍狠之野心家之手呢?而势将造成生灵涂炭。其预防之法有:"一则军备建设当有合义合理之制度法令,包括建军、用兵、行令、将士职责权限、权利义务职责规定、作战等一系列制度规章等"(可总言为"正义法治化军队");二则对官兵将士皆当有关于正义仁心、爱国爱民爱人方面内容之训育,且明其正义仁德原则下之权利义务、职责纪律,包括不服从不正义、不合理、不合军法之命令等。军事之制度法令等,皆当经得起正义、仁义之正当性推敲、逻辑自洽,其中尤其重要者,乃军事首长之择任与军事行动之发动等,皆当本乎人民意愿与国家利益(且不违背天下人道主义精神),而以合正当性、合法性之制度机制规范之,通过此种制度规范,使得实际上乃是以全体百姓国民而掌百姓国民之军队,非贵族、统治阶级、野心家、权力独裁者之私人军队也。军事

① 参见:朱熹著,《孟子章句集注-尽心章句下》。

倘不能被全体百姓国民所有效节制，则可能被用于威胁压迫百姓国民，或威胁压迫全体百姓国民中之一部分，而无论其宣称什么动听之“非敌百姓也”的说辞。或可仿照孟子之辞曰：“古之为戎阵也，将以御暴卫国保民，今之为戎阵也，将以为暴虐国害民也。可不慎惧乎！”（此处同样有上述均势国际关系理论下的主动干预作为之思路。）其实，权力亦如是，若不能有效节制利用，则“权力者，凶器也”。

此节进一步解上节。武王于殷人言“无畏，宁尔也，非敌百姓也”，其后则迁移殷遗民而以三监监临之，倘其意仅在于节制当时暴虐无度之殷商贵族而施仁政于殷商遗民犹可，倘对殷商遗民亦奴役之，则亦可议。今未知具体详情，故亦阙疑之，然究竟未对殷遗民赶尽杀绝，似有善意。

此句解为“若崩其角稽首”亦可，此即后来俗语所云“叩头如捣蒜”是也。

赵岐读厥为 jue。然亦可别解：若崩厥角稽首，如后之所言“叩头如捣蒜”，厥，解为其，亦可。

王畿郊内有六乡，郊外有六遂；都鄙分别为京城与边邑。

孟子曰：“梓匠轮舆能与人规矩，不能使人巧。”

此段或亦可解作首重规矩法度原则，正当合法（正当性、合法性），而后从心所欲不逾矩。不逾越正当合理之絜矩，然后可从心所欲而巧妙矣。（朱子所引尹氏之解固可备一说[1]，然于治国安民安天下之大体言之，尤须强调规矩法度，防止机巧或巧智之过甚与滥用。）

将《孟子》一书中之“巧”字尽皆指出，而作一总体分析，如“其

---

① “尹氏曰：‘规矩，法度可告者也。巧则在其人，虽大匠亦末如之何也已。盖下学可以言传，上达必由心悟，庄周所论斲轮之意盖如此。’”朱熹，《孟子章句集注》，p342。

至，尔力也；其中，非尔力也”一节等。此节中，“规矩”法度与“巧”的关系如何？法治与巧的关系又如何？中庸、执中与权（神通变化）的关系又如何？皆可深思之。

孟子曰：“离娄之明，公输子之巧，不以规矩，不能成方员：师旷之聪，不以六律，不能正五音；尧舜之道，不以仁政，不能平治天下。”

“智，譬则巧也；圣，譬则力也。由射于百步之外也，其至，尔力也；其中，非尔力也。”

孟子曰：“耻之于人大矣。为机变之巧者，无所用耻焉。不耻不若人，何若人有？”

孟子曰：“梓匠轮舆能与人规矩，不能使人巧。”

> 孟子曰：“舜之饭糗茹草也，若将终身焉。及其为天子也，被袗衣，鼓琴，二女果，若固有之。”

“舜之饭糗茹草也，若将终身焉；及其为天子也，被袗衣，鼓琴，二女果，若固有之。”君子无论不求而不得，抑或不求而自得，皆泰然自若自在也。得失皆坦然自若自安，无动吾心。随遇而安，自在行路行事，随时欢喜。来亦喜，不来亦喜。此亦善，彼亦善，且凭本心行路行事度世，随时欢喜自安，此之谓“不以物喜，不以己悲”……

“及其为天子也，被袗衣，鼓琴，二女果，若固有之。”此与上文多处所论及之“自行之”、“为之而已”、“正己物正”、知与不知皆“终身嚣嚣”、“正命”、“殀寿不贰”、“君子有终身之忧，无一朝之患”、“颜子不改其乐”等，皆是一种境界。可辑录集中条列之。

糗，即干粮，乃炒米、麦、大豆等也。

麤，同粗。

> 孟子曰：“吾今而后知杀人亲之重也。杀人之父，人亦杀其父；杀人之兄，人亦杀其兄。然则非自杀之也，一间耳。”

“吾今而后知杀人亲之重也：杀人之父，人亦杀其父；杀人之兄，人亦杀其兄。然则非自杀之也，一间耳。”此亦推己及人也，“己所不欲勿施于人”。“一间耳”，乃省略中间环节而似间接隐匿也，实则无异不爽，故不可文饰欺心。今人做事，往往以一“间”字文饰自辩，不智不诚矣。智者当去“间”，而见其直接本实因果关联也。

智者能透过种种障眼法、云遮雾绕、曲曲弯弯之中间环节、文饰伪饰，直探因果、逻辑关联、本质与根本。岂可（能）欺智者，智者又岂可自欺欺人哉！又当以此智教化传授万民，万民皆仁智，而以万民之仁智防一二暴虐诈佞之侥幸欺蒙也。独在仁智，岂如共乐仁智、共臻郅治哉！此亦所谓守先待后、先后一体共臻仁智之意也（伊尹亦如是，“思天下之民匹夫匹妇有不被尧舜之泽者，若己推而内之沟中。其自任以天下之重如此”，见《孟子-万章上》）。

孟子曰：“古之为关也，将以御暴；今之为关也，将以为暴。”

“古之为关也，将以御暴”，可见仁政之国亦当备武事，比如完城郭、厉甲兵等事。然而倘内政不正不修，背离大道大宪，则“关以为暴”而内虐民、内为阱盗图圄也（有时，内部敌人或尤甚于外部敌人也）。爱国主义当有制内暴与制外暴两层意义焉。关以私圈土地人民，税赋无度，横征暴敛，用以遂一己之私欲独裁，则关以为暴也。

前文谈“战阵兵戎”时已言及预防避免之法。

朱子《四书章句》引范氏言曰：“后世为暴，不止于关。”① 意味深长，可引发种种联想思索。

此节乃从“为关”之征与不征（租税）为言解，然今亦可另作解说，解“关”以为“为暴于国中”（对照“为阱于国中”之言）。

孟子曰：“身不行道，不行于妻子；使人不以道，不能行于妻子。”

---

① 朱熹，《孟子章句集注》，p343。

“孟子曰:‘身不行道,不行于妻子;使人不以道,不能行于妻子。’”虽于妻子儿女、亲朋近内,亦将身自行道、事自合道而后可,“其身正,令自行也”。

何独于妻子,正道待人行事,乃立身之本,乃待一切人事之本也,譬如自由、人权、平等、尊重等,即是普世主义之正道,当身体力行之。

孟子曰:“周于利者凶年不能杀,周于德者邪世不能乱。”

“孟子曰:‘周于利者,凶年不能杀;周于德者,邪世不能乱。’”或解曰:前一句乃兴耳(赋比兴),后一句为论述重心。倘不足周于德而但周于利,凶年未必可保安顺,一者无与人民邻居等和衷共济之意,二者无德业者,人亦不尊爱之,而有乘乱势凶机而逞复仇盗掠之事也。

此段亦是劝积德积善之意,所谓“积善之家,必有余庆,积不善之家,必有余殃”。

倘是群相一味汲汲逐利,不立良制而有稍均贫富之意之法之制,则贫富悬绝,相视如仇寇(或亦因其所谓富贵者本来便是变相仇寇侵夺而来),不独乱世、末世、邪世而将有暴戾仇恨虐杀之事,纵是平世,亦将渐至于乱世邪世,虐杀为乱相循也。倘是败德之人世风俗,当乱世、邪世到来,而以为钱财势力可侥幸自保乎?!倘世风日下,万民不仁德,则万民相仇杀;文化制度不仁德,则人相杀;人心不仁德,则人相虐害夺杀。私智不及大乱,所谓“人而不仁德,则天地不仁,一(以)万民为刍狗”,“天发杀机,移星易宿;地发杀机,龙蛇起陆;人发杀机,天地翻覆。”(《阴符经》)无所逃于天壤之间耳。

赵注:“周达于利,营苟得之利而趋生,虽凶年不能杀之。周达于德,身欲行之,虽遭邪世,不能乱其志也。”[①]焦循解为:“近时通

① 焦循,《〈孟子〉正义》,p970。

解周为徧帀 za，谓积蓄无少匮也。积于利，故不困于凶年；积于德，故不染于邪世。”两解皆可。然吾意以为，如以赵注解“周”为“周达”，则“杀”或为“减少”之意，凶年亦不减其贪利之心行，斥其贪狠不仁也。对照下节，亦可言此“周于利者”为“好利之人”，即“不好名之人”，故凶年亦贪狠如常也。[①]

然“周”解作“周济”似乎更为妥切，即：以利周济于人己百姓，则凶年可避祸免杀；以德周济（周达）于人己百姓，则即使邪世亦无所祸乱（惑乱、溃乱）。

以上，一者重点在于隐含的主语应该如何如何，另一者则隐含了“周”的宾词，周济别人之意，而有不同的解读。仍有阙疑处。

孟子曰：“好名之人能让千乘之国，苟非其人，箪食豆羹见于色。”

“好名之人，能让千乘之国；苟非其人，箪食豆羹见于色。”或曰此言小事亦当深自克制，谨奉道义。小事或尤见其修养节操也。因小事非关大名高名，故人或忽略此等自我修养。朱熹持此解。

此非批评，乃是赞许“好名”，爱惜声名、名誉、洁身自好也。而对比之下，倘非真正爱好珍惜声名、荣誉者，则小事小利亦难能忍让。小事小利倘尚且不能忍让，何况大事大利。然此又有人权（正当权利）为之前提或规范，非谓人一切情形下皆必须让出其基本权利或合法权利。让者，自我修养律己，非谓苛刻律他也。

朱子以“矫情干誉”解“好名”，又是一解，“好名之人，矫情干誉，是以能让千乘之国；然若本非能轻富贵之人，则于得失之小者，

---

① ［疏］正义曰：此章指言务利蹈奸，务德蹈仁，舍生取义，其道不均者也。孟子言人积备其利物，以为周于利者，则所养常厚，故凶荒之年且不能杀死。喻人之能尽其性，以为周于德者，则所守弥笃，故奸邪之世不能乱其志。盖以战国之时，无富而教之之术，此孟子所以救之以此。

反不觉其真情之发见矣。盖观人不于其所勉,而于其所忽,然后可以见其所安之实也。”①

赵岐所举两例亦可讲与学生。赵解似以为孟子褒奖“好名之人”,好名者,如伯夷、季札等节义之人也②。朱熹则解“好名之人”为“矫情干誉之人”③,不甚当。

孟子曰:“不信仁贤,则国空虚;无礼义,则上下乱;无政事,则财用不足。”

“无礼义,则上下乱”。“无礼义”者,今所谓无宪法、行政法等公法,又无公民权利、公民规范或新时代之合理新礼乐、新日常生活礼仪系统也。“政事者”,兴利除害,富国富民之事业也。“仁贤”,则文教养仁德贤能及百科专业专家之才也。有仁贤之才,亦有智慧之专才,等等,才非一类也。

“不信仁贤,则国空虚”,今则将仁贤置换为拥有平等民权之公民、国民,与相应之道德信念、人文、科学技术。“无礼义,则上下乱”,今则将礼义置换为天道、人道即平等民权或人权、道德、信念、善俗、新的现代礼义礼仪系统,为法律与法治等——此句又可与“无世臣”之论相对照。“无政事,则财用不足”,今则曰税收法定、预算民议(议会、人民代表委员会或其他民意机关之讨论投票等),以及其他有关兴利除害、奖掖科技创造、发展工商实业、发展社会经济、发展教育文化事业等政事也。

“不信仁贤,则国空虚”,孟子此句之意,乃以仁贤为第一义,为

① 朱熹,《孟子章句集注》,p343。

② 赵注:“好不朽之名者,轻让千乘,伯夷、季札之类是也。诚非好名者,争箪食豆羹变色,讼之致祸,郑公子染指鼋羹之类是也。”《〈孟子〉正义》,p971;伪孙奭疏:“好不朽之名者,则重名轻利,故云能让千乘之国而且不受。苟非好名之人,则重利而轻名,而箪食豆羹之小节,且见争夺而变见于颜色。”(《〈孟子〉注疏》)又:“章指言:廉贪相殊,名亦卓异,故闻伯夷之风,懦夫有立志也。”《〈孟子〉正义》,p972;此可知赵注或本“伯夷季札之俦”而已。

③ 朱熹,《孟子章句集注》,p343。

国之大宝、大本、大利、实质。倘无仁贤,无仁心仁人仁民,空有财富,终不得幸福圆满之生活。故当以仁贤之心为本,而行礼义政事。

孟子曰:“不仁而得国者有之矣,不仁而得天下者未之有也。”

孟子曰:“民为贵,社稷次之,君为轻。是故得乎丘民而为天子,得乎天子为诸侯,得乎诸侯为大夫。诸侯危社稷,则变置。牺牲既成,粢盛既絜,祭祀以时,然而旱干水溢,则变置社稷。”

1.“不仁而得国者,有之矣;不仁而得天下,未之有也。”或有乘时势而以强力取国取天下者,然无“以强力长有天下者”。倘是“不仁而有天下”,往往其兴也勃,其亡也速,如暴秦然。或有以力取(天下),而以仁治(天下),或差可。失仁则失天下。所谓“以力取天下”,亦是便宜说事,究非仅以力取,天下归正,力其次也。

2.“民为贵,社稷次之,君为轻。”揆其意旨,全句当为:民为贵,天子次之,社稷又次之,君位轻,大夫又轻之。然孟子未敢言“天子次之”,且“天子次之”之位次亦难定也,难以相应之政治哲学疏通之。或曰,此外还可有“天为上”云云。或曰:以天子置换为今之国家,国家为国民之政府,天子为国家国民及其利益之象征与护卫……又或曰:将天子置换为今日之联邦首长或联盟盟长,一于天道共识,而维持诸邦国、诸盟国(代之以以往之诸侯国)之利益、秩序与和平。此外又可思考如下命题:天下主义与地方主义、天子之国与诸盟国或诸邦国、天籍与国籍、天民权与国民权、天道权与国利权……

在不同授权体制下,又或可曰:得乎民为大夫(直接选举而来之地方或基层议员或民意代表、政务官等),得乎大夫为诸侯(间接选举而来之邦国或省郡议员、民意代表或政务官),得乎诸侯为天子(间接选举而来之中央政务官、最高首长、联邦议员或民意代表等)——此则直接选举体制(基层选举)和间接选举体制(邦国郡省或中央选举)之混合形式。又或可曰:得乎民为大夫,得乎民为诸侯，得乎民为天子（而皆考选或民主选举于地方之民或全国之民或天下之民）。又或可曰：考选其民之贤者为士为大夫，民选其士大夫之优贤者为诸侯，民选其诸侯之优贤者为天子，大夫、诸侯、天子之不贤不优者，皆以民意（然亦有直接民意与间接民意之分）定夺罢免之（限若干年为期，而另有其他特别之制衡、监督、弹劾等规定）。又有分郡省分配所谓诸侯（即中央民意代表或中央政务官等）之名额者（然不必在本地任职，如某些国家的上议院或参议院等）。如在某些层次使用考选办法，或者定额考选，或则稍有超额考选，而得一选任或候任资格，然考选达标而一时无缺，则自可从事百业，后亦可参加民选。

"得乎天子为诸侯，得乎诸侯为大夫"，按照此种叙述，则诸侯国君及大夫之权力来源皆"自上而下"，故天子可变置国君，诸侯可变置大夫。何为而可变置？曰（大夫）危国家（诸侯之大家），（诸侯）危社稷也。故国家（公室或诸侯之大家）重于大夫之家[①]，社稷重于国君（社稷乃诸侯国及其大宪大典之象征，亦为诸侯或诸侯国之国家宪制主义之象征；另有天子之天下宪制主义，大夫之国家（宪制主义）或大夫之城邦（城邑）宪制主义等）。社稷宪制与国家宪制（或城邦宪制）皆地方宪制，而天下宪制则中央宪制也。社稷、国家皆诸侯所治有（大夫有时亦有其自治领邑），大夫则襄助诸侯国君进行治理，此种治理形式、权力所有形式或政权所有形式，乃为一种宗法制意义上的贵族集体公意、公利、公家（即共和主义）、公族共治[②]，或宗法制意义上的贵族制自治城邦。今则此制无正

---

① 亦可以宗法制之大宗、小宗来进行论述分析。

② 应该承认，按照孔孟等儒家对于所谓的宗法制意义上的贵族或公族共治政治的政治设计或设想中，庶民的权利仍然须得到充分的尊重，仍然应该遵守孔孟儒家所设想的天子王道仁政的政治制度规划，比如为民制产、民有恒产、薄税敛、十一税等等，只是在政治录用或政治权力方面，一般庶民百姓并未赋予现代社会的一般国民在宪法和理论上所拥有的包括选举权和被选举权等在内的充分的政治权力。这是重要区别所在。

当性，除非将天子、诸侯国君、大夫、士等一变而为国家政府官员或公职人员，在此意义上进行分析评估。

“得乎丘民而为天子。”从孟子的政治设计中，对于天子，以其是否得乎民（行天下王道宪制仁政）而得正当性与合法性，不然则变置之（对此孟子虽未明言，然为题中应有之义，吾今补之）；对于诸侯，以其是否遵守和维持天子天下宪制主义、天下天道主义（如此则可省却基于均势国际关系原则而可能带来的诸侯国之间的相互恐惧以及相应的横加干涉等问题）及社稷公义等，而来判断其正当性和合法性，不然则由天子依天道天宪或所谓“先王之制”等变置之；对于大夫，以其是否维持天子天下主义宪制或天道宪制、诸侯社稷宪制、城邦宪制及公室公义，而来判断其正当性与合法性，不然则由诸侯国君依宪变置之。然而，在那种集权或专权权力结构和政治体系下，倘天子不行天下王道宪制，不得乎民，虽于宪制和理论上曰可变置之，然如何而可和平变置之？汤武革命则流血牺牲、生灵涂炭而代价巨大，不可取；诸侯责难征伐之，则于礼无据（故当于天下王道宪制方面有更精密之设计），且亦战也，似亦难亦不可；然则诸侯自立社稷宪制而不与王政，如何？则曰此后何以变置违宪之国君？余此类推。此为根本难题，故当另有自下而上之权力赋予机制（全民考选天子或全民选举天子）与权力监督机制（民选民黜之），以避免治乱循环、汤武革命而生灵涂炭之惨烈后果，或避免乱自上作而不救难救等恶果。故：得乎天道宪制（天道自然法）而为天下国家，得乎德才而为士，得乎（且遵守）宪制法治公法而为士官，得乎民而为大夫、诸侯、天子，然后若干年一考绩（民对官之考绩，即民选民黜也），选贤能罢庸劣……如此或可一治不再乱。（或曰：自上而下，则乱或作于上；自下而上，则乱或作于下；上下两行，乱或弥甚矣。故亦当深思之。又或曰：考选与民选、民意罢免等并行不悖，或可稍有兼顾选贤才、黜庸佞暴虐之功效……此皆当深思熟虑之，兹处只是略开端绪而已）。

“得乎丘民而为天子，得乎天子为诸侯，得乎诸侯为大夫。”这是对于权力正当性或权力来源的非常有意思的一种论述。在这种赋权体制下，虽则谈及天子的权力来源（或赋权体制）乃为丘民人民，然并未谈及设计具体制度来落实和保证这一点之实现，故最后只能依靠“一治一乱、汤武革命、治乱循环”的残酷自然规律及其巨大社会破坏成本来实现“不得乎丘民则不得为天子”的反面结果，故完全不应该是有责任感和能够体现出人类智慧的文明政治制度设计（故必须补上这一缺漏环节）。另外，在这种赋权体制下，人们当然或许也可以勉为其难地辩解（或狡辩）说，天子将其理论上的“丘民、人民乃天子权力来源”的要求，通过天子对于诸侯、大夫、士等的绝对的陟黜迁罢的专断权力，以及对于不合格官员的实际上的随时罢免、黜退、刑罚等方式，而间接施加或转移于诸侯、大夫、士的身上，从而最终实现了天子、诸侯、大夫、士等的权力皆来源于丘民人民的政治理念或政治原则（换言之，只要保证天子的权力来源是丘民，然后赋予天子极大的专断权力来任免陟黜诸侯、卿大夫、士等官员，则诸侯、卿大夫、士的权力来源亦因为天子权力来源的正当性而相应地获得了间接的正当性）。但问题在于，在这个过程里，由于增加了许多不可控的中间环节或间接环节，往往就为独裁、腐败、权力滥用等留下了空间或隐患，导致最终往往不能选择和实现那可能的最好的道路或结果，而往往选择或实现了那同样可能出现的不好、不正的道路和结果（亦即“绝对的权力导致绝对的腐败”这一基于西方文化“性恶论”基础上的论断，事实上，历史事实亦一再证明这点；而不是儒家基于性善论基础上的仁慈的“父母官”的结果）。质言之，在这种赋权体制下，诸侯等官僚之权力皆由上至下而被赋予，而未明确其对人民之负责，故造成官僚阶层往往皆对上一级负责，或对于更高权力极尽谄媚欺瞒之能事，而对人民则厉行独裁专制、压迫剥削、欺侮虐害等的弊病；并且天子的赋权理念虽然正确(即"必须得乎丘民"),却太过抽象虚浮,缺乏责实、监督、罢免或正常轮换之具体制度安排与保证(制度设计中对于"非常状态"的未雨绸缪的制度性、法治性预先安排),故亦造成实际的许多流弊。历史事实具在,今当深思改易之。

"诸侯危社稷,则变置。"孟子此段议论甚大胆,虽则其根本政治思想在于行仁政前提下的尊王制君,但稍进一步即可自然得出"变置天子"的推论,此则或为亘古未发之空谷足音也(之前虽亦有"天命靡常"、汤武革命之类的说法,然究竟未有此处表述之犀利直接)。变置国君、变置社稷亦皆大胆,然仍未说尽。比如,如何判断诸侯危社稷?如何变置国君?(天子一言以定?抑或纠合其他诸侯兵临城下,威临之乃至征伐之?)变置之法又如何?(立嫡立长立庶,抑或选贤任能,抑或考选与民选结合,等等。)又如何处理变置国君后之内部政治斗争?事实上,变置国君每为诸侯国内部动乱之源头之一。变置社稷之说又颇难解,除却变置其国君之外,似曰惩罚土神谷神也;或为迁都迁地邪?或为变置其国之徽章旗帜耶?今或有不同处置方式。

"得乎丘民而为天子,得乎天子为诸侯,得乎诸侯为大夫。"今则不作如此论述,民治社会中,得乎万民者,万民本身也,何来天子诸侯大夫。

虚伪仁义皆备,实质仁政不修,故变置也。

政府各级官员亦民也,而因选举或考选而暂摄乎官职权位而已。去其职或罢其职,则仍退而为民也。政府官员及公务人员皆可进可退,进而暂为公职人员,退而复为普通民众,不可继续享有作为政府工作人员而享有的与公务有关的一定的、合理的、不过分的、符合宪法、行政法等公法原则与规定的制度化的、正当的特权优待。

在"自上而下"之赋权体制下,或有"得乎天子为诸侯,得乎诸侯为大夫"之事，而有向上负责之意，亦可能有专制独裁、人身依附、媚上、官大一级压死人等诸多弊病。在当今民主民治民选政治体制下，则非"得乎天子为诸侯，得乎诸侯为大夫"，而当为"得乎民而为所谓'大夫'，得乎民而为所谓'诸侯'，得乎民而为所谓'天子'"，而天子、诸侯、大夫云云，其实皆已不当存，今乃统一称曰国家公职人员，分之则为各种公职人员或职级而已。官员暂得其位，暂代行其职，职位完尽则复归为民，非终身制，非有终身特权，非职位私有，非公权力私有，非公家私有。民治体制下，即使用所谓"得乎天子"、"得乎诸侯"之说，亦只是一种失其原意的比喻性说法，乃谓公职上下集义行政、共襄治国治事之国事公事耳，而稍有官僚职事职权之分工，并无任何生杀予夺、人格高下、公私兼制之意味；即使下级职位之褫夺，上级亦无专权，而或以民选民主程序，或上级据行政法之职权、程序规定而依行政法等公法处置之。如此而避免某些所谓官场中之种种恶劣情状。

之前谈"贵戚之卿"时亦谈及"变置"，可对照阅读，寻绎其内在思路和语义。

关于"变社稷"的几种解说：更立贤诸侯，更立社稷之主；变其常祭，以示减杀；毁其坛地，以致责罚之意，明春复立他处；等等①。

> 孟子曰："圣人，百世之师也，伯夷、柳下惠是也。故闻伯夷之风者，顽夫廉，懦夫有立志。闻柳下惠之风者，薄夫敦，鄙夫宽。奋乎百世之上，百世之下闻者莫不兴起也。非圣人而能若是乎？而况于亲炙之者乎？"

"奋乎百世之上。百世之下，闻者莫不兴起也。非圣人而能若是乎，而况于亲炙之者乎？"此即前文所谓"私淑艾"之功也，亦为大乘消息（加持力），又为人性本善、良知良能张目；又为教化、正道行事立价值也。又：故当有道统、道统之圣贤群像，及其行事、言语、德

① 焦循，《〈孟子〉正义》，pp974—976。

行、著述等，皆有兴起感发之功也，虽百世亦有裨益于神州天下也。

亲炙与私淑。

孟子曰："仁也者，人也。合而言之，道也。"

杨伯峻之解释稍好："古音'仁'与'人'相同。《说文》：'仁，亲也。从人二。'意思是只要有两个人在一起，便不能不有仁的道德，而仁的道德也只能在人与人间产生。《中庸》也说：'仁者，人也。'"[①]则仁乃人与人之间之善良仁爱情意。人之道德，则乃是有此亲善情意之人，相互以此亲善仁爱之意，相合相处，而道德显现也。朱熹解曰："仁者，人之所以为人之理也。然仁，理也；人，物也。以仁之理，合于人之身而言之，乃所谓道者也。程子曰：'中庸所谓率性之谓道是也。'或曰'外国本，人也之下，有'义也者宜也，礼也者履也，智也者知也，信也者实也'，凡二十字。'今按如此，则理极分明，然未详其是否也。"赵岐、伪孙奭亦大体持此解。

不能行仁恩者，非仁也；人无不能行仁恩，故人皆性本仁；不仁者，自蔽仁善本性者也。

孟子曰："孔子之去鲁，曰：'迟迟吾行也，去父母国之道也。'去齐，接淅而行，去他国之道也。"

孟子曰："君子之戹于陈、蔡之间，无上下之交也。"

"孟子曰：'君子之厄于陈蔡之间，无上下之交也。'"朱子解为"君臣皆恶，无所与交。"[②]（陈、蔡两国）君臣皆恶，上下皆不可交，故君子处境之厄，必矣。故当远走，另思行道之国、之方法途径也，比如著述而名山待访，比如交于民，比如以公民运动、社会运动等方式来行道也。古代儒家每喜走上层政治路线和士子教育路线，不重视下层政治路线或民间公民运动等方式，今当补之。

"君子之厄于陈蔡之间，无上下之交也。"乱世末世，此乃为君

① 杨伯峻，《孟子译注》，中华书局，1960 年 1 月，p329。

② 朱熹，《孟子章句集注》，p344。

子之命运，上下皆斥迫之(恶官与刁蛮之顽民)，则如之何？亦曰安坦泰然行道也。

暴君奸臣，每施厄加害于君子义人，故岂可觍颜结交此等邪恶之权力人物哉?！有邪恶之君臣上下之交，正士君子之耻也，而交友于一乡一国天下之善人义士而已。无则自得其乐。

貉稽曰："稽大不理于口。"孟子曰："无伤也。士憎兹多口。《诗》云：'忧心悄悄，愠于群小。'孔子也。'肆不殄厥愠，亦不殒厥问。'文王也。"

"貉稽曰：'稽大不理于口。'孟子曰：'无伤也。士憎兹多口。诗云：'忧心悄悄，愠于群小。'孔子也。'肆不殄厥愠，亦不陨厥问。'文王也。'""君子有终身之忧，无一日之患。"(《离娄下》)此皆孟子告谕士君子自处之道：若自心澄明得道，则自可不加理会谣诼纷纭，而不改初衷，安然依道行之。然亦只真得道、真爱道者方能做到此种境界，反之便多犹豫不定与忧愁恐惧，乃至为邪魔外道所转，一反初衷，亦可恨矣(恨者，遗憾也)。"赵氏曰：'为士者，益多为众口所讪。'"[①]赵歧注为："稽，名。仕者也。为众口所讪。""离于凡人而为士者，益多口。"[②]此解亦可。

"忧心悄悄"，见于《诗-邶风-柏舟》，原文似为有关贤者或好人为小人中伤侮害、忧愤难当之作。然孟子此处引用之，窃以为当解以新意而尤切，即不解作"为中伤谗讥而忧愁烦闷"，而解作"有终身之忧"之忧，忧虑进德修业、天下国家之事也，因其立身行事、言语政事之正大义直，而被群小所嫉恨中伤，而吾自不改忧心德业邦民之

① 朱熹，《孟子章句集注》，p344。

② 赵歧注："貉，姓；稽，名。仕者也。为众口所讪。理，赖也。谓孟子曰：稽大不赖人之口，如之何也。审己之德，口无伤也。离于凡人而仕者，益多口。《诗·邶风·柏舟》之篇，曰'忧心悄悄'，忧在心也，'愠于群小'，怨小人聚而非议贤者也。孔子论此诗，孔子亦有武叔之口，故曰孔子之所苦也。《大雅·〈帛系〉》之篇曰'肆不殄厥愠'，殄，绝；愠，怒也。'亦不殒厥问'，殒，失也。言文王不殒绝畎夷之愠怒，亦不能殒失文王之善声问也。"pp979—980。

素志素行也。又:乱世末世,此乃为君子之命运,上下皆斥迫之(恶官乃至被邪恶政教所诱迫而成之一些蛮顽刁民)。然君子知命,不以群小诼迫与苦厄舛违而降志辱身,守志而不改初衷。故无伤也。

综合诸注:"理"有三种可能解释:赖(赵歧;朱熹);通达辞理,"稽曰不理,盖自病其言之无文,故……《潜夫论》有'士贵有辞'之说也"(崔灏、焦循),或"分辨","求理于口"(赵佑、焦循);顺,"不顺于人口"[①]。"憎"有两种可能解释:赵歧读"憎"为"增"(假借),意为"益"、"增加";读如字,厌憎、憎恶之意(朱熹、赵佑、崔灏、焦循),焦循还引《潜夫论-交际篇》"孔子恂恂,似不能言者。又称:訚訚言惟谨也。士贵有辞,亦憎多口",以及赵佑《温故录》"憎如字读,自明上'理'字乃分辨之意,不必依旧训赖。求理于口,徒兹多口,有道之士所不取也。此读兹为滋,谓士憎恶以辨谤,故益滋多口也。"[②]来分别进行论证。"兹",则有两种可能解释:兹,此也;通"滋",滋生、滋长。

分开来解释,每句都似有不同解读,但从整句分析而言,翻译为如下意思较为妥当:"貉稽说,别人对我没有什么好言语(我在别人口中被说得很坏,或被他人多口谣诼诽谤中伤)。孟子说,这没什么关系。士人本来就容易被那种多嘴多舌的小人所众口厌憎。《诗经》上说,君子忧国忧民之心,独自悄然深重,而被无知无耻群小所厌憎;这位君子说的是孔子。又说,所以君子也不会去试图减少绝灭小人的厌憎恼怒,也不减少和放弃自己的良好声闻的修养行事;这里的君子说的是文王。小人之谣诼于我何伤哉。"

或曰:"士憎兹多口"一句,亦可能是孟子对士的批评,如同此卷23节云"其为士者笑之",乃意为"士人(每每)增滋多口",但此解似稍牵强(赵歧解憎为增似乎不妥)。

崔灏于《考异》中的解释亦可备一说:"孟子云憎多口,即《论

---

① 杨伯峻,《孟子译注》,中华书局,1960年1月,p330。

② 焦循,《〈孟子〉正义》,p980。

语》'御人口给，屡憎于人'之意，谓徒理于口，亦为士君子所憎恶。惟能以文王孔子之道理其身心，即有憎其口之不理者，特群小辈耳，于己之声闻无陨越也。"[①]

又或曰：其实这句话应该直接解释为"士憎兹多口"，即士人厌憎那种巧言佞词的表现（或"士憎滋多口"，即"士人厌憎增多巧言佞词"），即可。

又或曰：此句又可作心理学解释，即关于如何制怒之心理学调适法。然亦有制己之怒、制他人之怒之分，下句似言制他人之怒，则听之任之，而自己不改初衷；上句似含有制己之怒之意，亦是悄悄承受，任其自然，忍辱精进而已。

当然，对这一句的解读，可联系"忧心悄悄，愠于群小"[②]、"御人口给，屡憎于人"[③]、"孔子恂恂，似不能言者。又称：誾誾言惟谨也。士贵有辞，亦憎多口"（《潜夫论：交际篇》）[④]乃至"人不知而不愠"[⑤]、"肆不殄厥愠，亦不陨厥问"[⑥]这几句来综合分析。

孟子曰："贤者以其昭昭，使人昭昭；今以其昏昏，使人昭昭。"

---

① 焦循，《〈孟子〉正义》，p980。

② 原文见《诗经-邶风-柏舟》，论者解为"这是贤者被馋人忌害而愤慨伤痛之诗"，其中第四段为"忧心悄悄，愠于群小。觏闵既多，受侮不少。静言思之，寤辟有摽"，论者译为："我忧心不安，被一群小人所怨恨，遭他们的苦头既多，受他们的侮辱也不少。仔细的想来，令人愤激不置，睡卧难安，只有椎胸拊心而已。"参见：马乘风注译，《诗经今注今译》，新世界出版社，2011年8月第一版，p22。

③ 程树德著，《论语集释》（上），中华书局，2013年3月，pp339—341。

④ 焦循，《〈孟子〉正义》，p980。

⑤ 程树德著，《论语集释》（上），中华书局，2013年3月，pp9—11。此处亦有相关思想文辞可驳孟子所言之"易子而教"，可参考之。

⑥ 原文见《诗经-大雅-文王之什-绵》，论者解为，"这是叙述周朝远祖生活及文明进步的历程"，原文第八段为"肆不殄厥愠，亦不陨厥问。柞棫拔矣，行道兑矣。混夷駾矣，维其喙矣！"论者译为"周室对于当地的异民族，虽不能根绝其愠怒的心理，但亦不断绝和他们的问好来往。以后，辟荆棘，斩草莱，交通开了，行道通了，昆夷存在不住，也就奔窜了，日趋于衰困了。"参见：马乘风注译，《诗经今注今译》，新世界出版社，2011年8月第一版，pp237—239。

“贤者以其昭昭，使人昭昭；今以其昏昏，使人昭昭。”首当自正自明自昭之，始可使他人昭昭，反身自求而后可率人行道也。乱世昏人则反之，则胡可理家治国也。教育亦如是，随时以道义自养自奉自谨饬也。

何如而可自昭昭，读书、问学、交游（流）、辩论、实行、实考、走四方也，不可刚愎自是。

或愤而笑解曰，此乃孟子夫子自道：“今以混乱溃烂之政事乱象，而愈使贤明之人昭然清醒，绝不同流合污。”

孟子谓高子曰：“山径之蹊间，介然用之而成路，为间不用，则茅塞之矣。今茅塞子之心矣。”

道义当时时自审自行，不可不行不用而茅塞之。佛家有言：“时时勤擦拭，莫使惹尘埃。”亦此义也。

“山径之蹊间介然用之而成路”，或解曰“间介然，隔绝无可近之意”[①]，或亦可备一说。“为间”有两义：有顷，有间，隔一段时间；间道，另觅间道，另寻别道。皆可通。

高子曰：“禹之声尚文王之声。”孟子曰：“何以言之？”曰：“以追蠡。”曰：“是奚足哉？城门之轨，两马之力与？”[②]

不可进行简单的或错误的推断或归因。忌武断、思路简单之病。追蠡，钟纽欲绝貌。钟纽可见古人器物技术之高明，今人杨伯峻对此有详细描述：“追旧读堆（duī），蠡音礼（lí）。赵歧注云：‘追，钟纽也。’又云：‘追蠡，钟纽欲绝貌。’钟纽（钮）是古钟悬挂之处，其上有眼，把它安放在钟架上横梁的槽眼中，再用穿钉套过去，可能再有一个横销把穿钉管住，这样悬挂，钟身既不会因敲打而转动，且四壁悬空，也不会妨害钟声。”[③]

---

① 焦循，《〈孟子〉正义》，p982。

② 此可作为思维之术，而析教之。

③ 杨伯峻，《孟子译注》，中华书局，1960年1月，p332。

齐饥。陈臻曰："国人皆以夫子将复为发棠，殆不可复。"孟子曰："是为冯妇也。晋人有冯妇者，善搏虎，卒为善士。则之野，有众逐虎。虎负嵎，莫之敢撄。望见冯妇，趋而迎之。冯妇攘臂下车。众皆悦之，其为士者笑之。"

孟子于此前齐国饥荒之时，尝劝齐王发棠邑之仓以赈贫穷，而齐王不听；或今齐国又饥，可见齐王未作根本政治改张、未行仁政，故致今日复饥；孟子以此知齐王无行仁政之心行，无行用自己政治主张之意态，故知即其复劝齐王发棠施仁，而其结果一样，而反为人笑其不智、不知人也，如同众士笑冯妇，笑其未能改其粗野无礼义仪节之言行，不能周旋揖让中礼乐之规矩（所谓"动容周旋中礼"），一再犯违，而为士人笑焉。知其人（齐王）不可（信）赖而（信）赖之，一再被拒被侮，是不智也，正如冯妇之不能根本改绝之，而将被智者笑焉。亦可解作"民皆悦之，而为权势贵族所笑"，权贵笑其不自量力也。（据朱子言，"疑此时齐王已不能用孟子"，且齐王必不听不行也。）

此节孟子之意，乃可对照本卷18—19节解之，言"无上下之交"，故"士憎兹多口"，而为齐国不善之臣士笑之。

此节主旨似乃批评无德、不仁善士人之恶习而已。孟子自我对比"冯妇之遭遇"与"孟子自己救世济民之一贯心志"，而又知齐国君臣，必不能行孟子之道，而将拒之、笑之也。朱子解为"笑其不知止也"[①]，亦当。

赵歧章指解作全身避祸、明哲保身之意，类于孔子之某些论述，似稍不合孟子"虽千万人，吾往矣"之气质风度行事[②]。

孟子曰："口之于味也，目之于色也，耳之于声也，鼻之于

---

① "笑之，笑其不知止也。疑此时齐王已不能用孟子，而孟子亦将去矣，故其言如此。"朱熹，《孟子章句集注》，p346。

② "章指言：可为则从，不可则凶，言善见用，得其时也。非时逆指，犹若冯妇，搏虎无已，必有害也。"焦循，《〈孟子〉正义》，pp989—990。

臭也，四肢之于安佚也，性也。有命焉，君子不谓性也。仁之于父子也，义之于君臣也，礼之于宾主也，知之于贤者也，圣人之于天道也，命也。有性焉，君子不谓命也。”

“仁之于父子也，义之于君臣也，礼之于宾主也，智之于贤者也，圣人之于天道也，命也，有性焉，君子不谓命也。”孟子多将“仁”与“父子”一伦结合起来谈论，而又有“推己及人”而“仁民”[①]之说；“义”则多与君臣关联（此或是“义”之本义，而后则扩展，成为包括更多人伦关系之“义”与“礼”）；“礼”则与宾主关联；“智”与“贤者”关联；“天道”与“圣人”关联——后两者亦可谓贤哲自立于世之根本凭藉。（其实，孔孟的“仁”“义”首先都是人伦相对主义（对象主义）的、相对关系主义的伦理规范，即根据双方人伦关系的亲疏远近、上下尊卑来遵守不同的礼仪规范，然后才有对于一般人的“推扩”而来的“仁爱”，并不是现代社会所理解的普遍主义的仁善、正义之意。即在任何情形下都优先考虑和遵守那种人伦等级主义的“仁义”，其次才是对待一般人的“仁爱”之情义。我们在谈论先秦乃至中国古代的仁义概念的时候，一定要明确这一点。前文已述，兹不赘述。）

声色口腹之欲，虽为天性，而得不得乃顺其命；仁义礼智圣之实现颇多后天之命运，而自得内化而为性，性、心一体不分。

（人之天）性或可分为三部分：性恶、性欲（性之所欲，非现代汉语中“两性欲望”之意）、性善。而儒家不承认性恶；承认性欲，而以“命”置换之、制服之、宽解之。儒家在一定程度上放宽尺度，承认所谓“性善”而来之诸伦之推扩是否能成其功，其实乃是命而已[②]，

---

① “亲亲而仁民，仁民而爱物”，参见：《孟子-尽心上》。

② 即人之仁善推达能否实现，其实乃是一种命，有的人有性善推达之命而为性善推达之人，有的人则无性善推达之命而并非性善推达之人。如此，则实现仁善推达之人，则有仁善推达之命；而未能实现仁善推达之人，乃至作恶之人，则无仁善推达之命，乃至有邪恶之命。此论当然偏激，且有违背孟子性善论之嫌疑。聊备一种思路而已。

而强以“性”名之、敦励之，促其精进向上。此之谓性命勉强而树立进取人道向上之意（性命强立、向上进取人道）。亦可比较下文所谓之“反之（性）”，即复性。“味色声臭安逸”，是人“性”中所有，而其遂欲遂性与否，则“有命焉，君子不谓性也”，是之谓“性者命之”；“仁义礼智天道”，有不有乃是“天命”所赐，或赐之而有而为“性善而成德推达之人”，或不赐之而无有而为“性善而未能成德推达之人”，然而对于有志君子而言，性中仍有此“仁义礼智天道”存焉，而当勉力激发培育长养张扬之，精进向上，成人得道，故曰“有性焉，君子不谓命也”，是之谓“命者性之”（乃激发人人精进向上之意）；而“尧舜，性者也”，是“性者”；“汤武，反之也”，是失性而复性。此亦可谓“性命反之之学”或“性命反复之学”之理论，而包括上述四层意思，即性之、命之、反之、性者，综合四者而得其意旨。亦可谓三者：性命反之、反之、性者。圣人性者性之，君子“性者命之”、“命者性之”，修失复性。此之谓性命反复之学。此可结合下文“孟子曰：‘尧舜，性者也；汤武，反之也。……君子行法，以俟命而已矣。’”来进行关联论述，朱熹解曰：“性者，得全于天，无所污坏，不假修为，圣之至也。反之者，修为以复其性，而至于圣人也。程子曰：‘性之反之，古未有此语，盖自孟子发之。’吕氏曰：‘无意而安行，性者也，有意利行，而至于无意，复性者也。尧舜不失其性，汤武善反其性，及其成功则一也。’”①

以命宽解其性之嗜欲急迫，以性敦励其正命之精进内化，奋斗不止息。

声色口腹之欲，虽为天性，而君子不强求；仁义礼智圣，虽为后天之命运（除了“性之”之圣人外），而君子必勉力强求，终身精进不止。此段中当特别注意其主语“君子”，言自求上进为君子，则当主动精进向上，实现君子仁义礼智圣之命运也。鼓励激奋之意，现于

① 朱熹，《孟子章句集注》，p349。

辞句内外。人不当自甘沉沦于平庸，而当勉力向上，为君子圣贤，此中国文化之内质与大力量也。朱子《孟子章句集注》引程子之解甚好，“程子曰：‘仁义礼智天道，在人则赋于命者，所禀有厚薄清浊，然而性善可学而尽，故不谓之命也。’”①张子之解亦约明：“养则付命于天，道则责成于己。”②

朱熹集注曰：孟子曰：“口之于味也，目之于色也，耳之于声也，鼻之于臭也，四肢之于安佚也，性也，有命焉，君子不谓性也。程子曰：“五者之欲，性也。然有分，不能皆如其愿，则是命也。不可谓我性之所有，而求必得之也。”愚按：不能皆如其愿，不止为贫贱。盖虽富贵之极，亦有品节限制，则是亦有命也。仁之于父子也，义之于君臣也，礼之于宾主也，智之于贤者也，圣人之于天道也，命也，有性焉，君子不谓命也。”程子曰：“仁义礼智天道，在人则赋于命者，所禀有厚薄清浊，然而性善可学而尽，故不谓之命也。”张子曰：“晏婴智矣，而不知仲尼。是非命邪？”愚按：所禀者厚而清，则其仁之于父子也至，义之于君臣也尽，礼之于宾主也恭，智之于贤否也哲，圣人之于天道也，无不吻合而纯亦不已焉。薄而浊，则反是，是皆所谓命也。或曰“者”当作否，“人”衍字，更详之。愚闻之师曰：“此二条者，皆性之所有而命于天者也。然世之人，以前五者为性，虽有不得，而必欲求之；以后五者为命，一有不至，则不复致力，故孟子各就其重处言之，以伸此而抑彼也。张子所谓‘养则付命于天，道则责成于己’。其言约而尽矣。”③

天命之，命之（有）得则得，命之不得则不得——然而当区分仁义与欲望（善与欲）。一方面，欲，皆（人）性也，人性本有（欲）（正如人性本有善有仁义），而欲之得遂否，则命也。命者，天命也；天命之有得、

① 朱熹，《孟子章句集注》，p346。

② 朱熹，《孟子章句集注》，p346。

③ 朱熹，《孟子章句集注》，p346。

得遂，则有得、得遂；天命之不得、不得遂，则不得、不得遂。而人但受其“天命之”之命也。然此中思路则似有消极、宿命论之嫌。孟子又以正命论、居仁由义天命论（最高典范为舜）稍加平衡之。或曰：然此亦只是稍进于中正，未及更为积极进取之境界。故孟子又以“居仁由义，自求多福，‘积善之家必有余庆’”等稍加激发激励之。质言之，另一方面，于善或仁义，人皆有其性；而禀性厚薄或根器深浅则有命（即善性之根器深浅不同：圣贤“性之”，进取者反之，一般人或反之或违弃之），然皆当顺此善性，而勉力进取发扬之，故于此不认命（即不认为自己“命”中只能为一般庸人，而自当积极进取于君子圣贤也）或不谓命也，而具有积极进取、精进向上、刚健清新之品格气质。孟子似认为人若居仁由义，则天必命之乐生、遂志、遂欲，一合于其仁义贤德之程度。然而孟子虽谈及“德级制”之“义”（天爵，大德小德，君子小人等），却并未对身份等级制之“义”（人爵，“爵级制”）进行根本批判，尤其是涉及一般庶民平民时更是如此——这句话想表达的意思是“孟子没有以庶民百姓为本位或主体来谈论言说”（孟子确实在为贤士争地位、争待遇），故其性命观仍有不足。必将先去其身份等级制，人人基本权利平等（然此或不妨碍“德级制”，具体关系另将细论），而后孟子之性命观乃有正当之地基。不然，便有落后保守之问题。换言之，先要对孟子所宣称的“义”做一番清理和正当化批判厘定的工作，然后才好谈此居仁由义之性命观或性命反复学说。今曰人格平等、机会平等、人权平等等，此可为性命论（性命反复之学）之基本地基。无此地基，就当先发扬孟子的革命学说之意旨，立新“义”、正新义、立正义……而后方可谈论性命学说。

前言“天与之”，今曰“民与之而暂代之摄政”。

儒家承认人性中有欲，“如恶恶臭，如好好色”，而欲之遂否当本乎仁义、礼义，其得遂否，有命也。佛教则以一切欲望为虚妄空虚，为人之妄生分别，故主张完全禁欲。此儒佛之不同也。儒家讲人道、人性、人文，佛教讲佛道、佛性（道家讲神道、养生葆性自尽等）。

此处孟子看似部分认同和回到告子的思路:仁义礼智之实现皆有赖外缘,实则仍是孟子的一贯思路,而只是进一步厘清、讲清了孟子自己的思路:性有仁义礼智,而性(中所有之仁义礼智'之端')之扩展与实现,则是命,有赖于自己之尽心知(仁善之)性知命,有有赖于外缘条件者。然而理论上虽如此,而有志君子则不以外缘及天命(神)为意,而遵循本性之仁义善端,而安心勉力行之,虽终有命,而吾之尽心尽性也,向上不悔。所谓"性之"、"身之",其实皆是也。吾尽吾心、吾顺吾性而已。命也者,岂斤斤为意哉!

人或皆有仁义礼智之端,此则同;而其才、性、情则有不同,此亦天命之也。而人必以尽心尽(仁善之)性而勉力向上。

身欲与心欲(善欲)。按孟子的思想,口目耳鼻四肢之欲是性,仁义礼智亦是性,然口目耳鼻四肢之欲之遂达否,与仁义礼智之遂达否,则是命。欲之有、仁义礼智之端之有,这是一回事;欲之遂达、仁义礼智之遂达,这又是一回事。实则两者皆难遂,皆是命。不过,一般人误认为"身欲"是己所愿所好所悦爱,心欲善欲则是己所不愿、不好、不悦爱(告子);又误以为心欲善欲(仁义礼智)之难行难遂,恰因身欲之所干扰牵制,其实此皆错矣。实则恰因为心欲善欲之难遂、未遂、不遂,而至于(导致)身欲之难遂,以及身欲之过度、反常、反客为主、过犹不及而戕生害性害心害善也。看似以此性害彼性(以身欲害心欲,或以心欲害身欲),实则同一性也。性分身心而后天下人类大乱,不得安宁;性未分(身心)之前,身心浑然一体合一,乃有淳朴安宁自是之人生。程瑶田之解说即区分身心或大体小体,又言"遂己所成之性有难易,顺天所限之命亦有难易"①,以此解之,性本自有其端,而成之有难易;性之端或无大小轩轾,性之修成发达则有程度境界不同,在乎其人之修发尽性之诚心笃行而已(故儒家本性论非主张消极之命定论,乃主张积极之命定论也);命本其

---

① 焦循,《〈孟子〉正义》,p992。

性而来，成性之程度及难易即影响成命安命之难易也。命者，性之表(现)也，倘(善)性之不修成发达，则何来命之善臧邪？知此，则安可不勉力复性修性成性达性发性(此处之“性”皆谓“善性”也)?！此可谓之“(善)性为命本论”及“性有善端不二，而修成发达在乎其人”论。则或有问难曰：“何故同是性，而遂之有难易？”则不如以荀子之性恶论或“欲悦内、义礼外”论解之为方便易解。此论此问亦需正面回应之，俟隙将详论。吾此处拈出“身心未分”一说为解，而基督教亦有身心未分之时刻，曰伊甸园时之亚当夏娃也。

程瑶田“命有所限”云云，所解稍好，颇合孟子原意。

仁、义、礼、知、圣人之于父子、君臣、宾主、贤者、天道也云云，乃言其际遇得道之深浅，此则命也。

吾仁之得父子之恩仁，吾义之得君臣之恩义，吾礼之得宾主之礼貌，吾知之得贤者之知友，吾圣人之得天道之大行？(“圣人之于天道”一句，与前四句之语法语意似稍不类。)

或意为：父子之间是否有仁，君臣之间是否有义，宾主之间是否有礼，贤者是否有知有为而行其教化，圣人是否得以行天道大道，此皆命也，赖于因缘际遇即外缘外力，然而君子必遵循其本然之性、本性之仁善，而尽心尽性，虽曰得之在天在命，而吾君子固已性之、身之而已矣。性之、身之，本身已自是道乐自喜自足也。这简直可视为一种人文精神或道德精神之信仰。

> 浩生不害问曰：“乐正子何人也？”孟子曰：“善人也，信人也。”“何谓善？何谓信？”曰：“可欲之谓善，有诸己之谓信，充实之谓美，充实而有光辉之谓大，大而化之之谓圣，圣而不可知之之谓神。乐正子，二之中、四之下也。”

“可欲之谓善”。可欲，乃可亲近、喜欢、可爱之意，非引起欲望之意。此则取直觉主义、个体感觉主义或(主体间性)交互性(相对性)来言说善。彼于我可欲，则于我为善；彼于他人不可欲，则于他人不为善，故善不善乃相对主义之判断，适于己则谓之善也，此亦吾尝所谓“伊伊之情”是也。亦可对照九型人格理论分析之。亦可对照下文对“人皆有所不忍，达之于其所忍，仁也；人皆有所不为，达之于其所为，义也”之自由主义分析。但此句实在稍不可解，此处亦只是就诸家之注而强为发挥之而已，实则并不以之为妥切之解。

“充实之谓美”，仁善自然发露张扬充满之美也。“大而化之”，化于心也，自然流露，沛然而不觉。

“有诸己之谓信。”“有诸己”亦是上文之“有性焉”，即变成了天性，言动行止，自然而然表现出来，历然丝毫不爽失，亦不需努力克制……

孟子曰：“无为其所不为，无欲其所不欲，如此而已矣。”（《尽心上》）亦可与此句“可欲之谓善”对照。

朱熹解曰：“天下之理，其善者必可欲，其恶者必可恶。其为人也，可欲而不可恶，则可谓善人矣”“大而能化，使其大者泯然无复可见之迹，则不思不勉、从容中道，而非人力之所能为矣。张子曰：‘大可为也，化不可为也，在熟之而已矣。’”[①]赵岐解曰：“己之可欲，乃使人欲之，是为善人。己所不欲，勿施于人也。有之于己，乃谓人有之，是为信人。不意不信也。充实善信，使之不虚，是为美人。美德之人也。充实善信而宣扬之，使有光辉，是为大人。大行其道，使天下化之，是为圣人。有圣知之明，其道不可得知，是为神人。人有是六等，乐正子能善能信，在二者之中，四者之下也。”[②]

---

① 朱熹，《孟子章句集注》，pp346—347。

② 焦循，《〈孟子〉正义》，p994。另：伪孙奭疏曰：“孟子曰：善人也，信人也”，孟子答之，以为乐正子是善人、信人者也，以其有善有信故也。“何谓善、何谓信”，不害又问之，曰何以谓之善，何以谓之信也。“曰可欲之谓善，有诸己之谓信”至“四之下也”者，孟子又答而详为之解之，曰己之可欲，使人欲之，是为善；有是善于己，谓人亦有之，是谓之信。所谓善即仁义礼智也，是为可欲之善矣。充实其善，使之不虚，是为美人，故谓之美；充实其善，而宣扬之，使有光辉于外，是为大人，故谓之大人；具此善，不特充实于己，而推之以化人，自近以及远，自内以及外，是为圣人，故谓之圣；以此之善，又至经以万方，使人莫知其故，是为神人，故谓之神。凡是六善，而乐正子能善能信，是在二之中，而在美、大、圣、神四者之下也，但不能充实而至神也。

又:“君子所过者化,所存者神,……”可见此处“化”为化育、感化之意。

所谓“可欲”,言气质性情言行有让人喜欢、亲近、信任之处,此其本质、内质必有某种仁善性存焉,发而显露之,让人可亲可欲。彼之可亲可欲恰为其本人有人间亲和性、愿意亲近人和仁善待人之结果也。吾人读此,本乎善心或向善之心,而自我检视之,“吾可欲乎?”“人愿亲近我乎?”“吾欲悦他人乎?”而得一自我警醒。“有诸己”,言德性修养在自律自修,不在律他,又言自我实有其善,非为但高谈空谈而已。“充实”者,身心全体皆善性充实无余地,实实在在,沛然略无折扣与做作缺漏,而自然发露表现,言动举止,让人愉悦,如沐春风,而美悦生矣。“充实而有光辉”,谓其善性发挥及人,化育感染照耀他人,言他人亲近之、交游之,而自自然然得其濡染感化提升,则为“大”。大而化之,化之则性之也,化为本性自体,浑然一体无二,毫不费力,言动举止,自然而然,则为性之内圣,或性之而圣。虽圣而不居圣,而不知圣,似浑同于一般常人(但亦有将“化”解为“化育”者,前文已述)。另可参考焦循在《孟子正义》中的相关论述①。

> 孟子曰:“逃墨必归于杨,逃杨必归于儒。归,斯受之而已矣。今之与杨、墨辩者,如追放豚,既入其苙,又从而招之。”

孟子教育之法,乃“往者不追,来者不拒”,“归,斯受之而已矣”,采取自愿自得原则,而不必以外在羁勒拘束胶固自己之学说也。或曰:今之密宗等佛教门派等有此特点,乃至或有此弊,必以上师之言行尽信之,而美其名曰“必先信之而后乃可能入佛智”……(然此事可进一步分析之)。儒家虽亦提倡师道尊严与必要之尊师礼仪,然非武断灌输、神秘主义、教主教条、机巧方便、纵横捭阖之术,而取人文理性、学术自由、理性辩论、言传身教、公开质疑辩难、自由思考而后接受之……

① 焦循,《〈孟子〉正义》,pp994—995。

但儒家对墨家的批评颇多站不住脚。尤以今日为然。

赵岐解曰:“苙,栏也。招,罥也。今之与杨、墨辩争道者,譬如追放逸之豕豚,追而还之入栏则可,又复从而罥之,太甚。以言去杨、墨归儒则可,又复从而非之,亦云太甚。”[①]

朱熹的解释基本采同赵岐的解释:“放豚,放逸之豕豚也。苙,阑也。招,罥也,羁其足也。言彼既来归,而又追咎其既往之失也。此章见圣贤之于异端,距之甚严,而于其来归,待之甚恕。距之严,故人知彼说之为邪;待之恕,故人知此道之可反,仁之至,义之尽也。”[②]赵岐和朱熹都认为孟子对“既入其苙,又从而招之”的行为持批评态度,以为过甚。注意,“其苙”不是别人的猪栏的意思,而是“小猪回到了猪栏”之意。赵岐和朱熹都认为“招”应解为“罥”即“羁其足”之意。质言之,其意为:“如果对方归于正道(儒),那就接受教导之即可。如今的与杨、墨辩论的人,却并非如此,就好像追索逃逸的小猪,小猪已经回到猪栏了,却仍然很生气,还要用绳索将小猪绑缚住。这就有点过分了。”如果用文言文来表达,则是“归,斯受之而已矣。今之与杨、墨辩者,如追放豚,放豚已入归于笠,又从而羁缚其足,斯则太过矣。”按焦循在《孟子正义》的分析,“招”有两解,一者解招为罥(juàn)为羁,羁其足也,一者按本字解之,招呼、招来之意[③]。或曰:“招之”,又或为“詈之”,詈骂之意?罥乃詈之误?此则想当然耳,误矣。或曰:“招”又有揭发、揭举之意,即揭发即揭其罪过。

此节可对照《滕文公上》中“孟子与陈相、陈辛及墨者夷之之相谈对待之道”,“吾今则可以见矣。不直,则道不见;我且直之”(《滕文公上》),以及下文“往者不追,来者不拒”(往者不谏)等,结合解说之。“来者不拒”即第二十六节、三十节“斯受之而已矣”,亦“吾

① 焦循,《〈孟子〉正义》,pp997—998。

② 朱熹,《孟子章句集注》,p347。

③ 焦循,《〈孟子〉正义》,p998。

今则可以见矣。不直，则道不见；我且直之”（《滕文公上》）。

或曰：“招之”，又或为“詈之”，詈骂之意。罥乃詈之误？第三十节似亦言对其以往之过错“往者不追”？则《尽心下》第三十节中孟子之言，或亦有为自己识人不严之过错而稍自辩解而又致歉之意？

或曰：“招”亦有揭发、揭举之意，揭发即揭其罪过，如此节中之招詈放豚过往之罪过，与第三十节中之追其往者之罪过，孟子皆以为过甚邪？或曰：如此，“招之”，亦为“好行小慧”、照察人之隐过而斤斤不休，故惹人怨恨，而孟子以为此亦失君子忠恕之意邪？

或又曰：“又从而招之”一句，或为“又随而以吾道、儒家之仁义之道而招呼教诲之”之意也，观乎孟子谆谆教诲陈相、陈辛与墨者夷之可知。此亦稍不切上下文。

“从而招之”或又可解为“又从而招呼招徕其他放逸者”？而又主动传道弘教之意，补儒家传道意志不足之缺。此虽有好意，然稍牵强，而同时亦失儒家宽容自恕之精神（包容各种学说——当然，孟子和儒家“疾异端”也是很严厉的，但即使是在这一点上，比如对于孔子“攻乎异端，斯害也已”这句话的解读，也可以有进一步分析思考的空间与必要，吾另有述，兹不赘言），“其笠”，或为“他家、别家之笠”，“从而招之”，则不死心，入其笠而招之，有违“往者（离去者）不追”之原则。

孟子曰：“有布缕之征，粟米之征，力役之征。君子用其一，缓其二。用其二而民有殍，用其三而父子离。”

“有布缕之征，粟米之征，力役之征。君子用其一，缓其二。用其二而民有殍，用其三而父子离。”此乃孟子治国经世之一法，亦仁政纲目之一。又必有常数，取之有度，且使民以时，取民有时，此农业社会经世治国之根本也。又可结合助、彻、贡法言之。

朱子解曰：“征赋之法，岁有常数，然布缕取之于夏，粟米取之于秋，力役取之于冬，当各以其时；若并取之，则民力有所不堪矣。今两税三限之法，亦此意也。尹氏曰：‘言民为邦本，取之无度，则其国危矣。’”①

农业文明时代，田地物产，农民自为全程，实际收成与征赋民人皆自知，故(知)能判官府政苛政廉也。现代工商业文明和信息文明时代，分段做工，成本利润另有官僚商主掌控，民、工难知，对税率税额尽难了然，故难察官府、官僚、商人之苛廉平剥也。今日谈税赋，孟子此数语已然不足。

富之，然后方能教之有义，仓廪实而后知礼义，给养匮而父子离散……

孟子曰：“诸侯之宝三：土地、人民、政事。宝珠玉者，殃必及身。”

诸侯、国君云云，乃政权私有时代之名目，于今政权公有、民有之时代，乃曰民治国家或政府。国家与政府不同，国家本来包括人民、土地乃至政事。以民治、人民、公共政府言解所谓诸侯，则无论古代选举(乡选里举制等)、考选(科举)或现代民选(民主选举)，皆为代行政事而已，人民乃其(政府或诸侯之)服务对象，土地乃人民之重要生产资料(亦可言为其——即政府或所谓诸侯——服务范围)，政事则政府或古之所谓诸侯服务人民之职责与方式。故此为政府(诸侯)之所当措意兴作者。然则如何“宝人民”或“悦人民”?亦曰尽心竭才、奉公营职、兴利除害、为国为民谋权利安定繁荣也。兴作施政良好，而得人民信任赞誉尊敬，而续居执政兴治，并有正当合法合理之俸禄。至于“宝珠玉”，则私夺公财民脂而贪污聚敛也，事情败露而伏法受刑，报应不爽，故曰殃必及身。又可发挥而为别解，则可曰：倘一心聚敛，贫富差距悬殊，造成少数财主富豪与大多数穷困平民之对比，本身就失却与国民同胞人民共相扶持、共患难和同臻康乐之意，则亦将激发民众不平之意，愤之仇之，人间善意渐失，戾气充盈，乃至激起民变，亦将殃及财主富豪暴君贪官

① 朱熹，《孟子章句集注》，p347。

污吏其身其后也。多财非错，但倘若“一人多财，万人饥寒”（冻馁），为富不仁，则多财不义，殃及其身。以何种文化、制度而既以稍激励人民努力工作、自食其力，又以稍均衡其财富，乃施政与长治久安之根本所在。揆诸历史、正反案例，彰彰然也。

孟子的言说对象主要为权贵与士人，而其心亦常在庶民人民。（或曰：人民庶民乃因（之）而提及耳，此固有之而不必讳言，然亦偏激，因孟子乃意在劝诫统治者而为庶民士人争权益也，故看似主要对权贵士人言说，其心其意则多在民人之福祉也）。虽然，其谈士人修养者，颇多可及于今之一般平民国民，而成为民族精神之共色。今尤当有对全体国民言说教诲之书，其为之者，接续孟子心性治平之学而又超拔之。

> 盆成括仕于齐，孟子曰：“死矣盆成括！”盆成括见杀，门人问曰：“夫子何以知其将见杀？”曰：“其为人也小有才，未闻君子之大道也，则足以杀其躯而已矣。”

此语可为好行小慧者鉴戒。

大雅先人，小慧不行。

> 孟子之滕，馆于上宫。有业屦于牖上，馆人求之弗得。或问之曰：“若是乎从者之廋也？”曰：“子以是为窃屦来与？”曰：“殆非也。夫子（予）之设科也，往者不追，来者不拒。苟以是心至，斯受之而已矣。”

“孟子答之，而或人自悟其失，因言此从者固不为窃屦而来，但夫子设置科条以待学者，苟以向道之心而来，则受之耳，虽夫子亦不能保其往也。门人取其言，有合于圣贤之指，故记之。”[①]按朱子的解释，此乃记载孟子与普通人交谈之言，而他人（即文中之“或”）之言论及孟子设科教导之原则，此则确乎是孟子曾言及者，且“有合于圣贤之指，故记之”。而并非讨论此事（上宫失屦）、此人（孟子

① 朱熹，《孟子章句集注》，p348。

从者)本身。此可备一说。

以孟子之文化思想主张衡量之,则第二十节之高子,第二十九节之盆成括,以及之前之陈相,乃至墨者夷之,及其他杨墨者等,皆向道未成或向道而有异心者,孟子皆谆谆告诫教诲之,则皆是一片"往者不追,来者不拒"之良苦用心。至于曹交,或有挟贵而问之意态,孟子犹教诲之而不为其师;不为其师,以其挟贵而问而已矣。

此句解作"夫子之设科"或"夫予之设科",皆可。

孟子曰:"人皆有所不忍,达之于其所忍,仁也;人皆有所不为,达之于其所为,义也。人能充无欲害人之心,而仁不可胜用也;人能充无穿逾之心,而义不可胜用也;人能充无受尔汝之实,无所往而不为义也。士未可以言而言,是以言餂之也;可以言而不言,是以不言餂之也。是皆穿逾之类也。"

"人皆有所不忍。"此段先言"推"之义也,后言"餂"即为穿窬之类也。君子当言则言,不当与言则不言,皆一揆于正道,否则即以言或不言而餂之,同于穿逾之行。言岂可不慎重其事哉!所谓"人皆有所不忍,达之于其所忍,仁也。人皆有所不为,达之于其所为,义也。人能充无欲害人之心,而仁不可胜用也。"赵歧解为:"人皆有所爱,不忍加恶,推之以通于所不爱,皆令被德,此仁人也。人皆有不喜为,谓贫贱也,通之于其所喜为,谓富贵也。抑情止欲,使若所不喜为此者,义人也。人皆有不害人之心,能充大之以为仁,仁不可胜用也。"① 朱熹则并未字斟句酌进行征实之解,而直接在

① 赵歧解"不为"、"为"为"贫贱富贵"云云,虽稍可通或有助于理解,而尤有胶柱鼓瑟之嫌;焦循言"近时通解'所不为'即下'无穿踰之心'",前后语意照应,稍通,意为"人于某事上遵守礼义,不为穿踰之行,那么,人亦应当在所有事情上都遵守礼义,不为穿踰之行事",亦即是"集义所生而行",不是"义袭而取",此可谓是提倡普遍遵守礼义道德之意,即在所有事情上都遵守相关礼义规范。或曰,此句亦可接续上一句谈"所爱者"之语意而解为:"人皆有所对所爱之不为,达之于其对所不爱之所为",从消极不为的层面谈推达之义,或从消极不为的层面谈絜矩之道。或可备一说。《〈孟子〉正义》,p 1007。

但是,礼义道德规范本身亦可分类,分类的方式或标准亦多种多样。 (转下页注)

哲学上进行抽象概括："恻隐羞恶之心，人皆有之，故莫不有所不忍不为，此仁义之端也。然以气质之偏、物欲之蔽，则于他事或有不

（接上页注）某种意义上，根据礼义道德规范的普遍性程度或普遍性成色或普遍性类型来进行分类，则礼义规范或道德规范分为两种：一种是主体区分性-道德规范，或领域（身份）依赖型普遍伦理规范，其中最重要的就是身份伦理规范；即同样身份的人遵守同样的礼义规范，不同身份的人遵守不同的礼义规范，即建立在身份区分基础上的相对性伦理道德规范；这种礼义规范本身就是分层的，就此而言，其只是有限普遍性、分层普遍性或情境依赖普遍性、领域依赖普遍性（即礼义道德规范的普遍性依赖于主体的特殊身份、不同身份或主体的其他分类特征，或某一普遍规范只对某一身份普遍适用，是和特定身份主体或身份主体间关系相联系的普遍性，并不是针对所有主体都适用）；另一种是绝对普遍性道德规范，即全社会的所有个体都平等、无分别地遵守同样的礼义规范，即基于平等个体基础上的普遍道德规范，这种礼义规范适用于一切社会个体。实际上，这两种礼义规范或道德规范都具有某种普遍性，但却是不同程度或不同类型的普遍性，对于前者而言，是有限普遍性、分层普遍性，或是领域依赖型普遍性、情境依赖型普遍性，其所依赖的领域或情境就是主体的身份或身份关系；这种领域依赖型普遍性，其普遍性乃表现为"所有同一身份的人都必须遵守对于该身份所要求的同样的礼义规范——但不同身份的人遵守不同的礼义规范，所以此种礼义规范并非无差别地普遍适用一切个体"，故而只是有限普遍性；对于后者而言，其普遍性则表现为"首先将所有个体都视为无差别的平等个体人，在此基础上为这些所有个体人规定统一和同一的礼义规范，然后所有社会个体都无所区分地普遍遵守同一种礼义规范，我将之称为'绝对普遍性'（或'完全普遍性'）"，具有这种普遍性的道德规范或法律规范平等适用于所有个体；换言之，其普遍性既表现在适用主体、对象的普遍涵盖性，也表现在主体的无差别性、同一性及相应对待，也表现在礼义规范在某一社会内的普遍适用性。很显然，在几乎所有文化体系或社会体系中的道德规范或礼义规范系统中，都既有主体区分或分层前提下的领域依赖型普遍道德规范或礼义，也有适用于所有主体或公民的绝对或完全普遍性道德规范或礼义。法律规范也是这样，具有普遍性，但同样包括主体区分性-道德法律规范和绝对普遍性法律规范。论及中国道德伦理文化情境，则古代中国的礼义规范或礼法规范更多地或主要地属于前一种，现代法律规范或道德规范则主要是以后者为基础和核心（平等人权；法律的普遍性或法律面前人人平等），在此基础上来设置其他领域依赖型（或情境依赖型）道德规范和法律规范，但都尽量减少身份依赖型道德规范和礼义规范（因为这和平等人权往往多有扞格冲突——虽然在某些方面或程度上仍有融通的可能性乃至必要性）。大体而言，古代中国伦理规范或道德礼义规范相对较为缺乏对普遍平等人权的关注、认可和进行相应的普遍性道德礼义规范设计（而更多是身份权利或身份伦理），现代伦理学或伦理规范则更为重视普遍平等人权，而相对减少了身份性道德礼义规范（虽然亦有矫枉过正的问题，同样导致一些负面后果）。质言之，现代以来的中国的伦理文化发展的方向，便在于增加基于平等人权基础上的普遍道德礼义规范，亦即注重普遍平等人权，然后在普遍平等人权的基础上考虑重塑古代人伦礼义规范，于此创设普遍主义平等人权基础上而同时引进融合古代中国对等情意互敬伦理文化的不过分的情意化的新礼乐、新伦理文化或新礼义规范。

能者。但推所能，达之于所不能，则无非仁义矣。”[①]此句又可对照“无为其所不为，无欲其所不欲，如此而已矣。”（《尽心上》）朱熹解曰：“李氏曰：‘有所不为不欲，人皆有是心也。至于私意一萌，而不能以礼义制之，则为所不为、欲所不欲者多矣。能反是心，则所谓扩充其羞恶之心者，而义不可胜用矣，故曰如此而已矣。’”[②]

“人能充无受尔汝之实，无所往而不为义也。”“尔汝”者，古人有姓氏名字（号），名则自称，字则他人用以尊称，若直呼尔汝，是为人所轻也。故不可为不仁不义亏缺之事，而为人所轻也。古之姓名（字号），皆有荣誉存焉。另外，自身名字或称呼亦不可让别人随便称呼侮辱之。故今人无礼者，或喜好弄权之有权欲者，缺乏平等意识和人权意识，不懂得尊重他人，往往故意生造绰号或胡乱称呼他人姓名（字号），比如明明没有亲密关系和仁善情意，却动辄称他人“小张小李”（真有亲密关系和实有仁善好意之情形除外），摆架子装权势，装模作样，妄自尊大，想要在称呼上凌驾压倒他人，侵犯他人人格尊严权利，甚乃颐指气使，不可一世（尤其是官场），此皆是等级制、专制人格等之遗毒也。而今古人骂人，亦往往而有从姓名（字号）上着眼者。西人亦有“call names”之说法，或稍有类似。

“士未可以言而言，是以言餂之也；可以言而不言，是以不言餂之也，是皆穿踰之类也。”孟子自处之严如此！而谄媚之言、之佞人，皆是穿逾之类也，此与师之鼓励学生向上、就正道之言不同，盖师言为因材施教、激励向上；佞人之言则使人自满而有得色，而又试图以此渔利也……

推、达、及云云，乃是一事，推亲亲之仁爱之心而及于普仁（仁

---

① 又解后句云：“能推所不忍，以达于所忍，则能满其无欲害人之心，而无不仁矣；能推其所不为，以达于所为，则能满其无穿踰之心，而无不义矣。”朱熹，《孟子章句集注》，p348。

② 朱熹，《孟子章句集注》，p331。

仁)之仁民之心也。故仁与义之关系正如吾前文所论之亲亲与仁民两种情感的不同性质("亲亲而仁民,仁民而爱物"[1]),亲亲是天性与内在情感,仁(义)民是推及同情,是道德规范,今每认作外义(但其实"仁民"之心也是由内在的仁善之性之端所推动,是由内在所具有的仁善之性而发展出来的内义,这点需特别明确,此亦是孟子性善论之根本义)……可参见前文论"亲亲长长"[2]、"亲亲与仁民"[3]、"亲疏远近之别爱"[4]之评论。

中国文化缺乏绝对概念,是导致中国人缺少决绝性、单纯性和"清晰线条"的根源所在。

仁、义等皆当真正概念化,有其绝对主义或原则主义之义界,然后中国才可能有真正之伦理学和真正之道德文化。道德规范必须明确,义界、权界清晰,而后乃可发挥作用。

亦可结合此卷上文对"可欲之谓善"之分析。又可结合《尽心上》"有天民者,达可行于天下而后行之者"(人己同)[5]来分析,而推出人类普遍主义自由主义道德。此又和"无为其所不为,无欲其所不欲"一句之意思同,朱熹引李氏解曰:"有所不为不欲,人皆有是心也。至于私意一萌,而不能以礼义制之,则为所不为、欲所不欲者多矣。能反是心,则所谓扩充其羞恶之心者,而义不可胜用矣,故曰如此而已矣。"[6]《尽心上》中言:"亲亲,仁也;敬长,义也;无他,达之天下也。"所谓"达之天下",亦是谓为普遍主义规范。然

---

① 《孟子-尽心上》。

② 《孟子平议-尽心上》。

③ 《孟子平议-尽心上》。

④ 《孟子平议-滕文公上》。

⑤ "民者,无位之称。以其全尽天理,乃天之民,故谓之天民。必其道可行于天下,然后行之;不然,则宁没世不见知而不悔,不肯小用其道以殉于人也。张子曰:'必功覆斯民然后出,如伊吕之徒。'"朱熹,《孟子章句集注》,p332。

⑥ 朱熹,《孟子章句集注》,p331。另外,上文已述:赵歧解此句为"每以身况之如此,则人道足也。"则亦是"推同人己"之意,以之为人道者,则为普遍主义,人皆如此,同于自由主义之伦理观,进一步必可推出人权观念。

孟子(此处)未言及等级制、权力之人身依附或人身控制等。赵歧、焦循解“万物皆备于我矣。反身而诚,乐莫大焉”时,皆持普遍主义之心性修养和道德规范之观念,赵歧曰:“物,事也。我,身也。普谓人为成人已往,皆备知天下万物,常有所行矣。诚者实也。反自思其身所施行,能皆实而无虚,则乐莫大焉。”焦循曰:“成人以往,男子年二十已上也。是时知识已开,故备知天下万事。我本自称之名,此我既指人之身,即指天下人人之身,故云普谓人。人有一身即人有一我。未冠或童昏不知,既冠则万事皆知矣。既知则有所行,故云常有所行矣。”[①]焦循又解“强恕而行,求仁莫近”曰:“此章申明知性之义也。知其性而乃尽其心。然则何以知其性?以我推之也。我亦人也,我能觉于善,则人之性亦能觉于善,人之反身而诚也,即强恕而行也。”[②]以上皆从“人”(常人、普通人、万民等)本身立论,可谓是孟子思想中有关成人、立人或树立普遍主义道德规范之思考论述(并不仅仅是对王君卿大夫士言说,亦立基于人本身而对所有人言说,故若假以增删修订,《孟子》此书便可具有成为普遍道德修养或教育的教本的质素或资格)。由此亦可见,“推”、“达”二字,乃是为儒家思想文化寻绎、重理或重塑普遍主义道德规范之枢机。

此为孟子知人、知人心、知人性之言,而又因于一般人、普通人、平常人之材质、日常生活行事而施教,亦可谓是平实道来,并无悬的过高之苛求。由此数言可知,孟子虽曰性善,虽曰人皆有四端,而对人之有所忍心作为之处,亦了然。天生纯然圣贤者毕竟极少,平常人即或未必善恶参半,而因根性不深、意志力不强、外缘诱迫等因素,其仁善之性往往而可能一时或离或隐,为外缘所趁。孟子则立于此处为之说法。常人往往于此处此人此群此事而仁善不忍,而复于彼处彼人彼群彼事而忍心残恶(冷漠、残酷、作恶),比如许多人之以亲疏

---

① 焦循,《〈孟子〉正义》,pp882—883。

② 焦循,《〈孟子〉正义》,p883。

远近熟陌或所谓上下尊卑之心思或原则而区别对待人事而或产生之冷酷作恶，此等常人因深存亲疏远近之意，故不以为非，反自认良善仁德，虽则实乃每多刻忍不仁之行处。故从逻辑上言之，儒家之"推"，(在某一界限内，而)必当推为墨家之普遍主义之"兼爱"(若推至某一程度，则即为今日所谓之普遍人权或平等人权，以及普遍之基本个体尊重或社会尊重也；而儒家之别爱，乃局限于私人情意领域，不涉及社会层面或社会人际层面之权力与权利)，方可。将不忍、不为(意即不为不义之行)之仁善之心行，扩而充之，推而达之于他人他群他事他处，扩充推达而至于"仁善尚不充实或遗漏、欠缺、未及于"之其他对象(人事)，则仁善日渐扩充，忍恶日渐减少，修行修行，至于真正之仁善之人(其实，有时亦不是仁善，而为必须之基本底线，底线则为不侵犯对方人权而已，有此底线，一切好办，无此底线，侈谈什么仁善)。此处所谓"忍"者，即害人(之心)也，"为"者，即"穿窬"邪慝(之心)也。一面有所不忍、有所不为而有其仁善为人之处，一面又有所忍心害人、穿窬为恶之处而为坏人恶人，其原因便在于不知推达，不知仁善道义而有其自身之普遍性义蕴而后内可真正成立。古代中国文化稍缺此种哲学观念或思维方式，即缺乏普遍概念或绝对概念，而每为对象主义或相对(待)主义或经验主义或人事人格主义之不完全概念，故其对仁善、正义等之理解，便往往不能符合逻辑自洽、同一律、矛盾律，而古人竟不能自觉，不以为非，反以为理所当然。无此同一律、矛盾律(及相应之对于道德律的普遍性)之自觉，则中国人之道德观念便终究不能有根本进化，此为根本问题。

上文"不忍"之一节，亦可推出西方自由主义道德原则。此人之所忍心而为者，必有其被忍心为害之彼人对象，而承受此人之忍害①；此人是人，是同胞，彼人亦是人，是同胞，此人、彼人皆是人，

---

① 或曰：此人之所忍心而为者，必为某人(彼人)之不忍心而不为者。义稍不切，不取。

皆是同胞也，何故互为忍心作为之事而互害邪！（此处此害彼，彼处彼害此，则实乃互害不暇，各各戕贼[1]）。人皆互为彼此，则此人实是彼人，彼人实是此人，倘彼此分别对待而忍心作为加害，则实乃是人人相害，人人自害，而成一相害自害之家族、民族、社会、国家、世界，何来仁善道义！害人、穿窬亦如是（然免斥穿窬之前提，在于确立保障所有人基本人权及发展权利等之正道良制，不然，专制制度恰恰鼓励穿窬之行，因为，在专制制度下，统治者往往先剥夺一般民众基本生存资料，比如古代中国历史上有的时代朝廷官府的横征暴敛，则导致一般民众如果不穿窬便几乎不能存活[2]）——同于对“忍心、为恶”之分析。穿窬，即对“公”不义（各种公权力寻租、公权力腐败等）、不公，对他人不义不公也（某人破坏违反本应人人遵守、一视同仁的公共规则，事实上即是对他人权利的侵害和不公），人各穿窬（腐败、贿赂、拉关系走后门、人情交易、公权力寻租等），则乃各为、互为不公不义之事，则何来公义，何来公共政府，何来国家，何来人类文明或现代文明，何来先进文化，何来道德，何来仁人，何来爱国爱民爱人之心，何来冤屈（因为所谓受冤屈之人亦在这种有问题的文化制度中不同程度地害人，在其力所能及的范围内害人）?！以上分析实触及中国人情关系社会中极常见极严重之根本问题，是根源也。

“士未可与言而言”，如孟子与王欢，如王良与嬖奚（《滕文公下》），皆是“不可与言者”。

赵歧之解，“人之为士者，见尊贵者未可与言而强与之言，欲以

---

① 推究而言之，则（陌）生人互害，熟人互利（互庇），因人各有互为生人处，若按上文所分析指出之逻辑来推论，则人皆有互害处也。或因人各有熟陌之不同程度，又因为此种文化模式往往根据熟陌之不同程度而不同对待，则仍有互害互利之事；大而言之，则因永远有熟陌关系或亲疏不同之关系而永远有互害之表现。则此种文化模式便根本有问题，不合于人间正义、正道或人道主义。

② 此即《梁惠王上》中所言之“若民，则无恒产，因无恒心。苟无恒心，放辟，邪侈，无不为已。及陷于罪，然后从而刑之，是罔民也。”

言取之也，是失言也。见可与言者而不与之言，不知贤人可与之言，而反欲以不言取之，是失人也。是皆趋利入邪无知之人，故曰穿逾之类也。”[①]此又为征实之言，然亦可作哲学或思想之解读发挥，“可以言”则匡谏友人也，“未可与言”则谀颂不实之言也，等等。不必仅为赵注之一义。

孟子曰：“言近而指远者，善言也；守约而施博者，善道也。君子之言也，不下带而道存焉。君子之守，修其身而天下平。人病舍其田而芸人之田，所求于人者重，而所以自任者轻。”

“言近而指远者，善言也；守约而施博者，善道也。君子之言也，不下带而道存焉。”此亦孟子之“夫子自道”也，正好可以此解读孟子之言语著述（之法门）。守约之法，即修身亲友齐家睦邻；施博，即治事治国平天下也。自不修身养性、敬礼行义、仁爱亲友，而反先责之乎人，则类如“舍其田而荒人之田”，乃“所求于人者重，而所以自任者轻”。

讲《孟子》一书时，抽象之言可通过讲述切近之人事以使生徒通晓其义也。命、性也乎，皆可以吾之切身行事，而譬喻晓谕之。

赵歧解“不下带”为“在胸臆”，颇切当[②]。此处皆就此心言之，

---

① 焦循，《〈孟子〉正义》，pp1008—1009。

② 赵歧注：“言近指远，近言正心，远可以事天也；守约施博，约守仁义，大可以施德于天下也：二者可谓善言善道也。正心守仁，皆在胸臆，吐口而言之，四体不与焉。故曰不下带而道存焉。”焦循，《〈孟子〉正义》，p1010。“章指言：言道之善，以心为原，当求诸己。而责于人，君子尤之，况以妄芸。言失务也。”pp1011—1012。伪孙奭疏：“孟子曰：言近而指远者”至“所以自任者轻”，孟子言辞之近而指意已远者，乃为善言者也；所守简约，而所施博大者，乃为善道。“君子之言也，不下带而道存焉”，是所谓言近而指远也，是孟子自解其旨也。以其君子于其言也，皆在胸臆，以其不远于心而道存焉。盖带者所以服之，近于人身也，故取而喻之，曰不下带而道存，抑又见君子之言非特腾口说而已。“君子之守，修其身而天下平”，是所谓守约而施博也，是孟子又自解其旨也。以其君子之所守，特在修身，而天下由是平矣，是所谓正己而物正者也。且人病在舍其己之田，而耕芸他人之田也，是所求于人者为重，而所以自任其在己者太轻耳。芸，治也。田所以喻人之身也，言人病在舍其己身，而治他人之身也，故为是云。”《〈孟子〉注疏》。

“言近”,则发之于心也;“守约”,则守之于心也;“言不下带”,则“言出于方寸胸臆”也;“田”,则心田也。皆曰自求其心也。此是其中一种解释。

朱熹解“不下带”为“古人视不下于带,则带之上,乃目前常见至近之处也。举目前之近事,而至理存焉,所以为言近而指远也。”[①]亦可。故此段又可解释为:“言近”乃就平常日用之近处与具体人事而譬喻晓谕论说,使人易于理会了解,而其中又有深远之旨意,可以举一反三,推而广远,推此及彼,乃至及于万事万物,化用无穷。“守约”,则守其基本原则义矩,类如数学公式,推论发挥之而可博施于相应之万千类似情状。此种解释则有利于提倡培养基本思维逻辑方法等。

言语切近而辞旨深远,意蕴深广,似言一事而推而适用多方,则为善言。所守持者,简约界明,如原则,如法条,具有普适性,可施之于类似之万端,事治人安,事半功倍;且又能适用于一切人,我守之而得益,他人采之亦复如是,而可博施于众,非独乐独利之术,乃众乐众利之方之道也,则为善道。“修其身而天下平”,亦是守约博施之意。

孟子之文之言,每皆言近旨远,赵注往往得其“言近”者(此解“言近”为“平易朴实,征实有本,于平常日用中见之”,而不取赵注之“近言正心”之意),读者当品其“旨远”者。“旨远”者中又有“守约”之妙,守约,守于一心,守于道,守于正义也,以此博施应机万事,绰然裕如,不失其正。吾此解“言近”为言近于平常人伦日用而已,而赵歧解言近为正心,“言近于心”之意也。

> 孟子曰:“尧、舜,性者也。汤、武,反之也。动容周旋中礼者,盛德之至也。哭死而哀,非为生者也。经德不回,非以干禄也。言语必信,非以正行也。君子行法,以俟命而

① 朱熹,《孟子章句集注》,p349。

已矣。”

此节又言“性”、“命”，可参照他处类似文字分析之[①]。此处云“动容周旋中礼，哭死而哀，经德不回，言语必信”等，言此等本身即为目的，非为外在目的也[②]，故行之无待无悔无怨，尽其性也，尽其心也，非此则不乐不安也。行之，我性我本分；得否，不论，我命也，故行法俟命而无悔吝。当时安心，当时欢喜，岂待外报、将来之报邪?!

董仲舒有“正其义不谋其利，明其道不计其功”之言。正其义，明其道，本身便是至乐自得，何来他求。

“动容周旋中礼者，盛德之至也；哭死而哀，非为生者也；经德不回，非以干禄也；言语必信，非以正行也。”此皆贬耻感文化而进(褒)生命文化。

“吕氏曰：‘……尧舜不失其性，汤武善反其性，及其成功则一也。’”[③]

《尽心上》亦有是言：“尧、舜，性之也；汤武，身之也；五霸，假之也。久假而不归，恶知其非有也。”

此亦可谓是正向刚毅之命定说(命定论)，然为“正命”之命定说(命定论)，看似消极，实则刚健清新，为另一种精进进取之命定说(命定论)。此中国文化、中国得道士人之伟大处，亦可近于一种宗教精神，守道、卫道，而成就“道与人内化为一”之生命意识。

---

① “口之于味也，目之于色也，耳之于声也，鼻之于臭也，四肢之于安佚也，性也，有命焉，君子不谓性也。仁之于父子也，义之于君臣也，礼之于宾主也，智之于贤者也，圣人之于天道也，命也，有性焉，君子不谓命也。”(《孟子-尽心章句下》)；“尽其心者，知其性也。知其性，则知天矣。存其心，养其性，所以事天也。殀寿不贰，修身以俟之，所以立命也。”“莫非命也，顺受其正。是故知命者，不立乎岩墙之下。尽其道而死者，正命也。桎梏死者，非正命也。”“求则得之，舍则失之，是求有益于得也，求在我者也。求之有道，得之有命，是求无益于得也，求在外者也。”(《孟子-尽心章句上》)。

② 朱熹解为“三者亦皆自然而然，非有意而为之也，皆圣人之事，性之之德也。”朱熹，《孟子章句集注》，p349。

③ 朱熹，《孟子章句集注》，p349。

“君子行法，以俟命而已矣。”此中国文化之极高明刚健从容沉稳处，就其高者言之，乃得道之言；就其低处看之，亦可是修心养性（修养）、安身立命之法门。

德乃自性自在自反自乐，非以利行之，亦不以利害说诱以进德；以利行德，非德也。任道自由自得自乐，经德自由自得自乐，行之不失德、不失义而自然博施于众也。质言之，无所为（利）而为也，不同于为干禄、正行（之虚名）之“有所为而为”也。君子于后者，则归之于（天）命，不予挂怀。

“孟子曰：‘尧舜，性者也；汤武，反之也。’”性者，则率性、顺性、体性；反之，则蹈德、践德、反身、修身。

命寿命禄，皆是天命之，在命在天不在我，不以挂怀；仁义德行，则是我命之，经德在我不在天。正（德）命在我，祸福在天。

> 孟子曰：“说大人则藐之，勿视其巍巍然。堂高数仞，榱题数尺，我得志弗为也。食前方丈，侍妾数百人，我得志弗为也。般乐饮酒，驱骋田猎，后车千乘，我得志弗为也。在彼者皆我所不为也，在我者皆古之制也，吾何畏彼哉？”

孔子尚有“丧家狗”之自嘲[①]，不得其位，常惶惶然。孟子则尤为英挺傲岸（气概），乃至竟有庄子逍遥洒脱之风流超然。孔子尚曰“有道则仕，无道则隐”而稍有沉重感（忍辱负重，不得已而为之），孟子则曰“得志弗为”，何等潇洒自由狂放超然轻松（个性）！其浩然轻松、自由不羁、粪土王侯、傲岸逞志之气概跃然纸上，吾与孟子也！而“在彼者皆我所不为也，在我者皆古之制也，吾何畏彼哉？”云云，更是英挺风发、卓绝凡俗、豪气超迈也（正道在我，吾何畏哉）。千古之下，犹见豪气挺立也。又有蔑视宵小群丑、自得其

---

① “孔子适郑，与弟子相失，孔子独立东郭门。郑人或谓子贡曰：‘东门有人，其颡似尧，其项类皋陶，其肩类子产，然自腰以下不及禹三寸，累累若丧家之狗。’子贡以实告孔子。孔子欣然笑曰：‘形状，末也。而谓似丧家之狗，然哉！然哉！’”参见：司马迁著，《史记-孔子世家》。

正、其志、其乐之自在安坦、毅然一意、独行己志……真大丈夫气概气象也。孟子乃青年中国与中国青年之楷模也，吾愿中国青年皆为孟子矣。

“说大人，则藐之，勿视其巍巍然。”此是私有王权专制权贵时代对于邪僻不义权贵之反动，而因此成就士人之气节之重要表现之一（傲视王侯、粪土富贵）。然于民治时代，则不必如此，而平等互敬而已。

孟子此语，及朱子之解：“藐焉而不长之，则志意舒展，言语得尽也。”皆针对各自当时之常见之人世人事现象，为此种人示以对治之法。至于孟子自身，则何至于要用此法，因其本来就平视一切权贵，乃至俯视、鄙视一切暴忍昏佞、酷刻诈欺之人，何来畏惧羡慕，故无需此种特别用力之对治之法。

“得志弗为”，一语自安，亦是修养持守之提撕法门。

此种文化志气，乃逆人欲（身欲）而上，不向人欲投降，刚烈强毅，而复得志自在，从容安乐。当然，此解为人欲，亦有扩大解说之嫌，实则此处孟子所举例皆聚敛贪剥掊克之权贵之过度之私欲，并未涉及一般正常人欲。如“食色性也”，如“沐风舞雩”，如安居等，亦皆正常之人性需求。

当然，所谓“古之制”，则未必构成正当性之来源，今当明之，而一以天道人道良知等判断之。

孟子曰：“养心莫善于寡欲。其为人也寡欲，虽有不存焉者，寡矣；其为人也多欲，虽有存焉者，寡矣。”①

“养心莫善于寡欲。”不管此欲是正常之欲，抑或过度之欲，若夫寡欲，则皆能有所树立。当然，自个人选择追求之一面言，人人固可选择“寡正常之欲”，亦可选择适度追求正常之欲的满足，前者乃自我骄励，后者则为合理追求与基本人权。

① 原文意甚明，甚好。

“养心莫善于寡欲”，此又是修养之法门。朱熹解为：“欲，如口鼻耳目四支之欲，虽人之所不能无，然多而不节，未有不失其本心者，学者所当深戒也。”[①]多欲妨志；多欲则或多侵多占，多侵占则为/有不仁不义之心行、之实事，为国、民、同胞、人类之硕鼠，且难有奉献同胞同人（人类）之意。寡欲而可进取于人道、造福同胞人类之事。此亦“有所不为而后乃可有为”之意。然此种分析亦稍持论过严，现代经济学对此另有分说，亦可参酌思索（亚当-斯密）。

赵岐解“其为人也多欲，虽有存焉者，寡矣”为：“谓贪而不亡，蒙先人德业，若晋国栾黡之类也，然亦少矣，不存者众。”[②]此例又可用于解“流风遗俗”、“施泽于民久”等句。

> 曾皙嗜羊枣，而曾子不忍食羊枣。公孙丑问曰：“脍炙与羊枣孰美？”孟子曰：“脍炙哉！”公孙丑曰：“然则曾子何为食脍炙而不食羊枣？”曰：“脍炙所同也，羊枣所独也。讳名不讳姓，姓所同也，名所独也。”[③]

此段可见古之礼俗之一斑。而古之礼俗并非形式化的仪文，实则每一“仪文”或礼俗背后，皆有礼之目的、礼义及真实之情意存焉。真情之为美。存礼俗以存其情（亦以存其义，而此处“其义”即是“其情”，即是为“其情”；“情”为人之本体存在之一，故曰“情意”、“情义”也），有其情意而见其礼俗之美，而后其礼俗方有意义。

盖公孙丑臆测曾皙亦嗜脍炙，而曾子不讳而食之，故问之[④]。

> 万章问曰：“孔子在陈，曰：‘盍归乎来！吾党之小子狂简，进取，不忘其初。’孔子在陈，何思鲁之狂士？”孟子曰：“孔子‘不得中道而与之，必也狂狷乎！狂者进取，狷者有所不为也’。孔子岂不欲中道哉？不可必得，故思其次也。”“敢问何

① 朱熹，《孟子章句集注》，p350。

② 焦循，《〈孟子〉正义》，p1018。

③ 避讳及其情意或情忆。

④ 焦循，《〈孟子〉正义》，p1018，1021。

如斯可谓狂矣?”曰:“如琴张、曾皙、牧皮者,孔子之所谓狂矣。”“何以谓之狂也?”曰:“其志嘐嘐然,曰:‘古之人,古之人。’夷考其行,而不掩焉者也。狂者又不可得,欲得不屑不絜之士而与之,是獧也,是又其次也。孔子曰:‘过我门而不入我室,我不憾焉者,其惟乡原乎[①]! 乡原,德之贼也。’”曰:“何如斯可谓之乡原矣?”曰:“何以是嘐嘐也? 言不顾行,行不顾言,则曰‘古之人,古之人。行何为踽踽凉凉? 生斯世也,为斯世也,善斯可矣’。阉然媚于世也者,是乡原也。”万子曰:“一乡皆称原人焉,无所往而不为原人,孔子以为德之贼,何哉?”曰:“非之无举也,刺之无刺也。同乎流俗,合乎污世。居之似忠信,行之似廉絜,众皆悦之,自以为是,而不可与入尧、舜之道,故曰‘德之贼’也。孔子曰:‘恶似而非者,恶莠,恐其乱苗也;恶佞,恐其乱义也;恶利口,恐其乱信也;恶郑声,恐其乱乐也;恶紫,恐其乱朱也;恶乡原,恐其乱德也。’君子反经而已矣。经正则庶民兴,庶民兴,斯无邪慝矣。”

乡愿同乎流俗,合乎污世,随波逐流,随风宛转,心中无定志,左右逢源,如鱼得水,而自鸣得意。然又自知自己非正人君子,终是自卑恐惧,故又每每打击狂狷者、有个性之人,或嘲弄有理想之人、坚持本心之人(妒贤嫉能),视之为不识时务、不懂“人情世故”、自命清高、没有“人情味”、刺头……,视之为益加彰显自己之卑污庸俗的刺眼的存在,故必欲打压之、同化之而后快、而后心安;或乃拼命拉人下水,逼人上贼船,试图引诱或迫使正直之人按照他们无耻卑污的游戏规则、潜规则、行为方式、生活方式等来生活和工作,同臻于魑魅魍魉、群魔乱舞之无耻邪僻之境,以此压抑自为宵小卑鄙之徒而为正直义人所鄙视的自卑不安心理。正人君子稍有小差池,此辈则群起而攻之,幸灾乐祸,喜形于色……乡愿之流,大抵

① “陋巷隔深辙,颇回俗人车”,或者,“陋巷隔深辙,颇回乡愿车”。

如是。

“非之无举也，刺之无刺也；同乎流俗，合乎污世；居之似忠信，行之似廉洁；众皆悦之，自以为是，而不可与入尧舜之道，故曰德之贼也。”此等乡愿，心中无定无道，如墙头草耳。乃机会主义者。

乡愿文化与所谓方便法门、纵横捭阖之术等，皆造成某些国人油滑不诚、缺少刚毅忠诚之气质也。

“孔子‘不得中道而与之，必也狂獧乎！狂者进取，獧者有所不为也’。孔子岂不欲中道哉？不可必得，故思其次也。”乱世末世中之狂狷者，亦有其正面价值，未可以一眚掩大德也。

“君子反经而已矣。经正，则庶民兴；庶民兴，斯无邪慝矣。”君子制定正经而教化万民，则庶民兴，国家正。

此有不同断句，但朱熹之断句优于焦里堂，然焦氏亦可备一说①。吾又提出一可能性，则曰有传抄缺漏，以上文之论述方式，则万子(章)当续问：“何以谓之乡愿也?”曰：“是某某也。”且万章并未问及“何如斯可谓之狷”、“何以谓之狷”，而只顺带简单谈及“狷”，似亦稍与前文语法不合。此或亦可备一说，然朱说为切，“踽踽，独行不进之貌。凉凉，薄也，不见亲厚于人也。乡原讥狂者曰：何用如此嘐嘐然，行不掩其言，而徒每事必称古人邪？又讥狷者曰：何必如此踽踽凉凉，无所亲厚哉？人既生于此世，则但当为此世之人，使当世之人皆以为善则可矣，此乡原之志也。阉，如奄人之奄，闭藏之意也。媚，求悦于人也。孟子言此深自闭藏，以求亲媚于世，是乡原之行也”②。

当时当世之乡愿众多，同乎流俗，合乎污世，皆无中道，本已违逆正经，本已反正经、反常道，故欲扭转此种形式，而再反(当时之歪)经、反(当世之邪)常，而进于、复返于正经正道。质言之，乡愿

① 焦循，《〈孟子〉正义》，p1029。

② 朱熹，《孟子章句集注》，p351。

反经(而为非常,而为歪经),狂狷者再反(其乡愿之歪)经,而复归于正经正常正道。狂狷者或志行于正道正经而积极精进行事,或心中守志而消极退守,不合作不服从,不与流俗污世同合。积极进取与消极退守,皆存心于正道正经正义也。末世、乱世、邪世,歪风邪气,歪经邪道,异端邪说,大倡于世,隐然而为(歪邪之)经、常;而正经中道不彰,正经中道君子难行,故唯狂者可进取,唯狷者能退守,反经求道,精进荡染,以廓清邪僻残慝,化育君子百姓,以俟河之清矣!

狂者若发乎至诚,其行或有不合不逮,有这样那样的缺点,犹比帮闲、帮腔、帮凶之乡愿好,而或可宽容原谅之。狷者或似沉默雌退,无所进取作为,然志行高洁,不与帮凶帮闲,亦高尚于乡愿多矣!朱熹云"有志者能进于道,有守者不失其身"[①],是矣。乡愿既不干正道中道进取,又不有所持守,有所不为,不狂不狷,心无定志,心无所主,东倒西歪墙头草,追腥逐膻媚于世,以猎伪声名利荣乐于污世流俗(朱熹解"流俗"曰:"风俗颓靡,如水之下流,众实不然也。"[②]),自号曰"世故"、"情商"、"成熟"、"成功人士"、"圆融"、"外圆内方"……实则皆不成人形也。

二十世纪九十年代,中国学人每津津乐道于法国学者福柯论正常与不正常等之学说,实则孟子论"反经",早着先鞭矣!赵氏解为"归其常经";《公羊传》解为"权者反于经,然后有善者也。"焦氏赞同公羊说,吾与焦氏。而赵氏、公羊所说亦可谓异路同归[③]。

万章问曰:"孔子在陈,曰:'盍归乎来?吾党之小子狂简进取,不忘其初。'孔子在陈,何思鲁之狂士?"……此节,朱熹之解为优,可参看。[④]

① 朱熹,《孟子章句集注》,p351。

② 朱熹,《孟子章句集注》,p351。

③ 详细论证可参阅:焦循,《〈孟子〉正义》,pp1029—1035。

④ 亦可参见:程树德著,《论语集释》,中华书局,2013年3月,pp396—398。

狂：狂傲志大而欲于正事上积极进取（然或其行不掩）；狷：狷介而不为不善之事。

狂者是志大言大而切实积极努力进取以图言行一致然，而行或有不能全然做到者；狷者则有所不为，不为不仁不义不善之事而消极自守，节义挺拔，耿介分明，而或稍不能进于柳下惠之和介；乡愿则实无志而假托大言（如今之言"假大空"、"套话"然），"实无志"则"言不顾行，行不顾言"，全然不以发言至诚、言行一致、言行合一于大道为意，言行皆不守持道义，但以言辞上之"古之人，古之人"虚自伪饰而已，不能真心实意积极进取于大道如狂者，又不能入狷者持守、不为不正不善不仁不义之事（如苟且利用潜规则、灰色文化、庸俗人情世故文化等），而与世俯仰，和光同尘，同流合污，沆瀣一气，苟且偷安于污世，阉然自媚而已。故乡愿每笑狂者、狷者之傲然嘐嘐嚣嚣与介然踽踽凉凉。

"恶利口，恐其乱信也"，恶利口，即前文之"士憎兹多口"也。

> 孟子曰："由尧、舜至于汤，五百有余岁。若禹、皋陶，则见而知之；若汤，则闻而知之。由汤至于文王，五百有余岁。若伊尹、莱朱，则见而知之；若文王，则闻而知之。由文王至于孔子，五百有余岁。若太公望、散宜生，则见而知之；若孔子，则闻而知之。由孔子而来，至于今百有余岁，去圣人之世，若此其未远也，近圣人之居，若此其甚也，然而无有乎尔？则亦无有乎尔。"

此则类于《春秋》之写法，《春秋》以"张三世"（所见，所闻，所见闻世）结尾，《孟子》以叙述道统结尾，乃有以儒家圣贤道统自命之意。读孟子者，皆当立此志矣！

气节中颇有一部分内容，乃是王权私有、私封专制时代以及乱世末世里，激发反动而起的一种特立卓然之心志行事，故其时对权贵王侯之蔑视与傲慢，便有一种正面之价值。而到了人民主权、国民政府、民治政府或人权民主法治之时代，则此种气节中之某些部分或不必有(比如傲视权贵,今则皆当有平等人权基础上之正常之国民间之互相尊重),或移而置于对不正不义之公共事务之参与关注也。而传统气节中仍有另外相当一部分内容,则无论是在专制时代还是民主法治时代,在盛世平世还是在乱世末世之中,皆有其正面积极价值意义者。质言之,其乃是具有超越时代的普遍价值者。

只讲道德,不讲公平制度之创设,便是制造顺民、奴民与刁民,虽然,有德之人无罪焉,而敬重之。

孟子年老时,思及一生一已之行事遭遇、德业学术,亦有淡淡之遗憾。之所以不言深沉之遗憾,乃因孟子为得道知命之人,故无需徒然自苦,乃淡然置之,而或有望于后生来者也。知命者,知一己之天命,既有豪壮张扬之志气,亦有谦冲开放之胸襟,故以疑词谦抑出之:然而无有乎尔?则亦无有乎尔。知命者,又知天道之定命也,天命此世出没,不得其世,亦是天命所在,坦然受之,怡然去之而已,"则亦无有乎尔",显一萧然若忘、乐观知命之旷达。然而观孟子一生行事,究竟乃豪杰之士,虽无文王犹兴,岂以此世彼世为说哉,故旷达之中仍多振作精进之气魄,自然现于辞色形动。徒未大行其志而见大治世耳,故临命终而稍有淡淡之惆怅,而仍有待后来者之意也①。

《尽心上》"尽其心者,知其性也。知其性,则知天矣。存其心,养其性,所以事天也。殀寿不贰,修身以俟之,所以立命也。""莫非命也,顺受其正。是故知命者,不立乎岩墙之下。尽其道而死者,正命也。桎梏死者,非正命也。""求则得之,舍则失之,是求有益于得也,求在我者也。求之有道,得之有命,是求无益于得也,求在外者也。""君子所性,虽大行不加焉,虽穷居不损焉,分定故也。"此皆孟子得道知命之言。

---

① 另可参见:焦循,《〈孟子〉正义》,pp1037—1039。

当时，战国风气，尽皆讲求霸术，孟子环顾天下左右，贤君贤臣皆不可得，而生出慨叹，即孟子英气挺拔，得道自安，而思及天下民人之遭遇，或亦有悲凉之感。

孔子："吾欲托之空言，不如载之行事之深切着明也。"（见、闻、行事……）

见：未见知外王之法也，因孔子为素王而已。

或曰：仲尼好用微言，此或其大义所以绝之原因之一也。

所见所闻，不独禹域历时，亦可横绝四海，闻见历时共时之殊方绝域也。今日交通便易，天下世界，皆可谓"近居"也，寻其圣哲贤德，而观察揣摩之，而知天命或有更张，未必待五百年而后兴也。守先待后，创业垂统，此其时也。

附录一:《孟子》序说

史记列传曰:"孟轲,赵氏曰:'孟子,鲁公族孟孙之后。'汉书注云:'字子车。'一说:'字子舆。'驺人也,驺亦作邹,本邾国也。受业子思之门人。子思,孔子之孙,名伋。索隐云:'王劭以人为衍字。'而赵氏注及孔丛子等书亦皆云:'孟子亲受业于子思。'未知是否？道既通,赵氏曰:'孟子通五经,尤长于诗书。'程子曰:'孟子曰:'可以仕则仕,可以止则止,可以久则久,可以速则速。''孔子圣之时者也。'故知易者莫如孟子。又曰:'王者之迹熄而诗亡,诗亡然后春秋作。'又曰:'春秋无义战。'又曰:'春秋天子之事',故知春秋者莫如孟子。'尹氏曰:'以此而言,则赵氏谓孟子长于诗书而已,岂知孟子者哉?'游事齐宣王,宣王不能用。适梁,梁惠王不果所言,则见以为迂远而阔于事情。按史记:'梁惠王之三十五年乙酉,孟子始至梁。其后二十三年,当齐愍王之十年丁未,齐人伐燕,而孟子在齐。'故古史谓'孟子先事齐宣王后乃见梁惠王、襄王、齐愍王。'独孟子以伐燕为宣王时事,与史记、荀子等书皆不合。而通鉴以伐燕之岁,为宣王十九年,则是孟子先游梁而后至齐见宣王矣。然考异亦无他据,又未知孰是也。当是之时,秦用商鞅,楚魏用吴起,齐用孙子、田忌。天下方务于合从连衡,以攻伐为贤。而孟轲乃述唐、虞、三代之德,是以所如者不合。退而与万章之徒序诗书,述仲尼之意,作孟子七篇。'赵氏曰:'凡二百六十一章，三万四千六百八十五字。'韩子曰：'孟轲之书，非轲自着。轲既没，其徒万章、公孙丑相与记轲所言焉耳。'愚按：二说不同，史记近是。

孟母故事可引申"中华四大贤母"。然亦有所不足。孟母重教化，岳母重爱国，陶母、欧母则重教化苦进。此四者，或皆重出人头地等。于一般母教或稍不得例见也。

齐宣王有问鼎天下之志，故重聚敛，多用民力民时，欲与诸侯争雄，孟子则教以和平主义、富民主义（而非富国富君主义），但未具体谈及弭兵却敌之法。此或因后者为事实，不必侈谈，而以为仁义恩民乃可得民心，乃可得民兵同心团结却敌弭兵也。而孟子此种思想与宣王志向见识器度不合，故宣王不用之。梁惠王当时亦有复仇之心事，有奢侈宠物之习（率兽以食人），报仇心切，玩物丧志，故亦听不进孟子之言（见第一卷）。

"当是之时，秦用商鞅，楚魏用吴起，齐用孙子、田忌。天下方务于合从连衡，以攻伐为贤。而孟轲乃述唐、虞、三代之德，是以所如者不合。"此是孟子眼光长远，还是迂远阔于事情？当是时，仅谈内政，不谈外交、军事或弭兵却敌之法，恐亦难行。然撇开时势环境而单就思想主张而言，亦不能以此废其论内政之思想价值。

韩子曰："尧以是传之舜，舜以是传之禹，禹以是传之汤，汤以是传之文、武、周公，文、武、周公传之孔子，孔子传之孟轲，轲之死不得其传焉。荀与扬也，择焉而不精，语焉而不详。"程子曰"韩子此语，非是蹈袭前人，又非凿空撰得出，必有所见。若无所见，不知言所传者何事。"

韩愈所归纳出之儒家道统（线索）中，孔子为第一个无其位而有其圣人之事功者。

此涉及道统。可参阅饶宗颐之《正统论》一书；另有一例：或曰蒙古之灭宋而建立元朝，即受空间意义上之大一统正统观念影响。

又曰："孟氏醇乎醇者也。荀与扬，大醇而小疵。"程子曰

"韩子论孟子甚善。非见得孟子意,亦道不到。其论荀扬则非也。荀子极偏驳,只一句性恶,大本已失。扬子虽少过,然亦不识性,更说甚道。"

又曰:"孔子之道大而能博,门弟子不能遍观而尽识也,故学焉而皆得其性之所近。其后离散,分处诸侯之国,又各以其所能授弟子,源远而末益分。惟孟轲师子思,而子思之学出于曾子。自孔子没,独孟轲氏之传得其宗。故求观圣人之道者,必自孟子始。"程子曰:"孔子言参也鲁。然颜子没后,终得圣人之道者,曾子也。观其启手足时之言,可以见矣。所传者子思、孟子,皆其学也。"

"孔子之道大而能博,门弟子不能遍观而尽识也,故学焉而皆得其性之所近。其后离散,分处诸侯之国,又各以其所能授弟子,源远而末益分。惟孟轲师子思,而子思之学出于曾子。自孔子没,独孟轲氏之传得其宗。故求观圣人之道者,必自孟子始。"孔学或有全体,然孔子未能系统总结撰述,或有之,而未能以简帛流传之,故只有口传心传,亦不能系统全面。而弟子门徒各得其一偏,或片言只语,或曲解误解而已矣。孔学果有系统条理及全面思忖论述否?吾以为未必也,此皆孔子之失职失责也。今人倘复以此种儒家典文系列而笼统糊涂依违扞格言之,或简单全盘照搬借重此种笼统依违之典文,为今日之人文化成之经书,则又今人之失职失责也。必也有思想方法、逻辑方法、论述方法而结撰系统理性无扞格之学说,方有真正之所谓孔学也(或新孔学、新儒学、新学等)。今天孔学,只有孔子神学,神化孔子之学也。

又曰:"扬子云曰:'古者杨墨塞路,孟子辞而辟之,廓如也。'夫杨墨行,正道废。孟子虽贤圣,不得位。空言无施,虽切何补。然赖其言,而今之学者尚知宗孔氏,崇仁义,贵王贱霸而已。其大经大法,皆亡灭而不救,坏烂而不收。所谓存十一于千百,安在其能廓如也?然向无孟氏,则皆服左衽而言侏离矣。故愈尝推尊孟氏,以为功不在禹下者,为此也。”

或问于程子曰:“孟子还可谓圣人否?”程子曰:“未敢便道他是圣人,然学已到至处。”愚按:至字,恐当作圣字。

程子又曰:“孟子有功于圣门,不可胜言。仲尼只说一个仁字,孟子开口便说仁义。仲尼只说一个志,孟子便说许多养气出来。只此二字,其功甚多。”

“程子又曰:‘孟子有功于圣门,不可胜言。仲尼只说一个仁字,孟子开口便说仁义。’”此处孟子所谓之“义”字当评论之,比如,究竟是何“义”? 与孔子之“仁”、之“君臣父子夫妇”等级制之“义”有无区别? 等等。

又曰:“孟子有大功于世,以其言性善也。”

又曰:“孟子性善、养气之论,皆前圣所未发。”

又曰:“学者全要识时。若不识时,不足以言学。颜子陋巷自乐,以有孔子在焉。若孟子之时,世既无人,安可不以道自任。”

程子曰:“学者全要识时。若不识时,不足以言学。颜子陋巷自乐,以有孔子在焉。若孟子之时,世既无人,安可不以道自任?”今则亦无孔子孟子其伦,则以道自任者安在哉?!

“若孟子之时,世既无人,安可不以道自任?”此句有趣,亦有一定道理。师父已堪任顶梁,则弟子辈自可养志积学而听师父之正向号召而已。若夫师父渐渐老去,或当时无其大人,则弟子当挺身而出,以道自任,而任事顶梁,为天下砥柱也。

又曰:“孟子有些英气。才有英气,便有圭角,英气甚害事。如颜子便浑厚不同,颜子去圣人只豪发闲。孟子大贤,亚圣之次也。”或曰:“英气见于甚处?”曰:“但以孔子之言比之,便可见。且如冰与水精非不光。比之玉,自是有温润含蓄气象,无许多光耀也。”

杨氏曰:“孟子一书,只是要正人心,教人存心养性,收其放心。至论仁、义、礼、智,则以恻隐、善恶、辞让、是非之心为之端。论邪说之害,则曰:'生于其心,害于其政。'论事君,则曰:'格君心之非','一正君而国定'。千变万化,只说从心上来。人能正心,则事无足为者矣。大学之修身、齐家、治国、平天下,其本只是正心、诚意而已。心得其正,然后知性之善。故孟子遇人便道性善。欧阳永叔却言'圣人之教人,性非所先',可谓误矣。人性上不可添一物,尧舜所以为万世法,亦是率性而已。所谓率性,循天理是也。外边用计用数,假饶立得功业,只是人欲之私。与圣贤作处,天地悬隔。"

"格君心之非"、"一正君而国定"两句,亦有大气魄(前句),亦有"天真迂阔处"(后句),后来之刘宗周事亦有此痛(牟子言之)。"正君"之后亦当有法度组织与生利、科学进步之法也。又:一面正君心,一面又须正民心,复以民心正君心,以君心正民心,两相匡正推动,方好。

先养正心,次论技能专业,非是只养心而不论技能专业也。科举往往便误入歧途,只重文辞经世,以文化当养心,不重实显与技能专业……

附录二："匹夫而有天下"与"继世而有天下"

——孟子政治思想中的理想主义与现实主义

《公孙丑上》第一节谈及管仲晏子之功，孟子言其不屑自比于管仲晏子，因此二子皆以霸道，助其国君成就霸业，非是王道仁政，不合孟子仁民爱人、王道仁政之政治哲学，故有相对于王道仁政之卑视，自不与焉。孟子有政治原则，坚守王道仁政。以今日眼光看去，王道仁政虽或有开明等级制之事实，然孟子又以民本民安为依归，不以功利结果判高下，尤不以国君霸业判高下，故孟子引曾西之艴然不悦于比其于管仲，以及自己之不愿比同，而明己志。

语义学与语法学上的疑点与释读假设

吾初读"管仲以其君霸，晏子以其君显"这一句时，颇产生一些歧疑和误解。因为这种误解会影响到对孟子思想乃至先秦儒家思想的根本的理解和评价，甚至可能体现了一部分人对孟子思想和儒家思想的误读，具有某种典型意义，故今亦将此阅读思考过程如实呈现出来，以见思考进展之过程，并以此厘清一些重要论题。

公孙丑之言"管仲以其君霸，晏子以其君显"，以现代汉语语法或现代逻辑去寻绎，则稍有意义模糊处。比如"管仲以其君霸"一句，主语为管仲，而"以"字，按照古代汉语训诂和语法等，一般解作

“因为”或“用以或借以”等，而无论解作“因为”还是“用以”[①]，如果以现代汉语语法或一般古代汉语语法去解释，则全句意思皆当为“管仲由于或借用于其所辅佐的齐桓公而成就霸业”，即管仲为主语，而将霸业系于管仲[②]。我最初的理解认为，这当然[③]不是公孙丑的历史叙述的本意，即公孙丑未必是认定管仲成就了霸业，其本意[④]乃解“以”为“使”、“以使”、“帮助、辅佐”，即管仲辅佐齐桓公，

① 其实，这里仍可从语言进化尤其是语法进化的角度来进行解释，或提出一个假设，即在孟子所处的战国时期，至少仍存在着（“至少”一词的表述是相对于更加肯定周遍的普遍判断表述而言的，强调只是个例事实的判断，不是普遍判断，比如普遍断言说“战国时期，主动用法和使动用法尚未分化和区分开来”）字词的主动用法和使动用法整合一处而未分化的情形，对于这种语言状况或语言情形，以今天的观念来评价古代，则是不精确，而如果以古代的观念为本位进行评估和对照，即对古今两种语言学情状进行比较评价，则是古代的语言能够包蕴或蕴含更多的意涵，意义更为丰富。未必能简单地评断高下，高下总是根据某种武断的标准或目的才显得似乎如此。

② 赵岐每以详细解说之法来作注，而注之曰“管仲辅桓公以霸道，晏子相景公以显名，二子如此，尚不可为邪?”则解“以”为“辅以”，或解其语法为“管仲辅其君以霸道，晏子相其君以显名”，则以今之语法学分析之，或论其为省略（主词），或论其为语法不精确或语言不成熟（其实，前一句解为“以霸道”，后一句解为“以显名”，语法亦不相对应，如解为“管仲辅桓公以成霸，晏子相景公以显名”，倒是更显得对应工整），而仍可归入下文对语法、逻辑等的论述思路中（其实，赵岐的注解，从其字面意义上看，乃是将霸与显系于管、晏名下。换言之，也许赵岐也没有误读，而只是我个人或其他现代读者误读了——如果存在这样的现代读者——即认为贤者只能辅佐而不能自王的读者——的话）。其实，古典要后人来详细注疏解读，这一事实本身就彰显了一个论题，即古人思维方式、表达方式以及古代汉语等，与后人、今人及现代语言颇不相类，或稍有欠缺，不能直接从字面上转换为现代逻辑自洽的思维过程，故须详细解读之，而所谓详细解读，就是将其按照现代更为成熟的语法、逻辑和思维法则，转化为更为严密、精确的思想表达，亦即相对更为科学的真理表达。当然，从另外一个角度来看，则古典作品中所或多或少存在的这样的含义含混或包蕴深广的情形，恰使得后人能够从不同角度对其进行不同思路的思想解读、发挥和精确化。从而推动思想文化的进步，即朝向更为理性化、精确化、科学化的进步路径进展。后人思想即或从研究前人思想而来，却已经是新的思想了。当然，也有可能，说其是“进步”，只是在预设了某种“范式”或标准（或偏见）后随之而来的判断（或偏见），而事实上，还可能有其他的文化范式或文明范式。这需要更大的文化想象力或文明想象力。好古敏求同样是一种渠道，而可能遵循完全不同的路径。

③ 后来意识到这其实不过是我个人的“想当然”而已。

④ 又是我的“想当然”。

用以使得齐桓公成为霸主，即将霸业系于齐桓公①。"晏子以其君显"一句亦然，即晏子辅佐齐景公，用以使得齐景公显名或显扬于诸侯。故解"以"为"使"、"以使"、"使得"乃至"辅佐"等较为

① 我在这里用了"当然"而不是"似乎"一词，其实既是在尊重一般历史叙述乃至所谓历史"事实"的基础上的表述（一般的历史叙述或历史解读是：称霸、显名的人首先是齐桓公和齐景公，他们是主角，而管仲与晏子乃"与有荣焉"），亦可以说是在自己对于儒家或孟子政治文化思想的先入为主的成见或误读，或受一般历史或思想史叙述框架的先入为主的成见和误读等的影响下而这样表述的。实则换一种角度，从历史叙述或语言的观念表达上，正如下文所论述的，也可以看作是管仲和晏子的霸业和显名；而在对于先秦儒家或孟子的思想解读上，同样可以寻绎出他们对于圣贤或贤能成就王业或霸业的认可，并不执着于后来的现实主义的世袭制，尤其是不执着于君主专制或暴君专制。也许，当时孟子是故意使用这样一种语法来进行表述——因为很显然，那时的古代汉语并不是没有更精确地表达"管仲辅佐齐桓公，用以使得齐桓公成为霸主"的意思的语法或语言表达方式或叙述方式——，本来就将霸业系于齐桓公和管仲二人而不是齐桓公一人身上，换言之，霸业既是齐桓公的霸业，也是管仲的霸业，如果不好说"尤其是管仲的霸业"的话（即对这一句的解读存在三种可能：将霸、显系于当时君主身上，将霸、显共同系于当时君主和贤能臣子身上，将霸、显系于贤能士人身上）。孟子故意选择这样一种表达方式，今人以先入为主的偏见来分析，便觉得似乎意义含糊，殊不知可能孟子的本意就是如此。甚至，如果我们再走得远一点，进行更为大胆的想象，则这里也可以视为孟子的语言策略，通过稍显含糊的语言表达方式，既不过度刺激当时诸侯国君的敏感神经，又明白而含蓄地告诉天下所有的有志士人和读书人，尤其是战国时期的落魄贵族、底层士人、游士等，应当以天下为己任，"一怒而安天下"，而反对一切暴君暴政、恶君恶政。这个论述当然走得有点远了，却并非没有意义。孟子有特别明显的意图，要为士人出头、张目，提高底层士人的地位，而同于乃至高于君卿大夫（士人作为宾、师、儒等）。其实战国孟子等人就是以尊贤任能、士志于道而自成一特别阶层（新阶级或新阶层）而反对君卿大夫等的世袭制。然而却以一种相当聪明隐蔽的方式为之，即在表面上倡言君臣父子本分的基础上，另起炉灶，以贤士为名，在既有的等级结构中加进一个楔子，而弯道超车，直接凌驾于既有等级制结构之上。这样一分析，则将"管仲以其君霸，晏子以其君显"一句中的"霸"、"显"的主语或主词又可进一步分成四种情形：主词为管、晏；主词为齐桓公、齐景公；主词为管晏桓景并列；主词为管晏桓景分列（分列意为君君臣臣之等级制原则）。而各可发掘其背后蕴含的政治哲学或观念表达意图。如主词为管、晏，则为彻底或理想主义之儒家政治理想，即圣贤政治，而不必借助于世袭制君主；如主词为齐桓公、齐景公，则为世袭君主制，或现实主义之儒家政治观念，圣贤或贤能辅佐世袭制君主；如主词为管晏桓景并列，则或为倡导"圣贤共王"，或为写作策略；如主词为管晏桓景分列，则为现实主义之儒家政治观念，圣贤或贤能辅佐世袭制君主。第三、第四种解读大体类似。非谓吾乃小题大做、无事生非也。

合理，并特别强调和补充出霸与显的主词为齐桓公、齐景公二人。但公孙丑此语中，其历史叙述或许如上述而认为霸业当属之于齐桓公，而其整句表达之本意实亦含有乃至主要是嘉许、羡慕管晏自身功业成就之意（语句中所蕴含的历史叙述或历史事实认定，与整个语句的主要表达意图，两者不是同一回事），即管仲、晏子皆取得了辅佐或使得其君成就霸业或显名诸侯的成就——前一"成就（霸业）"系于"其君"，而后一"成就"乃系于整句的主语管仲、晏子。我最初的理解是：其实，就上下文来看，公孙丑此语之主要表达意旨在此，却采取了这种表达语式或语法，如果按照一般古汉语语法、现代语法或现代逻辑来解释文句或推敲其字面意思（将"以"解释为"用"或"因"），则言不达意（若想言意一致，则当为：管仲佐其君而成霸业），或会造成歧义或理解的误会，即将此句解读为：管仲利用其君而成就自己（管仲）之霸业（尤其是历史叙述和历史认定方面，而将霸业和显名"错误"地系于管、晏身上）；如果以上下文或公孙丑的另一种可能的语句表达意图来解释（正如上文所述，公孙丑的语意表达本来就有歧异的可能或空间，即既可以理解为"管仲辅佐齐桓公成就霸业"等，又可理解为公孙丑认为成就霸业和显名诸侯的主语都是管、晏或桓、景、管、晏。此处从主语是"管、晏"立论），则此语此句有语病，或是病句①。

然而古今读书人于此似皆轻轻放过，而含糊其辞，得意忘言即止，并不去追求语言或意思表达的精确化。相当程度上，古代

① 当然，我在进一步阅读思考之后，乃意识到我的这种解读是有问题的，"以"解作"使""使得"便毫无问题。另外，亦未曾想到下一句"管仲、晏子犹不足为与"可解释为"管仲、晏子所成就之事业犹不足为与"，或"像管仲、晏子这样来成就事业，难道还不足以作为吗"，即以人名而代称其所作之事业或一个叙述句子而为此句主语。我在这几个段落中简直是无事生非，在细枝末节上横生枝节，跟古人和古代汉语过不去，因小失大，亦为不智。（盯着一个疑似的语法小问题或小错误，而浪费这么多时间。）

汉语乃是一种意象化语言或文学语言,在严格的思想表达和真理分析方面,稍多欠缺处。而古人于此似皆处于某种无意识状态。质言之,古今读书人每皆一味注疏或疏解古经,乃至在许多类似情况下为某一古语或经文之语义语意而人言人殊、歧义纷呈、争吵不休、迄无定谳,却并不去关注语法、逻辑本身,或关注叙述和表达思想的工具本身(的精确性和严整性),也就是用以表达、交流和辩论的语言载体、论证逻辑规范或方法论等。一句话,都在讨论思想,却并未关注语言(语法、论证、逻辑、方法论等。而名学亦粗浅)。这样的工作只是到了近代才有所自觉和开展,当然同样也是受西方学术和思想文化的影响,如马建忠之《马氏文通》。此后,此种研究则洋洋大观,且现代汉语或现代汉语学亦在此过程中,借助西方现代语言学的知识和理论,吸收本来就存在的庶民口语和古代汉语等,并通过现代作家的白话文创作实践,和语言学家的理论建构等,而渐次确立。现代以来,诸如语法学、语言学、语言哲学、逻辑学(并不在同一逻辑层面,姑且枚举而已)等领域,虽然有许多专业研究,取得了极大的成绩,但跟我所期待的相比起来,我仍觉此中太多不足,比如,在现代汉语的语法、逻辑等的精确性或理论构建上,在语言学研究和汉语语言哲学研究方面,以及汉语语言的改良进化等方面,都仍然存在着语言进化的巨大空间,故而一时仍颇多不满意,或没看到期待中的更好的更具精深博大学术眼光的著作与实际的语言进展——甚至包括文学语言。

换言之,缺乏这样的较为严格规范的语言(语法)、名学(逻辑)、论证规范的方法论地基。语言哲学、方法论、逻辑学等,都是思想论证的重要工具,至今不甚重视之,或没有取得本应有的更快更多的进展,尤其是在汉语言、汉语哲学语言等方面的具体建构和表现——可喜的是,许多大学都开设有逻辑学课程。当下语言哲学都是在谈西方的语言哲学,很少有能结合古代汉语或现代汉语来谈汉语的语言哲学的（日本学者中村元曾对此有所研究考论[①]），并用以改造改良现代汉语，用以进化到更利于有效表达思想、情意和求索真理的一种语言（现状是：更多的是语言现象的描述或实证分析研究，缺少主动的建构与创造）——当然，汉语在表达情意、意象或含蓄表达、礼仪表达等方面，仍然是非常发达的，即使今天或有所失落，但至少是内在于古代汉语和现代汉语内部的，只要有心者或稍有知识积累、想象力、心志的学者，皆可成其事。而重新觉察、烛照乃至重塑即改良古代汉语与现代汉语这样的重任，就需要承担其事者有更开阔的学术视野、文化视野乃至文明的（整合）想象力[②]。

故倘直接使用原典，乃至（十三经）注疏类原典，因其皆在古代汉语范围内，带有古代汉语共通的特点与缺点（当然亦有其特别优长，但这里的论述主旨并不在此，故不赘言）——虽则不同时期或不同文体的语言稍有不同——故今日之中国人或中国学子如果阅读或使用此种语言进行思考或思想表达，则仍将难以跳出由此语言（古代汉语语法或语言特点）所必然导致的思维、思考、思想上的若干问题（但却不可因此便说不读古书，或不去学习中国古代思想文化等，因为中国传统文化里面的优秀成分同样在相当程度上蕴含在这些典籍和语言文本里，并且无论从哪个方面来论，中国人都不应该失却这些优秀传统）。故倘若提倡读经，则便须对包括“十三经注疏”等在内的原典（亦即所选定的思想原典），重新以改造后的更合现代逻辑、语法等的现代文言文或现代白话文来进行重述[③]，以使其思想、文化更为精确化、明晰化，或更优化，更利于后

① ［日］中村元著，《中国人之思维方法》，参见：徐复观著，《徐复观全集：中国人之思维方法；诗的原理》，九州岛出版社，2014 年 4 月。

② 西方哲学由古典哲学而转变为现代分析哲学、语言哲学和心智哲学等，取得了很大的成绩，但中国在这些方面的进展如何呢？尤其是结合汉语本身来进行分析的语言哲学，有着怎样的表现呢？

③ 当然，文言文和现代白话文都应更生进化，成为更优良的语言。兹事体大，容后细述。

生学子的研读、理解、评估和更生创造。由此论之,则文化、思想更生进化的前提与基础工作之一便在于古文、文言文与现代白话文或现代汉语的改造、改良与进化。此任孰能为之?! 中国哲学、中国思想、中国文化复兴的“语言学转向”,何时到来?

或曰:“以”字在先秦或古代汉语中本来就有——或就是——“施行而用以使”、“帮助、辅佐而使得”之意,即一词而兼含“施行”与“以使得”的含义,恰恰是古代汉语表达简洁和含义丰富的地方,是优点。此论亦有其可成立处,然则亦可知词义未分化或语法未精确化,不能将主动与使动区分或分化开来,虽然“显得”(不自觉使用的话)或“增加”(有意使用的话)了含义的丰富性,或语言与词汇表达的意义容量,但却可能导致歧义和误解,导致表达与沟通的障碍或问题,所以仍然是语言(逻辑语言、论述语言而非文学语言)本身的不成熟,并因此导致思想文化的不成熟。也就是说,看上去是表达方法上的不成熟,而实质上就是思想文化本身的不成熟,后者的不成熟兼言其方法论和思想学说或文化思想本身。因为古代中国思想典籍中虽多吉光片羽、真知灼见等,然亦因其语言表述和语言本身之某些特点,导致此中亦多含混歧异之处,故以现代哲学或思想表达与知识表达的标准来看,有些并非是严格的知识和思想——正如有些西方学者不承认古代中国有哲学一样。词语和词义的含混在文学表达乃至心灵表达上都有某种特别优长或价值,但在思想表达、真理表达或思想传达等方面,优点之外,亦有其缺点。语法与逻辑上的含混不清尤其如此。总体而言,以思想表达和真理表达的要求看,词语、语言和语法都是朝向分化和精确化的方向发展着的。

然而,经过深入阅读和思考之后,我发现对于“管仲以其君霸,晏子以其君显”这一句话,我最初的理解或许是错误的。我原来有个先入为主的意见,认为孟子和孔子一样,坚决地执着于君君臣臣父父子子那一套原则,尤其是因为将孟子对于王业或王位的思想观念或政治观念，等同于或混淆于秦代帝制（乃至夏代帝制，尽管夏代帝制与秦代帝制有很大的不同）以后的君权神授、君主世袭专制等观念，所以预设认定孟子不可能倡导儒士或贤能之士去亲身成就王业或霸业，或者，王业和霸业都是不可能由圣贤能士作为主角来施行的，儒士贤能只可能是去辅佐国君成就王业或霸业，其身份定位是贤臣和能臣，而不是王者、霸者本身。本乎此一先入为主之理解，所以就想当然地将“霸”字系于齐桓公，而将“显”字系于齐景公①，因此而批评《孟子》此句有语病，做了一番“发挥”，放言高论，厚诬古人。然而，孟子以及其他先秦儒者对于贤士、贤能乃至圣贤的自我定位，真的就只是“辅佐君王”的贤臣大臣——正如后世理所当然地认为儒士“治国平天下”的理想就是辅佐君王成就王道仁政一样？如果《孟子》一书中引用公孙丑此句的原意，或采取以管仲和晏子作为主语来进行叙述的这样一种特别语法形式或表述形式的原意——其实也可以说是孟子的原意，因为孟子之所以将这段对话纳入《孟子》一书中，自有其特别意图或考虑——是要强调圣贤亦可“自王”或“共王”呢？这种解读是否可能，能否自圆其说，是否可能暗合或真正揭示了孟子此处的特别行文表述的某种隐含的深意？

这里姑且先不忙着下结论，而假设按一般语法和语义来解释此句。如此一来，则“以”字可解释为“用”、“因”（或“使”）或“用、因……而使得……”，即管仲因用（使得）其君而雄霸诸侯，晏子因用（使得）其君而显扬于诸侯，整句的主语都是管仲或晏子——这样解释，也能更容易地解读下文“以齐王，由反手也”这一句，即“用齐国而王，则易如反掌”②（此处之“王”兼有“行王道仁政”与“王天

① 虽然这确也是有其理据的分析思路之一，乃至可能是更符合孟子原意的，但这并不妨碍我们今天来进行尝试挖掘另外一些同样可能符合孟子原意的可能性的解读。

② 赵岐注得之：“孟子言以齐国之大而行王道，其易若反手耳，故讥管、晏不勉其君以王业也。”

下”之意,而后者的意味还要更强些。这和本文后面对于“王”的含义的两种解释与政治哲学发挥亦可对照,参见下文)——如此,赵歧注解中加一“辅”字,虽确系历史事实,但却未必符合孟子关于“圣贤自王”的最高政治理想。

值得注意的是,如果这样解释,则这里的强调重心和论述中心,正如这里的主语一样,乃由国君而转向贤能之人。那么,我们或许可以这样来解读(虽然确亦有牵强之处):孟子以这样一种以现代人眼光看来略显坳折的语法或语言表达方式,含蓄地提出或重申了“圣贤者王”、“圣贤自王”的儒家政治理想——如果我们置换其中的几个关键词语,则其意涵就更为显豁了,比如“伊尹以其君王(四声)”以及进一步的“圣贤而王”等。事实上,《孟子》通篇的中心都是圣贤、贤德、士人、君子,君卿大夫不过是配角,是圣贤、贤德、师儒等教化乃至教训的对象,除非其是圣贤而为王如尧舜禹汤文武等,或是应由圣贤来担任的职位即选贤任能而已。这可能是一些读者所未意识到的。以往的解读乃将其重心放在君卿大夫等统治者身上,以为孟子著书目的乃是对这些人的谆谆告诫。实则并非如此,其中心乃是贤德、士人、君子而已。只是因为孟子认为只有贤德、士人、君子才能成为天子、君卿大夫,故而看似在苦口婆心地对统治者说话或劝导,实则乃是对于贤德、士人、君子在说话而已。

当然,我们也必须承认,孟子和先秦儒家尚不全是在对庶民说话,这也是儒家思想和经典的内在缺陷之一。什么时候,现代儒家(著作)会以国民为论述中心而对国民或全民讲话呢?(而不是仅仅对贤德、士人、君子说话。当然,如果有人要辩解说:士君子人格可以成为国民人格的基础。此亦未尝无好意,然仍须做许多细致的承传补充、增添创造的工作。西方则为公民教育,又以宗教之相关教育为之辅翼补充,此外还有家庭教育和社会教育。)但这种转换也是很容易进行的,比如,根据“舜何人也?予何人也?有为者亦若是”(《孟子-滕文公上》)、“人皆可以为尧舜”(尧舜为圣贤)(《孟子-告子下》)等,结合孟子的“惟圣贤可以为王”,而推论之,便可以说“人皆可以为王”,则便合于现代之“选民任王”(即选任民人之优异者为国家元首等,而暂时无论其选任方法是民选、古代选举制、古代科举制、现代考试制度、政党制等)、“人民主权”等观念。就此而言,孟子政治思想或中国先秦政治思想中,乃有极为先进开明之政治观念,当挖掘、疏理、研究乃至重新广大之。

如此一解释,则前文对于“管仲以其君霸,晏子以其君显”的解读(管仲使得其君成就霸业)便是误读。然而,上文一些由此而来的对于古汉语语法、语言哲学、逻辑学等的发挥,其论点本身仍然有价值,徒误解误用例子而已;如果换一合适例子——比如此章节中的“不得于言,勿求于心;不得于心,勿求于气”、“不受于褐宽博,亦不受于万乘之君”、“虽由此霸王不异”等句子中,“得”字字义的不确定(字义的多义性或不确定性),“言”字因为没有修饰词而导致含义的不确定(比如善言还是恶言,抑或其他对于“言”的种种描述),“受”的宾词的隐匿不明,“由此”之“此”、“异”等字,都会导致理解上的问题——则所论问题仍然成立。不赘述[①]。(又比如:关键在于“霸”、“显”可作动词用,以及主谓宾结构中的嵌套句法关系,即一级语句中的宾语成为二级嵌套句子中的主语。)

这当然是我的新解说,自有其好意或现代意义,却未必符合孟子的原意(前文注释已言之)。但从上下文来看,如此解释,亦可衔接乃至尤便于下文对于公孙丑所问“夫子加齐之卿相,得行道焉,虽由此霸王不异矣。如此,则动心否乎?”一句的解说,未必不可以说没有自圆其说之处。

---

① 赵岐每以详细解说之法来作注,而注之曰“管仲辅桓公以霸道,晏子相景公以显名,二子如此,尚不可为邪?”则解“以”为“辅以”,或解其语法为“管仲辅其君以霸道,晏子相其君以显名”,则以今之语法学分析之,或论其为省略,或论其为语法不精确或语言不成熟,而仍可归入上文对语法、逻辑等的论述思路中。

圣贤自王与辅君而王

上文从语义学和与语法学的角度,对《孟子-公孙丑上》中的一句话“管仲以其君霸,晏子以其君显”的解读,提出了一些疑问和假设。以下将对此作一更深入之分析。

为了避免理解上的迷糊和方便下文的论述,这里先将“管仲以其君霸,晏子以其君显”这句话的几种解释综合说明之:第一,“管仲辅佐用事于齐桓公而使得齐桓公成就了霸业,晏子辅佐用事于齐景公而使得齐景公显名于诸侯”,一级主语为管仲、晏子,二级主语为齐桓公、齐景公,对应于君主世袭制下的贤人政治,贤者只能辅佐,不能自王,符合对于战国以来的政治思想的一般理解;第二,“管仲用事于齐桓公而成就了霸业,晏子用事于齐景公而显名于诸侯”,主语为管仲和晏子,对应于圣贤自王的政治理想,但不符合历史事实,也不符合对于战国以来的政治思想的一般解释;第三,“管仲用事于齐桓公而和齐桓公一起成就了霸业,晏子用事于齐景公而喝齐景公一起显名于诸侯”,主语为管、晏、桓、景,对应于圣贤共王或圣贤自王。其中,第一种解释符合一般的理解,对应于“王君世袭+选贤任能”的战国政治思想解读;第二和第三种解释皆可对应“圣贤自王”的政治思想解读,尤其是第二种解释,更有利于往“圣贤自王”的思想方向解读。当然,即使是第二和第三种解释,也仍然有着浓厚的现实主义思路在内,因为其中仍然有既有的国君或权力掌握者如齐桓公、齐景公的一席之地,即并未否认当时的贤者或贤能是借助于当时的既有之国君或统治者(无论贤不贤)来成就其王霸之业的,跟尧舜禹那种更为纯粹的“圣贤自王”或“圣贤共王”、“禅让政治”固然仍然有所不同(贤者共同集义行道,而最贤德者为王,尔后禅让其他贤者),而相对更为接近夏商周“汤武革命”那样的“圣贤自王”或“圣贤共王”（贤者共同集义行道，而贤者辅佐王者，尔后世袭分封，即王位世袭，贤者分封世袭，以此而贤王贤臣共治天下）。然而，当分析到这里的时候，我们发现禅让政治（同样可能有分封）与上文所述的贤君贤臣共王的世袭分封政治，除了在王位世袭这一点上不同之外，在其他方面几乎完全一致，很难说有根本区别。所以孟子所谓“天与之”、引孔子之言曰“孔子曰：‘唐虞禅，夏后、殷、周继，其义一也’”等的分析并非全无道理。这将会引发下文我们对于中国古代政治哲学或政治思想的更为深入的思考和反思。

如上文所述，最初阅读时，之所以根本未将“霸”“显”系于主语管仲、晏子身上而对此句语法产生怀疑，根本原因在于潜意识里受战国尤其是秦制以后所形成的儒家对于儒士或士人的“辅君而王”的身份地位的某种不容置疑的期待或自我期待定位的深刻影响，始终未考虑到孔子和先秦儒家在对于先王礼乐、君君臣臣父父子子原则的强调的同时，对于儒士君子的责任和地位等亦有着更高的期待，尤其是孟子，更强调国君“尊贤”和贤人儒士的“宾师”的地位[①]，并甚至明确表达了圣贤亦可为王的思想。比如，当公孙丑问“伯夷、伊尹和孔子是否有相同的特点”的时候，孟子答曰：“有。得百里之地而君之，皆能以朝诸侯有天下。……是则同。”此则已明确将孔子或其他圣贤赋予“素王”的地位，或认可其亦拥有成为王的资格。这些圣贤之所以不能成为君王或天子，只不过是因为既有的现实王家王族“历年多，施泽于民久”、“久则难变”、“故家遗俗，流风善政，犹有存者”、“天与之”等原因而已，故孔子只是“素[②]

①　虽然孟子亦一再说伯夷“非其君不事，非其民不使；治则进，乱则退”，而伊尹“何事非君，何使非民；治亦进，乱亦进”，孔子“可以仕则仕，可以止则止，可以久则久，可以速则速”，将圣贤摆放于辅佐君王的贤臣的位置，让读者以为孟子只承认君王的世袭制和在此基础上的贤臣的辅佐国君的身份地位。

②　“由汤至于武丁，贤圣之君六七作。天下归殷久矣，久则难变也。武丁朝诸侯有天下，犹运之掌也。纣之去武丁未久也，其故家遗俗，流风善政，犹有存者；又有微子、微仲、王子比干、箕子、胶鬲皆贤人也，相与辅相之，故久而后失之也。（转下页注）

王”,其他圣人或贤人也只能是贤臣和师儒等(如益、伊尹、周公等),皆是因为同样的原因,“匹夫而有天下者,德必若舜禹,而又有天子荐之者,故仲尼不有天下。继世以有天下,天之所废,必若桀纣者也,故益、伊尹、周公不有天下”。但先秦儒家的理想,尤其是孟子基于其对儒家理想的重新厘清而来的儒家理想,则“言必称尧舜”,对于圣贤“自王天下”以及由此而来的“禅让”圣贤的制度或做法,都是极为推崇和倡导的,“匹夫而有天下”就是孟子对此一理想的精简概括(当然,孟子进一步明确了“匹夫而有天下”的两个前提条件,即“德必若舜禹,而又有天子荐之”。“德必若舜禹”即有——乃至即是——“圣贤自王”之意;“有天子荐之”,既可以理解为孟子“圣贤禅让政治”或“圣贤自王”政治理想的一部分,从而构成了独具特色的中国政治哲学、政治原则或政治思想主张,尤其是涉及权力赋予与有序权力交接等重要政治论题,有其和近现代西方民主

(接上页注)尺地莫非其有也,一民莫非其臣也,然而文王犹方百里起,是以难也。”在这里,我们又看到了孟子和儒家政治思想的现实主义的一面,也是其保守主义的一面,也可以说是其内在的致命缺陷,亦即德治的致命缺陷(可写一篇文章:孟子政治思想中的现实主义、理想主义与保守主义)——此外还有浪漫主义的一面,比如所谓的“天与之”这样的说法。质言之,问题在于,如果顺着这个逻辑,就将可以看见儒家政治哲学的一个致命的缺陷,即圣王或“作之君,作之师,保民而王”,或汤武革命,“一怒而安天下”,从而奄有天下,流风善俗,而君权世袭,但至其末世,一旦庸君、昏君、暴君得位行权,则便往往无法改良更张,只能任由其肆意妄为、为非作歹、混乱国政,而自行走到最黑暗混乱的局面,最后只能是自取灭亡,汤武革命,而治乱循环,同时付出极大的社会动荡的革命成本。质言之,当孟子和儒家采取现实主义思路而接受王位世袭制的时候,是无法避免在某一代出现一个昏君、庸君或暴君的可能性的。那么,如何制约和减少昏君、庸君或暴君的负面影响,或当其必然出现后,如何能做到不引发巨大政治动荡和社会动荡而平和地改变那种状况,从而减少不然就必然出现的汤武革命、治乱循环的后果呢?儒家对此几乎是无法进一步去思考,也提不出更好的办法(比如强调贤人政治即选贤任能、强调“相权”或专业文官队伍及其行政的独立性等,强调故家世臣的辅佐纠偏,强调“则变置”,甚至必要时的“诛暴君”的正当性路径,等等,不一而足,但从历史经验来看,似乎都并不十分奏效,或都存在这样那样的问题。不能说其思路无可取的地方,但至少,从中西历史事实和历史经验可知,其制度创制仍多不完善之处)。也许,这个缺陷在相当程度上乃是内在于君主世袭制之内的,但也许并非如此,而可以通过更完善的制度创设而避免之,比如现代以来的立宪君主制等。

选举政治并立的独特价值——当然,中国夏朝以后的历史事实似乎使得和显得这一理想化的政治哲学的失效和无用;亦可将“有天子荐之”理解为孟子的一种现实主义的政治主张:因为既有的君王掌握了权力,所以只有当既有君王推荐圣贤的时候,圣贤才有成为王者的机会,如若不然,就只能成为素王,或成为辅佐作为既得权力者的君王及其后裔的贤臣大臣了。显然,孟子的理想形态是前者(圣贤禅让政治),就此而言,则孟子的“圣贤自王”既非后来历史事实所屡次显现出来的“攻战征伐而取天下”的情形,亦非圣贤主动取代前王的做法,亦非现代民主选举政治。而是前王根据选贤任能的原则预为举荐、任用、实习、考察、立储之,在必要时,比如前王年老或薨殁,或前王认为新王已准备好且超过自己,便可由相关程序,比如孟子所述的“避之远方”来了解民意民心所归的方式等,来确定新王“登基”。当然,熟悉中国历史的中国读者,对于孟子的这样一种政治设计,也许会担心其中可能出现的种种问题,暂不细论),“匹夫而有天下”就是孟子旗帜鲜明地提出的“圣贤自王”的政治原则,这是孟子的儒家道统或儒家政治理想的真正“理想形态”,亦即并未降格或纡尊降贵(而无奈接受王位世袭的第二层级的儒家政治理想)的本来面目的理想。然而,因为上述理由,先秦儒家和孟子在一定程度上却也接受和认可了夏商周君主世袭制的事实和现实,并勉强接受了孔子及其他圣贤的“素王”的命运,但这却只是不得已的现实主义思路考虑下的结果,并不意味着这就是孟子本来的、最高的或理想型的政治原则或政治理想。儒家和孟子的最高政治理想始终是圣贤政治或贤人政治,如果“充类至义之尽”,则贤人政治便可以乃至必须要求适用彻底的选贤任能原则,变成“圣贤自王”原则,乃至因此和现代民主政治(人民主权)乃至民选政治(民主选举政治,选贤任能)建立某种关联。换言之,从其本来思路来分析或进行推导,儒家讲禅让,讲选贤任能,本来都是包含“君王的选任”在内的(在孟子或儒家的观念里,圣贤才具有“王天下”的资格,贤人才能成为士官,此即所谓的贤人政治的更完整的含义或真正含义)——而并不以君权神授、王位世袭为必然——,或者,包含着所有贤能民人(如果其是贤能之人士的话)都可能成为君王这样的观念,而不是在秦制之后以君权神授的学说将君主专制世袭制固定下来,从而使得“选贤任能”仅仅意味着选拔大臣官僚,而不包括选任天下国家的最高领导人即“君王的选任”。质言之,秦制之后,一般人对于“选贤任能”的理解,便只是将“选贤任能”这一词进行缩小化、降格化或降等化处理,将其适用范围仅仅局限于君主之下的大臣百官臣僚等层面,只为选任贤能为大臣士官,成为君主世袭制或君主专制下的降格化了的贤人政治,从而未能充分意识到、重溯、挖掘和进一步发展先秦儒家的更为彻底的理想型的“圣贤或贤人政治”、“禅让政治”等观念,以及孟子的相关论述中所潜含的“选任贤能为天子”的内在逻辑结论或观念主张等。当人们把君主世袭制当成理所当然的事实,并有意无意地忘记或无视原始儒家的“禅让圣贤”观念,和先秦儒家的“选任圣贤为天子”的观念的时候①,就会犯我在上文所提及的对于这一句子的可能的先入为主的错误理解。

换言之,作为身处战国时期的当时贤人,无论是孟子,甚至是公孙丑,在观念上,都没有将成就霸业、显名诸侯或成就王业等事业仅仅系于国君身上,而至少也是同时系于贤人与国君身上,如果不是尤重在圣贤身上的话。“圣贤以(辅佐)其君(而使之)王”或“贤者以(辅佐)其君(而使之)霸”取代“圣贤自王”,不过是由于前文所述的“历年多,施泽于民久”、“久则难变”、“故家遗俗,流风善政,犹有存者”、“天与之”等因素的影响,而不得已地接受的政治现

---

① 按照儒家的道统叙述,则夏代以前本无世袭制,而为贤德禅让制;夏代黜禅让而世袭尚且以“天与之”或“天不与之”为之解说区分,为之缘饰正当性,由是而世袭制乃在夏商周确立下来,然仍以一个所谓的“先王之制”来限制或缘饰其正当性。到秦汉而新帝制确立,又抛出诸如五德终始说来回应先秦儒家的禅让学说和汤武革命学说。

实，和降格化了的政治原则。质言之，这是不得已的现实主义的思路和选择，而并不是孟子所期待的本来面目的政治理想。

事实上，战国时期，当时之落魄下层贵族士人也多持此一观念，对于君权神授、天授、命定、世袭等，其实并不以为然，比如，纵横家也罢，孟子等儒家贤者也罢，都流露出贤能自王或贤能自霸的观念，只不过孟子落实在贤与王（王道仁政），纵横家、法家等则落实在能与霸。虽则格于现实政治形势，纵横家并未提出能者自霸的明确政治主张（这和孟子的“历年多，施泽于民久”、“故家遗俗”、“天与之”等说法，其实都有基于同样的现实主义政治思路的一面），但“选贤任能”的内在逻辑本来就包含着这样的思路，由此可反证其内心并不以君主世袭制为必然（只是慑于当时政治现实和形势而已，不敢明确反对君权神授、君主世袭，故只在君主下面的臣官层面提倡“选贤任能”，不敢直接对抗当时的最高统治者）；并且战国时三家分晋、田氏代齐（以及其他大大小小的或成功或不成功的篡位事件）等皆是“能者自君自霸”的政治现实与历史现实，与纵横家及战国时期能士不以世袭身份而以能力猎取卿相高位等，正五十步百步之间耳。其实，对此从逻辑上也非常容易理解，这些下层贵族士人，其祖先也都曾属于王家王族，是天下国家的共同拥有者之一，名义上和理论上都具有被分封或聘任成为卿大夫的资格与可能，即便不是所有的人都有资格成为天子和国君，但理论上所有人都可以成为卿大夫，只是因为随着王家王族人口繁衍、职位缺少、不足瓜分而最终流落沉沦成为底层落魄士人而已。故从其历史身份和思想观念来看，他们提出“选贤任能”的思想政治主张，也可以是理所当然、顺其自然的事情。事实上，孟子虽则在《孟子》一书开头提出义利之辨时提倡君君臣臣之分际，实则亦在书中谈及“变置”、“诛独夫”、“仁德者王”、“匹夫而有天下”、“天与之”等观念，既可以说存在某种程度上的内在矛盾（现实主义和理想主义之间的矛盾），亦可说是将尧舜禹时代的贤德政治和禅让政治观念进一步继承发展之。夏商周而君主世袭,乃是政治理想的降格(虽则孟子亦予以解释和理解,以“天与之”来解释夏启继承夏禹的天子之位,而以“故家遗风”等来解释昏君庸君仍然能保持天子之位的历史事实),故孟子言必称尧舜,欲以复古,复禅让,复贤德政治。秦制以后,此种德贤政治几成绝响,近代始受西方文化影响而复兴之,实则早已有之,古已有之①。

“王”:治道与治权:王道仁政与王天下

关于“久则难变”,现代政治学、社会学往往倾向于用如下思路来进行解读。统治者得位行权既久,则控制大部分资源(亦即孟子所言“尺地莫非其有也,一民莫非其臣也”),同时通过文教思想教化与控制(比如“一民莫非其臣”亦可作如是解),并逐渐形成稳固之治理结构或盘根错节之既得利益集团(或结构性痼疾),等等,从而导致“久则难变”的结果。孟子“故家遗俗,流风善政,犹有存者;……贤人相与辅相之”之解释,其实亦犹是也,“故家”,可谓既得利益集团,或权力/政权支持力量,“遗俗流风善政”皆思想礼文教化也,徒有正与不正之区分耳。

孟子言“行仁政而王,莫之能御也”,“王”字以下并无宾词“天下”,而后人一般理所当然地直接解作“王天下”,实则推孟子之意,或从理论上本乎逻辑自洽之原则而合理推导之,则其首先乃是“实行王道仁政”之意,而不是“王天下”之意。“行仁政而

① 当然,贤人政治的问题在于:一个人的品性品格,如贤人庸人、君子小人、德不德等,皆非固定不变,亦非一劳永逸而可终生确定不移,乃是根据内外影响因素而不断变化调整,正如华夷文野可以互相转化变迁一样。选任之前、选任初期的贤德,不能保证选任之后、任职终期都能保持贤德之品行。此外,贤德政治或贤人政治不同于能人政治。

王”，首先意味着本国实行王道仁政，乃至各国亦皆实行王道仁政；至于“王天下”，乃不强求，或不必求，或自然而至矣。不必求的原因在于，倘各国国君皆行王道仁政，则天下归于王道仁政，而天下百姓乂安，已是天下大同（已是大一统，大一统于王道仁政），则何必求一人“王天下”（大一统于一人一君/王）之虚名；此时不徒不必求，且又不能求，于此时而求一王之虚名，与侵略何以异?！所谓“不强求”，亦有从“不必求”来者，又有天机世运之因素，若周文王，但自行王道仁政而已，当时殷商尚有孟子所谓之“故家遗俗，流风善政，犹有存者；……贤人相与辅相之”之流亚，或前贤风力之余韵，故虽有昏君暴君，赖其贤德先祖余荫余绪，与若干贤臣之勉力经营等因素，仍或能维持一时，故可谓时机未到，亦曰不强求也。所谓“自然而至”者，则曰，若其他诸侯国实行暴政，而我乃行王道仁政，而自然有《孟子-梁惠王下》中所云之“民望之，若大旱之望云霓也”，而我行王道仁政，则终至于“自西自东，自南自北，无思不服”。故曰，“王”首先乃是“行仁政而王”、王道仁政之意，其后乃是“王天下”之意。王道仁政与王天下之目的首先在于所有国民之权益或人权、全民之福祉、国家之安强，不在于君王——乃至某些群体或民众之野心与荣誉，“王”或“王天下”不可流于后一思路。一味从某些可能站不住脚的理由或意义上强调“王天下”，则亦有其问题。质言之，“王天下”乃是一个政治理想或理想状态，不可从权力野心或统治野心的角度来谈论“王天下”①。

“莫之能御也”，则是“行仁政而王”，乃可保国保民，即使霸国亦无法干预（抵御）也（大行仁政，则其王天下而天下归心之势，沛

---

① 上文“以齐王，由反手也”这一句，即“用齐国而王”（此处之“王”兼有“行王道仁政”与“王天下”之意，而后者的意味还要更强些）。赵岐注得之：“孟子言以齐国之大而行王道，其易若反手耳，故讥管、晏不勉其君以王业也。”

然无可抵御)。以孟子之意,战国时期之诸侯国(及卿大夫),每见亡国(破家),原因乃为其国未有(行)王道仁政而被霸者灭亡也;设若行王道仁政,则霸国亦无可奈何(或可有畏天而以小事大之权宜策略)。

其实,孟子对当时的天下政治现实亦有深入的观察和清醒的认识,并非看不清形势,或无视当时的天下政治现实,甚至对于霸道所可能显现的某些暂时的作用,也能客观看待之,比如其言"以力假仁者霸,霸必有大国",就是对霸道的真实描绘之一,并不隐讳或回避现实或现实问题。但孟子的价值在于看到霸道的表象作用之后的更大更长远的问题和代价(征伐频仍,民转沟壑),故而始终坚持王道仁政。下文言"以力假仁者霸,霸必有大国,以德行仁者王,王不待大。……'自西自东,自南自北,无思不服'",仍以民人之意见为准。全体国民福祉高于君主个人之荣誉与国家之扩张。也就是说,孟子或许主张王道仁政的"自然"扩展,但并不主张霸权主义扩张,其出发点仍然在于全体民人(乃至全体人类个体)之安乐。质言之,孟子虽然对当时的政治现实有着清醒的了解,亦清楚地了解现实主义政治的思路和"效果",但在标准上,却始终持守基本正当性标准来进行评判,而表现出今人在国际政治理论中所谓的理想主义的思路或担当。现实主义国际关系理论不论正当性,而一味讲权力博弈、妥协、利益最大化、利益交换(现实主义)等,这当然亦有其相当合理性;但如果一味只谈权力与利益,一味只采取现实主义思路,则岂不知如此一来,其恰恰可能成为国际关系建构的保守和负面力量,乃至使得世界成为一个弱肉强食、"强权即公理"的丛林世界……故孟子不与也。(霸权扩张,虽有大国,然会因不义之征战而造成大规模社会震荡和损害,与自然而王天下的长远而缓慢的和平的扩展相比,于天下、于人民皆不利,不但一时生灵涂炭,且终将成就专制帝国之结局,愈多不良严重后果,并非所谓的"历史终结”之正途。)

只是因为“王者之不作,未有疏于此时者也;民之憔悴于虐政,未有甚于此时者也”,故孟子乃言齐国作为“万乘之国行仁政”,则可有所成就,以此劝说齐国行王道仁政耳。所谓“民之悦之,犹解倒悬也”,则可作两解。一则曰“本国之民”,二则曰孟子所谓之“民”,人也,民人也,天下之民也,并非仅仅指齐国之民,不以当时之诸侯国界为区分,甚至不以华夷为区分,天下之民皆民皆人也,而天下之民皆望风而至矣,古语所谓“怀柔远人”,亦犹是也。此亦与孟子“民本”思想真正接榫起来,或是孟子“民本”思想的真正(应有之)含义。或有思想发挥者曰,孟子所谓之“民”,或又可解为世界一切之民之人,无所今日常见之种种区分畛域(普遍人道主义)。此则又扩大其理论意义,即为“世界主义”、“大同世界”等长远理想或终极理想作一注脚。兹事体大,暂不赘述。

“王”(王道仁政)不仅不是一定要“王天下”,甚至“王不必大”(《公孙丑上》),则孟子立意之基础在于民本与王道仁政本身,在于民、人安定幸福生活,不在功利虚名,尤其不在于君主之专权自恣肆。“王”应是治道大一统,不是治权大一统;但可有基于治道大一统的自然文明扩展的治权大一统(然非专制独裁)。后世论者每以秦始皇功名论事,好大喜功,以功利判对错好坏,皆本末倒置,而孟子则一切以民本、王道仁政、所有人、民之福祉、义利之辩为念。前后诸事一贯,可谓真正圣贤、卫道士(卫正道之士)也。

“虽由此霸王不异矣”的主语

然而这里仍然存在一个问题不妨再辨明之,下文“虽由此霸王不异矣”的隐含主语或承担主体是什么?揆诸赵注,“虽用此臣位而辅君行之,亦不异于古霸王之君矣”,则主语可为夫子即孟子或贤者[①]。如此,则此句中“霸”与“王”的主词都将圣贤包罗在内。如此,则和我上文将“管仲以其君霸,晏子以其君显”一句中的将“霸”和“显”系于管、晏的解说[②]衔接起来,而前后文义贯通——虽然未必乃至确实不符合孟子的原意,关于这点,前文已述,兹不赘[③]。由此,而终于将“管仲以其君霸,晏子以其君显”一句之解说作了一个至少可以自圆其说的定案[④]。

关于“虽由此霸王不异矣”这一句隐含主语承担者的解读,总结而言,赵岐、朱熹、焦循等人,在这里都没有明确意识到这个问题(主语和主角是贤士;“虽由此”和“不动心”乃是针对“用管晏之术”而言)。但这种情形却可以结合他们所处的不同历史时代和政治背景而得到说明。孟子处于战国,去古未远,古史古事仍多有口耳相传或典籍记述而来者,或(同为王君家族成员因而仍然稍存亲情

---

① 虽然未尝不可以将上引赵注文句中后一句之主语或主词理解为“君”,乃至“此事”,并将下句“古霸王之君”理解为“古霸王之君之霸王事业”,虽显繁冗,然亦是古代汉语语法中所可能存在之意义空间,此又可见古代汉语表达因为常常隐匿或不明主语或主词,或无法将人称主语与事物主语区分表达而导致的意义不明或意义模糊等问题。这实在是读中国先秦乃至其后的古代典籍时经常要遇到的难题,因为古代汉语语言构造方面的特点或缺陷,这也是必然的事情和结果。

② 上文分析得出的彻底的选贤任能、圣贤政治或贤人政治或儒家的理想型态的政治观念等结论。

③ 参见本文对于“管仲以其君霸,晏子以其君显”的另一种解释。

④ 但宋代孙奭之疏则能落实“虽”字:“公孙丑问曰:‘夫子加齐之卿相,得行道焉,虽由此霸王,不异矣。如此,则动心否乎’者,是公孙丑问孟子,言以夫子之才,加之以齐国卿相之位,以得行其道,虽曰用此卿相之位而辅相其君而行之,亦不异于古之霸王矣。”然在此一解读中,孙奭稍似明确将孟子(圣贤)确定为“亦不异于古之霸王矣”一句之主语,而和我对于“管仲以其君霸,晏子以其君显”的另一种解释完全吻合。如果孙奭之疏亦能体现赵岐之意,则可以推导汉代赵岐同样倡导和赞成“圣贤而王”。而其“虽”字之转折亦有落实,即虽然孟子不能和文王武王一样自己成就王道,自成王者,却也能和管仲、晏子那样“用此卿相之位而辅相其君而行之”,故“亦不异于古之霸王矣”。论述至此,吾人乃知《孟子-公孙丑上》(3.1)所论本来乃是倡言“圣贤而王”之意,“伊尹以其君王(四声)”仍是间接论之,“武王一怒而王天下”则是正面直接论述。至此,“管仲以其君霸,晏子以其君显”一句之主语及思想疑问,遂豁然贯通而可无疑义矣!质言之,孟子乃有王者之志(“伊尹以其君王(四声)”,及“圣贤而王”或“圣贤自王”),故以一“虽”字明之。

乃至较远血缘关系的)君臣之间并无绝对君主专制时代那样的严酷的等级关系,且卿士大夫本来和国君是一家,故理论上来说其皆可以有独立或王天下之志气和机会,所以孟子说"保民而王"时,其所设想的主语的承担主体,至少是针对所有士人而言的——如果不是针对全体民众来说的话[①]。就前者而言,是"圣贤自王",就后者而言,是谁都可以"行王道仁政"或"王天下",推而极之,几乎就可以和现代的民选政治方便地接榫了。而赵岐、朱熹、焦循等人,皆秦制以后之人,处于各自既成绝对君主专制之下,已无孟子之英气挺拔和天下自任的骄傲,或格于各自时代政治现实,而不敢公开发此逆鳞触怒专制君主之言论,故而只能是小心翼翼地在承认君主世袭专制的基础上来理解阐释。此固或亦稍有全身避祸等的原因,并且,即使这些人有此见识或思想,而将其在相关注疏著作中明确写出,当时的皇帝也可能会逼迫其删改。试想东汉皇帝会允许赵岐这样注疏的著作流传于世吗?! 唐代皇帝乃至历代皇帝只会鼓励《孝经》或忠孝伦理,以及士人、士大夫的"辅弼匡谏"的自我身份定位,士人、士大夫的"治国平天下"便只能落实在这一身份定位上,而绝不会鼓励贤人、君子、士人自己去"王天下"。秦制以后,士人的"内圣外王"中的"外王"就降格到只能成为大臣辅佐专制君主来治国平天下了。质言之,赵歧、朱熹、焦循等人在注解(3.2)这句话时,没有将此句话和(3.1)结合起来进行分析(其实《孟子-公孙丑上》第一节全是在讲"不屑与管晏为比"之意),故而等闲放过。而赵岐等人的注解又画蛇添足(包括下文对"动心"一词的注疏),反而导致更多理解上的歧义。其实焦循注"管仲以其君霸,晏子以其君显。管仲、晏子犹不足为与?"一句,虽无法断其有意无意,确

---

① 其实,连这一点也可以说没有太大问题,因为孟子不断提出"舜何人也? 予何人也? 有为者亦若是"(《孟子-滕文公上》)、"人皆可以为尧舜"(《孟子-告子下》)等论说,显然鼓励和认为,或可以推导出"人、民皆可为尧舜",则"人、民皆可以圣贤而王"的结论,也是理所当然必然的事情了。

似尚且能将“显”系于“晏子”,“婴也随事补救,以讽谏匡君心者,朝夕不怠,危行言孙(逊),故能身处乱世,显名诸侯,而齐国赖之”[①]。

“虽由此”

“夫子加齐之卿相,得行道焉,虽由此霸王不异矣。如此,则动心否乎?”(赵岐注:“加,犹居也。丑问孟子,如使夫子得居齐卿相之位,行其道德,虽用此臣位,辅君行之,亦不异于古霸王之君矣。如是,宁动心畏难、自恐不能行否耶?丑以此为大道不易,人当畏惧之,不敢欲行也。”朱熹注:“此承上章,又设问孟子,若得位而行道,则虽由此而成霸王之业,亦不足怪。任大责重如此,亦有所恐惧疑惑而动其心乎?四十强仕,君子道明德立之时。孔子四十而不惑,亦不动心之谓。”焦循的《孟子正义》则只是对两者加以罗列而已——虽然其并未明确提及朱熹。)

此一句,颇多意义含糊不明者,无论赵注还是朱注,于此皆有含混带过处,故亦须疏理之。此节当承上节而来,有文义关联,并非完全是另起一事一文。然则公孙丑之内在思路何在?公孙丑何故从上文孟子对己(公孙丑)之所言而(公孙丑遂)言及“不动心”?此似颇难明其内在理路[②]。以下将逐字逐句从容道之。

“夫子加齐之卿相”一句无疑义,乃假设句而已。

“得行道焉”一句,义有歧疑:行王道?抑或只是就“行道”的一

---

① 焦循著,《〈孟子〉正义》,p176。

② 朱熹对此句并无细读式详细说明,只是简单带过,“此承上章,又设问孟子,若得位而行道,则虽由此而成霸王之业,亦不足怪。任大责重如此,亦有所恐惧疑惑而动其心乎?四十强仕,君子道明德立之时。孔子四十而不惑,亦不动心之谓。”然亦和我持同一种观点,即认为此节乃承接上节而来,并非另起议论文句。参见:《四书章句集注》,p213。

般意义而言，即"行其道"而无论王道霸道邪？或者，若将"虽由此"解作"即使施行采用此管、晏之术"，则"行道"乃是后一意义，而"其道"则是"管、晏之术"。赵岐解之为"行其道德"，朱熹解之为"若得位而行道"，皆含糊带过，未曾言明其道是何道，这样处理虽然便于此一句的解释，却不利于对下句下文尤其是对"不动心"的解释。而结合字面意义、本书上下文以及先秦思想史的上下文，则"得行道焉"一句，可有四种解释：行王道；行其道德（赵岐）；行管、晏之术即霸道（罗云锋）；一般意义上的"行其政术之道"或"执权柄"（朱熹，罗云锋）。总结之，可有两种解释路径，一种是一般意义上之"行道"，另一种则试图具体明确其"道"之内涵①。

"虽由此"一句，第一种解释时赵歧的解释。赵岐解之为"虽用此臣位而辅君行之"，乃是顺着前文的注解"管仲辅桓公以霸道，晏子相景公以显名，二子如此，尚不可为邪"而来，似乎亦内在一气贯通。朱熹并未觉得有特别注释的必要，直接原话一笔带过。然而，用"虽"之一字，表示转折，然其转折之义何在？却颇难索解，赵岐与朱熹之注解皆未真正触及。其实，还有其他的解释。根据上下文来分析，则此句亦可解作"按照这种思路或渠道"，或"用此管、晏之故技"、"用此管、晏之术"，则便可解释落实"虽"字。换言之，赵岐的前一种解释虽可吻合对上句"行其道焉"的"行王道"和"行其道德"的两种解释，却无法落实"虽"之一字——除非是从"贤者自为王"和"辅君而王"的对比的角度而言才或可成立，关于这点，我在上文考论"管仲以其君霸，晏子以其君显"时有更详细的分析论述，兹不赘述。后一种解释可以吻合对"行其道焉"的"行管、晏之术即霸道"以及"一般意义上的'行其政术之道'或'执权柄'"这两

---

① 当然也可以进一步简化为王道与霸道两种解释路向，但下文的分析证明此处之"行道"乃是一般意义上之"行其政术之道"之意，故而无此区分必要。赵歧与朱熹的解释虽然也未尝不可以包含"行王道"在内，但无论是赵岐的"行其道德"还是朱熹的"得位而行道"，皆未明言，仅仅含糊其辞而已。

种解释,可以落实“虽”字,即“即使夫子您舍弃王道仁政而用此管、晏之故技,则或霸或王也就没有什么区别(两样)了”。总之,这样分析下来,则“虽由此”有两种解释:“虽用此臣位而辅君行之”(赵岐),“用此管、晏之故技”、“用此管、晏之术”(罗云锋)。也可以进一步大体简化为王道与霸道两种解释[①],而后一种解释更为文义贯通。

其实,这一句还有另外一个解读思路,即并非相比于管、晏而言,乃是针对“其君”而言,即针对“非其君不事”而言。质言之,“虽”字还可以从“事非其君”而言,故“由此”亦可解为“事此不可事之齐王”(此乃伯夷之选择,孟子不与,孟子则认可孔子的选择)或“不以其道而事齐王”(此则孟子所以离开齐国的真正原因),即“由事此不可事之齐王之渠道方式”或“由‘不以其道而事齐王’的方式,而成就或王或霸之业也并不奇怪(朱熹),或也并非是不可能的事情(罗)”。

就此而言,则“霸王不异也”也有几种解释:A. 赵岐的解释;B. 朱熹的解释,断句正确,“不异”的解释亦对,“虽”字未突出解释;C. 罗云锋的解释:也并不奇怪,或也没有什么不同,或也并非是不可能的事情;D. “由事此不可事之齐王之渠道方式”或“由‘不以其道而事齐王’的方式,而成就或王或霸之业也并不奇怪。”

或曰:关于“虽”字,难道是这时孟子已知齐王无行王道仁政之意而已有离开齐国之心,故公孙丑设以“加齐之卿相”之假设而以“动心否乎”相问?此则无稽,因为齐王本来有意聘请孟子为卿。

“霸王不异矣”,有三种解释,赵岐解之曰“亦不异于古霸王之君矣。”朱熹解作“虽由此而成霸王之业,亦不足怪”,就是焦循所提

---

① 赵岐之解并未明言王道霸道,然似可包含王、霸两解。

供的另一种解释，“近解‘不异’，谓虽从此而成霸王之业，不足怪异。与赵氏异。”[①]三人的这两种解释都将王霸视为今之“一词”[②]，而不是在对“王霸”进行区分解说的基础上来立论的。吾之第三种解释则以为当解作“或霸或王，不异矣”[③]，从而将王与霸区分开来（罗云锋），详为解说乃为，“则与古代的圣贤能士或圣君贤君能君之或成就王业或成就霸业也没有什么区别”（或“也没有什么关系”）[④]。此一解读或可包涵赵注，即赵注亦可进一步明确为“亦不异于古代或霸或王之君矣”，而避免误解[⑤]，但根本思路仍然不同。如此一解释，则前文“得行道焉”便既可解作“行其道德”（赵岐），又可解作“行其王道仁政”，亦可粗泛解作“若得位而行道”（朱熹），以及解作“行管、晏之术即霸道（罗云锋）；或一般意义上的‘行其政术之道’或‘执权柄’”，皆可通[⑥]。质言之，我所提出的第三种解释仍然可以涵盖对“得行道焉”和“虽由此”的两种主要不同解释思路：王道与霸道。

然而，虽曰我的第三种解释可约略涵盖对于“得行道焉”的上述四种解释，但毕竟思路根本不同，我的解释思路注意和凸显了孟子

---

① 焦循，《〈孟子〉正义》，pp187—188。

② 其实这种解说本来就不符合古代汉语的特点和语法，古代汉语虽亦有双音节词，但更多为单音节字，而每字皆当独立解释，而三人不分说王与霸，却将“王霸”视为一词，恐亦是一时大意，未注意到此中重要关目。

③ 此例又可见古代汉语在表达或语法上之含糊或不精确处。

④ 之所以解说得这么繁复，是因为笔者对“霸王不异也”的主语问题或“霸、王”的主词问题亦有所特别分析思考，正如笔者对于“管仲以其君霸，晏子以其君显”这一句中“霸”与“显”的主词的特别思考一样，即涉及到底是“圣贤而（自）王”还是“圣贤或贤能而佐王”的重要思想命题（当然也关涉到对于“内圣外王”的一些新思考）。具体论述，见于笔者对于“管仲以其君霸，晏子以其君显”的特别解读，笔者另有专文，兹不赘述。

⑤ 如此，则《公孙丑上》的第三节未必要跟第二节衔接起来理解，将第三节理解为另起议论文句。

⑥ 如此，因为要和上文对于孟子“得行道焉”的解释对应起来，则“虽由此”不可解为“用此管、晏之故技”、“用此管、晏之术”，则下文“不动心”便更多是“疑惑畏难”之意，并无“不受诱惑”（比如对于“用此管、晏之术”而得位行权成霸业的行动选择的诱惑）、“守静”等意，则宋儒之解释、学说便无法落实，乃是横生议论或借文议论立说也。

对于王、霸之道的明确区分判别,赵岐、朱熹和焦循的思路在此却都不加区分(虽然他们在其他注解处或思想阐释处可能会触及到对于王霸之分的判别)。这样做的结果,第一不能凸显孟子守道不回(王道仁政或正道)的精神和意志("不动心")①,第二,尤其是因此而将孟子的立意降格了,孟子本来是兼而倡言"圣贤而自王"与"圣贤而佐王",赵岐与朱熹等却只取其一,而隐其全意,圣贤于是乎就只能成为辅佐者,只能成为君臣关系中的臣,失却了孟子的更高立意。

另外,上文已述,赵岐、朱熹和焦循等的解释都无法解释"虽"字转折意之所由来,亦不能衔接上下文(《公孙丑上》第一节和第三节)。如果结合这两点来分析,则"夫子加齐之卿相,得行道焉,虽由此霸王不异矣"一句的意思就可以定案了,即"假如夫子身居齐国之卿相,执权柄而行政术,即使由此管、晏之术,那么最终是成就霸业还是成就王业也就没有什么区别了。"②连后一句"如此,则动心否乎"则为"这样的话,夫子您会动心吗?"(惑动心志)其意乃得贯通。

"不动心"

以下再来论"动心"与"不动心"。

---

① 孟子的许多论述都与此有关,如"枉尺直寻"等,不徒本章所谈之"不动心"、"配义与道"。

② 当然,必须再次提及的是,对于"虽"字还有另外一种解释的可能路径(虽由此卿相之位)——而和赵岐的解释"虽用此臣位而辅君行之"可相互衔接发明——,这种解释路径又和对于"管仲以其君霸,晏子以其君显"一句的解释相互关联,并可自圆其说,而揭示了孟子政治思想中的另一条重要线索。换言之,对于"夫子加齐之卿相,得行道焉,虽由此霸王不异矣。如此,则动心否乎?"这一句,可以有两种不同的解释重心,一种解释主要结合此句中的"动心否乎"而重在孟子对于"王道仁政"的"守志不回"即"不动心",也就是本文的分析重心;另一种则主要关注孟子的"内圣外王"思想的详细解读("圣贤而(自)王"与"圣贤或贤能而佐王"的双重意涵),但因为此句中"动心否乎"的存在以及下文全在解读"不动心之道",故不适宜在这里进行展开发挥,而将其系于"管仲以其君霸,晏子以其君显"一句的解读发挥会更合适一些。参见笔者另文分析,不赘述。

“动心”或“不动心”。为了更好地理解孟子和公孙丑所说的“动心”和“不动心”的含义，最好将相关的正反两句话的注疏联系起来分析：“……如此，则动心否乎?”孟子曰：“否。我四十不动心。”赵岐解为“如是，宁动心畏难、自恐不能行否耶？丑以此为大道不易，人当畏惧之，不敢欲行也。孟子言：礼，四十强而仕，我志气已定，不妄动心有所畏也。”朱熹解为“任大责重如此，亦有所恐惧疑惑而动其心乎？四十强仕，君子道明德立之时。孔子四十而不惑，亦不动心之谓。”赵注与朱注大体相同。

上文已将“虽”字解释清楚，故如按“虽”字中所蕴含之转折意义(即“虽由此”之意乃是“虽然由此管晏之霸道霸术”)来看，“动心”乃有受诱惑、惑乱、心志摇动转移之意，不动心即是不受诱惑、不惑、志意坚定坚决之意，即志意坚决地奉持、奉守“位以行王道”、“臣以行王道”的道义原则，坚决不改弦更张而用管、晏之霸道霸术，“以其君霸”，故前此文句的解释都当从此思路为之解说，方为妥当而文义贯通(公孙丑问曰：“夫子加齐之卿相，得行道焉，虽由此霸王不异矣。如此，则动心否乎?”)[①]。但赵岐完全没有谈到这一点(由此行管晏之政术)，其对于前文的解释，也都没有顾及到这个思路，不能不说是有欠思虑，具见前文论述。

然而，赵岐、朱熹、焦循等人在这里对于“动心”的注解又造成了新的问题，即在“动心”、“疑惑”之外，又增加了“畏难、自恐、畏惧、有所畏”(赵岐)、“有所恐惧”(朱熹)等含义。这和上文没什么关系，即使赵岐和朱熹强加解说，如“丑以此为大道不易，人当畏惧

① 所以《孟子-公孙丑下》谈“无处而馈之”、孔距心之“求牧与刍而不得，则反诸其人”、“蚳鼃谏于王而不用，致为臣而去”、孟子自己之“有官守者，不得其职则去；有言责者，不得其言则去。我无官守，我无言责也，则吾进退，岂不绰绰然有余裕哉”等，皆用以说明此一根本原则(“仕则用以行道”，不能行道则辞去，而不改初心初衷也)，而不动心违志也。观乎孟子在齐国之一切言动行藏，皆本乎此一原则，故若对照此一原则，则一切皆可得到解释，涣然冰释矣。可参照周广业《孟子出处时地考》，见焦循，《〈孟子〉正义》，pp270—271。

之,不敢欲行也”、“任大责重如此,亦有所恐惧”,实则皆牵强。我最初虽对孟子在谈论“不动心之道”时突然转到谈“养勇”,而稍觉突兀,颇想寻绎其间思路或论述逻辑,于是联系下文,而觉得赵岐、朱熹等的解说未必无据,想要在此一思路指导下厘清其内在思路逻辑。

于是而有这样的设想:即为了寻绎其内在分析逻辑,并在分析中确定“动心”的具体含义,则对于“不动心”可以分别从上文和下文来进行分析解读。质言之,词义文义当从上下文前后对照出之。以上的分析乃是从“不动心”之上文而言,比如,根据“子诚齐人也,知管仲、晏子而已矣”“尔何曾比予于管仲? ……尔何曾比予于是?”“管仲,曾西之所不为也,而子为我愿之乎?”“虽由此”、“王霸不异”等语,可知或可解“不动心”之意乃在于守道守志不回、志意坚决等。而从“不动心”之下文来分析,则下文谈必胜、无惧、养勇等,似乎可见“动心”又确有“动心畏难、自恐不能行”、“畏惧”、“有所畏”等意思,而和赵岐、朱熹等人的解释衔接起来了[①]。果其然乎?

不过,我在阅读过程中通过仔细思考寻绎之后,觉得赵岐、朱熹等人对于“动心”的“有所畏”等的解读,有可能是过度阐释,“孟子言:礼,四十强而仕,我志气已定,不妄动心有所畏也。”(赵岐)而上面所提出的根据下文多谈养勇故而可知“动心”确有“有所畏”之含义的论证理由,在思路上也是有误解的。正如焦循所言“赵氏前引《礼记》,以不动心为强,强犹勇也”,则下文谈必胜、无惧、养勇等,仍可是回应“不动心”的“志气坚定坚决”之意,和“动心畏难、自恐不能行”、“畏惧”、“有所畏”等仍可无关联,而文义仍然可以贯通

① 为了力图符合赵岐、朱熹这样的解释,我甚至作了一些更其大胆的设想或解释,但也更为牵强,终觉难以说服自己而自圆其说。故对赵岐、朱熹等的注解,也就难以满意和服从。故而终于弃之。

可解。质言之，在这里，孟子谈“勇”主要是就其“志气坚定坚决”之意而论，并非是对应于今人常常认为的“畏惧”。如此分析下来，则赵岐对“动心”之解释，仍有牵强蛇足之嫌疑[①]。

质言之，如果主要贯通前文文义来分析（“虽由此”），则赵岐对“动心”的解读，对了一半，错了一半，或准确地说，多出来了一半，根本原因就是赵岐对“虽由此”这句话的疏忽（赵岐对“虽由此”这句话的解读，并未触及或点明其意涵核心，乃是模糊带过，详细论证见上文注释），以及一直想把“不动心”和下文谈“养勇”结合贯通起来，从内在思路和逻辑进行疏通，故强调“有所畏”，而其对养勇的含义以及孟子谈“养勇”的意图的领悟又稍有偏差，故导致于此牵强之处。

如此而总结下来，则“不动心”主要有如下两种含义：不惑或志意坚定；不为外缘所动所诱惑或意志坚决（其实，不惑即是志意坚定，不为外缘诱惑所动即是意志坚决；另外，志意不惑则便不会为外缘所动所诱惑，故上述两点又可归于一点，但为了强调心志道义和意志品质的区分，而分为两点）。而赵岐等所提出的无所畏惧、恐惧、畏难（天命）等意涵解读，其实颇为牵强，是画蛇添足，故暂可不予考虑。[②] 分析至此，“动心”的含义亦可谓大体确定下来。如

---

① 赵岐之注，常欲比事征实，便于理解实行，足见汉儒之苦心，未必无一定价值，然其缺点亦在于过分比事征实，而显牵强狭陋，或反可能训至昧乎大义，故无怪乎阮元在《十三经注疏校勘记》中批评其“稍为固陋”。参见：阮元，《十三经注疏校勘记》：“赵岐之学较马、郑、许、服诸儒，稍为固陋……”

② 然而，我后来又意识到，这样简单的处理或许也有问题，因为赵岐等将“动心”解为“有所畏”的理由虽然跟前文文义不合（“虽由此”），我们否定了其论证和理由，却未必能否定其仍有“有所畏”的含义，尤其是根据下文举孟贲、北宫黝、孟施舍等来谈“养勇”来看，如果从较为粗疏的逻辑上去进行关联，则“动心”里面也未尝不可以有“惊动其心”的含义。或者，再退一步分析，即使按照我在上文所得出的结论，公孙丑和孟子使用“动心”一词的原意中本没有“惊动其心”、“有所畏”等的意思，目前也没法找到更合理的理由来说明或论证“动心”里面有“惊动其心”、“有所畏”等的含义（换言之，这可能是我们缺乏想象力和相关历史背景知识的原因，却未必是真的没有合理的理由），但后代经学家、儒者、注疏家或学者等挖掘出其中所可能有的解读角度，乃（转下页注）

此,则公孙丑问“如此动心否乎”,乃兼有上述两种意涵。如此,则前述此句之前后上下文所含之歧疑(如上文之“虽由此霸王不异”,下文之“守气”、“守约”、“配义与道”、“知言”、“养浩然之气”及对告子之“不动心之道”之驳斥等),俱得迎刃而解——具体论述见下文,将一句一句细细寻绎之。(宋儒又增“主静”等之说,暂不在本文论述范围中。)

“过于孟贲远矣”。此句理解起来亦有疑问,我最初的分析乃是:然此亦未必,或公孙丑言“过于”之意,乃在于孟子比孟贲更早不动心(四十),而孟贲或四十以后才有勇士之表现邪?或谓公孙丑言“过”之意义重心乃在孟子“勇于义而果于德”、“志意坚勇过孟贲”(赵歧),远过于孟贲之桀骜自逞之勇。或曰孟贲能勇于轻其生、富、贵,三者人之所难能者,故勇;而孟子则能勇于心,于一切皆可不动心,则过于孟贲之勇也。或曰,孟贲不畏恐害怕五人而已,孟子则不畏难自恐于“加齐之卿相”而为百姓庶民王霸之事业,故孟子过孟贲远矣。孟贲乃血气之勇,志气未定,血气贲张,不分青红皂白,每多动心惑乱。然此皆无征阙疑而已。暂时姑取赵歧之解释。

北宫黝之养勇之道,在容色、知耻(外在耻辱)、尊严、胆气、言语声气(报复)上,皆求必胜;皆血气声色、意气(或气势)外在之勇。“不肤挠,不目逃”,容色也;“思以一豪挫于人,若挞之于市朝”,知耻(外在耻辱)也(亦有容色方面之表现,如恼羞成怒等);“不受于

(接上页注)至牵强附会地进行解说或立说,从而提出新的论题或思想内涵,也仍然有其价值——即使这有可能并不符合作者原意。但这是从思想文化发展而非文献学研究或客观解经的角度而言的,也未尝不可以是另外一种路径。就此而言,仍然可以根据赵歧、朱熹等人的注解而从《孟子-公孙丑上》这几个章节中提出“如何能够做到无所畏惧、畏难、恐惧”这样的思想命题,而和义勇、配义与道、养浩然之气、天命观(性命反复之学等)等联系起来进行思想发挥和阐释。所以在思想阐释上,也可以采取两条线索,一条线索谈“不动心”的“不惑”、“志意坚决”,另一条线索谈“不动心”中的“无所畏惧”,而两得之。但本文重在谈前者。

褐宽博，亦不受于万乘之君”，尊严或尊己也；“视刺万乘之君，若刺褐夫”，胆气也；“恶声至，必反之”，言语声气也。这些未必没有价值，但如果不能先守义守心，则便变成意气之勇、匹夫之勇，以气动志，而有问题，乃至走向勇的另一面，即盛气凌人、戾气威暴。

比如，“思以一豪挫于人，若挞之于市朝”，知耻也，然看似虽有知耻之优点，实则意气客气过甚，不能宽恕人己而神态自如，亦不能先自反躬自省，以便看是否有或是自己的问题。故虽多有所养，皆养外在者，皆养外气而已。（这里甚至不能说是忍辱精进，因为这里说忍辱精进太夸张了，一点小事，就暴跳如雷，就说成是耻辱，只是小题大做，只是客气和意气，恰恰说明自己是不勇敢的人，不敢宽恕他人，害怕别人说自己不勇敢而活在别人的眼光中，也是缺乏宽恕之心、不能下人、心量狭窄、斤斤计较的人，包括宽恕自己。这样的人，不但不能有所成就，乃至还比不过一般人。小事小辱而不能忍不能恕，不能心平气和，则是暴其气，动其志也。真正之勇敢者，岂会担心小小的尴尬、失败和侮辱！或因小小的失败、侮辱而忘却大勇大志?!）

北宫黝看似在许多方面（容色、知耻、尊严、胆气、言语声气）养勇，皆求必胜，只求必胜（而无其前提之守义守正，乃变成不问是非之意气），但无所守，无所守约，无所守道守义守正守心，故孟子以为其不如孟施舍之守约（赵岐解此一“约”为“约要”之意，焦循进一步将赵岐之“约要”解释为“大要”）。北宫黝的最大问题是不能“先内自省”。

焦循解释北宫黝的问题说：如果输了，就不能守气。

孟施舍之（论）养勇之道，则没那么多繁冗列举，而只是在于心上、心气上或情感上无惧而已，故孟子言其能“守约”，赵岐解为“约要”，焦循进一步解为“大要”，亦即今之所谓“简要”。对比北宫黝的养勇之道注重在容色声气等多方面进行努力的取径，孟施舍的养勇之道则显得简要得多，没那么多烦琐枚举，从各种具体规范转向基本原则(有点类似于民法总则与民法单行法律,或宪法与各部门法或具体法之间的关系),从外在转向内在,即情感意志上的“无惧”。质言之,从北宫黝到孟施舍,已经是从外而转到内,而走在了内转的方向上[①]。而后又进一步内转深化,从孟施舍的“守约”即守“约要”或守“简要”,而转向曾子的“守约”,即守“道、义、正、心”等。

文中两现“守约”,意义一样,但用法不同,或适用对象有转换。“约”都是“约要”、“简要”之意。但前一“守约”用以描述孟施舍,“夫二子之勇,未知其孰贤,然而孟施舍守约也”,赵岐解此一“约”为“约要”之意,焦循进一步将赵岐之“约要”解释为“大要”,则北宫黝之不能守约即无所约要归止,泛滥无归,外在无内。后一“守约”用以描述曾子,“孟施舍之守气,又不如曾子之守约也”,同时又将孟施舍之养勇黜退为“守气”,赵岐解为“施舍虽守勇气,不如曾子守义之为约也”,焦循则详细解为:“推黝之勇,生于必胜,设有不胜,则气屈矣。施舍之勇,生于不惧,则虽不胜,其气亦不屈,故较黝为得其要。然施舍一以不惧为勇,而不论义不义;曾子之勇,则有惧有不惧,一以义不义为断;此不独北宫黝之勇不如,即孟施舍之守气,亦不如也。”[②]可见,“守约”的意思都是“所守、所行、所用较为约要简要”,或“持守、行用方法较为约要简要”。

由以上分析可知:守约是一种思想方法与修养方法,或对思想方法、修养方法、践履方法的描述评估,不是思想内容本身;守义守道才是思想内容或思想主张,两者不可混淆。“守约”对应的是“守繁”,而不是“守义守道”;“守气”对应的才是“守义守道”,只要明确了这一点,对这段话就很容易理解其论述思路和内在意涵了。孟子在这一段里两用“守约”一词,意义都是一样的,即“约要”或“简

---

① 此又可对应告子的“义外”和孟子的“义内”的分歧。

② 焦循著,《〈孟子〉正义》,p194。

要”之意。而前面用“守约”来评价孟施舍，后面用“守约”来评价曾子，同时批评孟施舍只是“守气”，不能“守约”。一般读者于此可能会产生迷惑：前文说孟施舍守约，后文又说孟施舍不能守约，这不是自相矛盾吗？其实，孟子在这里乃是比较言之，必须联系其比较对象或参照对象来分析解读，才不会出现这种误解，前文说孟施舍“守约”，是与北宫黝比较而言；后文说孟施舍“守气”不守约，是和曾子比较而言，曾子比孟施舍显得更为“守约”，即曾子养勇之道比孟施舍养勇之道更为约要简要。如果用现代汉语表达，或用符合现代人思维方式的更精确的表达法而避免误解的话，那么可以将原文变为“孟施舍之守气，又不如曾子之（尤）守约也”，或再进行详细说明：“孟施舍养勇之‘不惧’，比北宫黝养勇之‘必胜’，为守约也；而曾子养勇之‘自反’，比孟施舍之‘不惧’，又为更守约也；比之曾子养勇之‘自反’，北宫黝与孟施舍养勇之‘必胜’与‘不惧’，皆‘守气’也”，焦循于此解之綦详。

北宫黝、孟施舍是守气，曾子乃是守义。

换言之，两用“守约”一词，看似含义混淆，实则乃是对比言之，以此来表达一种层层递进的关系。如果我们将“守约”视为一种思想内容而不是比较评估，就会出现误解（一会说孟施舍守约，一会说孟施舍守气不守约），或者，如果用现代语法和逻辑的惯例去阅读，便可能觉得难以理解，或误解之——这当然也可以说是古代汉语在语言表达、语法、思维方式、逻辑等方面的特点；甚至，对照较为成熟的现代汉语语法和思维表达而言，有某些不成熟的地方——，但如果我们仔细寻绎孟子论述的内在理路和文句的内在意义勾连，亦不难正确推导出其所要表达的真正的意思。

某种意义上，孟子这种表述方法不但自有其内在理路而文义贯通，乃至颇具深意，所谓深意，乃是步步深入地阐述养勇等道义修持要向内向心或内转，要持志养气、养志养气、配义与道等，即孟子与告子对于“义”的不同理解：“义内”与“义外”。孟子层层递进地讲“尤守约”,就是要让学人读者在这个阅读、论述和思考过程中,逐步体会到“义内”的根本仁义思想学说、礼义学说或道义原则。学人读者在虚心涵咏、体会、寻绎此一段之内在含义时,慢慢就跟着孟子的思路而体会和认可了“义内”的充分理由(正确性、真理性)、内涵、价值和必要性等。就此而言,孟子这里的表述方式甚至和孔子的微言大义的表达方式有相似之处,由此亦可看出孟子受孔子影响之深——当然,也可以说,微言大义的语言表达方式、思想表达方式、思维术或逻辑,是先秦中国语言的基本特点之一。

“敢问夫子之不动心,与告子之不动心,可得闻与?”这句话乃是公孙丑问孟子:夫子即孟子与告子的“不动心之道”分别是什么,异同何在?前面孟子提到告子更早做到不动心,所以公孙丑乃有此问。孟子先引用告子的言论“不得于言,勿求于心;不得于心,勿求于气”来说明告子的“不动心之道”,然后稍以评断式言语指出自己和告子的观点异同。

“不得于言,勿求于心;不得于心,勿求于气”,朱熹解为:“孟子诵告子之言,又断以己意而告之也。告子谓于言有所不达,则当舍置其言,而不必反求其理于心;于心有所不安,则当力制其心,而不必更求其助于气,此所以固守其心而不动之速也。”对其后之文句,“……不得于心,勿求于气,可;不得于言,勿求于心,不可。夫志,气之帅也;气,体之充也。夫志至焉,气次焉。故曰:‘持其志,无暴其气。’”则解曰:“孟子既诵其言而断之曰,彼谓不得于心而勿求诸气者,急于本而缓其末,犹之可也;谓不得于言而不求诸心,则既失于外,而遂遗其内,其不可也必矣。然凡曰可者,亦仅可而有所未尽之辞耳。若论其极,则志固心之所之,而为气之将帅;然气亦人之所以充满于身,而为志之卒徒者也。故志固为至极,而气即次之。人固当敬守其志,然亦不可不致养其气。盖其内外本末,交相培养。此则孟子之心所以未尝必其不动,而自然不动之大略也。”朱熹所解甚好。

在文字叙述结构的选择处理上,《孟子》一书选择先简要说明告子关于“不动心之道”中的某些有价值的地方,即先回应“不得于心,勿求于气”,然后进一步通过谈论“浩然之气”来指斥告子“不得于心,勿求于气”这一观念中同样存在的某些问题,最后通过谈论“知言”来回应告子“不得于言,勿求于心”这句话的问题——这当然主要是出于叙述次序层次、文章作法或观点表达便利等方面的考虑。孟子在引用告子“不得于言,勿求于心;不得于心,勿求于气”的观点,并进行简单判断“不得于心,勿求于气,可;不得于言,勿求于心,不可”,从而简要回答公孙丑的提问之后,先就近对后半句“不得于心,勿求于气”作了一番分析,因为在这点上,孟子和告子的“不动心之道”有部分重叠或相通的地方,故他们在这点上的思想分歧不在观点结论,而在具体理路或论证,或者,准确地说,尽管存在着部分看似相同的观点,但却是基于不同的理路,并且有着不同思想容量,故曰只是“部分重叠或相通”。故孟子在具体阐释时,先以“可”字表达对告子这句话的部分内容结论的某种认可,然后进一步补充论述,唯恐学人读者不能注意到同中之异或更大的相异处,即在这一点上孟子观点的完整内涵,所以详细补充论述之:

> “夫志,气之帅也;气,体之充也。夫志至焉,气次焉。故曰:‘持其志,无暴其气。’”“既曰‘志至焉,气次焉’,又曰‘持其志无暴其气’者,何也?”曰:“志壹则动气,气壹则动志也。今夫蹶者趋者,是气也,而反动其心。”

以上全是在讲后半句“不得于心,勿求于气”这一点,并未讲到前半句“不得于言,勿求于心”。对前半句“不得于言,勿求于心”,只有“不得于言,勿求于心,不可”这样一句简单的断言式回应——也是对公孙丑所提出的问题“敢问夫子之不动心,与告子之不动心,可得闻与”(即孟子与告子的“不动心之道”分别是什么、异同何在)这个问题的直截了当的简单回答,换言之,先直接而简单地回答了公孙丑的问题——,对其详细的分析和回应则被放在下文对于“知言”的阐释中。读者在阅读时,当注意到这一点,亦即注意到孟子每句话或每段话的具体针对对象或对应文字,不然就可能造成理解上的困难。

或将“不得于言”两句翻译为:言辞听上去不好的或不惬意的,就不放在心上;心上不在乎的,就不用力去追求。

“敢问夫子恶乎长?”这是公孙丑问孟子的“不动心之道”过于告子的地方在哪里,也就是孟子和告子的“不动心之道”的相异的地方——前面主要谈其相似或相通的地方。“长”,可解作“过于”、“优于”,而所谓“恶乎长”,其实就是“相异处”。“此上但言告子之不动心,未明孟子之不动心,故下文丑又问孟子何以长于告子也,”①

孟子列举了两点,“我知言,我善养吾浩然之气”,分别对应于告子的“不动心之道”的缺陷,换言之,是反说告子“不知言”、“不善养浩然之气”。“不知言”即批评告子“不得于言,勿求于心”;“不善养浩然之气”即批评告子“不养气”或“不养浩然之正气”,亦即告子“不得于心,勿求于气”中同样存在的问题。详细来说,“我知言”是对告子“不得于言,勿求于心”这一错误观点的直接回应和批评;“我善养吾浩然之气”是针对告子“不得于心,勿求于气”这句话,孟子用“我善养吾浩然之气”来表达自己的“不动心之道”在“不得于心,勿求于气”这一点上的完整内涵,质言之,在这一点上,孟子同告子同样存在不同之处。孟子认可的是“不得于心,勿求于气”中所蕴含的“如果不得于心,则勿求于气”这一部分观点,即应当“持志帅气”、“志至气次”;而告子的观点,根据上下文和相关注疏②来

① 《〈孟子〉正义》,p199。

② “告子不知此理,乃曰仁内义外,而不复以义为事,则必不能集义以生浩然之气矣。上文不得于言勿求于心,即外义之意,详见告子上篇。”(朱熹,《四书章句集注》)

看，却根本就是“无论不得于心，还是得于心，皆不求于气”，即根本就不养“气”、不养“浩然之气或正气”，因而就没有“浩然之正气”，即便堕入朱熹所言“告子之学，与此正相反。其不动心，殆亦冥然无觉，悍然不顾而已尔”，故孟子斥之。

质言之，告子既不养义（“不得于言，勿求于心”[①]），亦不养气（“不得于心，勿求于气”[②]），义即正义、道义（配义与道），气即正气、勇气、浩然之气、淑世之气，其“不动心之道”如此（故可很早便可做到“不动心”，然而无道义价值），类于道家、后之佛家等，故孟子斥之。

换一种论述角度，也可以说，“知言”是对应于“不动心”中之“不惑”含义，“我善养吾浩然之气”是对应于“不动心”中之“志意坚决”含义，但也可对应于“不动心”中之“不有所畏”含义——虽然后者被本文证明为牵强蛇足之论。

孟贲、北宫黝、孟施舍；告子；曾子、孟子之“不动心之道”之比较。

联系上下文来进行总结，则关于“不动心”的论题，如果排除公孙丑一笔带过的孟贲（根据公孙丑的言说，孟贲或许连北宫黝、孟施舍的“守气”都做不到——然此点文献无征，故阙疑之。孟子下文所谓的“蹶者趋者”，也是针对孟贲、北宫黝、孟施舍等人的情形，尤其是针对那些不问是非曲直、正邪道异而一味奔趋干禄的人而言的——比如纵横家等——，换言之，这些人都是“今夫蹶者趋者，

---

① 朱熹解为：“告子谓于言有所不达，则当舍置其言，而不必反求其理于心。”则告子于正应该养义之时而不养义。

② 朱熹解为：“于心有所不安，则当力制其心，而不必更求其助于气，此所以固守其心而不动之速也。”朱熹解“不得于心”为“于心有所不安”，而“不安”可有两种情形，一种情形是“不合于义”，则固然不当“求于气”；另一种情形是“合于义”，则此时便恰当“求于气”、“养气”，而固养其正义正气，然而告子亦不为，故孟子曰“馁矣”而斥之。“馁矣”，不仅个人“馁矣”，天下亦“馁矣”，放弃士人淑世主义之责任，而任个人与天下沉溺饥馁，孟子不与也。

是气也,而反动其心”,被“气”和“欲望”所奴役而汲汲逐利,栖栖遑遑,不是真正的“不动心”),孟子在这里分别举了三类人的例子来进行正反言说:北宫黝、孟施舍为一类,告子为一类,曾子、孟子自己为一类。以下分别缕析之。

北宫黝、孟施舍的问题在于只知道“守气”、“气壹”(则动志)、执着于气,他们的“气壹”即是执着于必胜(北宫黝)、无惧(孟施舍)之气,而不问理之曲直,而不知当“志壹而动气”,以志帅气,以志和义评价判断之,而后有当胜或不当胜之别,有当不惧或当惧之别。志当壹(壹于义、道、直、正),(若志未壹于正、义,则)气不可壹。北宫黝、孟施舍之必胜、无惧即是“气壹”,故而动志(动摇心志),不能以心志与道义、正义、正直等先作是非判断。故北宫黝、孟施舍乃是养其气。

告子“勿求于气,(亦)并不求于心,虽不暴其气,而亦不持其志。”[①]北宫黝、孟施舍以气养气,是暴其气,故不如告子之“勿求于气”。但告子又不以心志养气,则不对[②]。质言之,告子不求其心、不持其志,即是不能持心志以判断直不直、义不义,而后决定是气伸还是气屈,“斯时能持其志,则度其可否,而知其直不直、义不义,义则伸吾气以往矣,不义则屈吾气以退矣”[③]。再详加论述之,则“以为无益而舍之者,不耘苗者也”,即告子之“不得于言,勿求于心”(之错误);“助之长者,揠苗者也。非徒无益,而又害之”,即“暴其气”者(之错误);又,“行有不慊于心”,即前文告子所言“不得于心”,则“馁矣”;而告子的做法乃是绝对的“不得于心,勿求于气”,

① 焦循,《〈孟子〉正义》,p199。

② 并且,正如孟子所驳斥的,告子“不得于言,勿求于心”更是错的。孟子的不动心之道则是:倘若不得于言,比如上文公孙丑所问的言论,就将“研求分析于心”,即通过“知言”的方式和过程,辨别其言之当不当、直不直、义不义,而指斥之,而不惑,而不动心,而坚守其志,不以诐辞、淫辞、邪辞、遁辞而生心害政害事,此乃是真正的“不动心之道”。

③ 焦循,《〈孟子〉正义》,p198。

任其“馁矣”，则既是“不得于心，勿求于心”而同于“不耘苗者”，又是“不得于心，勿求于气”而仍然同于“不耘苗者”。

曾子则有胜有不胜，有惧有不惧，而以志壹、持其志、配义与道、直不直、义不义等来判断之，义、直、正则伸吾气，不义、不直、不正则屈吾气，忏悔自克，自修自正，培其根本正义正气，则乃是修志养志，以志帅气。其气不壹，而心志壹也。在此基础上的“不动心”，才是真正的不动心、不动志，心志壹于义、道、直、正义也。

总而言之，北宫黝必胜、孟施舍无惧，看似不动心，其实乃是有气无志，或论气不论志（不管直不直、义不义）[①]。告子自以为不动心，其实乃是无志无气。曾子自反，孟子持志，乃是有志有气（以志帅气，志气兼养，故而有浩然之气即正气），所以才是真正的不动心。

其实，如果联系下文孟子对各种虚假的或错误的“不动心之道”的剖析（孟贲、北宫黝、孟施舍、告子等），以及对于曾子和自己的“不动心之道”的详细阐释，则可知孟子所谓的“不动心”就是“不惑”（“四十不惑”）、“志壹”、“持志守志”、“守义”、“养浩然之气”[②]。甚至孟子谈勇也不是为了“说事儿”，而是讲“不动心”中的“志意坚决”的含义（北宫黝、孟施舍的养勇，皆有意志力坚强的意味在内，虽然此等人并非真正的“志意坚决”），所以赵岐对“过孟贲远矣”的解读也是对的，“夫子志意坚勇过孟贲”，或者，对“过孟贲远矣”这句的含义的理解也很简单了，并且同时又反证了我前面对“虽由此”的解读亦都可自圆其说，亦即孟子“不动心”乃是指：对（违背王

---

① 北宫黝、孟施舍以为这就是不动心（心壹、志壹），实则乃是“气壹”，不是“心壹、志壹”。焦循，《〈孟子〉正义》，p198。

② “不动心”，即是下文“志壹”之意，就是“养志”，而养志之道就是配义与道。不动心之道即是善养浩然之气（持志帅气养气）与知言（持志持心以义以道以直，而从理上判断言辞之义否直否），此两点恰是告子所欠缺者。

道仁政而)“行管、晏之术而成就霸业”这种做法的“不动心”、“不惑”和“志意坚决”(坚决拒绝)。

这一节的整个思路是:先是孟子回答公孙丑“不动心有道乎”的提问,而先举两个假的不动心的例子(姑且将文献无征而略显突兀的孟贲的例子排除在外),或当时流行的一般人对于“不动心”的两个错误理解(北宫黝、孟施舍),他们都错将“气壹”当成不动心,而实际上恰恰是“气壹则动志”而“动心”了;然后举曾子的“不动心之道”,以明孟子自己的不动心之道同于曾子,然而亦只是简单说明曾子“配义与道”的“不动心之道”,并未对自己的不动心之道展开具体详细论述;然后转入对告子之不动心之道的批评,并通过批评告子的问题而约略谈述自己的观点;最后再具体阐述孟子自己的不动心之道:知言和养浩然之气(方法即同于曾子之“配义与道”),同时进一步批评告子之失。

这样一来,我之前因为受到赵岐注的影响——即对于“动心”的“畏惧畏难”的解释——而产生的种种怀疑和论证,至此就全部成为不必要的了(这都是因为赵岐的注①,而误入歧途,横生枝节,然而亦因此将许多疑问廓清,且对孟子的许多思想有了更深入清晰的理解和领悟,故仍然是有价值的)。顺着赵岐的不当注疏而来的牵强论证已被证明错误,怀疑已经廓清,然而,我仍然将之前的

---

① 赵岐本人,也因为想贯通上下文文义,而试图在“动心”和“养勇”之间建立逻辑关联,循此思路而在“动心”含义里增加“畏难、恐惧”等意思,并据此而强为解说,“如是,宁动心畏难、自恐不能行否耶? 丑以此为大道不易,人当畏惧之,不敢欲行也”,朱熹亦复如是,“任大责重如此,亦有所恐惧疑惑而动其心乎?”实则皆未能真正完全理解孟子之本意与文义思路。孟子的论述思路中心不是谈勇,而是谈“守志守道”(道乃王道仁政而非管、晏之术等)、“不动心”或“不动心之道”。并且,孟子之前举北宫黝、孟施舍等人的若干养勇的例子,也更多强调的是其“意志坚决”(然而只是“养气”“守气”而并非“养义”“守义”,故并非真正的“志意坚决”),而不是强调现代意义上之“勇敢”,尤其并不是为了谈勇敢而谈勇敢。赵岐、朱熹等人完全没有必要去强行牵合“勇敢”而增添“畏惧、畏难”等意。即或有“畏惧畏难”之意,也只是就其敢于坚持自身道义和原则而言的,和对于政事行道的畏难全无干系。

论证文字保留如下，以见自己思考领悟之过程[①]。

然关于赵岐、朱熹等人所注解的“动心”的“畏惧畏难”一层意思，或有疑问曰：孟子如此英气勃发之人，平时大节志向所在，岂会畏难得位行道之事，而公孙丑竟有此问?！这或许可以有一个解释，那就是本卷(《孟子-公孙丑上》)所记述之事，乃公孙丑与孟子初识之时，公孙丑或亦早有风闻孟子声名，然究竟未曾真实谋面，对孟子之素行素志、英姿豪气无所亲证，不知大贤之浩大气象，故或以一般贤德之人看待之，乃有此问。今人固尽已识得孟子全部生平、志行、胸襟抱负与思想气概，故觉此问稍怪异唐突，然公孙丑其时却未必识得孟子志行全体，故孟子及其弟子(包括公孙丑等)在撰述《孟子》此书时，乃实录或以文学笔法重现当时师徒初见时之问答切磋情状。若补充此等线索或背景，而以此思之，则甚觉此处有亲切有味处也。此乃征实之说，即补充其言说背景而用以理解疏通其内在文义或微言大义。此论前人似未发明之，亦或可能是虽有类似论调而吾未之睹而已。然此亦只是暂时设想，并未仔细求证。但读书当如此。当然，另一种更简单的解释则是，孟子及其弟子在归而著述的时候，乃以此文学义法而传述自己思想或微言大义而已，如先秦韩非子及其后汉赋每以“答客问”、“说难”等方式进行文学表达和思想表达一样，无须胶柱鼓瑟而过于征实坐实之。

此外还可能有一个解释，就是在当时战国时代，身为卿相而辅佐其君，既事务繁重芜杂，亦是政坛险恶，波诡云谲，每有

① 寻绎我的思考过程，最初乃是从“不动心”的字面意义来理解的，并未深究，也不觉得有什么解释不通的地方，自然而然或不期然而然地按照或符合一般解读思路。可见从常识、常理或直觉出来来阅读思考也并非不对。后来仔细阅读，在“虽由此”等句义上发生疑问，乃进一步思索寻绎之，参考赵岐、朱熹、焦循等人的注解，反而益增歧疑，困索苦思，憔悴累日。于是乃决定就此撰文研究之，数日而有颖悟。

杀身取祸之事（此等史事在孟子其时可谓屡见不鲜，公孙丑及孟子当皆多闻熟知之），故一般人或多忧虑畏难而不欲为也，如古之巢父许由等。

（畏惧一解，似仍可进一步详细区分言之，比如一般畏惧与畏惧政事等。）

其实，孟子此处举养勇为例，主要是为了提出"勇于守道践道"，志意坚决，坚守原则，不改初衷，不轻易改弦更张，守约，即是守道，守义，守心，而非守气，乃是先志心后气。所以，动心并非赵岐所说的"畏惧"之意。

"无恒产而有恒心，惟士为能"，说的就是勇于守道、守心，志意坚决，不改初衷，正和这里谈"不动心"相互相应发明。贤者向上，而有义勇道勇，一般人不能理解真正的义勇和大勇，又不能守心守道，故流于北宫黝、孟施舍之类的不问道义是非而只顾气势的小勇，一般庶民同样不能守心守道，"苟无恒产"，无所不为。故而孟子表彰士人。但今日我们却应当修正此点，士人有此守道卫道之心甚好，但士人也是人，正如庶民也有人之大欲存焉一样，同样需要"为民制产"而后乃责其尽量求恒心，"为民制产"应该包括士人在内。不然就会出现公孙丑的担忧或怀疑，而问孟子"动心否乎"。

"王"者，所有个体皆可为王，乃为一种公民向上的道德，向往贤者并修行成为贤者，成为贤者后乃欲保民保国，并且其自身仍然是民，乃贤民而已。王并非是基于私欲私权，亦不建立私欲私权之政权或权力。称呼对方为君，也可以称呼对方为"王"，但王是从上述意义上来说的，而不是霸道之王。今人男女朋友戏称对方为王，往往是从这个意义上讲的（霸道、霸王），这却误解先秦儒家本意（义勇王道之王），而是将战国尤其是秦朝以后的王的观念（霸道、霸王）继承下来了，正是不思进取的表现。

当分"勇"为"气勇"与"义勇"。孟贲、北宫黝、孟施舍全是在养气勇（守气），而曾子、孟子主张养义勇（守义），先养义勇而后养气勇，为养义勇而养气勇。无义勇之气勇乃血气之勇，乃小勇，义勇乃是大勇……。孟贲、北宫黝、孟施舍只养气、气勇；曾子、孟子主张尤其要养义、养义勇，配义与道，义、气兼养；告子则既不养义，亦不养气。

赵岐因为一直想把“不动心”和下文谈勇结合起来，故强调“有所畏”，而颇多牵强处，实则不必……

“孟施舍似曾子，北宫黝似子夏”，此一句又或可和后来宋儒对于“尊德性”与“道问学”的关系的争论联系起来，曾子守约，守乎一心，以一心应万事；子夏文学辞章斐然，学问庞杂，到底是哪个更好呢？其实，孟子亦没有说子夏不对，或简单地说北宫黝、孟施舍不对，或认为北宫黝、孟施舍、子夏那样的养勇或学问之法不需要，而只是一种强调说法，一者比较而言，二者重点在于明其前提，即要先“持志”。简单地说，尊德性和道问学都需要，但首先要尊德性，同时道问学以应事。

伪孙奭疏：孟子言往者曾子谓子襄曰：子能好勇乎，言我尝闻夫子有大勇之义告于我，以谓自反己之勇为非义，则在人者有可陵之辱，故虽一褐宽博之独夫，我且不以小恐惴之，而且亦大恐焉；自反己之勇为义，则在人无可惮之威，故虽千万人之众，我且直往其中，而不惧矣。如此，则孟施舍养勇在于守其气勇，又不如曾子以义为守而要也。言此，则黝不如子夏可知矣。以其养勇有本末之异，则言北宫黝之多方，不若孟施舍之守约；以其守约有气义之别，则又言孟施舍之守其气勇，不如曾子以义为守而要也。然论其不动心则同根，其德则大不相侔矣①。

公孙丑前问管仲、晏子之功(3.1)，而孟子小管仲、晏子之功；此句(3.2)公孙丑又设问之：管仲、晏子之功或如孟子所言而小之，则孟子才大，加上现今“王者之不作，未有疏于此时者”，此时可“事

① 《〈孟子〉注疏》。

半功倍”,则若孟子亦如管仲、晏子而加齐国之卿相,得行道焉(此处公孙丑所谓“得行道”是“得柄权行政”之意,未必是“行其王道”之意),则即使按照管晏之法,施行霸道,成就超出管晏之功,那么,到底是以王道还是以霸道来实现这一功名,也就没有什么区别了。公孙丑此论,乃持结果主义、现实主义思路,而试图抛开意识形态或思想主张的论争与分歧,直接以结果来论证其手段、思想学说和行动的正当性,而不论其手段或政术之正当性。以此解“霸王不异”似乎更为合理,故下文(3.3)则续论王霸之分。由此观之,文章论述之次第逻辑甚分明也。如此,则“动心”乃即现代汉语中之“动心”之意,即“心惑”或“被外缘等所迷惑”之意而已。如此,则孟子下文言“四十不动心”乃云其四十不惑,四十而心志思想成熟,价值观稳定,学说清晰,不为异端邪说及邪心妄念所动也。宋儒大概就是顺此思路、理路来解释“不动心”而生出宋明学说中的相关内容的吧(故以上或亦可视为分析宋儒解说的可能理路所在的一种尝试)。

就此而言,则宋儒之解说亦并非无据,由此也可以说宋儒确实发展了汉儒的解说,而将孟子的大义微言发明出来,有功焉。

然如果以上文所述来解释“动心”,则却与赵注之“无畏”无涉,而下文公孙丑对曰“过孟贲远矣”以及随后孟子以养勇来解说“不动心之道”,则可知公孙丑和孟子所言“动心”,不仅仅是“心惑”、“心诱”之意,亦或兼有“有所畏惧犹豫退缩”之意。然此亦未必,或公孙丑言“过于”之意,乃在于孟子必孟贲更早不动心(四十),而孟贲或四十以后才有其勇士之表现邪? 无征阙疑。或谓公孙丑言“过”之意义重心乃在孟子“勇于义而果于德”,“志意坚勇过孟贲”,远过于孟贲之桀骜自逞之勇。或曰孟贲能勇于生、富、贵三者人之所难能,而孟子则能勇于心,于一切皆可不动心,则过于孟贲之勇也。但后文孟子续以养勇解“不动心”之道,则循其思路或逻辑,则孟子言不动心或确乎有“无所畏惧”之义? 赵注解“不动心”时,于

“不妄动心”而加“有所畏”[①]，吾意“有所畏”一解似嫌蛇足，吾意以为但言“不惑”即可。然此仅仅是从哲学、思想上言。从孟子其撰述本意言，赵注亦或可谓不为无据。并且，下文谈养勇、必胜、无惧、守气、守约、吾不惴、求心求气云云，皆从勇、畏等上立言，若谓不动心和勇全无关联，亦属牵强，而其关联处到底是什么呢？或许主要是落实在“志意坚勇”上。另外，不惑故不惧，不惑，以其能自反求义、自反求心，故不惑，从而不惧。又惧与不惧，皆不惑于心，即不动心（以上所述虽然牵缠反复，然或亦可视为分析汉儒解说的可能理路所在的一种尝试）。

顾炎武分凡人之不动心与学人贤者君子士人之不动心。

赵注解“不动心”为“不妄动心有所畏”，其断句应为“不妄动”“心有所畏”？抑或“不妄动心”“有所畏”？抑或是“不”字乃兼对“妄动和有畏”而言？似有分别，然亦似皆可解释得通。“不妄动心有所畏”，意指不妄动心而因之有所畏也，“不”字乃兼“妄动有畏”而言。

“否，我四十不动心”一句中之“否”，只否“动心”，不否“加齐之卿相”。如言亦否“加齐之卿相”，则乃因不能行大道正道王道而已。

“不受于褐宽博”，受，受恶言也，受气也，又受侮辱也。而对应下文“不得于言”。“严”，或有害怕之意？不独是“尊”意。

北宫黝气势上不输人，而必反之必胜之。

必胜—不惧—守义。这是三个进阶。

或曰：孟贲血气之勇，志气未定，血气贲张，不问青红皂白而逞勇，而每多动心气而心惑；北宫黝以气盛养勇，有所受而动气养勇，则北宫黝亦是血气之勇，有同于孟贲；孟施舍以守气养勇，以勇气坚决无惧而养勇；孟子则不妄动心、不妄动气。孟贲不畏恐害怕五

---

① 焦循，《〈孟子〉正义》，p188。

人，孟子则不畏难自恐于"加齐之卿相"而为兆亿庶民王霸之事业，故孟子过孟贲远矣。

与北宫黝之必胜（遇事则必胜而主动）相对比，孟施舍之"无惧"乃是守约（事之来而我无惧，以一应万，被动应事）；而与曾子之守约相对比，则孟施舍之无惧又仍是守气。

"不惴"解作"岂不惴"，义为优胜，言孟子然同曾子之有惧有不惧，而以义不义为断。曾子之有惧有不惧，已是下文"配义与道"之意。曾子于"自反而缩，虽千万人，吾往矣"方面，与孟施舍同，皆能守约无惧也，然曾子又有"自反而不缩，虽褐宽博，吾不惴焉"之处，则曾子又进于孟施舍，此亦孟子所以过于孟施舍也，而知别择，有惧有不惧，即以义为断而知别择，有惧有不惧。别择者，自反其是否合义合道也。故曾子、孟子之大勇，不同于孟施舍、北宫黝、孟贲之小勇、匹夫之勇、血气之勇。配义与道之勇，大勇也；不论义与道之勇，匹夫之勇、血气之勇、鲁莽小勇也。曾子大勇乃求心求义，则有"闻过则改"之勇，孟施舍、北宫黝小勇则只求言求气。又可比较周文王、周武王之大勇，作之君作之师之大圣贤之大勇。此处"自反而缩"则可为一般公民之大勇标准。可对照曾子遇寇之事，当时曾子走之（弟子却敌），似有所惧（实则并非惧怕，乃是以位置伦理行事而已）；另一次则千万人吾往矣。

前人解缩为直，虽文义可通，然恐亦或有误会或传抄讹误处？孟子写作时，何不直接用"直"字？以《孟子》行文流畅来看，初不必以缩代直。

或曰："加卿相之位而不动心"，此乃是"内圣外王"之意，不动心即是"内圣"，"行仁政而王"，则是"外王"。

"告子曰：'不得于言，勿求于心；不得于心，勿求于气。'不得于心，勿求于气，可。不得于言，勿求于心，不可。"赵岐解曰："不得者，不得人之善心善言也。求者，取也。告子为人，勇而无虑，不原其情，人有不善之言加于己，不复取其心有善也，直怒之矣。孟子以为不可也。告子知人之有恶心，虽以善辞气来加己，亦直怒之矣，孟子以为是则可，言人当以心为正也。告子非纯贤，其不动心之事，一可用，一不可用也。”[①]此处似须将其定语（施事者或物主代词）补充出来，才能明白原文之意，避免歧义（但古汉语于此有缺点，或特点。所谓缺点，言其意义不明确不精确；所谓特点，言其蕴含多元化解释空间，故一旦征实解释之，有时也可能遮蔽了其多元意义思考和想象空间，造成另一种误读，即胶柱鼓瑟的狭隘化解读），则当为“不得于他人之言，勿求于他人（或自己）（人之）之心；不得于己心，勿求于己气。”[②]前者为孟施舍、北宫黝之做法，今之言“不问青红皂白”而怒怼之，亦即恶声必反（或解作“勿求于己心”尤胜，赵注“原其情”即“求于己心”而原情判断之也；但赵注本意却似乎是“自原其人之情”，自己思忖谅宥对方之本心情实，即后之所谓“取其心有善”，而仍然是“（勿）求于他人之心”之意，亦有可取，虽然如此解释却将句意复杂化、曲折化了）；后者为曾子、孟子之大勇，“不得于心”即在义理上不直不缩，故不可有虚矫客气、文过饰非之气、强词夺理之气等。综合两者，则曾子、孟子为“不得于他人之言，当求于己心，以断其义直否。不得于己心，则己心断自己有亏或不直不义处，则不求于气、暴于气也。”赵注更曲折复杂，虽有征实易行之优长，然亦有征实胶鼓之缺陷，恐爽孟子本意，尤其是对“不得于心，勿求于气”的解释，与上下文难以牵合，不妥切。“不得于己心，勿求于己气”，则针对自己之道义判断而言（配义与道）；“不得于人言”，则针对外在言语事物而言……

总结而言，虽然此句可以补充出定语而解作“不得于他人之言，勿求于他人（或自己）（人己之）之心；不得于己心，勿求于己气”，因而似乎更有针对性或针砭性，但从语义学上、理论上、逻辑

① 焦循，《〈孟子〉正义》，p194。

② 当然，“不得于言”亦可解作“（自己）于言辞上不能妥帖或说不清楚的”。

上和实践针对性上而言，此句实有更多更大意义空间，如果一定要补足定语或主语，则实可解作"不得于他人（或自己）（人己之）之言，勿求于他人（或自己）（人己之）之心；不得于人己之心，勿求于人己之气。"此外仍可有其他更多分疏解说。

分而言之，解作"不得于人之言，勿求人之心"、"不得于人之言，勿求己之心"、"不得于己之言，勿求人之心"、"不得于己之言，勿求己之心"；"不得于人之心，勿求于人之气"、"不得于人之心，勿求于己之气"、"不得于己之心，勿求于人之气"、"不得于己之心，勿求于己之气"等，皆各有其一定针对性，皆无所不可，而又可不止于此，下文于此仍有所零碎补充（补苴罅漏），读者自可识之。

从语义学、语法学、叙述学或语言哲学的角度来说，补充定语或主语的征实解读的做法的目的，主要是便于讲解和便于一般读者理解，俾其可应用于具体生活实践或道德伦理生活实践等，而不至于将其视为抽象空洞、空疏无用或意义游移不定、逻辑含混、意指模糊的疏阔哲学语言或玄学语言；但同时，这种征实解读的做法，也使语意语义固定化和狭隘化了，除非同时列举各种不同解读，否则就有可能遮蔽掉文本、语句、论题等的丰富含义或对其的多重意义解读空间，和更为广阔深远的思想发挥乃至思想想象空间，导致心智的固陋、机械、臆必固我、胶柱鼓瑟和眼光视野的狭窄与浅陋（接受美学理论于此多有所论述）。

质言之，思想的确切性、明晰性、具体性与思想的丰富意涵、空灵阔大、想象召唤、情感熏陶乃至某种思想美感，有时很难以同一种语言表达或文本形式而兼顾之，除非作者和读者本身具有能够与此调频感应、交融沉浸、交感共鸣的心智能力（视野融合）或美感想象能力（比如，沉浸融合到那一独特美感世界中）——又比如科学界的类似情形：宇宙物理学家沉浸到那种浩瀚渺远、壮阔宏深、奇妙精微的宏阔物理宇宙世界中。

同一文本表述，含蕴多重意义，因其读者境界着眼之高下而高下变化，高之可为形而上之道，中之可为人伦治事之絜矩，下之可为形下之器，而指导平常日用之行事应对，一切与己交涉，共相推移进化（之所以说包括《论语》在内的许多经典文本，其中的有些文字内容看似——亦在不同程度上或不同意义上，确是——虚浮玄妙，迂阔空泛，乃至没头没脑，晦涩难懂，或是包括一些可能的问题，似乎没有什么实际效用，然而如果时时涵咏，切己体味，却可以终生有得，味之不尽，其原因便在这里。换言之，这是一种开放性的文本，亦是包蕴了高度情意经验性、抽象性、想象性和意义释放空间的综合文本……）。

某种意义和某种程度上，这也是古代汉语、古代中国文学、古代中国思想与现代语言、现代文学、现代西方哲学等的差异性所在之一。推言之，则只有自己进于此种境界，才能理解中国古代文学、思想、哲学的令人心醉的美；同样，哲学世界、科学世界、文学世界、情感世界、美学艺术世界、运动领域等等，靡不如是，皆可让人沉浸陶醉其中，而获得巨大的精神愉悦。

关键仍在主体与客体的这种境界交融交感、相互推移扩展的作用。有的美和美的精神世界，不通过巨大的心智和灵性的努力和成长，一般人是感受不到和看不到的，永远不能感受到那种美和巨大的精神陶醉满足。反之，在一个一般人看似平庸狭小的世界里，一个自有其高远心智感知能力和精神境界的人，却仍然可以有其最壮阔璀璨的美妙精神世界和生活世界，而喜悦安然自足。

领悟得此句，便可有多重收获，比如以其作为修养之法门，作为应对行事之絜矩，作为养心涵容之助力，作为教化循诱之原则等，皆无所不可，而视乎其人之心智、修养与境界。所谓看山不是山、看水不是水云云，皆恃其人主体主心而已。

“不得于言，勿求于心”，其实亦可视为“言行有所不得，皆反求诸己”的另一种反向表述（正向表述为“不得于言，当求于心”）。

赵岐之注，“不得于言”犹今之所谓“一言不合”，实乃“不得其

(他人之)善言正言说论"。不得于心，则不得其(他人之)之善心正心。此句即不谓其为穿凿误读，亦究竟是征实之解，稍嫌固陋。

"不得"，有不快、不满意、不适、不乐、不理解等的意思；"言"之定语可为不善、错误、有问题等，"言"之主词则可为他人、臣侪、人己等。

此处焦氏之解有据征实[①]。毛氏之解初欲为哲学之解，后亦稍征实具体，然赵注以为不得于言、不得于心以及勿求于心、勿求于气等皆为他人之言、他人之心、他人之气；毛氏则解前者以为兼有人己之言之心，解后者以为己之心之气。毛氏之解有其优长处[②]。

"勿求于心"，则心不判断道义与否，心不去"知"言；"不得于已心，而求于己气"则气帅志、气动志、气壹则动志也。皆不可。

参照《告子下》之言"动心忍性"，赵歧解为"所以动惊其心，坚忍其性，使不违仁"[③]；焦循解为"动其不忍之心，而任其安天下之性"[④]；《公孙丑上》中赵注则解"动心"为"动心畏难，自恐不能行"、"妄动心有所畏"。同一词在不同章节上下文中，意义并不同，同一字亦然。

《淮南子》此处言人物、人兽之别甚好[⑤]，乃将喜憎利害皆归入物之性，则动物皆有情欲利害，唯人有别同异、明是非、度其可否而性乃所以善者。此种对人性之预设、期待与理想，过基督教文化远矣者也。以志帅气，犹以性善、是非观念、同异礼义帅喜憎利害也。

"持志无暴其气"、"志为气之帅"云云，可用以讲论情商与正义之关系。

"无暴其气"，仍是"不得于心，勿求于气"之意，倘不得于心而

---

① 焦循，《〈孟子〉正义》，p194。

② 焦循，《〈孟子〉正义》，p195。

③ 焦循，《〈孟子〉正义》，p865。

④ 焦循，《〈孟子〉正义》，p871。

⑤ 转引自：焦循，《〈孟子〉正义》，p196。

求之于气，则是“气壹而动志”也。此处“气壹”之“壹”，可解以固执、偏执。

“夫志至焉，气次焉。故曰：‘持其志，无暴其气。’”、“志壹则动气，气壹则动志也。今夫蹶者趋者，是气也，而反动其心。”此几句甚吃紧，可思及情志关系、“情绪表现、宣泄、节制”、情商等论题。

“恶乎长”一句，除了一般解作“有何擅长”之外，亦或可尝试发挥解作公孙丑问孟子“如何提高持志帅气、求心得言之道力”。孟子答“知言”则对应于求心得言（即如何提高“求心得言”之能力），“善养浩然之气”则对应于“持志帅气”（即如何提高“持志帅气”之能力）。此前公孙丑问“不动心之道”，及孟子与告子不动心之道之异同，则此处之对于“恶乎长”之回答，亦可以是对于“不动心之道”之回答，即“不动心之道”有二，一则“知言”，二则“善养浩然之气”，“知言”即理性分析以明其言合道（正义或孟子所谓先王之道）与否，亦即对“不得于言，当求于心”的回应，要求先在心上判断其言合义合道与否，判断其是否为诐、淫、邪、遁之辞；“养浩然之气”即持志守志之法。（如此，则“不得于言……”便不可以据赵注“人有不善之言加于己”等为解，而处理成庸琐之人际关系问题，而当解作“对他人言辞有所不明、不合、不确、有所怀疑、不肯定……或不合于正道，则当求于心而‘知’之、辨别之”，即“知言”。）但赵岐之注“人有不善之言加于己”亦有合理处，即针对“不动心”、“养勇”之回应，尤其是和前文“恶声至，必反之”相照应。

浩然皓然之气，清白正直之气也。

“配义与道”，即是以志帅气，以直养气。养浩然之气，即养志、养正、养直而后养气，或而后气自养自长也。道与义若气之粮食、来源然，无义与道，则似无粮食营养滋养，自然而馁饿也。

吾养浩然之气，浩然即清白正直，即至大至刚之气，而非吾善养“暴虎冯河之气”、“是非不分之暴躁悍忍之气”；后者乃以气帅志，亦有“长养”之法，而养成非正义之暴夫、暴军、暴躁悖狂悍忍之人等，又是另一种养气之法,即养暴虐不义不正之气也,亦或至刚至狠至忍之气,而以邪恶暴忍仇狠为食粮,不则亦馁矣。此即魔鬼与天使之永恒对立与战斗(有时又发生在一人之身心之内)。然而人有良心良知,暴夫恶人亦如是,行有不慊其良心者,偶亦或良心发现,而义袭而取,而馁矣(此“馁”正是向上向善、改弦更张、改邪归正之机);而仁人亦偶有邪心恶念、情欲染著,则亦可能被其不正之念,而长其不正之气,而“不义”袭而取,而害其正心良心(此又或成为其明珠暗投、自甘堕落之机)……此恰是西方人性论预设下的可能表现。

则“养浩然之气”乃是淑世主义。

集义而生,则正大光明,堂堂正正,理直气壮;义袭而取,则不敢高声自明、自树崖岸、自标其素所坚执,而但一时偶合而已。馁也,则有愧羞之意态神色,内自心虚,外强中干,色厉内荏,无能志气充满,正气挺拔也。

今人未尝知义,亦以其外之也;以性恶故须外义,君子则内之,此君子、平人之区别,然天生君子圣人必然少矣。“集义内生”,则为一般修养之法门,循序渐进,逐步内化内生,固着于心,内化一体,然后可谓得之。告子则“不求于心……”,但孟子对此句几乎没有详细解释……“行有不慊于心”,则言义道义仁皆在心上,皆当在心上。而告子则视义道义仁为外(外之),故只是按照外在的义的标准去强行迎合、符合、获得之,获得外在的符合,而非内在的符合与认同。拔苗助长即是以外力而符合外在的标准形似,文饰之,强制一时,偶尔吻合(袭得,袭即突然、偶然而得,亦即义袭)。实则当事事时时而修养之不止息,时时不忘,亦不从外助长,心口如一,内外相应,实事求是,内在其正,而后得之。不虚矫,不助长,一步一个台阶,扎实修行养成。

暴其气,则是虚张声势、夸大其词,以掩盖其不能内化直养也。

配义与道以直养之,不当以功利(福报)为念,而功利(福报)自来,质言之,尽心合义而不计其功利,一有功利福报之心念,而言行缘饰功利福报，便非直养，便稍害直养之纯粹，而成助长之势，不醇也。心知其为福而不汲汲于福，不主张义袭而取，必厚积实得，乃可谓得之，而福报自来。

赵注以“福”作注，牵强曲折，与上下文不贯通，不甚妥当切题。

焦循此解[①]或有误解乃至污蔑告子之嫌疑，告子本意或并非如此。而后世儒家以此解告子，欲以对照凸显儒家或孟子之义内之观点，非无好意，而告子乃成一符号，被“拿来说事”而已。

“行义即是内治善。内治善则福不能急得。欲急得福，故告子不内治善，且惟恐其行义，以碍其急求福也。”[②]焦循此处之解说又颇能自圆其说，便于学人读者领会“义内”之旨，或无关告子本人思想观念之历史事实也。故焦氏辨正之，以为赵注有偏。下文焦氏之解又甚平正甚好[③]，直可为养心之法门，持之受益非凡。

揠苗助长者，即试图义袭而取者，即义外者，即侥幸机会主义者，即知行不常合一者，即无仁厚内化之仁善道义者，即功名之徒，即外饰取容者。

“非但无益，而又害之”，因为自欺欺人也。自欺以为己已得道义仁义之实，实则未能内化于心，未能知行合一，未能真正仁善，未能根深蒂固，故浮躁无依，中心不定，依违彷徨，进退失据，游移模棱，朝令夕改，害己害政……

程瑶田引《易》之“义以方外”而对照之，似稍为告子作一平心公允论断，而实则仍指出告子“义外”之弊，而以敬说之，仍归为“义内”[④]。

此处赵氏、焦氏之解皆不甚圆满[⑤]。杨伯峻之解稍好，“不全

① 焦循，《〈孟子〉正义》，p206。

② 焦循，《〈孟子〉正义》，p206。

③ 焦循，《〈孟子〉正义》，pp207—208。

④ 焦循，《〈孟子〉正义》，p208。

⑤ 焦循，《〈孟子〉正义》，p209。

面的言辞我知道它片面性之所在;过分的言辞我知道它失足之所在;不合正道的言辞我知道它与正道分歧之所在;躲闪的言辞我知道它理屈之所在”[①]。

所谓“吾知言”,在此处亦指孟子知告子等之言之或诐、淫、邪、遁也,知其“不得于言”之言也。“不得于言”,则其言或他人之言乃有问题之言也。此解又不同于赵注[②];“勿求于他人之心”,则意为“不去探求他人心中错误之非义与非道”,其(他人之)非义非道之诐、淫、邪、遁之言,皆“生于其心”,害于其政、事。则吾于前文所论又或有不切者(见上文论及告子“不得于言”等句之“定语”之论述)。

“生于其心,害于其政;发于其政,害于其事。”此句接“诐、淫、邪、遁”而来,言此四种言语学说皆“生于其心”,“其”可为杨墨农等,君用之又可为“人君”,赵氏以“人君”解之,乃以“人君”涵盖用人行政之君与孟子所斥之杨墨农等“邪说”之人也。

焦氏以为赵注仅列伯夷,无伊尹二字,后注“不同道”亦作是解。吾不然此。“不同道”言孟子(或孔子)与伯、伊不同道,非赵注所言之“伯夷与孔子、伊尹不同道也”。

儒家理想中,三代以上之王君,其为王为君,非为享乐、权欲,乃欲行道理物,与战国诸侯及其后之专制君主迥异。

大心大爱大慈大悲大愿力之人,方能为此致太平之思之学。

以下为相关注疏材料,且罗列之:

关于“如此,则动心否乎”,赵岐解曰“如是,宁动心畏难,自恐

---

① 杨伯峻,《孟子译注》,中华书局,1960年1月,p66。

② 赵岐注:“不得者,不得人之善心善言也。求者,取也。告子为人,勇而无虑,不原其情,人有不善之言加于己,不复取其心有善也,直怒之矣。孟子以为不可也。告子知人之有恶心,虽以善辞气来加己,亦直怒之矣,孟子以为是则可,言人当以心为正也。告子非纯贤,其不动心之事,一可用,一不可用也。”焦循,《〈孟子〉正义》,p194。

不能行否邪？丑以此为大道不易，人当畏惧之，不敢欲行也”，赵歧解说的方法乃是详细描述之，虽未必有差，然未谈及相关背景，故初看或觉稍牵强。

“如此，则动心否乎”，赵歧解曰“如是，宁动心畏难，自恐不能行否邪？丑以此为大道不易，人当畏惧之，不敢欲行也”；朱熹之解为“任大责重如此，亦有所恐惧疑惑而动其心乎？”；赵注与朱注大体相同。这是从正面来解释“动心”，为了更深入地理解孟子所云的“动心”的含义，亦可同时分析下一句从反面来说的“我四十不动心”一句，赵岐注曰：“孟子言：礼，四十强而仕，我志气已定，不妄动心有所畏也。”朱熹解之为：“四十强仕，君子道明德立之时。孔子四十而不惑，亦不动心之谓。”

赵歧注：公孙丑问曰：“夫子加齐之卿相，得行道焉，虽由此霸王，不异矣。如此，则动心否乎？”（赵岐注：加，犹居也。丑问孟子，如使夫子得居齐卿相之位，行其道德，虽用此臣位，辅君行之，亦不异于古霸王之君矣。如是，宁动心畏难、自恐不能行否耶？丑以此为大道不易，人当畏惧之，不敢欲行也。）孟子曰：“否！我四十不动心。”（赵岐注：孟子言：礼，四十强而仕，我志气已定，不妄动心有所畏也。）曰：“若是，则夫子过孟贲远矣。”（赵岐注：丑曰：若此，夫子志意坚勇过孟贲。贲，勇士也。孟子勇于德。）曰：“是不难，告子先我不动心。”（赵岐注：孟子言是不难也，告子之勇，未四十而不动心矣。）①

伪子奭疏：[疏]“公孙丑问曰：夫子加齐之卿相”至“未有盛于孔子也”。正义曰：此章指言：义以行勇，则不动心，养气顺道，无效宋人。圣人量时，贤者道偏。是了孟子究言情理，而归学于孔子也。“公孙丑问曰：夫子加齐之卿相，得行道焉，虽由此霸王，不异矣。如此，则动心否乎”者，是公孙丑问孟子，言以夫子之才，加

---

① 焦循，《〈孟子〉正义》。

之以齐国卿相之位,以得行其道,虽曰用此卿相之位而辅相其君而行之,亦不异于古之霸王矣。如此则夫子宁动心畏惧其不能行乎否?不动心畏惧其不能行乎?“孟子曰:否,我四十不动心”者,孟子答公孙丑,以谓我年至四十之时,内有所定,故未尝动心、有所畏惧也。“曰:若是则夫子过孟贲远矣”者,公孙丑见孟子以谓四十之时已不动心,言如此,则夫子是有勇过于孟贲之勇士也。“曰:是不难,告子先我不动心”者,孟子言我之有勇,过于孟贲,此不难也。孟子之意,盖谓己之勇勇于德,孟贲之勇但勇于力,必能过之也,所以谓不难也,以言其易过之也。言告子之勇已先我于未四十之时而不动心矣。“曰:不动心有道乎”者,丑问孟子,谓不动心宁有道乎?“曰有”,孟子欲为公孙丑言其不动心之道,故答之曰有也。[①]

是集义所生者,非义袭而取之也。(集,杂也。密声取敌曰袭。言此浩然之气,与义杂生,从内而出。人生受气所自有者。)[②]

“敢问夫子恶乎长?”曰:“我知言,我善养吾浩然之气。”恶,平声。公孙丑复问孟子之不动心所以异于告子如此者,有何所长而能然,而孟子又详告之以其故也。知言者,尽心知性,于凡天下之言,无不有以究极其理,而识其是非得失之所以然也。浩然,盛大流行之貌。气,即所谓体之充者。本自浩然,失养故馁,惟孟子为善养之以复其初也。盖惟知言,则有以明夫道义,而于天下之事无所疑;养气,则有以配夫道义,而于天下之事无所惧,此其所以当大任而不动心也。告子之学,与此正相反。其不动心,殆亦冥然无觉,悍然不顾而已尔。(朱熹)[③]

疏:“敢问夫子恶乎长”者,公孙丑问孟子,曰:夫子之才志所长

---

① 《〈孟子〉注疏》。

② 焦循,《〈孟子〉正义》。

③ 朱熹,《孟子集注》。

以何等，敢请问之。“曰：我知言，我善养吾浩然之气”者，孟子答孙丑之问，以谓我之所长，是我能知人之言而识其人情之所向，我又善养我所有浩然之气也。（伪孙奭）[①]

疏：“孟子曰：否，我四十不动心”者，孟子答公孙丑，以谓我年至四十之时，内有所定，故未尝动心、有所畏惧也。“曰：若是则夫子过孟贲远矣”者，公孙丑见孟子以谓四十之时已不动心，言如此，则夫子是有勇过于孟贲之勇士也。“曰：是不难，告子先我不动心”者，孟子言我之有勇，过于孟贲，此不难也。孟子之意，盖谓己之勇勇于德，孟贲之勇但勇于力，必能过之也，所以谓不难也，以言其易过之也。言告子之勇已先我于未四十之时而不动心矣。“曰：不动心有道乎”者，丑问孟子，谓不动心宁有道乎？“曰有”，孟子欲为公孙丑言其不动心之道，故答之曰有也。[②]

曰：“敢问夫子之不动心，与告子之不动心，可得闻与？”“告子曰：‘不得于言，勿求于心；不得于心，勿求于气。’不得于心，勿求于气，可；不得于言，勿求于心，不可。夫志，气之帅也；气，体之充也。夫志至焉，气次焉。故曰：‘持其志，无暴其气。’”闻与之与，平声。夫志之夫，音扶。此一节，公孙丑之问。孟子诵告子之言，又断以己意而告之也。告子谓于言有所不达，则当舍置其言，而不必反求其理于心；于心有所不安，则当力制其心，而不必更求其助于气，此所以固守其心而不动之速也。孟子既诵其言而断之曰，彼谓不得于心而勿求诸气者，急于本而缓其末，犹之可也；谓不得于言而不求诸心，则既失于外，而遂遗其内，其不可也必矣。然凡曰可者，亦仅可而有所未尽之辞耳。若论其极，则志固心之所之，而为气之将帅；然气亦人之所以充满于身，而为志之卒徒者也。故志固为至极，而气即次之。人固当敬守其志，然亦不可不致养其气。盖其内

---

① 《孟子注疏》。

② 《孟子注疏》。

外本末,交相培养。此则孟子之心所以未尝必其不动,而自然不动之大略也。(朱熹)[①]

按照现代逻辑来解读,告子离开了修养“不动心之道”的基本方法、过程,忽略内在实质要求和本质性规定,而将虚假的不动心当成真正的不动心,故而“告子先孟子而不动心”,实则告子乃是拔苗助长,乃是“馁”也,即并非“配义与道”的“不动心”,是假的“不动心”。

告子因为“未尝知义”,不知义当从心而发,既然从心而发,时时事事皆当“有事之”,皆当长养之、常合之,事事处处皆当合义。告子“勿求于心”,即是未能做到“心勿忘”(心时时勿忘)——“心勿忘”是批评告子“不得于言,勿求于心”;“勿求于气”、“勿助长”是告诫或批评有些人“不得于心而求于气”、而“外在助长”的做法,亦是批评各种“暴虎冯河”的求气不求心的鲁莽急躁之做法……

告子因为“外之”(“外义”),所以常常助长。

告子没有内义内心,则一切义不义、直不直、外言外行外缘,皆可不动其心,因为其本来无心无义无原则。

要事事不断求心,故稍有不得于言,便当求心;不得于心,虽可勿求于气,但不得于心却正好有机会求心,抓住一切机会和事情去事事不断求心,长养常养,即是“集义所生”,而告子“不得于心,勿求于气”这句话仅仅是在某些方面有所合理之处,即“如果不得于心便不求于气”这一点,告子却没意识到“不得于心便恰当求心”,而是放任不管,自以为“不动心”,则误矣,故孟子有所保留地用了一个“可”字来表达。质言之,告子不能做到所有方面都“有事于义”,对于“不得于心”之事,往往只是放任不理,故为假的不动心。今人如果或有逃避必要责任义务者,以此而说佛说道,则有类似者。

---

① 朱熹,《孟子集注》。

北宫黝、孟施舍、告子，皆“馁”也。

“扩而充之”，即是集义；仕止久速，即是配义与道。有仁之四端，故可有义，然当扩充之（亦即所谓“不得于心，而求心”）。

“不得于心，勿求于气”可分析成两层意涵：如果不得于心，便不求于气；但如果不得于心，当求于心。于前者而言，告子之言有一定合理性，即不可离义求气；于后者而言，则告子并未意识到这一点，有欠缺。故告子之言论思想亦只是“义袭而取”，即在“如果不得于心便不求于气”这点上，而偶尔看似合道合理，却并不是“集义而生”，即时时事事皆“有事之”。告子强以“不得”两句为“不动心”之道、之心法，其实亦只是“助之长”而已，在孟子看来，并非真正有价值的“不动心之道”。

对于告子的“不得于心，勿求于气”，孟子评价为“可”，也只是从孟子的思路肯定其（告子思路）上的某些可取之处，但告子却并非是基于正确的原则、理解、逻辑而得出这个结论的，只是“义袭而取”，即碰巧偶合一部分而已。质言之，告子不是从正理、正义和正确论证或正确论述过程而得出的结论，因为大原则（大前提）与推论过程（三段论）有问题，所以即使结论有部分偶合，其实就其思想或论述的整体和实质而言，仍是错误的（这是懂得现代逻辑的现代读者很容易理解的事情）。而孟子所揭橥出来的另一部分，即“不得于心，便当求于心”，告子根本没意识到，故错把逃避式的放任不理当成是不动心。所以告子所拥有的并非真正的不动心之道，也就是并非真正地理解“不得于心，勿求于气”这句话的根本含义、原因或道理所在。真正的理由，或者，真正的不动心之道，乃是必须持志、持心、志壹、守义、守道。不是简单的逃避和放弃责任义务，包括进行道义判断、选择和行动的责任和义务等。

在孟子看来，告子在“不得于言，勿求于心；不得于心，勿求于气”一句中所显示的某些思想正确性，不过是偶然相合而已。

集义：即时时刻刻、事事物物，全皆以义为断，如此长期自我提撕,用功培养。

内义、内之,则便必然凡事皆以内义、内心裁制之,心必然首先发挥作用,心义一体,知行合一;其修行至者,乃可一念不起(不合道义之念),一事不生(不合道义之事)。

外义、外之,则事来义格,念来义断;其修行稍差者,则当有外在制裁时,乃遵守外在规范,反之,则或存苟免之心。而内义、内之者即便一时不能做到一念不起,至少也可以做到一事不生,预为断念。

“是集义所生者……”,此一句的主语亦可以是“气”、“浩然之气”,即用以解释何为“浩然之气”。

长久地行义、行合义之事,才能生出浩然之气,而不为外缘内诱所动。

义正义直乃可能有正气,长久集义乃可能养有浩然之气,义不正则难有正气,而馁也——馁即饥饿,引申为缺乏、泄气。

告子不得于言,不以义养心;不得于心,又不以义养心,所以根本未曾养心养义,即不耘苗;不得于心又无以养气,则告子并不养心养义(求心即是养心、养义),亦不养气。

养气之法,要一件一件事扎实做去,事事合义,即不时耘苗而培其根本,根深蒂固,自心而发,乃使义成内化,而后而养成内义,又养成气,乃有浩然之气。亦乃有英挺之气。

正气凛然与做贼心虚(气馁)。

或曰:通观《孟子》,颇可怀疑孟子是专门为周人统治者而写作《孟子》此书的,而未必是普世教化,言说对象乃是周人士君子贵族等,用以维护周人之统治权和利益。墨子乃宋国贵族目夷后代,和其他非周族的平民乃至周人中之底层士人平民一样,处于周人贵族垄断政治权力的形势下,永无翻身出头之一日,故提倡“兼爱”,以此反对周人用“君臣父子”的一套宗法世袭制度对政权的垄断。孟子看到了这一点的政治上的危险性,担心周人受此蛊惑而将失去周族人民对于周人贵族统治集团的政治团结和政治支持，故而力辟墨家之兼爱，以为“无父”，是“禽兽”也。对于杨朱的“为我”，亦力辟之，以为“无君”，是“禽兽”也。故孟子亦每引“荆舒是惩”之类的话语，表达对于当时非周人的抵制。只是孟子从未对商、周两个华夏主体民族有所轩轾区分（虽然因为当时蛮夷戎狄滑夏，故而以华夏为主体而对当时之戎狄蛮夷荆舒等多所警惕，或亦当时题中应有之义也），因此而掩盖其在政治上的影响（如果不是动机的话）。然而，这种解释太过大胆，恐非事实，亦减损孟子思想的伟大性。事实上，孟子又都是从“普遍”伦理道德角度来进行论证，并未特别强调周人等民族差异，加上孟子一向所表现出来的王道仁政（针对君卿大夫等贵族统治者）、仁义礼乐、民本、性善论（针对“普遍”人性预设、伦理规范和人民利益等）为本的思想特性，可见上述所论并非事实，不可抹杀孟子圣贤处。

孔子虽然也是宋国贵族后代，但却被周文化濡染影响至深，到那时，在血缘和文化上都是商周融合一体不可分，完全认同融合后的周文化，而曰“吾从周”，故亦拼命维护周人的君君臣臣父父子子的那一套。

关于尊王攘夷。孔子和孟子对待尊王攘夷是否存在着不同态度？或者，某些微妙的不同点？

杨朱或曰魏人，或曰秦人。

《〈孟子〉广义》后记

孟子是古代中国非常有个性(以及“气节”)的一位思想人物,他的思想主要体现在由孟子及其弟子共同编撰的《孟子》一书中。《孟子》一书也是儒家“十三经”中的一部,是中华传统文化的重要组成部分,也是精华所在。同时,就个人性情气质和思想喜好等而言,无论是孟子的个性或性情气质、心志、气节还是其思想,都有许多让我感到亲切相近或颇为欣赏赞叹的方面——当然,也有一些我暂时并不理解或并不完全认可的地方。

孟子及其思想(《孟子》)深刻地塑造和影响了古代中华文化、中国士人乃至中国人的基本精神品格、气质和民族精神,并将会和将能够在今后继续发挥其某些正面作用。《孟子》必将被人不断地阅读——但亦可能被误读。

我本人从对《孟子》的阅读体语中受益良多,亦因此希望其他人也能从中获得某种教益和精神力量的加持;同时避免误读,并对其论述中的某些历史局限性有所觉察和理性分析;亦即通过我的深入阅读和分析评述,其思想之精华则采撷申说之,其疑点则指陈评述之,俾读者有所自觉,而区分析择之,从而为阅读《孟子》提供一个较好较全面的辅助分析解读的读本。此为我撰写本书的初衷之一。

以下是写作过程。

2015 年 6 月,我始有意对《孟子》作一番深入研读评述,于是开始撰写读书札记(主要是结合朱熹的《四书章句集注》来读);2016年2月开始给本科生开设《孟子精读》课程(以后每年都有开设,一直到2020年);2017年10月将此前两年多的读书札记录入电脑,并修订完毕,得二十万字许(2015年迄今,《孟子》一书读过几十遍,但札记则主要集中在四五次;在本书中稍按其时间次序排列,故稍有论述错杂之情形);2019年3月20日开始细读焦循的《〈孟子〉正义》,2019年7月6日将其读书札记输入完毕,又增加十八万五千余字,合而凡得三十七万字许;2019年8月3日左右开始全面修订本书初稿,2019年9月20日修订完毕,凡近49万字;2020年1月14日开始审读一校样,2020年1月26日审读完毕,2020年1月29日凌晨将审读修订文字全部录入,最终凡得49万五千余字(共增加审读文字约11000字)。由上可知,此书乃是以读书札记的形式,来对《孟子》全书进行分析评述。然而并非严守古代注疏之体例,而时时拓开去讲,和其他重要思想文化论题进行广泛的关联论述,故题其书名曰《〈孟子〉广义》。

《〈孟子〉广义》重在思想评议(而略显驳杂),不重在注疏,适合具有一定古文、经学基础或对《孟子》文本较为熟悉的读者;对于一般读者而言,因为缺少必要的注释或注疏讲解,可能在阅读时具有一定难度或挑战,所以我在2019年下半年,又另外撰写《〈孟子〉解读》一书,以充当普通读物或教科书——故《〈孟子〉解读》的写作,较多参考《〈孟子〉注疏》(赵歧注,伪孙奭疏)。质言之,《〈孟子〉解读》重在对《孟子》一书的基本字词含义、主要观点、基本论述思路等的注释、疏通讲解和概括介绍,重在疏理,同时亦有一些分析解读,并提示进一步思考的路向,但并不作过细的解读。两本书皆自成一体,而亦稍有分工,即除了上述特色区分与各自独立成书之外,我也稍微采取了“此详则彼略,此略则彼详”的论述策略。故读者在阅读本书时,亦不妨将其与笔者的《〈孟子〉解读》进行对照阅读,或有更好的效果。

稍觉遗憾的是，因为时间精力和篇幅的限制，本书并未将《孟子》与“五经”（尤其是《礼记》中的《中庸》）、《论语》以及其他先秦典籍中足资相互对照的文字论述及其分析，疏理阑入，此外还有其他一些思考和札记文字，一时都没来得及纳入。尤其是《论语》中的许多文字，可以很好地解读《孟子》一书中的相关论述，或说明孟子的思想渊源——孟子的思想，确实受到孔子极大的影响，或者，换一种说法，孔子是孟子思想学问的重要源头。如果就此撰写一文，仔细疏理孟子与孔子的思想渊源关系，亦颇有意义。

我个人觉得，如果想要阅读、了解或研究中国传统思想文化或儒家思想文化，或者想要阅读“十三经”，那么，从《孟子》（《荀子》亦可）入手是一个较好的选择。因为孟子的思想表达比较条理化，文字修辞又非常好，辞采斐然，而在相当程度上，将儒家文化或孔子的一部分思想，较为系统化、条理化和文学化或生动化地呈现出来了，比较便于理解和把握。当然，我自己的阅读经验，并未机械地遵循这种单一程序，而亦在参互阅读中自得互相启发参证之效果；但在阅读其他儒家典籍尤其是儒家十三经乃至其他先秦典籍的同时或之后，再去细读《孟子》，则对孔子思想或儒家思想的理解，往往更为清晰或深入，换言之，阅读《孟子》有助于对于儒家思想或其他儒家经典的理解与把握。其实，这就是一种思想的关联与对话关系，最后构成一幅先秦儒家乃至整个先秦思想文化的总体图景。复兴或发扬优秀传统文化，首先要对传统思想文化有基本的阅读与把握，希望本书于此亦能稍有小补。

另外，众所周知，先秦是中国历史上产生大量具有原创性思想文化及其典籍的时刻，但因为语言古奥以及传抄讹误等多种原因，对于今天的普通读者而言，许多典籍往往颇难索解卒读；而如果以现代眼光来审视，或出于古为今用的目的来打量，则其思想又带有那个时代的某种历史局限性，不可简单地全盘接受或移植到现代社会，倘若于此而无所辨别，一味宗经或崇古，就会导致一些问题。

故一方面要存真，在存真的基础上（即在不损害原文本义、精华和文风的前提下）审定编撰出更为精审明粹的版本；另一方面要分析和评议，取其足以和现代思想文化沟通融合乃至创造生发的精华，而批判或阙疑其或有问题的部分；最后，如果可能的话，还可以在此基础上，尝试创造出新的时代的现代国民文化读本。简言之，即存真、评析与创造[①]。《孟子》一书亦复如是。我的做法是：撰写《〈孟子〉广义》，对《孟子》一书进行全面评析；撰写《〈孟子〉解读》，对《孟子》一书进行疏理解读以存真，并试图通过增删字词文句[②]的方式，审定出文义更为清晰详明的文本，以便于现代读者的阅读，节省时间精力，而避免"皓首穷经而或卒无所得"的情形；创造一事则一时未暇——或暂时不敢造次——，但在上述两书中，我都通过广泛引申评议或"思考与讨论"，为此提出了某种思路，以冀将来自己——或其他有志者——于学殖渐深厚时，或能于此有所创制。如此，于一书一经焉（《孟子》），而分撰三书（《〈孟子〉解读》、《〈孟子〉广义》与《〈孟子〉新拟》或《〈孟子〉新义》），而存真、评议、创造三者斯皆得矣！而若以此为之示范（整理、复兴传统文化之示范），则"十三经"乃至其他先秦典籍皆可如法炮制，而为中华文化别开一现代生面也。质言之，我之有意撰写"《孟子》三书"，亦有为整理复兴传统文化而示范之微意，如此，则虽然我自己或可能无法独力尽注群经众籍，而犹可以此示范一法门，而冀后之有志者，能于此继长增高，而成吾国中华文化之现代鲁殿灵光也！此乃我撰写本书之最重要初衷。

于个人而言，我颇有意继续分别整理《论语》（正在着手）、《尚

---

① 关于此一论题的详细论述，请参阅笔者的论文《传统经学在当代传受的三个层面》，参见：罗云锋，《儒家广论：松江先生卮言录》，社会科学文献出版社，2017 年 10 月，pp186—196。

② 为了存真和尽量维持《孟子》之原文风格，此次我主要采取的是增加字词文句的方式，尽量不删原文字词。

书》、《礼记》、《荀子》、《墨子》等典籍，《诗经》、《周礼》、《周易》等亦稍有意焉。然兹事体大而剧烦，后三者尤其烦难耗时，自恐时间精力乃至学殖皆或不堪重任。加上自己又有其他许多学术和生活之热爱与牵挂——因为整理传统典籍、复兴中华文化之成败高下，不仅在于传统思想文化本身之濡染积累之深浅，而又尤在于对于现代思想文化和世界先进思想文化之广资博取、融会贯通——，故一切但依因缘，而并不强求必得。示范既存，后生必来，故亦可无憾矣。

回到本书。虽说写作初衷之一是为了避免误读，但因笔者学殖思力贫弱，恐亦可能适增舛误而已。舛误谬论既多，故幸望天下硕学俊彦，纠谬指瑕，有以教我改正，则不胜感荷。

最后，特别感谢本书责任编辑钱震华先生对于此书的接纳和所付出的辛勤劳动，乃使其得以顺利出版。当然，一切文责由笔者自负。

2020 年 3 月下旬于瞰四海楼